FRANÇOIS TRUFFAUT

au travail

Edition dirigée par Claudine Paquot.
Conception graphique : Paul Raymond Cohen.
Maquette : Daniel Arnault.
Fabrication : Claude Morin, assisté d'Anne Morin.

© Cahiers du cinéma, 2004
ISBN : 2-86642-384-4

Diffusion : Seuil
27, rue Jacob, Paris 6e

Carole Le Berre

FRANÇOIS TRUFFAUT

au travail

CAHIERS DU CINÉMA

Remerciements de l'auteur

Je remercie chaleureusement tous ceux sans qui ce livre n'aurait pu prendre vie. Au premier chef, Madeleine Morgenstern, Laura et Éva Truffaut, ainsi que Joséphine Truffaut, et les collaborateurs du cinéaste qui ont à nouveau accepté de répondre à mes questions et de partager conversations et avis : Martine Barraqué, Marcel Berbert, Claudine Bouché, Yann Dedet, Claude de Givray, Jean Gruault, Roland Thénot. Merci à Rosine Robiolle, seconde assistante sur *Vivement dimanche !* et à Monique Holveck pour son assistance photographique.

Je remercie également ceux qui m'ont encouragée et accompagnée de leur présence, parfois de leur soutien logistique, de leur complicité ou de leurs avis : Jean Breschand, Emmanuelle Chamussy, Emmanuelle Demoris, Marie Guilmineau, Michelle Humbert, Eve Kirchner, Françoise et André Le Berre, Nadine Lamari, Alexis Lecaye, Jeanne Pannier-Chamussy et Vincent Chamussy, Isabelle Roux, Thomas Saez, Anne Santa Maria, et Daniel Sicard.

Ainsi que l'équipe des archives et de l'iconothèque de la BiFi pour leur disponibilité constante et la qualité de leur recherche documentaire, et les auteurs des interviews de François Truffaut dont les extraits jalonnent l'ouvrage et qui sont nommés en source bibliographique.

Merci à Claude de Givray et à Dominique Golfier qui ont lu mes envois successifs avec une attention constante, et à Jean Gruault pour sa proximité roborative.

Merci également à Fanny Ardant, Sylvie Zucca, Agnès Varda, Kika Markham, Isabelle Adjani, Michel Fermaud et Claude Chabrol pour leur gentillesse.

Ouvrage publié avec le soutien de la FONDATION GAN POUR LE CINEMA

SOURCES

Archives François Truffaut à la Bibliothèque du film :
Documents : p. 22-23, 37, 44, 68, 80, 81, 88, 90, 102, 114, 116haut, 117haut, 128, 130, 150, 156, 157, 168, 170, 182, 184, 185, 189bas, 198, 199, 214, 215, 238, 239, 262, 268, 269, 290, 304, 305, 308.
Photos : p. 16, 20, 40-41, 42, 47, 49, 62haut-droite, 64-65, 67, 69haut-gauche et bas, 77, 82, 83, 86-87, 91, 94, 95, 98-99, 112-113, 115, 120, 121, 125, 151, 183, 184-192-193, 194, 197haut, 224, 234-235, 259, 260-261, 264bas, 271, 273, 291centre et bas, 302, 307, 320.

Collection Cahiers du cinéma : jaquette, gardes, p. 14, 15bas-gauche, 23bas, 28haut, 34, 35, 38, 46, 51, 53, 55, 59, 62bas, 66, 69centre, 72haut, 74-75, 80bas-droite, 89, 107haut et bas, 111, 139, 169, 171haut, 178-179, 206, 229, 263, 268, 276-277, 286-287, 301.
Collection Cahiers du cinéma/Dominique Rabourdin : p. 13, 18-19, 85, 217, 288.
MK2 : p. 8, 10, 11, 15, 21, 22, 23haut, 27, 28bas, 31, 32, 33, 45, 61, 62haut-gauche, 63, 69haut-droite, 73, 81, 100 105, 107centre, 108, 109, 116bas, 117bas, 119, 122-123, 131haut-droite, 136, 137, 141, 142, 144, 145, 146, 148-149, 152haut-gauche, 152haut-droite, 152centre-droite, 152bas-droite, 153bas, 155, 162, 166-167, 176, 177, 179, 195, 197bas, 202, 203, 205, 208, 209, 211, 212, 214, 215, 216, 218-219, 220, 221, 222 (documents), 223haut, 225, 236, 237, 238, 239, 242, 243, 247, 249, 250-251, 256, 257, 258, 264, 269, 274, 275, 278, 279, 280, 281, 285, 289, 291haut, 292, 293, 296, 297, 303, 305, 306.
Collection Robert Lachenay : p. 17bas.
Collection Pierre Zucca : p. 126-127, 129, 131, 133, 134, 143, 146, 152centre et bas gauche, 153ht, 163, 171, 174.
Collection Daniel Bouteiller : p. 79, 189, 191.
Collection Raymond Cauchetier : p. 43.

CRÉDITS PHOTOGRAPHIQUES

© MK2/Robert Lachenay : p. 14, 15, 17, 34-35, 38-39.
© MK2/Pierre Zucca : p. 8, 11, 13, 126-127, 129, 130, 131, 133, 134, 136, 137, 139, 141, 142, 143, 144, 145, 146, 148-149, 151, 152, 153, 155, 159, 162-163, 166, 167, 169, 171, 174, 176-177, 179, 320.
© Warner/Pierre Zucca : p. 180-181, 183, 189, 191.
© MK2/André Dino : gardes, p. 18-19, 21, 22-23, 27, 28, 31, 32, 33.
© Raymond Cauchetier : p. 40, 41, 43, 45, 46-47, 49, 50-51, 53, 55, 59, 60, 61, 62haut, 63, 64-65, 66, 67, 69, 72, 73, 74-75, 77, 100-101, 105, 107, 108, 109, 111.
© MK2/Marilu Parolini : p. 86-87, 89, 91, 94-95.
© MK2/Léonard de Raemy : p. 10, 112-113, 115, 116-117, 119, 120-121, 122-123, 125.
© MK2/Bernard Prim : p. 192-193, 195, 197, 199, 202-203, 205, 206, 208-209, 211.
© MK2/ Hélène Jeanbreau : p. 212-213, 214-215, 216-217.
© MK2/Dominique Le Rigoleur : p. 218-219, 220-221, 223, 224-225, 229, 234-235, 236-237, 238-239, 242-243, 247, 249, 252-253, 256, 257, 258.
© MK2/Jean-Pierre Fizet : p. 6-7, 260-261, 263, 264, 268-269, 271, 273, 274-275, 276-277, 278-279, 280-281, 285.
© MK2/Alain Venisse : p. 286-287, 288-289, 291, 292-293, 296-297, 301, 302-303, 305, 306-307, 318-319.
© ADAGP : p. 37 bas-droite.
© MK2 : p. 25, 71, 98, 99, 103, 147, 157, 159, 199, 223, 231, 265.
© Warner : p. 185, 187, 190.
© Sygma-Corbis : p. 62bas, 171haut, 229.

SOMMAIRE

INTRODUCTION

À la fin des années quatre-vingt, après avoir grimpé deux étages au bout de l'impasse Robert Estienne, je tapai un jour le cœur un peu battant à la porte des Films du Carrosse, la société de production de François Truffaut, dont son épouse, Madeleine Morgenstern, assurait depuis sa mort la continuité. Jeune étudiante en cinéma que les films de Truffaut fascinaient par leur richesse, leur intensité, leur violence secrète, j'avais découvert l'existence de notes de travail et de scénarios annotés en feuilletant un album consacré au cinéaste[1], et je désirais en savoir plus. Ce cinéma plein, à la fois si personnel et universel, aux films ronds comme « des œufs en ivoire », pourtant secoués de déchirements, ne cessait de m'étonner et de me bouleverser, et j'avais envie de comprendre, de découvrir comment tout cela fonctionnait, de soulever le capot et d'ouvrir le moteur. Après deux ou trois heures de conversation, Madeleine Morgenstern m'entraîna vers une pièce située au fond de l'appartement et me dit avec son élégance discrète, désignant d'un geste les grandes boîtes d'archives cartonnées qui couvraient les murs, que je pouvais revenir quand je voulais et les consulter librement. Chance presque incroyable dont je m'empressai de profiter sans deviner encore combien de temps j'allais passer à explorer avec toujours davantage de curiosité les traces innombrables d'une pensée créatrice au travail, laissées par le cinéaste.

Grâce à la confiance accordée par Madeleine Morgenstern et au fil de l'investigation patiente de l'intégralité d'une documentation de travail inespérée, il devenait possible d'accéder comme rarement à l'intimité de l'univers et du processus de création d'un cinéaste. Grâce aussi à une conjonction d'éléments : c'est parce que Truffaut écrivait beaucoup, notait tout, envoyait un nombre incalculable de lettres dont il gardait précieusement les doubles, couvrait ses scénarios de remarques manuscrites, qu'ouvrir les boîtes portant le titre de ses films donne l'impression d'assister en catimini à une conversation ininterrompue entre lui et ses principaux collaborateurs, entre lui et lui-même, au mouvement même de l'élaboration de l'œuvre. Et c'est aussi parce qu'il avait le goût et la passion de tout conserver que l'on peut aujourd'hui reconstituer ce mouvement. En reprenant l'enquête dix ans après un premier livre, il m'importait, non d'y rechercher comme l'ont parfaitement fait ses biographes[2] l'élucidation des secrets d'une vie, sinon à ressaisir ceux qui circulent d'un film à l'autre, au plus profond de l'œuvre. Mais surtout de comprendre et de retracer par quelle voie, à quel moment, au prix de quels tâtonnements, et grâce à quels dispositifs, Truffaut en arrive au film qu'il veut réellement faire et à aucun autre, comment il en libère la puissance et la singularité, comment il construit film après film un ensemble d'une exceptionnelle et radicale cohérence.

Truffaut en effet archivait tout, conservait tout, notes éparses, brouillons, premiers résumés, livres couverts de passages soulignés ou de remarques au crayon, descriptions de personnages, versions multiples des scénarios, correspondances… Il avait gardé de sa jeunesse l'habitude et le goût de constituer des dossiers méthodiques sur les réalisateurs qui l'intéressaient et travaillait sur les projets qui l'attiraient en ouvrant des dossiers qu'il remplissait peu à peu de coupures de journaux, de notes, de fragments de dialogue, jetés sur des feuillets arrachés à des carnets ou sur de grandes feuilles de papier pelure qu'il couvrait de sa large écriture. « En vérité, je n'ai jamais choisi un sujet de film. J'ai laissé une idée entrer dans ma tête, grandir et se développer, j'ai pris des notes et des notes et, au moment où je me sentais envahi : en avant. » Truffaut travaillait fréquemment avec des coscénaristes. Il se faisait livrer des premières versions des récits qu'il souhaitait développer et les annotait abondamment, avec énergie et passion, rage parfois, dans les marges ou sur les pages de gauche, dans tous les espaces laissés libres. Hésitations, demandes souvent pressantes, sursauts d'indignation, refus, nouvelles propositions, maximes… Lire, au fil des versions successives, ces scénarios couverts de son écriture, trace encore vivante d'un esprit en marche, en activité constante, signifie réellement surprendre un cinéaste au travail, découvrir sa méthode et ses secrets de fabrication,

Ci-contre :
Tournage des *Deux Anglaises et le continent.*

Pages 6-7 :
François Truffaut et Catherine Deneuve dans *Le Dernier Métro.*

1. *Truffaut par Truffaut*, textes et documents réunis par Dominique Rabourdin, Le Chêne, 1985.
2. *François Truffaut*, Antoine de Baecque, Serge Toubiana, Gallimard, 1996.

suivre le surgissement d'une idée, l'esquisse parfois d'une mise en scène, la naissance d'un film. Mine inépuisable aujourd'hui rassemblée à la Bibliothèque du Film (BIFI). Truffaut, qui avait la passion des documents, des inédits d'écrivains ou de cinéastes, a-t-il pensé qu'il constituait ainsi un fonds de recherche inégalé sur son propre travail ? Il a assez peu ouvert ses archives de son vivant à ceux qui écrivaient sur ses films, donnant exceptionnellement accès aux scénarios de tournage, car, souvent un peu gêné ou intimidé par les exégèses trop fouillées, il préférait éviter d'en apprendre trop sur le cheminement de sa propre création, ne pas devenir trop conscient de lui-même et des voies qui l'amenaient à ses films. Surtout, il se servait lui-même de toute cette documentation soigneusement conservée comme d'un vivier permanent où il allait rechercher des idées, ressortant des dossiers de leur boîte pour enrichir une écriture en cours. Il repart, parfois des années après, de quelques notes jetées sur un bout de papier, fait glisser une scène d'un film à un autre. Il peut lancer un nouveau projet à partir d'une idée abandonnée, ou plus fréquemment de plusieurs idées qu'il a soudain la tentation d'additionner : comme lorsqu'il fait *Le Dernier Métro* à partir d'un projet sur le théâtre et d'un projet sur l'Occupation, leur mélange lui donne à la fois un matériau plus dense et l'impulsion nécessaire pour démarrer un nouveau film. Un fragment de dialogue, un trait de personnage écrit au moment des *Quatre Cents Coups* peut ainsi venir nourrir une scène de *L'Argent de Poche* ou de *L'Homme qui aimait les femmes*. Quelques phrases essayées au début des années 1970 sur un coin de papier prennent sens dix ans plus tard quand il écrit *La Femme d'à côté*...

Avec Suzanne Schiffman, tournage de *La Sirène du Missisipi*.

Truffaut avait une manière de travailler que l'on croit connaître, d'autant qu'elle a été plusieurs fois relatée : par lui-même à la sortie de ses films, bien qu'étant alors souvent un peu arrangée, ne serait-ce que pour des besoins de simplification et de fluidité du récit ; puis, à diverses reprises, et souvent de façon scrupuleuse, par ses collaborateurs depuis sa mort. Explorer ses notes préparatoires, les versions successives de ses scénarios, ainsi que sa très abondante correspondance professionnelle, permet de la redécouvrir, d'aller plus avant, et d'en éprouver l'obstination et la cohérence. Un travail dont on mesure mal l'acharnement, qui va de l'élaboration toujours remise en question des scénarios jusqu'au moment de la sortie des films sur laquelle Truffaut veille de près, non seulement en France, mais aussi à l'étranger. Truffaut écrivait de Lubitsch qu'il se donnait un mal de chien (il parlait de l'écriture) et qu'il était mort du cinéma vingt ans trop tôt, il en a sans doute été de même pour lui.

DISPOSITIFS DE LIBERTÉ. On redécouvre aussi à quel point Truffaut a mis en place un dispositif inédit, ou plutôt une série de dispositifs, lui permettant de travailler, d'inventer et de faire ses films librement. Le premier élément de ce dispositif est bien sûr sa société de production, Les Films du Carrosse, qu'il fonde en 1957 pour pouvoir réaliser *Les Mistons*. Sans savoir qu'il bénéficie alors, pour obtenir des engagements bancaires, de l'appui discret de son futur beau-père, Ignace Morgenstern, par l'intermédiaire de son directeur financier, Marcel Berbert, qui deviendra pendant plus de vingt-cinq ans le bras droit du cinéaste à la tête du Carrosse. L'existence de cette société, qu'il réussira à maintenir à flots au fil des années, est le garant de son indépendance artistique et financière, elle lui permettra de coproduire bon an mal an presque chacun de ses films, que ce soit avec la participation de producteurs et de distributeurs français, ou, pour de nombreux films, de filiales américaines installées en France, comme Les Artistes Associés. Au jour le jour, rien n'est aussi facile que cela a pu le paraître rétrospectivement. Plusieurs des projets de Truffaut sont difficiles à monter financièrement, souvent rejetés une première ou une deuxième fois comme étant peu susceptibles d'attirer le public (parmi ceux-ci et entre autres, *L'Enfant sauvage*, *Adèle H.*, et même *La Nuit américaine* ou *Le Dernier Métro*). Souvent le remboursement des films ne peut se faire sur le seul territoire français mais peu à peu grâce aux ventes à l'étranger (« Je considère que je dois ma liberté de création à la fidélité du public américain, japonais ou scandinave », soutenait le cinéaste). S'il ne s'est jamais retrouvé contraint à exécuter une commande ou à tourner un film qui ne lui soit pas nécessaire (à l'exception peut-être de *L'Amour en fuite*), Truffaut tient l'équilibre du Carrosse en se limitant volontairement à des budgets moyens, renonçant parfois à la tentation de faire des films plus chers comme au moment *d'Adèle H.*
Refuge contre les sirènes et les pièges de l'industrie, Le Carrosse est aussi un refuge tout court. C'est pour Truffaut un lieu de travail, un bureau où il peut venir chaque jour quand il ne tourne pas, s'enfermer, répondre à son courrier, réfléchir à ses films suivants, et entreposer ses archives, ses livres, les portraits des écrivains et cinéastes qu'il admire. C'est un dispositif de sécurité qui lui permet aussi d'entretenir au moins partiellement une famille de substitution, famille de cinéma qui l'entoure, le protège et l'accompagne dans son travail. À commencer par Marcel Berbert, à qui il pourra écrire en 1971, alors qu'il s'est jeté pour conjurer une grave dépression dans le tournage des *Deux*

Anglaises : « Au début de l'année, le Carrosse avait une roue dans le vide, vous m'avez aidé, silencieusement mais très fortement à redresser la situation ; j'espère que tout ira bien désormais et que nous n'aurons pas à regretter l'aventure des *2 Anglaises* ». Suzanne Schiffman, collaboratrice essentielle, rencontrée par Truffaut sur les bancs de la Cinémathèque, puis retrouvée au moment de *Tirez sur le Pianiste*, où il peut l'engager comme scripte (alors qu'il n'avait pu le faire sur *Les Quatre Cents Coups*, car elle n'avait pas de carte professionnelle). Scripte peu conventionnelle, très proche du cinéaste avec qui elle retravaille les scénarios au cours des tournages dès les premiers films, Suzanne Schiffman devient officiellement assistante à partir de *L'Enfant sauvage*, puis Truffaut la crédite au scénario à partir de *La Nuit américaine* et finit par lui installer un bureau au Carrosse afin qu'elle le pousse dans ses retranchements dès le point de départ des films suivants. Coscénariste, assistante, courroie de transmission sur le plateau où Truffaut la charge souvent d'être la messagère de ce qu'il ne veut pas dire lui-même, son apport permanent et indispensable est de ceux auxquels il est difficile de rendre justice, car il est souvent plus oral qu'écrit, et elle n'aimait guère elle-même le mettre en avant.

Truffaut s'entoure de fidèles auxquels, associant clin d'œil et économie, il donne très souvent de petits rôles dans ses films (Suzanne Schiffman est la seule à ne faire qu'une très fugitive apparition dans un seul film, *L'Homme qui aimait les femmes*, alors que Marcel Berbert joue très souvent de vrais rôles) : Claude Miller, Jean-François Stévenin, Roland Thénot (son régisseur), Monique Dury (sa costumière), Claudine Bouché, puis Yann Dedet et Martine Barraqué au montage, Christine Pellé (qui devient scripte après Suzanne Schiffman), Josiane Couëdel (au secrétariat de production)... Il travaille avec des scénaristes qui sont aussi des amis : Jean-Louis Richard, Claude de Givray, Jean Gruault... Mais il pratique le cloisonnement, évitant de les faire se rencontrer au Carrosse et leur attribuant les projets selon ce qu'il estime être leur spécialité. De la même manière, lorsqu'il travaille avec Nestor Almendros à partir du début des années soixante-dix, il lui confie de préférence les films à costume où il souhaite travailler la photographie, tandis qu'il préfère Pierre-William Glenn pour les films plus actifs et rapides comme *Une Belle Fille comme moi* ou *La Nuit américaine*.

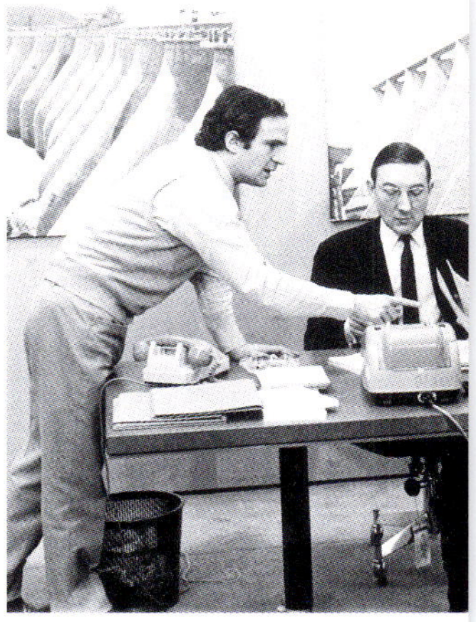

Avec Marcel Berbert, tournage de *Domicile conjugal*.

Dans ce filet de protection que Truffaut installe autour de lui un autre personnage compte, Helen Scott, l'amie américaine, chargée des relations avec la presse au French Film Office, qui accueille le jeune cinéaste lors de son premier voyage à New York en janvier 1960 (*Les Quatre Cents Coups* viennent de recevoir le Prix de la critique new-yorkaise). C'est le début d'une longue amitié, favorisée par le retard d'un avion bloqué par la neige à Chicago. Truffaut prend l'habitude de se confier à celle qui devient, comme le résume Claude de Givray, une sorte de « mère juive de remplacement », et la distance entre Paris et New York (jusqu'au moment où Helen Scott vient s'installer à Paris à la fin des années soixante) nous offre la chance d'une correspondance détaillée où le cinéaste évoque avec une franchise encouragée par l'éloignement, ses états d'âme, ses problèmes privés et ses soucis ou projets professionnels. La correspondance avec Helen Scott (c'est avec elle que Truffaut mettra sur pied le projet de livre d'entretiens avec Hitchcock entre 1962 et 1966) est un précieux baromètre de la vie et des espoirs professionnels de Truffaut dans les années soixante qu'il importe de croiser avec le mouvement de la fabrication dévoilé par les archives.

L'INVENTION PAR RÉACTION. Comment Truffaut invente-t-il ? Comment le mouvement se fait-il d'une première ébauche de l'idée au film terminé ? On s'aperçoit là encore que le cinéaste a mis en place un véritable système. Au début des années soixante, les difficultés qu'il rencontre pour monter financièrement le projet de *Fahrenheit 451* effraient profondément Truffaut. Il ne veut plus jamais se retrouver coincé dans une pareille situation de blocage : empêché de tourner, sans prochain film en vue, avec le risque de mettre Les Films du Carrosse en péril. Il décide alors d'avoir toujours plusieurs projets en cours d'écriture, afin d'avoir à tout moment la liberté de substituer un film à celui qui n'est pas prêt ou se trouve rejeté par les partenaires financiers. Projets simultanés, amorcés longtemps à l'avance, à qui il peut laisser ainsi leur temps de développement et qu'il répartit entre ses différents coscénaristes avec lesquels il travaillera séparément, un peu comme un joueur d'échecs qui mènerait plusieurs parties en même temps. Pour ne pas passer à côté d'un sujet qui aurait pu l'intéresser, Truffaut essayait d'être rapide. Il s'était abonné à un magazine professionnel des libraires signalant les prochaines parutions, afin de pouvoir repérer nouveaux livres et documents avant même leur sortie publique.

Surtout, en découvrant les réponses qu'il fait à ses coscénaristes sur les marges et les blancs des premières versions de scénarios remises par ces derniers, en lisant page après page ces remarques de récit et de mise en scène, ces engueulades, ces reprises en main, ces rejets violents, souvent drôles, aigus toujours, on s'aperçoit que Truffaut invente par réaction, en s'indignant, en refusant une vision qui n'est pas la sienne. Comédie surjouée de l'exaspération : tout se passe comme si Truffaut faisait exprès de faire dresser devant lui, presque comme sur un écran, un premier film forcément bancal qui n'est pas le sien et contre lequel il va pouvoir s'insurger, avant de mettre peu à peu à jour celui qui lui est propre, aussi personnel que ses empreintes digitales. Ce travail par réaction est essentiel chez un cinéaste qui envisage chaque film comme faisant partie d'un ensemble : chaque film est une réponse à un film précédent, une tentative de prendre le contrepied, d'aller contre, ou de résoudre un manque, une insatisfaction, de chercher une solution qui sera peut-être ou peut-être pas plus satisfaisante que celle qu'il a déjà mise en œuvre. Presque chaque scène, chaque mouvement du récit est aussi imaginé à partir d'un refus : comment aller plus loin, comment ne pas se contenter de ce qu'on a, comment éviter le poncif, déjouer les pièges, comment concentrer, enrichir une scène, un personnage, en y adjoignant une ou plusieurs idées prises ailleurs, comment multiplier les niveaux… En reconstituant le mouvement de l'écriture, on découvre une des clés de l'exceptionnelle densité des films de Truffaut, ce qu'il résumait lui-même en recommandant à ses scénaristes de ne pas construire une scène pour une idée, mais de rassembler plusieurs idées dans une même scène…

AUTOCRITIQUE D'UN CINÉASTE. Il est probable que cette forme d'esprit qui consiste à avancer par opposition, à inventer contre, s'est développée chez Truffaut pendant les années de son travail de critique, où ses réactions d'une violence redoutée contre les films français des années cinquante, ses emportements et ses oukases, étaient déjà une manière d'aspirer à un autre cinéma. Celui dont les contours étaient déjà dessinés inversement par les admirations : Renoir, Ophuls, Guitry, Becker, Hitchcock… Rien ne me paraît plus faux que la légende selon laquelle Truffaut le critique irascible, le fossoyeur de la qualité française, serait ensuite devenu un cinéaste rangé et assagi. Il y faut de l'aveuglement aux sujets et à la nature de ses films, à la violence qui y sourd, à la façon d'être toujours du côté des personnages et à l'intérieur même de leur folie, à la manière de raconter et de mettre en scène. Lorsque l'on enquête sur le processus de fabrication de ses films et que l'on mesure peu à peu la part primordiale de l'invention par rejet et opposition, à toutes les étapes du travail, de l'écriture du scénario au choix des décors ou jusqu'à la façon de diriger un comédien (ainsi Truffaut a-t-il souvent raconté qu'il avait fait bouger et rire Jeanne Moreau dans *Jules et Jim* pour lutter contre la morosité que lui avait imposée ses films précédents), tout vient renforcer la certitude d'une continuité. Les dispositifs de travail que Truffaut a tenu à mettre en place, au risque de mériter le reproche de maniaquerie, sont ceux qui lui permettaient de rester à distance, même face à son propre travail, et de garder en éveil son esprit critique, manière au fond de pouvoir continuer un dialogue permanent avec lui-même, dont il était somme toute, film après film, le critique le plus acéré.
Dans sa vie d'homme comme dans sa vie de cinéaste, Truffaut n'a cessé de tenter de résoudre cette contradiction entre le désir d'être reconnu et intégré dans la société, de faire partie du système, et une nature irréductiblement asociale. Si l'on y songe un instant, Truffaut s'est affronté à des sujets impossibles : *Jules et Jim* (deux amis qui aiment la même femme et acceptent de la partager), *L'Enfant sauvage* (un gamin des bois qui apprend à marcher et à manger avec une fourchette), *Adèle H.* (une folle qui veut à tout prix se faire épouser), *L'Homme qui aimait les femmes* (un homme obsédé par les femmes qui marchent), *La Chambre verte* (un homme qui ne pense qu'aux morts), *La Mariée était en noir* (une femme qui ne pense qu'à tuer)… ou même *Baisers volés* (un jeune homme qui hésite entre une femme de quarante ans et une jeune fille, éducation sentimentale ténue) ou encore *La Sirène du Mississipi* (un homme qui se fait blouser par une femme et continue de l'aimer)… Ces sujets souvent paradoxaux sont des paris avec lesquels Truffaut se demande comment il va parvenir à intéresser. Pas nécessairement à intéresser tout le monde à la fois, mais à intéresser chacun, et à intéresser partout, aussi bien en France, qu'au Japon ou en Scandinavie. C'est alors que commence le travail du scénario, du remplissage de la tapisserie, où la résolution du problème passe souvent par une ou plusieurs additions : l'histoire d'une passion monomaniaque d'une jeune femme pour un homme sans qualités devient possible s'il s'agit de la fille de Victor Hugo, dont l'identité est effacée par la puissance écrasante de son père, et si l'on peut travailler l'instant de cette révélation sur le public ; celle d'un homme qui suit celle qui l'a épousée sous un faux nom à travers la France devient intéressante si l'on suit chaque étape de l'évolution sentimentale et sexuelle du couple, etc. Cela passe aussi par le travail de la bonne scène, de la succession de bonnes scènes, puisque Truffaut ne cesse d'y revenir, et d'y faire revenir ses complices d'écriture, pour les rendre plus pleines, plus divertissantes, pour contourner le cliché, pour qu'il s'y produise quelque chose, que la violence des sentiments affleure et se montre.

L'ART DE LA CONTREBANDE. Qu'est-ce que les films de Truffaut ont de plus ? Ces films à l'allure faussement lisse et facile sont travaillés certainement davantage que beaucoup d'autres, mis et remis sur le métier, récrits et complétés encore pendant le tournage, puis à nouveau au moment du montage. Ils recèlent aussi une part de violence et de sauvagerie, même pour les plus apparemment rassurants d'entre eux, qui les habite et les distingue. Comme me l'a fait remarquer Claude de Givray, *César et Rosalie* (de Claude Sautet) pourrait être une sorte de *Jules et Jim*. Mais sans ce rappel au cœur du film de la guerre de 14-18, sans la part de gravité qui est justement ce qui, au-delà du charme, fait atteindre le film à l'universel. C'est précisément quand il récrit, puis quand il tourne, que Truffaut resserre ses scénarios, en élimine le pittoresque, et se laisse aller vers les scènes les plus crues et les plus excessives de ses films. Le cinéma de Truffaut ne cesse de jouer du décalage entre une apparence anodine, le masque aimable du divertissement, et la boule de sauvagerie qui le traverse et surgit par éclats. De cette étrange sauvagerie quelle est la part qui trouve ses racines dans l'enfance du cinéaste ? Ces situations qu'il jette sur le papier mais hésite à mettre dans ses films pour éviter de réveiller des blessures familiales, ou qu'il ne finit par exploiter que beaucoup plus tard et de manière indirecte. Ce n'est que dans les flashes-back de *L'Homme qui aimait les femmes*, protégé par la vitesse et la complexité d'un récit entrelacé, qu'il montre une scène fondatrice écrite une première fois dans les notes préalables aux *Quatre Cents Coups* : celle où sa mère se promène à demi-nue devant l'enfant assis, immobile, « comme pour mieux se confirmer qu'[il] n'existait pas ». Truffaut construit son cinéma à partir de la contradiction entre la puissance des fantasmes qu'il libère dans ses films et la volonté de se faire accepter : faire accepter les situations fortes ou excessives relatées dans les films, raconter la violence ou l'étrangeté des fantasmes tout en les rendant suffisamment présentables pour que les personnages et les films ne soient pas rejetés. Parce qu'il a prosaïquement besoin, étant son propre producteur, d'avoir un public et que ses films marchent le mieux possible et dans les circuits commerciaux, seule condition pour qu'il puisse en faire d'autres avec la même liberté. Parce qu'il a besoin aussi d'être compris et d'être aimé. Les revers, les échecs publics, comme ceux du *Pianiste*, de *La Peau douce*, des *Deux Anglaises*, lui sont dès lors particulièrement difficiles, surtout quand les attaques atteignent ce qu'il a tenté de plus personnel, du côté de la malice et de la rupture de ton, comme de celui de l'intensité des sentiments. Cette nécessité d'être reconnu et accepté, semblable au désir d'Antoine Doinel d'entrer dans les familles, est en même temps à l'origine du malentendu qui voudrait faire croire à la douceur, à la sagesse ou à la petitesse de son cinéma. On peut choisir de s'arrêter à l'apparence, à l'emballage, refuser d'y aller voir. Pour Truffaut qui fait souvent l'éloge de la ruse, non comme fuite devant l'essentiel, mais de la ruse pour obtenir l'essentiel, le cinéma est « un art indirect, inavoué, qui cache autant qu'il montre ». Rendre sa part de folie civilisée, afin qu'elle puisse être acceptée par tous. Protégé par son image de cinéaste classique, jamais il n'a renoncé à la radicalité de ses sujets, allant jusqu'à exposer son propre corps comme pour « une lettre écrite à la main » (*La Chambre verte*). Toujours sur le fil du rasoir, il a usé d'une intelligence permanente pour jouer sur tous les tableaux à la fois.

Ce livre consacré au travail d'un cinéaste s'est construit en dépit de deux grandes absences : celle de Truffaut bien sûr, celle aussi de Suzanne Schiffman, disparue il y a un peu plus de deux ans en mai 2002. Si j'avais rencontré à plusieurs reprises Suzanne Schiffman pour un premier livre écrit voici dix ans, il m'a souvent manqué aujourd'hui de ne pouvoir tout simplement lui téléphoner pour obtenir (ou parfois ne pas obtenir, car elle était, à l'image de Truffaut, assez secrète) des réponses à des questions que je me posais. En ce qui concerne notamment le travail de mise en scène, des décisions prises sur le plateau, dont elle était la première interlocutrice, et qui sont moins aisément repérables au fil des notes de travail. Car il était indispensable de croiser la lecture des documents, des nombreuses versions des scénarios, de la correspondance, et des entretiens ou témoignages laissés par les absents (Nestor Almendros a laissé un livre[3]), avec les souvenirs et le regard de ceux qui ont accompagné la vie et le travail de Truffaut : Madeleine Morgenstern, Jean Gruault, Claude de Givray, Marcel Berbert, Martine Barraqué, Yann Dedet, Claudine Bouché, Roland Thénot, témoins privilégiés que j'ai longuement revus ou poursuivis de coups de téléphone pour telle ou telle précision. Il a fallu aussi trier et choisir parmi la profusion d'informations, afin de reconstituer le plus nettement possible le trajet de chaque film, et d'éviter de proposer un livre assommant, en sacrifiant parfois à regret telle belle annotation sur un scénario, tel bon détail, telle idée passionnante développée dans un entretien ou dans une lettre… Car, « comme le dit Renoir, l'on ne vit que par de constants petits sacrifices », ainsi que le rappelait Rivette à Truffaut avant de lui conseiller de couper plusieurs scènes d'un de ses films.

3 *Un homme à la caméra*; Hatier, 1980.

Une Visite (1954), Histoire d'eau et Les Mistons (1958). À la fin de l'année 1954, grâce à Rivette qui sait comment récupérer de la pellicule pas chère, emprunter une caméra 16 mm, et assure les prises de vues, Truffaut fait ses toutes premières armes en tournant un court métrage d'une dizaine de minutes, *Une Visite*. Le film est improvisé sans vraie histoire dans l'appartement de Jacques et Lydie Doniol-Valcroze, sur le thème du croisement de trois personnages : une jeune femme (Laura Mauri, alors son amie), un jeune homme qui vient louer une chambre (Francis Cognany, un copain de Laura), et le beau-frère de la première (Jean-José Richer, critique aux *Cahiers du cinéma*) venu déposer sa fille pour le week-end (car Lydie Doniol-Valcroze avait besoin de faire garder sa fille de deux ans par la petite équipe du film). Truffaut sera mécontent et déçu de son propre amateurisme, et refusera de montrer le film, même à ses amis, découvrant qu'il n'a aucun sens de l'ellipse et encore tout à apprendre : « Qu'est-ce que ça m'a appris ? À me méfier des plans inutiles. Je ne m'étais jamais rendu compte que pour montrer quelqu'un qui va d'une cabine téléphonique à un appartement, il faut autant de plans d'entrée d'immeuble, d'escaliers, du type qui frappe à une porte, qu'on reprend de l'autre côté… ». Il en gardera la hantise d'ennuyer, « l'obsession du moment creux » : « Je souffre physiquement lorsque je sens les gens s'ennuyer dans une salle, même si le film n'est pas de moi. » Et dès cette première bobine, qu'il s'empressera d'égarer pendant de nombreuses années, il filme Jean-José Richer qui fait à la jeune fille le coup de la locomotive à vapeur, comme il le fera faire au personnage de Thérèse interprétée par Marie Dubois dans *Jules et Jim*. Jean-José Richer sera vingt-cinq ans plus tard le « Saint Aubain » de Marion dans *Le Dernier Métro*, l'homme avec qui la directrice du théâtre passe une nuit pour éveiller la jalousie de Bernard Granger et refuse de revoir ensuite.

En 1958, alors qu'il a déjà tourné *Les Mistons*, Truffaut part avec quelques centaines de mètres de pellicule fournis par le producteur Pierre Braunberger, qui essayait de monter divers projets avec lui, filmer quelques plans d'inondation dans la région de Montereau. « J'avais un goût très fort pour les inondations – comme pour le feu – parce que chaque année aux actualités et à la même période, on montrait des gens en barque quittant leurs maisons. » La voiture est prêtée par Chabrol, Jean-Claude Brialy, encore inconnu, accepte de venir, ainsi qu'une apprentie comédienne, Caroline Dim, et Truffaut improvise avec eux sur les bords du Loing, où l'eau a déjà commencé à refluer et où il se sent finalement assez gêné de bricoler des images frivoles au milieu des problèmes réels des victimes de la crue. Il renonce à en faire quoi que ce soit (« J'avais emmené six cents mètres de pellicule et j'ai ramené six cents mètres de pellicule impressionnée, mais qui n'impressionnaient que nous et même pas nous-mêmes »). Godard demande à voir les rushes et dit que cela l'amuse d'essayer un montage et d'y adjoindre un commentaire. C'est ainsi que les dix-huit minutes assez blagueuses qu'il en tire sont signées des deux cinéastes, même s'il ne s'agit ni du « meilleur film de Godard, ni du meilleur film de Truffaut ».

Jean-José Richer dans *Une Visite* fait déjà le « coup de la locomotive à vapeur ».

C'est avec *Les Mistons* que le futur cinéaste signe réellement son premier film. Au printemps 1957, il a repéré une nouvelle de Maurice Pons, rencontré à l'hebdomadaire *Arts* dont le jeune écrivain est aussi un collaborateur. La nouvelle lui plaît par son style, sa situation (un groupe d'enfants à l'aube de l'adolescence qui harcèle un couple d'amoureux) et ses images évocatrices et sensuelles, et aussi parce qu'elle lui paraît commode à tourner : « Tout se passait dehors au soleil, et il n'y avait pas besoin de producteur, il suffisait d'avoir de la pellicule et je connaissais quelqu'un à Montpellier qui avait du matériel », dira-t-il à *Cinéastes de Notre Temps* en 1965. Truffaut tournera en effet avec l'aide et le matériel de Jean Malige, chef-opérateur qui s'est installé un mini-studio dans le Sud de la France, aux abords de Montpellier. L'absence de recours à un producteur est néanmoins un pieux arrangement avec la vérité, puisque pour tourner *Les Mistons*, Truffaut fonde sa société de production grâce au soutien accordé à son insu par son futur beau-père Ignace Morgenstern qui dépêche son second, Marcel Berbert, auprès de l'organisme prêteur.
En avril 1957, à la suite d'une critique élogieuse écrite dans *Arts* sur le comédien qu'il a remarqué dans un film de Duvivier, *Le Temps des Assassins*, il sympathise avec Gérard Blain et sa jeune épouse, Bernadette Lafont. Un mois plus tard, pendant le festival de Cannes, il leur propose tout naturellement d'être son couple d'interprètes. Gérard Blain, d'abord réticent à l'idée que sa femme devienne actrice, renâcle puis accepte. Truffaut décide de tourner à Nîmes, ville dont est originaire Bernadette, et où il pourra utiliser le grand décor des arènes. Les amis sont de la partie. Robert Lachenay, dont l'héritage d'une grand-mère contribue au financement du film, sera directeur de production, et Claude de Givray, dont l'avantage sur Truffaut est qu'il sait conduire et possède une voiture, assistant. Il reste à dénicher les mistons que Truffaut recrute par le biais d'une annonce dans le *Midi-Libre* : « Metteur en scène cinéma cherche 5 garçons 11 à 14 ans pour jouer *Les Mistons* », choisissant cinq gamins parmi ceux qui se présentent. Il commence à tourner avec eux le 2 août 1957 et s'aperçoit assez vite que le canevas qu'il s'efforce de suivre l'intéresse moins que certaines images – il dira avoir eu envie d'adapter la nouvelle à

«Bernadette au tennis», Bernadette Lafont dans *Les Mistons*, une sensualité saisie dans le mouvement, que Truffaut filme comme Bergman a filmé Harriett Andersson dans certains plans de *Monika*.

cause d'une phrase sur la jeune héroïne, Yvette, entretemps devenue Bernadette, au tennis – ou que le simple plaisir de tourner librement avec les enfants. « C'est vraiment en tournant *Les Mistons* que je me suis rendu compte qu'il y avait des choses qui me plaisaient et des choses qui ne me plaisaient pas, que le choix d'un sujet de film est plus important qu'on ne pense et que l'on ne peut pas s'engager à la légère. Chaque fois que j'avais à filmer des choses qui étaient vraiment en relation avec le sujet, c'est-à-dire les tracasseries faites au couple par les cinq enfants, j'étais mal à l'aise. Alors que chaque fois que je faisais des choses presque documentaires avec les enfants, j'étais heureux et cela marchait bien. »

Du déplacement du film pendant le tournage à l'usage d'un commentaire littéraire et rapide qui emporte l'image, *Les Mistons* sont une sorte de condensé par avance du cinéma de Truffaut. Lorsqu'il adapte la nouvelle de Maurice Pons, Truffaut en manipule le texte, le déplace, le coupe et le récrit librement, comme il le fera plus tard avec celui de *Jules et Jim* ou des *Deux Anglaises*. Une très belle phrase : « Nous étions plus fiers de tous ces baisers empêchés que si nous les avions nous-mêmes reçus ou donnés » est ainsi déplacée du début de la nouvelle à la fin du film, et Truffaut n'hésite pas à faire des collages qui restituent le style d'origine. Après la mort du fiancé de Bernadette, une phrase de la nouvelle (« La vie devait nous apporter, au retour des vacances, la plus cruelle des réponses, et qui laissa pour jamais en nos cœurs, la trace d'un insupportable remords ») devient pour le film « qui laissa pour jamais en nos cœurs les sentiments d'une tristesse abominable », Truffaut mêlant au texte de Maurice Pons celui d'une phrase de Julien Green placée par l'écrivain en exergue de son recueil, et que le jeune cinéaste avait souligné, car et le sens et le style avaient dû le séduire : « Il faut hardiment prendre sur soi la responsabilité du mal que l'on inflige à soi-même et aux autres, mais il résulte de tout cela une tristesse abominable. » Comme il pastichera Roché quelques années plus tard, afin de mieux faire jouer le texte avec les images, Truffaut pastiche Maurice Pons, inventant des phrases absentes de la nouvelle, mais qui en paraissent exactement issues tant elles en adoptent le rythme tout en collant au sujet : « Pour ces moments de grâce, nous aurions payé une éternité de solitude » (alors que Bernadette reprend de la main d'un des mistons une balle lancée trop loin au tennis), ou encore : « Qui embrasserait l'enfant que nous n'étions déjà plus ou l'adolescent que nous n'étions pas encore ? »

Le jeune cinéaste, qui avait d'abord conçu un film plus long qu'il réduira finalement à une vingtaine de minutes, commande à Maurice Pons un texte supplémentaire, afin d'accompagner des plans qu'il a filmés pour illustrer l'éveil compliqué au désir des adolescents. « J'ai filmé une dizaine de plans sur les filles dans la rue (qui marchent), dans la campagne (qui dansent), un baiser devant une porte cochère avec regard d'un miston, une affiche de pin up avec un panneau : "Interdit aux moins de seize ans", un geste obscène, etc. » Plans dont la plupart disparaîtront de la version raccourcie, de même que le texte additionnel, plus proche de son univers que de celui de Maurice Pons, et annonciateur des *Quatre Cents Coups*, comme de *Tirez sur le Pianiste*, ou de *L'Homme qui aimait les femmes* : « Trop de jambes, trop de seins, trop de jupes envolées nous poursuivaient en songe. Que signifie cette marche du désir dont nous préférons nous moquer ? Qui sont-elles ces vamps ridicules, ces incroyables femmes fatales ? Ces jeunes femmes naturellement provocantes devant lesquelles nous nous contraignions à raser les murs de la vie, qu'étions-nous pour elles ? Ces lèvres trop rouges, ces lourdes poitrines ? Chacun de nous portait dans son cœur cette folie d'image et d'amour plus précieuse que la vie qui l'autorise. » Et comme il le

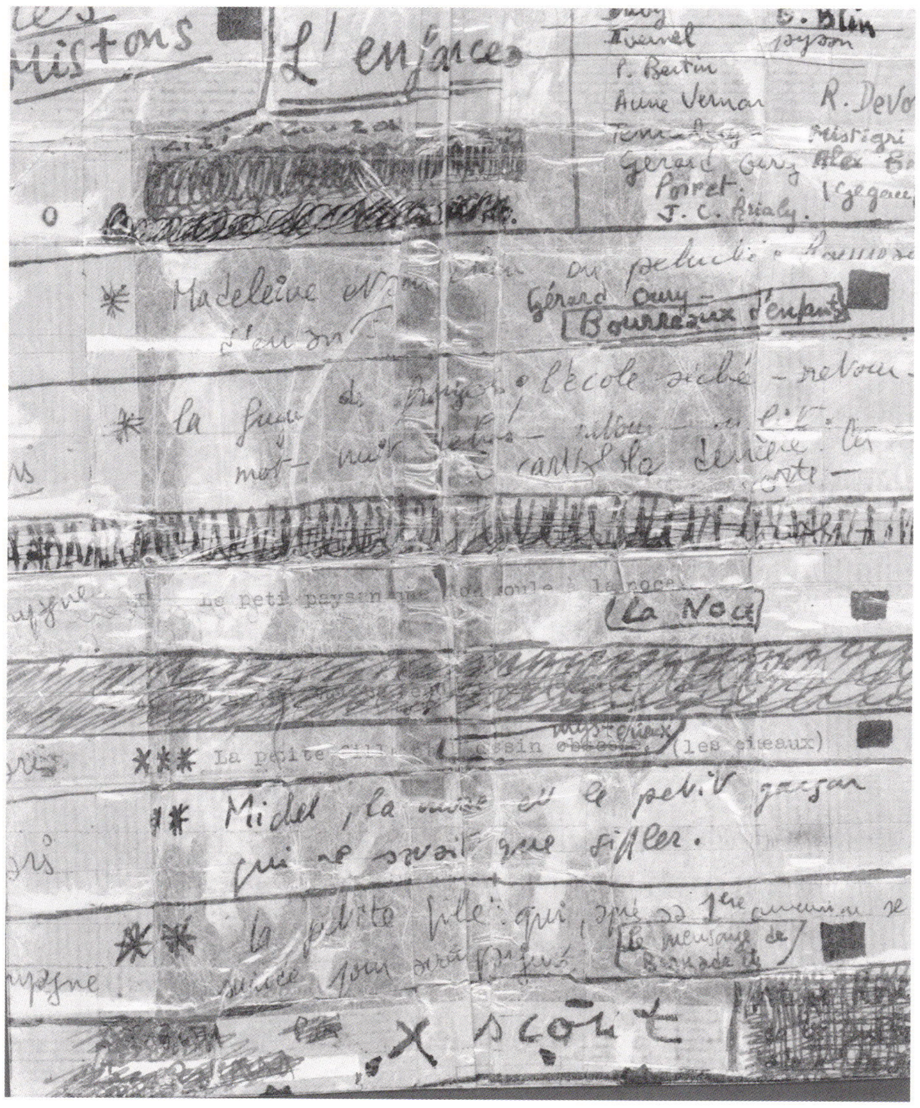

Une page de notes pour *Les Mistons*. On y découvre déjà des ingrédients qui nourriront *Les Quatre Cents Coups* et *L'Argent de Poche*. En haut du feuillet, quelques noms de comédiens pour un autre projet de court-métrage qui restera dans les tiroirs : la quête de la Tour Eiffel par un paysan en visite à Paris.

fera dans d'autres films, Truffaut demande à un comédien de doublage, Michel François, qui doublait James Dean, de dire le texte du commentaire, sur un rythme rapide et sans théâtralité.

On découvre aussi dès *Les Mistons* cette manière de faire totalement sien un univers emprunté en y insérant gags ou hommages personnels. Pratique déjà de la rupture de ton par laquelle Truffaut signale sa malice et sa liberté : l'homme qui refuse brutalement de donner du feu à Gérard Blain dans la rue (joué par Domarchi, critique aux *Cahiers*, juste avant que

quelques secondes plus tard, un autre passant, Claude de Givray, n'accepte, lui, de donner du feu), ou le petit remake de l'arroseur arrosé qui ouvre la scène de tennis.

« J'étais content quand je tournais des scènes inutiles, mais quand il me fallait raconter l'histoire, elle me glissait entre les doigts. Le film est fait de petites choses à côté. » De plans des enfants qui se tirent dessus à coups d'invisibles mitraillettes imaginaires, ou de ces plans légèrement ralentis de leurs visages qui se penchent sur la selle du vélo abandonné de Bernadette dont il hument l'odeur encore tiède. Des plans de Bernadette surtout, aimée par la caméra, comme le sera des années plus tard Fanny Ardant dans *Vivement dimanche!* Rieuse ou boudeuse, virevoltante au tennis, la jupette blanche très courte se soulevant au rythme de ses bonds pour rattraper la balle, ou jupes flottantes sur son vélo dans les rues de Nîmes. Fantasme de cinéaste, bonheur et passion déjà de filmer un corps féminin en mouvement qui se confond pour Truffaut avec le plaisir du cinéma tout court : « Des images de vélo en mouvement sont toujours agréables. Quand on les filme, on sait que tout va bien : c'est l'accord merveilleux entre le cinéma et les moyens de locomotion. Du moment que l'on tient quelque chose qui avance, une voiture, une locomotive, un vélo, on sait que l'on est dans le mouvement du film. »

Tournage des *Mistons*. Bernadette Lafont, Gérard Blain, et derrière Truffaut, son assistant Claude de Givray.

UN VRAI FILM

LES QUATRE CENTS COUPS

LES QUATRE CENTS COUPS **(1959). « C'est Bazin qui, il y a dix ans, me tira d'affaire en devenant quelque chose comme mon tuteur ; en parlant avec vous, je me sentais tout à la fois coupable et tiré de l'eau, tant vous avez de points communs avec Bazin. Tout comme il m'a aidé à "rectifier le tir" dans mon existence, vous allez m'aider à réaliser un film qui sera mieux qu'une confession geignarde et complaisante, un vrai film. »**

Belle déclaration de confiance faite après leurs premières rencontres par le jeune Truffaut à Marcel Moussy, à qui il demande sa collaboration pour établir le scénario de ce qui s'appelle encore *La Fugue d'Antoine*, ou, parfois, *Les petits Copains*. Au départ, *La Fugue d'Antoine* n'est rien d'autre qu'un sketch d'une vingtaine de minutes, destiné à compléter *Les Mistons*, tourné l'été précédent, et à former avec d'autres histoires courtes un long métrage sur l'enfance. Dans le courant du printemps 1958, il décide d'en faire son premier long métrage, à la place de l'adaptation d'un projet inabouti que devait produire Pierre Braunberger, *Temps chaud*, adaptation d'un roman de Jacques Cousseau[1], un peu à la Erskine Caldwell. N'ayant pas les moyens de se lancer dans une reconstitution, il renonce alors à développer sous l'Occupation, comme il souhaitait le faire au départ, l'engrenage dans lequel se retrouve entraîné un gamin qui n'ose pas rentrer chez lui après un mensonge fait à l'école et passe la nuit dehors dans Paris. « J'ai laissé tomber tout un aspect auquel je tenais beaucoup : l'aspect Paris de l'Occupation, combines du marché noir, etc. » Ambiance qu'il restituera en partie près d'une vingtaine d'années plus tard, dans *Le Dernier Métro*. Au début juin 1958, il décide de faire appel à Marcel Moussy, romancier (auteur d'un roman, « *Sang Chaud* »[2], histoire d'une enfance en Algérie) et scénariste de télévision de huit ans son aîné (en 1958, Truffaut a vingt-six ans), dont il a apprécié l'émission de télévision[3], réalisée par Marcel Bluwal, consacrée avec beaucoup de vérité aux conflits entre parents et enfants. S'il se refuse à travailler avec un scénariste estampillé par la profession et préfère quelqu'un qui n'est pas gâté par la pratique cinématographique (à l'exception peut-être de Jean-Loup Dabadie, il ne travaillera jamais avec des scénaristes « installés »), il sait avoir besoin de quelqu'un qui l'aide à construire et à mettre en forme une masse d'éléments encore assez peu dramatisés, tout en leur gardant leur authenticité : « Moussy m'a beaucoup aidé à donner une construction au scénario. J'avais des pages et des pages de notes, mais tout cela était tellement proche de moi que je n'arrivais pas à lui donner une structure », dira-t-il à la sortie du film. Premier de ses complices d'écriture, Marcel Moussy présente plusieurs des caractéristiques que l'on retrouvera, quelle que soit la diversité des personnalités, chez ceux

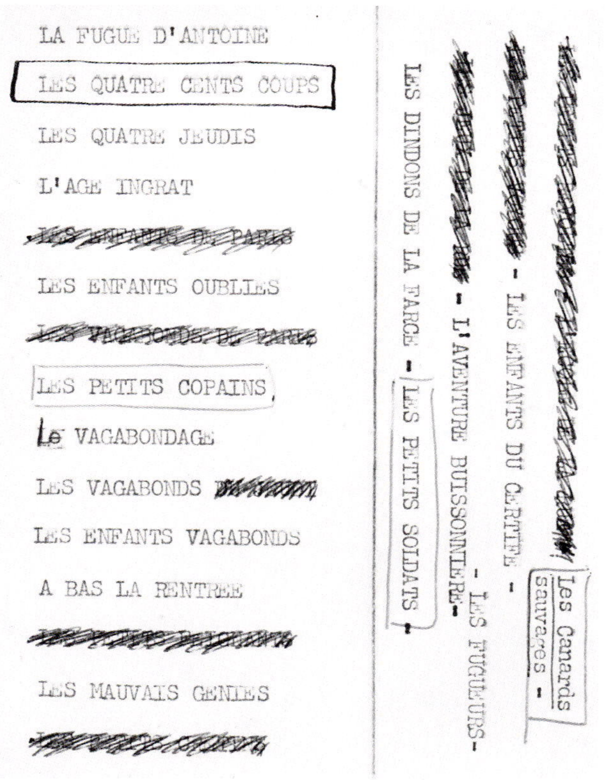
LA FUGUE D'ANTOINE
LES QUATRE CENTS COUPS
LES QUATRE JEUDIS
L'AGE INGRAT
LES ENFANTS OUBLIES
LES PETITS COPAINS
Le VAGABONDAGE
LES VAGABONDS
LES ENFANTS VAGABONDS
A BAS LA RENTREE
LES MAUVAIS GENIES
LES DINDONS DE LA FARCE - LES PETITS SOLDATS -
- L'AVENTURE BUISSONNIERE - LES FUGUEURS -
- LES ENFANTS DU CARTEL -
Les Canards sauvages -

Truffaut cherche le titre de son premier long métrage.

Pages précédentes : Jean-Pierre Léaud.

avec qui il travaillera par la suite : quelqu'un qui lui apporte un peu de distance, de recul, face à son matériau, la compétence (Moussy est un ancien professeur d'anglais et vient de participer à cette émission sur l'enfance), le fait aussi d'échapper aux étiquettes, de ne pas être un scénariste traditionnel ayant une carrière derrière lui. Quelqu'un aussi qui contienne et déporte, au moins en partie, la violence qu'il se sent sur le point de projeter dans un récit trop proche de sa propre histoire : « Si j'avais été seul, j'aurais eu tendance à typer les parents d'une manière très caricaturale, à en faire une satire violente mais non objective, et Moussy m'a aidé à rendre ces gens plus humains, plus prêts de la norme. »
Truffaut en effet se méfie de lui-même. S'il s'en défendra par la suite, afin de protéger dans la mesure du possible ses proches, et ne cessera de demander que la dimension autobiographique du film soit tue et même niée, il part d'un matériel qui l'est très directement. « Si le jeune Antoine Doinel ressemble parfois à l'adolescent turbulent que je fus, ses parents ne ressemblent absolument pas aux miens qui furent excellents, mais beaucoup, par contre, aux familles

Dans la classe, Truffaut dirige le jeune Richard Kanayan qu'il a repéré lors des essais et reprendra pour jouer le petit Fido dans *Tirez sur le Pianiste*.

1 Éditions Correa, 1956.
2 Éditions Gallimard, 1952.
3 *« Si c'était vous »*

qui s'affrontaient dans les émissions de télévision "Si c'était vous", que Marcel Moussy écrivait pour Marcel Bluwal », ment-il dans un article qu'il publie dans *Arts* le jour de la sortie du film, le 3 juin 1959, et intitulé « Je n'ai pas écrit ma biographie en quatre cents coups. » Mais, et d'autant qu'il est déjà suffisamment malin pour viser à l'universalité, il se refuse à réduire le film à un règlement de comptes, à la « confession geignarde et complaisante » dont il parle à son co-scénariste. Lorsqu'il confie à Moussy son premier texte qui esquisse le trajet d'Antoine selon le principe des catastrophes en chaîne, une première bêtise en entraînant une autre, plus grosse, qui a des conséquences, etc., il l'assortit d'une série de remarques sur le scénario. Parmi celles-ci, il marque sa volonté de mise à distance : « Le comportement des parents d'Antoine, et plus généralement de tous les adultes mis en cause dans ce film, seront nuancés, clarifiés, humanisés. » Des années plus tard, il continuera de préférer rester évasif sur la part autobiographique des *Quatre Cents Coups*. Fin mai 1981, il écrit à Pierre Tchernia, qui prévoit d'évoquer le film au cours d'une émission télévisée, pour lui demander de « laisser de côté la

La première page du scénario de tournage que Truffaut biffe de ratures diagonales lorsqu'il vient de tourner une scène : celle de la « pin up tombée du ciel » qui vaudra à Antoine Doinel sa première punition.

" LES QUATRE CENTS COUPS "

1. INTERIEUR SALLE DE CLASSE - JOUR
Le Générique défile sur un pupitre.

1\. Le pupitre se soulève, un élève en sort la photo d'une starlette en maillot. La photo circule de table en table, ce qui permet de voir l'aspect apparemment studieux de la classe : élèves qui mordent leur porte-plume ou qui tirent la langue avec application. [redacted]

Commentaire. - Le paradis perdu de l'enfance est une invention de vieux messieurs. Comment y croire à dix-huit ans quand le souvenir de l'âge ingrat reste aussi vif qu'une démangeaison ? Nous le reprochait-on assez de ne pas tenir en place et d'avoir le diable au corps ? A la maison comme à l'école, nous n'en finissions pas d'avoir treize ans. Antoine Doinel s'en souvient bien : c'était pour lui le temps de l'injustice.

La photo est arrivée entre les mains d'Antoine qui y ajoute des moustaches.

LE PROF. : Doinel ! Apportez-moi ce que vous avez là.

Antoine se lève à contre-coeur.

LE PROF. : Ah ! c'est du joli ! (regardant toujours la photo) Au piquet ! (la mettant dans sa poche) [redacted]. Il regarde sa montre et s'adresse à l'ensemble de la classe.

LE PROF. : Plus qu'une minute !

LA CLASSE : Oh !

LE PROF. : Silence !

2

Notes préliminaires. Truffaut dresse un portrait d'Antoine très proche de l'enfant qu'il a été et choisit Jean-Pierre Léaud après la deuxième séance d'essais.

N° 3 LEAUD Jean-Pierre

12, avenue George V - Paris 8°

Tél. BAL 77-16

x trés beau, un peu féminin
x fils de Jacqueline Pierreux et P. Léaud
x il connait Domarchi ?
x sa lettre est bien écrite, simple, nette.
x né où ?
x intelligent
x Antoine ~~...~~ René

Fric

Antoine

Douze ans et demi, parisien. Il a hérité de sa mère un sens critique trop développé; il a tendance à se moquer des copains plus frustes, des concierges; ... trop méprisant.

Chez lui, il ne " l'ouvre pas " ou presque, terrorisé par sa mère qu'il admire confusément et dont il est assez fier. Il se rattrape dehors et devient vite saoulant; comme il a un avis sur tout et un esprit de contradiction insensé, ses copains de classe le redoutent un peu et ne l'aiment guère; il est humble chez ses parents, insolent et persifleur dehors.

Précocement pédant, il suscite des compliments paradoxaux genre : " Quand il parle, on croirait un homme de trente ans" etc..

La peur de sa mère l'a rendu un peu lâche avec elle, maladroitement flatteur et servile, ce qui ne fait que l'indisposer davantage contre lui. Si son père et sa mère se disputent, il se range du côté de sa mère qui ne lui en est absolument pas reconnaissante : " toi, le petit, tais-toi s'il te plait ! " Mais lorsque le père met en boite la mère, il ne peut s'empêcher de rire ce qui provoque les drames.

De son père il a hérité le fou-rire facile, c'est tout.

Il est à l'aube de la révolte, déjà cynique, sans scrupules et glissant vers la sournoiserie.

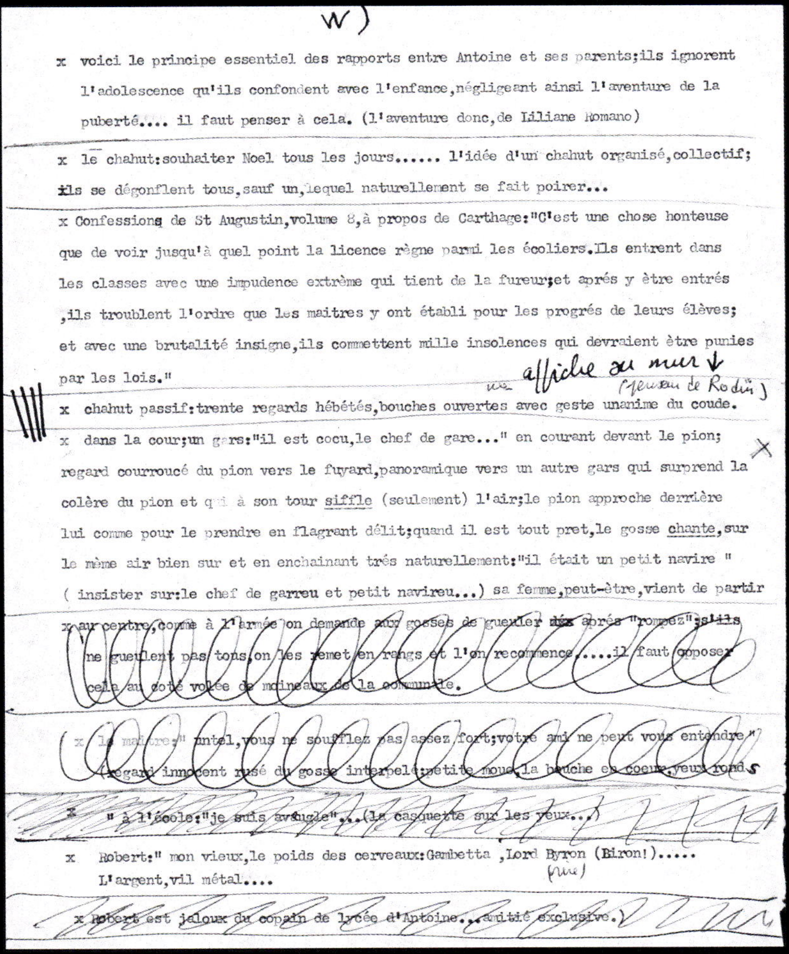

W)

x voici le principe essentiel des rapports entre Antoine et ses parents;ils ignorent l'adolescence qu'ils confondent avec l'enfance,négligeant ainsi l'aventure de la puberté.... il faut penser à cela. (l'aventure donc,de Liliane Romano)

x le chahut:souhaiter Noel tous les jours...... l'idée d'un chahut organisé,collectif; ils se dégonflent tous,sauf un,lequel naturellement se fait poirer...

x Confessions de St Augustin,volume 8,à propos de Carthage:"C'est une chose honteuse que de voir jusqu'à quel point la licence règne parmi les écoliers.Ils entrent dans les classes avec une impudence extrème qui tient de la fureur;et aprés y ètre entrés ,ils troublent l'ordre que les maitres y ont établi pour les progrés de leurs élèves; et avec une brutalité insigne,ils commettent mille insolences qui devraient ètre punies par les lois."

une affiche au mur ↓ (Penseur de Rodin)

x chahut passif:trente regards hébétés,bouches ouvertes avec geste unanime du coude.

x dans la cour;un gars:"il est cocu,le chef de gare..." en courant devant le pion; regard courroucé du pion vers le fuyard,panoramique vers un autre gars qui surprend la colère du pion et qui à son tour siffle (seulement) l'air;le pion approche derrière lui comme pour le prendre en flagrant délit;quand il est tout pret,le gosse chante,sur le mème air bien sur et en enchainant trés naturellement:"il était un petit navire " (insister sur:le chef de garreu et petit navireu...) sa femme,peut-ètre,vient de partir

x au centre,comme à l'armée on demande aux gosses de gueuler aprés "rompez";s'ils ne gueulent pas tous,on les remet en rangs et l'on recommence.....il faut opposer cela au coté volée de moineaux de la communale.

x le maitre:" untel,vous ne soufflez pas assez fort;votre ami ne peut vous entendre" (regard innocent rusé du gosse interpelé;petite moue,la bouche en coeur,yeux ronds

x " à l'école:"je suis aveugle"...(la casquette sur les yeux...)

x Robert:" mon vieux,le poids des cerveaux:Gambetta ,Lord Byron (Biron!)..... L'argent,vil métal....

x Robert est jaloux du copain de lycée d'Antoine...amitié exclusive.)

Notes remises à Marcel Mousy pour écrire le scénario.

Antoine l'incendiaire (Jean-Pierre Léaud), avec ses parents (Claire Maurier et Albert Rémy).

réputation autobiographique du film », car si sa mère est morte en 1968, il souhaite ménager son père qui vient d'avoir soixante-dix ans : « À l'époque, ce film a créé un véritable drame de famille et aujourd'hui, vingt ans après, j'en redoute toujours les séquelles. »

UNE MÈRE. Si le film ne fait guère de cadeau aux adultes, ce que le charme de Jean-Pierre Léaud fait ressortir par contraste, le jeune cinéaste ne cessera de s'inquiéter de cette question de l'équilibre entre l'adolescent et les parents. C'est pourtant en lisant quelques passages des fiches décrivant les personnages qu'il rédige pour Marcel Moussy dans le courant du mois de juin 1958, qu'on le découvre d'abord prêt à des attaques plus directes que celles qu'il s'autorisera dans ce premier film. On ne s'étonnera pas que le portrait de la mère, à la fois admirée et détestée par Truffaut, soit particulièrement sévère : « Extrêmement nerveuse et intolérante, elle terrifie Antoine auquel elle ne passe rien. S'il ne fait rien, ne dit rien et reste dans son coin à lire, tout va bien, elle affecte seulement de l'ignorer ; ce qu'elle ne lui pardonne pas, c'est de se manifester parfois en tant qu'enfant : rires intempestifs, poser une question, faire du bruit, tousser, etc. » Termes très proches de ce que Truffaut ne confiera aussi ouvertement qu'en 1971 à Aline Desjardins, dans une interview pour Radio-Canada qui reste celle où il s'est le plus livré : « Ma mère ne supportait pas le bruit, enfin, je devrais dire pour être plus précis qu'elle ne me supportait pas. En tout cas, je devais me faire oublier et rester sur une chaise à lire, je n'avais pas le droit de jouer ni de faire du bruit, il fallait que je fasse oublier que j'existais. » Plus loin, lorsqu'il dépeint son personnage, Truffaut ne mâche pas ses mots, accompagnant sa hargne d'une certaine misogynie : « Elle n'est pas intelligente, seulement un peu plus instruite que la moyenne des femmes. Elle tranche sur tous les sujets, péremptoire jusqu'à l'inconscience » ; « Elle est de manière générale très méprisante pour l'univers entier : " tous des crétins " » (dans son portrait d'Antoine, Truffaut dira, du gamin, donc en partie de lui-même : « Il a hérité de sa mère un sens critique trop développé ; il a tendance à se moquer des copains plus frustes, des concierges ; trop méprisant ») ; ou encore, sur la mère : « Elle manque formidablement de simplicité. C'est une Bovary de plus sur la terre. Son mari l'appelle parfois " la sauvage " ce qui la flatte. » Cette amertume et cette indifférence de la mère, dont il ne se permet de trahir dans *Les Quatre Cents Coups* qu'une forme atténuée, Truffaut la mettra en scène dans *L'Homme qui aimait les femmes*, film où la part autobiographique est moins directement visible, plus dissimulée dans le flux et la variété du récit. C'est pendant l'été qui précède la préparation des *Quatre Cents Coups* qu'il esquisse des scènes qu'il ne filmera que dix-huit ans plus tard, lorsqu'il se décide à développer en flash-back l'enfance de Bertrand Morane : « Antoine existe si peu pour sa mère qu'elle traversera facilement le petit appartement en petite culotte et soutien-gorge en sa présence ; c'est dans cet appareil qu'elle lui donne l'argent pour les commissions. » Ou ces quelques notes qui accompagnent le premier résumé du récit de la fugue d'Antoine : « Bien montrer qu'Antoine n'a jamais eu le droit de jouer ; à la maison, sa mère ne le tolère qu'assis sur une chaise, lisant ; elle a horreur du bruit, donc des jouets ; les gosses du quartier jouent dans la rue, sur la place, mais Antoine n'a pas ce droit ; un soir, sa mère le surprend sur la place, causant : " Rentre à la maison, s'il te plaît, mon petit, et vite ". » Ce qui deviendra dans *L'Homme qui aimait les femmes* la scène où la mère du jeune Bertrand le surprend dans la rue, évidemment avec une fille : « Qu'est-ce que c'est que cette petite dinde aux fesses plates ? » En 1958, Truffaut ajoute dans ses notes à Moussy cette précision : « Toujours : " Mon petit " – " le gosse " – " le petit ", ou parfois : " Mon pauvre ami ". » Et c'est dans la fiche qu'il consacre au père d'Antoine, qu'il ne peut s'empêcher de faire à nouveau ce portrait assez étonnant et ambivalent de la mère : « Au contraire de la mère, presque anarchisante, terroriste en chambre, " hors de la société " (on sent qu'il aurait fallu peu de choses dans sa vie pour qu'elle devienne une aventurière, un peu voleuse, ou surtout prostituée), il est assez bien intégré. » On y découvre une première ébauche, jetée en quelque sorte par avance, de ce lien établi, de manière radicale et surprenante, dans *L'Homme qui aimait les femmes*, à la fois par le texte et la mise en scène, entre la mère et une prostituée qui marche très vite dans la rue. On découvre aussi que plusieurs héroïnes des films à venir auront quelque chose de ce que la mère, selon lui, aurait pu devenir à peu de choses près : la Marion de la *Sirène du Mississipi*, aventurière, un peu voleuse et un peu prostituée, la Camille d'*Une Belle Fille comme moi*, ce qu'aurait sans doute été la petite voleuse aussi (de ce projet de film finalement réalisé en 1987 par Claude Miller), personnages en partie inspirés par ailleurs d'une des premières femmes avec qui vécut le jeune Truffaut, qu'il retrouve par hasard quelque temps avant de réaliser *La Sirène* et avec qui il fait un entretien dont il se servira pour écrire les dialogues du récit de la jeunesse de Marion. Comme s'il pouvait y avoir dans cet aspect plus « sauvage », mais non abouti de la mère, quelque chose de plus positif que négatif, bien qu'accompagné du qualificatif vengeur de « terroriste en chambre ». Le père est, quant à lui, moins durement critiqué : « Les femmes l'intéressent peu ; il trompe sa femme douze fois moins souvent qu'elle ; il dira " une belle pépée avec de sacrés lolos "... Mais il préfère parler des femmes que les pratiquer. » Ou encore : « S'il était artiste, ce serait un chansonnier de troisième zone ; il ne voit que ce qui ne le gêne pas ; il a horreur des " histoires ", son leitmotiv est " surtout, pas de drames ". Tout est prétexte à blaguer. Le matin, il lui arrive de maugréer parce qu'il n'a pas de chemise propre, que son veston n'a pas été détaché, mais comme sa femme s'y entend mieux que lui pour élever la voix, il préfère globalement adopter le ton ironique : " Zut, il y a des bouts de chaussettes dans ma paire de trous " », phrase dont Marcel Moussy se servira pour le dialogue. « C'est vraiment le film d'une époque de ma vie, dira Truffaut en 1962. Réalisé trois ans plus tôt, il aurait été plus " révolté ". Maintenant, au contraire, je trouve que cela ressemble trop à un engrenage. Au moment du tournage, je me suis laissé influencer ; je craignais que le gosse fût trop antipathique et j'ai renoncé à tourner des scènes de chapardages, de vols aux étalages et d'effronterie. Aujourd'hui, je rechercherais au contraire ces scènes-là pour donner au film un équilibre plus juste entre la responsabilité des adultes et celle des adolescents. »

« ELLE EST MORTE. C'est pourtant le père, pas encore la mère (on se souvient de la scène célèbre où l'instituteur secoue l'enfant qui n'a pas de mot d'absence : « C'est ma mère, M'sieur » / « Qu'est-ce qu'elle a ta mère ? » / « Elle est morte ») dont Truffaut prévoit de faire prétendre la mort à son héros dans une toute première ébauche : « Se jetant à l'eau, hagard, pâle de l'énormité qu'il va raconter : " Eh ben, voilà, mon père... " Le maître sceptique : " Qu'est-ce qu'il a encore ton père ? " – " Il est mort. " » Répondant en 1979 à un interlocuteur américain qui vient de le nommer membre d'honneur de la Société des amis de Mark Twain, Truffaut ajoute ce post-scriptum : « Pouvez-vous me dire si Mark Twain est l'auteur de cette citation : Il a bien de la chance le français qui peut dire avec certitude qui est son père ». Dans sa première esquisse des futurs *Quatre Cents Coups*, il imagine de faire arriver les premiers dérapages d'Antoine à la suite de la découverte fortuite de sa bâtardise à la lecture du livret de famille (« Distinctement, le mot bâtard est prononcé à son sujet deux fois de suite par le père et la mère », lit-on dans le tout premier résumé, phrase que Truffaut rature, faisant disparaître les traces biographiques, lorsqu'il remanie ce texte en vue de sa publication avec les autres scénarios des *Aventures d'Antoine Doinel* en 1970). Puis, il revient là-dessus, cherchant encore une fois à s'éloigner de cette part trop directe de son autobiographie, et propose un autre point de départ, lorsqu'il adresse à Marcel Moussy ce premier texte accompagné de

La double faute : sur la place Clichy, Antoine Doinel, qui fait l'école buissonnière avec son copain René (Jean-Pierre Léaud et Patrick Auffay), surprend sa mère au bras d'un amant (Claire Maurier et Jean Douchet).

quelques notes : « L'idée première de la révélation de la "bâtardise" sera abandonnée au profit de celle-ci, plus fortement dramatique : Antoine en faisant l'école buissonnière, rencontre sa mère au bras d'un homme. Comme elle ne dit rien le soir à la maison, Antoine imagine une complicité totale et, partant, une impunité systématique, vite démentie par les faits (sa mère sera présente à l'école quand il recevra la gifle paternelle). Cette déception constitue un moteur assez puissant pour entraîner la première fugue. » Truffaut dramatise une rencontre avec la mère, qu'il avait prévue dans son tout premier résumé : Antoine avait la peur de sa vie en croisant sa mère dans la rue, mais absorbée par une vitrine de lingerie, elle ne le voyait pas. Truffaut complète cette idée de la rencontre et du double flagrant délit (la mère avec son amant, l'enfant en école buissonnière) d'une remarque ajoutée à la main sur un feuillet à part titré d'un « Pour Moussy » :

« Deux idées dramatiques soutiennent le premier tiers du film :

1°) Un enfant, ayant surpris sa mère au bras d'un homme tandis qu'il faisait l'école buissonnière, se croit lié à elle par une complicité qui lui assurera l'impunité.

2°) N'ayant pas de mot d'excuse à donner en revenant à l'école après deux jours de vagabondage, un enfant fait croire à son professeur que son père est mort. La découverte de son mensonge entraîne la première fugue. »

Dans un résumé du bâti du scénario établi après le premier travail de Moussy, c'est sa mère qu'Antoine « tue » désormais :

« À l'école. Il justifie son absence en disant que sa mère est morte. La honte provoquée par la découverte de ce mensonge l'incite à une fugue partielle (ne plus rentrer chez lui). »

« Il y aussi les tentatives de conciliation de la mère, la promesse d'une bonne note en composition française, et l'imitation de Balzac qui aboutit à une double catastrophe : le feu à la maison, l'accusation de copiage. »

Dans la première ébauche de la *Fugue d'Antoine*, il n'y a pas encore l'idée du pacte avec la mère, l'alliance provisoirement proposée ou plutôt forcée par elle (« Nous aussi, nous pouvons avoir nos petits secrets »), mais déjà la lecture exaltée d'un roman de Balzac, la bougie allumée devant le portrait de l'écrivain admiré et le début d'incendie. C'est pendant le tournage, craignant que les rapports avec les adultes soient trop constamment âpres, que Truffaut décide de prolonger la scène au delà de l'extinction du feu et de la colère du père, ajoutant ce bref moment de pause et presque d'entente familiale où la mère les pousse à une sortie au cinéma : seul court moment de détente et de réconciliation avec les parents où résonnent les rires d'Antoine et où le cinéaste, tant qu'à faire une scène un peu potache, imagine par *private joke* que le film qu'ils vont voir est *Paris nous appartient*, que Rivette n'a pas encore terminé (et dont il pourra achever la post-production grâce, entre autres, au succès des *Quatre Cents Coups*).

LA CONSTRUCTION. Pendant l'été 1958, Truffaut est à la recherche d'une construction. Quitte à chercher un temps à surdramatiser le récit, comme s'il n'avait pas encore confiance en sa force émotionnelle. « Une troisième idée est à trouver assez forte pour déclencher la seconde fugue. Une quatrième idée plus forte que le désir de partir à la campagne (ou rendant plus impérieux ce désir) pour amener le vol de la machine à écrire. Il manque un ressort pour déclencher l'évasion », note-t-il pour Marcel Moussy. Truffaut oscille encore entre une ligne dramatique plus resserrée sur les écarts et les malheurs de son personnage principal, et le projet d'origine plus large de film à sketches sur l'enfance, conçu autour des *Mistons*. « Certains petits gags ou saynètes n'ont guère de rapport avec l'intrigue proprement dite ; on s'efforcera néanmoins de les conserver en les intégrant plus adroitement à l'action, de manière, tout de même, à dépasser l'anecdotique et à brosser un tableau, le plus complet possible, de l'enfance en général, joyeuse, triste, brimée, gâtée. Interviendront donc, très épisodiquement, des petites filles et des petits garçons d'âges différents. » Prévoyant de mêler à ses souvenirs personnels des histoires qui lui ont été racontées, il garde ainsi longtemps dans son scénario – jusqu'à l'exemplaire de tournage – l'histoire de la petite Mado et de son chien en peluche, caprice d'enfant raconté au jeune cinéaste par Madeleine Morgenstern, et dont il avait un temps pensé faire un des courts-métrages entourant *Les Mistons* (il remet ainsi à la Cinémathèque française en octobre 1959, six pages dactylographiées présentées comme le « scénario dialogué d'un sketch intitulé "Bourreaux d'enfants" et qui devait accompagner *Les Mistons* »). Dans le premier résumé, cette histoire est longuement racontée sur plusieurs pages : le caprice de la petite Mado qui refuse d'aller au restaurant sans son chien en peluche Totor (noir, poussiéreux et repoussant), et préfère rester seule à la maison. Dès que les parents ont tourné le dos, elle ouvre la fenêtre et crie : « J'ai faim ! ». Alertés, Antoine et René, qui la voient depuis l'appartement d'en face (l'histoire est insérée au moment du séjour d'Antoine dans le grand appartement vide des parents de René), lui envoient un panier de fruits et de gâteaux grâce à un système « hérité du téléphérique ». Plus tard, un petit garçon fait le clown pour amuser Madeleine depuis le balcon d'en face. Il prend une torgnole quand sa mère rentre. Retour des parents de Madeleine. Les jours suivants, ils ne com-

Trêve familiale : le retour du cinéma, scène que Truffaut imagine pendant le tournage pour compenser la dureté des rapports entre son héros et ses parents.

prennent pas pourquoi leurs voisins leur font la gueule. La séquence est reprise dans le script de tournage, au moment où Antoine et René sont à la fenêtre pour jouer avec leurs sarbacanes, et finalement non tournée. Truffaut la reprendra dans *L'Argent de Poche* (où la petite Mado devient Sylvie, du nom de la jeune interprète), où il glissera plusieurs autres saynètes qu'il avait en tête pendant l'écriture des *Mistons*, puis des *Quatre Cents Coups*, et ne la case finalement pas dans le film, afin de pas en gêner le mouvement dramatique. Ainsi le « premier baiser en colonie de vacances » dont il note d'abord qu'il pourrait « constituer le seule scène de retour en arrière. » Ou une longue scène de fête foraine où devaient traîner longuement Antoine et René avant d'essayer le rotor. De cette première idée d'un tableau de l'enfance en général, restera finalement dans le film la scène du Guignol, longue incise qui constitue comme un bloc isolé du reste du film, où Antoine et René, que l'on a vus, sans que soit donnée aucune explication, accompagner une petite fille inconnue dans les allées du jardin, assistent au spectacle de Guignol au milieu d'un groupe d'enfants plus jeunes qui crient leur peur et leur enthousiasme. L'idéal du spectateur pour un cinéaste qui dira plus tard avoir envie que l'on regarde ses films « la bouche ouverte ». Truffaut confiait de ces rushes du Guignol qu'il aurait pu en monter une demi-heure et s'être contraint, en dépit de la tentation, à n'en laisser que le strict minimum. Au fil de quelques allers et retours entre Truffaut et Moussy, le film trouve progressivement sa structure et son démarrage. Au départ, l'histoire de la pin up dessinée sur une feuille qui circule de table en table avant d'être interceptée par le maître, est une simple anecdote parmi d'autres, une bêtise d'écolier qui arrive après quelques autres racontées en vrac (les lunettes sous-marines piquées au premier de la classe ; le gamin qui s'est fait couper les cheveux par un copain pour garder le fric du coiffeur – saynète qui atterrira dans *L'Argent de Poche* – ; le prof de gym, snobé, abandonné, par petits groupes, par ses élèves). « Une autre fois, c'est une pin up quasiment nue, découpée dans un magazine genre *Paris-Hollywood* qui circule de table en table ; l'un rajoute une paire de lunettes dessinée au crayon, un autre des moustaches ; le maître les confisque une fois de plus : " et avec ça une heure de retenue ; vous n'êtes pas content, deux heures ; et vous, là, qu'est-ce que vous avez à ricaner bêtement, une heure également, ah, mes gaillards, ça va pleuvoir, c'est moi qui vous le dis ". » Truffaut, qui avait envisagé de démarrer le film par un réveil chez les parents, rebondit sur le

nouveau début proposé par Moussy : la classe studieuse penchée sur un devoir, on panote pour découvrir Antoine dans un renfoncement, puni. « Au lieu de commencer par Antoine au piquet, propose Truffaut en marge du premier scénario dialogué, on pourrait remonter à l'origine de cette punition injuste pour avoir un engrenage plus kafkaïen ! Par exemple : le générique sur un pupitre ; à la fin du générique, le pupitre se soulève et la caméra recule, l'élève untel sort la photo d'une fille en maillot, la photo circule de table en table, arrive à Antoine qui dessine des moustaches : " Apportez-moi ce que vous avez là... Au piquet ". Ainsi, on partirait de l'innocence et sur un rire du public dès la première minute. » Le premier crime d'Antoine devient ainsi un coup de crayon sur la photographie d'une jolie fille. C'est un des premiers avatars des pouvoirs souvent néfastes

Un commissariat imaginé contre la convention. Jacques Demy interprète un flic qui change Antoine de cellule et passe les heures de la nuit en jouant aux petits chevaux. Parlant avec Truffaut, le chef opérateur Henri Decae. Au fond, Jean-Luc Godard venu rendre une visite sur le plateau.

de la photographie chez Truffaut : la sanction tombe sans tarder. Le délit est lié au féminin, à la transgression, et à l'écriture : les quelques vers qu'il écrit sur le mur lui valent aussitôt un redoublement de punition et un renvoi de huit jours. Cela a été beaucoup noté, toutes les tentatives d'écriture d'Antoine tourneront ensuite à la catastrophe : le mot d'excuse prêté par René qu'il ne parvient pas à recopier ou plutôt qu'il recopie trop bien, puisqu'il ne sait pas y inscrire son propre nom mais copie celui de René, la lettre grandiloquente qu'il envoie aux parents pour justifier son départ et qui lui vaut leur incompréhension et leur ironie, la rédaction empruntée à Balzac et le drame de l'accusation de plagiat, et jusqu'au vol de la machine à écrire qui déclenche l'arrestation, la nuit au dépôt, et l'enfermement au Centre pour mineurs délinquants. Le jour du tournage, les vers de circonstance écrits par Antoine (« Ici souffrit le pauvre Antoine Loinod / Puni injustement par Petite Feuille / Alors qu'il n'avait pas dit un mot ») sont réécrits (le dernier vers devient : « Pour une photo tombée du ciel », puis « Pour une pin up tombée du ciel »). Truffaut change en cours de tournage (le film est presque entièrement postsynchronisé) le patronyme de son héros. Il a raconté avoir cru inventer le nom de Doinel (au lieu de Loinod, anagramme de Doniol-Valcroze, rédacteur en chef des *Cahiers du cinéma* au moment où Truffaut commence à y écrire) et s'être ensuite rendu compte qu'il s'agissait du nom d'une secrétaire de Jean Renoir.

ANTOINE ET RENÉ. Au premier scénario dialogué, à la fête foraine, c'est René qui tournoie dans le rotor, tandis qu'Antoine le regarde. Truffaut inverse ensuite leurs places respectives, de même qu'il échange peu à peu les caractéristiques des deux copains. Au départ, il prévoit un Antoine, plus soumis et anxieux, comme il l'était lui-même, face à un René plus entreprenant, comme l'était son ami d'enfance Robert Lachenay (le copain d'Antoine est d'ailleurs d'abord nommé Robert, dans les premières esquisses, et ses parents Bigey, comme la grand-mère de Lachenay). « C'est aussi un angoissé permanent puisqu'il ne sort d'une situation compliquée que pour retomber dans une autre inextricable, écrit Truffaut, d'Antoine lorsqu'il définit les personnages à l'intention de Moussy. Il envie Robert qui pratiquement n'a pas de comptes à rendre à ses parents lesquels, du reste, ne le maintiennent pas autant " en enfance ". » Robert est décrit comme plus fort : « Il est beaucoup plus " libre " qu'Antoine dont il moque sans cesse l'asservissement. Il est plus débrouillard, plus décontracté, plus machiavélique et plus audacieux. [...] Robert domine Antoine, prend les initiatives. C'est grâce à lui, par ses moqueries parfois cruelles qu'Antoine prend conscience de l'étrangeté de ses rapports avec sa mère [...] Il prend plus de risques qu'Antoine car pour lui tout s'arrange toujours grâce à l'espèce de folie de sa mère et à l'indifférence du père. Robert adore les situations périlleuses, l'émotion du vol et tout ce qui chez Antoine provoque des crispations, des angoisses et même des maux d'estomac dont Robert plaisante souvent. » Pendant le tournage, la personnalité de Jean-Pierre Léaud supplante celle de Patrick Auffay qui interprète René, et transforme l'Antoine plus servile et sournois qu'avait dessiné Truffaut. À la suite d'une annonce parue dans *France-soir* en septembre 1958 (« Cherche un garçon de douze à quatorze ans pour tenir un rôle dans un film de cinéma »), Jean-Pierre Léaud, 14 ans, recommandé par Jean Domarchi, critique aux *Cahiers*, écrit au cinéaste une courte lettre où il sollicite un rendez-vous et un bout d'essai. Après les premiers essais, Truffaut, favorablement impressionné par la gouaille du gamin, qui a déjà joué un petit rôle l'année précédente, hésite un temps entre le rôle d'Antoine et celui de René, avant de le choisir résolument pour interpréter son personnage principal. « Je voyais Antoine plus fragile, plus farouche, moins agressif, Jean-Pierre lui a donné sa santé, son agressivité, son courage. Il a été un précieux collaborateur. » Parmi les essais tournés en 16 mm courant octobre 1958, Truffaut a filmé un bref dialogue spontané entre Jean-Pierre Léaud et Patrick Auffay, où l'on découvre un Léaud énergique et déterminé, qui l'emporte haut la main sur son compère qui garde les bras croisés et reste plus évasif. Dans le texte tapé de ce dialogue improvisé, Léaud est déjà désigné sous le nom d'Antoine : « Dialogue Antoine-Patrick » : « Antoine exprime son désir de réussir dans le cinéma face à un Patrick moins résolu, plus indifférent. Il demande à Patrick s'il fait de l'art dramatique à l'école (la réponse est non), puis il raconte : " on fait des petites soirées sans rien dire à personne, et puis le soir : Allez (il frappe dans ses mains et siffle) les gars ! On fait une petite estrade et puis on joue un truc... Alors tout le monde est étonné, ça fait toujours bon effet. " » Truffaut se souviendra-t-il de ce récit lorsqu'il représente dans *L'Enfant sauvage*, le temps d'une très courte scène, un petit spectacle improvisé clandestinement par les enfants sourds-muets dans le dortoir de l'Institut.

Au moment de tourner, Truffaut supprime René de plusieurs scènes du début du film qu'il partageait avec Antoine : au scénario, René rentrait avec Antoine chez lui après la classe (et c'était visiblement la première fois : « Dis donc, c'est pas grand chez toi. ») Il l'accompagnait pour la corvée des commissions (Antoine ayant perdu la liste préparée par sa mère, le script prévoyait le dialogue suivant entre les deux garçons : « Antoine : Zut, j'ai perdu le mot / René : Tu connais engueulade ? / Antoine : Qu'est-ce que je vais pouvoir acheter ? / René : Tu connais salade, tu connais sardines ? / Antoine : Je connais ma mère »). Il apportait une aide morale pendant qu'Antoine commençait à rédiger sa punition, se palpant l'occiput devant la glace en se lançant dans des réflexions sur la taille respective des crânes et des cerveaux (s'instruisant beaucoup seul, René a lu que les grands hommes ont le cerveau plus lourd, Napoléon, Galilée...). Toutes ces scènes, Truffaut les sacrifie et choisit de les tourner autrement en privilégiant pour l'entrée dans le film la solitude de son héros, dont le spectateur sera ainsi le seul ami. Seul, privé de confident, Antoine devient à la fois plus sympathique, plus audacieux, plus maladroit et plus vulnérable. Il se livre à toutes sortes de petites activités frauduleuses, non écrites au scénario (les mains qu'il essuie sur les rideaux comme Charlot dans *Les Temps Modernes*, la monnaie subtilisée), mais que Truffaut avait en tête puisqu'il avait commencé à les lister dans ses notes de l'été 58 sur le personnage : « Son comportement lorsqu'il est seul doit être significatif : un mélange de bonnes actions et de mauvaises : il essuie la vaisselle et fait brûler un torchon ayant voulu le faire sécher trop vite ; ayant remonté du charbon, il essuie ses mains noires après le bas du rideau, etc. » Moins drôle que le scénario, le film devient à la fois plus direct et plus poétique. Truffaut ajoute aussi au tournage cette belle scène, qu'il n'hésite pas à dilater, où Antoine s'installe à la coiffeuse de sa mère et essaie son parfum et ses ustensiles de beauté, s'interrogeant devant le recourbe-cils.

AU TOURNAGE. Certaines scènes qui paraissent improvisées sont écrites : le gag, dans la classe, du gamin hirsute (Richard Kanayan, qui a fait pour le film des essais étonnants et qui jouera à nouveau dans *Tirez sur le pianiste*) qui gâche un cahier entier qu'il couvre de taches d'encre avant de s'apercevoir qu'il n'a plus de page disponible, est dans le scénario ; ou encore la rencontre pendant la fugue nocturne avec une jeune femme à la recherche de son petit chien (prévue même dès la première ébauche) ; d'autres qui paraissent écrites sont improvisées ou plutôt dessinées au dernier moment, telle cette scène d'Antoine à la coiffeuse de sa mère, la sortie familiale au cinéma, ou une scène de classe, ajoutée en marge, où René est interrogé par le prof d'anglais : « Where is the father ? » Comme il le fera par la suite, Truffaut ajoute des détails en marge de son script de tournage, revoit des dialogues, renforce des attaques ou des moments de scènes. En bas d'un petit-déjeuner avec les parents, il imagine ainsi pour le père d'Antoine un tic qu'il redonnera à Charles Denner dans *L'Homme qui aimait les femmes* : « On reste sur

Julien qui enfile un pull sans ôter la cigarette de sa bouche. » « Si tu me demandes mille francs, c'est que tu espères 500, donc tu as besoin de 300. Tiens, voilà cent francs », lui fera-t-il dire, en réintroduisant dans le film une certaine cruauté, à la place d'une phrase plus faible : « Tu déjeunes combien de fois par jour à l'école ? » du scénario. Il durcit une scène où les parents parlent des vacances en se demandant que faire du gosse, en ajoutant une attaque de scène où la mère parle devant son fils du cousin qui a téléphoné et dont la femme attend un quatrième enfant (« C'est du lapinisme »), et inverse les répliques : ce n'est plus le père qui dit : « Ben, on le mettrait en colonie de vacances », mais la mère qui tranche : « Les colonies de vacances, c'est pas fait pour les chiens. » Il radicalise une autre scène familiale en imaginant que le réveil n'a pas sonné, ce qui lui permet de montrer Antoine qui se rhabille à toute vitesse dans son réduit dans ses fringues de la veille, la buée qu'il faut effacer sur la glace de la cuisine et l'expression de panique du gamin qui sait n'avoir pas terminé sa punition (« que je dégradasse les murs de la classe »), tandis que la mère répond au père qui demande où a filé l'argent pour les draps du lit du gosse, que celui-ci aime autant dormir dans son sac de couchage (la nouvelle scène est scotchée par dessus l'ancienne sur le scénario de tournage).

En cours de tournage, Truffaut se rend compte que le ton général de son film devient plus triste que prévu. Il renonce du coup à tourner une séquence où Antoine et René, lors d'une de leurs escapades dans les rues, demandent à un passant comment rejoindre la Tour Eiffel. Ils rencontrent alors « un paysan ahuri et traqué qui leur explique que lui aussi voulait aller à la Tour Eiffel mais n'y est jamais parvenu. » Reliquat d'un projet de court métrage non tourné, vendu par le futur cinéaste à Pierre Braunberger en 1957 pour Raymond Devos et Jean-Claude Brialy et dont il existe plusieurs variantes. Le scénario des *Quatre Cents Coups* évoque d'ailleurs Raymond Devos : « Tirade à écrire avec Raymond Devos qui jouera le rôle. » Truffaut finit par supprimer la scène qui ne correspond plus à l'ambiance du film, et décide d'utiliser pour le générique les plans d'approche de la Tour Eiffel qu'il a déjà tournés et qu'il accompagnera de la musique de Jean Constantin. Le film étant trop long, il coupera également, lorsque Antoine et René sont réfugiés dans l'appartement du père de René et son ambiance à la Cocteau, une scène où les deux enfants, à défaut d'un repas plus consistant, faisaient du caramel sur le marbre de la cheminée et cassaient un trophée hippique du père. Ce sont souvent les scènes mi-cruelles, mi-cocasses, mais d'une cocasserie annexe à l'essentiel, qui disparaissent. Autre scène coupée, les enfants cherchaient ensuite à enivrer le chat de Toute Belle, la mère alcoolique et fantasque de René. Plus loin, il supprime du scénario, sans la tourner, une scène où Gilberte, la mère d'Antoine, consulte une voyante : autant pour savoir comment se comporter avec son fils que pour en apprendre davantage sur les sentiments de son amant.

ABANDON DU COMMENTAIRE. Truffaut découvre en même temps qu'il peut se passer de certaines explications. Lorsque Antoine rencontre Place Clichy sa mère avec son amant, le parallélisme de la double faute est dialogué de manière appuyée au scénario (« Tant mieux s'il est en faute, il n'osera rien dire à ton mari », devait dire l'amant – qu'interprète Jean Douchet). Ne restera pour finir que la réponse d'Antoine à René : « Penses-tu, elle osera jamais le dire à mon père. » Et cette question brève, posée par l'amant : « Ton fils, c'est lequel des deux ? » Le film terminé, il décidera également de se passer du support du commentaire prévu par le scénario, un texte assez littéraire dit par René qui devait raconter cette histoire : « Pendant ce temps-là, je séchais devant ma feuille. Pourtant, l'Histoire avait toutes mes faveurs, mais pas celle de l'Antiquité. Le professeur non plus n'aimait pas cette matière ingrate. Chargé de l'enseigner en plus du français, il s'en vengeait par d'innombrables interrogations écrites. D'où son surnom : P'tite Feuille. » Ce commentaire, Truffaut a d'abord demandé à Moussy de le renforcer. Annotant ainsi par exemple, sur le premier scénario dialogué, la rencontre avec la mère au bras d'un homme : « Davantage de commentaires de manière à ne pas dissiper l'émotion qu'a éprouvée Antoine, de donner de la gravité et du recul à cette scène et d'éviter un échange de répliques banal ; quelque chose comme : " Nous revînmes sous le porche récupérer nos cartables sans échanger un seul mot durant tout le trajet ; Antoine semblait bouleversé et je ne trouvais aucun mot pour le réconforter ; tristement, il m'expliqua qu'il décidait de rentrer en classe le lendemain, sa punition faite ; je lui fis remarquer qu'il n'avait pas de mot d'excuses " et là-dessus, passage au dialogue plus franc et franchement documentaire, lettre coupée en haut, etc. » Puis, il se rend compte que le film qu'il vient de tourner, à l'inverse des *Mistons*, n'en a pas besoin. Contrairement à l'usage plus complexe qu'en fera Truffaut dans d'autres films, le commentaire redondant écrit au scénario apparaît comme une sorte de paravent, ou d'amulette contre la peur de ne pas s'en sortir, de ne pas se faire comprendre avec les moyens du cinéma. Après les plans d'Antoine tassé contre le mur d'une cellule, le pull remonté jusqu'au menton, après ses larmes derrière les barreaux d'un fourgon qui traverse Paris la nuit, après le Centre pour mineurs délinquants, Truffaut ne peut plus finir comme il le pré-

voyait au scénario, par le réconfort d'un commentaire qui donnait un peu niaisement des nouvelles des personnages : « La dernière image de ce plan, Antoine au bord de la mer, devient fixe et se fond très lentement en enchaîné sur une autre en mouvement : Antoine et René qui marchent dans les rues de Paris (on aura déjà vu cette image d'école buissonnière). Cette image se fixe à nouveau nous rappelant qu'elle est prise par un photographe des rues, tandis que l'on entend les dernières phrases du commentaire : "C'est ainsi que je reçus une carte de Fourcroy-sur-mer où je réussis à rejoindre Antoine… Comment allons nous ? Très bien, merci… et vous ? Nous sommes libres et loin des tourments de l'adolescence mais quand nous marchons dans les rues, nous ne pouvons pas nous empêcher de regarder comme des complices nos successeurs de la treizième année recommencer les *Quatre Cents Coups.*" Cette tentation d'une fin enjouée concentre toute l'oscillation du cinéaste entre la liberté de ton et de style, au risque parfois de la cruauté, et le désir de conciliation. Truffaut choisit de finir son film sur un élan suspendu, la célèbre image figée d'Antoine qui finit sa course, indécis, devant la mer. Et c'est lors de

Antoine et René (Jean-Pierre Léaud et Patrick Auffay) cachés dans les locaux de l'imprimerie où Antoine passe la première nuit de sa fugue.

l'exploitation du film dans certains pays, l'Espagne, l'URSS, que le plan final est à nouveau amoindri par un commentaire optimiste.

CE FILM EST DÉDIÉ À ANDRÉ BAZIN. Truffaut commence le tournage le 10 novembre 1958 par les scènes de l'appartement Loinod, à Montmartre, non loin du quartier de son enfance. Pour interpréter le père, il s'est décidé pour Albert Rémy (« Le père d'Antoine doit être interprété par un acteur dont le regard semble assez dur [genre Gérard Oury ou autres anti-acteurs]. Il faudrait toutefois qu'il puisse facilement prendre l'air rigolard pour débiter ses calembours. À la rigueur Albert Rémy. Peut-être William Sabatier qui paraît plus jeune et un peu sensuel », indiquait-il dans ses notes à Marcel Moussy). Et pour la mère, pour Claire Maurier, qu'il fait teindre en blonde, et qui aura du mal pendant le tournage avec la dureté de son personnage envers l'enfant, le fait, par exemple, qu'elle ne l'appelle jamais par son prénom. Le personnage était très loin d'elle, concèdera le cinéaste qui précisait dans ses notes de l'été 58 : « La mère d'Antoine doit avoir l'air assez méchant (genre

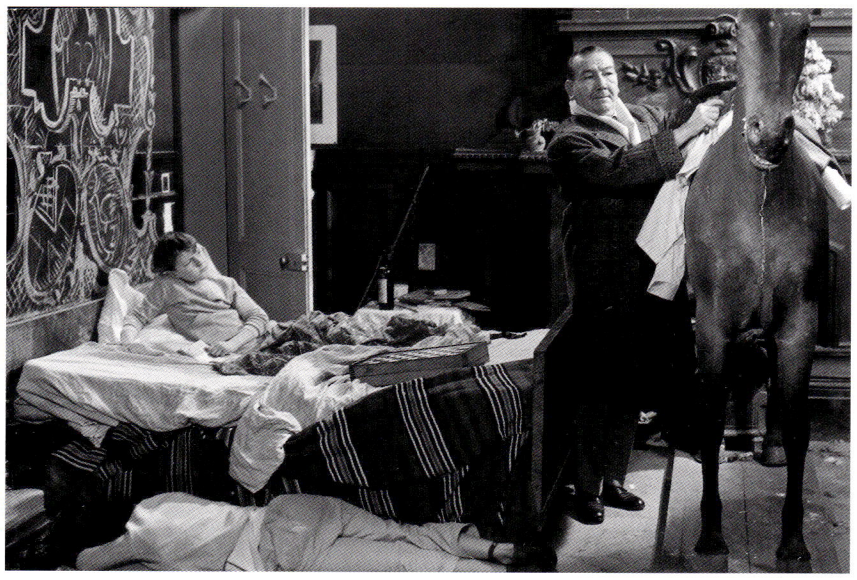

Clandestinité et ambiance à la Cocteau dans le grand appartement du père de René (Georges Flamant).

Michèle Cordoue), sensuelle, bien faite, belles jambes, etc. » Truffaut a tenu à attendre le chef-opérateur Henri Decae (qui tourne avec Louis Malle, puis Chabrol pendant l'été et le début de l'automne, pour *Les Amants*, et *Les Cousins*). Decae, qui saura imprimer au film la tonalité particulière de la lumière grise de l'hiver parisien, fait des prouesses dans l'exiguïté extrême du décor, se suspendant, entre autres acrobaties, dans le vide, à l'extérieur de la fenêtre, pour pouvoir filmer certaines scènes dans des espaces minuscules. Truffaut a tenu aussi à utiliser le format scope qui lui permet de styliser la réalité : « Le dyaliscope transfigure la réalité et donne à un décor réaliste et crasseux la stylisation sans laquelle il serait impossible d'accéder à une certaine poésie », écrira-t-il pour une plaquette d'information publicitaire. Le soir de ce premier jour de tournage, dans la nuit du 10 au 11 novembre, André Bazin meurt. Truffaut lui dédiera le film.

Le 19 novembre, c'est la première scène d'extérieur. Antoine et René font l'école buissonnière et Truffaut tourne la scène de la rencontre avec la mère dans les bras de son amant. Puis il attaque les scènes de la fugue chez René dans un très grand appartement, prêté par un proche de Bazin et de Doniol-Valcroze, où il décide d'utiliser la statue de cheval grandeur nature qu'il trouve dans une des pièces (« Oh, la vache, un cheval ! » s'exclamera Antoine. Et ce dialogue est ajouté, en marge du scénario, pour le père de René, entrant dans la chambre de son fils et découvrant sa « tabagie » : il avise les vêtements de René sur le cheval. « Eh, Bucéphale n'est pas un dépotoir ; il vaut sûrement près d'un million ; c'est une pièce d'art et je ne m'en débarrasserai qu'en dernière extrémité. ») Le 20 novembre, Simone Jollivet, l'actrice prévue pour jouer le rôle de Toute Belle, la mère de René (« Mistinguett prolongée [Simone Jollivet, ancienne compagne de Charles Dullin] ; quatre épaisseurs de fards ; alcoolique ; voix éteinte et lasse ; brave et fofolle ; [genre la mère artiste peintre de l'*Inconnu du Nord-express*] », notes de l'été 58) ne se présente pas, et l'équipe tourne des scènes avec Georges Flamant, qui joue le père lointain. Le 24 novembre, Yvonne Claudie reprend le rôle de Toute Belle en remplacement de Simone Jollivet. Truffaut coupe une scène où le père d'Antoine devait venir réclamer son fils et se heurter aux incohérences alcoolisées de Toute Belle. Le 27 novembre, il tourne la scène du Guignol (la figuration prévue sur la feuille de service est de quatre mères et cinq enfants ; les surprises du réel offriront à Truffaut une salle entière d'enfants qu'il s'empressera de saisir). Le 29 novembre, c'est le poste de police, la cellule, et les trois prostituées de conte de fées, prévues par Truffaut pour détourner le cliché, comme la présence de Jacques Demy et Charles Bitsch venus interpréter des flics qui jouent aux petits chevaux. Le 9 décembre, ce sont Jeanne Moreau et Jean-Claude Brialy qui viennent jouer la scène de la soi-disant poursuite du petit chien dans les rues nocturnes de Pigalle. Le 10 décembre, on tourne la scène additionnelle du retour familial du cinéma en voiture (« avec la Dauphine de Charles Bitsch »). Les scènes finales en extérieurs rues, du car de police embarquant Antoine, devaient être mises en boîte, mais à 3 h 50, « la police demande l'autorisation de tournage puis emmène le car et Philippe au commissariat ». Philippe, alias Philippe de Broca, que Truffaut, qui tourne avec une dérogation, car il n'a pas fait le parcours classique permettant d'accéder à la mise en scène (il faudrait qu'il ait été trois fois second assistant et trois fois premier), a engagé en tant que conseiller technique. Le 13 décembre, sont tournés les plans d'approche de la Tour Eiffel, puis le 16 décembre, le plan final d'Antoine face à la mer sur la plage de Trouville. Les scènes de classe sont tournées pendant les congés scolaires. Le 24 décembre, le tournage de la leçon de gymnastique où le prof perd ses élèves est retardé par un incident dû à des insolences de Jean-Pierre Léaud : « 11 h 15. Incident avec le patron du café. Arrivée du car de police. 11 h 30. Les deux gosses embarqués au commissariat. » Le 29 décembre, on tourne la scène où le mensonge d'Antoine est découvert et pour laquelle Truffaut, encore hésitant pour certains choix de mise en scène, dit avoir pensé à Hitchcock en faisant lancer à la mère qui arrive derrière la vitre un regard irréaliste vers la classe (« C'est là que se trouve le talent d'Hitchcock : deviner le moment où on n'a plus besoin d'être réaliste. Logiquement, une mère qui arrive en classe ne sait pas où se trouve son fils, donc son regard doit parcourir la classe. Mais si son regard hésite, ce n'est pas efficace, et c'est pour ça que je l'ai fait regarder droit vers l'enfant comme si elle savait où se trouve sa place en classe. De cette façon, le regard glace, parce qu'il nous regarde, il regarde la caméra »). De la même façon, il monte juste avant que l'on ne reconnaisse les parents derrière la vitre, un plan d'Antoine qui porte la main à sa bouche, déjà paniqué et pressentant la catastrophe. La gifle donnée par Albert Rémy à son « fils » n'est pas feinte, comme on le découvre sur le rapport du jour : « 16 h 10. Joue de Jean-Pierre à calmer. » Au scénario, c'était la mère seule qui venait chercher Antoine et le récupérait en feignant la tendresse dans le bureau du directeur ; les parents venaient ensuite le chercher ensemble au lendemain de la fugue et de la nuit passée dans l'imprimerie. Au moment de tourner, Truffaut choisit d'inverser ces deux scènes, afin de renforcer, de rendre immédiatement plus graves et irrémédiables dans l'esprit du gamin les conséquences de son énorme mensonge. Dans la cour de récréation, Robert Lachenay figure des professeurs qui s'entretient doctement avec Guy Decomble, l'interprète de P'tite Feuille.

LA PSYCHOLOGUE. Le 3 janvier, avant-dernier jour de tournage, Truffaut tourne pendant la matinée la scène du rotor, grand moment de découverte par son jeune héros de la griserie de l'insouciance, du mouvement et de la vitesse, qu'il dilate à plaisir, multipliant les plans. Il se glisse parmi les spectateurs et sort du champ juste derrière Antoine, lorsque celui-ci émerge de la course circulaire du rotor ravi et titubant. Et c'est le même après-midi qu'il tourne dans un bureau de l'école de photo-cinéma de la rue de Vaugirard le célèbre interrogatoire de la psychologue, seule scène du film tournée en son direct, où il se déleste des tests et questions classiques prévus au scénario afin de retrouver avec Léaud le naturel obtenu au moment des essais : « J'ai changé d'avis, j'ai fait venir une caméra sonore, j'ai placé un micro et je me suis assis en face de Jean-Pierre Léaud en demandant à toute l'équipe de sortir. Je lui ai posé des questions qu'il ne connaissait pas d'avance en le laissant libre de répondre ce qu'il voulait, ce qui lui était relativement aisé puisque nous étions en fin de tournage et qu'il possédait bien son personnage. Parfois il donnait des réponses tirées de sa propre vie. C'est ainsi que l'on voit dans une de ses réponses apparaître une grand-mère dont il n'avait jamais été question dans le film. Ensuite, j'ai remplacé mes questions par les mêmes posées par la voix d'une femme que je n'ai pas éprouvé le besoin de montrer. » Une des origines plus prosaïques de ce changement d'avis tient au fait que la comédienne que Truffaut avait pressentie pour jouer le rôle de la psychologue, Annette Wademant, était enceinte ; pour une raison obscure, il ne souhaitait plus, du coup, la voir à l'image, et a alors l'idée de ne filmer que les réponses laissées libres de Jean-Pierre Léaud, réalisant ainsi par réaction une des scènes les plus remarquées du film par sa vérité et son audace formelle.

Peinture de l'enfance et de l'adolescence comme « un mauvais moment à passer », le film, toujours aussi saisissant, même vu et revu, dans ses envolées de liberté et d'irrévérence (la scène du rotor, les deux gamins qui s'échappent dans les rues, courent à travers la place du tertre, crient joyeusement « Bonjour Madame » à un curé dépassé par les événements...), l'emporte par sa cruauté et sa gravité. Une gravité qui sourd du film, parfois malgré son auteur (il n'avait pas voulu voir la dureté des scènes qu'il était en train de faire avec les parents, ou cherchait alors à la compenser, en ajoutant par exemple la sortie au cinéma), parfois de manière délibérée : « Tout au long du film, j'ai lutté contre Jean-Pierre Léaud. Il était formidable, mais sa hantise c'était qu'il allait être antipathique, et il voulait toujours sourire. Pendant trois mois, je l'ai empêché de sourire... » Sans qu'il le formule ou n'en fasse déjà un système, c'est le début de l'invention par opposition qui lui vient de son passé de critique et de l'observation aiguë de ce qu'il ne voulait pas faire, et qui restera une des sources vives de son travail, film après film.

Entre deux prises, François Truffaut et Claire Maurier qui avait du mal à accepter la sévérité de son personnage.

Tirez sur le pianiste (1960). « J'ai voulu plaire, cette fois, aux vrais cinglés de cinéma et à eux seuls, quitte à dérouter une grande partie de ceux qui ont aimé *Les Quatre Cents Coups*. Finalement *Le Pianiste* déroute peut-être tout le monde, mais tant pis ».

À la fin de l'année 1959, Truffaut tourne *Tirez sur le Pianiste* en réaction au succès des *Quatre Cents Coups* dans lequel il redoutait de se retrouver enfermé. Produit par Pierre Braunberger, qui s'était engagé à accompagner un des premiers films du jeune cinéaste, le film remplace deux autres projets plus convenus, que Truffaut, après avoir commencé à les préparer, laissera finalement tomber sans plus de regrets. *Temps chaud*, sorte de *Et Dieu créa la femme*. Et *Le Bleu d'Outre Tombe*, roman de René-Jean Clot, histoire d'une institutrice en rupture de ban, qui l'aurait amené à tourner à nouveau dans une classe et avec des enfants, que Truffaut songera à tourner avant *Jules et Jim*. Prendre le risque de déplaire en s'affranchissant de ce qui était attendu de lui n'avait rien d'évident. Le refus de se sentir piégé par une mode ou une spécialité, est cependant le plus fort, et Truffaut manifeste en tournant *Le Pianiste*, sa nécessité de liberté. *Le Pianiste* est choisi pour Aznavour, dont la petite taille, la réserve, la fragilité et la puissance mêlées, ont séduit Truffaut dès leur première rencontre à Cannes en mai 1959 lors de l'accueil triomphal des *Quatre Cents Coups*. « J'ai tourné le dos à ce que l'on attendait de moi et j'ai pris pour unique règle de conduite mon plaisir », dira le cinéaste qui pousse encore plus loin la fantaisie déjà présente dans le roman de Goodis.

Tirez sur le Pianiste est fait presque exclusivement de diversions et de ruptures de ton. On se souvient du surprenant pas de côté par lequel démarre le film : un homme qui court dans la nuit, s'estourbit en rentrant dans un réverbère, se retrouve ramassé par un inconnu qui rapporte chez lui un volumineux bouquet de fleurs et lui raconte comment il est tombé amoureux de sa femme au bout de deux ans de mariage... Truffaut a décidé de se passer de l'entrée plus réaliste et conventionnelle prévue au scénario : une ouverture sur la place Pigalle, une petite foule devant la bourse aux musiciens et, dans cette foule, un homme qui se détache du lot : « Et voici Charlie qui nous intéresse ». Il ne tourne pas davantage une scène qui avait fonction d'introduire le personnage de Chico, le frère malfrat que l'on ne découvrira que poursuivi par les phares d'une bagnole lancée à sa poursuite : une scène dans une boutique de vêtements où il fauche un pardessus en entourloupant le vendeur qu'il feint de prendre au mot (le vendeur le prévient commercialement que s'il n'emporte pas cet article, il le regrettera toute sa vie. Chico répond que, dans ce cas, il le prend, et se tire avec). Non, il ouvrira son film dans un noir de four (et au moment du tournage, il demande à Coutard de faire son possible à partir de l'éclairage de la rue, sans perdre de temps à remplacer les lampes qu'ils avaient amenées et que l'humidité avait fait claquer). Il nous plonge dans une atmosphère de thriller qu'il rompt aussitôt par le monologue sentimental qu'il confie au cinéaste Alex Joffé, avant d'enchaîner sur une deuxième rupture de ton avec l'entrée dans le bastringue où Boby Lapointe chante une première chanson : « Marcelle, quand tu descendras la poubelle... ».

Certaines des envolées fantaisistes du *Pianiste* sont prévues au scénario, d'autres seront inventées directement sur le tournage. Truffaut sent d'entrée qu'il n'aura pas envie de filmer des gangsters comme les autres, et c'est dès le scénario qu'il détourne la scène de l'enlèvement de Charlie et Léna qui sera filmée à la va vite et avec les moyens du bord à la sortie de Paris. « Au plus fort des bagarres, des règlements de compte, du kidnapping, des poursuites, on ne parle que de l'amour : sexuel, sentimental, physique, moral, social, conjugal, extra, etc. ». Au moment de l'enlèvement, les échanges des truands qui s'engueulent sur la conduite, leurs propos sur les femmes (« Elles en veulent toutes, et si elles en veulent toutes, elles en auront ») sont écrits quasiment in extenso au scénario, de même que les emprunts directs à Audiberti, avec qui Truffaut avait découvert Boby Lapointe dans une de ses premières prestations au Cheval d'or. C'est aussi en hommage à Audiberti qu'il donne son nom de scène à Claudine Huzé, la jeune comédienne qu'il vient d'engager pour interpréter Léna, la serveuse amoureuse de Charlie : Marie Dubois. « J'les aime toutes, justement pour ce qu'elles sont », dira Daniel Boulanger qui interprète Ernest, et le texte du scénario, poursuivait, en un pastiche d'Audiberti que Truffaut reprendra dans *La Mariée* et *L'Homme qui aimait les femmes* : « les bossues pour leur bosse,

Tournage de la mort de Léna dans la neige (Charles Aznavour et Marie Dubois).

les rousses à cause de l'odeur, les putains pour leurs genoux, les bourgeoises, les petites, les grandes, les moyennes… » Pendant que Momo (Claude Mansard) s'extasie sur les filles qui ont des chaussettes jusqu'aux genoux et se souvient de l'effet que cela lui a fait d'essayer un jour la culotte de sa petite sœur, Ernest raconte l'accident de son père, renversé en traversant la rue derrière les jambes d'une femme, puis mort à l'hôpital en cherchant à atteindre les jambes de l'infirmière. Truffaut coupera cette deuxième partie du dialogue, mais filmera la scène un peu plus de quinze ans plus tard pour le final de *L'Homme qui aimait les femmes*.

Les visites nocturnes de Clarisse, la prostituée voisine de Charlie, qui vit avec lui une sorte de conjugalité clandestine, Truffaut les avaient détaillées dans son scénario : l'exhibition des seins, qui lui vaudra, une fois incarnée par la sensualité de Michèle Mercier, quelques ennuis avec la Commission de censure, le jeu avec l'interdit (« au cinéma, c'est comme ça, et pas autrement », dit Charlie en lui rabattant le drap jusqu'à la gorge).

En août 1959, Truffaut écrit à Aznavour qu'il s'apprête à reprendre seul une première mouture de scénario terminée avec Marcel Moussy : « Ce sera décidément un documentaire sur la timidité ». On découvre ainsi au scénario le troublant dialogue sur la peur qui oppose Charlie à Plyne (Serge Davri) à la fin de la première nuit au bastringue : « Je parie que je sais ce qui vous travaille. Vous êtes timide ; vous avez peur. / Peur ? / C'est ça / Charlie (dans les vapes) : Peur, j'ai peur ; merde ! j'ai peur !… / Allons, mon vieux, qu'est-ce qui ne va pas ? ». C'est, en revanche, au tournage qu'il va au bout de son idée et imagine les saynètes sur la timidité : cette séquence où Charlie s'arrête à la devanture d'un bouquiniste pour récolter tous les livres traitant de la question qu'il peut trouver.

C'est également au tournage qu'il transforme la scène de l'audition et imagine une des plus célèbres diversions du film : après avoir montré plusieurs plans du doigt de Charlie hésitant sur la sonnette, la caméra décide de ne pas rentrer avec lui dans la pièce où l'attend l'imprésario, mais de suivre, au contraire, jusque dans le couloir et dans la cour la sortie muette d'une belle violoniste, tandis que retentissent les premiers accords de Charlie. Se refusant à filmer l'audition, il avait déjà prévu au scénario une solution à la Lubitsch : laisser la caméra à l'extérieur de la pièce tandis que dans le couloir un puis plusieurs auditeurs s'arrêtent et s'accumulent. L'idée de suivre la sortie de la violoniste, en un plan qui sera attribué à la liberté de la Nouvelle vague, vient du désir de Truffaut de faire tourner une jeune femme qu'il avait repérée, mais dont il découvre qu'elle est incapable de dire une ligne de dialogue. Il la fera réapparaître dans *Jules et Jim* où, private-joke un brin cruelle, un ami la présente à Jim en expliquant qu'elle a « la tête creuse » : « C'est le sexe à l'état pur ». Claudine Bouché, alors très jeune monteuse, et dont le montage du *Pianiste* est la première rencontre avec Truffaut (elle remplace au dernier moment Cécile Decugis, incarcérée pour avoir soutenu le FLN), raconte qu'elle n'avait d'abord su quoi faire de cette scène. Après une projection interminable de l'ensemble du matériel tourné où il n'avait pas desserré les dents, le cinéaste l'avait laissée seule face à une montagne de rushes, demandant simplement à être surpris à son retour, car il n'était pas même certain que tout cela puisse faire un film. Il avait besoin de voir un premier bout à bout complet avant de retrouver un minimum de recul. Elle avait donc arrêté la scène de l'audition à l'entrée d'Aznavour chez l'imprésario. C'est Truffaut qui lui demande de monter dans sa longueur et son étrangeté le départ de la jeune fille.

Au tournage, Truffaut pousse toujours plus loin les ruptures de ton. Lors de l'enlèvement de Fido par les gangsters, il invente l'idée de la panne de bagnole et la scène très drôle où Fido trône au volant (« Allez, poussez »), tandis qu'Ernest et Momo, truands déchus, s'évertuent à pousser la voiture. Il se donne enfin le plaisir d'exploiter la vivacité et l'énergie singulières de Richard Kanayan (Fido) – une voix rauque et presque d'adulte dans un corps de gamin – qu'il a repéré au moment des essais pour *Les Quatre Cents Coups* et à qui il n'a pu donner qu'assez peu d'espace dans son premier film. Fido gesticule et danse dans la rue comme il le faisait déjà brièvement dans *Les Quatre Cents coups* (lors de l'épisode du prof de gym), balance avec l'aide d'un copain une bombe à lait sur le pare-brise des gangsters (et cela donne à Truffaut l'occasion de filmer en gros plan le lait éclaboussé sur la vitre par le jeu des essuie-glaces, joie de cinéaste). Il se fait embarquer par les truands qui l'emprisonnent dans les bras de son manteau comme dans une sorte de camisole de force, comme le feront plus tard les chasseurs qui attrapent l'enfant dans *L'Enfant sauvage*…

Truffaut travaille une intensité décalée. Il alterne mélancolie ou cruauté (le passé de Charlie) et drôlerie, ou plutôt la cocasserie, à l'intérieur de scènes qui auraient dû être menaçantes (l'enfant enlevé qui refuse de croire les bobards des gangsters : « Non, c'est pas du métal, même japonais », à propos du foulard que le truand prétend être tissé dans un métal spécial). Jusqu'au moment où la menace redevient réelle : les gangsters sont loufoques, mais leurs balles ne sont pas en toc et le corps de Léna glisse dans la neige.

Le refus des scènes convenues l'anime tout au long du film. Lorsque Plyne, à la fermeture du bar, le premier soir, vient parler à Charlie, Truffaut coupe le début de scène où Plyne devait questionner Charlie sur son frère et les deux types qui le poursuivent. Le dialogue plus conventionnel est supprimé (« Vous suivez les cours du soir de la police. On dirait que vous vous faites la main pour les interrogatoires »), au profit de l'étrangeté poétique de Plyne, écrite sur le modèle d'Audiberti (« les femmes sont magiques »). Alors qu'il rêve d'elle, il cherche à jeter Léna dans les bras de Charlie et se traite de gros tas. Entre Charlie et Plyne, le cinéaste ne garde que la conversation sentimentale et poétique (« Elle vous reluque drôlement »), supprimant au passage quelques facilités de dialogue écrites au scénario (« J'aurais autant de chances avec cette poupée qu'un esquimau avec une berbère »). C'est au jeu avec le petit train électrique du cinéma que Truffaut s'adonne avec délices : monter trois inserts de Plyne dans des médaillons, alors que les gangsters racontent la facilité avec laquelle il a balancé les adresses de Charlie et Léna, ou encore le médaillon sur la mère qui s'effondre alors que Momo jure sur sa tête (« qu'elle meure à l'instant »). Impertinence qu'il hésitera à laisser dans le film, faisant monter puis retirer l'insert, avant de décider, pour notre plaisir, de l'imposer.

Lors de la bagarre au couteau, qu'il filme sans beaucoup de conviction, Truffaut espère s'en tirer par un clin d'œil au cinéma américain : le « Ren-

(Suite 32) 46.

MOMO - Les bossues pour leur bosse ...

ERNEST - Les rousses à cause de l'odeur, les putains, les bourgeoises, les petites, les grandes ...

MOMO - ... les moyennes ...

ERNEST - L'ennui, c'est qu'il faut leur parler, avant et surtout après, alors que, justement, on a envie de partir tout seul se promener ...

MOMO - ... à la recherche d'une autre !

CHARLIE (timidement)- Si je peux me permettre, hum ! (Silence)(Il avale sa salive) Mon père à moi, il disait, à propos des femmes: quand on en a vu une, on les a toutes vues. Je livre cette pensée à votre méditation.

Rires de Momo, Ernest et aussi Léna.

ERNEST - Quand j'en vois une pour la première fois c'est le coup de foudre, je la regarde, je l'aime, ma parole, je voudrais l'épouser, lui faire des gosses, passer ma vie avec elle. Dès qu'elle a ouvert la bouche, c'est fini, j'ai seulement envie de me l'envoyer et de ne plus jamais la revoir.

Le dialogue loufoque des gangsters emprunté à Jacques Audiberti.

Boby Lapointe chante à toute vitesse dans le bastringue où s'est réfugié le pianiste. La prise de son est mauvaise et la monteuse, puis le producteur, ayant lancé par boutade qu'il fallait la sous-titrer, Truffaut s'empare de l'idée et le fait.

(Suite 38 bis) 60.

CHARLIE - Tu comprends, s'il n'y avait pas eu Zélény, je ne serais jamais devenu un pianiste, c'est le seul type qui m'ait jamais aidé; il a été un père pour moi; il m'a pas seulement appris le piano, il m'a appris à devenir un homme. C'était un type extraordinaire; je lui dois tout ce qui est arrivé d'heureux dans ma vie; parler avec lui c'était comme pour un hindou se baigner dans le Gange ! Il était mal portant, mais sa santé morale était formidable. Il empruntait de l'argent à voix haute et en prêtait discrètement. Avec lui tout devenait simple, clair et franc. Quand il s'absentait de chez lui pour plusieurs jours, il cherchait toujours un ami à qui prêter sa maison, un autre ami à qui prêter sa voiture ...

THERESA - Il t'aimait beaucoup, certainement ...

CHARLIE - Il aimait tout le monde, sans exception; on se demande toujours si le monde est juste ou injuste, mais je suis certain que ce sont des types comme Zélény qui le font meilleur car à force de croire la vie bonne et en agissant comme si elle l'était,

.../

Une scène coupée du film : en parlant de son professeur de piano, Charlie dresse un très beau portrait d'André Bazin. Truffaut le décrira exactement dans les mêmes termes en 1971 à la journaliste canadienne Aline Desjardins.

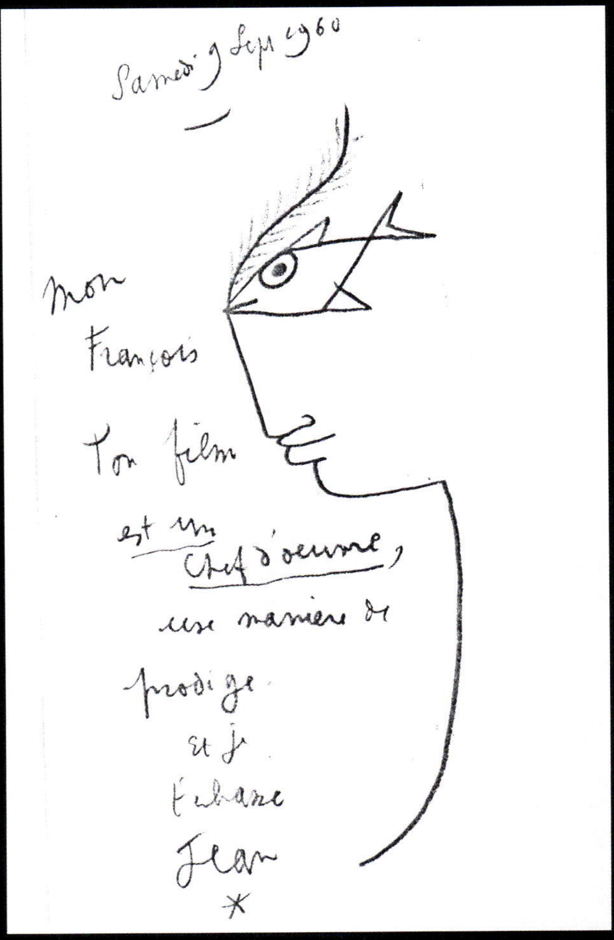

Un signe de Jean Cocteau dont Les Films du Carrosse ont coproduit *Le Testament d'Orphée* l'année précédente.

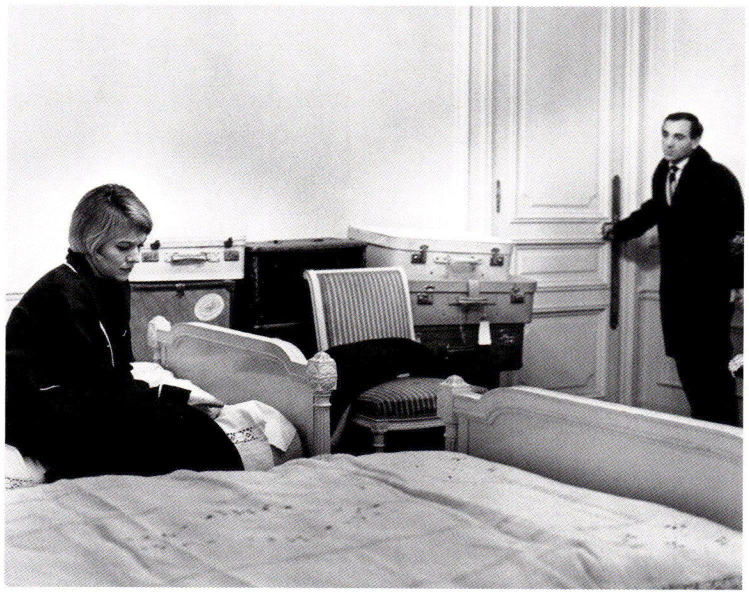

La confession de Thérésa (Nicole Berger avec Charles Aznavour), changement de ton pour un long flash-back au cœur du film.

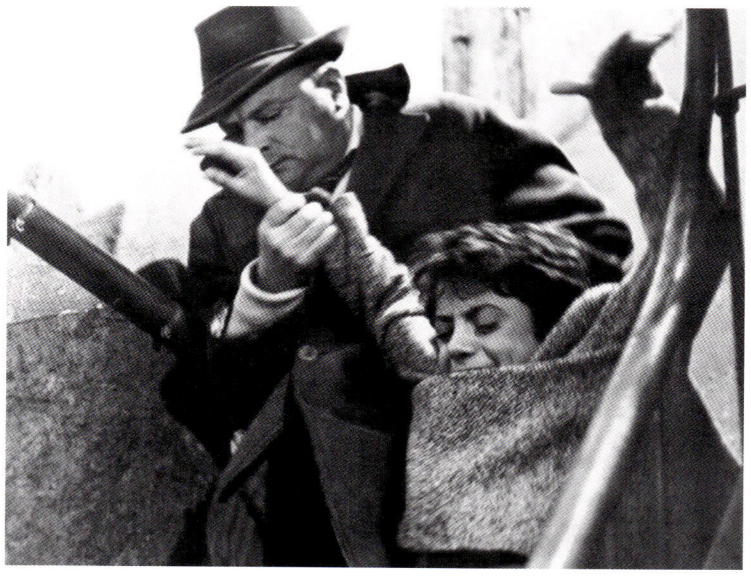

Le gangster Ernest (Daniel Boulanger) embarque le petit Fido (Richard Kanayan).

trez chez vous, c'est un accident », poncif de série B, lancé par la patronne du bar (Catherine Lutz, que le cinéaste reprendra dans *Baisers volés*) aux voisins accourus aux fenêtres lors du meurtre de Plyne. Comme le raconte Claude de Givray, Truffaut aurait voulu que son film ait « le charme d'un film américain doublé ». Plutôt que de faire dire par Aznavour la voix off du film – ce récit à la première personne fait par intermittences par Charlie, où il commente certaines de ses actions ou non actions (quand il hésite à faire une proposition à Léna, par exemple) –, il préfère la confier à un comédien de doublage, Yves Furet, car il souhaite qu'elle soit dite sans intentions. Pour certaines scènes, il limite l'importance prévue pour la voix, préférant y substituer des effets visuels. Lorsque Charlie raccompagne Léna la nuit, Truffaut recule l'irruption du commentaire, et le remplace par un vrai temps de silence entre les deux futurs amants, car il monte et tourne ces plans non prévus au scénario où Charlie effleure la main de Léna, puis retire la sienne, garde les mains accrochées serrées dans son dos et compte, de ses doigts uns à uns dépliés, le moment où peut-être il osera tenter un geste vers la jeune femme... C'est l'idée du « documentaire sur la timidité » qu'il continue d'incarner scène après scène.

Même si la situation n'y dure que deux séquences, le *Pianiste* sera le premier des films de Truffaut où un homme se terre dans une cave, et est aidé par une femme active. Truffaut a raconté s'être rendu compte après avoir choisi d'adapter ce roman pour Aznavour, qu'il était écrit pour un personnage plus costaud physiquement, une sorte de Sterling Hayden. Il a alors l'idée d'inverser les rôles et les proportions et de prendre aux côtés d'Aznavour une fille plus forte capable de presque le porter sur son dos. Ce qu'il filme littéralement lorsque Marie Dubois / Léna l'extirpe, marche par marche, de la cave pour l'amener à l'extérieur, puis à la lumière qui les assaille, le lendemain matin, lorsqu'ils arrivent à la montagne, comme elle lave les yeux du spectateur, baigné depuis le début dans une ambiance nocturne ou dans la grisaille de l'hiver parisien (le film est tourné de novembre à janvier, comme *Les Quatre Cents Coups* l'année précédente). Truffaut se reprochait parfois d'avoir fait un film sans sujet unique et repérable, même s'il y avait entassé à travers l'alibi de l'histoire policière tout ce qu'il avait envie de raconter sur la gloire, le succès, la déchéance, l'échec, les femmes et l'amour. Il sait prendre un risque de construction en plaçant au centre de son film un long flash-back (« le premier de mon œuvre qui est mince encore », écrit-il ironiquement dans le texte même de son scénario). Il est difficile de ne pas lire les scènes conjugales qui en font la matière, comme une sorte de documentaire sur lui, sur ses angoisses de cinéaste et sa manière d'affronter le succès des *Quatre Cents Coups*. Les reproches de Thérésa (Nicole Berger) sonnent comme une forme d'autocritique : « Elle est jolie ta conversation depuis un an. Je te demande ce que tu penses d'Hemingway.Il paraît qu'il collectionne tous mes enregistrements. Et untel qui n'a pas aimé mon récital. Et machin qui a dit à chose, qu'à son avis, je suis le plus grand pianiste du moment. Est-ce que j'ai raison d'accepter ci de refuser ça ? Qu'est-ce que Dupont pense de moi ? Est-ce que la concierge m'a vu à la télévision ? ». Truffaut fait ajouter à Thérésa : « Je préférerais que tu sois prétentieux et plus sûr de ton génie. La moindre critique te rend malade. » Mais, comme pour éviter de rendre l'identification trop évidente et l'autobiographie trop directe, il coupe les phrases suivantes écrites au scénario : « Mais enfin qu'est-ce que ça peut te faire, et comme si tu t'étais privé d'esquinter les autres autrefois. / Charlie : Justement, à cet égard, j'éprouve des regrets. / Thérésa : Ah, ah, des regrets ! Trop tard, mon bonhomme ! » Truffaut disait avoir aussi pensé pour écrire ces scènes de couple au *Mépris* de Moravia : « Je pense qu'elle me méprise depuis que j'ai eu du succès », fera-t-il dire à Aznavour. En rupture de style avec le reste du film, ces scènes sont comme un prélude à *La Peau douce*. Il les tourne d'ailleurs en longs plans mobiles comme il filmera plusieurs des scènes conjugales de *La Peau douce*. Lorsqu'elle entre dans la chambre d'hôtel, où les a transportés la réussite de

son mari, Truffaut commence par filmer Nicole Berger qui fait la lumière, une main sur l'interrupteur.

Le *Pianiste* est aussi le film sur lequel Truffaut commence à constituer l'équipe qui l'accompagnera dans les années à venir, après Marcel Berbert rencontré au moment des *Mistons* et de la fondation des Films du Carrosse. Raoul Coutard, qui fera la lumière de tous les films jusqu'à *La Mariée était en noir* (à l'exception de *Fahrenheit*, pour lequel Truffaut doit renoncer à l'engager, car la production anglaise exige un chef-opérateur britannique). Suzanne Schiffman, qu'il connaît depuis l'époque de la resquille pour entrer à la Cinémathèque, et qui devient pour la première fois, sa script-girl. Claudine Bouché, monteuse des films jusqu'à *La Mariée*, qui partira ensuite quelques années aux États-Unis. Et Georges Delerue, le musicien que Pierre Braunberger recommande à Truffaut et avec qui s'amorce une longue collaboration. Car Delerue comprend immédiatement les intentions du cinéaste à la vision d'un premier bout à bout : il y reconnaît d'emblée « un film de série noire traité à la manière de Raymond Queneau ».

Les seins de Michèle Mercier (avec Charles Aznavour) ou le jeu avec la censure. « Il est un timide, soit, mais les femmes adorent les hommes timides et se jettent sur eux », dira Truffaut de son personnage.

Le film sort à Paris le 25 novembre 1960, après une première sortie estivale dans les villes d'eau où il est mal accueilli. Les ruptures de ton du *Pianiste* ne sont pas mieux reçues par le public parisien, souvent dérouté et dans l'ensemble peu sensible au charme et à la malice du film. Truffaut s'imaginera n'avoir pas fait le maximum : « Il manque au *Pianiste* un mois de travail. Mélangez deux ou trois bobines de films que vous aimez, vous n'obtiendrez pas un film qui intéresse les gens, même si ce qu'il y a dedans est bien. » Même s'il l'avait en partie prévu (« Je sais que le public ne déteste rien tant que les changements de ton, mais j'ai depuis toujours la passion du changement de ton »), cet insuccès décevra profondément le cinéaste. Il n'osera plus continuer aussi ouvertement dans cette veine, ni risquer l'art de la diversion et du mélange de genres, en tout cas pas de manière aussi radicale et aussi visible. Prônant plutôt pour ses films à venir, l'art de la contrebande.

JULES ET JIM

JULES ET JIM **(1961). Revoir *Jules et Jim*, au delà du mythe un peu écrasant qu'est devenu le film, donne l'impression de voir et revoir un temps en suspension, un éternel présent. Comme si Truffaut, plus encore pour celui-ci que pour n'importe lequel de ses films, avait réussi à saisir et à imprimer sur la pellicule la présence de l'instant : le rire emporté par la joie et l'effort de Jeanne Moreau déguisée en jeune garçon et courant sur un pont, des bicyclettes qui filent sur des routes courbes, Jeanne Moreau encore décrochant des maillots de bains mis à sécher près de la grande maison du Midi, ou le visage soudain défait sur une plage tandis qu'elle regarde à quelques mètres ses deux hommes qui s'amusent à lutter en bordure de l'eau.**

Une phrase du roman d'Henri-Pierre Roché, réécrite par Truffaut pour son film.

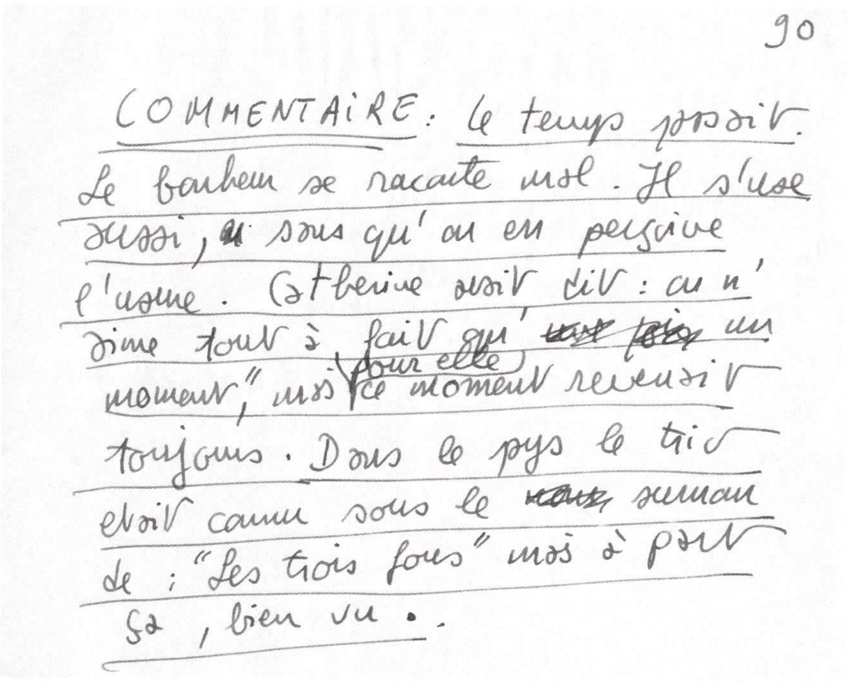
90
COMMENTAIRE : le temps passait. Le bonheur se racontait mal. Il s'use aussi, sans qu'on en perçoive l'usure. Catherine avait dit : on n'aime tout à fait qu'un moment, mais pour elle ce moment revenait toujours. Dans le pays le trio était connu sous le surnom de : "Les trois fous" mais à part ça, bien vu.

Jim (Henri Serre) qui roule dans l'herbe en serrant dans ses bras la petite Sabine Haudepin, Jules (Oskar Werner) qui arrête Jim dans un escalier en lui disant : « Pas celle-là, Jim. » Ou, qui, plus tard, d'un chalet perdu dans la campagne allemande, téléphone à son plus proche ami pour lui donner liberté d'aller vers Catherine : « Jim, si vous l'aimez, ne pensez pas que je suis un obstacle, aimez-là, épousez-là et laissez-moi la voir. »
Cette sensation d'éternel présent, portée par l'espace du cinémascope et les envolées de la caméra de Raoul Coutard, a sans doute partie liée avec l'atmosphère du tournage, familiale et joyeuse, quelque peu idéalisée peut-être, mais décrite par tous, notamment lors du tournage des scènes au chalet alsacien, comme une période de vacances (« La vie était vraiment des vacances », dit le texte du commentaire emprunté à Henri-Pierre Roché). « L'équipe était tellement réduite que Jeanne Moreau était souvent contrainte de faire la cuisine pour tout le monde, elle n'avait pas de doublure, pas de dimanches non plus... Je me souviens qu'Oskar Werner qui venait de tourner *Lola Montes* semblait considérer notre entreprise comme un film de vacances », racontera le cinéaste en 1980. Moment surtout où Truffaut dissimule son anxiété sous cette détente apparente et ne cesse de réinventer un scénario laissé ouvert et mouvant. Sans jamais réellement improviser, il est alors disponible autant à l'inspiration du moment qu'à celle qui naît d'une longue imprégnation de son sujet.

« J'ai voulu faire un film subversif avec une douceur totale », disait-il de son travail sur *Jules et Jim*. En écrivant puis en tournant le film, il se pose en effet la question de la manière dont il va faire accepter au cinéma et réussir à imposer au spectateur le « pur amour à trois » décrit par le roman. Comment forcer le public à accepter sur l'écran des situations qu'il aurait condamnées dans la vie ? « Ce qui m'a amusé, c'est que l'on allait avoir une situation formidablement originale et insolente, et qu'on allait la rendre plausible et acceptable par tout le monde et à l'intérieur d'un cadre déjà connu qui est celui de la MGM d'avant-guerre, où les couples vieillissaient paisiblement dans des maisons en compagnie de leurs enfants qui grandissaient. Simplement, là, au lieu d'un mari, il y en a deux, ça n'a l'air de rien mais c'est énorme comme changement, et c'est ça qui me plaît. »

François Truffaut et Jeanne Moreau au matin de la journée de prises de vues en hélicoptère à la fin du tournage.

Pages précédentes : Henri Serre, Jeanne Moreau et Oskar Werner.

Truffaut a lui-même maintes fois raconté sa découverte du livre d'Henri-Pierre Roché, en 1955, parmi d'autres livres d'occasion à la devanture d'une librairie du Palais Royal, sa curiosité attirée par le double *J* du titre, et plus encore par le paradoxe et le mystère d'un premier roman écrit par un homme de soixante-quatorze ans. Dès les premières pages, le jeune critique de vingt-trois ans est séduit par la facture de ce « roman d'amour en style télégraphique », par les phrases brèves, à la fois concrètes et poétiques, d'un « Jean Cocteau paysan » qui lui paraît presque surpasser son auteur préféré par son aptitude à obtenir « le même genre de prose poétique en utilisant un vocabulaire moins étendu, en formant des phrases ultra-courtes faites de mots de tous les jours ». Il est emballé par ce roman qui lui paraît un exemple de ce qu'il rêve de faire un jour au cinéma – montrer deux hommes qui aiment la même femme sans que le public soit contraint à faire un choix entre ces trois personnages – et ne perd pas une occasion d'y faire allusion. La critique qu'il fait quelques mois plus tard dans *Arts*[1] d'un western de série B, *The Naked Dawn* d'Edgar Ulmer, est devenue célèbre, car, profitant du quart d'heure du film où les deux personnages masculins sont amoureux de la même femme, il parvient à y glisser un vibrant hommage à *Jules et Jim*. « L'essentiel réside surtout dans les rapports des trois personnages entre eux, d'une finesse et d'une ambiguïté proprement romanesques. Un des plus beaux romans que je connaisse est *Jules et Jim* de Henri-Pierre Roché, qui nous montre sur toute une vie, deux amis et leur compagne commune s'aimer d'amour tendre et sans presque de heurts, grâce à une morale esthétique et neuve sans cesse reconsidérée. *The Naked Dawn* est le premier film à me donner l'impression qu'un *Jules et Jim* cinématographique est possible. » Touché par cette vraie reconnaissance, d'autant que le livre n'a pas eu l'impact qu'il aurait espéré, et particulièrement par la définition faite par Truffaut d'une « morale esthétique et neuve sans cesse reconsidérée », Henri-Pierre Roché lui répond, une correspondance et une amitié s'engagent. L'idée que Truffaut adaptera *Jules et Jim*, s'il devient cinéaste, est bientôt acquise, mais il sent qu'il ne pourra s'attaquer à la difficulté qu'après avoir réalisé au moins un ou deux premiers films. Début avril 1959, alors qu'il finit de monter *Les Quatre Cents Coups*, Truffaut envoie à Roché quelques photos de Jeanne Moreau. Roché meurt quelques jours plus tard (le 9 avril 1959), en ayant eu la satisfaction, sinon d'écrire les

1 *Arts*, 14 mars 1956.

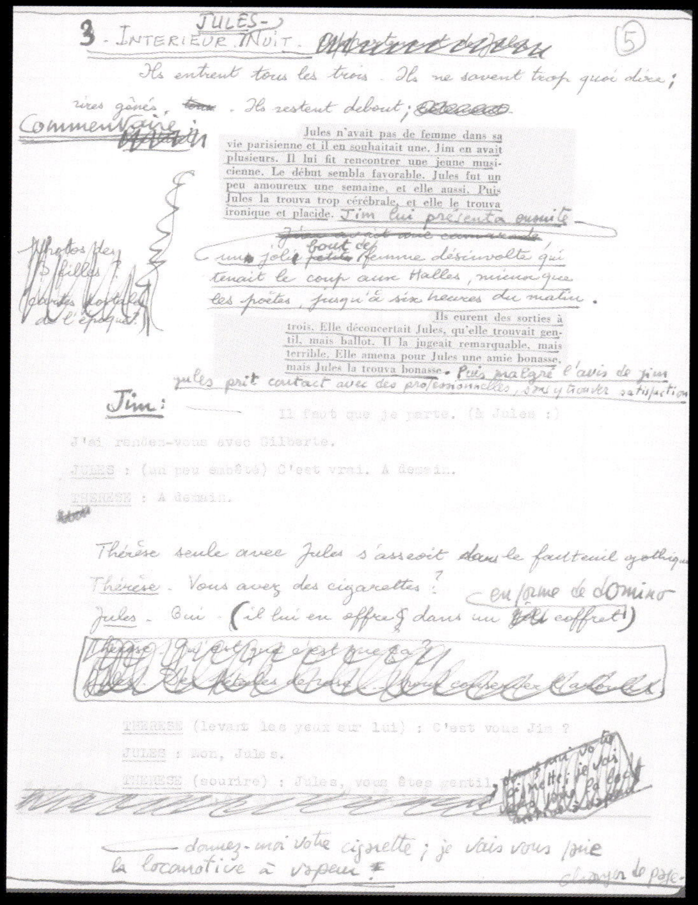

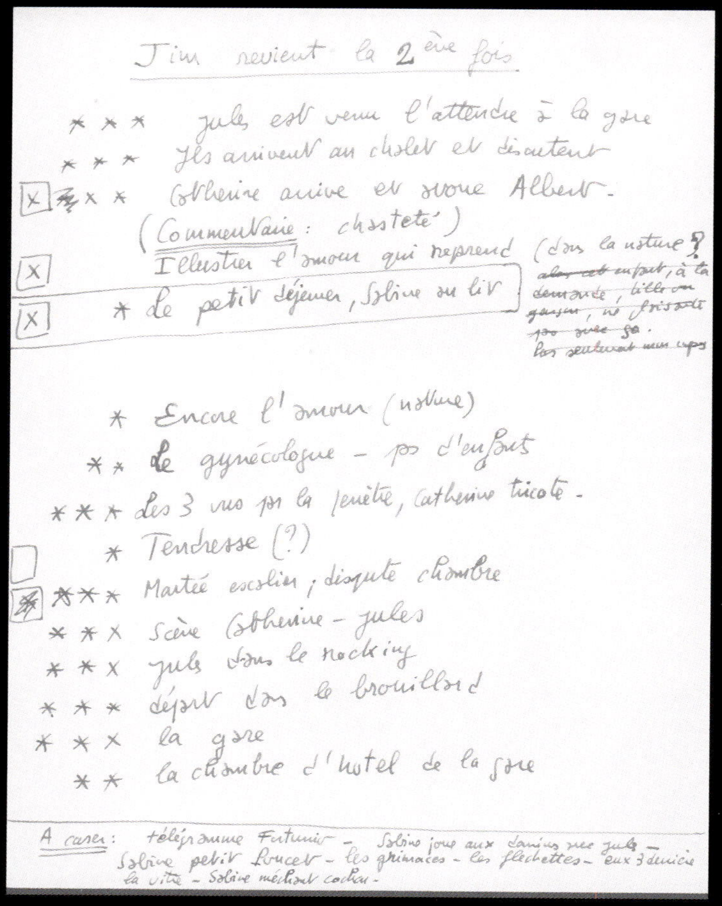

Jim revient la 2ème fois

* * * Jules est venu l'attendre à la gare
* * * Ils arrivent au chalet et discutent
* * * Catherine arrive et trouve Albert.
(Commentaire : chasteté)
Illustrer l'amour qui reprend
* Le petit déjeuner, Sabine au lit

* Encore l'amour (nature)
* * Le gynécologue – pas d'enfant
* * * Les 3 vus par la fenêtre, Catherine tricote.
* Tendresse (?)
* * * Martée escalier ; dispute chambre
* * x Scène Catherine – Jules
* * x Jules dans le rocking
* * * départ dans le brouillard
* * x la gare
* * la chambre d'hôtel de la gare

Écritures croisées : l'écriture de Jean Gruault, celle de Truffaut, et le texte découpé du roman de Roché, deuxième version du scénario de *Jules et Jim*.

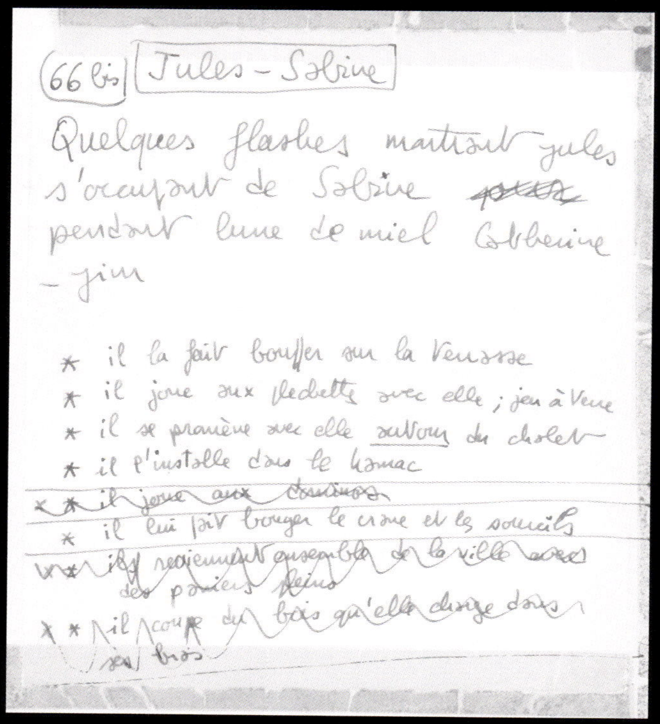

66 bis Jules – Sabine

Quelques flashes montrant Jules s'occupant de Sabine pendant lune de miel Catherine – Jim

* il la fait bouffer sur la Veranda
* il joue aux fléchettes avec elle ; jeu à Venise
* il se promène avec elle autour du chalet
* il l'installe dans le hamac
* il lui fait bouger le crâne et les sourcils

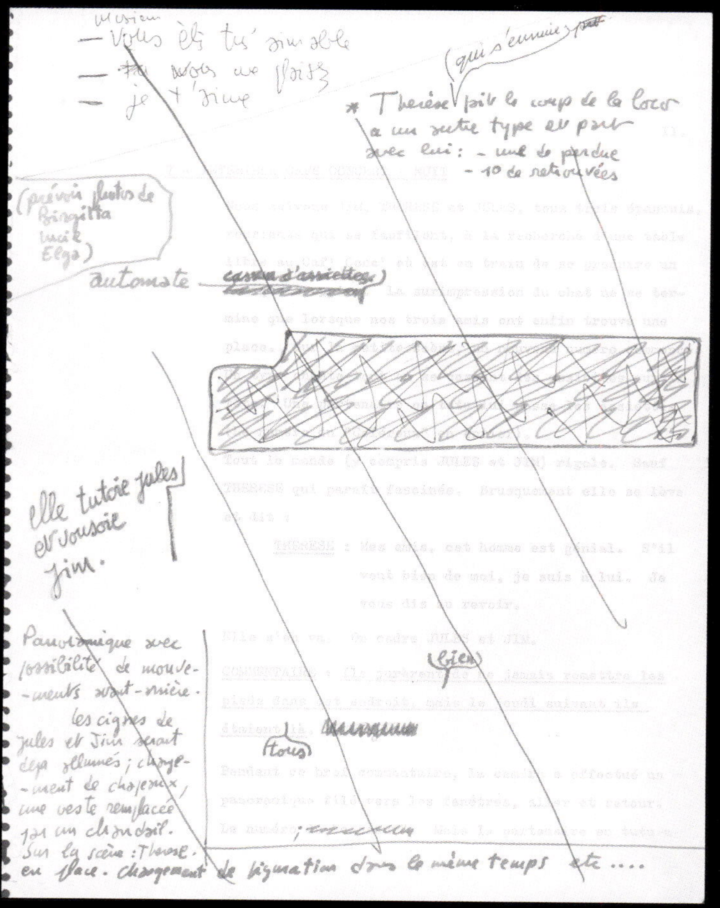

La recherche de l'équilibre entre scènes audacieuses et scènes de récréation : en memento sur l'exemplaire de tournage, les courtes scènes additionnelles à ne pas oublier.

« La vie était vraiment des vacances ». Avec Jeanne Moreau sur la terrasse de la maison du Midi, « blanche dehors et dedans ». Avec Raoul Coutard dans la brume alsacienne. À Paris, Suzanne Schiffman avec Jeanne Moreau déguisée en « Thomas l'imposteur ».

Avec Jim (Henri Serre).

dialogues du film comme il y avait un temps songé, d'avoir découvert le visage de celle qui sera à l'image sa « Kathe », devenue Catherine. Pour éviter que le film ne ressemble à un match entre vedettes, Truffaut tiendra à réunir autour de Jeanne Moreau deux visages inconnus du public : Henri Serre, qui le frappe par sa ressemblance avec Henri-Pierre Roché, et Oskar Werner, comédien autrichien, qu'il a repéré dans le rôle du jeune étudiant amoureux qu'il joue dans *Lola Montes*. L'héritage de Max Ophuls est fondamental pour le jeune cinéaste qui se souviendra pour tous ses films d'un trait qu'il avait noté en assistant à une journée de tournage de *Lola Montes* : « Ophuls avait remarqué qu'un acteur est forcément bon, forcément antithéâtral, lorsqu'il est astreint à un effort physique : monter des escaliers, courir dans la campagne, danser tout au long d'une prise unique. »

UN COLLECTIONNEUR. « J'écris, comme Stendhal, pour l'avenir, pour quand on montrera les choses sexuelles à la lumière et quand on parlera d'un sexe sur un sexe comme d'une joue sur une joue avec toutes les nuances que ces choses comportent, chaque situation étant toujours unique sentimentalement et sexuellement », notait Roché en 1922 dans un de ses carnets, journal de bord en style télégraphique de ses rencontres mondaines et de ses multiples aventures féminines. Carnets dont Truffaut fera dactylographier de larges portions quelques années plus tard, afin qu'ils ne soient pas perdus, et qu'il cherchera en vain à faire publier (seuls les carnets correspondant aux années 1920-1921, les « années Jules et Jim », ont été publiés assez tard, en 1990). Il en tirera une part de son inspiration, explicitement pour *Les Deux Anglaises*, ou, moins directement, pour *L'Homme qui aimait les femmes*. Henri-Pierre Roché est une figure discrète du Paris culturel de l'après-guerre, amateur d'art moderne, traducteur (de Schnitzler ou de Keyserling), « ami des peintres et des sculpteurs » (cette définition devient dans le film celle d'Albert, le troisième amant de Catherine), découvreur et passeur. Ami de Picasso, Brancusi, Satie, Auric, de bien d'autres, ainsi que de Marcel Duchamp (auquel il consacre son troisième roman

inachevé, *Victor*), il devient dès avant-guerre le conseiller et l'acheteur d'un collectionneur d'art américain, dont il fera un des personnages du dernier quart de son roman, non repris dans le film. Collectionneur d'art comme de conquêtes amoureuses, Roché fascine Truffaut par sa manière de privilégier sa vie à son œuvre, par son insatiable curiosité des femmes, des sentiments et des sens, sa capacité à « maintenir constamment à portée de cœur et de corps » deux ou trois maîtresses régulières auxquelles s'ajoutent d'autres aventures. Le roman *Jules et Jim* est la transposition de l'amitié vécue au début du siècle avec l'écrivain allemand Franz Hessel, dont Roché fait la connaissance en 1906, de leur habitude prise très vite de se partager les femmes, et de leur rencontre en 1912 avec Helen Grund, une jeune allemande venue à Paris pour apprendre la peinture dans l'atelier de Maurice Denis, et vite remarquée par tous au café du Dôme, rendez-vous cosmopolite des artistes d'avant-guerre (« Je me rappelle, note Roché dans ses carnets, il m'a dit un soir avec toute sa bonne gravité : " Pierre, pas Helen, je vous prie, pas celle-là " »). Seule la fin du roman est inventée de toutes pièces par l'écrivain qui cherche à dramatiser l'aventure vécue. Ce retournement tragique par lequel il fait mourir Jim et Kathe, précipités par elle dans la Seine, tandis que Jules reste seul, est peut-être un remords de Roché. Car si Helen Hessel devint une vieille dame qui, ayant vu le film, s'étonnera de la capacité de Truffaut à retranscrire la vérité de leur ancienne histoire à trois, Franz Hessel, juif, émigré en France en 1938, fut interné au camp des Mille en 1940, sans que Roché n'essaie de lui venir en aide (leur amitié s'étant terminée avec la fin de l'histoire d'amour avec Helen). Il devait mourir quelques mois après sa libération en janvier 1941.

... puis Jules (Oskar Werner).

UN COMPLICE. Pour l'aider à adapter *Jules et Jim*, Truffaut vient chercher à la sortie du théâtre où il joue dans une pièce de Jacques Audiberti, Jean Gruault, un comédien qu'il a souvent croisé tout au long des années cinquante à la Cinémathèque ou au ciné-club du Studio Parnasse, où ils admiraient les mêmes films. Et étaient parfois amoureux des mêmes filles aussi, notamment de la fameuse Liliane, modèle des jeunes filles poursuivies par Doinel dans *Antoine et Colette* puis *Baisers volés*, dont l'indifférence poussa Truffaut à une tentative de suicide puis à la signature inconsidérée d'un engagement de trois ans pour l'Indochine. Gruault vient d'écrire avec Rivette le scénario de *Paris nous appartient*, et c'est d'ailleurs Rivette que Truffaut choisit comme entremetteur, lui demandant d'apporter au théâtre un exemplaire du roman, avant qu'il ne vienne lui-même en parler ouvertement avec son futur co-scénariste. Inaugurant une méthode de collaboration qu'ils répèteront par la suite, Truffaut lui remet alors un exemplaire annoté où il a souligné ou marqué d'une croix les passages qui lui plaisent. Gruault rédige une première tentative d'adaptation, assez longue, dont Truffaut se sert comme point de départ pour la remanier, la réduire, inventer quelques raccourcis plus visuels, découvrir où il souhaite aller. Massacrant plusieurs exemplaires du roman, que Truffaut a commandé en assez grande quantité chez Gallimard, ils retravaillent « à la colle et aux ciseaux », afin de monter, démonter, faire glisser d'un épisode à un autre, organiser autrement, les emprunts au livre. Certaines versions du scénario (composé entre l'été 1960 et le printemps 1961, date du tournage) mêlent fragments de texte dactylographié, passages directement découpés du roman et ajouts manuscrits.

UN PUZZLE. « Après le tournage, je sais que j'avais peur en voiture et je roulais très doucement parce que je me disais : "Personne ne peut s'y retrouver dans cette masse de pellicules, il y a des commentaires qu'il faut changer de place, il y a des doublages…" » Ce qui caractérise en effet le travail de Truffaut, des premiers essais d'adaptation jusqu'au montage, c'est la liberté de plus en plus vive avec laquelle il manipule, déplace, réinsère ailleurs, dans un autre contexte ou dans la bouche d'un autre personnage, les ingrédients du roman, au point d'être probablement le seul à pouvoir s'y reconnaître. Comme ils ne peuvent aboutir à un film de plusieurs heures, les nécessités de l'adaptation contraignent peu à peu Truffaut et Gruault à l'abandon de plusieurs personnages et de grands pans du roman. Ils décideront ainsi d'oublier la dernière partie du livre où après leurs retrouvailles à Paris succédant à leur séparation, puis une nouvelle rupture, les amours de Kathe et Jim repartent de plus belle et pour longtemps. Dans le roman, réconciliations, voyages, grands bonheurs et petites blessures, vacances, puis nouveaux orages et nouvelles rencontres précèdent la rupture ultime, cette fois-ci définitive. Mais Truffaut reprend de toute cette dernière partie de nombreuses idées de scènes, ou des phrases du commentaire, qu'il replace en amont, lors des vacances du trio au bord de la mer, ou au chalet lorsque naît l'amour entre Jim et Catherine : le livre qu'elle lit sur la plage et dont l'auteur décrit le ciel comme une boule creuse enchâssée dans une croûte solide ; une inquiétude sur la réaction de Jules (« Et Jules ? Il nous aime tous les deux. Il ne sera pas surpris. Et il souffrira moins ainsi ») reportée dans le film plus tôt au moment de la lune de miel entre Catherine et Jim ; le commentaire d'une fin de vacances dans la Manche dont Kathe, mécontente de lui, expulse Jim (« Le reste de la ruche, qui n'était pas au courant, sentit confusément que Jim n'était pas d'accord avec leur reine : son départ était donc normal » : la phrase est déplacée au moment du départ de Jim du chalet, dans le brouillard) ; une pensée de Jim, alors que Kathe, dans la partie finale du roman, donne des réceptions où Jim se sent de trop, réutilisée lors de la visite d'Albert au chalet (« Il ne pouvait admirer Kathe sans réserve que seule. En société, elle devenait pour lui relative ») ; ou encore, la phrase fameuse sur l'usure du bonheur qui précède les derniers orages du couple : « Le bonheur se raconte mal, il s'use aussi sans qu'on en perçoive l'usure… » C'est lorsque Jim revient au chalet après s'être attardé à Paris et découvre que Catherine a passé une nuit avec Albert afin de rétablir l'équilibre entre eux, que Truffaut utilise la description lyrique d'une énième réconciliation faite par Roché dans les derniers moments de son roman : « Une fois de plus, ils repartirent à zéro et ils planèrent de nouveau très haut comme de grands oiseaux rapaces. » Cette image des grands oiseaux rapaces, Truffaut s'en souviendra en écrivant le dialogue final de *La Sirène*, ou de la grande scène d'amour de la pièce jouée dans *Le Dernier Métro* : « Oui, l'amour fait mal : comme les grands oiseaux rapaces, il plane au-dessus de nous, il s'immobilise et nous menace… »

Ces déplacements, Truffaut les essaie, les éprouve et les recommence des premières versions au montage. Dans le roman, l'apparition de Kathe est précédée des aventures de Jules et de Jim avec plusieurs autres jeunes femmes. Jean Gruault les fait apparaître dans une première version du scénario, mais Truffaut, qui redoute que le spectateur entré dans le cinéma pour voir Jeanne Moreau ne casse les fauteuils s'il ne la voit toujours pas arriver à l'écran au bout d'une vingtaine de minutes, lui demande de réduire les scènes préliminaires. Plusieurs scènes avec ces femmes qui sont autant de préludes à Catherine sont supprimées au scénario, mais c'est sur la table de montage que le cinéaste terminera cette réduction. « Je me souviens bien des scènes du début avec les filles, qui étaient assez mornes et tristes, raconte Claudine Bouché, sa monteuse. C'est là qu'il m'a dit : on a un crédit de cinq minutes avec les gens, après il faut les intéres-

Page suivante :
le saut dans la Seine.

ser. » Quelques scènes coupées au montage sont en effet encore tournées dans les premiers jours des prises de vues avec les personnages de Lucie et de Birgitta, anciennes amantes de Jules qu'il présente à Jim lors d'un voyage en Allemagne fait par les deux amis avant leur rencontre avec Catherine : les rues d'un petit village allemand sont trichées à Ermenonville. Certains plans en seront repris, anonymement, dans le montage rapide du début du film. De toutes ces femmes partagées par les deux hommes, Truffaut et Gruault reportent les traits sur Catherine. « Comme cependant, nous ne voulions pas nous priver des traits plaisants propres aux autres filles, raconte Jean Gruault, nous les attribuâmes à Catherine qui devint ainsi une somme de celles qui l'avaient précédée. »

SOMMES. Outre Kathe, son modèle principal, la Catherine du film est ainsi un composé d'Odile, jeune nordique excentrique dont Jules et Jim se partagent les faveurs, de Magda, jeune Allemande avec qui Jim passe une nuit sous l'influence de l'éther, de Gertrude, jeune femme athlétique, qui a autrefois consolé Jules et se prête à Jim, et surtout de Lucie, très belle femme qui dissimule une souffrance cachée sous une sérénité apparente et dont Jules est très épris : en dépit d'un premier refus, il lui demande à nouveau sa main, et préfère, lorsqu'il échoue, la voir se rapprocher de Jim. C'est Odile que Pierre-Henri Roché décrit dans le roman en disant : « Elle est d'origine aristocratique par son père, populaire par sa mère. » C'est elle qui, après avoir arrosé d'essence un mouton en peluche (que l'on retrouve dans les premières versions du script), brûle une lettre devant Jim, met le feu, puis veut emporter une bouteille de vitriol « pour z'œils d'un homme menteur ». C'est elle encore qui part au bord de la mer avec Jules et Jim et découvre avec eux la maisonnette rêvée « blanche dehors et dedans, et sans meubles ». C'est de Magda que Roché écrit qu'elle « reprenait racine dans la vie et embellissait », et qui, lors d'une crise verbale de Jules, admoneste les deux amis : « Vous êtes deux idiots », puis cherche l'appui de Jim : « Alors, protestez, dit Magda. – Je proteste, dit Jim » (ce dialogue précède dans le film le bond de Catherine dans la Seine). C'est Gertrude qui raconte à Jim qu'elle « était éprise de Napoléon, rêvait qu'elle le rencontrait dans un ascenseur, qu'il lui faisait un enfant et qu'elle ne le revoyait jamais », histoire que Catherine racontera aux deux hommes pour regagner leur attention, alors qu'ils jouent sans elle aux dominos. C'est de Lucie enfin qu'est faite la description qui, attribuée à Catherine, conviendra si bien à Jeanne Moreau : « Son nez, sa bouche, son menton, son front, étaient la fierté d'une province qu'elle avait incarnée enfant lors d'une fête religieuse. » C'est d'elle que Jim dit à Jules :

« Elle est une apparition pour tous, peut-être pas une femme pour soi tout seul. » C'est Lucie encore qui, sentant Jim séduit par elle, cite quelques vers de Goethe qu'elle lui demande de traduire (« Toutes les inclinations qui vont de cœur à cœur, ah ! Mon Dieu ! Mon Dieu ! Comme elles créent des douleurs »), et c'est pour elle que Jules s'efface devant Jim : « Jim, Lucie ne veut pas de moi. J'ai la terreur de la perdre et qu'elle sorte tout à fait de ma vie. Jim, aimez-la, épousez-la, et laissez-moi la voir. Je veux dire : si vous l'aimez, cessez de penser que je suis un obstacle… » Il reste dans le film une seule femme, dont la rencontre avec Jules et Jim, précède l'apparition de Catherine : Thérèse, interprétée par Marie Dubois, qui fuit l'amant anarchiste avec lequel elle peint une insulte inachevée sur les murs de Paris, pour se jeter dans les bras de Jules et Jim, et disparaître aussitôt après en lâchant Jules au café pour suivre un autre homme. Répétition par avance sur le mode joyeux et désinvolte de la survenue de Catherine dans la vie des deux amis. Au point que Truffaut met très précisément en scène certaines séquences de manière à la fois identique et inversée : Thérèse est enlevée dans un fiacre entre les deux hommes qui lui apprennent qu'on ne dit pas Jim et Jules, mais Jules et Jim (Jim est alors gauche-cadre et Jules droite-cadre), et lorsque Catherine, après son plongeon dans la Seine, trempée, fière et silencieuse « comme un jeune général modeste après sa campagne d'Italie », est ramenée à son tour en fiacre entre les deux hommes, le plan est presque le même, bien que l'heure soit plus grave et que la position des deux amis soit exactement inversée (Jules est à gauche du cadre et Jim à droite). Or, paradoxalement, le personnage de Thérèse est issu du deuxième roman de Roché, *Deux Anglaises et le continent*, dans lequel Truffaut a marqué certains passages et qu'il donne à Gruault pour l'adaptation de *Jules et Jim*, de même qu'il annotera inversement quelques années plus tard le roman *Jules et Jim* en vue de l'adaptation des *Deux Anglaises*… Tous les éléments de la rencontre de Thérèse avec Jules et Jim, la façon dont elle les quitte au caf-conc', les détails du récit de sa vie qu'elle fait à Jim de retour à Paris, et jusqu'aux dialogues et son langage prolixe, sont empruntés directement au roman *Deux Anglaises*, où elle est le personnage d'un récit que fait Claude à ses deux sœurs d'outre-manche désireuses d'en apprendre davantage sur les filles publiques.

D'autres moments forts du film sont alimentés par le roman *Deux Anglaises*, et notamment toute la séquence des lettres croisées entre Jim et Catherine au moment de leur séparation, ces lettres qui arrivent toujours avec un temps de retard et leur font échanger un dialogue de sourds. Leur texte est emprunté à celui des lettres de Muriel, la plus puritaine et la plus

Henri Serre, Jeanne Moreau et Oskar Werner.

passionnée des deux sœurs : « Je ne penserai pas à vous pour que vous ne pensiez plus à moi » ; « Par moments, vous me dégoûtez, mais j'ai tort, car rien ne doit dégoûter » ; « Ce matin, il va venir. Rassemblons vite nos duretés d'avant-hier » ; ou pour la grande lettre de Catherine qui, comme Muriel croyant être enceinte, pense attendre enfin l'enfant qu'ils ont vainement désiré : « Il y a tant de choses sur la terre que nous ne comprenons pas et tant de choses incroyables qui sont vraies. » Plus rarement, c'est à une lettre d'Anne à Claude que Truffaut emprunte le texte des appels de Catherine qu'il recompose au moment de tourner : « Viens quand tu peux, mais peux bientôt. Arrive même tard dans la nuit », ou cette déclaration : « Ce papier est ta peau, cette encre est mon sang, j'appuie fort pour qu'il entre. » Lorsqu'il invente sur le tournage une scène de rupture non écrite entre Catherine et Jim, c'est à nouveau au roman *Deux Anglaises*, plus violent, et au journal écrit par Muriel, lorsqu'elle est séparée de celui qu'elle aime, qu'il a recours. Phrases universelles au point de paraître d'une perpétuelle modernité, aussi bien en 1900 qu'en 1962, ou plus de quarante ans plus tard : « Je n'ai pas de cœur : voilà pourquoi je ne vous aime pas et n'aimerai jamais personne » ; « À quarante ans, tu voudras une femme, j'en aurai quarante-deux. Tu en prendras une de vingt-cinq ». C'est encore au roman *Deux Anglaises* qu'il emprunte le thème des yeux malades (quand Catherine est fatiguée et déçue par Jim, elle ne peut plus lire, comme Muriel, que les grosses écritures), ainsi que les quelques phrases qu'il fait dire en voix *off* à Jeanne Moreau en exergue du film, juste avant que n'éclate la musique et les premières images du générique :

« Tu m'as dit : Je t'aime.
Je t'ai dit : Attends.
J'allais dire : Prends-moi.
Tu m'as dit : Va-t-en. »

L'EMPEREUR CHINOIS. D'un roman à l'autre, d'un personnage, d'un épisode, d'un dialogue à un autre, les voyages et les déplacements des ingrédients sont innombrables. Jusqu'au tournage et au montage compris, le scénario de *Jules et Jim* ressemble à un grand puzzle mouvant où les pièces s'échangent. La phrase qui allie le rocking-chair et les plaisirs de la chair (« Le balancement du rocking-chair nous invite au plaisir de la chair ») est longtemps attribuée à Jules. Au moment de tourner la scène de la chanson, Truffaut la donne à Albert (Cyrus Bassiak, alias Serge Rezvani, l'auteur du *Tourbillon*). Or Albert vient de passer quelques instants avec Catherine au nez et à la barbe de Jules et de Jim, l'ellipse nous dérobant ce qui s'est passé entre eux. Dans une des premières versions du scénario, c'est Jules qui dit à Catherine, lors d'une promenade collective à vélo : « Dès que Jim a envie de faire une chose et dans la mesure où il ne croit pas nuire à autrui (il peut se tromper), il le fait pour son plaisir et pour en tirer la leçon. Il espère arriver un jour à la sagesse. » Dialogue que Truffaut utilisera pour finir lorsque Jim explique à Gilberte qu'il va la quitter pour Catherine, et c'est de Catherine, dont cette recherche de la sagesse par la curiosité, devient alors une définition. « Elle était d'habitude douce et généreuse mais si elle s'imaginait qu'on ne l'appréciait pas suffisamment, elle devenait terrible et passait d'un extrême à l'autre avec des attaques brusquées » : au scénario, il s'agit d'une phrase prévue pour le commentaire, alors que la menace d'un départ de Catherine avec Albert plane sur la maisonnée. Récrivant une scène supplémentaire et imprévue entre Jules et Jim, que Catherine, en escapade, n'est pas venue attendre à la gare, Truffaut en fait au tournage un dialogue qu'il place dans la bouche de Jules, un Jules furieux qui explique à Jim le mode d'emploi de Catherine.

Lorsqu'il tourne, Truffaut manipule et triture un scénario suffisamment riche pour qu'il puisse toujours y trouver de quoi alimenter les scènes qu'il réinvente. Le récit, finalement fait par Jules, de l'empereur chinois pris entre ses deux épouses (« Je suis le plus malheureux des hommes, parce que j'ai deux épouses, la première épouse et la seconde épouse »), est d'abord, au scénario, un souvenir de Jim, qui se sent coincé entre Gilberte et Catherine. Lorsqu'il a conscience pendant le tournage qu'il lui manque une scène (Catherine veut chasser Jim et ne comprend plus rien à ses propres sentiments), Truffaut s'en souvient pour écrire au dernier moment le dialogue de Jules qui console Catherine. « Dans le roman, c'est Jim qui se souvient d'avoir vu cette pièce, raconte Jean Gruault. François avait souligné le passage dans un des exemplaires qu'il m'avait confiés. Il aurait voulu que, d'une façon ou d'une autre, je l'intègre dans mes collages. Prisonnier de ma damnée logique, je n'y parvenais pas, sans doute parce que trop intimidé par le texte de Roché, je m'obstinais à l'attribuer à Jim. Plus libre que moi avec l'original – et ceci est de cette liberté un exemple entre cent –, François le mit dans la bouche de Jules. »

ON BRÛLE DES LIVRES. À la fin du premier scénario qu'il remet à Truffaut, Gruault propose une fin, différente de celle du roman et assez surprenante. Après avoir échappé au revolver de Catherine, Jim se réfugie dans un cinéma où il voit aux actualités l'incendie du Reichstag. Jules, rappelé d'Allemagne par Catherine, arrive en train. Catherine entraîne devant lui Jim dans la Seine. Jules assiste avec Gilberte à l'incinération des corps, puis rentre en Allemagne, où il

découvre que se prépare dans son village une cérémonie nazie : il croise un groupe de fillettes chantant le *Horst Wessel Lied*, avant d'être accueilli chez lui par la fille qu'il a eue avec Catherine, maintenant âgée de quatorze ans. Truffaut ne retiendra pas cette tentation d'une fin ouvertement politique et trop annexe à l'histoire sentimentale, inspirée des dernières années de Franz Hessel qui, à partir de 1935, doit travailler clandestinement pour son éditeur. Il préfère terminer le film sur le souhait de Jules qui aurait voulu mêler les cendres de Jim et Catherine, et par la phrase qui achève le livre : « Mais ce n'était pas permis. » Il se réapproprie néanmoins l'idée de Gruault. Dès la version suivante, sans doute influencé par l'intérêt qu'il porte au roman de Bradbury, *Fahrenheit 451*, dont il est en train d'acheter les droits, il remplace l'incendie du Reichstag vu par Jim au cinéma par des images d'autodafé. Le cinéma devient l'endroit où Jules, Jim, et Catherine se retrouvent par hasard, et Jules dira doucement en sortant de la salle : « Si maintenant, on brûle les livres... »
Dans cette seconde version recomposée à la colle et aux ciseaux, on voit en effet Truffaut commencer à s'approprier le film. Il y ajoute peu à peu, en marge des emprunts à Roché, un certain nombre de gags qui lui appartiennent et qui feront beaucoup pour le charme du film. Le numéro de la locomotive à vapeur, par exemple, fait à Jules par Thérèse qui retourne une cigarette allumée dans sa bouche en faisant le tour de la pièce (mouvement triomphal que la caméra accompagnera d'un vif panoramique à 360°) et que Truffaut, potache, faisait déjà faire à l'un de ses amis dans son tout premier essai de court métrage tourné en 1954 (*Une Visite*). Le cinéaste commence à imaginer des dispositifs qui lui sont personnels : le « Pas celle-là, Jim » de Jules sera dit dans l'escalier qui mène à l'appartement de Catherine, et non plus dans un café où ils jouent aux dominos. Le petit train local est ajouté de la main de Truffaut, lors de l'arrivée de Jim en Allemagne, avec Catherine qui l'attend à la gare. Ou encore, l'idée que l'ami des peintres, Albert, présenté par Jules à Jim au début du film, projette la photographie agrandie d'une statue sur le mur grâce à un vieil appareil à plaques, au lieu de leur

« Ses yeux ne peuvent plus lire que les grosses écritures ». Thème des yeux malades emprunté aux *Deux Anglaises et le continent*, le deuxième roman d'Henri-Pierre Roché.

montrer de simples reproductions sur papier (Truffaut réintroduira ce même appareil à plaques dans *La Chambre verte* lorsque Davenne projette à l'enfant vivant à ses côtés des images de la Grande Guerre). Projection comme sur un écran, du sourire de la statue, dont Jim comme Jules disent qu'ils le suivront s'ils leur arrivent de le rencontrer un jour, projection du fantasme au moment où se cristallise leur imaginaire amoureux.

Truffaut introduit au même moment quelques références personnelles : la citation de Radiguet (« Le balancement du rocking-chair nous invite aux plaisirs de la chair »); un clin d'œil à Cocteau (que, pour finir, il ne tournera pas) : « Brisons la glace », dit Jules, en brisant une petite glace de poche, alors qu'ils se retrouvent tous les trois après la guerre, brusquement intimidés, au chalet; ou une première évocation d'Apollinaire : lors de sa deuxième arrivée au chalet, alors que Catherine reste hostile et silencieuse, Jim raconte pour meubler la conversation qu'il a « connu dans les tranchées un poète qui réhabilite l'artillerie. Blessé à la tête, on l'a évacué vers l'arrière. Voilà sa photo (une photo de Guillaume Apollinaire la tête bandée ou encore le jeu des vingt-six photos qui s'animent avec le pouce. G. A. ôtant son chapeau et le remettant). De son lit d'hôpital, il écrivait à sa maîtresse : » Tes seins sont les seuls obus que j'aime » ». C'est un ajout de la main de Truffaut qui donnera de l'ampleur à cette idée au tournage en la déplaçant dans une autre scène qui devient l'une des plus belles du film : Jim qui raconte à Jules et à Albert sa rencontre à l'hôpital avec un artilleur ayant vécu une étonnante histoire d'amour par correspondance avec une jeune fille rencontrée lors d'une permission.

LA GUERRE. C'est aussi en reprenant cette version que Truffaut a l'idée de faire chanter à Jules " La Marseillaise " et d'enchaîner sur des images d'archives de la guerre. Il propose que sur ces images " La Marseillaise " continue non chantée mais " récitée " par Jules avec un accompagnement musical au piano ». Lorsque la scène sera tournée, Oskar Werner lira sur de grands panneaux placés hors champ devant lui le texte du chant pour pouvoir le dire à la vitesse souhaitée par le cinéaste, et la beauté impromptue des cassures de rythme ou des mouvements suggestifs du menton qu'il fait en débitant les paroles viendront de ce dispositif bricolé.

Pour développer la parenthèse de la guerre, le cinéaste esquisse un commentaire indiquant que Jim reçoit dans les tranchées des colis de Gilberte, et lui demande de l'épouser lors d'une permission, mais qu'ils renonceront au mariage après avoir vu un gynécologue leur prédisant des enfants peu robustes (il supprimera au tournage cette allusion directe aux préoccupations eugénistes de Roché, chez qui la crainte de la transmission aux enfants à naître de la constitution fragile des parents revient comme une obsession). Il prévoit une scène où Jim dit à Gilberte sa peur de tuer Jules, ainsi que la scène de l'abri allemand où Jules écrit à Catherine son transfert sur le front russe qui lui permettra de ne plus vivre dans l'angoisse de tuer Jim. Truffaut donne ainsi à la coupure de la guerre une importance qui n'existe pas chez Roché. Réformé et déclaré inapte lors de la mobilisation de 1914, Roché est en effet un des rares écrivains de sa génération à avoir échappé à la guerre des tranchées. Incarcéré deux semaines au dépôt pour soupçon d'intelligence avec l'ennemi à cause de sa volumineuse correspondance avec ses amis allemands (il en tirera un premier livre, *Deux semaines à la Conciergerie pendant la bataille de la Marne*, décrit par Truffaut comme « un petit volume de cinquante pages qui révèle déjà son style vif et joyeux »), puis chargé de mission auprès du Haut Commissariat français à Washington, il reste aux États-Unis jusqu'en 1918. Le roman expédie la guerre en cinq lignes rapides : « Trois jours avant [le voyage prévu de Jim en Allemagne], la guerre éclata et les sépara pour cinq ans. Ils purent tout juste se faire savoir par des pays neutres qu'ils étaient encore en vie. Jules était sur le front russe. Il était probable qu'ils ne se rencontreraient pas. » Truffaut substituera à ce laconisme quatre minutes de plans d'actualité d'époque (dont certains empruntés à un film de montage[2] de son ami Jean Aurel), montrant la violence des combats mais aussi la vie quotidienne des soldats et les moments de détente organisés à l'arrière du front (souvenir peut-être de la pièce de théâtre répétée dans *La Grande Illusion*). Retombée aussi de l'impact sur lui du *Paradis perdu* d'Abel Gance, un de ses premiers souvenirs de cinéma, vu clandestinement en 1940 : Truffaut racontait avoir alors été frappé par la coïncidence entre l'atmosphère émotionnelle du film se déroulant pendant la guerre de 14 et celle de la salle remplie d'hommes en permission accompagnés de leurs petites amies ou marraines de guerre. Quand Catherine se déguise en Thomas lors de la première rencontre avec Jim, il glisse en même temps un clin d'œil à Cocteau et une autre allusion indirecte à la guerre, lorsqu'il fait dire à Jim : « Thomas est un imposteur. »

Cette « expiration » comme aurait dit Cocteau de ce qui lui est proche ou intime, et qu'il agglomère peu à peu à l'œuvre adaptée, comme si ces ingrédients pourtant ajoutés en avaient toujours fait partie (de même que les quelques phrases du commentaire non tirées du texte de Roché, mais écrites « à la manière de », deviennent du Roché), Truffaut la fait par retouches successives, toujours par réaction aux propositions qui lui sont faites. Pensant mise en scène, idées visuelles

2 Jean Avrel, *La bataille de France*, 1964.

(l'appareil de projection à plaques, par exemple), il cherche comment être au cœur de son sujet. Lorsqu'il récrit la scène nocturne où Jim se laisse aller à un début d'aveu à Catherine qui l'interroge sur ses amours, c'est lui qui a l'idée d'y réintroduire Jules, apparaissant sur le balcon au-dessus d'eux pour fermer les volets : c'est Jules, et non plus Catherine, qui citera les vers de Goethe et demandera à Catherine de les traduire. En écrivant cette souveraine apparition de Jules au moment précis où Jim est sur le point de s'abandonner à son attirance pour Catherine, Truffaut concentre toute la donne d'un film où il souhaite que le jeu se joue perpétuellement à trois.

LES APPORTS DU TOURNAGE. « Si Catherine fume, un type peut lui demander du feu en l'appelant Monsieur », note Truffaut sur son exemplaire de tournage, face à la scène où Catherine, déguisée en Thomas, se déclare prête à affronter aux bras de Jules et de Jim « l'épreuve de la rue ». Et d'ajouter sur la page de gauche : « Ici possibilité de commentaire : Catherine était contente du succès de sa ruse. Jim et Jules étaient émus comme par un symbole qu'ils ne comprenaient pas. » *Jules et Jim* est un des films dont il bouge le plus le scénario au cours du tournage, ajoutant mille détails, déplaçant ou récrivant des scènes, coupant, rétablissant un bout de scène plus loin, remplissant les marges de fragments d'idées ou d'esquisses de textes pour le commentaire, comblant les manques et les blancs. « Sur le plateau, François était absolument concentré, comme s'il était refermé sur lui-même et sur le film, on sentait qu'il n'y avait que le film qui comptait, il y avait donc une gravité, une profondeur, et en même temps des éclats de rire perpétuels, une ouverture, une capacité à saisir tout ce qui peut se passer pendant le tournage et à s'en servir et les intégrer au film », a raconté Jeanne Moreau. Il invente au moment de tourner toutes les actions de Jules et Jim qui illustrent le générique et le commentaire d'ouverture (le scénario indiquait simplement que les deux amis se promenaient en devisant, phrase que le cinéaste annote d'un laconique « des actions ») : les dominos, l'aveugle et le paralytique, la bataille pour rire à coups de balai, etc. C'est au tournage qu'il modifie la façon dont Thérèse quitte Jules au café : elle devait les planter là pour proposer ses services à un casseur d'assiettes qui y faisait son numéro, et Truffaut préfère jouer le gag de répétition (il fait aussi, en simplifiant la scène, quelques économies), en lui faisant faire à un autre le coup de la locomotive à vapeur : « Thérèse qui s'ennuie fait le coup de la loco à un autre type et part avec lui : une de perdue, dix de retrouvées. » Au tournage aussi qu'il invente les plans célèbres où les bicyclettes du trio filent sur les routes : rebondissant sur une phrase du roman, Gruault avait proposé qu'ils se

Jules (Oskar Werner) joue aux dominos avec Sabine (Sabine Haudepin).

partagent lors de l'escapade dans le Midi « un vélo pour trois », que Truffaut annote au dernier moment d'un « À changer. trois bicyclettes ». Dans le Midi, autour de la maison « blanche dehors et dedans », il écrit de nouvelles scènes. Il rature une scène où Catherine devait faire scandale dans la petite ville balnéaire en s'y promenant en maillot de bains (reliquat d'une scène du roman avec le personnage d'Odile) et écrit à la place la conversation entre Jules et Jim au retour de la plage : « M'approuvez de vouloir épouser Catherine ? » et la réponse de Jim : « Elle est une apparition pour tous, peut-être pas une femme pour soi tout seul. » Piochant à nouveau dans le roman (dans l'épisode avec Lucie), il ajoute ensuite la demande en mariage faite par Jules à Catherine, esquissant sa mise en scène en marge : « Jim isolé (pour permettre à Jules de faire sa demande). Jules : Jim, j'ai demandé à Catherine de m'épouser. Elle a presque dit oui. » Il emprunte à *Bus Stop* (de Joshua Logan) et à Marilyn Monroe la réponse de Catherine : « Vous n'avez pas connu beaucoup de femmes… Moi, de mon côté, j'ai connu beaucoup d'hommes. Cela fera une moyenne, peut-être pourrons-nous former un couple honnête. » Repartant d'une autre scène du roman, il imagine et tourne librement avec ses trois comédiens la scène de longue promenade autour de la maison où ils partent à la recherche du « dernier signe de civilisation » et d'où Jules et Jim reviennent en portant leur reine fatiguée sur leurs bras mêlés faisant chaise à porteur. Truffaut pensait l'accompagner d'une sorte de pique-nique, comme l'atteste une note en marge : « Feux de bois. côtelettes grillées au bout d'un bâton. repas des primitifs. dégueulasse. suivi du dernier signe de civilisation », scène non tournée ou coupée au montage.

Changeant de dispositif, il simplifie la scène de la gifle donnée par Catherine à Jules : il supprime l'idée que le trio commençait par chanter et mimer une chanson, y intègre le fantasme de Catherine sur Napoléon (qui lui aurait fait un enfant dans un ascenseur), imagine l'indifférence des deux hommes pris par leur partie de dominos à ce récit, et y ajoute le « Gratte-toi, le ciel te grattera » de Jules qui déclenche le changement d'humeur de leur reine. C'est à la fin de cette scène célèbre que Truffaut figera l'image des plans sur les sourires et les rires de Jeanne Moreau. Par un procédé qu'il s'interdira ensuite, car il le jugera trop ostensible (et ne fera plus que des arrêts sur image moins visibles), il inclut dans sa mise en scène son désir de la faire jouer en opposition avec ses films précédents, où il la trouve trop maussade. En une formule qui pourrait caractériser l'ensemble de son travail, Truffaut résumait ce qu'il souhaitait obtenir du jeu de son actrice principale comme une « somme de choses à éviter ». Ni trop intellectuelle, ni trop prestigieuse, ni trop l'enquiquineuse exquise de la comédie américaine. « On peut dire de ce personnage de femme qu'il est à la fois fait de poncifs et d'anti-poncifs. Aussi quand elle devient trop Scarlett O'Hara, je lui mets des lunettes, j'essaie de la rendre plus humaine, plus réaliste. »

Au fil du tournage, dialogues et commentaires changent de place. Alors qu'il pleut et que Catherine demande à rentrer du Midi à Paris, il rature le commentaire prévu (« Le trio était connu dans le pays sous le nom les trois fous »), en esquisse un autre (« La vie était vraiment des vacances »), puis finira par insérer l'un et l'autre lors des amours naissantes de Jim et Catherine au chalet. Lorsque Catherine brûle devant Jim, au début du film, les lettres « des hommes menteurs », il pense faire entendre que « Jim la considérait tellement comme à Jules qu'il n'essayait pas de s'en faire une idée nette », puis note « À reporter plus loin dans le Midi », et finit par monter la phrase un peu avant, à l'issue de la course lancée par Catherine, alors qu'elle réclame leur départ au bord de la mer. Et il cherche longtemps où placer une phrase à laquelle il tient : « Jamais Jules et Jim n'avaient manié d'aussi gros dominos. »

Partout, Truffaut ajoute de nouveaux détails qui donneront sa vie et sa légèreté au film : les maillots qui sèchent à deux pas de la maison (« Les maillots sèchent sur un fil, ils les emmènent et se tirent à vélo »), le pas de boxe française que Jules et Jim esquissent sur la plage, les jeux avec Sabine (« Jules danse avec Sabine dans les bras ; plus tard, ils se la lancent dans les bras », ou ceci, finalement non monté « Catherine lui fait répéter le mot prune pour qu'elle ait une jolie bouche »), le dialogue de Catherine sur un portrait de Jules en Mozart prêté par Oskar Werner, ou encore le chapeau que Jim donne à Jules lors de leurs retrouvailles à Paris, le jeu des chapeaux échangés ou qu'il ne faut pas mettre sur les lits étant une des rimes du film. En tournant, Truffaut continue de glisser dans le film quelques gags personnels : comme la rencontre au café avec une fille superbe mais idiote que son compagnon surnomme avec une tranquille misogynie « la chose ». Il la fait jouer par la même comédienne qui interprète dans *Tirez sur le pianiste* la belle musicienne inconnue, qui laisse sa place à Aznavour pour l'épreuve de l'audition chez l'imprésario, et que la caméra accompagne longuement dans le couloir, puis la cour de l'immeuble. Et il poursuit quelques obsessions : le retour de Jim sur les lieux où se sont déroulés les combats les plus violents de la guerre (« Visite des tranchées après-coup [Vieil Armand, etc.] »).

Double mouvement d'une récriture par lequel le film gagne à la fois en légèreté et en violence. Le gag et l'âpreté vont de pair. C'est au tournage, moment où il s'immerge dans le cœur de son sujet et où il a, jour après jour, la sensation que le film devient grâce à ses comédiens meilleur que le scénario, que Truffaut invente ou recompose les scènes qui sont parmi les plus marquantes du film. Ainsi la grande scène de colère de Jules qui explique à Jim qu'il ne sait pas aimer Catherine (« Il faut lui accorder une totale attention comme à une reine »). Il rature sa présence à la petite gare où le scénario indiquait qu'elle venait attendre Jim avec Jules pour ensuite rester lointaine et silencieuse, et imagine qu'elle est partie se venger des retards de Jim (« En cas de doute, Catherine fera toujours plus que l'autre n'a pu faire ») : ce qui lui permet de faire une scène où les deux hommes parlent d'elle en son absence, puis de la faire réapparaître à point nommé, fraîche et d'une innocence insolente, alors que Jim va repartir. Il écrit, en empruntant le dialogue au roman *Deux Anglaises*, la scène de rupture entre Catherine et Jim, interprétée sèchement par Jeanne Moreau : « Tu souffres ? Eh bien moi, je ne souffre plus, parce qu'il ne faut pas souffrir tous les deux à la fois. » Il téléphone à Jean Gruault parce qu'il sent qu'il lui manque un climat émotionnel à cet endroit du film, puis recompose lui-même la scène où Jules tente de la consoler en lui racontant l'histoire de l'empereur chinois et ses deux épouses, scène où, faisant son miel de tout, il reprend aussi le dialogue de quelques confidences que lui avaient faites Jeanne Moreau quelques jours auparavant. Jouant pourtant à quelques centimètres de la grosse cameflex qui les prend en gros plan, les deux comédiens lui font le cadeau de la porter à un paroxysme d'émotion en pleurant dans les bras l'un de l'autre. « Ce que vous aimez le mieux dans mes films, interrogatoire d'Antoine, confession de Nicole Berger, Jeanne Moreau pleurant avec Oskar, tout cela a été fait entre Coutard et moi, en foutant tout le monde à la porte », écrira Truffaut à Helen Scott à qui il explique pourquoi il est réticent aux visites trop fréquentes sur ses tournages. Au montage, il s'aperçoit qu'il préfère doubler la scène à cause du bruit de la cameflex. « Ils n'y arriveront jamais, lui dit Claudine Bouché, l'émotion à la post-synchro, ça va être un massacre », mais Jeanne Moreau parvient progressivement à se remettre dans le même état, et à sangloter comme au tournage.

UN DÉPUCELAGE PAR CORRESPONDANCE. « Il n'y avait jamais d'improvisation de texte, mais une certaine liberté des acteurs, oui, précisait Suzanne Schiffman. Par exemple, la première scène où ils dînent ensemble au retour de Jim après la guerre était une scène que François considérait plutôt comme une scène grave. Il l'a faite répéter une première fois aux acteurs, et quand ils se sont mis à rire, il a trouvé ça formidable. Il a trouvé le rire de Jeanne beaucoup mieux pour la scène, que si elle avait été jouée dans le sérieux et la gravité, et l'on l'a tournée comme ça. » Par facilité et souci de simplification, Truffaut laissera dire et dira lui-même qu'une partie de son travail était improvisée. Plutôt que d'improvisation à proprement parler (à l'exception très partielle des enfants, il ne laissait pas ses comédiens inventer librement leur dialogue devant la caméra), il s'agit d'une récriture et d'une recomposition permanente, ainsi que de la faculté d'intégrer au film aussi bien des idées et des obsessions anciennes que des événements du moment. C'est parce que Jeanne Moreau, Rezvani, et les autres chantonnent autour du plateau la chanson du *Tourbillon*, que le cinéaste décide d'en faire une scène du film (une des quelques scènes tournées en son direct), et lorsque Jeanne Moreau se trompe entre deux couplets de la chanson et mime de ses mains un joli geste d'inversion, c'est cette prise plus vivante qu'il choisit de garder. La scène de la visite d'Albert au chalet écrite au scénario (les quatre personnages finissent un repas à table, le commentaire décrit la situation, puis Jules s'isole avec Jim pour critiquer Catherine) lui paraît trop plate. Il décide de lui substituer un long dialogue entre Jules, Jim et Albert, qu'il filmera à l'extérieur, sur la prairie, en profitant du temps clément de ce jour-là, et reprend son idée de faire allusion aux lettres d'Apollinaire, mais en la modifiant. Apollinaire, dont Truffaut relit sur le tournage un recueil de la correspondance amoureuse, ne sera plus nommé, l'histoire devient celle d'un soldat ordinaire et anonyme que Jim prétend avoir croisé, ce qui répond à l'un des thèmes les plus fréquemment défendus par le cinéaste, l'idée que les passions appartiennent à tout le monde, et pas spécifiquement aux artistes et aux poètes. Surtout, il compacte l'aventure d'Apollinaire avec Madeleine Pagès, jeune fille originaire d'Oran, rencontrée par le poète au retour d'une permission dans le train de Marseille en janvier 1915, et à qui il se mit à écrire depuis le front des lettres de plus en plus passionnées. Car, raconter cet « extraordinaire dépucelage par correspondance » lui permet de tisser plusieurs de ces préoccupations : sa fascination pour la violence destructrice de la guerre de 14, son goût pour les échanges de lettres, sa curiosité pour une passion qui se développe à distance, dans le pur imaginaire et le pur fantasme. Il arrange d'ailleurs quelque peu la fin de l'histoire, en imaginant qu'il lui écrit dans sa dernière lettre : « Tes seins sont les seuls obus que j'aime. » Car lorsque Apollinaire meurt presque à la veille de l'armistice (et des atteintes d'une grippe infectieuse, non de sa blessure à la tête par un éclat d'obus en 1916), il a depuis longtemps cessé d'écrire à sa fiancée à distance, qu'il a revue, rompant le charme, lors de sa permission de Noël 1916. Et à l'emportement de l'imaginaire masculin, Truffaut fait répondre l'ironie concrète de Catherine (« Lorsqu'il était à la guerre, Jules aussi m'envoyait des lettres très belles », fait-il dire à Jeanne Moreau qui les écoute depuis la maison). Scène dont l'atmosphère de loisir semblable à celle qui devait régner sur le tournage (le temps de la conversation, l'atmosphère bucolique, les trois hommes nonchalants, assis sur l'herbe) ferait presque oublier la violence évoquée (« La violence de la guerre des tranchées, cette espèce de folie collective et la présence de la mort minute par minute »). Truffaut y détourne par ce long récit l'indécence de la situation : la présence d'Albert venu peut-être pour enlever Catherine, les trois hommes à la merci de leur femme-reine. La trivialité de l'adultère possible est recouverte par le romanesque. C'est une de ces facilités poétiques que se reprochera ensuite le cinéaste, lorsqu'il tournera *La Peau douce* en opposition au film, estimant que « les intellectuels ont trop aimé *Jules et Jim* ». Il l'écrira autrement à Helen Scott à l'issue d'une projection privée en décembre 1961 : « Certains intellectuels sont enthousiastes (Queneau, Audiberti, Jules Roy et les copains cinéastes !). Les femmes pleurent, beaucoup d'hommes s'ennuient un peu. C'est mon premier film délibérément emmerdant (1 heure 50 minutes). Franchement, grâce aux trois acteurs, ça se tient mieux debout que mes films précédents… »

ÉQUILIBRES. Au moment du tournage au chalet, il y aussi les scènes qu'il renonce à tourner. « Catherine congédie Mathilde [la baby-sitter] pour rester seule avec Jim. L'amour le jour ; déshabillage de Catherine par Jim (chapeau ?). Il lui enlève ses chaussures. Dehors, rire et jeux de Sabine, Oskar scie du bois, etc. », prévoit-il sur son exemplaire de tournage, avant de récrire finalement une scène où Catherine se contente d'offrir sa nuque à Jim, le seul endroit d'elle qu'il pouvait voir sans être vu, et qu'il terminera à l'extérieur sur Jules et Sabine : « Oskar scie du bois et le charge sur les bras de Sabine qui l'emmène dans la maison. » Afin d'éviter d'aliéner à ses personnages la sympathie d'un spectateur pas nécessairement prêt à accepter la liberté sexuelle et amicale racontée par Roché, Truffaut et Gruault ont déjà décidé d'abandonner certaines des scènes les plus osées du roman, telles le récit d'une soirée où Jules et Jim prennent de l'éther en compagnie d'une amie commune, les bains pris en commun par le trio, ou les accès de violence pouvant aller jusqu'aux coups survenant parfois entre Jim et Kathe. Truffaut hésitera longtemps à conserver quelques scènes où Fortunio, jeune ami de Jules et Jim, et un temps amant de Catherine, leur rend visite au chalet, et partage un seul et même lit avec Jim et Catherine (« La main droite de Catherine tenait Jim. Jim fut certain que la gauche tenait Fortunio. Les manigances silencieuses de Catherine duraient. Jim ne désira plus un enfant d'elle »). Scènes scabreuses que Truffaut avait d'abord prévues de tourner. « Terminer par Jules annonçant le télégramme de Fortunio », note-t-il en marge de la séquence qui précède. Et il rédige sur son exemplaire de tournage une esquisse du texte dudit télégramme : « Père Jules et père Jim. Stop. 24 heures avec vous. Stop. Équarrissage et décervelage sont les deux mamelles de notre amitié. Stop. Pataphysiquement vôtre. Fortunio. » Il finit (hélas !) par y renoncer pour ne pas risquer de perdre l'adhésion du public à ses personnages : il affirmait qu'il n'aurait pu tourner ces quelques séquences qu'en confiant le rôle à Jacques Demy dont l'air de pureté et d'innocence aurait réussi à contredire l'indécence de la situation.

Au montage, il se résigne à couper une scène où la petite Sabine venait saluer un matin Jim et Catherine dans leur lit. Tous les spectateurs des premiers montages lui disent que la scène ne passera jamais la censure : « Si j'avais eu une demi-heure de plus, j'aurais pu faire accepter jusque là la vie de mes personnages » espérait-il. Le film sera, malgré tout, interdit aux moins de dix-huit ans par la commission de censure et certaines associations familiales réclameront une interdiction totale. Truffaut cherche jusqu'où il peut aller. « Pendant le tournage de *Jules et Jim*, racontait Suzanne Schiffman, la grande angoisse de François c'était : "Il ne faut pas que le spectateur rie de ce trio, il faut le laisser en harmonie avec eux." Donc, on se voyait le soir après le tournage et on discutait, on se disait : "Dans la continuité, qu'est-ce qu'on a comme scènes, à quel moment est-ce que Jeanne est avec Jules, ou avec Jim, qu'est-ce qui se passe entre Jim et Jules ? Est-ce qu'on a beaucoup de scènes tristes ? Est-ce qu'il nous faut une scène gaie, ou y a t-il déjà trop de scènes gaies ?", etc., et c'est comme ça qu'il arrivait à écrire d'autres scènes, par exemple la scène où Jules joue au cheval avec Sabine… »

Comment risquer de perdre le public à un moment du film, pour le regagner au moment suivant ? Comment faire passer en les équilibrant par des séquences extérieures ou familiales les situations qui pouvaient être refusées par le spectateur ? Lors de la première nuit entre Jim et Catherine (chastement filmée en ombres chinoises par un cinéaste qui détestait représenter les scènes d'amour), sa caméra quitte les visages pour montrer à travers l'encadrement de la fenêtre les arbres qui environnent le chalet. Puis on passe à la terrasse claire du lendemain matin où Jules joue aux dominos avec Sabine et où Catherine fait accepter avec simplicité Jim à la table du petit-déjeuner familial. Le plan où Catherine embrasse Jules en bas de l'escalier du chalet, puis, plus amoureusement, Jim en haut des marches, est immédiatement suivi d'un plan où l'on voit Sabine dormir dehors dans un hamac, tandis que Catherine lui jette par la fenêtre un regard maternel. Quand elle décide de séduire Jules dans la chambre, tandis que Jim, juste au-dessous, brusquement jaloux, fait les cent pas, le cinéaste montre, juste derrière, la grande promenade familiale au bord du lac où Jim porte Sabine sur ses épaules. « Dans un film, notait Truffaut, dès qu'on parle de l'amour physique, le public devient très infantile, comme un enfant à l'âge ingrat et il faut en tenir compte. On sait très bien que telle réplique risque de faire rire. Il faut donc que la réplique suivante vienne très vite. De la même façon, certaines choses font rire si les personnages les disent dans un lit par exemple ; et si le commentaire devient délicat, je passe rapidement à un plan en extérieur, le chalet vu en travelling, depuis un hélicoptère, pour que la beauté du paysage étrangle le rire dans la gorge des gens. »

VOIX OFF ET MUSIQUE. Le montage de *Jules et Jim*, particulièrement long et assez compliqué, dure près de neuf mois, avec aussi quelques moments de détente où Truffaut entraînait sa monteuse hors de la salle voir un film ou lui servir de témoin le jour de l'achat d'une nouvelle voiture. « On faisait des courbes, on mettait sur les murs des cartons avec un petit résumé de la scène, d'abord pour voir si en changeant les scènes de place, c'était quand même cohérent. Puis on mettait des flèches en disant : « Là ça monte, ou là ça descend ». On voyait très bien en projection quand le film fléchissait ou quand il remontait. » Truffaut fait dilater certaines scènes. Il fait rallonger ainsi par quelques artifices, la scène du premier plongeon de Catherine dans la Seine, qui était trop rapide (le corps en chute libre est replacé un peu plus haut dans l'image à chaque changement de plan. C'est Jeanne Moreau elle-même qui avait sauté finalement ce jour-là à la place de la doublure prévue). Il préfère en truquer d'autres. Il fait inverser par exemple à la truca un plan où Catherine et Sabine tricotent ensemble derrière Jules et Jim jouant aux dominos, afin de pouvoir terminer la scène en accord avec le commentaire : sur un gros plan de Catherine qui mordille distraitement son aiguille, alors que la voix *off* souligne que « tout n'allait pas très bien ». Les difficultés supplémentaires arrivent avec l'insertion du commentaire dont la vitesse doit s'accorder avec le tempo des images. Truffaut fait des essais d'enregistrement, il en fait faire aussi à Claudine Bouché qui s'efforce désespérément de ne pas mettre le ton, car elle sait qu'il souhaite que le commentaire soit lu avec le moins d'intention possible. « Quand on était assez satisfait, il barrait, il récrivait, on changeait des phrases, je disais : "Là il en faut plus, là il en faut moins", on le déplaçait. » D'après Claude de Givray, Truffaut aurait renoncé à un essai de lecture du texte fait par Michel Bouquet avec trop de théâtralité. Il demande finalement à Michel Subor, qui vient d'interpréter *Le Petit Soldat* de Godard, de lire le commentaire de manière rapide et neutre, sur le ton d'un commentateur sportif, et en ne mettant aucun sentiment. Mais la musique magnifique composée par Georges Delerue, notamment pour les scènes au chalet, et livrée comme toujours quelques jours à peine avant le mixage, fiche tout par terre. Ses essors lyriques, pour les scènes d'après-guerre, modifient la vitesse de l'image et noient le commentaire, qu'il faut alors réenregistrer et recaler sous peine de baisser et d'amoindrir la musique. « Il fallait récrire les longueurs de commentaire pour laisser s'épanouir la musique, il a fallu refaire tout ce travail minutieux. » Prix à payer pour les envolées lyriques de *Jules et Jim* destinées à faire passer le scabreux du sujet : « Delerue avait vu le film sans commentaire, et à tous les moments où la caméra passe au-dessus des vallées, des champs, des forêts, il s'était dit qu'il pouvait se laisser aller. »

« Le ciel est une boule creuse. » Catherine raconte à Jules et Jim un livre qui lui plaît.

ANTOINE ET COLETTE (1962). Au début de l'année 1962, Truffaut tourne, le temps d'un moyen-métrage d'une demi-heure, le seul film de commande qu'il acceptera dans sa carrière, car il coïncide en réalité avec un projet qu'il a en tête : faire revenir Jean-Pierre Léaud, raconter ses débuts dans la vie professionnelle et ses premières amours. En juin 1961, alors qu'il finit de tourner *Jules et Jim*, il est contacté par le producteur Pierre Roustang qui souhaite réunir plusieurs jeunes cinéastes du monde entier autour du thème de l'amour à vingt ans. Truffaut, qui recommande pour les autres sketches ses collègues Marcel Ophuls et Renzo Rossellini (respectivement fils et neveu de Max Ophuls et Roberto Rossellini) tandis que Roustang convainc Andrzej Wajda et le japonais Shintaro Ishihara, y voit la possibilité de mettre en œuvre une première suite aux *Quatre Cents Coups*. Idée qu'il a depuis quelques années. En juillet 1959, questionné par un journaliste niçois alors qu'il est installé à Saint Paul de Vence pour travailler avec Marcel Moussy sur *Tirez sur le Pianiste*, il affirme qu'il attendra que Jean-Pierre Léaud ait dix-sept ans pour le retrouver : « Je tournerai alors la première histoire d'amour d'un adolescent. Je tiens à ce film. J'y travaille déjà. Comme pour *Les Quatre Cents Coups*, ce film sortira de moi-même ». Par orgueil ou par pudeur, pour ne pas avoir l'air de profiter du succès de son premier film, il s'est en effet interdit d'en faire trop rapidement une suite. « Or, je sais depuis qu'il ne faut jamais renoncer à une idée pour des raisons aussi extérieures et secondaires que des raisons qui relèvent des apparences. Il faut faire exactement et profondément ce qu'on a envie de faire. » De même, il regrettera de n'avoir pas tiré un long métrage du premier grand revers amoureux d'Antoine Doinel, regret qu'il réparera quelques années plus tard en tournant *Baisers volés*.

Les parents de Colette (Rosy Varte et François Darbon) et les deux jeunes gens (Jean-Pierre Léaud et Marie-France Pisier). Antoine s'installe dans la chambre d'en face.

« Antoine Doinel, cela était prévisible, serait violemment amoureux à la première occasion ». Lorsqu'il écrit une esquisse de trois pages qu'il intitule provisoirement *La Fougue d'Antoine*, en souvenir du premier titre de ce qui deviendra *Les Quatre Cents Coups*, *La Fugue d'Antoine*, Truffaut transpose une histoire douloureuse de sa propre jeunesse. Celle de sa passion en 1950 (il a alors dix-huit ans) pour Liliane Litvin, rencontrée à la Cinémathèque, qui, comme le raconte Jean Gruault dans ses mémoires, joue au chat et à la souris avec plusieurs habitués des lieux : et notamment Jean-Luc Godard, et Jean Gruault lui-même, qui, comme on le verra faire à Antoine Doinel, et au même titre que Truffaut, le plus pauvre d'entre eux, apprécient de trouver asile et table mise chez les parents accueillants de la jeune fille. Comme Antoine, Truffaut s'installe dans une chambre d'hôtel en face de chez elle. Mais cette passion se termine plus mal dans la réalité que le cinéaste ne le racontera dans un sketch qu'il allège volontairement. À l'issue d'une fête où elle virevolte sans le regarder, le jeune homme tente de se suicider en se tailladant le bras droit de vingt-cinq coups de rasoir : « Le reste se passa dans le genre de *La Règle du Jeu*. Intrigues, scènes dans la rue, portes qui se fermaient ? L. jouait Nora Gregor, elle changea quatre ou cinq fois de "Saint Aubain", je faisais Jurieu, il fallait une victime. Le matin, en rentrant chez moi à 7 heures du matin, je me mis au lit et me tailladai le bras », écrit-t-il quelques jours plus tard à son ami Robert Lachenay en se réfugiant immédiatement dans le cinéma. Trois mois plus tard, Truffaut devance l'appel et s'engage pour trois ans avant de déserter lors d'une de ses premières permissions.
Lorsqu'il écrit *L'Amour à vingt ans*, Liliane devient Colette (sur le tout premier résumé, le prénom de Liliane est biffé et recouvert par celui de Colette), et la Cinémathèque est remplacée par les jeunesses musicales. C'est à la salle Pleyel que Truffaut installe le coup de foudre d'Antoine pour Colette, dans une mise en scène inspirée d'Hitchcock à qui il enverra quelques mois plus tard (en juin 1962) une longue lettre lui proposant le principe du livre d'entretiens. « Je traverse une période hitchcockienne, écrit-il en octobre 1961 au père Jean Mambrino, ami de Bazin et collaborateur occasionnel des *Cahiers*. Chaque semaine, je vais voir deux ou trois de ses films en reprise ; pas de doute, c'est le plus grand, le plus beau, le plus fort, le plus chercheur, le plus veinard, il a la grâce. » Marie-France Pisier a raconté à plusieurs reprises combien Truffaut l'avait dirigée avec précision dans cette scène, alors qu'il lui laissait pour les scènes quotidiennes beaucoup plus de liberté et de latitude pour improviser. Comment il lui avait demandé de faire très exactement certains gestes : tourner la tête, croiser les jambes, tirer sur sa jupe, mordre son pendentif. Il donne aussi à Jean-Pierre Léaud une fixité et des direc-

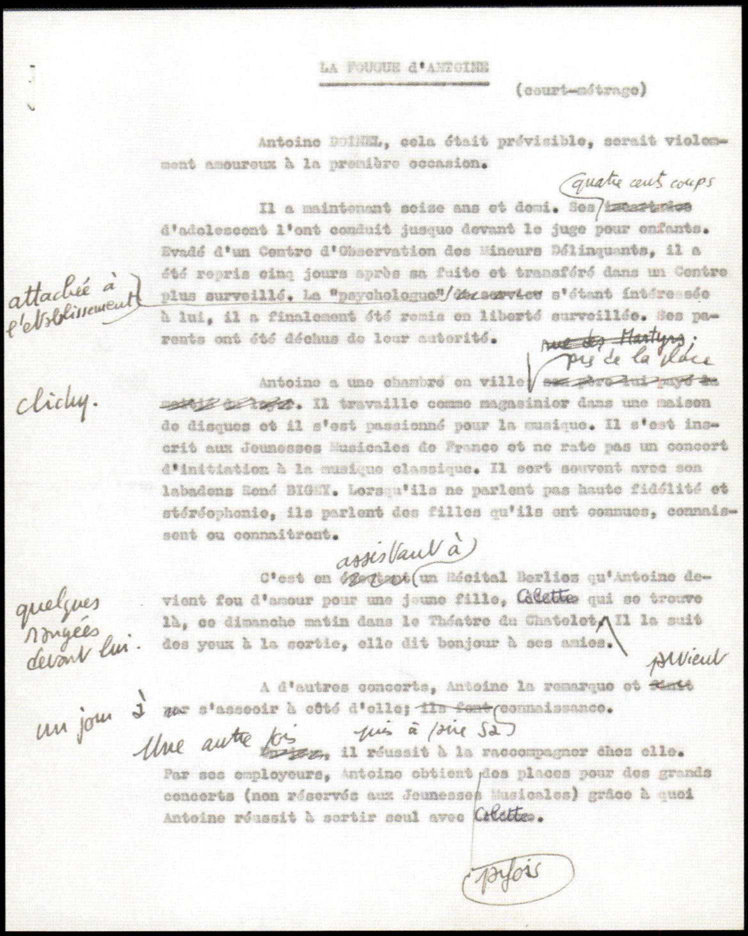

LA FOUGUE d'ANTOINE (court-métrage)

Antoine DOINEL, cela était prévisible, serait violemment amoureux à la première occasion.

Il a maintenant seize ans et demi. Ses d'adolescent l'ont conduit jusque devant le juge pour enfants. Evadé d'un Centre d'Observation des Mineurs Délinquants, il a été repris cinq jours après sa fuite et transféré dans un Centre plus surveillé. La "psychologue" s'étant intéressée à lui, il a finalement été remis en liberté surveillée. Ses parents ont été déchus de leur autorité.

Antoine a une chambre en ville. Il travaille comme magasinier dans une maison de disques et il s'est passionné pour la musique. Il s'est inscrit aux Jeunesses Musicales de France et ne rate pas un concert d'initiation à la musique classique. Il sort souvent avec son labadens René BIGEY. Lorsqu'ils ne parlent pas haute fidélité et stéréophonie, ils parlent des filles qu'ils ont connues, connaissent ou connaitront.

C'est en un Récital Berlioz qu'Antoine devient fou d'amour pour une jeune fille, Colette qui se trouve là, ce dimanche matin dans le Théatre du Chatelet. Il la suit des yeux à la sortie, elle dit bonjour à ses amies.

A d'autres concerts, Antoine la remarque et s'asseoir à côté d'elle; connaissance.

il réussit à la raccompagner chez elle. Par ses employeurs, Antoine obtient des places pour des grands concerts (non réservés aux Jeunesses Musicales) grâce à quoi Antoine réussit à sortir seul avec Colette.

Hiver 1962. Tournage d'*Antoine et Colette*, (avec à nouveau Jean-Pierre Léaud et Patrick Auffay) dont Truffaut a jeté quelques mois plus tôt sur trois feuillets un premier résumé intitulé *La Fougue d'Antoine*, en mémoire du premier titre des *Quatre Cents Coups* : *La Fugue d'Antoine*.

tions de regard très précises, expérimentant une manière de mettre en scène la naissance de la fixation amoureuse qu'il développera dans *La Peau douce*.

Il expérimente aussi de manière instinctive le système de flashes-back auquel il donnera son ampleur dans *L'Amour en fuite*. Jean-Pierre Léaud retrouve Patrick Auffay, l'interprète grandi de quelques années du copain d'Antoine, et Truffaut a déjà l'idée d'exploiter le matériel vivant qu'il a à sa disposition en retournant en arrière le temps d'une scène, celle où Antoine se dissimule au pied du lit dans la chambre de son copain lorsque le père y surgit. Quand Antoine s'installe dans une petite chambre qui fait face aux fenêtres de Colette, Truffaut filme, presque vingt ans avant *La Femme d'à côté* et sur un ton moins tragique, un personnage qui guette les allées et venues de celle qu'il aime jusqu'au moment où les lumières s'éteignent dans l'appartement d'en face.

Antoine dîne gaiement chez les parents de Colette et dit voir peu ses propres parents. Truffaut rature dans sa première esquisse un paragraphe où il prévoyait de montrer Antoine chez ses parents : « Comme tous les jeudis, il va déjeuner chez ses parents. Son père lui rappelle les difficultés qu'il a eues à l'élever, ses incartades ; sa mère dit : " C'est fini, tout cela est oublié, parlons d'autres choses ". Le père d'Antoine fait rougir son fils en lui parlant filles, acné juvénile, etc. » Allusion directement autobiographique dont il préfère se passer, d'autant qu'il veut éviter d'agrandir la fracture familiale, même s'il avait prévu de donner en quelque sorte le beau rôle à la mère.

La fabrication d'un disque, filmée scrupuleusement.

« La revanche sur *Les Quatre Cents Coups*, c'est que j'avais des adultes très sympathiques. Cette fois-ci j'ai montré une famille différente, une famille qui marche bien. C'est pour cela que j'aime probablement davantage ce film là : c'est parce qu'il est plus léger et en même temps plus simple, je crois même plus près de la vie. »

S'il a voulu tourner une comédie, démarrant par la chute du réveil bricolé d'Antoine, un réveil à la Charlot, ou s'amusant à quelques effets loufoques, comme l'apparition du buste de Georges Brassens dans les allées de l'entreprise de fabrication de disques, lorsque Antoine y manipule des vinyles d'où s'échappent des paroles de chansons, Truffaut se rend compte après coup que son film est plus mélancolique qu'il ne l'avait prévu. Si la fin est plus ironique que la situation vécue, la drôlerie est mêlée d'amertume lorsque Antoine, supplanté par un rival, se retrouve au dernier plan seul avec les parents devant la télévision. « C'est la troisième fois que cela m'arrive, écrivait-il déjà à l'issue de *Jules et Jim*. Commencer un film en imaginant qu'il sera amusant et m'apercevoir en cours de route qu'il n'est sauvable que par la tristesse. »

LE SUJET IMPOSE LE TON

LA PEAU DOUCE

LA PEAU DOUCE (1964). « Le tournage de ce film-ci est beaucoup moins agréable que celui de mes autres films, c'est pénible, trop dur, démoralisant. Jean Desailly, qui sera sur l'écran d'un bout à l'autre, n'aime ni le film, ni le personnage, ni le sujet, ni moi. Alors nos rapports sont hostiles et sournois. Françoise Dorléac est charmante, excellente, et se conduit aussi bien que Jeanne. L'autre, Nelly Benedetti, commence demain et comme je ne recule devant aucune faute de goût, les scènes du ménage Lachenay se passeront dans mon appartement, rue du Conseiller Collignon », écrit Truffaut à Helen Scott à la fin de l'année 1963, alors qu'il est à mi-parcours du tournage d'un film qu'il a d'abord songé appeler *L'Amour, le jour,* avant de l'écrire sous le titre de *La Peau douce* (car, raconte Jean-Louis Richard, il blaguait en disant : « c'est à sa peau douce qu'on reconnaît Ginette »).

Françoise Dorléac à la caméra.

Pages précédentes : Jean Desailly et Françoise Dorléac.

En crise dans sa vie personnelle, alors qu'il tourne un film sur l'adultère aux ingrédients partiellement autobiographiques, dans un état moral souvent difficile depuis les retombées pourtant favorables de *Jules et Jim* (« Je sors de *Jules et Jim* comme d'un échec humiliant et je n'arrive pas à comprendre pourquoi », a-t-il écrit quelques mois auparavant à Helen Scott), d'autant qu'il n'a pas réussi depuis à mettre sur pied son projet d'adaptation de *Fahrenheit 451*, Truffaut vit pour la première fois un tournage assez peu heureux, fatigant et, à l'exception de ses rapports avec Françoise Dorléac, dénué d'harmonie, comme si la sévérité avec laquelle il choisit de traiter son sujet rejaillissait sur lui-même et sur l'atmosphère du plateau. Certes, Truffaut aurait préféré confier le rôle de Pierre Lachenay à François Périer. Il n'apprécie guère son comédien principal avec lequel il ne parvient pas à s'entendre comme il l'aurait souhaité. Contrairement à Françoise Dorléac qu'il est obligé de ralentir, à la fois dans ses gestes et son débit, Desailly ne donne pas d'emblée à Truffaut la vitesse à laquelle il tient. « Truffaut était préoccupé par le rythme auquel les gens parlaient et n'aimait pas la maladresse physique, raconte la monteuse du film, Claudine Bouché. Il ne supportait pas un comédien qui s'y reprenait à deux fois pour ouvrir la porte. Desailly, qui est un très bon comédien, l'agaçait du matin au soir, parce qu'il n'arrivait pas à ce timing qu'il aimait. Il s'est mis à le détester dans *La Peau douce* parce qu'il n'ouvrait pas son attaché-case du premier coup. Il disait : " J'ai fait une connerie, j'ai pris un type plus grand que moi ". » Parfois violemment injuste, avec d'autres comme avec lui-même, Truffaut n'en fera pas moins de *La Peau douce* un de ses films les plus remarquables et les plus tenus.

UN FILM DE TRANSITION. En réalité, *La Peau douce* est au départ un petit film de remplacement. Depuis fin 1962, Truffaut cherche par tous les moyens à tourner une adaptation de *Fahrenheit 451* dont le montage financier s'avère impossible et ne cesse de se heurter à des écueils successifs. À la fin du printemps 1963, contrarié par de nouveaux retards, et n'ayant pas tourné depuis près de deux ans (les quelques jours de tournage du sketch *Antoine et Colette* mis à part), il décide de préparer au plus vite, afin de ne pas risquer de perdre sa société de production, Les Films du Carrosse, un film de « transi-

L'amour clandestin. « J'aime bien faire l'amour, tu sais, mais je peux m'en passer. Ça ne te choque pas que je te parle de ça ».

tion », qu'il part écrire dans le midi, à Cannes, avec Jean-Louis Richard pendant l'été 1963. « Je pars après-demain pour commencer ce nouveau scénario avec Jean-Louis Richard, écrit-il à Helen Scott en juillet 1963. Ce sera très facile à écrire, car très près de la vie ; le film sera indécent, complètement impudique, assez triste, mais très simple. Ce sera vite écrit, vite tourné, vite sorti, et, j'espère, vite amorti. » Truffaut s'entend très bien avec Jean-Louis Richard, ancien mari de Jeanne Moreau, comédien devenu scénariste, avec qui il vient d'écrire, en s'amusant beaucoup, le scénario de *Mata-Hari* que Jean-Louis Richard tournera l'année suivante. Il lui confiera à la fin du film le rôle du dragueur goujat qui aborde Franca au mauvais moment et se fait insulter en pleine rue. Jean-Louis Richard fera également plusieurs voix que l'on entend *off* dans le film, celle du présentateur sportif de la télévision par exemple. Travaillant des heures à volets fermés, puisant dans des faits-divers et échangeant à toute allure anecdotes et expériences personnelles, les deux complices écrivent un premier scénario en à peine plus d'une vingtaine de jours, une version qui contient déjà l'essentiel du film et se termine par le geste meurtrier de Franca. « En gros plan, Franca qui respire à pleins poumons et souffle comme au sortir de l'eau. Un grand soulagement. On entend *off* le patron composer le numéro de la police sur le téléphone du bar », toute cette fin écrite de la main de Truffaut sur quelques feuilles de papier pelure montre à quel point il a déjà le film qu'il souhaite faire en tête. Car si le film est écrit en quelques semaines, l'idée n'en était pas nouvelle pour le cinéaste qui a raconté avoir commencé à l'imaginer quelques années auparavant à partir de l'image d'un couple illégitime s'embrassant dans un taxi vers 19 h 30 avant que chacun rentre dîner chez soi. Un baiser très charnel, accompagné du son des dents qui s'entrechoquent, dont l'image n'est pas dans le film, mais en influence le ton. « Toutes ces notations sur l'adultère me trottaient dans la tête depuis si longtemps qu'on ne sentira peut-être pas le caractère hâtif de ce travail » (à Helen Scott, toujours, en septembre 1963). À partir du moment où il lit dans *Détective* le fait-divers qui lui fournit la fin du

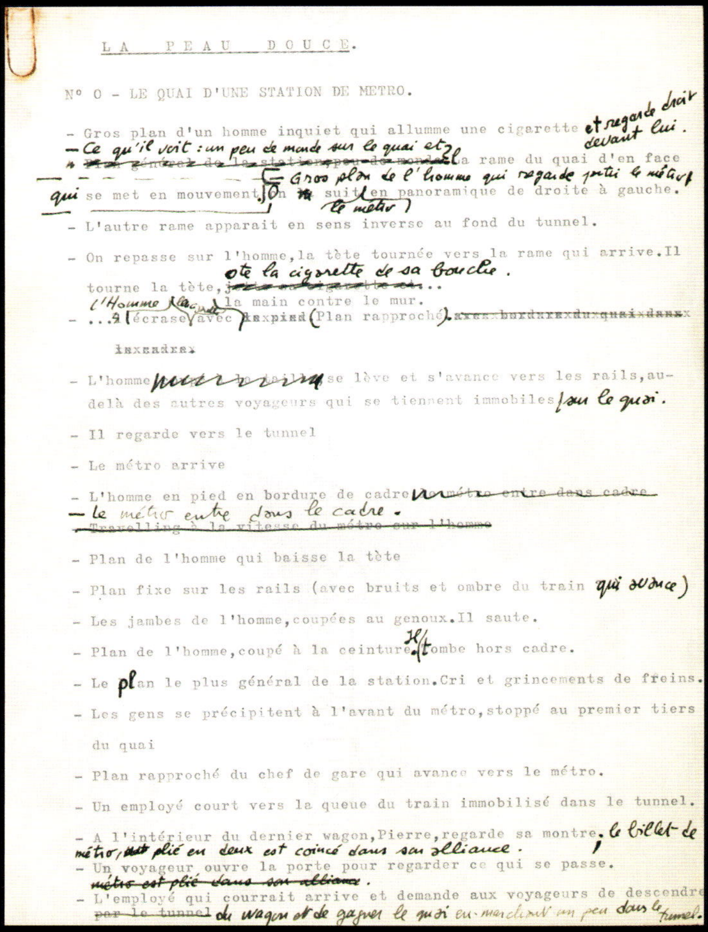

LA PEAU DOUCE.

N° 0 – LE QUAI D'UNE STATION DE METRO.

– Gros plan d'un homme inquiet qui allumme une cigarette et regarde droit devant lui.

– Ce qu'il voit : un peu de monde sur le quai et la rame du quai d'en face qui se met en mouvement. (Gros plan de l'homme qui regarde partir le métro) On suit le métro en panoramique de droite à gauche.

– L'autre rame apparait en sens inverse au fond du tunnel.

– On repasse sur l'homme, la tète tournée vers la rame qui arrive. Il ôte la cigarette de sa bouche.

tourne la tète, … la main contre le mur.

– … l'homme l'écrase avec le pied (Plan rapproché)

– L'homme se lève et s'avance vers les rails, au-delà des autres voyageurs qui se tiennent immobiles sur le quai.

– Il regarde vers le tunnel

– Le métro arrive

– L'homme en pied en bordure de cadre

– le métro entre dans le cadre.

– Plan de l'homme qui baisse la tète

– Plan fixe sur les rails (avec bruits et ombre du train qui avance)

– Les jambes de l'homme, coupées au genoux. Il saute.

– Plan de l'homme, coupé à la ceinture. Il tombe hors cadre.

– Le plan le plus général de la station. Cri et grincements de freins.

– Les gens se précipitent à l'avant du métro, stoppé au premier tiers du quai

– Plan rapproché du chef de gare qui avance vers le métro.

– Un employé court vers la queue du train immobilisé dans le tunnel.

– A l'intérieur du dernier wagon, Pierre, regarde sa montre ; le billet de métro, plié en deux est coincé dans son alliance.

– Un voyageur ouvre la porte pour regarder ce qui se passe.

– L'employé qui courrait arrive et demande aux voyageurs de descendre du wagon et de gagner le quai en marchant un peu dans le tunnel.

Première version du scénario : ouverture par un suicide dans le métro, souvenir du roman d'Audiberti *Marie Dubois*. Echanges avec les amis cinéastes.

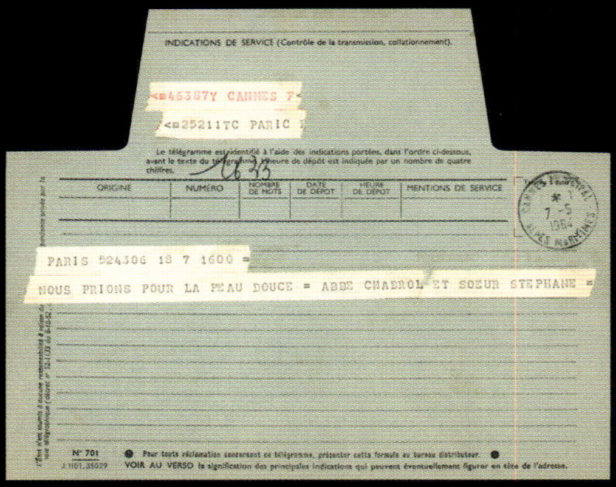

Un mot de Claude Chabrol.

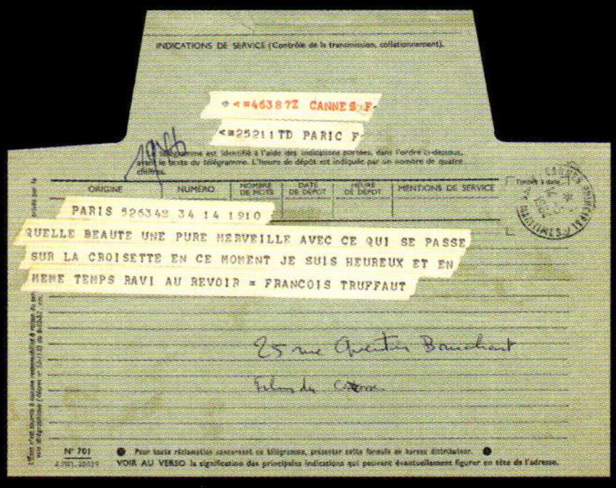

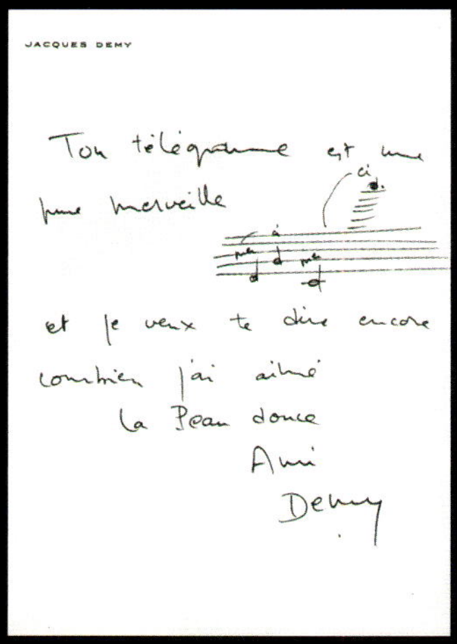

Un télégramme envoyé par François Truffaut à Jacques Demy, après *Les Parapluies de Cherbourg* et la réponse de Jacques Demy.

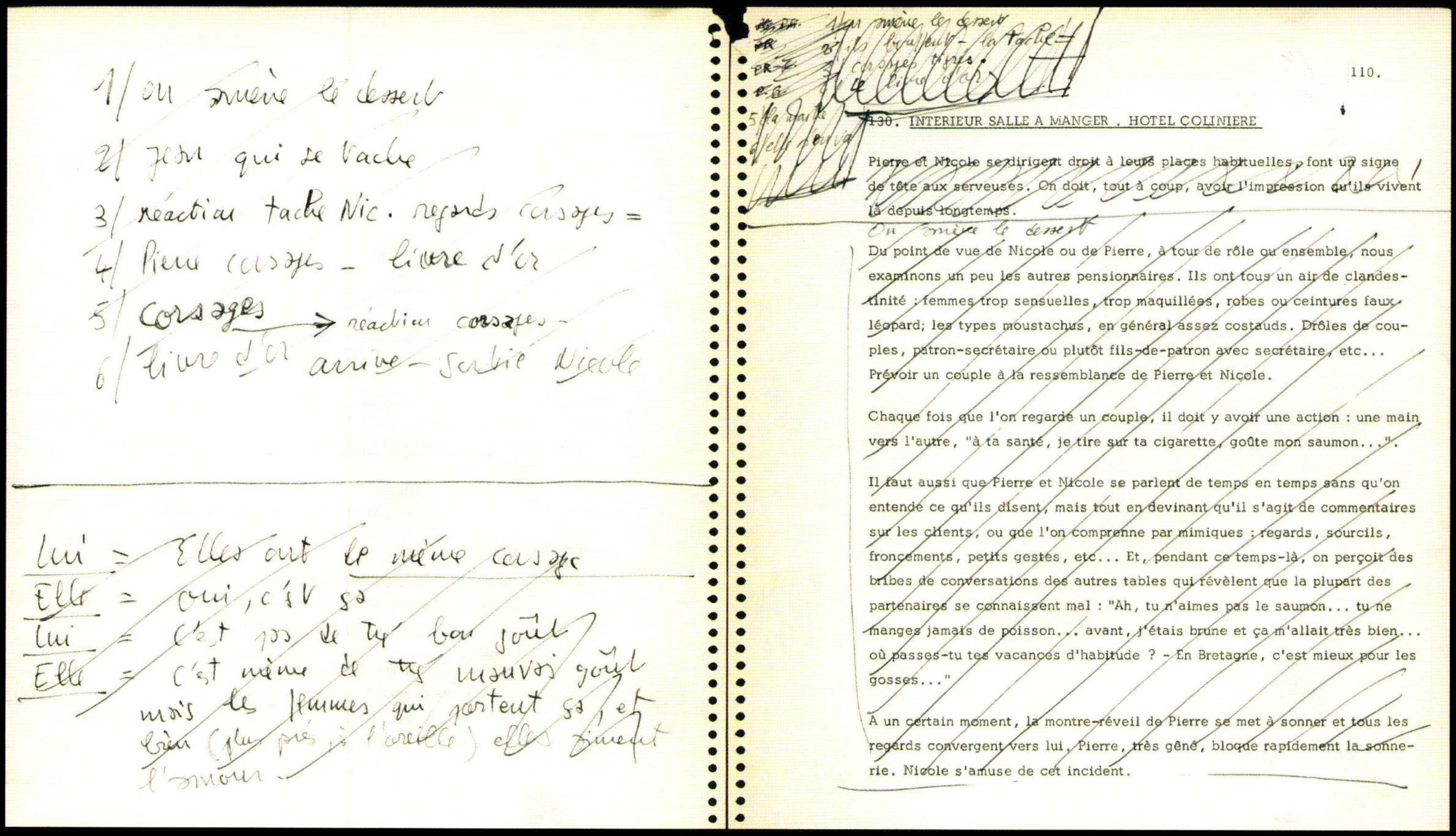

1/ on amène le dessert
2/ Jeu qui se tache
3/ réaction tache Nic. regards corsages =
4/ Pierre corsages – livre d'or
5/ corsages → réaction corsages –
6/ Livre d'or arrive – sortie Nicole

Lui = Elles ont le même corsage
Elle = oui, c'est ça
Lui = C'est pas de très bon goût
Elle = C'est même de très mauvais goût mais les femmes qui portent ça et bien (plus près à l'oreille) elles font l'amour

110.

130. INTERIEUR SALLE A MANGER . HOTEL COLINIERE

Pierre et Nicole se dirigent droit à leurs places habituelles, font un signe de tête aux serveuses. On doit, tout à coup, avoir l'impression qu'ils vivent là depuis longtemps.

On amène le dessert

Du point de vue de Nicole ou de Pierre, à tour de rôle ou ensemble, nous examinons un peu les autres pensionnaires. Ils ont tous un air de clandestinité : femmes trop sensuelles, trop maquillées, robes ou ceintures faux léopard; les types moustachus, en général assez costauds. Drôles de couples, patron-secrétaire ou plutôt fils-de-patron avec secrétaire, etc... Prévoir un couple à la ressemblance de Pierre et Nicole.

Chaque fois que l'on regarde un couple, il doit y avoir une action : une main vers l'autre, "à ta santé, je tire sur ta cigarette, goûte mon saumon...".

Il faut aussi que Pierre et Nicole se parlent de temps en temps sans qu'on entende ce qu'ils disent, mais tout en devinant qu'il s'agit de commentaires sur les clients, ou que l'on comprenne par mimiques : regards, sourcils, froncements, petits gestes, etc... Et, pendant ce temps-là, on perçoit des bribes de conversations des autres tables qui révèlent que la plupart des partenaires se connaissent mal : "Ah, tu n'aimes pas le saumon... tu ne manges jamais de poisson... avant, j'étais brune et ça m'allait très bien... où passes-tu tes vacances d'habitude ? – En Bretagne, c'est mieux pour les gosses..."

A un certain moment, la montre-réveil de Pierre se met à sonner et tous les regards convergent vers lui. Pierre, très gêné, bloque rapidement la sonnerie. Nicole s'amuse de cet incident.

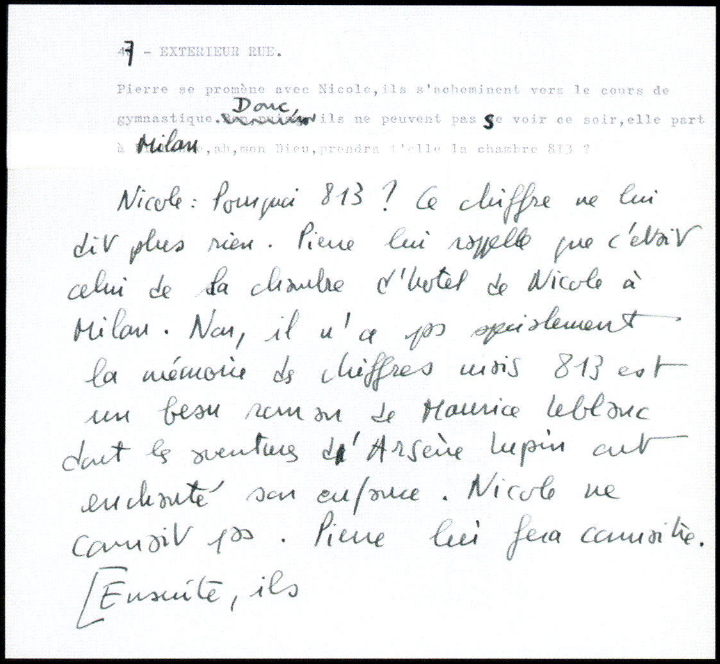

7 - EXTERIEUR RUE.

Pierre se promène avec Nicole, ils s'acheminent vers le cours de gymnastique. Donc, ils ne peuvent pas se voir ce soir, elle part à Milan, ah, mon Dieu, prendra-t'elle la chambre 813 ?

Nicole : Pourquoi 813 ? Ce chiffre ne lui dit plus rien. Pierre lui rappelle que c'était celui de la chambre d'hôtel de Nicole à Milan. Non, il n'a pas spécialement la mémoire des chiffres mais 813 est un beau roman de Maurice Leblanc dont les aventures d'Arsène Lupin ont enchanté son enfance. Nicole ne connaît pas. Pierre lui fera connaître.
[Ensuite, ils

Une scène coupée du film où Pierre Lachenay (Jean Desailly) achète à Nicole (Françoise Dorléac) un roman du créateur d'Arsène Lupin, Maurice Leblanc. Par admiration pour le roman homonyme, Truffaut joue avec le chiffre 813 dans presque tous ses films.

La colère de Franca (Nelly Benedetti).

À gauche : Réécriture et découpage d'une scène pendant le tournage : les femmes qui aiment l'amour.

film, une femme qui tire sur son mari rue de la Huchette avec le fusil de chasse qu'elle lui avait offert, il est prêt à se lancer.

LA HITCH. TOUCH. De manière assez exceptionnelle chez Truffaut, ce premier scénario est écrit avec une extrême précision, quasi-clinique, c'est déjà presque un découpage, très proche du film, notamment pour les scènes sans dialogues, où les plans, les gestes, les regards, les objets signifiants sont souvent déjà très détaillés. Influence sans doute du visionnage assidu et quasi-quotidien des films de Hitchcock fait en commun quelques mois auparavant par les deux complices à la Cinémathèque de Bruxelles, puisque Truffaut, parallèlement, prépare depuis 1962 le « Hitchbook » qui sortira en France en octobre 1966 quelques mois après la fin du tournage de *Fahrenheit*. Ainsi ce détail ajouté par Truffaut dans la scène d'ouverture prévue dans le métro (qui n'apparaîtra pas dans le film) : « Le billet de métro, plié en deux, est coincé dans son alliance » ; image qu'il remplacera par celles du prégénérique où une main de femme caresse une main d'homme portant une alliance. Ou encore cette description de la rencontre avec l'hôtesse dans l'avion, dont Truffaut ne s'écartera guère, à ceci près que l'aéroport de Milan sera remplacé par celui de Lisbonne : « L'hôtesse vient s'asseoir une rangée devant Pierre de l'autre côté. Il la regarde. Elle surprend son regard et remarque qu'il fume. Elle regarde vers l'annonce *No Smoking*. Pierre a suivi ses regards et il écrase sa cigarette dans le cendrier de l'accoudoir. Regard de l'hôtesse. Plan de la main de Pierre écrasant sa cigarette. Son alliance. Pierre regarde par le hublot. Arrivée sur l'aérodrome de Milan. [...] Pierre se penche dans la travée et voit près de la cabine de pilotage l'hôtesse qui quitte ses chaussures basses pour des chaussures à talons. »
Volontiers sans indulgence à l'égard de son propre travail et de la plupart de ses films, Truffaut le restera peut-être encore plus que pour les autres à l'égard de *La Peau douce* – bien qu'il ait dit aussi qu'il aurait volontiers accepté la condamnation à refaire le film pendant vingt ans de travaux forcés, à condition que ce soit chaque année avec un comédien différent, Michel Bouquet ou Charles Denner pour commencer. Au tournage, au montage, comme ensuite, il ne cessera de se poser des questions : aurait-il fait mieux si... ? On sait qu'il a parfois regretté de n'avoir pas démarré le film par le meurtre de Lachenay, faisant de toute l'histoire un flash-back auquel le spectateur se serait davantage intéressé en en connaissant l'issue tragique. Le scénario était d'une certaine façon plus explicite. Le film devait en effet s'ouvrir sur une scène de suicide dans le métro (dont les premières pages du script donnent une description plan par plan : un homme qui attend, écrase sa cigarette, puis se jette sous la rame qui arrive. Pierre Lachenay, mis en retard, se trouve coincé dans le dernier wagon, immobilisé dans le tunnel). Scène que Truffaut renoncera à tourner (si le film s'ouvre sur Desailly qui sort en courant du métro, il ne reste plus du suicide qu'une allusion rapide et désinvolte dans le dialogue conjugal), mais qui était destinée à placer le film sous le signe d'une mort tragique, annonciatrice en quelque sorte de celle de Pierre à la fin du film. Truffaut s'en voulait que la fin ait pu surprendre certains spectateurs. Il pensait n'avoir pas réussi à trouver les moyens de la rendre plus inévitable et moins déroutante, et en parlait encore des années après lorsqu'il lui arrivait de présenter le film dans des festivals. Un cinéphile m'a ainsi raconté avoir entendu Truffaut évoquer ce regret de n'avoir pas commencé par le coup de fusil lors d'une présentation du film en 1981, peu de temps avant le tournage de *La Femme d'à côté*, film dont le cinéaste ne concevra pourtant la construction en flash-back à partir de la mort des amants qu'après un premier montage insatisfaisant à ses yeux.

LE FUSIL. Préparer, justifier, ou au contraire éluder les justifications, le passage du scénario au film porte la trace de certaines de ces hésitations. Truffaut et Jean-Louis Richard se sont posés la question de préparer la scène finale où Franca, déplaçant quelques cartons à chapeaux, sort un fusil de chasse du placard. Afin de rendre moins fortuite la présence de cet objet *a priori* incongru dans l'appartement conjugal parisien, ils ont d'abord pensé le montrer au spectateur dès les premières scènes du film. Dans la première version comme dans le scénario de tournage, Franca, en allant chercher des cravates pour Pierre, fait tomber un fusil mal accroché à la porte du placard, Pierre le remet en place, et tous deux filent vers l'avion à prendre. Plus tard dans le scénario, les deux scénaristes avaient prévu un rappel de l'existence du fusil destiné à préparer obscurément le spectateur à son utilisation finale. Lors de l'escapade à la Colinière, Pierre et Nicole font une promenade en forêt : pour l'amuser, Pierre fait mine d'épauler et de tirer sur un canard, puis s'en tire par une blague, alors que Nicole part dans une diatribe contre les chasseurs. Il convient d'ailleurs que chasser ne l'intéresse plus tellement, cela fait trois ans qu'il n'y a plus mis les pieds. Pour finir, Truffaut décidera de se passer de ces justifications quelques peu insistantes. Il n'en reste dans le film qu'une photo du couple à la chasse posée sur un meuble de l'entrée qu'on aperçoit parfois fugitivement derrière Pierre ou Franca (plus nettement lorsque Franca cherche le journal réclamé par Pierre, Truffaut implantant comme par hasard cette photo dans une scène de mauvaise foi où Pierre cherche une occasion de s'échapper de l'appartement conjugal). Mais pris dans un mouvement contradictoire qui lui est fréquent, entre le désir de souligner, de se faire comprendre, et celui d'aller vite, de ne pas s'appesantir, il regrettera de n'avoir pas mieux fait travailler l'issue fatale dans l'esprit du spectateur.

UNE PART DE SOI. Truffaut nourrit le scénario de *La Peau douce* de cent détails personnels, autobiographiques ou repérés autour de lui, de gestes qui lui appartiennent (dans une scène prévue vers le milieu du scénario, on voyait Pierre, à son restaurant favori, rassembler ses cigarettes dans le même paquet, geste de remise en ordre qui sera gardé pour la fin du film juste avant que Franca n'apparaisse avec le fusil, et que l'on retrouvera reproduit par Charles Denner au début de *L'Homme qui aimait les femmes*). Des détails, tirés de participations du cinéaste à des festivals ou à la présentation de ses films, et où l'on reconnaît sa répulsion notoire pour les visites de villes et de musées, son refus du pittoresque, travaillé dans une mise en scène où les plans de restaurant par exemple sont généralement filmés contre un mur avec le moins de figuration possible, où les extérieurs repérables de Lisbonne sont réduits au strict minimum. « Pierre n'a pas visité Milan car il avait du travail dans sa chambre. L'autre interlocuteur tique un peu : "La prochaine fois, j'espère que vous aurez le temps de visiter ci et ça" », lit-on dans la première version du scénario, idée qui sera ensuite concentrée sur l'épisode de Reims (dont le curé reproche à Lachenay de n'avoir pas visité le sourire). Des agacements aussi, comme cette description du dîner avec le couple d'amis : « Conversation. L'important est de montrer sans tomber dans la satire qu'on parle toujours de l'amour dans les conversations banales mais sur un ton complètement faux, convenu et superficiel. L'armée des femmes en Israël, je veux me marier avec Papa, etc. Pierre a un secret et se demande s'il est seul à avoir un secret. » Dans le film, c'est sur fond d'un dialogue sur une histoire de panne de voiture rue Saint-Denis, que Truffaut mettra en scène par une série de gros plans successifs la découverte du numéro de téléphone noté par Nicole sur une pochette d'allumettes. Justesse aussi des scènes conjugales alors que couve la crise (« Montrer que Franca pense toujours à l'avenir, indique le scénario. Les prochaines vacances, transformation de l'appartement, etc. »). Exactitude des scènes de dispute, de la réconciliation nocturne du couple sur l'oreiller après la scène du journal égaré et de la crise de mauvaise foi de Pierre, de la petite scène du lendemain matin où Franca évoque la possibilité de partir quelques jours à la campagne et où il répond le regard dans le vague : « On verra » (il finira par passer

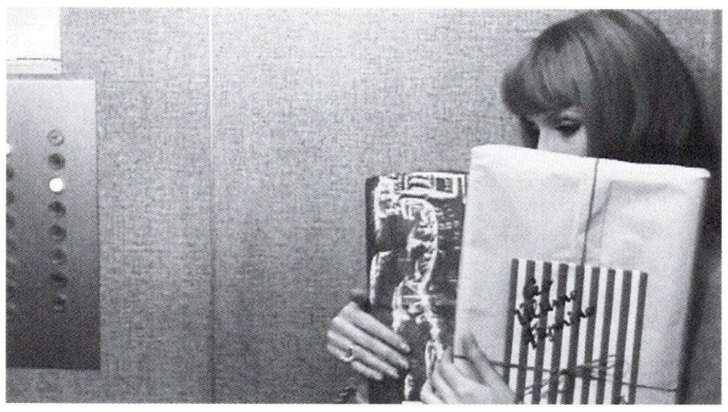

« Pas de sentiments, mais des directions de regards », avait demandé Truffaut. Précision des gestes, fixité du regard, absence de romantisme, la naissance du désir sur le fond grisâtre d'une paroi d'ascenseur.

Avec Françoise Dorléac pendant le tournage des scènes en forêt.

deux jours à la campagne, mais avec Nicole)… En accord avec le caractère quelque peu obsessionnel qu'il souhaite donner à son personnage, Truffaut va jusqu'à lui communiquer ses exigences de metteur en scène. Ainsi la scène des photos prises en forêt où la maniaquerie de Pierre est très détaillée dès le scénario : « Je n'aime pas tellement les jambes comme ça. Non, pas croisées, attends, je vais t'expliquer… Pierre se rend sur place et place les jambes lui-même ; décroisées, l'une un peu plus haute que l'autre et la main entourant le genou de la plus haute. Voilà, ça va. » Si l'obsession, la fixation du personnage sur la jeune femme passe tout entière dans la mise en scène et s'en trouve renforcée, le scénario prévoyait de rendre plus explicite une forme de supériorité intellectuelle de Pierre Lachenay sur Nicole : il devait faire l'inventaire des livres non coupés de sa bibliothèque, et lors de l'escapade à la Colinière, découvrir qu'elle ne sait pas de quoi il parle lorsqu'il évoque un ami

Avec Nelly Benedetti et Jean-Louis Richard. Répétition de la scène d'abordage de Franca par un dragueur.

ayant écrit un livre sur Dien Bien Phu. Détails un peu aigres, que Truffaut supprimera de son film, préférant rétablir l'égalité entre ses personnages et donner inversement à la jeune femme une lucidité sentimentale dont Lachenay est exempt, quitte à flageller celui des personnages qui lui est le plus proche.
Confronté à un premier montage beaucoup trop long, Truffaut devra en effet faire dans son film de nombreuses coupes et sacrifier pas mal de scènes tournées. En février 1964, il raconte à Helen Scott avoir vu une projection d'une heure trente du film « et, à la fin, les personnages n'étaient pas encore arrivés à Reims pour la conférence ! C'était donc trop long, plein de redites et de cafouillages divers, bref une projection épouvantablement décevante ». Avant d'ajouter : « On ne peut pas écrire, même avec facilité, un script en vingt-deux jours sans qu'il s'en ressente […] Rien n'est plus stupide que de tourner des scènes qu'on jette au panier ensuite : ce sont des journées de tournage et des millions fichus en l'air. » Il coupe donc les redites évoquées, resserre l'escale à Lisbonne sur la rencontre avec l'hôtesse de l'air, les scènes de l'ascenseur, des couloirs de l'hôtel, et de l'exaltation après l'obtention du rendez-vous manifesté par l'allumage de toutes les lampes de la pièce, en réservant pour l'épisode de Reims les situations de clandestinité et de flagrant délit. Certaines étaient déjà écrites à Lisbonne : au moment de son rendez-vous avec Nicole, Pierre se faisait alpaguer par un attaché culturel et elle feignait alors de n'avoir pas rendez-vous avec lui. Il raccourcit la scène du restaurant de Lisbonne, gardant pour plus tard, pour la fin de la liaison, d'éventuelles divergences (« Nicole se fait expliquer les plats dont les noms n'évoquent rien, alors que Pierre a choisi très rapidement des choses assez simples », prévoyait le scénario). Il supprime également une scène de lâcheté dans la clandestinité qui doublonne avec l'épisode de Reims : Pierre fait attendre Nicole dans la voiture devant un restaurant parisien et renonce à y dîner avec elle, car il a vu dans la salle un type qu'il connaît flanqué de son épouse. Scène pour laquelle Truffaut s'inspirait directement de l'affaire Jaccoud, deuxième fait divers dont il nourrit son histoire : « Jaccoud allant au restaurant avec Linda Baud la laissait dans la voiture, il allait dans un deuxième restaurant où il choisissait une table au fond et la faisait asseoir face à la porte. Chaque fois que la porte s'ouvrait, il lui demandait : "Qui est-ce ?" Ce personnage m'a plu, comme émotif, et comme homme, qui, chaque fois qu'il se présente une difficulté, choisit la plus mauvaise solution. »

COUPES. Surtout, Truffaut décide de sacrifier toutes les scènes de détente, de loisirs, de bonheur amoureux, même furtif, du couple adultère, prévues par le scénario et tournées pour la plupart d'entre elles (notam-

Tournage de *La Peau douce.*

ment celles des visites de Pierre Lachenay dans le studio de Nicole, tournées pour l'anecdote dans l'appartement de Florence Malraux). Disparaissent ainsi des scènes de « marivaudages » (comme l'écrit Truffaut sur son script) où Pierre sèche son bureau, repère l'immeuble de Nicole, lui achète des fleurs qu'il dépose devant sa porte, feint de ne pas être au courant de ces fleurs lorsqu'elle arrive. Le scénario fait de Pierre un enfant qui redécouvre l'amour et le plaisir de l'école buissonnière. Comme Nicole lui dit avoir perdu son numéro de téléphone, il s'amuse à l'inscrire un peu partout chez elle « sur la page de garde d'un livre, sur la tranche d'une planche, sur l'appareil de chauffage de la salle de bains, sur une boîte en porcelaine d'épices et sur un objet proche du téléphone »... Nicole lui fait écouter une chanson qu'elle aime sur un tourne-disque défectueux, il lui offrira plus loin un tourne-disque. Sur la première version du scénario, Truffaut inscrit cet ajout manuscrit lorsque Nicole fait entrer Pierre chez elle pour y passer la nuit : « Ils avancent tous deux dans la pénombre et Pierre a l'air d'un gamin. » À l'aéroport, avant que Nicole ne reparte sur un vol, les amants ont du temps, traînent au bar, à la librairie, au cinéma (où ils assistent à la projection d'un film sur Paris 1900 où l'on voit, devant la caméra, un homme sauter en parachute depuis la Tour Eiffel et s'écraser, « une des premières victimes du cinéma »). Le scénario donnait aussi sa place à l'explication d'une des *private jokes* les plus récurrentes du cinéma de Truffaut, le recours au chiffre 813 (que l'on retrouve jusqu'au mur de l'appartement de Lyon dans *La Sirène du Missisipi*, tracé au crayon, parmi d'autres mesures d'architectes). Parce que la chambre de Nicole à Lisbonne portait le numéro 813, Pierre lui explique qu'il s'agit d'un roman de Maurice Leblanc dont les aventures d'Arsène Lupin ont enchanté son enfance : « Nicole ne connaît pas, Pierre lui fera connaître. » Il lui achète ensuite l'aventure d'Arsène Lupin disponible à la librairie de l'aéroport. Scènes que Truffaut élaguera, de même qu'il coupera à nouveau la scène des bas qu'il a déjà supprimée dans *Tirez sur le Pianiste* (un homme qui achète maladroitement des bas pour une femme dans un magasin de lingerie). Il coupe également une scène de *strip-tease* de Nicole en voiture qu'il tournera à nouveau avec Catherine Deneuve dans *La Sirène*, et gardera cette fois dans son film : pendant que Pierre conduit, Nicole troque son chandail contre un corsage (qui va mieux avec la jupe qu'elle vient de mettre à la place du jean refusé par son amant). Pierre feint de fermer les yeux, la voiture zig-

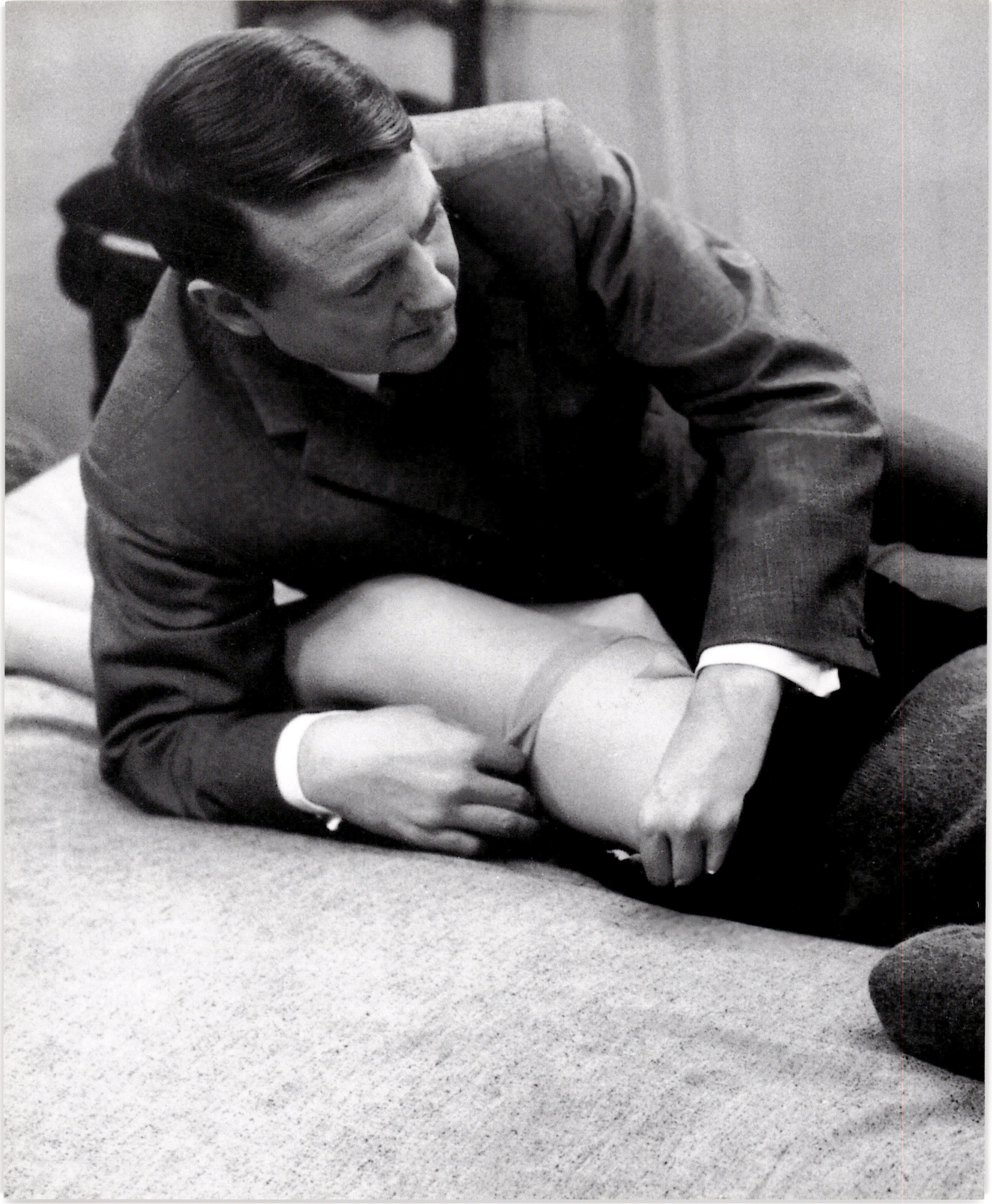

zague. Une voiture arrivant dans l'autre sens se met à zigzaguer à son tour. Rires des deux amants. Dans le script, dans une courte scène de digression assez potache, Pierre et Nicole devaient voir dans la rue une femme en combinaison faire des signes à sa fenêtre en appelant quelqu'un du nom d'Adonis. L'Adonis en question devait se révéler être un flic moustachu qui aurait enfourché son vélo en envoyant des baisers à sa dulcinée. Thème du flic amoureux que l'on retrouvera dans le dialogue de *La Mariée était en noir*, dans un récit fait par Charles Denner à sa Diane chasseresse.
Même dans l'appartement conjugal, le personnage de Pierre Lachenay est écrit plus gai et fantaisiste (plus proche d'évidence d'une des facettes de Truffaut lui-même) qu'il ne le sera dans le film terminé. Dans une scène écrite entre père et fils (c'est juste avant de tourner que Truffaut remplacera le petit garçon prévu par la petite Sabine Haudepin avec qui il a déjà travaillé dans *Jules et Jim*), Pierre apporte à l'enfant un disque et joue à ne pas le lui donner tout de suite : « Pierre met le disque sur sa tête, passe son doigt sur les sillons en chantonnant, bref, c'est un chahut entre père et fils jusqu'à ce qu'un vase se brise à la suite d'un faux mouvement. Complicité entre le père et le fils, la mère étant dans la cuisine… » Sur son exemplaire de tournage, Truffaut rature les singeries de son personnage (que l'on n'a pas de mal à imaginer assez autobiographiques), comme s'il renonçait à la possibilité de les faire interpréter avec légèreté par un comédien trop sérieux.
Certes, Truffaut expliquera, par des raisons qui sentent un peu le prétexte, avoir coupé certaines scènes de loisirs des premiers temps amoureux car il estimait les avoir ratées : « Dans *La Peau douce*, pour la première fois, j'ai tournées des scènes en sachant que ce n'était pas comme cela qu'il fallait les faire. Cela m'est arrivé dans le petit studio de l'hôtesse de l'air. Je me suis trouvé là dans un tout petit décor qui m'avait plu quand je l'avais vu rapidement. Au moment de tourner, je me suis rendu compte que ça n'allait pas du tout. »
Surtout, Truffaut décide au montage de tout sacrifier à l'unité de ton et prend le parti d'un film dur, dépressif au risque de l'ingratitude, un film scalpel où les scènes de récréation et de détente n'ont plus leur place. « C'est le sujet qui toujours impose le ton, dira-t-il, lorsqu'on l'interrogera sur la sévérité du film. Il s'agit ici de choses terribles. Il n'est absolument pas possible de faire des digressions. Le personnage joué par Jean Desailly se trouve coincé, le piège se referme sur lui. Aucun sourire possible. » *La Peau douce* devient un film crispé, traversé par la culpabilité, le film de l'anxiété permanente. À Reims, alors que Lachenay est coincé dans un dîner avec les huiles culturelles de la ville, une jeune fille demande à lui parler ; la jeune fille en question n'est pas Nicole, venue faire un scandale public, mais une simple étudiante désireuse d'obtenir un autographe. Or Truffaut prend le soin de filmer l'angoisse dans le regard et le corps de son personnage et de la faire ressentir au spectateur. Traqué, happé par le temps, obsessionnel jusqu'à la maniaquerie, Lachenay ne s'échappe plus de son personnage lâche et anxieux, pris à son propre piège. « Il fallait être froid. Et quand on a commencé une chose, il faut la garder », dira Truffaut qui a raconté avoir souffert pendant le tournage et au montage de cette nécessité d'être sec et de cette impossibilité de faire entrer de la chaleur dans le film.
À l'aéroport, il ne gardera ainsi qu'une scène, terrible, celle de l'élan amoureux réprimé, où Lachenay, qui a foncé à Orly après une dispute conjugale, écrit à Nicole, qu'il croit envolée, absente, un très beau télégramme d'amour emporté (« Depuis que je vous connais je suis un autre homme et cet homme ne peut envisager de vivre sans toi ») ; télégramme qu'il froisse lâchement dans sa poche à l'apparition de Nicole dont l'avion a été retardé et qu'il finit par jeter dans une poubelle. Sur la route de Reims, Truffaut coupe la scène malicieuse du *strip-tease*, mais garde l'épisode de la station-service où Pierre jette un regard dégoûté sur le jean de Nicole et lui demande si elle a emporté des robes dans ses bagages, jusqu'à ce que, d'elle-même, disposée à lui plaire, elle aille passer une jupe. Ce que travaille alors Truffaut c'est la fixité et la durée des regards, en alternance avec des gros plans sur la pompe à essence ou les chiffres qui défilent. Fixité du regard qui fait à la fois de Lachenay un obsessionnel et un homme traqué que l'anxiété rattrape même sur un bord de route où défilent les camions, alors que Nicole a disparu l'espace de quelques minutes. De même, dans la scène de l'ascenseur, Truffaut raconte n'avoir demandé à ses comédiens aucun sentiment, mais uniquement des directions de regards neutres et précises, prolongées parfois par de brefs arrêts sur image.

L'INSIGNIFIANCE APPARENTE. Tout au long d'un film qui est moins une romance sentimentale qu'une histoire de désir, c'est de ce travail de l'ingratitude apparente (la violence fixe ou le détournement d'un regard sur la paroi grise d'un ascenseur) que naît paradoxalement le lyrisme, en même temps que court à chaque instant le fil de l'anxiété lancé dès les premiers plans du film. Il le réalise en violente réaction contre ses deux films précédents : abandon du scope et de l'écran large pour le format 1,66 ; refus des envols de la caméra et du recours au paysage ; refus de la fantaisie et du charme ; surdécoupage du film et priorité accordée aux objets les plus usuels, des leviers de vitesse aux cadrans de téléphone. *La Peau douce* est sifflé à Cannes, et méprisé par une partie de la critique qui n'y voit qu'une comédie boulevardière sans voir à quel point le vaudeville s'y trouve réapproprié de manière pessimiste et dépressive. Truffaut en souffrira. Pourtant c'est un film où le sentiment, la poésie involontaire, surviennent précisément autrement. À travers des gros plans d'interrupteurs, qu'une main d'homme allume et qu'une main de femme éteint à l'entrée d'une chambre d'hôtel, ou qu'un couple, accompagné par la musique de Delerue, éteint les uns après les autres lors de la traversée d'un appartement jusqu'à la chambre conjugale dans un des quelques plans longs et en mouvement du film. À travers le ballet des clés échangées devant une porte de chambre, ou à travers cette lumière que Lachenay, libéré, allume dans toutes les pièces lorsqu'il a eu Nicole au téléphone et obtenu la promesse d'un rendez-vous. C'est par l'intermédiaire de cette insignifiance apparente, qui déclenche alors autour de son cinéma de nouveaux malentendus, que Truffaut atteint, de la manière la plus sèche qui soit (car l'histoire des deux amants n'est pas même soutenue par l'alibi de la passion comme elle le sera dans *La Femme d'à côté*) à une exactitude quasi-mathématique dans la représentation du désir et de son impossibilité, et à l'un de ses films les plus intenses.

« Il lui arrive une chose qui était arrivée à d'autres mais qui ne lui était jamais arrivée à lui. À partir de ce moment-là, chaque chose qu'il fait est la pire », dira de son personnage Truffaut qui regrettait de n'avoir pas su choisir entre l'histoire d'un fou et celle d'un homme normal. « Je l'ai montré hypernerveux, presque au bord de la folie pour éviter : a) la fadeur b) le drame bourgeois », écrit-il à Helen Scott. Avant d'ajouter, à juste titre : « Cela présente un très gros risque vis à vis du public, car je ne crois pas qu'on le trouvera très sympathique. » Il regrettait cependant de ne l'avoir pas fait s'évanouir, lorsque coincé dans un café en compagnie du fâcheux de Reims, il n'ose pas bouger pour aider Nicole qu'il voit au loin, à travers la vitre, abordée par un sale type. Le tremblement du film est justement dans cette indécision, Lachenay est un homme normal, banal, *et* un fou dont le regard, pris dans une porte d'ascenseur, dit la crudité du désir.

C'est deux ans plus tard, en tournant *Fahrenheit 451*, que Truffaut définira le cinéma comme l'art de faire de la beauté sans en avoir l'air : « Ce qu'il y a de plus agréable dans le métier de cinéaste, c'est qu'on peut n'avoir l'air de rien, avoir l'air d'un idiot ou simplement du type qui a filmé de la beauté sans s'en apercevoir. »

Pages précédentes et ci-dessous : Jean Desailly et Françoise Dorléac.

Fahrenheit 451 (1966). « – Heureusement, dans une des scènes essentielles, quand il [Oskar Werner] doit s'évanouir devant son capitaine, il a accepté. C'était très important pour moi cet évanouissement, en quelque sorte la clé du film pour moi.

– Pourquoi ?

– Parce que l'évanouissement était le meilleur moyen d'échapper… La ruse idéale. *Fahrenheit 451*, c'est en quelque sorte, l'éloge de la ruse. Le moyen de résistance idéal. »

C'est ainsi que, répondant à *Arts*, dont il a longtemps tenu la page cinéma, Truffaut présente son film au festival de Venise 1966.

Film charnière dans la carrière de Truffaut, *Fahrenheit 451* est pourtant un ratage partiel. D'une part, parce que le cinéaste ne parvient pas à s'entendre avec son interprète principal, Oskar Werner, dont les attentes et les besoins ont changé depuis qu'ils ont tourné *Jules et Jim*. Cette mésentente, dont Truffaut, de plus en plus malheureux et agacé, fait état lorsqu'il rédige à la demande des *Cahiers du cinéma* un journal de tournage, n'est pas sans conséquence sur le film. D'autre part, parce qu'il s'agit d'un projet lourd et trop longtemps différé que le jeune cinéaste a le plus grand mal, malgré la bonne réputation qui l'entoure, lui et ses trois premiers films, à monter financièrement. Ces retards, ces difficultés l'effraient, mettant en danger sa société et son équilibre créateur – il reste sans tourner de long métrage pendant plus de deux ans, et le serait resté encore davantage, s'il ne s'était jeté en écrivant à toute allure *La Peau douce* dans la réalisation d'un « petit film de remplacement ». Avant même d'avoir la certitude de tourner *Fahrenheit*, il mettra en place une organisation de travail qui lui permettra de ne plus jamais se retrouver sans un sujet et un film possible, pouvant toujours être substitué à celui qui ne se fait pas au moment prévu.

L'exemplaire de tournage de Truffaut.

Ci-contre : François Truffaut avec Julie Christie en Linda, l'épouse du pompier Montag.

Tourné en janvier 1966, dans les studios de Pinewood près de Londres, *Fahrenheit 451*, est au départ un projet que Truffaut, après avoir très brièvement songé au printemps 1962 à l'éventualité d'une coproduction franco-américaine, pense tourner en France et en français. Le producteur Raoul Lévy lui signale l'intérêt du livre de Ray Bradbury[1] en août 1960. Peut-être aurait-il pu coproduire le film, mais sans doute a-t-il pris peur au moment du Manifeste des 121[2]. C'est en tout cas ce que pensait le cinéaste qui acquiert les droits du livre au printemps 1962. Le film promet d'être plus cher que tous ceux que Truffaut a réalisés précédemment, d'autant qu'il ne souhaite le faire qu'avec des moyens corrects et notamment en couleur, et son thème déconcerte d'emblée les financiers. En France, puis en Amérique, prudence et désistement se succèderont. « Pourquoi m'a-t-il fallu trois ans et demi avant de le tourner ? », notera Truffaut dans le *Journal de Fahrenheit*, « Simplement pour des raisons d'argent. Dans l'euphorie de *Jules et Jim*, je m'étais lancé dans un projet trop vaste pour moi. »

Contacté par Truffaut, Bradbury refuse de travailler au scénario. Ayant fait du roman une adaptation théâtrale, il en est fatigué et est persuadé qu'il ferait du mauvais travail. Truffaut commence à travailler avec Marcel Moussy avec qui il écrit une toute première mouture à la fin de l'été 1962. Il pense alors tourner le film à la fin de l'année et propose le rôle à Jean-Paul Belmondo. S'il imagine pouvoir réaliser un film en anglais et éventuellement aux États-Unis, ce n'est pas *Fahrenheit*, qui lui paraît un projet trop important, mais plutôt une comédie plus légère. Il a reçu un scénario de ce type, *L'Amour au Connecticut*, dans lequel il voit une possibilité d'offrir un rôle à Jean-Pierre Léaud. Il joue un temps avec l'idée : « Ce qui serait amusant dans ce scénario, c'est que l'on pourrait faire parler Jean-Pierre Léaud dans un anglais à peine meilleur que le mien et en recourant sans cesse à des titres de films américains célèbres », écrit-il à Helen Scott le 2 juin 1962. Puis il recule, certain qu'il aurait besoin de réadapter profondément le projet : « Ce qui me gêne dans le scénario, c'est que le garçon est trop sûr de lui, sûr d'avance de tomber la femme ; moi, je le ferais plus sournois et en même temps plus timide, il pousserait son pion avec ruse et naïveté, il s'immiscerait dans son lit plutôt que de la tomber… »

Dès juillet 1962, il sait qu'il ne tournera pas *Fahrenheit* avant le printemps suivant. En décembre 1962, la piste Belmondo étant abandonnée (le comédien est trop cher et peu disponible), il envoie le roman à Charles Aznavour : « Si l'aspect science-fiction t'in-

1. *Fahrenheit 451*, paru aux États-Unis en 1953.

2. « Déclaration sur le droit à l'insoumission pendant la Guerre d'Algérie », ainsi nommée à cause des 121 écrivains, universitaires ou artistes l'ayant déjà signée, liste à laquelle Truffaut ajoute son nom le 13 septembre 1960.

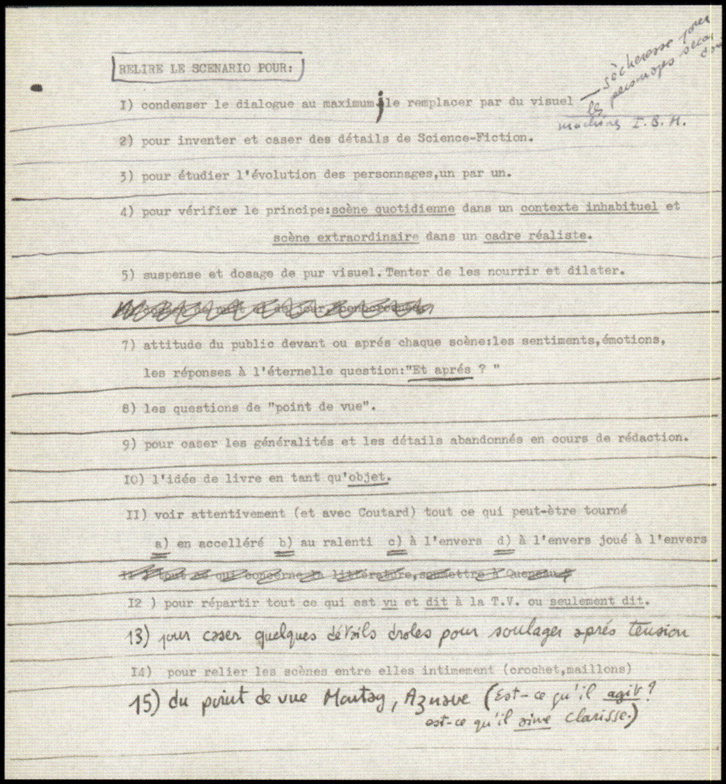

RELIRE LE SCENARIO POUR:

1) condenser le dialogue au maximum; le remplacer par du visuel — sècheresse pour les personnages secs comme des machines I.B.M.

2) pour inventer et caser des détails de Science-Fiction.

3) pour étudier l'évolution des personnages, un par un.

4) pour vérifier le principe: scène quotidienne dans un contexte inhabituel et scène extraordinaire dans un cadre réaliste.

5) suspense et dosage de pur visuel. Tenter de les nourrir et dilater.

7) attitude du public devant ou aprés chaque scène: les sentiments, émotions, les réponses à l'éternelle question: "Et aprés ? "

8) les questions de "point de vue".

9) pour caser les généralités et les détails abandonnés en cours de rédaction.

10) l'idée de livre en tant qu'objet.

11) voir attentivement (et avec Coutard) tout ce qui peut-être tourné a) en accelléré b) au ralenti c) à l'envers d) à l'envers joué à l'envers

~~tout ce qui concerne la littérature, soumettre à Queneau~~

12) pour répartir tout ce qui est vu et dit à la T.V. ou seulement dit.

13) pour caser quelques détails droles pour soulager aprés tension

14) pour relier les scènes entre elles intimement (crochet, maillons)

15) du point de vue Montag, Avance (Est-ce qu'il agit ? est-ce qu'il aime Clarisse)

Quelques notes préliminaires.

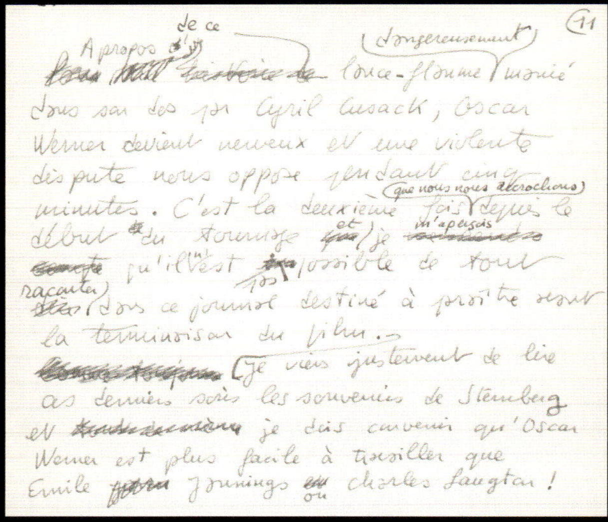

(11)

A propos de ce (dangereusement) lance-flamme manié dans son dos par Cyril Cusack, Oscar Werner devient nerveux et une violente dispute nous oppose pendant cinq minutes. C'est la deuxième fois depuis le début du tournage (que nous nous accrochions) et je m'aperçois qu'il n'est pas possible de tout raconter dans ce journal destiné à paraître avant la terminaison du film. Je viens justement de lire ces derniers soirs les souvenirs de Sternberg et je dois convenir qu'Oscar Werner est plus facile à travailler que Emile Jannings ou Charles Laughton !

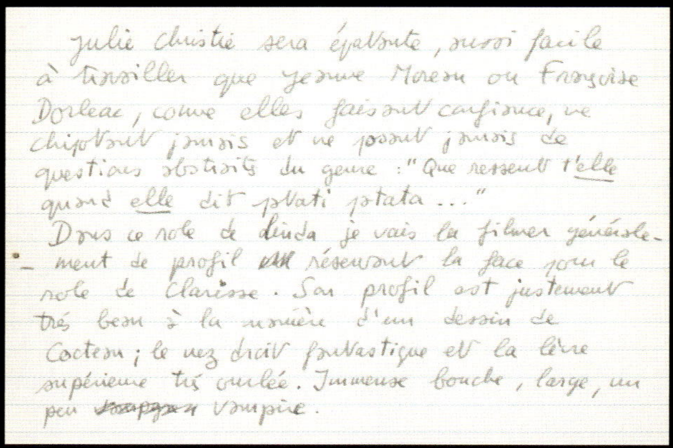

Julie Christie sera épatante, aussi facile à travailler que Jeanne Moreau ou Françoise Dorleac, comme elles fait confiance, ne chipote jamais et ne pose jamais de questions abstraites du genre : "Que ressent-elle quand elle dit patati patata..."

Dans ce rôle de Linda je vais la filmer généralement de profil réservant la face pour le rôle de Clarisse. Son profil est justement très beau à la manière d'un dessin de Cocteau ; le nez droit fantastique et la lèvre supérieure très ourlée. Immense bouche, large, un peu vampire.

Chaque soir après le tournage, Truffaut rédige le journal que lui ont demandé Les *Cahiers du cinéma*. Tout va pour le mieux avec Julie Christie qui interprète les deux rôles de Linda et de Clarisse, mais la mésentente grandit avec Oskar Werner qui résiste aux indications du cinéaste pour jouer Montag.

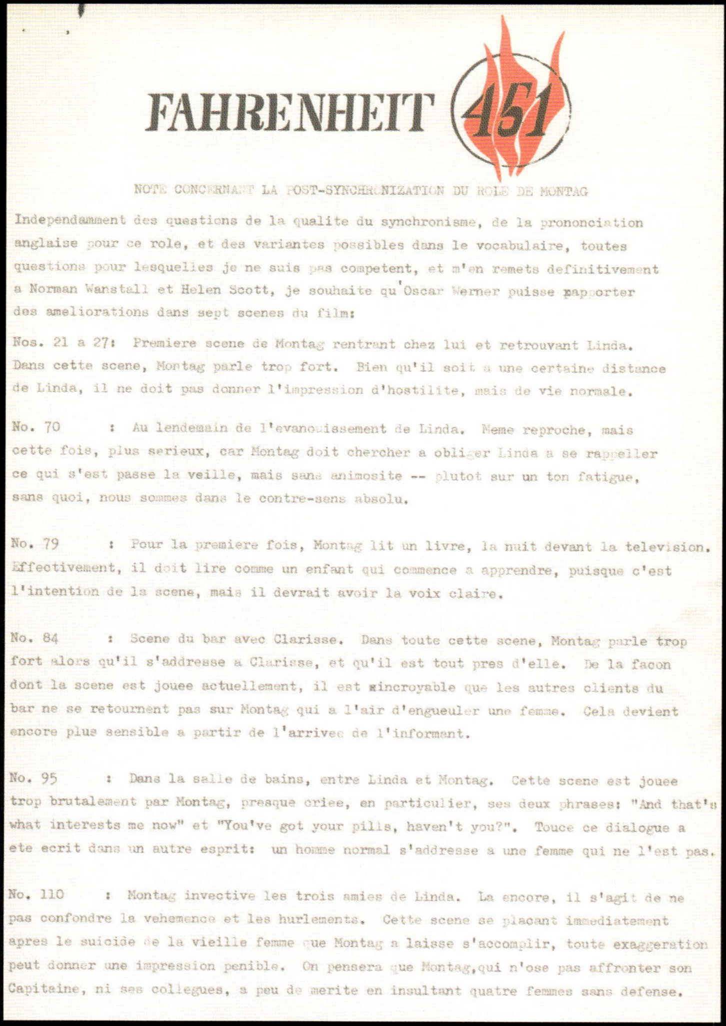

FAHRENHEIT 451

NOTE CONCERNANT LA POST-SYNCHRONIZATION DU ROLE DE MONTAG

Independamment des questions de la qualite du synchronisme, de la prononciation anglaise pour ce role, et des variantes possibles dans le vocabulaire, toutes questions pour lesquelles je ne suis pas competent, et m'en remets definitivement a Norman Wanstall et Helen Scott, je souhaite qu'Oscar Werner puisse apporter des ameliorations dans sept scenes du film:

Nos. 21 a 27: Premiere scene de Montag rentrant chez lui et retrouvant Linda. Dans cette scene, Montag parle trop fort. Bien qu'il soit a une certaine distance de Linda, il ne doit pas donner l'impression d'hostilite, mais de vie normale.

No. 70 : Au lendemain de l'evanouissement de Linda. Meme reproche, mais cette fois, plus serieux, car Montag doit chercher a obliger Linda a se rappeller ce qui s'est passe la veille, mais sans animosite -- plutot sur un ton fatigue, sans quoi, nous sommes dans le contre-sens absolu.

No. 79 : Pour la premiere fois, Montag lit un livre, la nuit devant la television. Effectivement, il doit lire comme un enfant qui commence a apprendre, puisque c'est l'intention de la scene, mais il devrait avoir la voix claire.

No. 84 : Scene du bar avec Clarisse. Dans toute cette scene, Montag parle trop fort alors qu'il s'addresse a Clarisse, et qu'il est tout pres d'elle. De la facon dont la scene est jouee actuellement, il est incroyable que les autres clients du bar ne se retournent pas sur Montag qui a l'air d'engueuler une femme. Cela devient encore plus sensible a partir de l'arrivee de l'informant.

No. 95 : Dans la salle de bains, entre Linda et Montag. Cette scene est jouee trop brutalement par Montag, presque criee, en particulier, ses deux phrases: "And that's what interests me now" et "You've got your pills, haven't you?". Touce ce dialogue a ete ecrit dans un autre esprit: un homme normal s'addresse a une femme qui ne l'est pas.

No. 110 : Montag invective les trois amies de Linda. La encore, il s'agit de ne pas confondre la vehemence et les hurlements. Cette scene se placant immediatement apres le suicide de la vieille femme que Montag a laisse s'accomplir, toute exaggeration peut donner une impression penible. On pensera que Montag, qui n'ose pas affronter son Capitaine, ni ses collegues, a peu de merite en insultant quatre femmes sans defense.

Après le montage, Truffaut s'interroge sur la manière de rattraper à la post-synchro les scènes jouées contre ses recommandations par Oskar Werner.

Don de la météo, la neige tombe le 14 avril sur Londres et les studios de Pinewood, permettant à Truffaut de finir son film en beauté.

quiète un peu, je t'expliquerai le principe de l'adaptation qui simplifie beaucoup tout cela. Le film montrera la réalité d'aujourd'hui légèrement exaspérée de façon à inquiéter. » Il en prévient Ray Bradbury : « Si cela devient définitif avec Charles Aznavour, les autres pompiers seront choisis petits et minces comme lui. Ce seront de petits hommes. » En janvier 1963, Aznavour accepte le rôle et Truffaut se prépare à tourner au printemps, tout en terminant le livre d'entretiens avec Hitchcock qu'il souhaite livrer à la même date (or, comme *Fahrenheit*, le "Hitchbook" ne sera pas prêt avant 1966). Insatisfait de la première version établie avec Moussy, il se remet au scénario avec Jean-Louis Richard, avec qui il vient d'écrire le scénario de *Mata-Hari* pour Jeanne Moreau. « Je travaille énormément, écrit-il à Helen Scott, car j'ai peur de l'année 1963. Je vais tourner *Fahrenheit* en juin et je voudrais rédiger le "Hitchbook" avant, si possible. » Il pense coproduire le film avec Henry Deutschmeister de la Franco London Films. Fin mars 1963, il envoie un télégramme encourageant à Aznavour en tournée aux États-Unis : « Mon cher Charles tout va bien entre Deutsch et moi. Nous commençons la pêche ou la chasse au distributeur. Je serai prêt à tourner à partir du 10 juin à Paris en couleurs. Bon tabac à New-York. »

Mais les négociations n'aboutissent pas et en juin, le film est reporté *sine die*. « J'aurais été très heureux et très fier de vous aider dans la préparation de *Fahrenheit*. J'ai appris depuis que vous deviez abandonner le projet, je le regrette vivement. Vous en auriez tiré un très beau film », lui écrit Maurice Pialat qui devait travailler sur le film. Truffaut commence à envisager une solution outre-atlantique. Il se dit prêt à faire traduire le script en anglais et à essayer de le monter avec des producteurs indépendants new-yorkais. Plus tard, il jugera pourtant avec une sévérité affectueuse cette version écrite avec Jean-Louis Richard : « Je dois ajouter que l'adaptation que nous avons écrite, Jean-Louis Richard et moi, n'a jamais suscité beaucoup d'enthousiasme, sauf auprès de trois ou quatre copains », écrira-t-il dans le journal qu'il rédige pendant le tournage.

Au début de l'été, Truffaut confie *Fahrenheit*, devenu *Phoenix* dans sa version anglaise, à Lewis Allen, producteur new-yorkais qui l'a approché pour lui proposer d'adapter un roman de Nathanaël West, *The Day of the*

Locust. Paul Newman, dont il avait été déjà fugitivement question avant l'achat des droits, est évoqué et le film pourrait se monter sur son nom. Mais Truffaut n'est pas absolument emballé, d'autant que Newman exige un gros rewriting du script et que le cinéaste craint de perdre son indépendance. « Je le trouve très beau surtout lorsqu'il est filmé en couleurs et je le préfère à tous les acteurs d'Hollywood qui ont un box-office : Rock Hudson, Gregory Peck, Charlton Heston, Marlon Brando, Burt Lancaster, etc., etc. », écrit-il à Lewis Allen, conscient du fait que la notoriété de Newman pourrait lui permettre d'obtenir des moyens intéressants (« Je vous avoue que je préfère disposer de six hélicoptères pour le final plutôt que d'un seul »). Mais il redoute son genre « actor studio » : « Il n'est pas question de tenir le volant d'une main et de se gratter la tête avec l'autre main. Je veux les deux mains sur le volant et une certaine raideur et une neutralité totale. » Truffaut suggère d'autres comédiens, Montgomery Clift, « l'acteur américain correspondant le mieux à Aznavour donc au script actuel », Sterling Hayden, « géant timide et sentimental, à condition qu'il ne paraisse pas plus vieux que Robert Ryan », et Terence Stamp, qu'il décrit, et c'est rétrospectivement une comparaison assez amusante, comme « une sorte d'Oskar Werner de langue anglaise ». Truffaut insiste à nouveau pour tourner en couleurs et si possible vers le début de l'année 1964. Changeant provisoirement son fusil d'épaule, c'est pendant l'été et l'automne 1963 qu'il écrit, puis tourne *La Peau douce*. En août 1963, Lewis Allen rachète les droits de l'adaptation en s'engageant à conserver Truffaut comme réalisateur. Une série de contrats est signée entre Allen-Hodgdon Productions et Les Films du Carrosse (certains, concernant l'écriture de *Fahrenheit*, nomment Jean Gruault, qui a fait un bref passage sur le script, Marcel Moussy, Jean-Louis Richard ; De Givray fera à son tour une comparaison entres les diverses versions). Plusieurs lieux de tournage sont envisagés : New York, Philadelphie, Toronto. Jean Seberg est évoquée pour jouer la femme de Montag pour un tournage au printemps 1964.

Des pompiers qui brûlent les livres.

Mais de nouveaux retards interviennent. Les distributeurs refusent de s'engager sans certitude sur l'interprète principal. Or des divergences s'élèvent avec Paul Newman qui souhaite un Montag plus dramatisé et se fait une idée du film plus sociologique et politique que ne le souhaiterait Truffaut. D'autres comédiens sont approchés dans le courant de l'année 1964 : Kirk Douglas, qui serait intéressé, puis Terence Stamp, qui aurait très envie de jouer le rôle. Il est également question de Peter O'Toole, et de... Paul Newman qui manifeste à nouveau son intérêt. Truffaut s'est plusieurs fois découragé, mais il est prêt à s'impliquer à nouveau : « Pour *Fahrenheit*, j'attends sans impatience. Sur un signe favorable de Peter O'Toole, mon enthousiasme renaîtra et j'accourrai. C'est un grand et beau sujet, il s'agit de ne pas le gâcher », écrit-il à Helen Scott en juillet 1964. Lewis Allen cherche à monter une coproduction franco-canadienne qui néces-

siterait de tourner le film à Toronto. À la fin de l'année, il hésite entre la possibilité de la coproduction canadienne et une offre éventuelle de coproduction suédoise, avec une possibilité de tourner en mai-juin 1965. En même temps que Sterling Hayden, Oskar Werner est alors pressenti, mais pour le rôle du capitaine, non pour celui de Montag.

S'il s'est souvent dit prêt à retravailler le scénario afin de parvenir à un texte qu'il modifiera moins que d'habitude pendant le tournage, Truffaut finit par être parfois nerveux : « Comme *La Peau douce*, mais pas pour les mêmes raisons, *Fahrenheit* est de ces films que chacun voit à sa façon, que chacun a envie de tripoter et de modifier : pas assez science-fiction, trop science-fiction, trop étrange, pas assez insolite, pas assez d'histoire d'amour, trop d'amour, bref, le seul moyen d'avoir la paix, c'est de dire merde à tout le monde » (Lettre à Helen Scott du 16 décembre 64). Il refuse que l'épouse de Lewis Allen, Jay Allen, qui a traduit et légèrement rewrité le script, soit créditée à l'écriture. Il y a plusieurs points sur lesquels il n'est pas disposé à faire de concessions, notamment l'idée de développer une histoire d'amour entre Montag et Clarisse, qui lui paraît une plongée dans la convention. À la suite de nouveaux retards, Truffaut redoute de perdre Terence Stamp. Il tient à lui au point de ne pas céder lorsque Sam Spiegel, avec qui des pourparlers de coproduction ont été engagés, rejette le nom de Terence Stamp qui aurait refusé de tourner dans d'autres de ses films. Cette rupture des discussions avec Spiegel arrange au fond Truffaut, inquiet de l'inflation financière dont son projet semblait être en train de prendre le chemin. Mais, au grand regret du cinéaste, c'est finalement Stamp qui se retirera du projet.

Les scènes du monorail sont tournées en France près de Châteauneuf-sur-Loire où avait été construite cette ligne expérimentale.

À la fin de l'été 1965, Lewis Allen parvient en effet à monter enfin le projet sous la forme d'une production anglaise abritée par une filiale d'Universal, avec Terence Stamp et Julie Christie dans les rôles titres. En août 1965, Lewis Allen a l'idée de faire jouer les deux rôles de Linda (la femme de Montag) et Clarisse (la jeune voisine qui lui fait découvrir les livres) par Julie Christie : il s'est aperçu que son visage change, très rond lorsqu'elle a les cheveux courts ou tirés en arrière, beaucoup plus fin et mince lorsqu'elle les porte longs. Il propose timidement cette idée à Truffaut qui réagit avec enthousiasme et prépare aussitôt un télégramme : « Mon cher Lewis. Votre idée Linda-Clarisse est excellente. Nous devons étudier ensemble les difficultés techniques éventuelles. Amitiés. Truffaut. » Auprès d'Helen Scott, il reconnaît s'emporter parfois trop vite contre son producteur : « Lewis Allen a eu l'idée géniale de faire jouer Linda et Clarisse par la même actrice avec deux coiffures différentes. Cela résout tous les problèmes qui m'emmerdaient depuis si longtemps à propos de la taille, de l'âge, de la gueule, etc. J'ai donné mon accord pour cette idée et, ma foi, tant mieux s'il s'agit de Julie Christie. »

Mais en septembre 1965, catastrophe. Alors que le film est prévu pour janvier, Terence Stamp déclare forfait. La raison principale semble être sa gêne à l'idée de l'emploi de la comédienne dans les deux rôles et son inquiétude à la perspective de devoir réellement partager la vedette avec Julie Christie. C'est en vain que Truffaut lui écrit le même jour, le 21 septembre, deux longues lettres pour tenter de le convaincre. Il met pourtant tous les arguments possibles dans la balance, défendant avec acharnement le bien fondé de sa décision : « Employer Julie Christie pour jouer à la fois Linda et Clarisse me donne enfin l'occasion de résoudre cet éternel problème du rôle ingrat et du rôle prestigieux, de montrer les deux aspects d'une même femme et aussi de prouver visuellement que pour la plupart des hommes, leur femme ou leur maîtresse, c'est la même chose. » Il flatte avec sincérité Stamp en le décrivant comme « l'acteur poétique dont le cinéma actuel avait besoin depuis que Hollywood est devenu incapable de recruter autre chose que des playboys ou des G. Men. » Ou en l'identifiant au personnage : « Le rôle de Montag, pour ce qu'il réunit l'innocence et la révolte, la tendresse et la violence, l'idée d'homme primitif et d'homme civilisé, à cause de son caractère poétique et en même temps vraisemblable, féerique et pourtant humain, est un rôle superbe qui doit échouer à un acteur superbe, vous étiez déjà ce personnage dans *Billy Bud* lorsque vous regardiez un livre par-dessus l'épaule de Melvyn Douglas, vous êtes le héros de Bradbury, vous êtes Montag, j'attends impatiemment de vos nouvelles, je suis à bout d'arguments et je ne sais plus quoi dire, mon cher Montag. » Plus qu'à tout, Truffaut tient à sa liberté de manœuvre, ainsi qu'il l'écrivait déjà à Ray Bradbury au printemps 1963 : « L'essentiel – c'est à dire la fidélité à l'esprit de votre livre et en second lieu la liberté de mon travail – sera absolument préservé quels que soient les interprètes et les producteurs du film. » C'est pour conserver les coudées franches qu'il est prêt à laisser partir Terence Stamp malgré tout, bravant les difficultés passées et à venir d'un élan sans doute plus rhétorique que réaliste : « Si vous jugez cette idée inacceptable et que notre association est rompue à cause de cela, je vous regretterai beaucoup mais j'attendrai encore le temps qu'il faudra, six mois, un an, trois ans, pour tourner *Fahrenheit* comme je le désire et sans aucune contrainte extérieure. » Et c'est cette confiance en ses choix qu'il attend d'un comédien. Si Stamp reste à ses côtés, Truffaut lui demande « une confiance "totale", même si au tournage vous me voyez renoncer à des scènes qui vous plaisaient, même si je transforme des choses ou que j'en ajoute de nouvelles, même si j'engage les Beatles pour jouer les autres pompiers, je vous demande de me laisser "carte blanche" comme l'ont fait avant vous Charles Aznavour, Jeanne Moreau, Oskar Werner et Françoise Dorléac ».

La mise en route de *Fahrenheit* apparaît ainsi comme une succession de rendez-vous ratés : avec Aznavour, avec Paul Newman, avec Terence Stamp, ou finalement avec Oskar Werner, qui est en réalité une solution de remplacement et avec lequel le cinéaste n'obtiendra pas davantage la confiance refusée par son prédécesseur. Truffaut ne retrouve plus, la notoriété venue, le comédien modeste et chaleureux de *Jules et Jim*, et de nombreux conflits éclatent entre eux après les premiers jours plutôt euphoriques du tournage, sur la manière d'aborder les scènes dangereuses ou sur l'interprétation même du rôle de Montag. « Le personnage de *Phoenix* [titre anglais provisoire du scénario] est celui d'un homme faible, renfermé, timide, d'une violence toute intérieure, un introverti », écrivait Truffaut à Lewis Allen en juillet 1963, alors qu'il était question de Paul Newman. Entre Oskar Werner et lui, le malentendu est profond. Par refus du cliché, il s'est ingénié à sucrer du scénario toute ambiguïté amoureuse entre les personnages de Montag et de Clarisse, la jeune voisine raisonneuse qui le ramène vers les livres. Il s'est aussi opposé avec opiniâtreté depuis quatre ans à chaque tentative de récriture en ce sens (« Le script actuel n'est pas parfait, mais je crois quand même qu'il a une ligne assez pure et que ce serait une erreur, par exemple, de développer l'intrigue amoureuse », écrit-il à Lewis Allen en septembre 1963. Et à Terence Stamp, deux ans plus tard : « Le rôle de Clarisse paraît plus brillant, mais il est bref et je ne veux pas le développer avec une romance sentimentale entre Montag et elle »). Il supporte très mal du coup la tentation qu'a Oskar Werner de rechercher systématiquement un rapport sentimental avec Julie Christie lorsqu'elle joue Clarisse (« Nouveaux ennuis avec Oskar Werner qui veut toucher le bras et les épaules de Clarisse alors que je ne veux pas de romance dans leur tandem », note-t-il le 22 février, après un peu plus d'un mois de tournage). Ou son insistance à proposer un jeu brutal avec son épouse, et doucereux et séducteur avec la jeune fille d'à côté. Alors que, dans l'esprit de Truffaut, faire jouer les deux rôles par la même actrice était justement ce qui lui permettait de lutter contre la convention et de donner enfin un prestige équivalent aux deux femmes : « Après avoir joué le mari violent de Linda il veut jouer le soupirant de Clarisse, et il ne se rend pas compte du tort qu'il fait au personnage : odieux à la maison avec ses livres, joli cœur dehors avec son initiatrice » (Journal du 11 mars). Il supporte moins encore ce qu'il estime être chez Oskar Werner une façon de chercher à se placer et à briller aux dépens de ses partenaires, et se montre sans aménité : « La plus grande preuve de bêtise et d'amateurisme que peut donner un acteur, c'est la volonté farouche de paraître plus intelligent que son partenaire. Mes acteurs préférés sont ceux qui aiment avoir l'air idiot : Michel Simon, Belmondo, Albert Rémy, Jean-Pierre Léaud, Michel Piccoli, Jean Yanne, presque tous les italiens, Mastroianni, Gassman, Sordi, Tognazzi... » Visiblement partagé entre la tristesse et une rage qu'il exprime dans son journal de tournage avec de moins en moins de retenue, il prévoit très rapidement des solutions de rattrapage, qui le rassurent, mais ont justement l'inconvénient de n'être que cela : tourner dès que c'est possible avec la doublure d'Oskar Werner qui accepte sans rechigner de faire les plans refusés par le comédien, et couper au montage les répliques et les attitudes sabotées. Ces artifices permettront parfois au cinéaste d'obtenir quelques très belles scènes, comme celles où Montag lit un livre pour la première fois. Truffaut a sur le tournage l'idée de lui faire lire la première page de David Copperfield, en lui faisant ouvrir le livre comme un objet inconnu à explorer, et en lui demandant de lire avec application, et en suivant chaque ligne du doigt, les indications portées sur la page de garde, la date, le nom de la maison d'édition..., comme s'il s'agissait déjà du texte romanesque. Il

renoncera en revanche à l'envie de faire découvrir à Montag un livre aux pages non coupées en donnant au comédien cette indication : « Imagine que tu es un singe qui vient de trouver un portefeuille. » « Je renonce à présent à ces improvisations afin de m'épargner les questions idiotes comme : Qu'est-ce que ça veut dire ? Ça se place où ? Pourquoi est-ce que je devrais jouer comme un singe ? Je voudrais que ce soit un livre de poèmes, etc. »

Car, très tôt les carottes sont cuites. Le 1er février 1966, au soir d'une quatorzième journée de tournage où il vient de s'accrocher pour la deuxième fois avec son comédien – « une violente dispute [qui les] oppose pendant cinq minutes », à propos d'un lance-flamme dangereusement manié dans son dos par Cyril Cusak, l'interprète irlandais du capitaine des pompiers –, Truffaut renvoie un mot à Marcel Berbert, où il lui fait part de quelques unes de ses angoisses : « Mon cher Marcel, pardonnez-moi de ne pas vous écrire plus longuement. Je suis débordé par ce film insuffisamment préparé. Chaque week-end, je dois rédiger des notes pour les décors, les costumes, les accessoires, etc. pour éviter les mauvaises surprises. La qualité du travail s'améliore, mais quelle lenteur ! Bonne nouvelle pour vous : j'ai changé mon style : 3 prises maximum, on n'en tire qu'une, montage immédiat sauf pour les scènes d'action filmées à trois caméras... » À la fin de cette courte lettre, il a déjà, à chaud, cette phrase lapidaire : « De toutes manières, je ne tournerai plus jamais avec Oskar ! ».

Après *Fahrenheit*, Truffaut ne voudra plus tourner en anglais, son incapacité à saisir la musique des dialogues ayant contribué à son malaise sur le film. Surtout la peur de ne plus tourner, et les difficultés réelles pour Les Films du Carrosse, dans lesquels l'ont plongé les retards incessants du film, le poussent à trouver une autre organisation qui lui permettra de ne plus jamais se retrouver pris au dépourvu. Une boulimie de projets et un programme, revu et corrigé dans les années qui suivront par les aléas du réel et les désirs du moment, qu'il décrit à Helen Scott, le 27 novembre 1964, un peu plus d'un an avant le premier tour de manivelle de *Fahrenheit* : « Pour 1965, je prends de grandes résolutions pour améliorer ma vie professionnelle. [...] Comme Resnais et comme les américains, je vais lancer trois ou quatre scénaristes (genre Moussy, Gruault, De Givray) sur des sujets de films que j'ai en réserve. Je leur donnerai telle somme d'indemnisation si le projet n'aboutit pas, somme doublée ou triplée si le film se tourne, et je les verrai chacun d'eux, séparément, une fois par semaine pour faire avancer la construction. Voilà quels sont ces projets : 1°) *L'Enfant sauvage* (l'histoire de l'enfant loup que je vous ai racontée) ; 2°) *La Petite Voleuse* (genre *Monika*, d'Ingmar Bergman, naissance de la féminité et de la coquetterie chez une petite délinquante, 400 Blows femelle) ; 3°) une histoire genre *Pianiste* ou *Bande à part* pour Jean-Pierre Léaud, peut-être un vieux roman de Goodis ; 4°) une comédie dramatique sur un couple jeune qui se sépare et se réconcilie, pour, éventuellement, Romy Schneider et Belmondo ; 5°) et, enfin, le film dont je parle depuis longtemps et dont toute l'action se déroulerait dans une école. »

La même scène conjugale (Julie Christie et Oskar Werner) que dans d'autres films de Truffaut, mais dans un monde où les livres seraient faits uniquement d'images.

UNE LIGNE IMPLACABLE

LA MARIÉE ÉTAIT EN NOIR

LA MARIÉE ÉTAIT EN NOIR (1967). Une femme qui tue cinq hommes pour venger la mort de son mari : « Quand un film est bâti sur une promesse aussi excitante, même si le scénario est mal construit, la mise en scène épouvantable et le jeu pauvre, même si les critiques sont négatives, la production défaillante et la distribution inadéquate, le film ne peut qu'attirer un large public. » C'est ainsi que Truffaut présente le projet en septembre 1966 à son interlocuteur chez United Artists, Oscar Lewenstein (qu'il décrit ailleurs comme le « Berbert de Tony Richardson »), à la fois pour tenter de se rassurer, et pour obtenir, en menant campagne par la dérision, un accord définitif qui tarde à venir.

Première édition américaine.

Le financement du film se retrouve en effet provisoirement compromis après la déception ressentie par ses financiers à la vision de *Fahrenheit 451* (le film vient tout juste de sortir sur les écrans parisiens). Si le projet *The Bride Wore Black* a été un temps initié comme un film qu'il aurait tourné à Londres et en langue anglaise (et où Jeanne Moreau aurait été entourée de quatre comédiens anglais), Truffaut manifeste désormais sa réticence, après l'expérience pénible pour lui de *Fahrenheit*, et plaide pour un tournage en France et en français. Pour emporter le morceau, car il aimerait tourner à partir du début de l'année et commencer son casting masculin (il tournera en effet en 1967, mais à partir de la mi-mai), il n'hésite pas à rappeler que le scénario de *Jules et Jim* avait été rejeté par tous les distributeurs et à menacer de porter *La Mariée* chez Universal si les Artistes Associés ne veulent plus du film…

C'est en août 1964, après quelques jours passés dans le Midi en compagnie de Jeanne Moreau, que Truffaut, qui cherche un sujet pour elle, songe à nouveau à ce roman noir de William Irish qui « fait partie des livres qu'[il] connaît depuis toujours », « emprunté » à sa mère et lu en cachette peu après la Libération. Il en parle alors à Helen Scott à qui il confie le regain de son élan pour Jeanne Moreau : « Tout n'est pas rose et je passe par des moments de solitude, mais tout de même je retrouve une intensité de sentiments comme au moment du Chicago-New York dont vous fûtes témoin, mais en plus réel, plus réciproque, moins " fabriqué " par moi. Naturellement cela se concrétise, chez Jeanne et chez moi, par un grand désir de travailler ensemble dès que possible, d'où mon intérêt pour le roman *The Bride Wore Black*. » Le même jour, le 19 août 1964, il écrit à l'agent littéraire américain Don Congdon, qui traite pour lui les questions relatives à l'avancée du « Hitchbook », et lui demande de le représenter auprès de William Irish (de son vrai nom Cornell Woolrich) pour l'achat des droits du roman, espérant qu'il saura obtenir un contrat qui sera « plus simple et plus avantageux » que celui de *Fahrenheit*. Avec sa manie coutumière du secret et du compartimentage, Truffaut demande pourtant à Helen Scott de ne pas parler du projet, ni de la présence de Jeanne Moreau dans le projet, « pas même à Congdon »… Au cas où rien n'avancerait encore du côté de *Fahrenheit*, dont le tournage est sans cesse repoussé depuis le début de l'année, il

aimerait être prêt à tourner au plus vite *La Mariée*. Mais les droits sont trop élevés pour Les Films du Carrosse, et seront finalement achetés pour lui par Les Artistes Associés un an plus tard, à l'automne 1965. Il commence à écrire le scénario de *La Mariée* avec Jean-Louis Richard au début de l'été 1965, dès avant la fin de la négociation des droits. Pendant les presque deux ans qui précèdent le tournage, ils en écrivent ensemble ou séparément plusieurs versions, dont l'évolution est marquée par l'élimination progressive de l'aspect policier prédominant dans l'histoire d'origine. La dernière version du scénario est terminée en mars 1967, après deux mois de travail acharné avec Jean-Louis Richard. Dans le même temps, Truffaut, soucieux d'accumuler les projets, travaille aux premiers traitements de *L'Enfant sauvage* avec Jean Gruault, commence fin 1966, après avoir tourné et monté *Fahrenheit*, une adaptation de *La Sirène du Mississipi*, et se met à l'écriture du futur *Baisers Volés*. Il réunit autour de Jeanne Moreau cinq de ses comédiens préférés – Claude Rich, Michel Bouquet, Michel Lonsdale, Charles Denner, et pour son allure, identifiable d'un coup d'œil, Daniel Boulanger (le scénario décrit le personnage comme « un homme complètement chauve avec des yeux d'aigle ») – et commence à tourner le 16 mai 1967, selon l'ordre chronologique des épisodes : meurtres de Bliss, Coral, Morane, puis Fergus, le peintre, qu'elle finit par tuer de la flèche de la Diane chasseresse pour laquelle elle lui sert de modèle. Le cinéaste se repose sur Jeanne Moreau pour accueillir chacun des comédiens arrivant pour interpréter son épisode et lui expliquer son personnage.

Un sujet pour Jeanne Moreau.

Pages précédentes : Serge Rousseau et Jeanne Moreau.

DU ROMAN AU FILM. Lorsqu'il aborde l'adaptation du roman d'Irish, Truffaut est conscient du risque qu'il prend en représentant un personnage de meurtrière, dure et cadenassée sur elle-même, qui élimine successivement plusieurs hommes sans que rien ne paraisse pouvoir la détourner de sa route. Du risque aussi d'offrir au spectateur un récit répétitif qui finirait par mener à l'issue nécessairement fatale, un

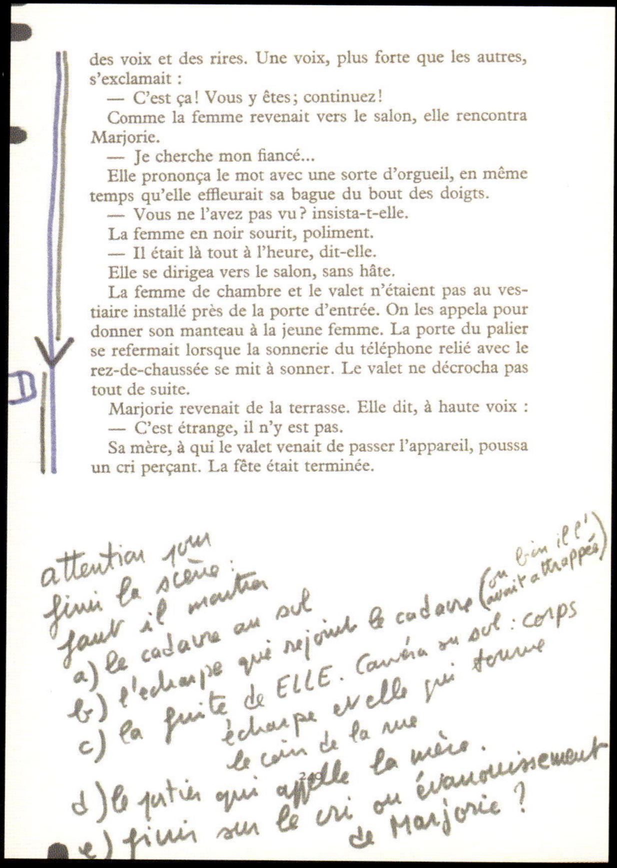
des voix et des rires. Une voix, plus forte que les autres, s'exclamait :
— C'est ça ! Vous y êtes ; continuez !
Comme la femme revenait vers le salon, elle rencontra Marjorie.
— Je cherche mon fiancé...
Elle prononça le mot avec une sorte d'orgueil, en même temps qu'elle effleurait sa bague du bout des doigts.
— Vous ne l'avez pas vu ? insista-t-elle.
La femme en noir sourit, poliment.
— Il était là tout à l'heure, dit-elle.
Elle se dirigea vers le salon, sans hâte.
La femme de chambre et le valet n'étaient pas au vestiaire installé près de la porte d'entrée. On les appela pour donner son manteau à la jeune femme. La porte du palier se refermait lorsque la sonnerie du téléphone relié avec le rez-de-chaussée se mit à sonner. Le valet ne décrocha pas tout de suite.
Marjorie revenait de la terrasse. Elle dit, à haute voix :
— C'est étrange, il n'y est pas.
Sa mère, à qui le valet venait de passer l'appareil, poussa un cri perçant. La fête était terminée.

attention pour finir la scène faut il montrer
a) le cadavre au sol
b) l'écharpe qui rejoint le cadavre (ou bien il l'avait attrapée)
c) la fuite de ELLE. Caméra au sol : corps écharpe et elle qui tourne le coin de la rue
d) le putier qui appelle la mère.
e) finir sur le cri ou évanouissement de Marjorie ?

Le roman de William Irish annoté avant l'écriture du scénario.

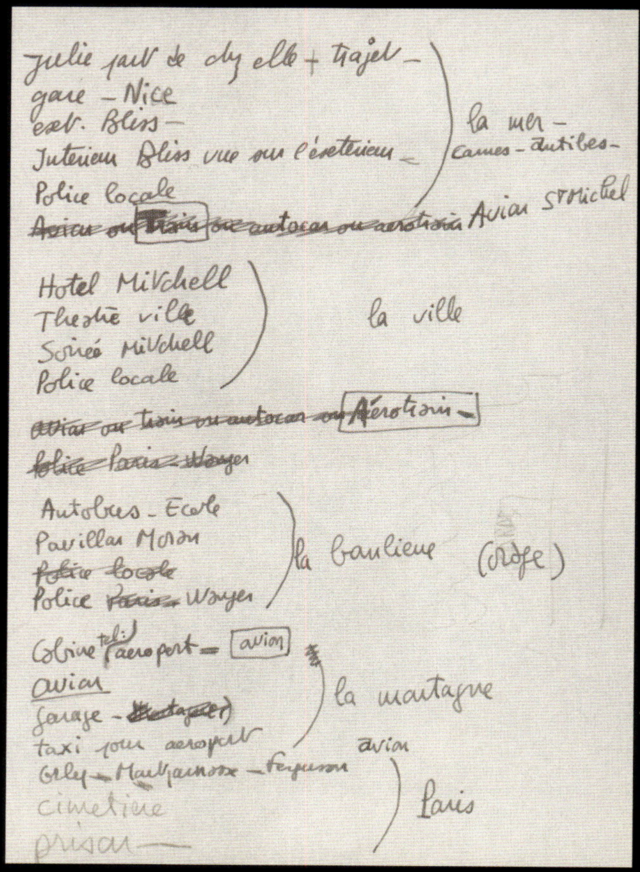
Julie part de chez elle + trajet –
gare – Nice
ext. Bliss –
Intérieur Bliss vue sur l'extérieur –
Police locale
~~Avion ou train ou autocar ou aérotrain~~ Avion St Michel
la mer – Cannes – Antibes –

Hotel Mitchell
Théâtre ville
Soirée Mitchell
Police locale
la ville

~~Avion ou train ou autocar ou~~ Aérotrain
~~Police Paris – Wayer~~

Autobus – Ecole
Pavillon Moran
~~Police locale~~
Police ~~Paris~~ Wayer
la banlieue

Galerie de l'aéroport = avion
avion
garage
taxi pour aéroport
la montagne

avion
Orly – Marjorie – Fergus
cimetière
prison
Paris

Récapitulatif des trajets et des étapes du personnage.

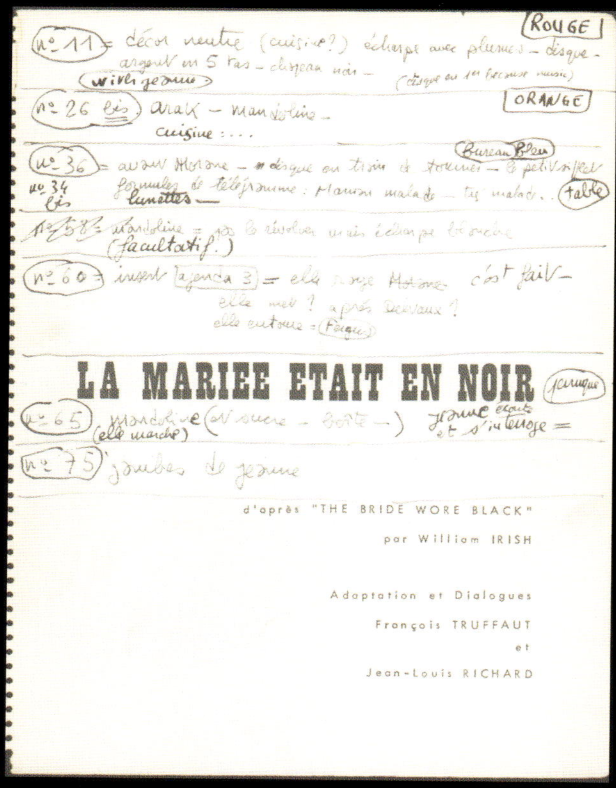
n° 11 = décor neutre (cuisine ?) écharpe avec plumes – disque – argent en 5 tas – chapeau noir – ROUGE
n° 26 bis arak – mandoline – cuisine ... ORANGE
n° 36 avant Morane – disque ou tiroir et tourner – Bureau Bleu – lunettes – table
n° 58 mandoline ... (facultatif)
n° 60 insert (agenda 3) = elle range Morane c'est fait –
LA MARIEE ETAIT EN NOIR
n° 65 mandoline
n° 75 jambes de femme

d'après "THE BRIDE WORE BLACK"
par William IRISH

Adaptation et Dialogues
François TRUFFAUT
et
Jean-Louis RICHARD

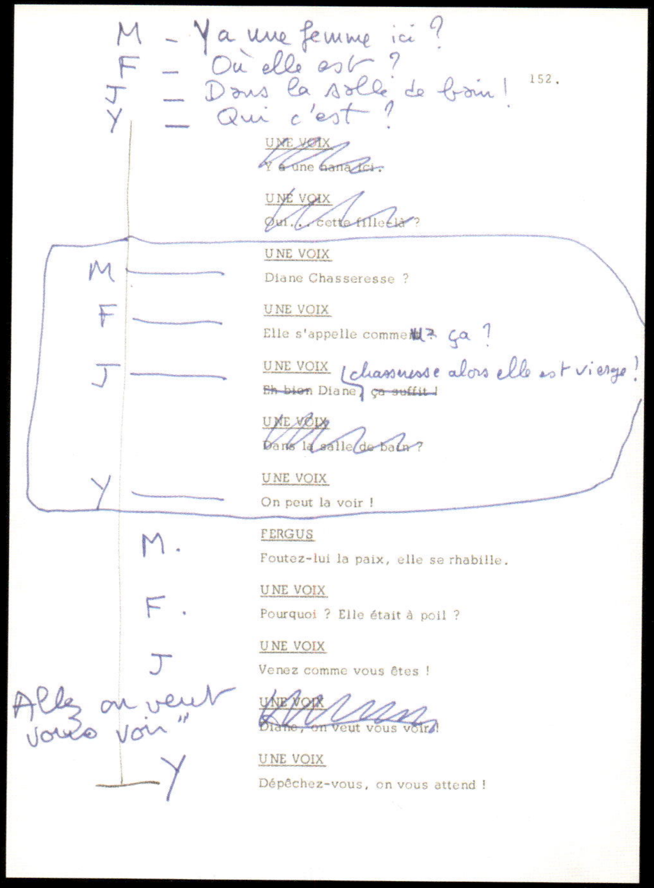
M – Y a une femme ici ?
F – Où elle est ?
J – Dans la salle de bain !
Y – Qui c'est ?

152.

UNE VOIX
~~Y a une femme ici.~~

UNE VOIX
~~Qui... cette fille... ?~~

M UNE VOIX
Diane Chasseresse ?

F UNE VOIX
Elle s'appelle comme ça ?

J UNE VOIX (chasseresse alors elle est vierge !)
~~Eh bien Diane, ça suffit !~~

UNE VOIX
~~Dans la salle de bain~~

Y UNE VOIX
On peut la voir !

M. FERGUS
Foutez-lui la paix, elle se rhabille.

F. UNE VOIX
Pourquoi ? Elle était à poil ?

J UNE VOIX
Venez comme vous êtes !

"Allez on veut vous voir" UNE VOIX
~~Diane, on veut vous voir !~~

Y UNE VOIX
Dépêchez-vous, on vous attend !

La page de garde du scénario de tournage, et une modification apportée par Truffaut avant de tourner la scène de l'invasion des amis chez le peintre Fergus : « Diane chasseresse, alors elle est vierge ! ». Il souffle ainsi à l'oreille du spectateur le secret qu'il disait ne partager qu'avec Alfred Hitchcock et Jeanne Moreau : sa meurtrière est vierge.

« Cette fille rousse me plaît à cause de sa vulgarité; j'aime beaucoup la vulgarité chez une femme, c'est vivant; enfin, maintenant elle a rejoint la réserve des « possibles »… Oh, il faut absolument que je vous raconte un cauchemar épouvantable que je fais quelquefois; c'est le matin… je suis habillé… je sors dans la rue, il n'y a que des hommes… je continue… j'avance… que des hommes… rien que des hommes… plus une seule femme…
(Un temps)
Alors je me réveille en sueur, soulagé quand même puisque ce n'était qu'un rêve. Vous savez, il m'arrive le soir de me balader et de regarder les filles aux terrasses de café à la façon d'une bonne sœur qui quête dans un restaurant : celle-là c'est fait, celle-là pas encore, tiens, il faudra que je demande à celle-là…
(Il regarde plus attentivement Julie)
Le nez est formidable et votre bouche… si j'étais écrivain j'en ferais un roman.
C'est pareil si je prends le métro, le train ou l'autobus; dès que je suis monté, je regarde si je trouve une ou plusieurs femmes " possibles "; dès que j'en ai repéré une je suis soulagé; s'il y en a plusieurs, je les examine et je fais un classement. Évidemment, je ne leur fais rien, je leur fais même pas de l'œil mais je sais qu'elles sont là, je suis rassuré… Si nous avons un accident, si le métro reste bloqué toute une nuit entre deux stations, eh bien tout sera possible… Est-ce que je vous choque? »

Le monologue de Fergus (Charles Denner), prélude au roman qu'écrira l'homme qui aimait les femmes, et inspiré, comme les dialogues de *Tirez sur le Pianiste*, de Jacques Audiberti.

meurtre après l'autre et d'une manière trop prévisible. Risques qu'il évoque lorsqu'il plaide la cause du film auprès d'Oscar Lewenstein[1] dans sa lettre de septembre 1966. Il sait qu'il lui faudra rendre Jeanne Moreau sympathique et intéressante pour le public, sans pour autant noircir les personnages masculins autour d'elle, sans non plus avoir recours à l'idée qu'elle est folle pour excuser ses actes. Qu'il lui faudra aussi faire accepter au public l'idée qu'elle continue à venger la mort de son mari, même après avoir appris qu'il s'agissait en réalité d'un accident. C'est dans cette perspective qu'il fait subir au roman, dont il reconstruit assez différemment la structure, plusieurs modifications essentielles. Truffaut renonce ainsi d'emblée à l'idée de la méprise par laquelle Irish se sortait de son histoire : dans le dernier chapitre, le flic qui poursuit l'héroïne lui explique qu'elle a couru après une chimère, qu'aucun des hommes qu'elle vient de tuer n'est responsable de la mort de son mari le jour de leur mariage. C'est un autre meurtrier, caché dans la maison qui faisait face à l'église, qui a tiré. Or au moment précis où le tireur a appuyé sur la détente, les quatre hommes qu'elle a poursuivis sont passés par hasard dans la rue, dans une voiture dont le tuyau d'échappement a justement lancé une série d'explosions. C'est parce que la police avait compris que le tir provenait en réalité de la maison d'en face, que les occupants de la voiture n'avaient pas été recherchés, Julie vient donc de tuer quatre innocents. Peu friand de cette forme de retournement final qui consiste au fond à dire au personnage et au spectateur qu'on l'a mené en bateau, Truffaut réagit d'un « très ingénieux, mais trop compliqué », lorsqu'il annote le livre avant d'échanger ses remarques avec Jean-Louis Richard. Pour faciliter l'adhésion du public et éviter cette addition de hasards, il préfère imaginer qu'elle s'attaque aux véritables meurtriers de son mari, même s'il s'agit d'un meurtre dérisoire commis par accident et presque par bêtise. Il renonce en effet en même temps à une idée révélée dans les dernières pages du livre : chez Irish, le véritable meurtrier est Corey, l'ami de Bliss et du peintre (le personnage est interprété dans le film par Jean-Claude Brialy). Petits truands, lui et le fiancé de Julie travaillaient ensemble dans une histoire de racket. C'est Julie qui avait demandé à son fiancé de choisir entre elle et son gang, sans savoir qu'elle signait ainsi son arrêt de mort. Truffaut se sépare d'entrée de cette ambiance de petits trafics et de polar de série B pour renforcer et privilégier la pente sentimentale également présente dans le roman d'Irish. Le mari mort est idéalisé, et c'est l'amour inconditionnel de cette femme pour l'homme qu'elle a à peine eu le temps d'épouser qu'il mettra au cœur de son

1 Producteur et directeur artistique.

film, certain de mettre ainsi en avant ce qu'il désigne à son coproducteur comme le point fort de cette histoire : une femme qui va jusqu'au bout de la mission qu'elle s'est fixée par amour. S'il écarte les ingrédients polar et les révélations finales à tiroir, c'est cette seule phrase exprimant l'intensité de l'amour qui lui a été arraché qu'il souligne et retient dans le texte d'Irish au moment de la confession finale de la jeune femme : « Je restais éveillée la nuit, comptant les heures, les minutes et les secondes qui me séparaient de l'instant où je le reverrais. » Dans le roman, Julie tombe, sans l'avoir vu venir, dans un piège tendu par la police. Truffaut renverse le final bâti par Irish, en imaginant que c'est la meurtrière qui se fait prendre volontairement afin de se donner les moyens d'atteindre en prison sa dernière victime. Construction d'un personnage maître de son destin et prêt à tout pour aller au terme de son programme et satisfaire son idée fixe. Il conçoit dès le premier synopsis cette scène d'enterrement où se présente une femme mystérieuse que finit par reconnaître Corey, l'ami de deux des victimes : Corey « arrache le voile noir révélant à tous et à toutes le visage nu de Julie Killen » (de *kill*, tuer, Killen, est le nom d'origine du personnage, que Truffaut transformera pour finir en Kohler). S'il peut se targuer auprès de son coproducteur américain d'avoir un « final logique et satisfaisant pour l'esprit, mais qui ne peut être prédit d'avance », c'est qu'il sait avoir été assez habile en concevant avec Jean-Louis Richard ce renversement qui lui permettra de mettre en scène le dernier meurtre du film dans les couloirs d'une prison.

LA PLACE DU MOBILE. C'est aussi dès ce premier synopsis assez détaillé établi avec Jean-Louis Richard, qu'il prévoit de déplacer bien avant la fin du récit les premières révélations sur les mobiles de la meurtrière, mettant ainsi plus sûrement le spectateur de son côté. Le roman réserve le flash-back sur le mariage et les révélations sur les motifs de la jeune meurtrière à son avant-dernier chapitre. Dès son premier travail d'adaptation, Truffaut déplace un premier flash-back partiel dès le deuxième meurtre (épisode Mitchell, futur Coral, alias Michel Bouquet), puis un deuxième, plus prolongé, lors du troisième meurtre (épisode Morane, alias Michael Lonsdale). Julie y raconte son histoire d'amour. L'idée qu'il s'agit d'un amour d'enfance apparaîtra plus tard. Solution hitchcockienne, dont il reconnaîtra volontiers l'origine lorsqu'il sera interrogé, au moment de la sortie, sur l'influence d'Hitchcock sur le film : « Certainement pour la construction de l'histoire, puisqu'à la différence du roman, nous donnons la solution de l'énigme bien avant la fin. Ainsi, le public n'a pas trop à attendre une explication qui, même ingénieuse, mérite rarement de constituer le final d'un film » (*Le Monde* du 18 avril 1968). La question cesse d'être : pourquoi est-ce qu'elle les tue ? Pour devenir : comment va-t-elle tuer le suivant ? Et surtout, et ce sera l'apport du travail du scénario : que va-t-il se passer entre eux ? Ira-t-elle jusqu'au bout ? Va-t-elle vraiment le tuer ?

Lorsqu'il annote le roman, Truffaut n'hésite pas non plus à transformer et à tirer à lui les personnages d'Irish. La transformation la plus spectaculaire et la plus drôle concerne le personnage d'Holmes, l'homme que Julie ne parvient pas à tuer. À noter d'ailleurs, que cette idée que la meurtrière voit lui échapper une de ses cibles, parce que celle-ci est arrêtée sous ses yeux, est une invention de Truffaut et de Jean-Louis Richard (faite dans leur premier synopsis). Dans le roman, les meurtres s'enchaînent de manière linéaire, et c'est pour pimenter l'histoire et rompre la monotonie de la répétition, récréer un suspense en réveillant par cet échec l'intérêt du spectateur qui pourra partager la frustration de l'héroïne, que les deux complices imaginent ce subterfuge. Surtout, Holmes est dans le roman un écrivain à succès dont il réunit toutes les conventions : l'aisance financière, la belle propriété, les domestiques, la célébrité. Irish l'utilise pour compliquer la dernière partie de son histoire et piéger l'héroïne. Deux jeunes femmes arrivent dans la belle maison de l'auteur célèbre : une étudiante qui a fait avec ses copines le pari de le séduire (mais est-elle vraiment étudiante ?) et une nouvelle secrétaire, remplaçante de celle qu'il vient de renvoyer. Irish joue sur l'incertitude : laquelle des deux est-elle là pour tuer Holmes ? Puis ménage un coup de théâtre : Holmes est un flic, qui s'est substitué à l'écrivain, et Julie est prise sur le fait. Truffaut rature tout ce chapitre. Il renvoie certains éléments de la confession que fait la jeune femme dans l'épisode Morane et il imagine que Julie rate Holmes après son troisième meurtre. De manière sans doute non consciente, il établit déjà la structure de son film sur celle du conte de fées : la bouillie de papa ours est trop chaude, celle de maman ours est trop froide, celle de bébé ours tout juste bien (comme il l'écrit dans un article sur Lubitsch). Après le climax de l'épisode Morane, troisième meurtre, qui est aussi le moment du grand flash-back et de la révélation du mobile, il faut un redémarrage qui passe par un échec – le principe des épreuves qui sert de base à beaucoup d'autres contes. Et grand écart par rapport au livre, Holmes (qui s'appellera Delvaux dans le film terminé) n'est plus un écrivain à succès, mais devient un malfrat de seconde zone, garagiste véreux et trafiquant de bagnoles, arrêté devant Julie par les flics (c'est sur lui au fond que Truffaut déplace les petits trafics attribués dans le roman au mari et à son véritable assassin et révélés à la toute fin). Occasion aussi pour le cinéaste de jouer avec ses fantasmes et de prévoir d'habiller Jeanne Moreau en tenue léopard, puisqu'elle ne se présentera plus sous l'apparence d'une secrétaire, mais sous celle d'une pute.

PERSONNAGES. Truffaut pousse et revoit les personnages à sa manière. Il radicalise la solitude de Mitchell (futur Coral, Michel Bouquet), dont il fait un célibataire total et pathétique, biffant sur le manuscrit de son roman les passages concernant sa petite amie serveuse qu'il préfère éliminer. « Établir qu'il ne reçoit *jamais* de lettres », note-il dans une marge du chapitre qui lui est consacré, marque du comble de la solitude selon Truffaut. Dans les marges du livre, le cinéaste note parfois des fragments de scènes ou de dialogues, images qu'il commence à entrevoir, gestes ou phrases absents du roman et qui signent son univers : « Il boit dans son verre. Elle le lui dit sèchement ; il minaude et veut qu'elle boive dans le sien ; elle le remet à sa place et il s'excuse. Il dit : je connaîtrai vos pensées… Vous connaîtrez les miennes. Vos pensées ne m'intéressent pas. Les miennes vous ne pouvez pas les comprendre » (épisode Mitchell). Avec parfois une remarque critique sur ce qui lui apparaît tout à coup comme une facilité du roman, quand il se demande comment il va affronter la scène à l'image. Par exemple, quand Mitchell boit sans réticences l'alcool qu'elle apporte : « Escamotage de la difficulté : pourquoi est-il seul à boire ?… etc. » Pour le personnage de Corey, ami de Bliss (le premier tué) et de Fergus (le peintre), il prévoit de renforcer sa personnalité de dragueur misogyne à la fois sympathique et désinvolte, lui attribuant dans les marges du livre quelques aphorismes à sa façon : « Toi, si tu es dans la rue au bras d'Ava Gardner, tu te retournes sur Marilyn Monroe », ou encore : « On leur court après jusqu'à ce qu'elles nous attrapent », « Moi, j'cours après personne mais je laisse rien passer ». Tout le développement sentimental entre la meurtrière et le peintre exploité dans le film, le rapprochement entre eux jusqu'au suspense d'une possible histoire d'amour (Va-t-elle le tuer ? Pourrait-elle tomber amoureuse de lui et renoncer à son but ?), est absent chez Irish, ou à peine esquissé : le peintre ne dit pas un mot lorsqu'il travaille et c'est Truffaut qui aura l'idée de faire monologuer le personnage sur sa passion des femmes, donnant à Denner un texte fleuve inspiré d'Audiberti et précurseur du flux du commentaire de *L'Homme qui aimait les femmes*. Personnage que le cinéaste travaille surtout à partir de sa deuxième version, où apparaît l'idée qu'il ne cesse de parler, et où il prévoit de lui faire raconter l'histoire d'un flic amoureux qui a tenté de se suicider en tirant une balle dont l'impact est resté dans la cuisine du peintre : « Vous voyez cette histoire, elle me laisse drôlement rêveur parce que dans l'esprit des gens un flic ne peut pas être amoureux. On entend tout le temps des chansons idiotes à la radio là-dessus qui opposent les amoureux et les bourgeois, les poètes et les flics, alors que quand les bourgeois ou les flics se mettent à tomber amoureux, ils éprouvent des passions beaucoup plus fortes, plus violentes que les poètes, les libres penseurs, les intellectuels de droite ou de gauche, etc. », dit alors le texte du scénario (il l'atténuera en le tournant pour éviter de tomber dans le racisme inverse). De même, il attribuera à Morane, pour lequel il dira s'être inspiré en partie de Jean Dutourd, un désir d'ascension politique locale qui n'existe pas chez Irish.

DES MEURTRES INÉDITS. « Dilater cette dernière scène. Dialogue de chaque côté de la porte ; flash-back. Mort de Morane. » Truffaut inscrit cette annotation sur son exemplaire du roman quand Julie enferme Morane dans le réduit où il va mourir étouffé. Si le roman escamote complètement le moment du meurtre qui n'est raconté et décrit qu'ensuite par l'intermédiaire de l'enquête policière, c'est là que le cinéaste décide de dévoiler au cœur de son film et de son récit les mobiles de la meurtrière. Prévu dès le premier script, le double flash-back (celui sur les cinq hommes jouant avec un fusil dans leur garçonnière ; celui sur le mariage et la sortie de l'église) devient le centre du film. Cette annotation est exemplaire aussi d'un mouvement qui s'exercera de la première adaptation jusqu'au film : version après version, Truffaut s'éloigne de la structure du roman qui fait se succéder à chaque meurtre un ou deux chapitres consacrés à l'investigation policière. Inversement, alors que l'enquête devient de moins en moins importante et que la trame policière passe à l'arrière-plan, il dilate les scènes de meurtre, souvent brièvement décrites ou parfois éludées dans le roman, qui deviennent des morceaux de bravoure et presque des confrontations sentimentales. L'effacement progressif de l'enquête policière (avec la disparition des scènes de crime traditionnelles, des rassemblements policiers autour des corps, sinon pour la fin de l'épisode Morane, où Truffaut filme, non le corps, mais la porte du cagibi enfin ouvert) va de pair avec l'éloignement des représentations conventionnelles et déjà vues de la mort violente. Les meurtres seront filmés sans une goutte de sang, des meurtres propres en quelque sorte, mais pas moins atroces : Bliss qui bascule par-dessus la terrasse ; Coral, empoisonné, qu'elle regarde la supplier et se tordre au sol (Julie « s'installe, s'assoit en face de Coral comme au spectacle », précise le deuxième script) ; Morane enfermé dans le noir du cauchemar du cagibi (l'idée du chatterton qui bouche l'arrivée d'air apparaît au premier synopsis à la place du mas-

Charles Denner devant le portrait de Jeanne Moreau en réalité peint par Charles Matton.

tic du roman) ; Fergus transpercé par la flèche de Diane chasseresse… Une tentative, en apparence plus convenue, de meurtre au revolver est aussitôt déviée (à peine la meurtrière sort-elle le revolver de son sac qu'elle voit sa victime, arrêtée sous ses yeux, lui échapper). Le meurtre au couteau final reste hors champ et si Julie s'empare d'un couteau, au cours de l'épisode Morane, c'est pour couper le fil du téléphone… Le peintre Charles Matton, qui prête sa main à Charles Denner, a raconté s'être « un peu engueulé » avec Truffaut pendant le tournage : « Je lui expliquai qu'un peintre d'aujourd'hui, aussi réactionnaire soit-il, n'irait jamais acheter une jupette, un carquois et des flèches pour faire poser un modèle en Artémis. Mais il tenait absolument à ce que Jeanne Moreau tue Denner d'un coup de flèche. Le reste, il s'en foutait. " L'important, c'est juste l'idée que les gens s'en font " me disait-il. Truffaut n'était pas vraiment dans la vie, c'était un cinéaste pur. »

L'AVIS DE RIVETTE. On ne suit plus une criminelle parmi d'autres, poursuivie par la loi et l'ordre policier, mais le mystère d'une femme qui tue selon un mouvement obstiné. Si Truffaut commence à affaiblir au scénario la place de l'investigation policière, il est poussé encore plus avant dans cette direction par Jacques Rivette, à qui il fait lire sa deuxième version, et qui lui « débrouille les idées », en lui remettant, comme il le fera sur *L'Enfant sauvage*, et à peu près à la même période, car les écritures sont concomitantes, un rapport argumenté. Rivette, qui est partisan d'injecter dans le film une sensation d'urgence, « le sentiment d'un déroulement rapide des événements », conseille à Truffaut de se passer des scènes policières qui restent prévues. « Si l'on adopte, en tout ou partie, ce postulat de l'urgence et de l'accélération de l'histoire, on peut, je crois, supprimer sans inconvénients le peu qui reste des scènes policières de transition », note Rivette. Dans le film, les interrogatoires de l'institutrice ont disparu. Si Truffaut, jouant avec le savoir du spectateur, garde un début d'investigation (le flic qui tente de questionner le petit Cookie, alors que nous savons que s'il dit avoir vu Mademoiselle Baker, son institutrice, c'est parce que Julie s'est fait passer pour elle), la scène est coupée dès que Cookie prétend la reconnaître et l'on passe au gros plan d'un journal qui nous apprend son arrestation.

C'est également Rivette qui pousse Truffaut à retravailler l'épisode Morane qu'il estime fragile. « Le seul gros problème, à mon avis, c'est le centre du film, et surtout les fameux deux-tiers : zone dangereuse où l'on perd ou l'on gagne : c'est-à-dire, ici, la fin de l'épisode Morane », lui glisse-t-il en conclusion. Il engage son confrère à sacrifier le personnage de Madame Morane, dont les premières versions du script, restées proche sur ce point de la construction du livre, suivent le trajet, alors qu'elle se rend en autocar chez sa mère malade : son anxiété, sa surprise alarmée lorsqu'elle découvre sa mère en pleine forme, ses vaines tentatives pour joindre son mari, alors qu'à l'autre bout de la ligne, la meurtrière vient de couper le téléphone. Scènes qui risquent de partager en deux la sympathie du spectateur, qui se retrouve tout à coup autant du côté de la future veuve que de Julie, et auxquelles réagit Rivette. L'épisode Morane est le seul à lui donner le sentiment d'une perte par rapport au livre, là où les quatre autres lui paraissent apporter une nette amélioration, perte qui lui semble due au fait qu'Irish y joue sur la durée, alors qu'il est impossible de consacrer dans le film à l'épisode Morane une heure à lui seul. « Cet épisode est construit d'abord sur le montage parallèle de deux grandes séquences : a) Morane et Julie ; b) Madame Morane. Puis après le meurtre ; c) Cookie et l'institutrice. Or, comme le dit Jean Renoir, l'on ne vit que par de constants petits sacrifices ; il me semble qu'il faut ici, d'une part sacrifier la multiplicité à la durée (c'est à dire jouer à fond l'un des éléments en éliminant les autres), d'autre part sacrifier (b) et (c) à (a) qui est le sujet du film. » Il propose en conséquence de « supprimer tout le voyage de Madame Morane. Cette dame ne m'intéresse pas, je ne la vois pas assez pour partager ses états d'âme et je me fous de ce qui lui arrive… » Rivette pousse ainsi Truffaut à aller au bout de son sujet, en évitant la dispersion des sentiments et des émotions, en resserrant sur la ligne implacable de sa seule héroïne. Si les fiancées ou épouses des hommes qu'elle tue sont sacrifiées, si le cinéaste en fait pour finir des personnages transparents, contrairement au souhait qu'il exprime souvent d'équilibrer personnages prestigieux et moins prestigieux, épouse et maîtresse, c'est au profit du personnage central et de son idée fixe. Le tour de force du film, accompli avec d'autant plus de lucidité par Truffaut qu'il avait conscience du risque d'avoir une héroïne antipathique, est de nous mettre constamment du côté d'une meurtrière vengeresse, que rien ne fait céder, et nous faire davantage adhérer à la réussite de son entreprise qu'au malheur de ses victimes. Impossible dès lors de donner à l'épouse de Morane ou à la fiancée de Bliss une présence qui aurait pu rappeler au spectateur que leur sort (perte brutale du mari ou du fiancé) répète exactement celui de Julie. C'est la seule douleur de son héroïne, et non la leur, que le cinéaste décide de montrer longuement, écrivant cette scène où éclate sa souffrance, alors qu'elle écoute Morane crier sa version des faits et se recroqueville en larmes (et c'est le seul moment du film où elle pleure) derrière la porte du cagibi où elle l'a enfermé : « Je veux voir David, je veux voir ses yeux. » Établissant le trajet sans retour de son héroïne sur une béance que rien ne pourra combler : « Vous m'avez pris quelque chose, et vous êtes incapable de me le rendre. »

OBSTINATIONS. Les réactions de Truffaut aux recommandations formulées par Rivette sont aussi intéressantes par ce qu'il en retient que par ce qu'il n'en retient pas. Quand Rivette encourage son confrère à renforcer le croisement des deux lignes du film, celle de Julie et celle de ses victimes, à travailler en même temps la stylisation de la meurtrière et la familiarité de ses victimes, il va dans le sens dans lequel Truffaut ira tout au long de son film : opposant l'obstination inflexible de Jeanne Moreau à la faiblesse d'hommes qui se dévoilent face à elle comme probablement à personne et lui révèlent naïvement leur idéal amoureux. « Tout ceci, je le vois bien, est déjà contenu dans l'état actuel du scénario, mais devrait être à mon avis la principale ligne de force de la mise en scène. En schématisant excessivement, c'est elle qui est "virile", ce sont eux qui sont féminins (le seul pour lequel cette distinction ne joue pas est évidemment Holmes, comme elle personnage stylisé. » C'est également Rivette qui lui propose deux idées visuelles dont Truffaut va s'emparer. D'une part, l'idée de l'écharpe qui glisse du cou de Julie sur la terrasse d'où elle précipite Bliss dans le vide et qu'il filmera ensuite emportée par le vent au-dessus de la ville : « Hypothèse, propose Rivette, enchaîner l'évanouissement [de la fiancée de Bliss] sur un plan rapproché de l'écharpe blanche, toujours suspendue au rebord extérieur, et qu'un coup de vent fait s'envoler ; la suivre éventuellement en pano volant sur les lumières nocturnes de la ville, enchaîner sur l'avion (nuit) traversant le ciel au dessus de la mer. » Transition visuelle et musicale qui offre une respiration après le premier meurtre, fait basculer le film du réalisme policier au

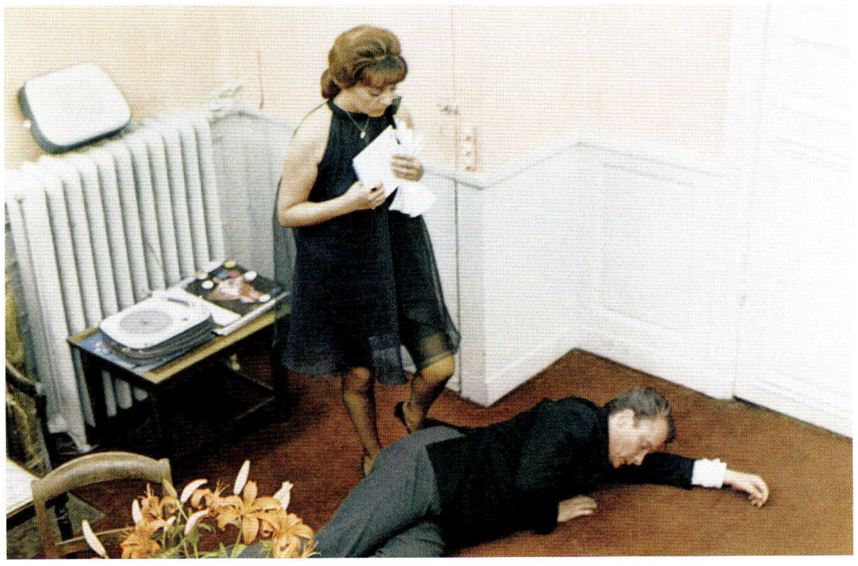

La meurtrière en ses diverses métamorphoses (avec Paul Pavel et Michel Bouquet). Truffaut invente un meurtre empêché pour pouvoir relancer son film.

conte de fées. Dans les premières versions, l'écharpe était promise au simple devenir d'indice policier puisqu'on la retrouvait prise dans la main crispée du mort, ou ramassée par le portier, avant que le film ne fasse d'elle cet objet léger, poétique et inutile. C'est en écrivant une deuxième version du script que Truffaut imagine le principe de transition et de liaison entre chaque meurtre par un moyen de transport (avion, train) qui propulse la meurtrière d'un coin de France à un autre, d'un homme à un autre, tandis qu'elle rature les noms de ses victimes dans un petit carnet. Et là aussi qu'il introduit l'idée qu'elle écoute avant chaque meurtre un air de mandoline.

Plus loin, Rivette propose pour la filature du petit Cookie Morane à la sortie de l'école une idée de mise en scène que Truffaut adoptera quasiment à la lettre : « Peut-être peut-on remplacer le poncif de la filature par un autre aussi rebattu mais plus elliptique : montrer Cookie et sa maman s'éloigner, enchaîner sur leur arrivée au pavillon et la re-sortie de Cookie avec son ballon, sans montrer Julie : ne redécouvrir celle-ci qu'avec le plan du ballon roulant à ses pieds (avantage : conserver l'aspect apparition-disparition du personnage). » Jeu des apparitions et disparitions de Julie essentiel pour Truffaut qui l'avait souligné en marge d'un des premiers chapitres du roman : « Apparition-disparition ; on ne la voit jamais arriver ni repartir. » En revanche, Truffaut ne suit pas Rivette lorsque celui-ci insiste sur la chronologie, sur la nécessité de montrer que l'héroïne joue une lutte de vitesse avec la police, et propose de contracter la durée en montrant par un repère visuel que toute l'action se déroule en huit jours et en indiquant toujours au spectateur quel jour on est : « Jouer sur le fait que telle chose n'est possible que parce que c'est samedi soir, ou dimanche, ou jeudi (etc.), essayer de terminer un épisode le matin et de commencer le suivant le soir du même jour (ou l'inverse) ». Cette recommandation va en effet à l'encontre de la manière dont Truffaut, de film en film, gère la chronologie, en évitant précisément tout repère précis dans le temps, en passant par ellipses de scènes intéressantes en scènes fortes, d'un moment à un autre, sans jamais d'indications nettes sur le passage du temps (sinon dans les films où le commentaire en vient par exception à signaler non la chronologie ordinaire, mais les grands sauts temporels, comme dans *Les Deux Anglaises et le continent* : « Quatre ans, c'était hier », ou encore la performance, comme dans *Le Dernier Métro* : « Après 813 jours et nuits passés dans la cave »). Dans *La Mariée*, comme dans tous ses films, les distances entre les scènes et les épisodes pourraient être aussi bien de quelques minutes ou quelques heures, que quelques jours ou quelques mois, la question du temps n'est tout simplement pas posée, ou plus exactement Truffaut se débrouille pour qu'elle ne vienne pas à l'esprit du spectateur. Il rejette donc la proposition faite par Rivette, d'un « cadre temporel extérieur général » qui pourrait être la durée du Tour de France ou toute autre manifestation. Repère réaliste dont ne veut pas Truffaut qui préfère inscrire son film dans un univers flottant entre un réel recomposé et le conte de fées.

MÉCANIQUE ET FAMILIARITÉ. Lorsqu'il met en scène *La Mariée*, Truffaut est pris dans ce double mouvement de la stylisation et de la familiarité. Il choisit pour certains moments la stylisation totale, comme pour le flash-back montrant les cinq hommes qui se séparent après le coup de feu qui a touché le marié, en un seul plan qui les montre filant chacun de leur côté après la descente d'un escalier. Il y parvient de manière plus ou moins réussie pour les scènes d'apparitions soudaines de son héroïne. Il s'efforce ailleurs d'injecter dans les scènes de la quotidienneté et de la familiarité avec la complicité de Jeanne Moreau, qui retrouve par exemple, face au petit Cookie Morane, les expressions qu'elle avait avec la petite Sabine de *Jules et Jim*, expressions qui lui appartiennent : « Au lit, marin, la puce a faim », lui dit-elle, comme Catherine à la petite. « Tout cela va trop vite, est trop schématique, on perd le climat familial, détendu, heureux où Morane et Cookie oublient complètement l'absence de Madame Morane, notait Rivette sur le scénario. Le spectateur doit lui aussi pendant dix minutes oublier la finalité de cette scène, où n'en avoir qu'un pressentiment passager à quelques indices. » Si elle lui donne à d'autres moments la facette dure et hiératique dont il a besoin pour le personnage, Truffaut réussira parfaitement, et ce sont peut-être parmi les meilleurs moments du film, cette suspension de la finalité inéluctable de l'épisode Morane, grâce à la quotidienneté du jeu de Jeanne Moreau, à ses apports, comme cette astuce grâce à laquelle la fausse institutrice arrive à faire manger Cookie : « Tu dis que tu n'aimes pas ton yaourt, mais c'est peut-être ton yaourt qui ne t'aime pas » (« Si, il m'aime », répond aussitôt le gamin qui l'engouffre). Les yaourts, la soupe en sachet préparée par Morane, Truffaut oublie un instant la rigueur du sujet et introduit dans le film ses tics et ses manières de manger pour faire diversion et obtenir la proximité dont il a besoin (les premières versions du scénario prévoyaient que Morane tentait de faire à dîner à son fils en retournant avec dégoût deux poissons dans la farine ; la farine se renverse, etc. Scène déjà écrite dans le scénario des *Quatre Cents Coups*, peut-être un souvenir autobiographique, finalement jamais tourné tel quel). Le coucher de Cookie est écrit comme celui de la fille de Lachenay dans *La Peau douce* : « Il ne veut pas la laisser partir : encore des baisers, encore une histoire, encore un objet à déplacer dans la pièce, la lumière pas éteinte complètement, le verre d'eau près de lui, etc. » Le tournage terminé, Truffaut écrit à Hitchcock à qui il tient à recommander Jeanne Moreau au cas où le maître penserait à elle pour un rôle : « Le danger pour elle dans *La Mariée*, c'est que le rôle qu'elle joue est simplement trop merveilleux ; le personnage, une femme qui domine les hommes et puis les tue, est trop " prestigieux ". Pour contrebalancer cela, j'ai demandé à Jeanne, comme dans *Jules et Jim*, de jouer le rôle avec simplicité et d'une manière familière qui rendrait son action inattendue, vraisemblable et humaine. Comme je l'imagine, Julie Killen est vierge, puisque son mari a été tué à l'église le jour de son mariage. Mais cette révélation n'apparaît pas dans le film et devra rester un secret entre Jeanne Moreau, vous et moi ! » Un secret qui n'en est pas tout à fait un pour le spectateur prêt à entendre les allusions indirectes, puisqu'il décide au moment de tourner la scène du « cyclone hebdomadaire » chez le peintre Fergus (la bande de copains qui débarque, alors qu'elle pose pour lui) qu'un des types s'écriera, tandis qu'elle se réfugie dans la salle de bains : « Diane chasseresse… Alors, elle est vierge. »

UN SUSPENSE SENTIMENTAL. Jusqu'au montage, Truffaut ne cesse de se poser la question de la sympathie. Son héroïne n'est-elle pas trop lointaine, enfermée dans son obstination ? Dans l'épisode du peintre, il supprime au montage une tentative d'empoisonnement que faisait Julie : elle amenait chez Fergus une boîte contenant du sucre empoisonné et tentait d'en mettre un dans le thé qu'elle préparait pour lui ; mais sa tentative ratait, car Fergus disait ne jamais prendre de sucre. Empêchement externe au meurtre que Truffaut remplace, en coupant cet incident, par un empêchement interne qui substitue au suspense policier un suspense sentimental : si la tentative de meurtre rate, quand la flèche de Diane manque une première fois Fergus de quelques centimètres, est-ce parce que Julie est en train de vaciller ? De tomber amoureuse du peintre ? Lorsqu'elle est sur le point de défaillir après l'avoir raté de peu, est-ce parce qu'elle en est heureuse ou malheureuse ? « Tout le temps, on tient compte du raisonnement du public, et on s'en amuse. On se dit : " On va lui faire croire que… " Qu'elle va tomber amoureuse de Charles Denner, par exemple. » Lorsqu'elle l'a tué, l'hésitation de Julie se découvrant peinte sur le mur au dessus du lit est justifiée au scénario par un élément matériel : « Elle s'apprête à recouvrir de peinture son visage peint sur les briques du mur, mais un bruit off, celui de la porte d'entrée ou d'une grille, l'incite à regarder encore une fois le téléphone muet et à se raviser. » Dans le film, le moment où Julie renonce à masquer son visage reste sur l'instant inexpliqué, un pur moment d'hésitation, comme si elle ne pouvait effacer ce témoignage de fascination. On ne comprendra qu'après coup qu'une autre idée lui est venue en tête : celle de se faire reconnaître et prendre par la police afin d'accéder à la prison qui abrite sa dernière victime.
Après le visionnage d'un premier montage, Truffaut a l'impression qu'il lui manque une relance après le meurtre de Morane et le retour de l'institutrice innocentée dans son école. Comment faire comprendre au spectateur où en est son héroïne ? Comment sortir de la mécanique des meurtres ? Bernard Revon lui aurait alors proposé d'insérer dans le film une scène de confessionnal. « Ce n'est pas une mission, c'est un travail. Un travail que je dois terminer » dit-elle avec une obstination enfantine au prêtre qui cherche à la dissuader (et qu'on ne voit pas, puisque Truffaut ne filme qu'un seul gros plan sur le visage de Jeanne Moreau, dans l'ombre, derrière la grille du confessionnal). Traduction explicite des intentions puisqu'il a demandé à sa comédienne de jouer tout au long du film sans coquetterie, avec la compétence d'un ouvrier spécialisé (« Vous jouerez comme Coutard, l'opérateur, dont le visage est généralement sans expression, tranquille et compétent »). Tournée deux mois après la fin des prises de vues, cette brève confession nous éclaire, comme le flash-back de l'épisode Morane, sur une intériorité difficile à saisir (« Je suis morte avec David »). Sans une once de sentimentalisme, puisque Truffaut utilise la confession pour battre en brèche les conseils de résignation du prêtre invisible, à qui il donne la position du spectateur. Terminant paradoxalement la scène sur la vaillance retrouvée de son héroïne : « Je suis venue chercher la force de continuer. Et vous me l'avez donnée, malgré vous, mais vous me l'avez donnée. »
La Mariée est, de ses films, celui que Truffaut aimait le moins et qu'il a toujours jugé rétrospectivement avec dureté. Le film obtenu était trop loin du film rêvé (indice anecdotique de cette sensation de décalage, le cinéaste demandera à ses monteurs de monter une scène avec des plans qui n'existaient pas et qu'il était sur le moment persuadé d'avoir tournés, la scène de Coral / Michel Bouquet au théâtre). Il était mécontent de la maîtrise de la couleur (c'est son deuxième film en couleurs après *Fahrenheit*) dont il trouvait qu'elle avait enlevé du mystère au film – il s'entend d'ailleurs plutôt mal cette fois-ci avec Raoul Coutard pendant le tournage, n'appréciant pas sa manière d'éclairer Jeanne Moreau, et ne retravaillera plus avec lui. Mécontent aussi, après coup, d'avoir choisi pour Jeanne Moreau, par réaction contre *Jules et Jim*, un sujet et un personnage qui l'emprisonnait trop et ne mettait pas ses possibilités en valeur : « Je voulais offrir à Jeanne Moreau quelque chose qui ne ressemble à aucun de ses autres films, mais c'était mal pensé. C'est une mauvaise idée de choisir un sujet comme ça pour Jeanne Moreau qui est à son meilleur, quand elle parle, quand elle est animée, quand elle bouge, quand elle vit. » Mécontent enfin d'avoir fait au bout du compte une sorte d'apologie de la vengeance. Il ne supportait vraiment de revoir que l'épisode avec Charles Denner. Quelques années plus tard, il songera à nouveau à réunir Jeanne Moreau et Charles Denner pour un film sur l'échec amoureux qu'il n'aboutira pas (mais dont un des développements sera *La Femme d'à côté*). Puis il fera d'une vingtaine de minutes un film entier en tournant *L'Homme qui aimait les femmes*. « Voilà ce qu'il fallait faire, voilà ce qu'il fallait dire, voilà ce qu'il fallait tourner, écrira-t-il en se décrivant pendant le montage d'*Adèle H.*, et, grâce à cette insatisfaction renouvelée, grâce à cette frustration majeure, je deviendrai impatient de commencer un nouveau film. »

L'EXOTISME DU QUOTIDIEN

BAISERS VOLÉS

BAISERS VOLÉS (1968). **« Fabienne Tabard : Vous aimez la musique, Antoine ? Antoine Doinel : Oui, Monsieur. » « Ridicule ! Elle ne répéterait jamais cette phrase devant lui. Soyez logiques » et un peu plus loin : « Idem. Faux. Elle parlerait d'autre chose forcément sauf par lettre », s'insurge Truffaut sur les marges de la première version du scénario de *Baisers volés*, que viennent de lui livrer Claude de Givray et Bernard Revon, ses deux co-scénaristes.**

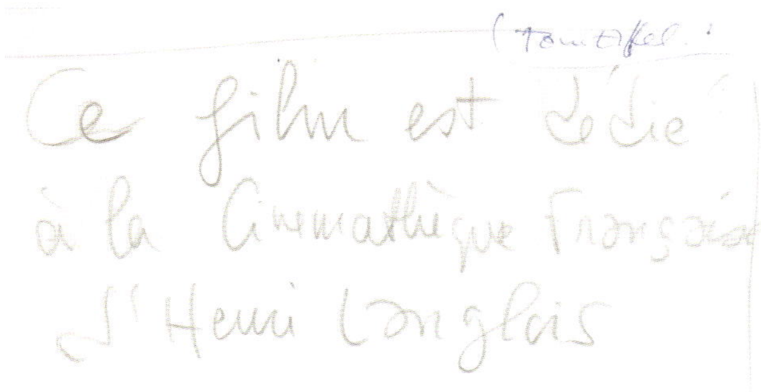
(Tour Eiffel ?)
Ce film est dédié à la Cinémathèque Française d'Henri Langlois

Tournage d'un des premiers plans du film : le panoramique de la tour Eiffel à la caserne Dupleix où est enfermé Antoine Doinel.

La belle femme de quarante ans qui subjugue Antoine Doinel, et à qui celui-ci vient de répondre « Oui, Monsieur », lui rend visite chez lui et le texte prévoit qu'elle lui parle de son lapsus : « Vous avez fui, comme ça, parce que vous m'avez répondu " Oui, Monsieur " ». Esquisse de dialogue qui provoque l'ire de Truffaut et vaut à ses auteurs cette réponse cinglante. Le « sauf par lettre » qu'il propose est caractéristique d'un film où s'accumulent les lettres échangées – des dix-neuf lettres par semaine envoyées autrefois par Antoine à son amie Christine, au petit billet sur le tact et la politesse déposé par Madame Tabard (Delphine Seyrig) à la porte d'Antoine, en passant par la scène d'anthologie du pneumatique traversant les sous-sols parisiens – comme de l'univers d'un homme et d'un cinéaste où l'important ne se dit qu'à distance et par correspondance (« Je veux vous écrire aujourd'hui des choses que je n'ai jamais osé vous dire, parce que vous êtes imprévisible et que parfois vos réactions me font peur », écrira Cécilia à Davenne dans *La Chambre verte*).
Cette réponse est caractéristique aussi d'une méthode et d'un mode de travail : avec Claude de Givray et Bernard Revon, Truffaut alterne les entrevues de travail directes où s'échangent les idées préliminaires et une sorte de collaboration « par correspondance » où les notes qu'il communique à ses co-scénaristes leur servent de support pour l'élaboration d'une nouvelle version qu'il critiquera à son tour. Or tout se passe comme si Truffaut se faisait presque volontairement livrer des premières ébauches de ses films étrangères à sa propre vision. Il pourra ainsi s'indigner, réagir, et définir précisément, par rejet, ce qu'il souhaite obtenir. Si son exaspération est parfois perceptible, lorsque le matériel qu'on lui apporte lui paraît gâché, s'il lui arrive assez régulièrement au fil des ans de brandir le fantasme du scénario idéal, prêt à tourner, qu'il n'aurait pas à retoucher, c'est le plus souvent par réaction et rejet qu'il invente et met à jour le film qu'il veut faire : comme si celui-ci ne lui venait clairement en tête que lorsqu'il peut s'opposer. « Il prétendait qu'il n'avait pas d'imagination, m'avait raconté Bernard Revon. Il voulait réagir, il lisait un truc qu'on avait fait, et puis c'est en s'indignant qu'il trouvait, sur l'indignation. Il disait " non " et il proposait. Il s'opposait à nous, il disait " non, ça ne fonctionne pas pour telle et telle raison ", puis, du même coup, il

trouvait la solution, et là, il était extraordinairement vif, il passait d'une scène à l'autre : “si on fait ça à la scène trois, à la scène dix-sept, on aura ça, etc”. »
Après avoir tourné, en 1962, le sketch de *L'Amour à vingt ans*, Truffaut cherche un sujet pour « un nouveau film avec Jean-Pierre Léaud avant qu'il ne grandisse ». Il s'intéresse un temps dans cette perspective à une pièce américaine, *L'Amour au Connecticut*. Puis, dans une série de projets qu'il décrit à Helen Scott en novembre 1964, il prévoit « une histoire genre *Pianiste* ou *Bande à part* pour Jean-Pierre Léaud, peut-être un vieux roman de Goodis ». En août 1965, il commence avec Jean-Louis Richard un scénario original, sorte de suite de *L'Amour à vingt ans*, racontant les débuts d'Antoine Doinel dans le journalisme : intitulé provisoirement en des titres assez balzaciens *Un jeune homme à Paris*, puis *Un début dans la vie*, c'est une première ébauche du futur *Baisers volés*, beaucoup plus proche de la vraie vie du jeune Truffaut... Quelques mois plus tard, soucieux de s'éloigner du matériel autobiographique, il change son fusil d'épaule et confie le projet à son ami Claude de Givray et son coscénariste Bernard Revon qu'il avait d'abord contactés pour écrire une adaptation d'un roman de René-Victor Pihles, *La Rhubarbe*[1], histoire d'une quête d'identité à laquelle il renonce à cause de problèmes de droits. Habitués de la chasse au « petit fait vrai » sur magnétophone et de l'exploitation d'un matériel documentaire étendu (ils ont travaillé ensemble pour un film réalisé par De Givray sur la prostitution, *L'Amour à la chaîne*), ils écrivent alors sur une base différente (les débuts dans le journalisme sont oubliés, Antoine sera engagé dans une agence de détectives) cette nouvelle « première version » que Truffaut remaniera abondamment.

Antoine (Jean-Pierre Léaud) est enfin parvenu à passer une nuit avec Christine (Claude Jade). Sur une première version du scénario, Truffaut avait noté à l'intention de ses coscénaristes : « On a perdu en route l'idée initiale. Pour un garçon de vingt ans, cela marche mieux avec les femmes de quarante ».

Pages précédentes : Jean-Pierre Léaud, Michael Lonsdale et Delphine Seyrig.

1 Le Seuil, 1965.

POINTS DE DÉPART. Pour écrire le film, Truffaut donne à ses scénaristes trois ou quatre idées de départ : la sortie du service militaire, le titre *Baisers volés* et l'épisode du « Oui, Monsieur », emprunté aux « *Mémoires de jeunesse* » d'Anatole France. Il propose aussi l'idée du personnage final, à laquelle il tient comme à la prunelle de ses yeux, un homme qui a une idée fixe sur la jeune fille et dit être très heureux... Comme il souhaite s'éloigner du journalisme, c'est Revon qui lui propose de faire entrer Antoine dans une agence de détectives privés, mais il ne l'en convainc vraiment qu'après lui avoir fait écouter des heures d'interviews. Plus de douze heures d'entretiens avec le détective Duchêne, qui, Claude de

Ci-contre : pour créer le personnage du détective Blady et son agence, les scénaristes eux-mêmes mènent l'enquête... à l'agence « Dubly, détective ».

À droite : Truffaut commente et réagit au travail de ses coscénaristes ; le film se construit par réactions et oppositions successives...

DUBLY
DÉTECTIVE
48e ANNÉE
"LOYAUTE"

ENQUÊTES PRIVÉES, COMMERCIALES, INDUSTRIELLES – FILATURES MOTORISÉES – SURVEILLANCES D'ENTREPRISES – ENQUÊTES AVANT MARIAGES, ASSOCIATIONS, PROCÉDURES – RECHERCHES SUR DISPARITIONS ET VOLS – GÉNÉALOGIE – SERVICES DE PROTECTION – TOUTES MISSIONS PARIS PROVINCE ETRANGER

121, RUE SAINT-LAZARE
PARIS (8e) FACE GARE
MÉTRO : SAINT-LAZARE
TEL. 387.37-36, 48-53
52-39, 43-89
CHEQUES POSTAUX PARIS 691-32

PARIS, LE 7 SEPTEMBRE 1968

Monsieur François TRUFFAUT
5, Rue Robert - Estienne,
PARIS (VIII°)

Cher Monsieur,

Je vous remercie d'avoir bien voulu me faire parvenir les deux fauteuils valables pour la représentation d'hier, en soirée, de Baisers Volés.

Je n'avais pas oublié la séance de tournage à laquelle j'avais assisté au mois de Février dernier Avenue de Villiers. Il me plaît de rappeler la compréhension avec laquelle vous aviez parlé de ma profession, celle-ci souvent difficile à exercer et la plupart du temps méconnue. Nous nous étions séparés ce soir là, vous, me disant, " vous ne serez pas déçu ". J'en avais la conviction. J'en ai aujourd'hui la certitude.

" Baisers Volés " me semble être une recherche constante de l'amour et de l'amitié par une jeunesse en mal d'apprendre le dur métier d'homme : ce qui lui amène joies et déceptions du coeur, complexités diverses dans les rapports humains. J'y ai trouvé une observation minutieuse du comportement des gens, une approche de la réalité, celle-ci dut-elle offusquer certains esprits rétrogrades.

Permettez-moi d'apprécier avec toute la considération qu'elle mérite notre participation au générique. Soyez-en remercié très sincèrement.

Je souhaite une carrière brillante à " Baisers Volés " et vous prie d'agréer, Cher Monsieur, l'expression de mes meilleurs et distingués sentiments

Dubly

85.-

4. - Les conséquences pathologiques des pratiques sexuelles anormales.

5. - Les copulations déviées.

6. - La frigidité.

7. - La continence périodique.

etc... etc...

Antoine feuillette le contenu du livre et ses yeux tombent sur de très belles planches anatomiques qui présentent, vus en coupe, les appareils génitaux de l'homme et de la femme. Il les contemple perplexe ...

Je déteste les stades.

Le lendemain, dimanche, au stade de Coubertin, Antoine et Martine, ~~assis dans les gradins~~, assistent à l'ultime phase d'un ~~match de tennis qui opposent deux~~ championnes.

Juché sur sa chaise haute, l'arbitre, au micro, annonce le score.

L'ARBITRE

40 - 0, balle de match.

Martine, excitée, bouscule un peu Antoine et lui attrape le bras.

Tabard cherche encore parmi ses livres de comptabilité.

Tabard : Ah qu'est ce que je trimballe, celui que je cherche partout, il est dans le coffre de la voiture... je descends... Antoine, attendez-moi ici.. je reviens.

Antoine reste seul avec Fabienne.
On s'installe pour le café.
Fabienne au valet de chambre : laissez, je servirai moi-même.
Antoine tousse un peu.
Fabienne se lève pour mettre

un disque. Antoine rêve.
Fabienne : Antoine, aimez-vous la musique ?
Antoine : Oui Monsieur
Deux ou trois échanges entre Fabienne, simplement étonnée, et Antoine, catastrophé.
Il s'enfuit.

Truffaut écrit le passage qui deviendra une scène d'anthologie : D. Seyrig : « Vous aimez la musique ? » J.-P. Léaud : « Oui, Monsieur ».

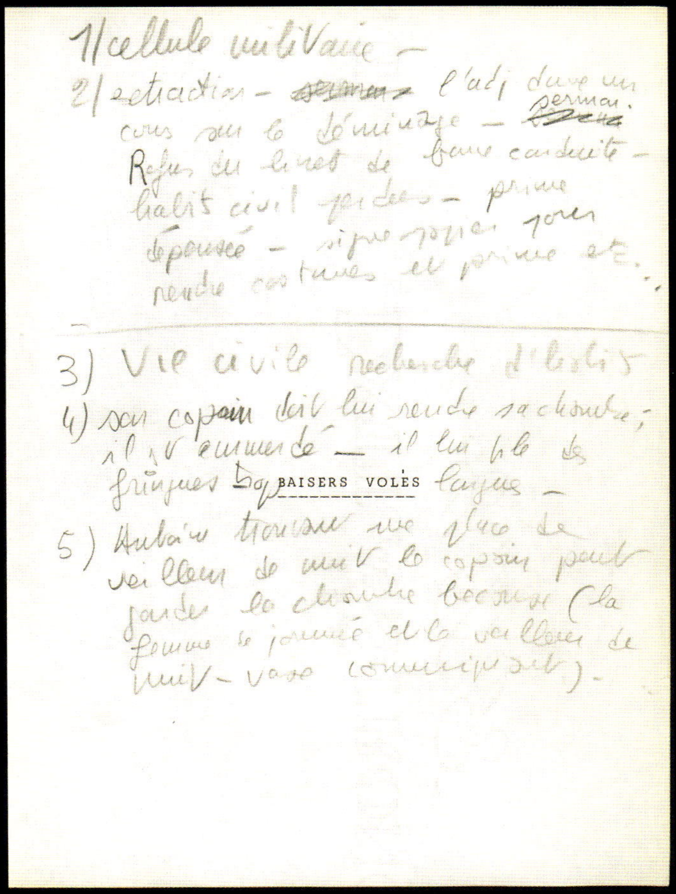

1/ cellule militaire –
2/ rétraction – ~~semaine~~ l'adj. donne un cours sur le déminage – permission ~~[illegible]~~
Refus du livret de bonne conduite –
habit civil perdu – prime épousée – signe papier pour rendre costumes et prime etc...

3) Vie civile recherche d'habits
4) son copain doit lui rendre sa chambre ; il l'y emmerde – il lui file des fringues trop BAISERS VOLÉS larges –
5) Antoine trouvant une place de veilleur de nuit le copain peut garder la chambre occupée (la femme le journée et le veilleur de nuit – vases communicants).

première page du scénario : annotations pour construire le démarage du film.

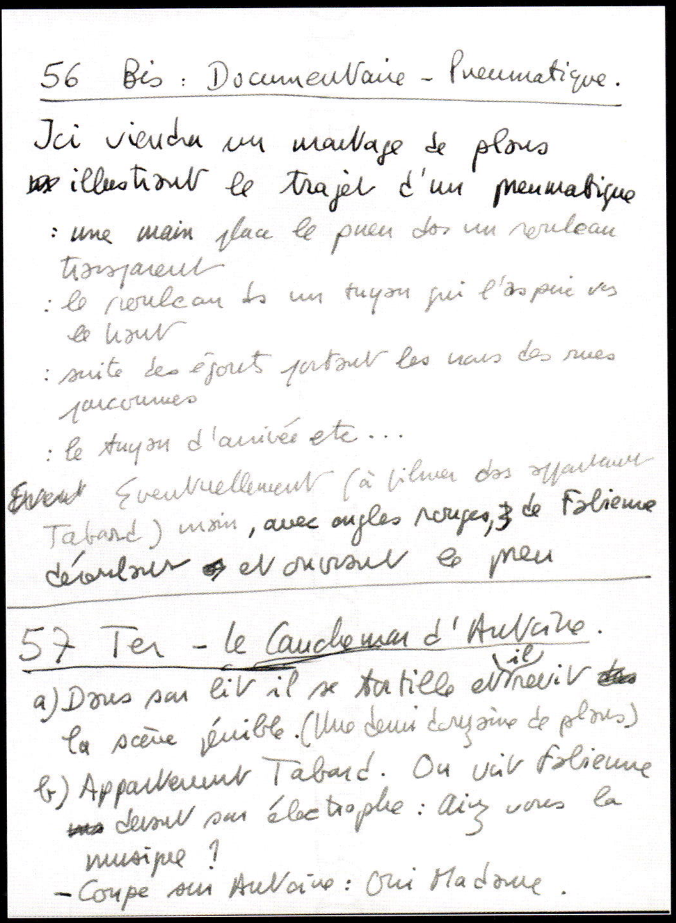

56 Bis : Documentaire – Pneumatique.

Ici viendra un montage de plans ~~un~~ illustrant le trajet d'un pneumatique
: une main place le pneu dans un rouleau transparent
: le rouleau dans un tuyau qui l'aspire vers le haut
: suite des égouts portant les noms des rues parcourues
: le tuyau d'arrivée etc...
~~Event~~ Eventuellement (à filmer dans appartement Tabard) main, avec ongles rouges, de Fabienne déroulant ~~[illegible]~~ et ouvrant le pneu

57 Ter – le Cauchemar d'Antoine.
a) Dans son lit il se tortille et il revit ~~des~~ la scène pénible. (Une demi douzaine de plans)
b) Appartement Tabard. On voit Fabienne ~~[illegible]~~ devant son électrophone : Aimez-vous la musique ?
– Coupe sur Antoine : Oui Madame.

Sur le tournage, Truffaut complète la scène du pneumatique.

Givray le raconte volontiers, aimait répéter : « Je suis au cœur du cœur humain », et qui serviront de mine : scène du constat d'adultère, filatures, idée du périscope et du personnage de Tabard venu demander une enquête sur lui-même… Alors qu'ils cherchaient pour Antoine des métiers non installés, l'idée du veilleur de nuit est, selon De Givray, inspirée par Rohmer qui avait été veilleur de nuit dans un hôtel où il écrivait ses articles. Il est question aussi d'intégrer à l'histoire un très bon copain d'Antoine (proche de lui comme Robert Lachenay avait pu l'être de Truffaut) qui a occupé sa chambre de bonne pendant le séjour d'Antoine à l'armée et la partage avec lui à sa sortie, l'un y dormant la nuit, l'autre le jour, du moins tant qu'Antoine est veilleur de nuit. Personnage que Truffaut supprimera à la veille du tournage par souci d'unité et pour augmenter le rôle de la jeune Christine.

Couvrant les marges de propositions et de remarques plus ou moins rageuses, Truffaut rejette d'emblée les premières pages du premier scénario. Il refuse que l'on voit Antoine sortir de l'hôpital psychiatrique du Val de Grâce où un médecin lui explique obligeamment qu'il est contraint de le laisser partir. Il propose immédiatement la cellule militaire, l'idée du cours sur le déminage donné par un adjudant et prévoit d'alimenter ces premières scènes de quelques souvenirs : « Refus du livret de bonne conduite. Habits civils perdus. Prime dépensée. Signer papier pour rendre costume et prime etc. » ; « Intérieur cellule. Des gags sur les types qui essaient de se rendre malades : taper les coudes contre les murs. Fumer du coton… » Par réaction, et parce qu'il lit déjà son scénario en metteur en scène, il imagine son premier plan : « Tour Eiffel. Pano sur la caserne Dupleix. Zoom sur la prison. »

DÉGOUTS ET REFUS. Assez étonnamment, en tous cas de manière aussi radicale, cette première proposition de Revon et de De Givray est en effet très éloignée de la manière Truffaut et de tout ce qui compose son univers. C'est leur première collaboration d'écriture effective, même si De Givray connaît Truffaut depuis longtemps, et il y a surtout un probable malentendu sur le sujet et l'esprit du film : « les débuts dans la vie », avec de la part des deux scénaristes une tentative de donner dans la satire parisienne et de rendre compte de la jeunesse des années soixante, là où Truffaut souhaite en réalité transposer en la masquant sa propre jeunesse. Significativement, il rature l'idée qu'Antoine lit dans sa prison *Les Confessions* de Rousseau en Livre de Poche (et rencontre plus tard la jeune fille dont il tombe amoureux parce qu'elle lit le même livre) et préfère au risque de l'anachronisme qu'il ait « un classique Larousse roulé dans sa chaussette ».

Les marges et pages de gauche de ce premier scénario s'apparentent dès lors à une longue série de rejets violents et souvent assez drôles et d'engueulades féroces. Refus, évidemment, des piscines (c'était là, à quelques pas du juke-box et du maître-nageur, que devaient se rencontrer Antoine et la future Christine) et des stades : « Je déteste les stades », « Pas de baby-foot. Rien de collectif ». Refus du tutoiement : « Vous, vous, tout le temps vous », « Tout ce côté copain-copine est infilmable » ; « Ni frères, ni sœurs », notera-t-il aussi vers la fin du scénario. Diatribes contre la mode, contre ce qui lui paraît faux ou toc : « Les gens qui appellent leur fille Martine ou Caroline sont des cons qui ont subi l'intox Martine Carol entre 1950 et 1955. Comme Brigitte ensuite et maintenant Sylvie etc. Donc pas de Martine. » Refus du mot d'auteur, de tout ce qui pourrait aller dans le sens d'une supériorité sur les personnages : « Je déteste le nom du capitaine Baratin (même si authentique). Ça fait Hergé, Roger Nicolas, Louis Daquin, Enrico, c'est con » ; « Je déteste le nom de Cyprienne (future Fabienne Tabard). Ça fait théâtre de boulevard ». Truffaut passe à ses scénaristes des savons, où l'on retrouve toutes ses exigences : « Il faut soigner ça, détailler la chronologie, faire une narration analytique, plausible et filmable » ; « Début paresseux : on ne comprend pas où il est, ni ce qu'il a fait. Il faut soigner ça » ; « Cette filature est mal racontée, mal établie, brouillonne et confuse » (Antoine file la future Madame Tabard dans un grand magasin), et, alors qu'on la suit qui se fait parfumer, maquiller, essayer des perruques : « pour filmer ça correctement, il faut sûrement de 12 à 16 minutes et même ainsi l'idée de familiarisation ne passerait pas. Alors ? » ; « Vaseux because personne ne comprend » ; « Terrible manque d'invention » ; « tout cela est banal, pas un seul bon détail » ; « Ça manque de finesse » ; « Soyez logiques » : ce qui pouvait vouloir dire, comme le racontait Suzanne Schiffman, entrer dans sa logique à lui. Et une série d'adjectifs qui sont autant de noms d'oiseaux : « vaseux », « pas sérieux », « trop facile », « faux », « trop elliptique », « mauvais, facile, convenu, faux », « pas réaliste, triché, trop rapide » et le fameux « gâché », que Truffaut réserve aux idées qui lui plaisent, mais qu'il estime mal exploitées : ainsi la scène du « Oui, Monsieur » qu'il recomposera entièrement, ou encore le gag de la fille trop grande avec qui il faut avoir « l'air professionnel » (dans le scénario, Antoine se contente de déplorer face au vieux détective que sa copine soit plus grande que lui) ; Truffaut écrira sur le tournage une double scène additionnelle afin de profiter de l'effet visuel du gag : un dialogue avec un des détectives qui permet d'amorcer la chute : que faut-il faire quand on sort avec une très très grande fille ? Puis, il monte un plan d'Antoine qui marche effectivement dans la rue de dos aux côtés d'une fille beaucoup plus grande que lui.

Parfois, Truffaut demande à être convaincu : « Cela ne me paraît pas bon ou alors il faut me convaincre en écrivant la scène complètement » (le vieux détective montre certains de ces trucs à Antoine). Il peut même changer d'avis : « Ça peut-être très intéressant » (sur la même scène). Bien que les compliments soient plus rares (c'est le principe du travail par opposition), il concède quelques « très bon » ou « intéressant », avant de remonter au créneau de plus belle, au risque de l'injustice et à la limite de l'attaque personnelle, quand un dialogue, une scène ou un enchaînement le met au comble de l'agacement : « Très mauvais dialogue 1937 pour Renée Saint Cyr » (la future Christine explique à Antoine que son père sait qu'elle est majeure et la laisse sortir avec qui lui plait), « Ridicule. Quand une scène se termine sur le héros dans un appartement, la suivante ne peut pas s'ouvrir sur le même personnage entrant dans le même appartement sauf dans un film de Grimblat », et toujours pour la filature à travers Paris de Cyprienne, la future Fabienne Tabard : « Tout ça n'est pas sérieux vraiment. Je vous ai dit : faites comme pour vous, pas comme pour Chabrol... »

« OUI, MONSIEUR ». Face à l'épisode du « Oui, Monsieur », Truffaut manifeste violemment sa déception, n'hésitant pas à en appeler à Jean Renoir et à Jacques Becker pour remobiliser ses scénaristes : « Toute cette scène est à *Édouard et Caroline* ce que *L'Eau à la bouche* est à *La Règle du Jeu.* » La première proposition de Revon et de De Givray est en effet très loin de ce qu'en fera le cinéaste. Antoine et le vieux détective sont chargés d'une filature à la demande d'un mari jaloux, militaire. Antoine se retrouve le seul témoin d'un léger accident entre l'épouse à suivre, « Cyprienne », et une voiture de pompiers. Celle-ci l'invite du coup à une soirée chez elle, une « surboum militaire », afin qu'il y rencontre son assureur. Débarquant en pleine *party* mondaine, Antoine se retrouve présenté comme « le petit témoin » à une quinzaine de personnes qui écoutent un disque Europe n° 1 sur la guerre israélo-arabe, puis jouent à un jeu collectif où il s'agit de poser un coussin devant une femme avant de l'embrasser. Antoine discute avec l'assureur, avec un colonel qui l'interroge sur sa réforme, et c'est alors que tous passent dans la pièce à côté pour danser et qu'Antoine reste seul à regarder par la fenêtre, qu'elle revient, lui demande s'il aime la musique et qu'il répond « Oui, Monsieur ». Il s'enfuit, mais reste dans l'escalier pour surveiller les sorties et faire son rapport à son patron. Truffaut enrage : « Tout ça, c'est du Georges Conchon, c'est à dire de la satire parisienne », avant d'ajouter : « Dans quel film sommes-nous ? »

C'est lorsqu'il reformule ses notes à l'intention de ses coscénaristes et leur fait une liste de propositions, qu'il dessine le canevas d'un tout autre dispositif : « Ils seront en train de boire le café tous les deux. Pour une raison ou une autre, le mari ne sera pas dans la pièce. Antoine est ému. La femme lui demandera : "Vous aimez la musique ?" et il répondra : "Oui, Monsieur." Après le "Oui, Monsieur", je n'imagine pour l'instant qu'une fuite et une musique violente. Ce "Oui, Monsieur" est un tel sommet dramatique que l'action suivante ne peut pas être calme. »

Le grand écart qu'il opère est exemplaire de sa manière : refus catégorique de la satire, *exit* le mari militaire et banalement jaloux, *exit* la soirée mondaine, choix de la trivialité apparente du magasin de chaussures, où la bizarrerie du mari et la beauté aérienne de Fabienne Tabard réintroduiront un décalage poétique et incongru – et ce n'est pas par hasard s'il choisit pour les interpréter Michael Lonsdale et Delphine Seyrig. Partir du banal apparent pour toucher et surprendre, c'est ce que cherche Truffaut qui répétait à ses coscénaristes : « Donnons dans le quotidien un sentiment d'exotisme aussi fort que dans un James Bond. »

PERSONNE NE M'AIME. Truffaut invente en s'opposant. C'est parce qu'il n'aime pas ou ne trouve pas satisfaisante l'idée du mari jaloux qui a demandé une enquête sur sa femme, qu'il rebondit sur un autre ingrédient raconté par le détective Duchêne : l'histoire de gens qui font faire des enquêtes sur leur propre petite entreprise. Il propose alors en marge du scénario : « Je préfère voir le mari (Michel Lonsdale) chez Dubly expliquer son cas : " Personne ne m'aime ", esquissant, en voyant déjà pour quel comédien il va l'écrire, une des scènes les plus étonnantes et les plus savoureuses du film. Le dialogue (ou plutôt le monologue) de cette scène, pour lequel Truffaut s'est visiblement lâché et beaucoup amusé, est d'abord résumé au style indirect dans le scénario de tournage. Puis Truffaut l'écrira entièrement quelques jours à peine avant de le tourner, sur des feuillets séparés qu'il couvre généreusement d'une large écriture :

« Monsieur Tabard expose son cas. En fait, il est venu comme ça, pour voir, parce qu'en vérité, il n'a pas de problème particulier.

Oui il est marié à une femme « supérieure », aucun problème de ce côté-là. Non elle ne travaille pas. Les affaires marchent très bien. Le magasin est prospère. Quel magasin ? Le sien évidemment : son magasin de chaussures. Naturellement il a beaucoup d'ennemis mais il s'en fout, depuis le collège et le régiment il a l'habitude d'être détesté jalousé, ça ne l'a jamais empêché de dormir.

Monsieur Vidal l'interrompt alors pour lui demander le but de sa visite et, abandonnant un peu de sa superbe, Monsieur Tabard avoue tout de même qu'il désire qu'on enquête sur lui-même afin de trouver pourquoi on ne l'aime pas.

Ne devrait-il pas plutôt consulter un psychanalyste ? Il y a pensé mais cette idée lui répugne. Ce n'est pas l'argent que ça coûterait qui le fait reculer, mais le temps perdu à se raconter sur un divan. Il n'est pas une femmelette. Il préfère un autre système qui n'interrompra pas son activité.

Lui, Tabard, il ne déteste personne. Il chausse des femmes juives, des femmes arabes, quand il le faudra il chaussera les femmes chinoises à condition toutefois qu'elles apprennent à marcher sur de hauts talons, ça leur fera les pieds... »

PROPOSITIONS. Réaction après réaction, Truffaut se réapproprie son scénario, il le reconvertit à la fois à son propre profit et au profit du plaisir qu'il espère susciter chez le spectateur. Il ramène tout à son propre univers. Dans la version de Revon et de Givray, Antoine file à sa sortie de prison chez un ami tatoueur de Pigalle ; Truffaut propose à la place la visite aux putes : « Tu baiseras pour nous à cinq heures », lancent ses codétenus à Antoine à sa libération de la caserne Dupleix. Dans une scène de réunion des inspecteurs de l'agence, il préfère que l'inspectrice fasse une allusion à l'hôtel Hilton de Londres, où il a logé au moment du tournage de *Fahrenheit 451*, à la place du récit d'une filature dans les Pyrénées. De Givray et Revon font de l'homme du définitif réclamé par Truffaut un avocat vivant chez sa mère, un voisin de Christine, mais il rature tout cela, car, pour lui, cet homme ne peut être qu'un inconnu, étrange, voyeur, non relié et non marqué socialement. Il préfère qu'Antoine ne rencontre pas au cours de l'histoire la jeune fille dont il sera amoureux et avec qui il se fiancera à la fin du film, mais plutôt qu'il la retrouve, car, nécessairement, pour le cinéaste, « il était amoureux d'elle avant de partir pour l'armée ». Cette idée des retrouvailles préférées aux rencontres est permanente chez Truffaut, de *Jules et Jim* (où la vision de la photo de la statue est préalable à la rencontre avec la femme qui a en a le sourire) à *La Femme d'à côté*. On retrouve même parfois cette priorité accordée aux retrouvailles sur un mode mineur, comme dans cette scène de *La Peau douce*, où Nicole fait allusion à un dîner chez Louise de Vilmorin où elle était présente et où Pierre Lachenay était attendu et ne s'est pas montré, dialogue que l'on retrouve dans *Le Dernier Métro* : quand Nadine dit à Bernard qu'ils auraient dû se rencontrer à un dîner chez un certain Massoulier (Massoulier est un des noms donnés dans plusieurs films aux personnages dont on parle sans les voir jamais), dîner auquel Bernard n'est pas venu...

Avec la jeune fille, qu'il préfère nommer Christine (au lieu de Martine), Truffaut prévoit de rejouer, comme il l'a fait dans *Antoine et Colette*, de son propre goût de jeune homme isolé pour les parents de ses petites amies, tout en cherchant une meilleure efficacité dramaturgique. Toujours prêt à faire d'une pierre deux coups, il propose qu'Antoine leur rende visite : « Elle n'est pas à la maison, ce qui nous permet de faire la scène avec les parents de la fille et de rester dans l'attente à propos d'elle ». Il demande à ses co-scénaristes d'introduire davantage de jeu avec le spectateur. Parce qu'il trouve trop facile la façon dont le vieux détective rencontré par Antoine lui offre sans périphrases un boulot à l'agence, il réclame que la scène soit conçue différemment : « Je voudrais que ce soit d'une façon plus indirecte et plus inattendue qu'actuellement. Il ne faut pas que le vieux détective propose directement le job à Antoine, il faut éviter le dialogue et faire travailler le public qui devinera l'idée. » Il s'en sortira en filmant toute la scène de loin à travers les vitres du café. Page après page, on voit comment ses refus lui permettent de commencer à imaginer le film qu'il veut faire. Après le « Oui, Monsieur », Antoine file « Cyprienne » qui prend un

Claude Jade, Claire Duhamel, Daniel Ceccaldi, Jean-Pierre Léaud dans la scène du Y-a-bon Banania.

André Falcon, Simono, Catherine Lutz, Harry Max à l'agence de détectives.

Jean-Pierre Léaud et Harry Max (Monsieur Henri, le vieux détective).

taxi, achète une cravate dans un drugstore, puis reprend le taxi et se fait conduire… devant chez Antoine. Pendant qu'elle discute avec le concierge, Antoine la devance et feint d'être au lit lorsqu'elle frappe à sa porte. « Je me demande si je n'aime pas mieux stopper la scène après l'achat de la cravate, note Truffaut. Elle rentre chez elle. Antoine chez lui. Le lendemain, on lui apporte un paquet : cravate (reconnaissable) et un petit mot (dont j'ai le texte en tête). Ensuite, il la reverra, etc. On garderait donc toute la scène de la chambre pour plus tard. On a perdu en route l'idée initiale : pour un garçon de vingt ans, ça marche mieux avec les femmes de quarante, because défection Martine is motif dramatique vaseux et pas clair ». Dans les notes complémentaires qu'il envoie ensuite à ses coscénaristes, Truffaut s'interroge : « Il y a une autre variante possible. Après le "Oui, Monsieur" Antoine humilié et écœuré abandonne l'affaire en prétextant auprès de Monsieur Dubly qu'il a été "grillé" On place un "relais" éventuellement la femme âgée de l'agence, et ce relais, en suivant la femme mariée, arrive au domicile d'Antoine. C'est une autre possibilité. Il y en a sûrement encore d'autres. » Pour finir, il utilisera les deux : c'est après avoir trouvé sur son paillasson le paquet contenant la cravate et le petit mot de Fabienne Tabard (« J'ai compris votre fuite, Antoine. À demain »), qu'Antoine lui renvoie un pneumatique lyrique qui aura pour résultat de faire arriver dans sa chambre une Delphine Seyrig venue lui répondre en chair et en os ; et, juste auparavant, l'inspectrice de l'agence interprétée par Catherine Lutz (qui était la patronne du bar de *Tirez sur le Pianiste*), a déclaré devant Antoine être sur la piste de l'amant, car elle a cavalé derrière la belle Madame Tabard qui est allée acheter des cravates alors que son mari n'en porte pas…

Dans une construction pas si éloignée de Lubitsch, Truffaut fait ainsi en sorte que le spectateur puisse disposer de toutes les informations et en jouir, tout en multipliant les ingrédients, en le bombardant de micro-événements destinés à le distraire et à détourner constamment le cours des choses. La première tentative de démission d'Antoine qui demande à parler au patron est ainsi contrariée par le drame du client homosexuel qui découvre que son ami est marié : « Cette scène de démission ne marche pas bien », note Truffaut en marge du script, avant d'ajouter : « Ici on peut placer la scène du pédé. 1°) Le directeur seul avec le pédé lui explique que son ami a été marié, divorcé et a deux enfants qu'il va voir justement pendant les absences qui lui paraissent suspectes. 2°) Le pédé fait une crise de nerfs. 3°) Le directeur l'entraîne dans la pièce voisine et charge Mme Chose de le ramener chez lui etc. Antoine est là et… je ne sais pas la suite… » Principe de la diver-

Mimétisme et filiation. **Franҫois Truffaut et Jean-Pierre Léaud sur le tournage de *Baisers volés*.**

sion et de l'accumulation : les scènes ne sont jamais univoques, jamais consacrées à une seule idée ou un seul événement, mais sont composées de plusieurs couches et de plusieurs niveaux, de l'entrecroisement constant de parcours humains divers qu'un lieu singulier (« au cœur du cœur humain ») réunit en un même temps et un même point.

LA MORT DU VIEUX DÉTECTIVE. Truffaut réserve, pour quelques scènes plus tard dans le récit, la mort au téléphone du vieux détective, anecdote qui lui avait été racontée et qu'il souhaitait un jour utiliser. Après la crise cardiaque de M. Henri, c'est à nouveau en refusant les scènes qui lui sont proposées et qui lui paraissent sans doute trop ordinaires, que Truffaut invente la singularité de son film. Antoine devait attendre dans le couloir et entendre une conversation sur les problèmes pratiques posés par le décès, le patron lui rendait sa lettre de démission et Antoine demandait à suivre le corps à la morgue. « J'ai envie de faire autre chose, répond Truffaut. On voit la fin de l'enterrement de Baratin. On sort du cimetière Caulaincourt. Tout le monde se disperse : Antoine passe dans une rue Place Blanche et monte avec une putain. Le soir, il finit de raconter à son copain : j'ai été dégueulasse, j'adorais ce type et je suis allé tirer un coup… Le copain lui dit : j'ai fait la même chose il y a trois mois après la mort de ma grand-mère. Après la mort, il faut fabriquer de la vie, faire l'amour c'est pour rétablir l'équilibre, etc. What do you think about that ? » Au montage, Truffaut répartira cette scène en deux temps : une première scène, placée dans la première partie du film, où Antoine discute un soir dans la rue avec un des détectives (qui remplace le copain d'Antoine supprimé à la dernière minute du scénario) et raconte comment il a fait l'amour à sa cousine à la mort de son grand-père ; et une deuxième scène, beaucoup plus loin, où Antoine quitte le cimetière après la mort de son mentor pour passer un moment avec une putain. Autre manière de faire travailler le spectateur, tout en accédant à mi-chemin entre lucidité, prose poétique, rébellion et mélancolie à cet exotisme du quotidien dont il parlait à ses scénaristes.

MONTRER OU RACONTER. Transformer, styliser, se réapproprier et trouver où placer le matériel qui lui est apporté, telles sont les questions que se pose Truffaut. Trouver le meilleur emplacement possible pour une citation ramenée par Claude de Givray sur l'homme de génie qui lui plait beaucoup (« C'est 10 % d'inspiration et 90 % de transpiration ») : il parvient à la glisser dans les explications du patron à Antoine sur le métier de détective. Où placer le gag du « Y-a-bon Banania » qui le ravit, vieux truc de détective pour repérer sans se dévoiler l'adresse de quelqu'un dont on a le numéro de téléphone (il s'agit de l'appeler en lui faisant passer un pseudo concours, afin de lui faire croire qu'il a gagné plusieurs paquets de Banania : « Si je vous dis : " Y-a-bon " qu'est-ce que vous me répondez ? ») « Il faut l'attribuer à Antoine, mais en dehors de son travail, souffle-t-il à ses scénaristes, s'autorisant au passage une petite remarque révélatrice de sa morale d'homme et de cinéaste. Il fait cela pour rendre service aux parents de Christine et prouver sa compétence. De manière générale, Antoine n'aura jamais honte de son travail, il sera un détective privé médiocre mais vaillant et non pas maussade comme Belmondo dans *Le Voleur*. »
Choisir pour certaines histoires si elles sont à leur meilleur en étant montrées ou racontées. L'histoire de la nurse strip-teaseuse est ainsi longuement scénarisée dans le premier scénario (Antoine file la nurse qui emmène deux petites filles au parc et les laisse seules pour rejoindre un type dans une voiture ; il se retrouve à s'occuper des gamines, se voyant même contraint à en torcher une avec une lettre destinée à Christine). Truffaut rature toutes ces pages, essaie de recaser l'histoire en y ajoutant l'idée que la nurse confie les enfants à une concierge qui les garde dans sa loge minable, puis préfère imaginer qu'Antoine raconte et mime la scène aux parents et à Christine, certain de rendre la scène plus drôle, et confiant dans ce que pourra en faire Jean-Pierre Léaud (« Et alors-là, elle a fait le strip-tease de la nurse, quoi ! Elle a fait deux trois trucs avec le biberon… »).

« TRAVAILLER CELA, SVP ». Dans un récit qui ne tient pas sur de gros rebondissements, Truffaut, jamais satisfait, se préoccupe de rendre chaque scène plus intéressante, de la nourrir de petites dramatisations ou d'y introduire de l'insolite. Il refuse ainsi la première version de la scène du constat d'adultère qui vaudra à Antoine d'être viré de son boulot de veilleur de nuit, la trouvant sans doute trop banale et escamotée : le mari se jette en hurlant sur le couple adultère, le détective referme la porte et demande à Antoine d'appeler Police-Secours car ils vont tout casser. « Détailler svp la chronologie dans la chambre », réagit Truffaut. « Travailler cela, svp. Ce qu'il casse, etc. Il faut montrer que pour Baratin [le détective], il s'agit d'un coup monté, donc il tend froidement un vase au mari pour qu'il le casse, you see ? » À la version suivante, la scène est récrite selon ses indications : le mari insulte sa femme ; le détective lui tend un vase que le mari balance dans la fenêtre. C'est au moment de tourner que Truffaut, ne se résolvant pas à un dispositif qu'il trouve encore trop rapide et trop simple, introduit de nouvelles complications : l'idée des dessous de sa femme déchirés par le mari (idée qu'il a trouvée dans un article de *Détective*), idée des fleurs aussi que le mari jette sur le corps de sa femme, se méprenant sur les intentions du détective lorsque celui-ci lui tend le vase et le désespérant (« Ah, mais non... Mais non, pas les fleurs, Monsieur ! Le vase ! »). Transformation d'une scène et autre détournement de prose poétique, en trois objets et trois temps, dont Truffaut dessine hâtivement le dispositif dans les marges de son exemplaire de tournage :

« 1°) le couple dans l'ombre. Lumière ; ils se redressent (mari dans le cadre)
2°) Jean-Pierre se détourne. Harry Max fataliste
3°) Le mari ; fleurs dans la gueule [puis Truffaut rature ceci pour garder les fleurs pour un instant plus tard]. Les dessous
4°) Le mari. Les fleurs
5°) Harry Max le vase
6°) H. Max ; Jean-Pierre. »

Comme de coutume, juste avant le tournage, le trac rend Truffaut morose et pessimiste. Il estime avoir, malgré ses efforts, un scénario mal ficelé, trop léger et insatisfaisant. Il part pourtant avec une excellente distribution et vient de repérer au théâtre, d'abord sans se montrer, une jeune comédienne, Claude Jade, à qui il confie le rôle de Christine et dont il ne tardera pas, le tournage commencé, à tomber amoureux. Est-ce pour lui confier un peu plus de scènes qu'il effectue, peu avant de tourner, quelques modifications de scénario qui vont essentiellement dans le sens du resserrement ? Suppression du personnage du meilleur copain, Didier, et de sa petite amie, Juliette, ce qui permet à Truffaut de montrer parfois Antoine seul (et son meilleur ami devient alors le spectateur) ou de reporter certaines scènes sur Christine. À l'hôtel où Antoine est veilleur de nuit, la visite de Didier et Juliette est remplacée par une visite de Christine (c'était le copain qui donnait à Antoine une boîte de fortifiants), ce qui permet à Truffaut d'écrire une vraie scène de retrouvailles et d'évoquer leur passé et ses éventuels malentendus, ainsi que d'imaginer ce joli dispositif de mise en scène : on voit Christine arriver par la porte d'entrée de l'hôtel, qu'elle ne parvient d'abord pas à ouvrir, ne sachant dans quel sens la pousser, à l'image de ses liens un peu compliqués avec Antoine. C'était à Didier et Juliette qu'Antoine faisait deviner son nouveau boulot à l'agence de détectives. La scène est reportée chez les parents Darbon et d'abord prévue aussi avec la mère de Christine. La comédienne, Claire Duhamel, étant absente le jour du tournage, Truffaut la tourne avec Léaud, Ceccaldi et Claude Jade seuls, en la leur faisant partiellement improviser (l'excuse donnée pour l'absence de la mère, « les trains sont en grève » pouvant passer pour une allusion indirecte aux manifestations de lutte contre l'exclusion d'Henri Langlois de la Cinémathèque, contemporaines au tournage). C'est aussi un report sur Christine d'une scène prévue avec Juliette (qu'Antoine devait rencontrer dans la rue) qui est à l'origine d'une très courte scène assez mystérieuse du film : Truffaut biffe la rue et note : « Il s'agit en fait de l'extérieur de la maison Darbon. On voit Christine qui arrive un violon à la main. » En la tournant, Truffaut renforce le mystère, puisque l'on voit la mère de Christine affirmer à Antoine qu'elle n'est pas là, puis Christine sortir de sous le perron avec son violon après le départ d'Antoine, petit épisode non élucidé de secret partagé entre mère et fille.

Répétitions avec Jean-Pierre Léaud et Claude Jade.

Dans ces quelques modifications d'avant tournage, on voit aussi Truffaut se préoccuper d'amener au long du film l'homme du définitif que le scénario ne faisait surgir qu'à la fin et dont il écrit le monologue d'un seul jet sur quelques feuilles de papier pelure. Il décide visiblement au dernier moment de travailler ses apparitions qui lui permettront aussi d'ajouter un ingrédient énigmatique au film : « Première apparition du type final » dès la première visite d'Antoine chez les parents. « Deuxième apparition du type » lorsque l'on voit Christine avec son violon devant chez elle. Au moment enfin de la scène de dispute entre Antoine et Christine venue le chercher au magasin de chaussures, jolie scène de mauvaise foi d'Antoine qui lui assène que pour lui l'amour va avec l'admiration, ajoutée par Truffaut juste avant le tournage : « À la fin de la scène, lorsque Antoine et Christine se séparent, on verra la troisième " apparition du type ". Puis, « quatrième apparition du type » lorsque Antoine s'arrête devant chez les Darbon en voiture SOS. S'il retravaille le balancement d'Antoine entre Fabienne Tabard et Christine, en ajoutant cette scène où Christine vient « relancer » Antoine au magasin de chaussures, Truffaut ajoute aussi pour Claude Jade cette scène soutenue par une musique mélancolique où elle vient frapper à la porte de sa chambre et aller jusqu'à essayer de l'ouvrir, alors qu'il est avec Fabienne Tabard.

L'AFFAIRE LANGLOIS. Paradoxalement, l'affaire de la Cinémathèque et la suractivité dans laquelle réunions et manifestations jettent Truffaut, alors qu'il est en plein tournage, contribuent à le délivrer de ses angoisses. Le 9 février 1968, à quatre jours du début du tournage de *Baisers volés*, un conseil d'administration entérine l'éviction d'Henri Langlois, son fondateur, de la direction de la Cinémathèque française. Aussitôt amis de Langlois et cinéastes se mobilisent. Un « comité de défense » de Langlois est créé auquel Truffaut participe très activement, n'hésitant pas à arriver parfois en retard sur son plateau ou à manquer le visionnage des rushes. Le 14 mars, deux mois avant mai 1968, une manifestation qui tourne à l'affrontement avec les forces de l'ordre gagne l'opinion publique aux défenseurs de Langlois, mais il faudra encore plus d'un mois de combat avant que celui-ci soit reconduit dans ses fonctions. Le surcroît de travail provoqué par cette fièvre militante porte Truffaut et le tournage est heureux et inventif. Truffaut accueille volontiers certaines propositions de ses comédiens lorsqu'ils lui amènent des éléments qui l'intéressent (ainsi la scène de Fabienne Tabard dans la chambre d'Antoine, où Delphine Seyrig, pensant qu'elle venait de monter les escaliers, avait proposé de jouer la scène essoufflée), et sa mise en scène est particulièrement fluide. Une mise en scène en réalité assez complexe, bien qu'invisible et limpide, épousant les mouvements des personnages. Beaucoup de scènes où s'entrecroisent des actions simultanées sont tournées, sans que cela soit jamais ostensible, en plan séquence ou presque. Ainsi la scène du garage où Antoine raconte l'histoire de la nurse à la mère de Christine, alors que le père passe et repasse, entre et ressort du cadre. Jusqu'à l'arrivée de Christine, elle est tournée en un seul plan, et coupée uniquement lorsque Antoine passe dans la cabine téléphonique pour faire la démonstration de l'efficacité du « Y-a-bon Banania ». Puis un seul plan en mouvement accompagne à nouveau le départ de tous jusqu'à la rue, alors qu'une petite dispute oppose Antoine et Christine à deux pas des parents (puisqu'ils ne vont pas au cinéma, Antoine ne se jettera pas sur elle dans le noir). Plans longs bourrés d'informations, de variations d'humeur, de sensations, comme les grandes scènes à l'agence où Truffaut fait une utilisation maximum du décor, cette grande pièce commune à double porte, parallèle au bureau du directeur, dont elle est séparée par un couloir d'entrée, pour accompagner par de grands plans séquences à peine perceptibles les chassés-croisés des personnages et leurs actions multiples, le foisonnement des destins croisés, dans une sorte de flux ininterrompu où il se passe toujours quelque chose. Jusqu'à la mort du vieux détective, point d'arrêt qui vient interrompre un plan-séquence.

Tournage de *Baisers volés*.

D'autres scènes sont tournées plus simplement en champs-contrechamps, d'autant que, l'affaire de la Cinémathèque aidant, le texte est plus encore que d'habitude, donné aux acteurs au tout dernier moment. Comme cette scène où Fabienne Tabard vient trouver Antoine dans sa chambre et lui proposer de passer deux heures dans son lit, mais où Truffaut a l'idée de la faire constamment bouger, se mouvoir souplement dans l'espace réduit dans la chambre, ne s'asseoir qu'un instant sur une chaise qu'elle quitte aussitôt, avant de s'approcher d'Antoine, enfermé dans le contrechamp où il est resté immobile et comme paralysé : l'effet est assez drôle et la mise en scène raconte exactement la situation.

C'est dans la salle de montage que Truffaut retrouve son trac et sa sévérité. Un montage dont Yann Dedet, qui était alors assistant, a un souvenir un peu tendu, car Truffaut avait l'impression de frôler la banale comédie franchouillarde, s'en voulait, et avait la tentation de tout accélérer. Un certain nombre de plans qui lui paraissent sans intérêt sont alors coupés, notamment dans les scènes d'éducation au métier d'Antoine par le vieux détective. Moment où le cinéaste devient au moins provisoirement inaccessible au charme d'un film dont il préférait dire, comme le raconte Claude de Givray : « Ce film ne mérite pas mieux qu'une heure vingt-cinq. »

À LA RECHERCHE DU COUPLE

LA SIRÈNE DU MISSISSIPI

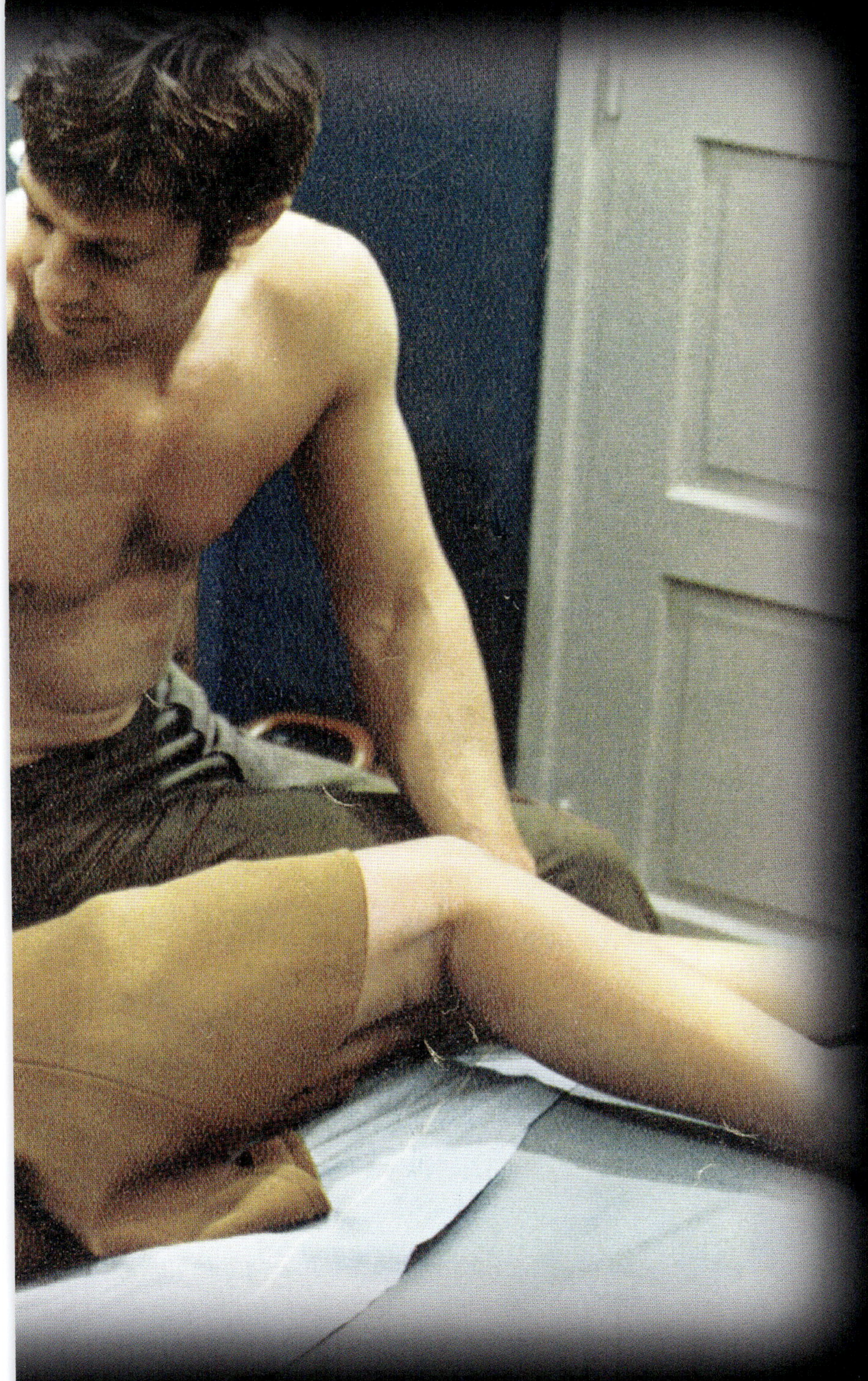

LA SIRÈNE DU MISSISSIPI **(1969). On peut voir *La Sirène du Mississipi* et *La Peau douce* comme deux films complémentaires : leurs deux héroïnes sont jouées par deux sœurs, Françoise Dorléac et Catherine Deneuve ; et leurs personnages masculins sont presque les mêmes : un puceau (ou son équivalent) qui découvre pour la première fois les joies et les souffrances de l'adultère ou de l'amour.**

« Je n'aime pas que les acteurs arrivent sur le set en sachant leur dialogue par cœur. Je veux qu'ils l'apprennent dans la chaleur du moment. Je pense que lorsqu'on est fiévreux au sens médical du terme, on est beaucoup plus vibrant, et je veux que mes films donnent l'impression d'avoir été tournés avec quarante de fièvre. »

Ces quarante de fièvre si adaptés à William Irish emporteront le timide Louis Mahé (Jean-Paul Belmondo) à la poursuite de la blonde Catherine Deneuve, descendue du bateau à la place de la brune Julie Roussel. Truffaut les atteindra par moments dans son film : quand Louis Mahé roule à toute allure en direction de la banque qu'il veut se faire ouvrir en pleine nuit et y découvrir ses comptes vidés par une usurpatrice à qui il a dit le matin même qu'elle était digne d'adoration ; quand il s'effondre, cotonneux, dans l'avion qui le ramène vers le continent avant une cure de sommeil à la clinique Heurtebise, au nom emprunté à Cocteau ; quand Julie alias Marion se jette sur lui et demande à faire au plus vite l'amour après la mort du détective ; quand Louis comprend qu'il est lentement empoisonné en froissant sous sa main la bande illustrée d'un journal où Blanche-neige s'apprête à croquer dans la pomme offerte par la sorcière… « Si nous jouons un moment au jeu de la libre association, après le nom d'Irish arriveront les mots amnésie, coton, nuit blanche, pansement, somnambulisme, alliance, voile, douleur, ralenti, anxiété, oubli », écrira Truffaut de l'écrivain en 1980.

À la fin de l'année 1966, le projet semble vouloir démarrer sur les chapeaux de roues : lorsque les frères Hakim lui proposent *La Sirène du Mississipi*, Truffaut, qui connaît bien le roman (d'autant qu'il l'a relu en travaillant sur la première adaptation de *La Mariée était en noir*), adopte aussitôt l'idée et envisage de tourner très rapidement. Il prévoit même de substituer un film à l'autre, car le tournage de *La Mariée* vient d'être repoussé. Il obtient très vite l'accord de Jean-Paul Belmondo et se félicite qu'il n'ait « manifesté aucune volonté de subordonner son accord à l'examen du scénario, ce qui serait d'ailleurs matériellement impossible puisque la préparation du tournage doit commencer d'ici deux semaines et que je compte rédiger la plus grande partie du dialogue au fur et à mesure du tournage, ainsi que je l'ai toujours fait dans mes films en français »

Pour faire établir l'affiche du film, Truffaut inverse le dispositif de la couverture du magazine américain où est paru le roman.

(Lettre à Robert Hakim, le 16 novembre 1966). Néanmoins, quelques mésententes avec les producteurs l'amèneront à remettre le projet. Il tourne donc, comme prévu, *La Mariée* et prépare *Baisers volés*. Divergences avec les Hakim qui portaient moins, selon le cinéaste, sur le choix de la comédienne principale (Truffaut souhaitait depuis longtemps Catherine Deneuve à qui il a raconté avoir immédiatement pensé en lisant le roman ; les producteurs auraient un temps préféré Brigitte Bardot), que sur celui du comédien (« Ils voulaient Alan Bates ou Delon, j'en pinçais pour Jean-Paul », écrit-il à Gilles Jacob fin octobre 1969). Surtout, les Hakim réclamaient un droit de regard sur le montage final et ne possédaient pas en réalité les droits du livre détenus par la Twentieth Century Fox. Le Carrosse parvient à racheter les droits au début de 1968, moment où Truffaut reprend et retravaille, pour une fois sans co-scénariste mais avec la complicité de Suzanne Schiffman, la première adaptation qu'il a écrite fin 1966. Les premiers repérages sont faits au début de l'été, au moment de la terminaison de *Baisers volés*. Jusqu'en octobre, il pense tourner le film en Corse, puis change brusquement d'idée et décide de situer la première partie du film dans l'île de la Réunion afin, dit-il, « d'améliorer le scénario et de nous rapprocher de l'esprit du roman initial ». Plus prosaïquement, Truffaut était furieux que les lieux repérés en Corse ne correspondent pas à ce qu'il avait imaginé. Il est descendu de l'avion, se souvient Roland Thénot, son régisseur, puis est reparti au bout de deux heures après avoir refusé deux ou trois décors parce qu'il ne les trouvait pas assez exotiques. Marcel Berbert raconte avoir reçu un coup de fil de Truffaut pendant le week-end, alors que l'équipe devait repartir en Corse le lundi pour organiser le tournage : décidé à tout annuler, Truffaut s'enflamme pour La Nouvelle Calédonie (dans le film, ce sera la destination d'origine de Julie Roussel et de sa sœur, Berthe) ; effrayé par la distance (20 000 km), c'est Marcel Berbert qui, après s'être penché sur une carte, lui propose une solution médiane avec La Réunion. Berbert, à qui Truffaut confiera le rôle du fidèle associé de Louis Mahé, Jardine, devenu « l'homme des statistiques »…

Pour *La Sirène du Missisipi*, Truffaut écrit, tourne, puis coupe à nouveau une scène où un homme envoyé par sa compagne dans une boutique de lingerie tente d'acheter une paire de bas.

Pages précédentes : Catherine Deneuve et Jean-Paul Belmondo.

Le roman de William Irish annoté par Truffaut qui semble déjà avoir en tête l'idée de montrer où en sont à tout moment les personnages dans leur vie sentimentale et leur vie sexuelle.

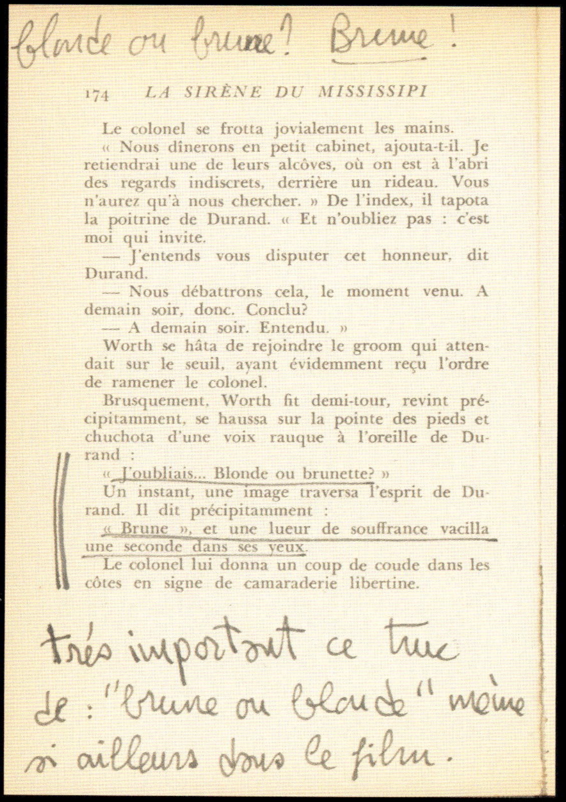

blonde ou brune ? Brune !

174 *LA SIRÈNE DU MISSISSIPI*

Le colonel se frotta jovialement les mains.
« Nous dînerons en petit cabinet, ajouta-t-il. Je retiendrai une de leurs alcôves, où on est à l'abri des regards indiscrets, derrière un rideau. Vous n'aurez qu'à nous chercher. » De l'index, il tapota la poitrine de Durand. « Et n'oubliez pas : c'est moi qui invite.
— J'entends vous disputer cet honneur, dit Durand.
— Nous débattrons cela, le moment venu. A demain soir, donc. Conclu?
— A demain soir. Entendu. »
Worth se hâta de rejoindre le groom qui attendait sur le seuil, ayant évidemment reçu l'ordre de ramener le colonel.
Brusquement, Worth fit demi-tour, revint précipitamment, se haussa sur la pointe des pieds et chuchota d'une voix rauque à l'oreille de Durand :
« J'oubliais... Blonde ou brunette? »
Un instant, une image traversa l'esprit de Durand. Il dit précipitamment :
« Brune », et une lueur de souffrance vacilla une seconde dans ses yeux.
Le colonel lui donna un coup de coude dans les côtes en signe de camaraderie libertine.

très important ce truc de : "brune ou blonde" même si ailleurs dans le film.

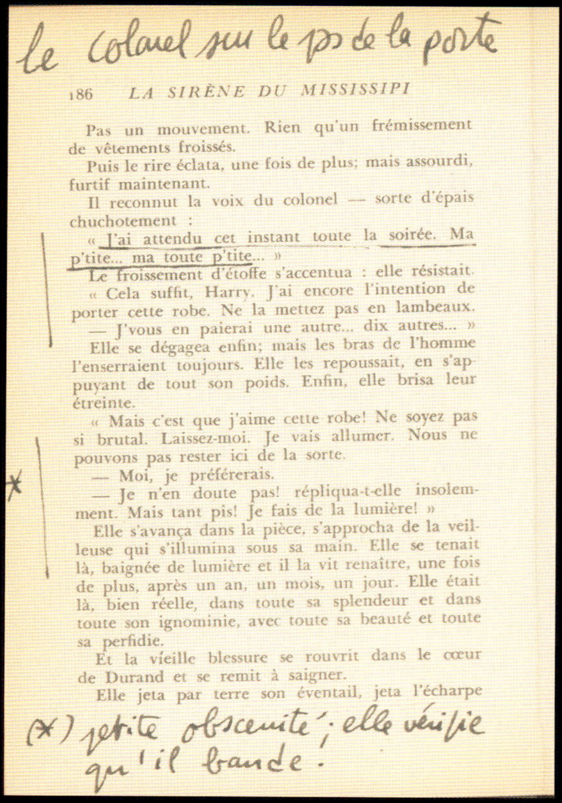

le colonel sur le pas de la porte

186 *LA SIRÈNE DU MISSISSIPI*

Pas un mouvement. Rien qu'un frémissement de vêtements froissés.
Puis le rire éclata, une fois de plus; mais assourdi, furtif maintenant.
Il reconnut la voix du colonel — sorte d'épais chuchotement :
« J'ai attendu cet instant toute la soirée. Ma p'tite... ma toute p'tite... »
Le froissement d'étoffe s'accentua : elle résistait.
« Cela suffit, Harry. J'ai encore l'intention de porter cette robe. Ne la mettez pas en lambeaux.
— J'vous en paierai une autre... dix autres... »
Elle se dégagea enfin; mais les bras de l'homme l'enserraient toujours. Elle les repoussait, en s'appuyant de tout son poids. Enfin, elle brisa leur étreinte.
« Mais c'est que j'aime cette robe! Ne soyez pas si brutal. Laissez-moi. Je vais allumer. Nous ne pouvons pas rester ici de la sorte.
— Moi, je préférerais.
— Je n'en doute pas! répliqua-t-elle insolemment. Mais tant pis! Je fais de la lumière! »
Elle s'avança dans la pièce, s'approcha de la veilleuse qui s'illumina sous sa main. Elle se tenait là, baignée de lumière et il la vit renaître, une fois de plus, après un an, un mois, un jour. Elle était là, bien réelle, dans toute sa splendeur et dans toute son ignominie, avec toute sa beauté et toute sa perfidie.
Et la vieille blessure se rouvrit dans le cœur de Durand et se remit à saigner.
Elle jeta par terre son éventail, jeta l'écharpe

(*) petite obscenité ; elle vérifie qu'il bande !

MARION

Mais j'attends.

LOUIS

Parlons un peu de ton sourire maintenant, non, (elle sourit), non, pas celui-là. Ca c'est celui que tu fais dans la rue ou pour les commerçants. Non, donne-moi l'autre ... le vrai, celui du bonheur. Voilà, c'est ça ... Formidable ! Non, c'est trop ... ça me fait mal aux yeux. Je ne veux plus te regarder. Attends. (Il ferme les yeux)

MARION

Je t'attends.

LOUIS

J'ai les yeux fermés et pourtant je te vois, je vérifie. Si j'étais aveugle ...

Louis, les yeux fermés, caresse très doucement le visage de Marion.

LOUIS

... Je passerais mon temps à caresser ton visage, ton corps aussi ... Et si j'étais sourd, j'apprendrais à lire sur tes lèvres avec mes doigts ... comme ça.

Louis lui passe le doigt sur les lèvres. Marion se blottit dans ses bras.

59.

A un moment, Marion tente de cacher un journal : Louis l'a vue et le prend. Sur ce journal on parle de Richard qui vient de se faire arrêter en Belgique. Marion, joyeuse, fait remarquer que Richard ayant tiré sur les policiers au cours de sa capture, il sera sûrement condamné à une lourde peine. A cette première réaction cynique succède chez Marion une forte mélancolie. Richard est l'homme qu'elle hait le plus au monde, cela ne fait aucun doute.

1er étage

53 . CHAMBRE A COUCHER . INTERIEUR . SOIR

Le même soir, Marion se refuse à Louis et lui explique que l'idée même de faire l'amour lui est devenue insupportable; elle a déjà traversé des périodes comme celle-ci, elle demande à Louis de se montrer patient. Louis sera patient. Leurs nouveaux rapports n'excluent pas la tendresse, bien au contraire.

réfléchir enchaînement —

Scène d'amour

54 . VILLA AIX . INTERIEUR . JOUR

Scène à définir ultérieurement, au cours de laquelle Louis insiste pour que Marion ne renonce pas à son projet de se faire faire de nouvelles robes.

« Pour créer des personnages héroïques, écrivez des scènes longues ». Le long dialogue de la grande scène d'amour au coin du feu est écrit pendant le tournage. Sur le scénario, il s'agit simplement d'une « scène à déterminer ».

Coproduit par les Artistes Associés, qui acceptent le film en même temps que *L'Enfant sauvage*, avec l'idée que le succès public à venir du gros film avec couple de vedettes permettra de compenser l'insuccès probable et la bizarrerie du projet suivant, *La Sirène* est un film à gros budget dans lequel Truffaut se lance sans filet (« Je me donne jusqu'en 1972 pour savoir l'anglais, car *La Sirène* est un des derniers films à gros budgets qui ne comportera pas de version anglaise. C'est une folie pour une production de huit cents millions d'anciens francs »). On sait que, par une sorte d'heureuse ironie du sort, ce sont les recettes de *L'Enfant sauvage* qui ont permis de compenser l'échec public et commercial de *La Sirène*. Échec que Truffaut analysera plus tard (en 1975) par la difficulté de faire accepter Jean-Paul Belmondo par le public dans un rôle d'homme vaincu et éperdu : « Il est aisé d'imaginer ce qui a choqué le monde occidental. *La Sirène du Mississipi* montre un homme faible (en dépit de son allure) envoûté par une femme forte (en dépit de ses apparences). Un parti pris secret m'animait dans mon travail, lorsque j'ai tourné ce film : pour moi, Catherine était un garçon, un voyou qui en avait vu de toutes les couleurs, et Jean-Paul, une jeune fille qui attend tout de son mariage. [...] Il ne le dit pas, mais en fin de compte, pour moi, Belmondo est vierge ! »

UN COUPLE. Film cocktail, à la fois polar, conte de fées, roman-photo, comédie conjugale, grand film romantique, *La Sirène* est avant tout un film de couple et sur le couple. C'est ce qu'il a, toujours aujourd'hui, de plus réussi, de plus juste et de plus vivant. Les scènes de polar et les allusions inégales à Hitchcock (le démarrage par une voiture qui roule mystérieusement sur une corniche) restent moins abouties que les scènes intimistes, parfois graves, souvent malicieuses, qui jouent et rejouent la difficile rencontre de Louis et Marion. De même, le début du film à La Réunion, quelque peu emprunté, où l'on sent Truffaut assez mal à l'aise de filmer l'arrivée d'un paquebot, la foule qui l'attend, la surprise de la découverte d'une jeune femme blonde tenant la cage à oiseaux sur une esplanade trop vaste. Comme souvent, c'est au moment où il reprend ses premières tentatives d'adaptation, après l'interruption momentanée du projet, qu'il lance, sans doute plus ou moins consciemment, son film dans la direction qui va le singulariser.

On découvre certes déjà dans ce premier synopsis rédigé de la main de Truffaut (où il reste encore très proche, tout en l'allégeant, du mouvement du roman, faisant simplement basculer l'histoire de La Nouvelle-Orléans de 1830 à la Corse de 1967) un certain nombre de scènes qui appartiennent davantage à l'univers du cinéaste qu'à celui d'Irish. Ainsi Truffaut y invente-t-il déjà la scène de la lingerie de la fausse Julie jetée au feu par Mahé après la découverte de l'imposture, vengeance de substitution dérisoire et détournée, qu'il mettra d'une autre manière en scène quelques mois plus tard dans *Baisers volés*, avant de porter à l'image celle de *La Sirène*. Comme par un phénomène de vases communicants, c'est d'ailleurs avec les mêmes mots qui lui servent à décrire Fabienne Tabard (Delphine Seyrig) dans le scénario de *Baisers volés*, et sans aucun emprunt au texte du roman d'Irish, que Truffaut décrit l'apparition de la fiancée de Louis : « Aucun rapport avec la Mademoiselle Julie de la photographie. [...] Celle-ci est une véritable apparition. Elle est sensiblement plus jeune, et puis elle a surtout cet éclat, cette blondeur, ce côté " éclairé de l'intérieur " des femmes que l'on rencontre plus facilement dans les rêves que dans la vie courante. » C'est aussi dès ce premier synopsis, Truffaut ayant cherché une idée visuelle à substituer aux longues scènes de recherche du roman, que Louis, parti à la poursuite de sa femme sur le continent et vivant d'hôtel en hôtel (mais sans encore de dépression ni de séjour en clinique), la reconnaît un soir à la télévision, filmée en *bunny-girl* par les actualités régionales lors de l'inauguration d'un club à Juan les Pins (ce sera à Antibes ensuite, dans la patrie d'Audiberti). Autre raccourci visuel imaginé très vite, l'idée des dessins de Blanche-neige qui permettent au héros de prendre conscience de son agonie (« Sur un journal qui traîne sur la table de nuit, il voit une bande dessinée pour enfants : Blanche-neige. Il voit la sorcière tendre à la jeune fille la pomme empoisonnée ; ces quatre dessins dansent devant les yeux de Louis. Il a compris ! »). À la fin du roman de William Irish, Louis meurt, alors que la police arrive à la porte, dans une chambre meublée près de la gare par où le couple voulait s'enfuir, car elle vient de lui avouer qu'elle l'aime enfin. Truffaut renonce d'emblée à cette issue fatale pour en ménager une qu'il veut plus heureuse : « Il faut s'enfuir, non pas par la grande porte, par celle de derrière, oui par le jardin, et puis traverser les courts de tennis, arriver sous le pont du chemin de fer et à partir de là suivre la voie ferrée. Il faut guérir, il faut fuir, fuir d'abord et puis guérir, cela n'a pas d'importance, puisque l'amour est là, entre eux, installé, plus fort que jamais, indestructible, l'amour définitif ! » Envolée lyrique dont il est assez amusant de découvrir qu'il la réduit quelque peu, allant vers davantage d'ambiguïté, lorsqu'il fait dactylographier son synopsis : « L'amour est là, entre eux, un amour d'autant plus intense qu'il est directement menacé. » À l'étape suivante, retravaillée presque deux ans plus tard, il imagine de terminer, comme à la fin de *Tirez sur le pianiste*, à la montagne

Truffaut avec ses acteurs, Catherine Deneuve et Jean-Paul Belmondo.

et dans la neige : « Dernière image : la voiture de Louis tombe en panne d'essence à quelques kilomètres de la frontière ; de toutes manières, ils n'ont plus d'argent… Louis et Marion vont continuer à pied et s'éloignent dans la neige. » L'hommage final indirect à Renoir (le départ vers la frontière dans la neige comme à la fin de *La Grande Illusion*, mais en sens inverse pour les personnages en fuite de *La Sirène*) précède le moment où Truffaut décidera d'ouvrir son film sur des plans empruntés à *La Marseillaise*, puisqu'il ne sait pas encore qu'il tournera à La Réunion.

LA COMÉDIE CONJUGALE. C'est en effet lorsqu'il reprend son travail d'adaptation, alors que le projet est sur le point de redémarrer, que Truffaut commence à prendre résolument davantage de libertés, à essayer des idées, à s'amuser un peu et à s'interroger constamment sur les rapports du couple : qu'il s'agisse de scènes qui n'apparaîtront finalement pas à l'image ou de celles qui donneront à la comédie conjugale ce mélange de naturel et d'audace dans la représentation sexuelle, audace souvent déguisée par la vitesse ou par l'insouciance apparente, qui caractérise *La Sirène*. Traitement où Truffaut travaille visiblement à introduire de la vie, n'hésitant pas à pousser les sentiments de ses personnages plus loin (c'est à cette version qu'apparaît l'idée que lorsque Louis Mahé quitte l'île après la catastrophe, c'est pour aller faire « une cure de sommeil dans une clinique sur la Côte d'Azur »), en même temps qu'il laisse libre cours à un esprit plus potache. Frère d'Antoine Doinel, et des futurs Bertrand Morane et Bernard Granger (dans *L'Homme qui aimait les femmes* et *Le Dernier Métro*), on découvre ainsi un Louis Mahé qui joue dès qu'il a un moment de loisirs avec un petit avion. Il s'agit de la scène où le couple remet à plus tard l'ouverture de la malle dont la fausse Julie prétend avoir perdu la clé : « Dans le jardin, Louis manipule le modèle réduit d'un avion maintenu au bout d'un câble – il fouette l'air avec un sifflement très aigu », avec cet ajout : « Si impossible, l'avion sera remplacé par autre chose, éventuellement un jeu de fléchettes anglaises. » Part d'enfance, part récréative, qui devait revenir dans les villes où le couple fait escale, et que Truffaut supprimera finalement de son film, resserrant et confondant les moments de récréation avec les jeux sexuels de Louis et Marion.

Tout au long de son nouveau traitement (qu'il a raconté, dans une lettre à Charles Bitsch, chef opérateur et ami de l'époque des *Cahiers*, avoir écrit « seul avec le viseur dans la main droite et le bouquin dans la main gauche ; heureusement pour moi, il s'agit du viseur de Jacques Doniol-Valcroze et d'un livre

Le respect de l'argent : Marion (Catherine Deneuve) défroisse soigneusement les billets que Louis Mahé (Jean-Paul Belmondo) vient de rapporter de La Réunion.

d'Irish (je me demande ce que donnerait le contraire !) », Truffaut appose sa marque. Apparition de blagues (lors de la visite de la maison d'Aix en Provence, Marion se met à appeler l'agent immobilier, Mme Travers, « mère Traviole » ou « Madame de Traviole »), de jeux de mots (Louis déclare à Marion, à la sortie de la banque où il vient de lui donner la signature sur ses comptes qu'elle est « adorable, c'est-à-dire digne d'adoration »), de malices à l'origine éventuellement plus ou moins autobiographiques. Ainsi réintroduit-il dans son scénario les prémisses de la scène de *strip-tease* de Marion sur la route, reprise d'une scène de *La Peau douce* coupée au montage : Marion change de corsage dans la voiture et se retrouve en soutien-gorge, Louis feint de fermer les yeux pour ne pas la voir et fait zigzaguer sa voiture, le conducteur d'une 404 qui les croise, émoustillé, se met à zigzaguer à son tour... Truffaut s'amusera d'ailleurs, en tournant la scène, à aller un peu plus loin : Marion ne porte pas de soutien-gorge sous son corsage et la voiture d'en face aboutit dans un arbre.

LE SEXE ET L'ARGENT. C'est en effet toute la dimension sexuelle des rapports entre Louis et Marion que Truffaut ajoute de manière très appuyée, ayant visiblement trouvé (ou les scènes qu'il écrit les unes après les autres trouvant pour lui) la direction qu'il souhaite donner à son film. Il le dira explicitement plus tard : « Mon effort portait sur le point suivant : que le public sache à tout moment où les personnages en étaient de leur vie sentimentale, de leur vie sexuelle, et aussi de leurs problèmes d'argent ! » Après la mort du canari, Julie use dorénavant ouvertement sur Louis de sa séduction sexuelle. Truffaut renforce son petit manège avec une robe qu'elle dégrafe afin de mieux inviter son récent mari à la refermer (« Louis monte l'escalier et nous coupons lorsqu'il entre dans la pièce », prévoit-il à la Lubitsch, mais il prolongera la scène au tournage, en utilisant avec beaucoup de précision l'escalier sur la rampe duquel Julie se penche dans une position que l'on imagine indiquée avec une grande exactitude par Truffaut à sa comédienne, afin de filmer la fin de la scène, où elle fait asseoir Louis près d'elle et prend sa tête sur ses genoux à travers les barreaux qui font obstacle au regard en même temps qu'ils donnent à voir). « On comprendra que leur entente sexuelle est devenue beaucoup plus grande depuis leurs retrouvailles », note Truffaut dans son scénario après que Louis se soit laissé fléchir. Pour les scènes de la maison d'Aix, il esquisse donc la scène de la petite culotte que cache Louis sous son pull, invitant Marion à la retrouver : « Marion part alors à la recherche de sa culotte à la manière du jeu d'enfants Cache-Tampon : " Tu chauffes, tu refroidis, tu brûles ", et cette fin de scène sera improvisée. » C'est là aussi qu'apparaît l'idée de la crise de frigidité de Marion (« L'idée même de faire l'amour lui est devenue insupportable »), que Truffaut relie à la nouvelle de l'arrestation de son ancien complice, d'abord accueillie avec joie par Marion, puis avec mélancolie (« Elle a déjà traversé des périodes comme celles-ci, elle demande à Louis de se montrer patient, Louis sera patient. Leurs nouveaux rapports n'excluent pas la tendresse, bien au contraire »). Cet accès de frigidité, Truffaut le décalera légèrement au montage, pour le relier moins directement à une cause visible. Il le place après la scène inventée au tournage des petites annonces (dont Marion se moque, et que Louis, qui en a fait usage, défend). On retrouve souvent chez Truffaut ce travail progressif de rupture des causalités directes. Frappant à un niveau moins conscient, ses films avancent ainsi avec la force des libres associations d'idées. Ce qu'il cherchera à travailler aussi au montage, c'est l'alternance des scènes de jeux sexuels et d'insouciance du couple, avec les scènes où ressurgit la menace qui les poursuit. À la scène de la petite culotte dissimulée dans le pull de Louis, succède l'arrivée brutale du détective en gare d'Aix. À celle du strip-tease en voiture, des plans du détective qui traverse la ville. Comme si le film était parcouru par deux temporalités, celle suspendue du temps amoureux, d'une clandestinité d'abord vécue comme des vacances, où les scènes de couple sont comme des îlots séparés par des durées indéfinies (même quand Truffaut filme un couple marié, il en fait un couple clandestin), et celle de la ligne policière qui rétablit la menace extérieure et fait peu à peu basculer les sentiments du jeu vers l'amour véritable.

La Sirène est un conte de fées où l'imaginaire se mêle au réalisme, un réalisme souvent assez cru. À mesure qu'il fait de son récit moins un polar au sens strict qu'un film sur le couple nourri de son propre univers, Truffaut y inscrit ce qui dans le roman était resté de l'ordre du non-dit. Après le meurtre du détective et l'ensevelissement du corps à la cave, Truffaut ajoute une scène assez leste de retour de flamme sexuel. Indication claire et donnée sans retenue (autant pour la légende du doux et pudique Truffaut) que ce sont le meurtre et la dissimulation du corps qui rompent la frigidité de Marion : « Marion voit que Louis ne dit pas un mot. Elle se donne à lui pour la première fois depuis longtemps et avec une ardeur retrouvée. Il entreprend de la déshabiller, elle ne veut pas et précise, à voix très basse : " prends-moi comme ça... tout de suite... " » Truffaut tentera de faire suivre cette séquence de scènes récréatives (Louis joue à être le facteur qui apporte les calendriers) qu'il supprimera ensuite, dont la récurrente scène des bas, remake de la même scène coupée du *Pianiste* et de *La Peau douce*, qui sera à nouveau absente du film. Surtout, retravaillant son traitement, il établit le lien du sexe et de l'argent que le film rendra très présent. Lorsque Louis, parti à La Réunion vendre ses parts de la fabrique à son associé Jardine, revient avec l'argent, il complète la scène en renforçant le jeu sexuel (« Marion fait semblant de dormir, Louis va faire semblant de croire qu'elle dort ») et ajoute encore cette précision à la relecture : « Il est soulagé lorsqu'il constate que Marion a bien respecté leur mise en scène, celle qui les émeut tous les deux... Ce jeu, ralenti et précis comme un rituel, semble leur plaire beaucoup à tous les deux, jusqu'au moment où Marion montre qu'elle est bien éveillée et prête pour l'amour. » Au tournage, Truffaut sophistiquera la scène : prévenue par l'interphone du retour de Louis, Marion se rhabille pour lui, passant, avant de feindre le sommeil, une combinaison sexy et une robe aux nombreux boutons qu'il devra défaire lentement... Au plan suivant, on découvre en gros plan les billets qu'elle recompte et défroisse. C'est une scène que Truffaut imagine également au tournage, inscrivant dans les marges de son scénario l'esquisse du dialogue : « Elle défroisse les billets... Avec l'argent... Considération... légion d'honneur... garde mobile... », Catherine Deneuve alias Marion affirme en effet, comme si cela avait une grande importance, que si l'on est emprisonné mais décoré, on est en droit de réclamer un garde mobile devant sa porte, reste de respect pour les honneurs au cœur de l'insolence qui la rapproche de la Camille d'*Une belle fille comme moi*. C'est probablement une anecdote dont Truffaut s'est emparé lorsqu'elle lui a été racontée avec l'idée de la dialoguer à la première occasion.

LE TRAC EST LÀ. Le scénario de tournage, non dialogué, à l'exception de quelques scènes ou fragments de scènes, car Truffaut préfère écrire ses dialogues la veille ou quelques jours avant de tourner, est très proche de ce traitement où le cinéaste a cristallisé son film. Comme presque toujours, quelques jours avant de démarrer (il tourne à La Réunion à partir du 2 décembre 1968), Truffaut est saisi par le trac : « Je fais le fanfaron, mais, vous vous en doutez, le trac est là, trois jours avant de shooter, avec les inévitables pensées de dérobades : " Et si Catherine se cassait la jambe... Et si Jean-Paul avait une angine... " Bref, il va encore falloir me traîner de force au travail, c'est la Shife qui me fera avancer à coups de pompe dans le cul », écrit-il à Helen Scott. Il est pourtant sur le point

Le col en plumes du manteau dessiné par Yves Saint Laurent pour Catherine Deneuve, manteau excentrique qui risquera de faire repérer Marion par la police.

de réaliser un de ses rêves, tourner quasiment dans l'ordre chronologique, ce qui lui permet de suivre au fil des jours l'évolution du couple. Les prises de vues démarrent à La Réunion, puis s'enchaînent à Nice, Aix, Lyon et dans la région de Grenoble : *La Sirène* est le seul *road-movie* façon Truffaut, un *road-movie* où le parcours compte moins que les escales du couple dans des lieux au moins provisoirement protégés du monde, la maison d'Aix avant l'intrusion du détective, l'appartement de Lyon bientôt envahi par la police, le chalet dans la montagne. Rendu furieux par la disposition du décor aménagé à l'intérieur de la maison de La Réunion au point de refuser d'y tourner (plusieurs scènes seront tournées dehors ou sur la terrasse plutôt qu'à l'intérieur), Truffaut renonce à l'ordre chronologique pour quelques scènes, filmées à Aix ou à Paris, celles notamment de la chambre à coucher (le cauchemar de la fausse Julie qui est aussi la première scène conjugale, celle qui, alors que la jeune femme se réveille en étouffant et avoue qu'elle ne peut dormir sans lumière, jette une ombre sur le mariage qui vient à peine d'avoir lieu).
« Curieusement, au bout de deux ou trois jours, je me suis rendu compte qu'il me serait impossible de tenir le journal de tournage de la *Sirène*, probablement pour la raison que Henri-Pierre Roché résume en une phrase : « le bonheur se raconte mal, mais il s'use même si l'on en perçoit mal l'usure ». Précisément, il s'agit de mon meilleur tournage depuis *Jules et Jim*. Je parle évidemment de l'ambiance et non du résultat, pour cela, rendez-vous en juin » écrit le cinéaste le 14 janvier 1969 à Jean Narboni, alors rédacteur en chef des *Cahiers du cinéma*.

LES GRANDES SCÈNES. Tandis qu'il découvre Catherine Deneuve, Truffaut écrit pour elle au cours du tournage de nouvelles scènes. Ainsi la grande scène d'amour au coin du feu, séquence la plus intime du film, et la seule que le cinéaste filme presque exclusivement en champs-contrechamps resserrés sur les visages, et qui n'était au scénario qu'une scène à définir ultérieurement (« 54. Villa Aix. Intérieur. Jour. Scène à définir ultérieurement, au cours de laquelle Louis insiste pour que Marion ne renonce pas à son projet de se faire faire de nouvelles robes »), agrémentée en marge de cette annotation laconique : « Scène d'amour ». Il arrive à Truffaut d'ajouter sur le plateau, toujours autour du thème, de simples vignettes ludiques à la limite de la *private joke* (« Tu as quelque chose contre l'amour l'après-midi ? », entend-on alors que l'on voit se refermer les volets de la villa), ou encore la blague sentimentale des cafés serrés qui sont nécessairement « deux cafés bien serrés l'un contre l'autre ». Surtout, alors qu'il plonge dans son film et à mesure que lui devient impérieuse la nécessité de rendre de plus en plus précise la description du couple, il n'hésite pas pour ces séquences supplémentaires inventées au fil du tournage, à écrire de vraies scènes longues où les personnages finissent par se livrer sans retenue (« Pour créer des personnages héroïques, Pagnol, Fellini, Bergman n'ont pas peur des scènes longues », écrira-t-il des années plus tard à ses co-scénaristes De Givray et Revon). Scène au coin du feu qui succède au moment où Marion se découvre incapable de faire l'amour et démarre, avant la déclaration d'amour de Louis, sur une allusion aux avortements qu'elle a subis. Scène de discussion sur les petites annonces, tournée à la tombée du soir sur le balcon de la maison d'Aix, où Louis tente d'expliquer qu'il cherchait à établir du définitif dans sa correspondance avec Julie Roussel et a rencontré le provisoire avec Marion. Scène de violente engueulade aussi, tournée dans l'appartement dénudé de Lyon, où Louis traite Marion de parasite et de souris. Scène enfin du disque enregistré par Marion en l'absence de Louis parti chercher de l'argent à La Réunion. C'est un *retake* fait à Paris à la toute fin du tournage, alors que le montage du film était largement commencé, comme s'il manquait quelque chose pour amorcer et rendre possible le dernier tournant du récit : celui où Marion, prisonnière, l'argent épuisé, tentera de tuer Louis avant de découvrir son amour pour lui. En gravant sa voix sur un disque en son absence, s'aidant, comme pouvait le faire Truffaut, de notes qu'elle a prises sur une pochette d'allumettes (et cette pochette rappelle celle de *La Peau douce* où Françoise Dorléac avait noté son numéro de téléphone pour Jean Desailly), Marion déclare à Louis qu'il lui manque, qu'elle s'est habillée pour lui, et ne peut s'empêcher de lui parler crûment de l'argent qu'il va rapporter, de ce qu'il représente pour elle. Cette déclaration ambiguë sera perdue, puisque le disque se brise dans la rue à la sortie du studio et que Marion, sans plus de regrets que cela, n'a plus qu'à en pousser les débris dans le caniveau, très belle idée supplémentaire qu'a eue Truffaut, afin de se ménager les avantages d'une confidence adressée au seul spectateur, tout en préservant l'ignorance de son héros.
C'est ce mélange permanent de malice presque potache et de lyrisme, de crudité et d'emballement des sentiments qui fait de *La Sirène*, non le film de vedettes annoncé, mais un film à la première personne, au même titre que d'autres du cinéaste l'affichant plus ouvertement. Ce qui touche aujourd'hui, c'est de voir à quel point l'inspiration lié à un amour naissant et la rencontre avec le jeu net et quotidien de Catherine Deneuve ont permis à Truffaut de réintroduire le conjugal au cœur même des scènes policières, rejoignant, au risque d'être mal compris, le but qu'il s'était fixé en retravaillant son scénario. Lorsque

Pages précédentes : Jean-Paul Belmondo et Catherine Deneuve .

l'appartement de Lyon est envahi par les flics, et qu'il s'agit de tenter de récupérer l'argent laissé là-haut, Louis rappelle *in extremis* Marion, qui veut se glisser par l'escalier de secours dans l'appartement où ils ont caché la sacoche, mais que va trahir son joli manteau excentrique. La seule chose qu'elle trouve à lui répondre, c'est : « Mais, tu es fou, qu'est-ce qu'il a ce manteau ? », le quotidien conjugal prenant le pas sur la menace. Ils sont alors autant un couple cherchant à faire une manœuvre sans érafler la voiture que deux amants criminels en fuite, et c'est cette quotidienneté permanente au cœur du danger qui donne sa saveur au film.

En récrivant son scénario, Truffaut avait imaginé le couple roulant vers Aix « dans une superbe voiture américaine décapotable rouge. » De cette simple envie visuelle, il a l'idée pendant le tournage de faire une vraie scène plus drôle et élaborée, une scène de couple et de comédie qui affirme la prise de pouvoir de Marion : Louis désigne une voiture grise, elle en préfère une rouge, il refuse, on les retrouve filant sur la route dans la belle voiture rouge. Idée dont il parle, comme à chaque fois qu'il imagine une scène additionnelle, à Suzanne Schiffman, avant de se rétracter car il redoute d'en parler à Belmondo. Comme souvent, c'est alors Suzanne Schiffman qui joue les messagères : « On en a parlé et François m'a dit : “On laisse tomber parce que je ne me vois pas en train de dire ça à Belmondo, il ne va pas vouloir, il va me répondre : de quoi j'ai l'air ?”, et j'ai proposé : “Alors, moi, je vais lui en parler”. Et je vais voir Belmondo : “François a eu l'idée d'une scène, vous allez choisir une voiture, Catherine veut une voiture rouge, toi tu dis : non, la grise, et on vous retrouve sur la route avec la voiture rouge”… Il me dit : “Moi, j'ai l'air de quoi ?”. Je lui réponds : “T'as l'air d'un con”. Et on a éclaté de rire tous les deux, c'était fini, il n'y a pas eu d'histoires et on a fait la scène. »

Truffaut dirige Jean-Paul Belmondo et Catherine Deneuve.

VICTO

UN PARI

L'ENFANT SAUVAGE

L'ENFANT SAUVAGE (1970). **« Tout ce qui arrive à un enfant entre trois et quatorze ans peut l'aider ou l'abîmer pour la vie. Les blessures reçues à cet âge sont inguérissables. Les gens s'attendrissent sur leurs souvenirs d'enfance, mais la plupart du temps, l'enfance est un cauchemar que l'on souhaite voir disparaître le plus vite possible. Cauchemar du manque d'affection, cauchemar de la solitude. »**

Truffaut donnait ainsi, peu après la sortie du film, les clés de son intérêt pour l'histoire du sauvage de l'Aveyron en des termes proches de ceux qu'il a pu tenir sur *Les Quatre Cents Coups*, dont *L'Enfant sauvage* pourrait être une sorte de variation sur un même thème, celui de l'absence de soins et de la carence affective à laquelle s'ajoute la carence culturelle. Lorsqu'il se rend compte après le montage, qu'en jouant lui-même le Dr Itard, il ne s'est plus identifié à l'enfant mais à l'adulte, au père, Truffaut dédie le film à Jean-Pierre Léaud. Fermement convaincu du progrès étonnant que représentait l'éducation donnée au jeune garçon découvert dans les bois en 1797, même si elle n'était que partielle, inaboutie et ponctuée d'erreurs et d'échecs (Victor ne parviendra jamais à apprendre réellement à parler), il s'insurgeait contre les réactions de ceux qui pensaient qu'il aurait été préférable de laisser l'enfant vivre une vie libre et heureuse dans la forêt, persuadé qu'il y menait en réalité une existence misérable pour laquelle il n'était pas davantage adapté. Il n'hésitera pas à évoquer au cours du film les nombreuses cicatrices marquant le corps d'un enfant qui n'a dû cesser de lutter pour sa survie, et insistera pour placer au début du film une violente bagarre entre le jeune sauvage et des chiens. Il reste qu'au moment de chercher à faire de cette histoire un film qui soit aussi un divertissement, il a conscience de faire un pari : « Est-ce qu'on peut intéresser avec un petit garçon qu'on a trouvé dans la forêt, à qui on apprend à se tenir debout et à manger à table ? »

« L'enchaînement de la scène n° 19 à la scène n° 20 est absolument ridicule et indigne du scénariste de *Paris nous appartient*, *Jules et Jim* et *Vanina Vanini*. » Avec sa sévérité coutumière et un brin de provocation, c'est ainsi que Truffaut répond à son complice Jean Gruault qui vient de lui livrer une première tentative très nourrie d'adaptation du rapport écrit dans les dernières années du XVIIIe siècle par le Dr Itard sur l'enfant sauvage de l'Aveyron. Gruault vient de commettre une sorte d'impair : à la scène XIX de son scénario, quelques médecins, réunis à L'Institut des sourds-muets à Paris, décident que le jeune sauvage va être confié aux soins du Dr Itard ; à la scène XX, on voit Itard l'emmener chez des amis. « Comment oser montrer l'enfant sauvage accompagnant Itard à une " maison amie " alors qu'on n'a même pas montré encore son installation

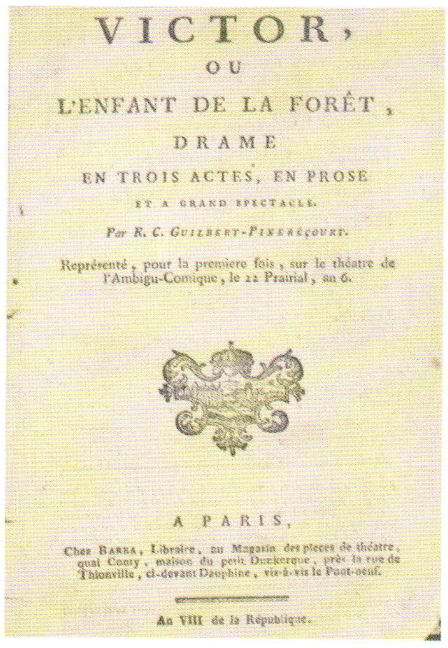
VICTOR,
OU
L'ENFANT DE LA FORÊT,
DRAME
EN TROIS ACTES, EN PROSE
ET A GRAND SPECTACLE.
Par R. C. Guilbert-Pixerécourt.
Représenté, pour la premiere fois, sur le théatre de l'Ambigu-Comique, le 22 Prairial, an 6.
A PARIS,
Chez Barba, Libraire, au Magasin des pieces de théatre, quai Conty, maison du petit Dunkerque, près la rue de Thionville, ci-devant Dauphine, vis-à-vis le Pont-neuf.
An VIII de la République.

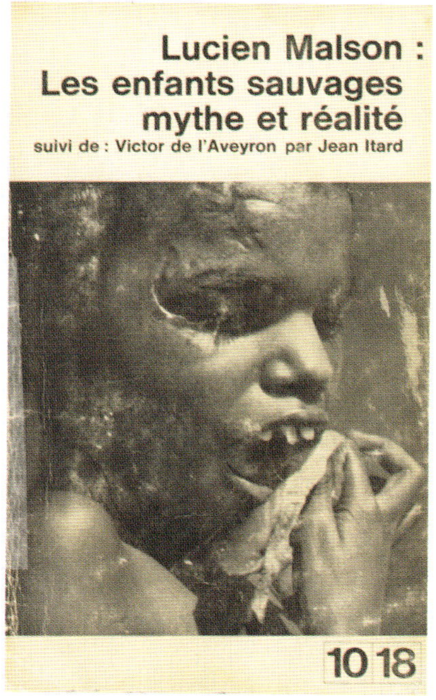

Le matériau de départ.

Premières expériences : l'enfant cherche à attraper dans le miroir la pomme montrée par le Dr Itard.

Pages précédentes : Jean-Pierre Cargol et François Truffaut.

chez Itard ? », s'insurge du coup un Truffaut, très pointilleux sur les questions d'enchaînement, avant de tracer de manière un peu dictatoriale le schéma d'une nouvelle construction (« À ce moment du scénario, l'ordre logique est le suivant : a) installation de Victor chez Itard et présentation de Madame Guérin... »). À l'occasion de leur deuxième travail commun (si l'on fait exception d'un rapide passage de Jean Gruault sur une version de *Fahrenheit 451*), cet échange est exemplaire d'une méthode de travail particulière qu'ils reconduiront jusqu'au début des années quatre-vingt, définie par l'un comme par l'autre comme une « collaboration par correspondance » ou par « ping-pong ». Généralement prolixe, Jean Gruault remet à Truffaut, après quelques mois passés à gamberger sur le sujet sur lequel le cinéaste l'a lancé, une première version dialoguée, souvent assez longue, qu'il rédige à la main sur de gros cahiers à spirale, et qui est ensuite dactylographiée. Version sur laquelle Truffaut prend des notes, généralement détaillées, souvent impératives, qu'il envoie à Gruault, afin que celui-ci s'attelle à une autre version, depuis son discret petit bureau empli de livres du dixneuvième arrondissement. Version qui sera annotée à son tour, et ainsi de suite, jusqu'au moment où le cinéaste reprend possession de son film. Ce n'est qu'après que Gruault aura expérimenté d'autres méthodes de travail, à partir de 1975, avec Resnais (pour *Mon Oncle d'Amérique*, puis *La Vie est un roman* et *L'Amour à mort*), plus directes et plus maïeutiques, que Truffaut, piqué d'une pointe de jalousie, renoncera en partie aux allers et retours écrits pour travailler des semaines et des journées entières avec Gruault à l'élaboration de leur projet *00-14*.

LE SECRET PERDU. Lorsque Truffaut découvre le *Mémoire et rapport sur Victor de l'Aveyron* du docteur Jean Itard, publié en 1964 en annexe à une étude de Lucien Malson consacrée aux enfants sauvages[1], il pense tout naturellement confier ce travail à Jean Gruault. D'une part, parce qu'il connaît sa capacité à absorber une documentation historique et littéraire pléthorique, comme à manier un matériau assez délicat et peu directement cinématographique *a priori* (il s'agit de fondre en réalité deux rapports de Jean Itard, l'un rédigé en 1801, après un an d'éducation, l'autre

1. *Les Enfants sauvages, « mythe et réalité »*, 10/18.

– L'enfant a l'air égaré mais il ne réagit plus avec violen
– La maîtresse de maison le prend par la main et le fait asseoi
sur un divan, à côté d'elle.

Un invité – C'est Madame de Saint-Yves à côté de l'Ingénu !

– La maîtresse de maison embrasse l'enfant au milieu des applaudissements. L'enfant semble prendre à ce baiser un certain plaisir.

Un invité. Que ne suis-je à sa place !

Maîtresse de maison – Allez donc vivre une dizaine d'année tout nu parmi les loups, et revenez me voir !

– L'enfant pince doucement la main de la maîtresse de maison, son bras, ses genoux, comme sollicitant un nouveau baiser. [Au lieu de baiser, la dame lui offre des bonbo[ns] qu'il repousse violemment. [Il s'en va vers une autre femme et recommence le même manège. [L'assistance s'esclaffe. [Itard, en retrait, suit la scène avec une gêne croissante. [On offre des rafraîchissements au vieux paysan qui prend maladroitement un verre et le renverse. [Un jeune homme facétieux souffle à sa voisine :

Jeune homme. Lequel est le sauvage ? Le jeune ou le vieux ?

– L'enfant prend une dame par les mains et l'entraîne dans un coin de la pièce. [Tous les invités le regardent faire avec une curiosité amusée et un peu méprisante.

"L'ENFANT SAUVAGE"

(rapport Rivette)

1 – Première observation : le scénario se divise en deux parties très distinctes (de 1 à 37 / de 38 à 117), ayant chacune sa propre logique, son propre système : dans un film italien, on lirait au milieu de la page 80 "Fine del primo tempo". De ces deux parties, la seconde est, évidemment, le "vrai" film. Première question : tout ce qui précède doit-il être considéré (et traité) comme un énorme prologue, ou au contraire doit-il affirmer son autonomie en "balançant" et équilibrant suivant ses lois propres le deuxième volet du film; faut-il donc essayer d' "unifier" l'une et l'autre parties, en imposant, sans doute artificiellement, à la première les critères de la seconde, jouer au contraire sur leur opposition (stylistique, plastique, etc ...) ou, enfin, "passer", soit progressivement, insidieusement, soit par "sauts" successifs, d'un film (celui que doit imposer la première séquence, l'ouverture même du récit) à l'autre (celui, cohérent, quasi-homogène, qui constitue toute la seconde partie) ?

2 – On aura déjà compris que mes réserves, ou mes réticences, portent toutes sur ces 80 premières pages. La seconde partie (mis à part quelques points de détail sur lesquels je reviendrai, et le "mécanisme" de la dernière séquence) impose sa logique et sa cohérence. Et c'est légitimement qu'elle est tout au long non seulement commentée, mais commandée par le Cahier d'Itard (donc, contrairement à la note de la page 80, je ne pense pas que celui-ci doive être progressivement "gommé" : il faut au contraire insister sur lui comme principe structurel

Ci-contre : la « séquence Visconti », deuxième version proposée par Jean Gruault de l'exhibition du sauvage chez Madame de Récamier.

Le « rapport » détaillé adressé par Rivette à Truffaut, avis essentiel sur le scénario en cours d'écriture.

– L'enfant sauvage cherche à présent à s'élever dans l'arbre. Il s'accroche les bras à une branche supérieure.

– Le chien saute le long du tronc de l'arbre
– La branche à laquelle l'enfant est suspendu cède et c'est la chute.
– ~~L'enfant et le chien se~~
– Le chien saute sur l'enfant à terre et une lutte commence.
– Tous deux roulent sur le sol, étroitement enlacés
– L'enfant se redresse mais au lieu de se tenir debout il se tient à quatre pattes et l'on croirait voir la lutte de deux loups entre eux.
– L'enfant protège son visage avec le bras mais il ne se contente pas de se défendre. Par instants, il relève le bras au dessus de la tête et attaque le chien.

Truffaut récrit de sa main une scène à laquelle il tient beaucoup, celle où l'enfant se bat avec un chien lâché à sa poursuite.

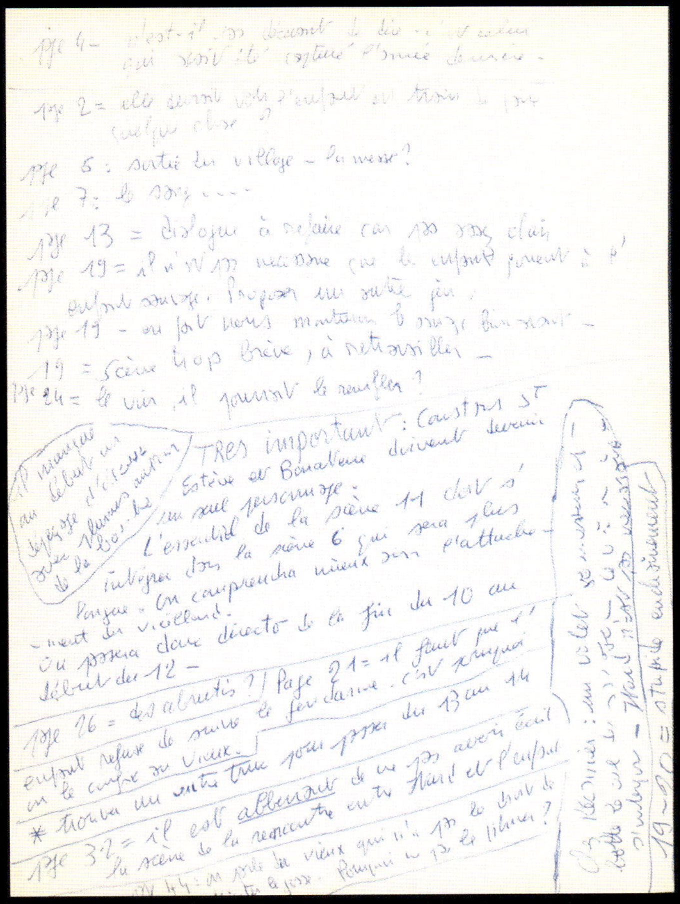

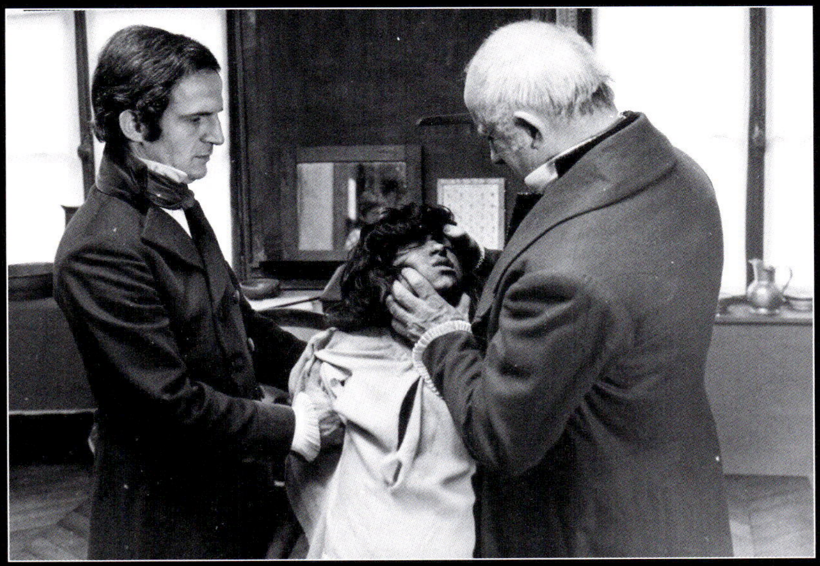

Truffaut a couvert d'annotations les pages de garde du premier scénario remis par Jean Gruault.

« C'est près de la fenêtre, debout, les yeux tournés vers la campagne, que vient se placer notre buveur, comme si dans ce moment de délectation, cet enfant de la nature cherchait à réunir les deux uniques biens qui aient survécu à la perte de sa liberté, la boisson d'une eau limpide et la vue du soleil et de la campagne » (deuxième rapport de Jean Itard, 1806).

en 1806) ; mais aussi, parce qu'ils partagent tous deux une même passion du « secret perdu » du cinéma muet, auquel Truffaut songe plus que jamais au moment de tenter un film centré sur un personnage privé de parole. Dès la fin de l'année 1964, il annonce à Helen Scott, parmi d'autres projets, un film à venir qu'il intitule déjà *L'Enfant sauvage*. En janvier 1965, il demande à Jean Gruault d'écrire une première version d'essai qu'il reprend et annote à la fin du mois d'août, « Jean Gruault a terminé un premier traitement de *L'Enfant sauvage* qui est assez bien, facile à améliorer et qui donnera un film superbe », écrit-il alors à Helen Scott. Toujours soucieux d'obtenir l'approbation des « spécialistes », il écrit en avril 1966 à Lucien Malson pour qu'il lui donne son avis sur le scénario de *L'Enfant sauvage*. Comme pour *La Mariée était en noir*, il sollicite également le conseil de Jacques Rivette qui commente le scénario en profondeur et préconise plusieurs réductions décisives.

Au printemps 1966, il pense tourner le film l'année suivante, juste après *La Mariée*. En réalité, deux autres films passeront avant, *Baisers volés* puis *La Sirène*, offrant à *L'Enfant Sauvage* un intervalle de deux ans qui laisse à Truffaut le temps de composer avec Gruault une troisième version condensée du script, mais aussi de vaincre les réticences des financiers, bien peu disposés à s'engager sur un sujet aussi marginal, un petit film sans le moindre comédien important et que le cinéaste insiste pour tourner en noir et blanc. Truffaut obtient pour finir une sorte de « package » des Artistes Associés avec *La Sirène*, et contrairement à toutes les prévisions, c'est le succès inattendu du petit film qui permettra d'éponger le flop du plus gros… (« Il s'est produit cette chose cocasse qui montre bien qu'on ne peut jamais prévoir, dira Truffaut aux *Cahiers du cinéma* en 1982. Avec un budget de 750 millions, *La Sirène* en a perdu 350, mais *L'Enfant sauvage* qui a coûté un peu moins de 200 millions se met à en gagner 400. ») Le tournage a lieu en Auvergne pendant l'été 1969, à Aubiat, resserré, en dehors des prises de vues à l'Institut des Sourds-muets de la rue Saint Jacques, dans la région du régisseur de Truffaut depuis *Baisers volés*, Roland Thénot, dont la maison devient celle du Dr Itard, censée être dans l'histoire une maison bourgeoise de la proche banlieue parisienne de l'époque, à la campagne des Batignolles.

SÉQUENCES VISCONTI. « Il faut montrer l'extérieur de la maison Récamier, l'arrivée des voitures, les belles dames élégantes en toilettes, etc., etc. Bref, ce sera la séquence Visconti de *L'Enfant sauvage*. » Lorsqu'il envoie à Jean Gruault une première série de notes le 30 août 1965, Truffaut cède à la tentation d'aller vers un film assez orné et charnu, son imagination étant visiblement excitée par l'idée de montrer non seulement les rapports du Dr Itard et de l'enfant, mais la manière dont le sauvage a été accueilli, fêté, puis rejeté par les milieux mondains de l'époque, petit exemple de curiosité frivole et de stupidité humaine. Une tentation de la satire qui rappelle l'épisode du dîner culturel de Reims filmé dans *La Peau douce*. Gruault a ainsi écrit à sa demande une longue scène de foule au cours de laquelle l'enfant est présenté, à son arrivée à Paris et bien avant qu'on le confie à son mentor, dans le salon mondain de Madame Récamier, un des plus brillants de l'époque : conversations politiques ou littéraires tenues par des personnages en costumes, puis exhibition de l'enfant devant une assemblée qui se réjouit à l'idée de fêter le bon sauvage décrit par Voltaire ou Rousseau : « C'est le Huron de Voltaire », lâche un figurant. Ou encore : « N'a-t-il pas été émerveillé par toutes les belles choses de la capitale ? » Mais l'enfant ne parle pas, n'a rien à raconter sur les mystères de sa vie dans les bois, et se précipite sur les belles dames de l'assemblée avec une ardeur gênante. Par souci de simplification, Truffaut choisira d'évacuer du film ces allusions à la sexualité du sauvage. Toujours est-il que l'intérêt général se détourne vite de l'enfant, la conversation reprenant sur la révolution italienne. Loin de reculer devant la profusion de cette scène à costumes, Truffaut commence par surenchérir, demandant simplement qu'elle soit recentrée : « Mais à l'intérieur de la maison Récamier, on ne doit pas perdre de vue l'enfant sauvage et toutes les belles inventions de dialogue subsisteront mais généralement en *off*. Il faut donc inventer de nouvelles péripéties concernant l'enfant et son comportement pendant cette réunion. Il faudrait aussi graduer davantage les sentiments de tous ces gens du monde à l'égard de l'enfant, une énorme curiosité au début, puis une sorte d'attendrissement mondain et une déception plus nettement établie. » Il va même jusqu'à imaginer quelques fantaisies supplémentaires : « On peut supposer que les domestiques au début sont irrités par le succès de snobisme du sauvage, et je verrais bien un valet sournois botter les fesses de l'enfant dans un couloir ! Mais le valet n'avait pas vu le vieux qui s'interpose et commence à se colter avec lui, etc., etc. Il faut prévoir peut-être un petit orchestre, des harpistes, etc. »

Jean Gruault applique ce programme au second traitement, écrivant une longue séquence encore plus fournie, avec arrivée des fiacres dans le parc, entrée des « Muscadins » et des « Merveilleuses », petit orchestre jouant Cimarosa, bribes de conversations mondaines… Toute cette débauche viscontienne sera radicalement supprimée, raisons économiques comme artistiques aidant. Truffaut oublie la maison Récamier, et ne filme plus la foule parisienne attirée par l'objet de foire qu'est le sauvage que comme une

Françoise Seigner (Madame Guérin) et Jean-Pierre Cargol, et de l'autre côté de la caméra, Jean-Claude Rivière, l'assistant-opérateur, Christine Pellé, la scripte, Suzanne Schiffman et Nestor Almendros.

masse compacte, et vue essentiellement de dos, qui encadre son fiacre lors de son arrivée à Paris devant l'Institut des Sourds-muets, où Itard attend de l'examiner. S'il conserve une allusion ironique à la curiosité des Parisiens, c'est dans une conversation entre Itard et son collègue Pinel, où il reprend la remarque naïve sur l'émerveillement du sauvage devant les beautés de la capitale. Itard s'en étonne en la lisant dans le journal (et cette phrase, Truffaut se débrouille, comme chaque fois qu'il tient particulièrement à quelque chose, pour la faire entendre deux fois par le spectateur, le professeur Pinel, qui devient alors en quelque sorte son porte-parole, demandant à Itard de la répéter : « Il est certain que le sauvage ne manquera pas d'être émerveillé par les beautés de la capitale »).

PERSONNAGES MULTIPLES. Cette réduction n'est pas encore à l'ordre du jour dans les premiers temps de l'écriture. Truffaut prévoit visiblement un film assez long, au déroulement progressif, encore proche de la chronologie réelle : en 1798, dans l'Aveyron, l'enfant a été vu et attrapé une première fois, puis s'est enfui, a été à nouveau repéré à quelques reprises (Gruault écrit ainsi une scène où des enfants l'aperçoivent alors qu'ils sont en train de jouer « au sauvage »), et n'est revenu franchement vers le village qu'à l'arrivée d'un hiver très froid. C'est alors qu'il est emmené à l'asile de fous de Rodez, puis conduit à Paris. « On peut montrer la neige qui tombe sur le village. La neige sera la raison pour laquelle l'enfant est revenu au village », note alors Truffaut qui y voit l'occasion de filmer l'élément qu'il préfère. Et il réclame un peu plus loin des développements : « Dans toute cette première partie du film, on ne peut guère se permettre de faire des ellipses. Aussi il faut montrer l'arrivée à l'intérieur de l'Asile de Rodez. Qu'est-ce c'est que cet Asile ? Qu'est-ce qu'on y voit ? Probablement quelques abrutis, quelques fous, quelques mongoliens. Par qui est attendu l'enfant sauvage ? Comment les médecins reçoivent-ils le vieux Rémy, etc., etc. » À la troisième version, l'asile sera supprimé et remplacé par une courte étape à la gendarmerie de Rodez, où quelques plans économes et concentrés suffiront à montrer la détresse de l'enfant arraché à sa liberté et tassé derrière des barreaux.
Dans les premières versions de Gruault, les faits et gestes du sauvage sont longuement commentés par les villageois, par un maître d'école, par divers médecins

entre les mains desquels passe l'enfant. Les personnages les plus instruits y évoquent généralement les autres cas connus, cas dont Truffaut et Gruault ont décidé de s'inspirer pour construire leur sauvage. « Il est aberrant de ne pas avoir écrit la scène de la rencontre entre Itard et l'enfant », réagit Truffaut qui refuse cette scène encombrée de références, d'autant que cette abondance noie la première apparition d'Itard.

À la version suivante, Gruault déplacera dans la scène de la diligence qui emporte l'enfant vers Paris cette conversation sur les cas antérieurs, écrivant une longue discussion générale à laquelle participent les onze passagers. La contraction de cette séquence de diligence, au traitement suivant, puis à la mise en scène, est spectaculaire. Scène quasiment sans parole, où la diligence s'arrête un instant pour le passage du gué : ses occupants, dont l'enfant tenu au pied par une corde, en descendent et passent par un petit pont de pierre, tandis que la diligence franchit le gué ; dans le même plan, Truffaut nous montre l'enfant qui, ayant échappé quelques instants à son accompagnateur, fait au spectateur la surprise de réapparaître de l'autre côté de la rivière et d'y boire goulûment avant d'être repris. Bref pied de nez du sauvage à la civilisation, retour au désir élémentaire, signifié en dehors de tout commentaire dialogué, par la pure mise en scène.

« Tantôt, nous reprendrons les exercices ». Truffaut dirige Jean-Pierre Cargol, à la fois devant et derrière la caméra.

LES CAS ANTÉRIEURS. En réalité et comme souvent dans leur travail commun, Jean Gruault ne peut s'empêcher de citer ses sources, tandis que Truffaut les manipule et se les approprie avec plus de liberté et de désinvolture. C'est Truffaut qui a fait dresser une liste des « cas antérieurs intéressants » afin que soient également recensés les « détails non signalés par Malson, Rousseau ou Condillac ». Il ne s'agit pas pour lui d'en nourrir des conversations interminables entre divers protagonistes plus ou moins secondaires, mais plutôt de rapporter tout trait intéressant à son personnage. Son sauvage devient ainsi un composé du véritable Victor de l'Aveyron, comme de l'enfant-loup de la Hesse (découvert en 1344 à l'âge de sept ans environ), du garçon de Bamberg (découvert en Bavière en 1680), ou de la fille de Champagne (capturée en 1731 dans un bois, en France, à l'âge d'une dizaine d'années. Placée chez des religieuses, elle réussit exceptionnellement à apprendre à parler). Il emprunte ainsi un trait au garçon de Shajahampur découvert en Inde : « Il se tient toujours dans les coins avec le menton appuyé sur ses genoux. » Il retient de la fille de Champagne l'idée qu'elle ne peut se coucher dans un lit : « Au lieu de se coucher dans son lit, se fait une sorte de nid, dans un coin de la chambre, avec le couvre-lit et les couvertures arrondis autour d'elle. » Ou du garçon de Bamberg, l'histoire d'un combat avec des chiens : « À quatre pattes, se bat avec des chiens à coup de dents et les met en fuite. » Idée à laquelle il tient beaucoup et qu'il souhaite utiliser à l'ouverture de son film afin de caractériser d'entrée l'âpreté de la vie que l'enfant a dû mener dans la forêt. Il récrit et détaille lui-même la scène plus violente des chiens lancés à sa poursuite, allant jusqu'à montrer que le jeune sauvage est capable de tuer l'un d'entre eux.

S'il visionne, avant de tourner, un certain nombre de documentaires montrant des enfants autistes, dont il donnera certains comportements à Victor (les balancements, les tremblements, certaines contractions instinctives et répétitives du visage), il s'inspire également de l'histoire de Gaspard Hauser, ce jeune homme sans passé trouvé un matin dans une ville allemande. Il rassemble ainsi sur la page de garde d'un livre qui lui est consacré (« *Gaspard Hauser ou la paresse du cœur* », de Jacob Wasserman) plusieurs traits qu'il imagine pouvoir reporter sur son Victor : « Imaginons que le bruit du cor de chasse terrorise Victor », « On pourrait lui filer un jouet soviétique en bois » (c'est l'infirmier qui fait aux parisiens les honneurs du sauvage qui récupérera un pantin en bois apporté par un visiteur), « Au cours d'une scène, Itard chemine avec Victor et lui décrit le paysage comme s'il pouvait comprendre », « Il raccompagne les importuns » (idée que l'on retrouve chez Malson dans les descriptions de Victor, et qu'il utilisera à la fin du film lors de la visite d'un médecin)... Sur la dernière page de son exemplaire de tournage, Truffaut a noté les quelques vers de Verlaine consacrés à Gaspard (« Je suis venu calme, orphelin / Riche de mes seuls yeux tranquilles / Vers les hommes des grandes villes / Ils ne m'ont pas trouvé malin »).

LE MAÎTRE ET L'ÉLÈVE. Truffaut s'interroge sur la façon de valoriser le lien entre Itard et l'enfant. De même qu'il adjoint librement à Victor les traits propres à d'autres enfants sauvages, il n'hésitera pas à reporter sur Itard plusieurs scènes d'abord données à d'autres, selon un principe d'enrichissement par le transfert d'éléments et la concentration qu'il applique, sans jamais le préméditer, de film en film. Le premier scénario présente en effet une galerie de personnages qui se relaient autour de l'enfant. C'est au seul vieux Rémy que Truffaut préfère déléguer le soin de l'enfant dans les toutes premières scènes, quitte à ce que ce personnage devienne à son tour encombrant : « À mon avis, le vieux Rémy doit disparaître du film avant cette scène (celle où Itard se décide à prendre l'enfant chez lui), sans cela le public aura l'impression que l'enfant est entouré d'affection puisque ce serait comme s'il avait deux pères adoptifs : Rémy et Itard qui se le disputeraient presque. » Truffaut a d'abord l'envie de donner au vieux Rémy une scène de sortie qu'il demande à Gruault d'écrire : une scène d'adieux au sauvage où il lui tend une pomme à travers les grilles de l'Institut (« On parle du vieux qui n'a pas le droit de visiter le gosse. Pourquoi ne pas le filmer ? »). Mais l'enfant ne le reconnaît pas et se désintéresse de lui. Cette scène disparaît à la troisième mouture du script, résultat du travail de resserrement et de simplification effectué alors, ou effet d'une remarque assez piquante faite par Rivette à son confrère : « Rémy est bien "brave" mais sa dernière apparition (grilles, panier refusé) frôle un peu le De Sica [tout au moins : risque de...] ».

C'est aussi de la gouvernante Madame Guérin, beaucoup plus présente auprès de l'enfant dans les premières versions, que Truffaut reportera certaines scènes ou attitudes sur le personnage d'Itard. Au premier scénario, c'est Madame Guérin qui accompagne l'enfant en promenade, l'emmène régulièrement dans la maison amie, et fait même avec lui quelques exercices, tels les premiers essais d'alphabet. Toutes scènes qui seront données à Itard dont Truffaut développe la relation première avec l'enfant. Même si restent majoritaires du côté de Madame Guérin la matière et l'affect, du côté du Dr Itard l'intellect et la projection mentale de l'obstination. « Le public ne manquera pas de voir que le comportement de Itard est très différent selon que les scènes ont lieu dans son bureau ou dans la chambre de Victor. Dans son bureau, Itard est un professeur, un médecin, un expérimentateur parfois impatient. Dans la chambre de Victor, il est un père adoptif, affectueux et jovial. » S'il ajoute cette note manuscrite en marge du second traitement, il ne la mettra en pratique qu'en partie, apportant au personnage lorsqu'il interprète une plus grande réserve et une certaine raideur, et reportant dans la dernière partie du film les gestes plus affectueux envers l'enfant.

SIX IDÉES DANS UNE SCÈNE. Ce travail de report et de concentration qu'il demande à son coscénariste, Truffaut le résume d'une maxime finale à l'issue de ses notes : « Dans le nouveau travail de scénario qui va être fait, il ne s'agit pas d'augmenter le nombre de scènes, ni de modifier profondément la construction, mais seulement d'enrichir les scènes déjà existantes, de les nourrir de manière à leur donner une plus grande densité. Il ne faut jamais qu'une scène d'une minute soit créée pour y placer une idée de quinze

Les scènes de foule sont finalement réduites à leur minimum.

secondes, mais grouper quatre idées de quinze secondes dans une scène d'une minute. » Idée générale qui est pour lui une sorte de leitmotiv. Quelques années plus tard, il réclamera, presque dans les mêmes termes, un effort similaire à Claude de Givray et Bernard Revon en marge du premier scénario de *L'Agence Magic* : « Une scène ne doit pas être comme une scénette. Il faut tenir le public assis la bouche ouverte. On ne doit pas caser une scène pour caser une idée mais caser six idées dans une (longue) scène. »

Deux jours après avoir envoyé à Gruault ses remarques sur le premier scénario, Truffaut lui en adresse une deuxième série, plus globales (« Remarques générales et détails importants », à la date du 1er septembre 1965), où il revient sur ce qu'ils auraient pu oublier ou négliger. Prenant un peu de distance avec le texte du scénario, il retourne à leurs sources de départ, le journal d'Itard et le bouquin de Malson. « Une idée importante du livre a disparu : Victor raccompagnant à la porte les visiteurs dont la présence l'importune en leur tendant canne et chapeau. » Ou encore : « Je tiens beaucoup à un détail qui était dans le livre : on voyait l'enfant manger un oiseau qu'il avait tué avec ses ongles. Il ne s'agit pas de montrer la scène en entier qui serait peut-être insupportable, mais seulement la fin de la scène : les restes d'un oiseau par terre et, autour de la bouche de Victor, des plumes d'oiseau et un peu de sang. » Idée qui visiblement lui tient à cœur (dans ses premières remarques, il avait également glissé : « Il manque au début un dépeçage d'oiseau avec des plumes autour de la bouche »), et à laquelle il renoncera pourtant. Peut-être parce qu'elle n'est pas si facile à réaliser clairement, peut-être aussi parce qu'il place au début du film la scène de la lutte avec les chiens, qui illustre la capacité de l'enfant à se défendre à égal d'animalité, l'une excluant dès lors l'autre. Il laissera aussi tomber l'envie de montrer les détails matériels de l'état d'abandon du sauvage : « Sans tomber dans le film scatologique, il est important de montrer au début du film qu'il fait ses besoins n'importe où et que cela entraîne une brimade (probablement à l'asile). La scène se situerait dans le grenier et serait vue d'assez loin par un infirmier quelconque, ce qui permettrait de la filmer avec décence » S'il a résolu de ne pas s'encombrer de l'apprentissage de la propreté, c'est sans doute pour éviter des scènes finalement plutôt ennuyeuses.

Avoir laissé de côté la possibilité d'une bonne scène ou un bon ingrédient est son obsession, et en effet, il fera de certains de ces éléments de vrais rebondissements, dans un récit où ce sont les avancées ou les reculs de l'enfant qui articulent les pointes dramatiques. « Ne pas oublier l'euphorie dans le fiacre lorsqu'il se penche tantôt à une portière, tantôt à une autre », « Ne renonçons pas à l'unique invention de Victor : le porte-craie », « Ne pas renoncer à cette idée du goût de Victor pour le rangement. Un soir qu'Itard se tient assis au lit, Victor qui était couché se relève pour remettre en place un objet usuel ou un vêtement ». Pendant le tournage, Truffaut écrira à Gruault qu'il relit encore une fois les rapports d'Itard pour « récupérer certains détails », comme celui de l'invention du porte-craie.

COMMENT DRAMATISER. Lorsqu'ils sélectionnent les exercices qu'ils mettront dans le film parmi ceux décrits par Itard dans ses rapports, Truffaut et Gruault ont tendance à choisir ceux qu'ils vont pouvoir matérialiser assez simplement et dont le déroulement, éventuellement interrompu par une colère de l'enfant, pourra rester suffisamment divertissant. Ils renonceront ainsi à des exercices plus abstraits visant à faire reconnaître des figures grâce à des échantillons de couleur. Ils devront aussi, afin d'éviter les excès de complication, se passer d'une idée qui les intéressait et qu'ils ont essayé de scénariser : parvenir à montrer que l'enfant savait certes faire le lien entre un livre particulier et le dessin du livre représenté sur le tableau, mais se révélait incapable de percevoir le concept de livre en général. La scène existe encore dans le scénario de tournage, mais elle est raturée et non tournée.

Recherche d'une dramaturgie, là où l'écueil du film aurait pu être une certaine sécheresse documentaire, ou plus exactement un mouvement de répétition trop linéaire. Comme dans la plupart de ses autres récits, Truffaut cherche à faire apparaître des moments forts. Après avoir terminé son film, il soulignera à quel point il a apprécié de filmer un personnage qui semble tout faire pour la première fois. S'il ne le formule pas aussi clairement et n'y songe probablement pas de manière active et consciente au moment où il réagit au premier scénario, plusieurs de ses remarques soulignent déjà l'importance de ces premières fois : « Il y a quelque chose de très intéressant à faire avec la première paire de chaussures » ; « Il est très important de montrer qu'il déchire les premiers vêtements qu'on prétend lui faire porter » ; « Il faut montrer son refus de dormir dans un lit la première fois. Puis son accoutumance ». Plusieurs de ces premières fois peuvent ainsi devenir de petits climax dramatiques, soigneusement aménagés, en plusieurs temps, avec une réserve possible de suspense et d'émotion : la scène des premières paires de chaussures où l'enfant semble commencer par accepter de marcher seul avant de s'effondrer et de mordre ; la première parole articulée qui est en réalité un échec, car si Victor accepte de gémir le mot lait, ce n'est qu'après avoir reçu son bien et non avant (il n'a donc pas compris un des premiers usages du langage) ; la première écriture d'un mot (le mot LAIT) obtenue avec des lettres en bois que Victor commence à placer à l'envers, se contentant, non sans faire preuve de malice, de les renverser.

C'est aussi cette nécessaire dramatisation qui pousse Truffaut et Gruault à inventer la fugue finale de Victor ou, plus exactement, à en faire un événement (Itard évoque brièvement une évasion liée à une indisposition de la gouvernante qui ne peut sortir avec l'enfant, mais comme un incident sans importance). Au premier scénario, Gruault tente de faire une fin avec la scène de l'utilisation injuste de la punition. Poussé par Itard dans le cabinet noir, alors qu'il vient de réussir un exercice, Victor se révolte et montre qu'il a acquis le sentiment du juste et de l'injuste, qu'il est devenu un homme moral. Si Truffaut pense d'abord avoir là une assez bonne fin (« L'indignation de Victor et ses sanglots nous donnent un final suffisamment exaltant et dramatique »), il placera pour finir cette scène de la punition injuste avant le dernier tiers du film. Puis occupera ce dernier tiers par une dramatisation plus émotionnelle : menaces sur l'équilibre établi avec la possibilité qu'un ordre venu du ministère ôte Victor à son apprentissage et à l'affection qu'il a trouvée (c'est, au fond, une dramatisation pas si lointaine de celle qui sera exercée dans la dernière partie du *Dernier Métro* : menaces sur le théâtre Montmartre). Au deuxième traitement, parce que Madame Guérin, malade (et pas encore Itard), ne peut l'emmener en promenade, Victor fugue, ne parvient plus à vivre par ses propres forces dans la nature, et est retrouvé par les gendarmes (Mme Guérin va le chercher au commissariat, comme Cécilia et Davenne iront chercher le jeune sourd-muet de *La Chambre verte*). Truffaut rature cette scène avec les gendarmes

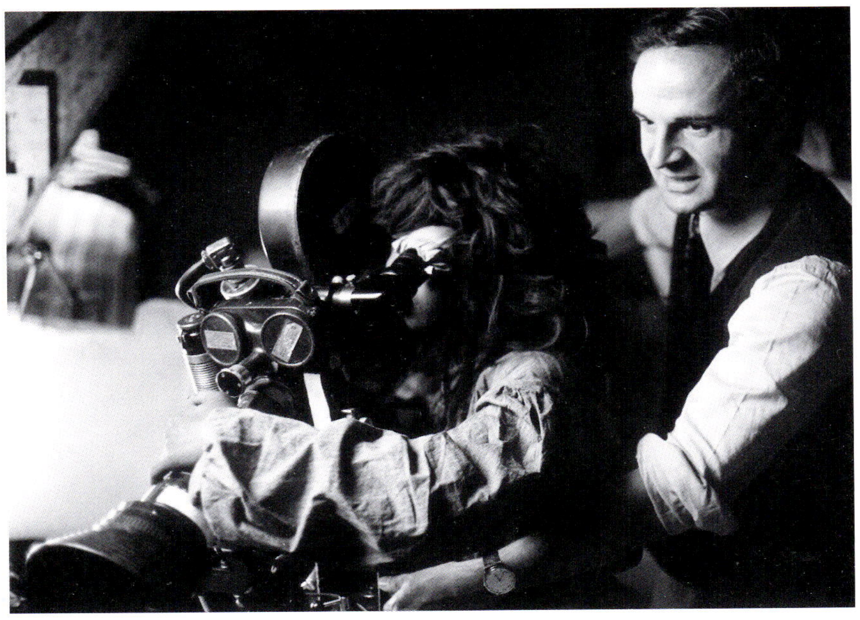

Jean-Pierre Cargol derrière la caméra.

et récrit une scène finale où l'enfant revient de lui-même. Ironie dramatique où Itard écrit dans son journal : « Je crois que nous ne reverrons plus Victor », quand une silhouette apparaît derrière la fenêtre. Le cinéaste regrettera cependant plus tard d'avoir laissé une fin suspendue (« Tantôt nous reprendrons les exercices » suivi d'une ultime fermeture à l'iris), sans donner à son public des nouvelles de l'avenir de son personnage. Ce qui l'engagera quelques années plus tard à ajouter un résumé récapitulatif à l'épilogue de l'histoire d'Adèle.

LE TRAVAIL PLASTIQUE. « Je tiens assez à une idée destinée à distraire Victor : Itard à l'aide d'un miroir promène un rayon de soleil sur les murs de la pièce. Ensuite, il donne le miroir à Victor qui en fait autant. » Lorsqu'il récapitule à l'intention de son coscénariste ce qu'il importe de ne pas oublier, Truffaut lance l'idée de pauses récréatives et de pauses visuelles. De manière peu courante chez lui, le film aura par moments un aspect contemplatif inhérent à la nature de son sujet et de son personnage. « Il faut partir du principe que tout est possible au cinéma et filmer une scène de contemplation de clair de lune (qui serait éventuellement truquée en studio). Elle doit être vue par Itard de sa fenêtre, l'enfant étant dans le jardin, peut-être accroupi dans un arbre. Bien qu'il s'agisse d'une scène visuelle, comme une reconstitution de gravure, il faudrait quand même trouver un ou deux détails pour animer ce tableau. » Il y ajoutera simplement, outre la tension du regard d'Itard à la fenêtre, le balancement joyeux, puis apaisé de l'enfant sous la lune. Première collaboration du cinéaste avec Nestor Almendros, *L'Enfant sauvage* est un des films de Truffaut où le travail plastique est particulièrement soigné : travail du noir et blanc, des jeux de lumière aussi bien en intérieur qu'en extérieur, précision des dispositifs et des plans-séquences, où reviennent fréquemment des jeux d'encadrement (miroirs, fenêtres, utilisation des avants et des arrières-plans intérieurs et extérieurs), soin des débuts et des fins de scène (comme pour la première apparition d'Itard, très stylisée : il entre dans le champ par la gauche en présentant son profil gauche jusqu'à la fin du plan qui s'achève sur son profil droit tourné vers la fenêtre, alors qu'il se perd dans des pensées relatives à la découverte du sauvage. Précision aussi, alliée à la beauté plastique, de certaines combinaisons de mouvement : au début du film, lorsque l'enfant s'installe en haut d'un grand arbre, la caméra recule lentement, libérant l'espace, jusqu'à un plan contemplatif très large et presque lyrique. Presque au même instant, et selon le mouvement inverse, une fermeture à l'iris vient doucement encercler l'enfant et referme sur lui le regard du spectateur. Cette mobilité discrète et constante de la caméra (sur les décors vides par exemple, le plan est rarement fixe, l'Institut des sourds muets est découvert ainsi par un zoom arrière qui part du bassin jusqu'à une vue élargie du jardin), est une façon de capter le spectateur. Almendros, qui vient de travailler avec Rohmer pour *Ma nuit chez Maud*, doit s'adapter à cette façon de tourner en mouvement bien que de manière presque invisible : « Pour moi, c'était très difficile parce que je n'avais jamais fait de *travelling* et au cadre, dans un film de François, c'est un peu comme jouer au flipper : vous perdez un personnage, vous en rattrapez un autre pendant que la caméra elle-même se déplace. » Il soutient Truffaut dans son désir de retrouver certains effets du cinéma muet et dégotte pour lui, chez un loueur, un vieil appareil de fermeture à l'iris, « vestige antédiluvien », qui, en évitant l'artifice de la truca, leur donne un rendu visuel plus rond et plus doux. Se substituant aux « séquences Visconti », l'iris, qui vient fermer ou rouvrir de nombreuses scènes, apporte cette sensation de recul dans le temps qui permet d'éviter les scènes décoratives à costumes. Il donne leur rythme aux ellipses et concentre notre regard vers l'enfant sur lequel il vient souvent se refermer.

LE RAPPORT RIVETTE. C'est peut-être sur la mise en scène que Truffaut écoute le moins Rivette, dont il sollicite l'avis et qui lui remet sur la version longue de son scénario un rapport circonstancié qui l'aidera à faire plusieurs choix assez radicaux. Si la méthode du ping-pong lui permet de garder habituellement un certain recul et de redécouvrir comme à neuf le scénario dont il reçoit une nouvelle mouture, un œil extérieur avisé peut lui être tout aussi précieux. Rivette lui fait d'abord remarquer que le scénario semble se composer de deux parties : tout ce qui précède le moment où Itard recueille l'enfant chez lui, puis l'expérience d'apprentissage menée par Itard. « Première observation : le scénario se divise en deux parties très distinctes ayant chacune sa propre logique, son propre système : dans un film italien, on lirait au milieu de la page 80 "*Fine del primo tempo*" De ces deux parties, la seconde est, évidemment, le vrai film. » Une seconde partie qui impose selon lui « sa logique et sa cohérence », alors que ses réserves ou ses réticences portent toutes sur les quatre-vingt premières pages. Faut-il, demande-t-il à son confrère, considérer la première partie comme un énorme prologue ou au contraire affirmer son autonomie ? Faut-il passer d'un film à l'autre insidieusement ou en renforçant l'opposition entre les deux parties ? Question que Truffaut règlera en réduisant et resserrant considérablement le début du film, jetant sans regret aux orties les « séquences Visconti » qu'il avait pourtant réclamées. Il rebondit aussi sur une autre remarque de Rivette qui lui conseille de resserrer le récit autour de l'enfant : « C'est l'enfant qui est "intéressant" et rien d'autre que par son rapport à lui – ceci valant aussi pour Itard. Tout ce qui ne le concerne pas directement distrait ou ennuie. » Dans son ultime version de scénario, Truffaut élimine les derniers intermédiaires, supprimant les conversations des paysans, les avis du maître d'école ou d'un pasteur, ou l'examen du médecin Bonnaterre. (« En fait, tous sont des "doubles" d'Itard et se bornent à le relayer », note incidemment Rivette à la fin de son rapport), et fait arriver la première apparition d'Itard qu'intéresse le cas du jeune sauvage de l'Aveyron à moins de dix minutes de son film. Selon Rivette, la question que soulève l'enfant (est-il animal ou humain ?) est le « seul intérêt que l'on doit attendre du spectateur futur – qui est mis devant l'enfant presque exactement dans le même rapport que successivement Rémi, le pasteur, etc. jusqu'à Itard (qui est véritablement sinon "le premier spectateur" du moins son délégué – comme, toutes corrections faites, James Stewart dans *Rear Window*). » Remarque dont on peut se demander dans quelle mesure elle a influencé ou non Truffaut dans sa décision d'interpréter lui-même, au lieu de le donner à un intermédiaire, le rôle du Dr Itard.

L'avis de Rivette est également déterminant pour l'utilisation que fera Truffaut du journal d'Itard, élément constitutif qui fait avancer le récit, lui donne de la profondeur et de l'élan. Un temps curieusement hésitant (alors que cet usage du journal, de la course de l'écriture comme de la parole d'Itard, n'est pas si éloignée que cela de la manière dont il s'est servi du commentaire dans *Jules et Jim*, ou dont il s'en servira dans *Les Deux Anglaises et le continent*), Truffaut se demande s'il ne devrait pas réduire l'importance du journal. À moins que cette question posée en bas

Tournage de la scène de la « punition injuste ».

d'une page du scénario n'ait été surtout un leurre destiné à éviter les inquiétudes des financiers susceptibles de lire le projet (Truffaut prévoit d'insérer cette note en bas d'une page où Itard écrit son journal : « À partir de maintenant, on retrouvera souvent cette indication : sur le cahier de Jean Itard. Le lecteur ne doit pas s'inquiéter de cette forme de narration qui sera abrégée et assouplie par la suite. Ces fréquents mais très brefs recours au commentaire rythmeront le récit, et leur effet final sur l'écran sera aussi neutre que les fondus enchaînés qui ponctuent généralement les histoires très étalées dans le temps »). Quoi qu'il en soit, Rivette déconseille fermement à Truffaut d'atténuer le recours au journal et lui recommande au contraire de l'utiliser comme « principe structurel » : « C'est légitimement qu'elle [la seconde partie] est tout au long non seulement commentée, mais commandée par le Cahier d'Itard (donc, contrairement à la note de la page 80, je ne pense pas que celui-ci doive être progressivement "gommé" : il faut au contraire insister sur lui comme principe structurel nécessaire. [...] L'acquisition (suspendue) de la parole / écriture est le moteur du récit : je crois qu'elle doit être aussi son principe formel. Donc, l'entrée de la parole, puis de l'écriture, doivent être des tournants du film. » Rivette préconise donc de retarder au maximum l'arrivée de la parole dans le film : « La plupart des phrases des chasseurs sont inutiles : des gestes suffisent, ou quelques grommellements en patois indistinct, voire inventé, comme Audiberti ou Dubillard. » Conseil que suit Truffaut, sans aller jusqu'au patois inventé. Mais il rend suffisamment indistinctes les interjections des chasseurs pour faire coïncider, juste après la capture de l'enfant, la première parole intelligible et distincte avec l'apparition d'Itard. Apparition qu'il filme, dans l'intérieur calme d'une maison par contraste avec la nature où le jeune sauvage combat pour survivre, en lui associant une figure de l'intelligence et de la raison, puisqu'il démarre le plan en montrant au mur une planche anatomique qui représente la coupe d'un cerveau. En mêlant aussi élan de la pensée et mouvement puisqu'il se filme marchant à travers la pièce qu'il parcourt en lisant l'article qu'il vient de découper sur la découverte du sauvage. Pour la deuxième apparition d'Itard, il fait succéder une image ordonnée (Itard qui écrit, alors que la caméra recule pour découvrir la pièce vide et paisible autour de lui) à une image grouillante (l'enfant au village se débattant au milieu des curieux).

TRUFFAUT SERA ITARD. Car, en revanche, Truffaut ne suivra pas Rivette dans ses recommandations de mise en scène. Récusant à l'avance tout faux parti documentaire, ou principe de tournage fondé sur le « pris sur le vif » ou voulant en donner l'illusion, Rivette imagine une « mise en scène très apparente, explicite (découpage, cadrage, montage de plans fixes plutôt que plans séquences et caméra souple ; jeu d'acteurs plastiques plutôt que naturels) : plus près d'Hitchcock, voire de Murnau, que de Renoir ou de Rossellini ». Au contraire, Truffaut, sans jamais chercher à donner une illusion documentaire, fait le choix d'une caméra mobile qui accompagne le plus souvent possible les déplacements des comédiens dans des mises en place souvent discrètement stylisées. Truffaut donnait ainsi une des raisons de son passage devant la caméra dans le film : « Souvent je m'étonne de ce que les comédiens ne profitent pas de toute la chance qu'on leur donne. En particulier en ce qui concerne l'occupation de l'espace. Cela m'a toujours frappé. Lorsque vous dites à un comédien : "Vous avez une longue scène, vous pouvez parler et aller de la fenêtre à la porte", il quittera la fenêtre, mais n'ira pas tout à fait jusqu'à la porte. Je trouvais ça bizarre, car, visuellement, c'est plus stimulant. On couvre plus de champ, tout est plus vrai. Alors, j'en ai profité pour passer à l'action. » Choix qu'il fait aussi afin de supprimer les intermédiaires entre lui et l'enfant, avec qui le Dr Itard est déjà dans une position de metteur en scène. Sans négliger, ainsi que le souligne Jean Gruault, les « raisons de pognon », étant donné le très petit budget du film. Truffaut attend d'ailleurs le dernier moment, quasiment le fait accompli, pour parler à son complice, avec qui il avait évoqué assez vaguement les noms de Charles Denner ou de Serge Rousseau, de sa décision de jouer lui-même Itard. « Pardonne-moi d'avoir fait le cachottier à propos de mon interprétation du rôle d'Itard, je tenais à garder ça secret jusqu'au dernier moment et j'espère que tu ne seras pas déçu par mon amateurisme », lui écrit-il, le 1er août 1969, alors qu'il en est presque à la moitié du tournage. De même qu'il ne cherche pas habituellement à avoir recours à des acteurs expressifs, il joue lui-même le plus simplement, de la manière la plus neutre possible. L'intensité, cet emportement continu qui anime le personnage, est dans la voix, qu'il fera souvent chevaucher d'une scène sur l'autre, dans l'alliance de la parole et du mouvement. Pendant les mises en place, il définit le cadre et les déplacements à la caméra, tandis que Suzanne Schiffman lui sert de doublure. « Quand il jouait, il était plutôt moins inquiet, racontait-elle. *L'Enfant sauvage* a été un tournage délicieux, sans grandes tensions, sans grandes angoisses, *La Chambre verte* a été un tournage d'une grande gaieté. Il était inquiet avant le tournage, au moment d'aller chez le coiffeur, d'essayer son costume… Il avait des angoisses d'acteur, en plus des angoisses de metteur en scène, c'était comme si les unes remplaçaient les autres. » « Il est vrai que jouer l'austère Dr Itard m'a rendu très heureux et donné en même temps l'impression de dominer complètement le tournage », écrira-t-il à Jean-Loup Dabadie en 1971. Jean-Pierre Cargol, qui joue l'enfant, est un jeune gitan, repéré dans une rue de Montpellier par Suzanne Schiffman, que Truffaut, après avoir renoncé à sa première idée de faire jouer le sauvage par un jeune danseur, un « Noureev enfant », a envoyé dans le Sud guetter les sorties d'école. Truffaut a raconté l'avoir dirigé très simplement, par comparaisons : « Pour les regards, je lui disais : "comme un cheval". Je lui ai mimé Harpo Marx quand il fallait exprimer l'idée d'émerveillement avec les yeux ronds. » Les quelques décors annexes à la maison (la forêt, le pont de pierre sur la rivière, la maison amie) sont tous dans un périmètre restreint et le tournage est à la fois concentré et détendu. Les enfants de Suzanne Schiffman sont parmi les petits paysans qui chahutent le sauvage lors des scènes familiales du début. Catherine Deneuve rend visite au cinéaste sur le tournage, Claude de Givray et Bernard Revon y passent également quelques jours, pendant lesquels Truffaut travaille avec eux, changeant de casquette le soir pour passer de comédien et metteur en scène à scénariste et revoir le texte de *Domicile conjugal* qu'il va tourner pendant l'hiver, quelques mois plus tard. Lorsque sont tournées à Paris les scènes de l'Institut des sourds-muets, Jean Gruault vient jouer le rôle d'un visiteur mécontent qui s'étonne de l'apathie de l'enfant et s'exclame : « Si j'avais su, j'aurais amené les enfants. »
Lorsque le film sort, à la fin du mois de février 1970, Truffaut, qui tourne *Domicile conjugal* jusqu'en mars, suit sa promotion avec une attention toute particulière. Il réagit au matériel susceptible d'attirer le public dans les salles (Truffaut est coproducteur et le succès de ses films lui importe aussi à ce titre) avec la même exigence qu'il applique à toutes les étapes de son travail. La même causticité rageuse qui l'oppose parfois à ses co-scénaristes l'anime face à une affiche qui lui paraît inefficace : « J'ai bien reçu l'affiche et je pense qu'elle est désastreuse. À mon avis, il fallait une affiche très populaire et très figurative à la manière de la couverture de Fleuve noir, illustrant une espèce de Tarzan adolescent. Jean-Pierre sus-

pendu à une branche dans une forêt réelle, c'est bien là ce qui convient au public pour l'exploitation en profondeur, c'est-à-dire là où le choix du film à aller voir s'effectue en fonction du matériel publicitaire et non de la réputation du film. Au lieu de quoi, nous avons une affiche qui ne " parle " pas, faussement artistique avec un personnage qui n'est ni une fille, ni un garçon, mais surtout pas un sauvage... » Dès qu'il se rend compte que le film a une chance de très bien marcher, Truffaut n'hésite pas à surenchérir. À l'issue des premières semaines d'exclusivité, il insiste auprès de son interlocuteur des Artistes associés, pour que l'exploitation soit relancée par la parution d'encarts publicitaires dans les journaux, le coût lui semblant en valoir largement la chandelle, d'autant qu'il a remarqué que le film fonctionnait encore mieux les jours fériés : « L'exploitation de *L'Enfant sauvage* est particulièrement bénéfique le jeudi et le dimanche, or la semaine prochaine qui sera la neuvième semaine d'exclusivité, nous avons du jeudi 30 avril au dimanche 3 mai quatre jours fériés consécutifs pour les enfants et aussi, pourquoi ne pas le mentionner dès maintenant, l'espoir d'une onzième semaine d'exclusivité comportant également plusieurs jours fériés. Et, selon moi, il est indispensable de rappeler dans les principaux quotidiens parisiens, l'existence de ce " film adulte où vous pouvez amener vos enfants " et cela jeudi, vendredi, samedi et dimanche. » Prêt à de nombreux déplacements pour soutenir le film au cours du printemps et de l'été 1970, il propose à ses interlocuteurs de préparer la sortie du film en faisant partir un bouche à oreille de certaines catégories de public réceptives au film. « L'expérience a montré que les catégories de spectateurs les plus directement intéressés étaient : a) les enseignants – b) les médecins – c) les catholiques », écrit-il au représentant des Artistes Associés de Marseille. Et pour la sortie au Japon : « Notre expérience en France concernant l'exploitation de ce film nous a montré qu'il pouvait être très commercial si l'on prenait soin de faire un grand travail de promotion avant la sortie du film en multipliant les projections pour a) les directeurs et rédacteurs de journaux d'enfants ; b) les directeurs d'école et les professeurs ; c) les milieux médicaux. » Quitte à passer par une certaine insistance didactique, c'est l'opiniâtreté d'un cinéaste à rendre ses films vus et pour qui le travail du film ne s'arrête pas à sa fabrication.

À travers la fenêtre et en plan-séquence, le retour inespéré de l'enfant.

Domicile conjugal (1970). «Quand je travaillais avec lui sur des scénarios, il disait : "Il faut avoir la haine de l'information directe". Le plus proche de lui, finalement, c'est peut-être Lubitsch.»

Ainsi que le rappelle Claude de Givray, *Domicile conjugal* se présente comme une suite de tentatives de réponses à cette quête du récit indirect : comment montrer qu'ils sont mariés ? Comment montrer qu'elle attend un enfant ? Comment apprendre à Antoine Doinel qu'il est le père d'un petit garçon ? Comment Christine va-t-elle faire savoir à son mari qu'elle a compris que son mari la trompe avec une femme japonaise ?

Truffaut se lance dans *Domicile conjugal* sur le conseil d'Henri Langlois, qui lui dit, à la sortie d'une projection de *Baisers volés*, son désir de revoir le couple marié, abordant les débuts de la vie conjugale. Le 1er septembre 1968, alors que *Baisers volés* doit sortir une semaine plus tard, il écrit à Lucette de Givray, sa secrétaire et l'épouse de son coscénariste : «Les projections privées de *Baisers volés* marchent très bien, avec un succès inespéré ; si le public suit le mouvement et que le film se rembourse, je demanderai un de ces jours à Claude [de Givray] et Bernard [Revon] de m'aider à continuer la série : la vie conjugale d'Antoine Doinel (hum, hum... de plus en plus difficile), Antoine, père de famille, etc.». Il travaillera avec ses deux complices au printemps et pendant l'été 1969, leur demandant de faire, comme pour leur précédent film, un travail d'enquête préparatoire, de collecte du «petit fait vrai», auprès de fleuristes, d'entreprises américaines installées en France, etc. Plusieurs scènes du film en seront directement issues, dont certaines qui peuvent paraître moins essentielles, mais n'en sont pas moins savoureuses, comme celle où un jeune alcoolique interprété par Philippe Léotard, auquel Truffaut donne son premier rôle, vient «chercher la bagarre» dans la cour de l'immeuble, anecdote racontée aux scénaristes par un patron de bistrot.

Le matelas change de pièce. Répétition de la grande scène de dispute conjugale.

À droite, dans l'appartement du quatrième étage au dessus des locaux des Films du Carrosse où sont tournées les scènes du domicile conjugal, François Truffaut, Suzanne Schiffman, Claude Jade et Nestor Almendros.

Truffaut avait pensé un temps commencer son film par un retour sur «l'homme du définitif» (Serge Rousseau) qui déclarait sa flamme à Claude Jade à la fin de *Baisers volés*. Il était intéressé par l'histoire d'un type qui s'était suicidé dans son village, en montant sur un toit, puis en se dépouillant de tous les signes de sa réussite sociale (lunettes, montre, chaussures), avant de se jeter nu du toit. Il avait pensé du coup ouvrir le film par le suicide de «l'homme du définitif», avant de renoncer à cette idée un peu acide, et de démarrer plus franchement en comédie. Il aurait voulu trouver une astuce pour présenter au public le mariage de Claude Jade avec Jean-Pierre Léaud, ou autrement dit Christine avec Antoine, et parlait avec admiration à ses scénaristes d'un film de Lubitsch (*Une Heure près de toi*), où, à la suite d'une rafle policière à Hyde-Park pour ramasser les couples qui y font l'amour, on découvre que deux personnes sont en réalité mari et femme. L'invention du scénariste Samson Rapharlson, de ces deux personnages se comportant comme des célibataires, alors qu'ils sont mariés, l'amusait beaucoup. «Nous éviterons une exposition au sens traditionnel du mot, c'est à dire documentaire et antidramatique. Nous chercherons plutôt à faire savoir au public d'une façon amusante : a) qu'Antoine est marié ; b) que son métier consiste à teindre des fleurs», recommandait-il à ses coscénaristes en tête d'une liste de notes qu'il rédige à leur intention avant l'écriture du scénario. Mais c'est en tournant qu'il renforce sa scène d'ouverture : il préfère que Christine, dont il ne cadre d'abord que les jambes et le violon qu'elle porte à la main, réponde immédiatement et triomphalement : «Pas Mademoiselle, Madame» au commerçant qui s'adresse à elle comme à une jeune fille. Le scénario retardait en effet légèrement l'information jusqu'à l'entrée de Christine dans la cour où l'on aurait entendu la concierge l'appeler Madame.

Truffaut regrettait de n'avoir pas utilisé davantage l'étui à violon de son personnage. Il sollicite ses coscénaristes : «Je voudrais beaucoup trouver deux ou trois gags concernant l'étui à violon (à un certain moment du film Christine se servirait de l'étui comme d'une valise en entassant dedans du linge de nuit autour du thème "Je retourne chez ma mère", mais il reste à trouver la raison qu'elle fasse cela et la façon dont on s'en apercevrait.» Alors que le torchon brûle, Antoine en sortira une fine combinaison, découvrant en effet que Christine, qui prétend partir donner une leçon de violon la nuit venue, y a caché quelques affaires avec l'idée d'aller passer la nuit à l'hôtel. Mais le cinéaste aurait aimé parvenir à quelques variations supplémentaires : «Je voulais obtenir quelque chose de drôle avec le violon et je ne l'ai pas trouvé. La fille s'en sert la nuit pour faire

Premier jour de tournage de Claude Jade qui relève d'une jaunisse et commence, couchée, par les scènes à la maternité. Répétitions avec Jean-Pierre Léaud.

sa valise, c'est tout. Je me disais tout le temps que Lubitsch aurait fait des merveilles avec le violon». C'est dans un autre film qu'il trouvera à nouveau comment détourner l'emploi explicite de l'étui à violon : lorsque le régisseur du théâtre y enfermera le jambon acheté par Catherine Deneuve dans *Le Dernier Métro*.

Du côté des astuces scénaristiques, Truffaut n'est réellement content que de la scène où Christine révèle à Antoine qu'elle a compris, en se déguisant avec vaillance en japonaise. D'autant qu'il a, au moment de la tourner, l'idée de la pousser jusqu'à montrer des larmes qui coulent sur le visage de son personnage («Elle a des larmes», note-t-il en marge de son script de tournage). Il se donne ainsi le plaisir de jouer avec le spectateur jusqu'au bout : lui faire partager la surprise d'Antoine, le faire profiter du gag, et le replacer du côté de Christine, dont l'émotion ressurgit sous la provocation. «Je savais que les gens riraient, mais alors je le fais avancer, lui, dans la pièce et je fais un travelling sur elle et, quand on arrive en très gros plan, on voit qu'il y a une larme sur son visage à elle, et le rire se bloque, les gens ont honte d'avoir ri. J'ai pensé que cette larme serait le point fort, parce que ça ferait une sorte de douche écossaise.» Une fois déguisée en geisha (c'est elle qui a l'idée de se glisser deux aiguilles à tricoter dans le chignon), Claude Jade ne parvient pas à pleurer dans l'atmosphère rigolarde du plateau. Suzanne Schiffman lui souffle la fumée de sa cigarette dans les yeux, jusqu'à ce que vienne une seule, mais vraie larme. Truffaut était plutôt satisfait aussi, somme toute, du gag des tulipes qui s'ouvrent en laissant échapper les petits billets d'amour écrits à Antoine par sa maîtresse japonaise. Il avait pourtant longuement hésité, car il trouvait que l'idée n'était pas crédible. Bernard Revon se souvenait que Truffaut lui avait beaucoup résisté. «Pour les scènes, les détails, on parlait en termes d'achat : "Ah, Bernard, j'achète pas vraiment ça"». Dès lors qu'il l'adopte, Truffaut n'hésite pas à pousser l'artifice en accélérant, puis en figeant l'image au moment où tombent les petits mots, figeant aussi quelques secondes le plan où Christine se retourne, bouche ouverte de stupéfaction. De même qu'il n'hésitera pas à introduire dans un film qu'il voit comme un peu expérimental, un plan représentant un jardin japonais agité par l'orage (l'effet étant fabriqué au son), juste après une déclaration faite par sa maîtresse à Antoine : si elle se suicide un jour avec quelqu'un, elle aimerait que ce soit avec lui. Scénario «pense-bête» d'à peine une centaine de pages (c'est ainsi que Claude de Givray caractérise certains scripts de Truffaut, disant qu'il y inscrivait surtout ce qu'il ne voulait pas oublier), le script de *Domicile conjugal* laisse le dialogue d'un certain nombre de scènes à l'inspiration du tournage. Notamment les scènes conjugales, dont le contenu et la direction sont souvent esquissés, mais restent parfois à remplir. Truffaut laisse ainsi son scénario ouvert, quand Antoine et Christine rentrent chez eux après un premier dîner chez ses parents : «Le couple est entré dans l'appartement. Christine pousse le verrou... Ici viendra une scène à la fois inutile et essentielle décrivant le bonheur conjugal.» Il y inventera, alors qu'il montre Christine au lit sous la photo du danseur Noureev, un dialogue où Antoine, venu la rejoindre, découvre que l'un de ses seins est plus petit que l'autre, et les surnomme Don Quichotte et Sancho Pança. Il partage avec son personnage féminin la fascination qu'il lui fait éprouver pour le célèbre danseur et précisera ses intentions dans le texte d'une préface à un livre sur Noureev qu'il écrit en 1973 : «Antoine Doinel trompant sa jeune femme avec une très belle femme japonaise qu'il idéalisait, j'ai pensé que l'équilibre ne pouvait être créé qu'avec Noureev, c'est à dire un homme qu'il n'est même pas nécessaire d'idéaliser pour le faire accepter de tous comme exceptionnel.» Voyant en Noureev le comédien qui aurait pu être l'interprète idéal de Gaspard Hauser, «une créature surgie de la nuit des temps, la seule personne qui pourrait plausiblement jouer un homme préhistorique», ou encore «un homme qui ne semble pas avoir besoin des autres hommes pour exister», il ajoutera avoir «pensé également à lui en tournant *L'Enfant sauvage* et même en dirigeant Stacey Tendeter dans *Les Deux Anglaises et le Continent*, ou encore en dirigeant les scènes de tournage musicales dans *La Nuit Américaine*».

Le dialogue d'autres scènes de couple est développé et récrit au tournage. Ainsi la grande scène où Christine déballe son sac, fait le bilan de leur sépa-

ration, cadeau de Truffaut à Claude Jade, qui y est d'une extrême justesse, et qu'il termine en la chargeant d'exprimer une autocritique un peu amère des *Quatre Cents Coups* : « Tu sais, j'aime pas tellement cette idée de raconter sa jeunesse, de critiquer ses parents, de les salir. Je suis assez ignorante, je sais, mais je suis certaine d'une chose, c'est qu'une œuvre d'art ne peut pas être un règlement de compte ou alors ce n'est pas une œuvre d'art. » D'après ses scénaristes, Truffaut n'hésitait pas à expérimenter les scènes dans sa vie personnelle. « Il testait les scènes de rupture, il était parfois capable de créer de toutes pièces un conflit, un incident pour avoir une bonne scène. » Il empruntait sans aucun doute beaucoup à celles qui ont compté dans sa vie. Pour la scène finale, précédant la réconciliation au moins provisoire du couple, où Antoine appelle Christine du restaurant où il s'ennuie avec sa maîtresse, le contenu du dialogue est tout juste résumé au scénario : « Il exprime à Christine son intention, ce soir, de laisser le diner s'enliser si Kyoko, comme d'habitude, se contente de lui adresser des sourires, autrefois énigmatiques mais qu'il juge aujourd'hui plus sévèrement. » Truffaut le rédige entièrement dans les marges de son exemplaire de tournage : « Chaque minute compte triple, j'ai l'impression d'être

Antoine écrit un roman dont le titre sera donné dans *L'Amour en fuite*, *Les Salades de l'amour*.

dans ce restaurant depuis ce matin [...] On a fini la viande, elle a voulu du fromage... bon, il faut que j'y retourne... Si elle prend du dessert, je me suicide, salut ». Truffaut disait avoir voulu faire *Domicile conjugal* en réponse à *La Peau douce*, dont l'insuccès l'avait laissé malheureux, incertain de ce qu'il avait tenté de faire : « Je me suis dit : "Je vais refaire le même film et je vais montrer qu'on peut dire tout cela en riant au lieu de rester trop crispé". C'est ce qui explique que vous retrouviez des scènes très semblables, des ressemblances énormes entre ces deux films, parce que le second est un "remake" gai, et puis, finalement, *Domicile conjugal* a été terminé, et à ce moment-là, j'ai trouvé qu'il était triste lui aussi... »

Le tournage de *Domicile conjugal*, enchaîné très vite après les finitions de *L'Enfant sauvage*, de fin janvier à la mi-mars 1970, n'est, contrairement au précédent, pas très heureux pour le cinéaste, qui en gardera le souvenir d'une mauvaise ambiance. Chez Nestor Almendros, qui entame son deuxième film avec Truffaut et qui estimera que le film sera le plus ingrat visuellement de ceux qu'ils ont tournés ensemble, c'est le même

Comment Christine montrera-t-elle à Antoine qu'elle a compris pourquoi il lit un livre consacré aux femmes japonaises ?

Page de droite : déclinaisons japonaises.

son de cloche. « Tourner une comédie en hiver est particulièrement difficile. Les jours sont courts, il faut filmer rapidement pour ne pas perdre les heures favorables à la lumière. Dans la cour où se passe une grande partie du film, la température était inférieure à zéro. Les acteurs devaient être habillés en tenue printanière. Jean-Pierre Léaud et Claude Jade étaient transis, tandis que les membres de l'équipe s'étaient emmitouflés de tricots et de manteaux ! Tourner dans de vrais maisons réduit les espaces. La caméra et toute l'équipe, nous étions toujours confinés dans un coin. Tout cela agissait sur Truffaut qui était plus nerveux que pour ses autres films. » Truffaut soigne pourtant ses déplacements de caméra, reprenant chaque fois que possible le principe des plans longs accompagnant discrètement le mouvement des personnages. « La caméra était toujours montée sur roues, précise Nestor Almendros, et nous procédions par petits recadrages, prenant généralement les interprètes en plan moyen, un peu comme dans les comédies américaines classiques ». La scène de séparation où Christine veut rendre à Antoine le petit Balthus qu'il lui a offert, et où l'un et l'autre circulent en parlant dans l'appartement, est ainsi filmée en un plan séquence invisible et naturel de trois minutes, des premiers instants où l'on découvre Antoine jouant avec son fils, à leur sortie vers l'escalier. Dans la cour, la caméra monte des fleurs traitées par Doinel à la fenêtre du vieil homme qui ne sortira pas de chez lui tant que les cendres du Maréchal Pétain ne seront pas transférées à Douaumont, puis redescend pour découvrir les fleurs devenues rouges. Ce mouvement est alors suivi en continu d'un travelling arrière qui saisit le patron du café sortant de l'immeuble, rattrape Antoine entrepris par Ginette, la serveuse qui rêve de le mettre dans son lit, puis, découvre, en suivant le départ de Ginette, la concierge et un gamin, le petit Christophe, avant de s'attacher à l'entrée en scène d'un nouveau personnage (le petit homme criard, interprété par Ernest Menzer, que Truffaut reprendra dans *La Nuit américaine*), puis de revenir vers Antoine à son stand. Chassés-croisés d'une vie reconstituée saisie par des mouvements de caméra englobants et à peine perceptibles.

De l'ambiance difficile du tournage, Truffaut gardera cependant la certitude que, pour ses prochains films, il lui faut fuir Paris, qui « n'est pas un lieu favorable créativement ». Certain de n'obtenir la mobilisation émotionnelle de tous qu'au prix de la séparation d'avec les familles et les habitudes, il organisera dorénavant ses tournages en province, aux seules exceptions de *L'Amour en fuite* et du *Dernier Métro*.

LA VIOLENCE DE L'EXORCISME

LES DEUX ANGLAISES ET LE CONTINENT

LES DEUX ANGLAISES ET LE CONTINENT (1971). « Amour, amour. Les chiens sont lâchés. Ils galopent dans le cœur de Claude. » Au début de l'année 1971, à la suite d'une rupture amoureuse suivie d'une soudaine et violente dépression, Truffaut se jette avec fièvre et précipitation sur un film qu'il n'avait pas prévu de tourner, tout au moins certainement pas si tôt, et où il conjure sa souffrance.

Les interprètes des deux sœurs croquées par Kika Markham pour Truffaut pendant le tournage des *Deux Anglaises*.

Il fait des *Deux Anglaises et le continent* un film à la fois lyrique et cru, traversé par les emportements et les douleurs de la passion, où il dira s'être rendu compte avoir « voulu presser l'amour comme un citron ». Le film est tout entier placé sous le signe de l'asynchronisme des sentiments, comme le sera plus tard *La Femme d'à côté*. « Nous avons changé de place, comme au jeu de chaises », écrira Muriel à Claude. Sur la page de garde de son exemplaire de tournage, Truffaut récrit ces quelques phrases qu'il a fait dire *off* à Jeanne Moreau pendant le noir du prégénérique, avant que n'éclatent les premières images de *Jules et Jim* et qui viennent du roman « *Deux Anglaises et le continent* » :

« Tu m'as dit : je t'aime
– Je t'ai dit : attends
– J'allais dire : prends moi
– Tu m'as dis : vas t'en ».

Au début de l'année 1968, il se décide à confier à Jean Gruault une tentative d'adaptation du roman qu'il relit fréquemment depuis que Henri-Pierre Roché le lui a envoyé dix ans auparavant. C'est le deuxième roman de Roché, publié en 1956. Celui-ci s'est replongé, après *Jules et Jim,* dans ses années de jeunesse et sa rencontre avec deux sœurs anglaises passionnées et puritaines, en y insérant sans presque le retoucher, le texte des lettres et des journaux intimes que tous trois échangeaient au début du siècle. À partir de novembre 1967, Truffaut cherche à acquérir auprès de Gallimard les droits du roman (il y parviendra en 1969). À la fin du mois de février 1968, alors qu'il est en plein tournage de *Baisers volés* et en pleine affaire de la Cinémathèque, il envoie à Gruault les carnets d'Henri-Pierre Roché, dont il a fait dactylographier de larges parties avec l'accord de la veuve de ce dernier, demandant à son coscénariste de s'en servir et s'en inspirer pour son premier travail d'adaptation. Il les accompagne de cette lettre datée du 27 février 1968.

« Mon cher Jean,
Lucette va te remettre les carnets d'Henri-Pierre Roché. J'espère qu'ils te passionneront autant que moi. Je te demande pourtant de garder le secret absolu sur cette lecture qui doit rester absolument confidentielle.
Je t'indique par commodité que Muriel est généralement désignée sous le nom de « Nuk » tandis que Anne apparaît sous le surnom de « Mauve ».

Anne (Kika Markham) et Claude (Jean-Pierre Léaud) : « Je veux devenir du feu ».

Cependant si tu lis attentivement, tu te rendras compte que parfois les surnoms se transforment en cours d'aventure.
Sur l'exemplaire que Lucette va te donner, tu peux cocher au crayon tout ce qui te paraît intéressant ou ce dont tu voudrais que nous reparlions ensemble. Je serais à ta disposition quelques jours début avril pour en discuter.
Amitiés.
La rencontre entre H.P. Roché et les deux sœurs est antérieure à la rédaction quotidienne du journal ; mais on retrouve la suite, l'aventure avec Mauve qui épouse Mouf et Nuk qui vient plusieurs fois à Paris… »

UN SCÉNARIO MONSTRE. Aux carnets s'ajoutent un exemplaire du roman que Truffaut a annoté en soulignant les phrases et les situations qu'il a envie de retrouver, ainsi que la possibilité d'utiliser des extraits du roman *Jules et Jim*. À partir de ce matériel énorme, Jean Gruault s'acharne : « J'ai beaucoup de mal avec *Les deux Anglaises* (autant qu'H.P.R. en a eu pour avoir Nuk) », écrit-il à Truffaut en janvier 1969. Puis il livre une première version de scénario surabondante dont la longueur effraie le cinéaste : 552 pages dactylographiées et 222 scènes, presque six heures de film. Celui-ci enferme donc provisoirement le projet dans un tiroir.

Pages précédentes : Stacey Tendeter et Kika Markham.

Après le tournage de son dixième film, *Domicile conjugal*, qu'il termine en mars 1970, Truffaut sort d'une période de suractivité et ressent le besoin de faire une pause. Il vient de tourner en quatre ans six films, dont les trois derniers, *La Sirène*, *L'Enfant sauvage* et *Domicile*, en l'espace d'un an, de début 1969 à début 1970. Il affirme n'avoir pas de projets de tournage avant 1972, et souhaite s'occuper de divers projets éditoriaux, conjointement en France et aux Etats-Unis : faire éditer les scénarios de la série Doinel, réunir ses propres articles écrits dans *Arts* ou dans *Les Cahiers du cinéma*, compléter et aménager pour la publication le *Jean Renoir* laissé inachevé par André Bazin. Il consacre beaucoup de temps et d'énergie à la promotion à l'étranger de *L'Enfant sauvage* (sorti à Paris en février 1970), acceptant pendant l'été et l'automne 1970 de nombreux déplacements

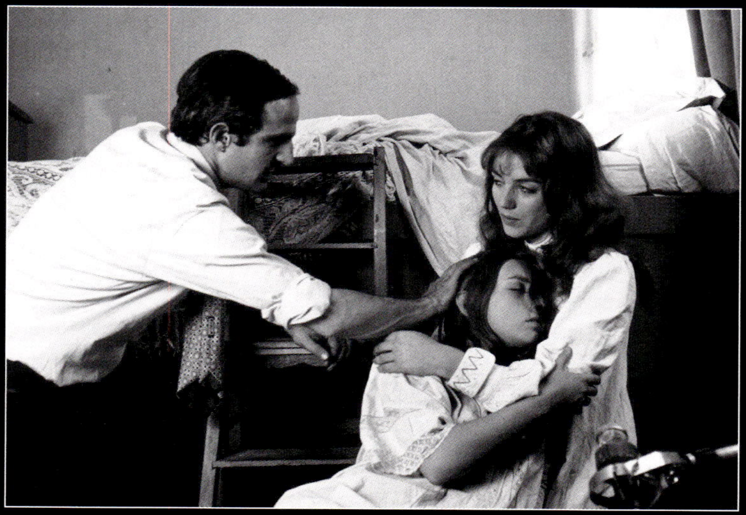

Tournage des *Deux Anglaises*. François Truffaut avec Georges Delerue.

Avec Stacey Tendeter et Kika Markham, ses deux Anglaises.

Avec Stacey Tendeter et Jean-Pierre Léaud.

Avec Oscar Lewenstein (le voisin Mr Flint).

Mise en place du « citron pressé » et des arrivées du train à la petite gare.

Ci-contre, avec Nestor Almendros.

(New York, Montréal, la Scandinavie...). Il commence à s'intéresser à l'histoire d'Adèle Hugo et demande à Gruault de travailler à un premier jet en septembre 1970, mais en sachant qu'il s'agit *a priori* d'un projet à long terme. En novembre, il déclare n'avoir aucun projet de production avant plusieurs mois.

Mais en janvier 1971, c'est le branle-bas de combat aux Films du Carrosse, le tournage des *Deux Anglaises* est prévu pour fin avril. À la clinique, où Truffaut a fait une cure de sommeil, il a relu le roman de Roché, puis s'est réattaqué au scénario : « Au début de cette année, j'ai repris le travail avec des ciseaux et du scotch (en rouleau, pas en bouteille) et j'ai ramené le script à deux cents pages en demandant à Jean Gruault d'y retravailler derrière moi. Nous avons en quelque sorte collaboré à distance, par correspondance, comme nous l'avions fait également pour *L'Enfant sauvage*. » À partir du premier scénario, copieusement raturé et annoté par Truffaut, Gruault fabrique par découpages une deuxième version, que Truffaut à nouveau infléchit et condense, partant travailler quelques jours à Nice avec Suzanne Schiffman, avant de la faire dactylographier pour le tournage (avec 101 scènes et 192 pages, le script est encore long). À la veille du tournage, et pendant le tournage même, il continue de remanier le texte et d'effectuer de larges coupures, faisant encore sauter certains pans entiers du récit, comme un séjour de Claude au service militaire d'où il échangeait des lettres avec les sœurs anglaises.

La recherche du décor principal, celui de la maison de la famille Brown, est faite dans l'urgence, au début de l'année. Cette trouvaille d'une maison ancienne et isolée, d'allure relativement modeste, s'avère assez compliquée. Roland Thénot, le régisseur de Truffaut, espère la trouver en dessous de Nantes, tandis qu'un décorateur explore la côte Atlantique par le Nord. Ils finiront par la dénicher du côté de Cherbourg, maison isolée dans l'estuaire, appartenant à une femme qui commence par y refuser net un tournage. Truffaut en fait noircir la cheminée trop blanche, de même qu'il s'accorde avec Nestor Almendros, pour leur premier film d'époque en couleurs, à faire teinter les draps, chemises et étoffes blanches au thé, ainsi qu'à travailler les teintes intermédiaires, mauve, orange et ocre. Au cours du tournage, pendant une absence de son régisseur, il n'hésite pas non plus à faire raser une rangée d'hortensias superbes, qui l'empêchait de filmer les jeunes femmes évoluant dans leurs jupes d'époque dans le jardin en contrebas (au retour de Roland Thénot, un machiniste a couru vers sa voiture en lui disant : « Je n'y suis pour rien. François a voulu qu'on coupe les hortensias », et il n'a plus eu qu'à les faire remplacer par les plus beaux de Cherbourg à l'issue du tournage). Les scènes d'extérieur en Normandie sont souvent tournées vers la tombée du jour pour leur donner un ton plus sombre qui indique mieux l'Angleterre, et le plus souvent possible, en plongée, afin de ne pas montrer le ciel. Les scènes de la petite gare, que Truffaut tient à insérer dans le film pour ponctuer arrivées et départs des personnages, sont tournées dans le Jura où existait encore ce petit train à l'ancienne, ce qui vaudra au cinéaste de laisser à l'image cette légère erreur relevée par Jean Gruault : un conducteur de charrette (dans la scène d'arrivée de la mère de Claude) qui porte un béret, alors qu'on est censé être dans la campagne anglaise du début du siècle...

PROUST AMOUREUX DES BRONTË. Partant d'un roman particulièrement prolixe et peu tendu, dont Truffaut redoutait qu'il ne soit « inadaptable », sorte de chronique sentimentale faite d'innombrables répétitions, additionnant récit, lettres et extraits de journaux intimes, Jean Gruault tente dès sa première version de 550 pages de contracter certains événements répartis sur plusieurs années, aux cours de multiples réunions de Claude et des deux sœurs en divers lieux. Si Gruault supprime déjà plusieurs de ces épisodes et évacue certains personnages (les deux frères des Anglaises, dont la définition, « une solide réserve britannique », sera reportée sur la mère; des amis de la famille chez qui Claude loge parfois), il conserve plusieurs des nombreux voyages de Claude qui paraissent importants dans l'itinéraire du personnage : un séjour en Espagne où il rencontre dans une église une jeune femme qui l'initie au plaisir sexuel, un voyage à Rome, après son rapprochement avec Anne; ou des vacances en Suisse, avec sa mère, après la séparation forcée d'avec Muriel. Truffaut taillera dans cette orgie de décors et de voyages, comme dans la surabondance de scènes de promenades et d'excursions du trio que présente la première version. Le trio s'installe sous un arbre dont les branches tordues forment salon et discute longuement de la séquestrée de Poitiers, Muriel et Claude sautent par-dessus une barrière pourrie qui cède sous leur poids (il s'agit d'une scène empruntée à *Jules et Jim*, ils visitent une porcherie et se lancent dans un concours dont le but est de transporter le plus vite possible des porcelets d'un enclos à un autre, assistent à un spectacle de cirque forain où grandit l'attention de Claude pour Muriel entourée par de jeunes enfants (la scène est également tirée du roman *Jules et Jim*)... Scènes infilmables sabrées par Truffaut qui cherche à s'opposer à la construction extrêmement relâchée du roman, et à construire peu à peu un mouvement dramatique continu qui amène plus vite et plus nécessairement Claude vers Muriel.

Cette surabondance est aussi liée à la multiplicité des sources. La référence au jeune Proust s'ajoute dans l'esprit des deux auteurs aux emprunts à Henri-Pierre

Roché. Comme la mère de Proust, la mère de Claude fait déposer sur son lit l'exemplaire du *Figaro* où est publié son premier article. Plus loin, dans le train qui les emmène en Suisse, Claire fait la lecture à son fils « comme la mère de Proust dans le train pour Venise ». Jean Gruault raconte qu'à cette période, il arrivait souvent à Truffaut d'acheter certains volumes de la correspondance de Proust en deux exemplaires, un pour lui, un pour son complice. Dans le dossier de presse de 1971, pour la sortie du film, Truffaut présentera ses personnages ainsi : « Le héros des *Deux Anglaises*, ce sera un peu le jeune Proust qui serait tombé amoureux des sœurs Brontë ».

« Il faut faire attendre le spectateur », note Truffaut face à cette séquence sur son exemplaire du scénario. Il retarde le moment où Anne acceptera de se laisser regarder et toucher par Claude et dira enfin : « Ce soir, pas de rideau ».

NE PAS JETER. S'il rejette, pour des raisons évidentes de durée et de dramatisation, énormément de scènes de cette première version, Truffaut cherche à en extraire les éléments, ou les phrases de commentaire ou de dialogue qui lui plaisent et qu'il espère pouvoir réutiliser ailleurs. Les marges des 550 pages sont couverts de « à conserver », « à mettre en réserve », et autres « à mettre de côté, ne pas jeter ». D'un commentaire illustrant une promenade sur la falaise (« Je vois sa nuque blanche sous le chignon d'or massif. Pour moi seul, je l'appellerai Nuk ») : « en réserve ». D'un extrait du journal de Claude (« On ment plus aisément en France, selon elle, mais une fois le pourcentage connu, ce n'est plus gênant du tout ») : « à conserver, mais en tant que dialogue entre Anne et Claude. » D'une promenade avec Anne accompagnée par un chaperon (« Je ne peux pas choisir entre le vice et la vertu puisque, par hasard, je ne connais que la vertu ») : « placer dans le n° 39. » À la fin de la scène où le trio discute de la séquestrée de Poitiers : « Je parle de l'amour physique, dit Claude. Un bon placier continental, me dit-elle, doit remarquer quand son auditoire insulaire est fatigué » et Truffaut indique : « À placer en réserve, peut-être dans la barque » (les scènes de barque deviendront les promenades sur le quai avec chacune des deux sœurs). Toute la difficulté étant ensuite de retrouver une place efficace et forte à l'élément sélectionné. D'une scène supprimée d'excursion où le trio saute d'un train avant l'arrêt complet, Truffaut réserve cette phrase : « Muriel saute en marche et sans effort, s'arrête pile. On a envie de connaître ses muscles » et l'annote : « Ce superbe commentaire doit pouvoir s'intégrer dans la scène 40 », scène de jardin qu'il récrit afin que Muriel y saute un petit mur, « ou n'importe quoi de corporel, de gymnique », et qu'il placera au départ d'une montée dramatique juste avant que la mère des deux

Ressemblances et dissemblances des pages de garde de la deuxième version de ***Jules et Jim*** et de l'exemplaire de tournage des ***Deux Anglaises***.

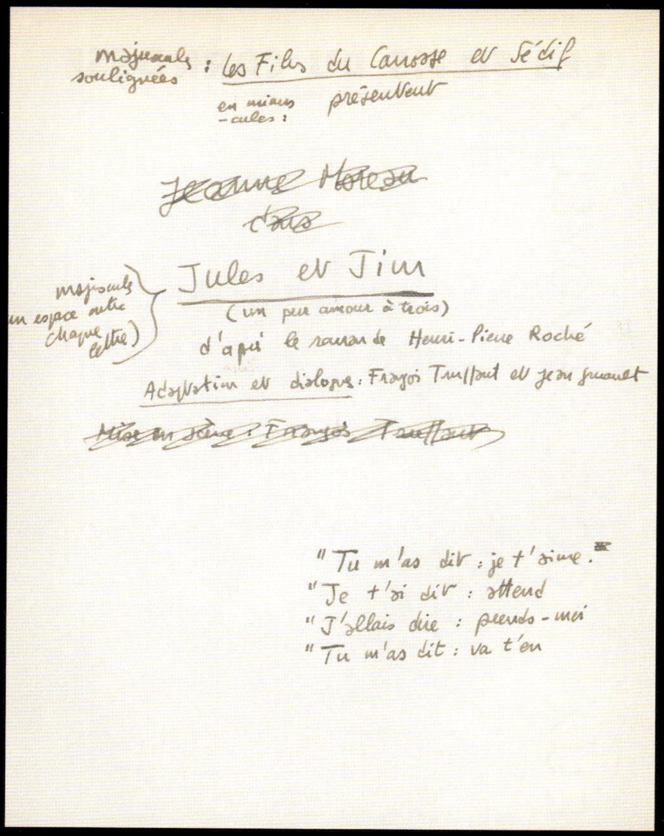
majuscules soulignées : Les Films du Carrosse et Sédif

en minuscules : présentent

~~Jeanne Moreau~~

~~dans~~

(majuscules un espace entre chaque lettre) Jules et Jim

(un peu amour à trois)

d'après le roman de Henri-Pierre Roché

Adaptation et dialogue : François Truffaut et Jean Gruault

~~Mise en scène : François Truffaut~~

"Tu m'as dit : je t'aime."

"Je t'ai dit : attends"

"J'allais dire : prends-moi"

"Tu m'as dit : va t'en"

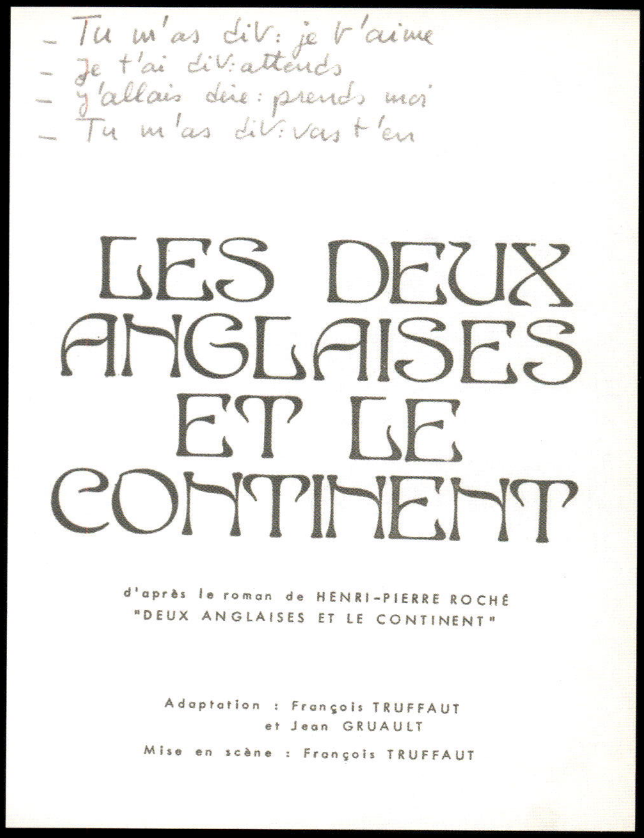
– Tu m'as dit : je t'aime

– Je t'ai dit : attends

– J'allais dire : prends-moi

– Tu m'as dit : va t'en

LES DEUX ANGLAISES ET LE CONTINENT

d'après le roman de HENRI-PIERRE ROCHÉ
"DEUX ANGLAISES ET LE CONTINENT"

Adaptation : François TRUFFAUT
et Jean GRUAULT

Mise en scène : François TRUFFAUT

Truffaut recompose pendant le tournage en accumulant les obstacles la longue séquence du séjour dans l'île : la première nuit d'amour entre Anne et Claude.

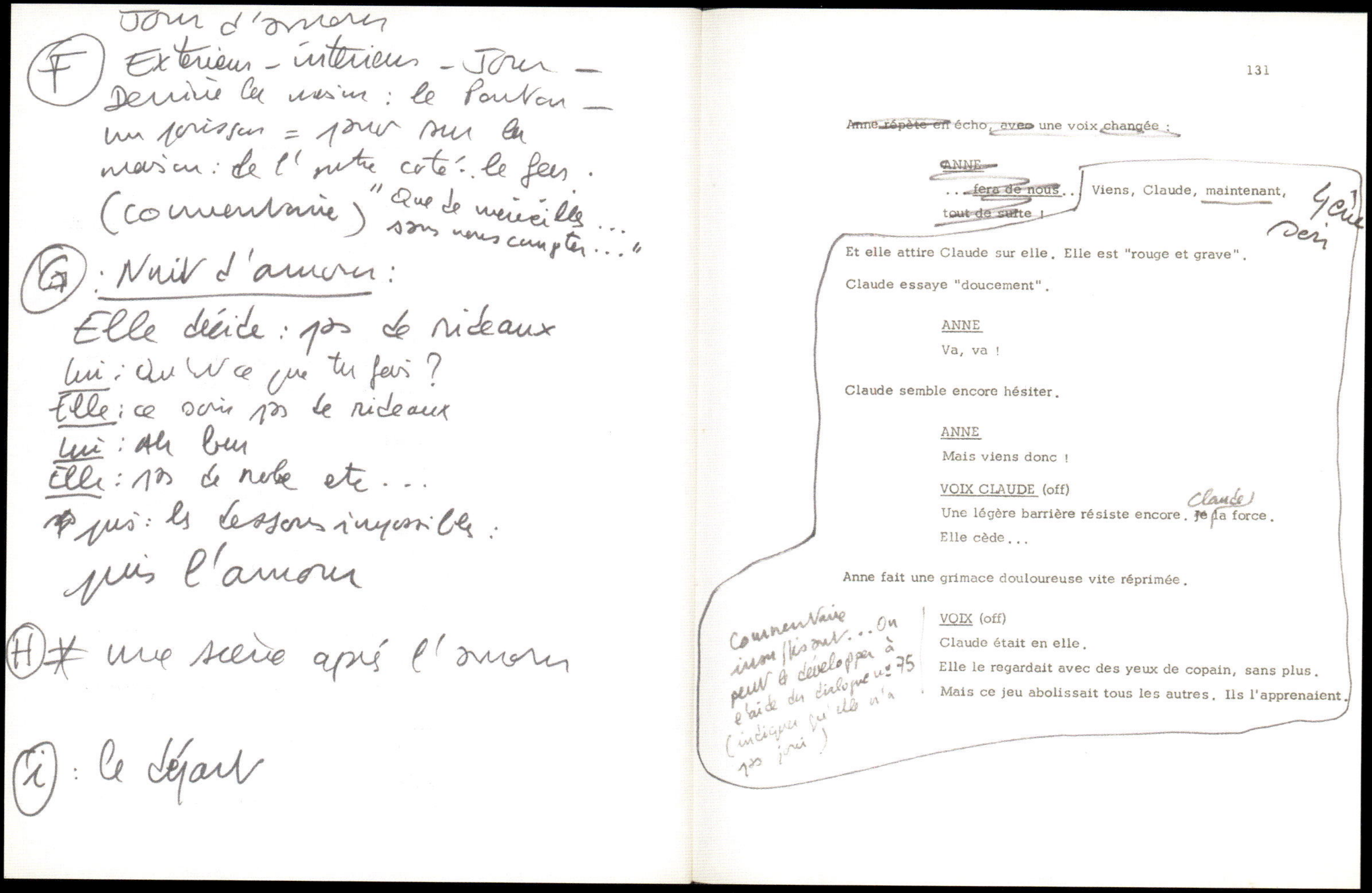
Jour d'amour

(F) Extérieur – intérieur – Jour –
Derrière la maison : le Pouton –
un poisson = pour sur la
maison : de l'autre côté : le feu.
(commentaire) "Que de merveilles ... sans nous compter ..."

(G) : Nuit d'amour :

Elle décide : pas de rideaux

lui : qu'est-ce que tu fais ?

Elle : ce soir pas de rideaux

lui : Ah bon

Elle : pas de robe etc ...

puis : les dessous impossibles :

puis l'amour

(H) une scène après l'amour

(I) : le départ

131

~~Anne répète en~~ écho, ~~avec~~ une voix changée :

~~ANNE~~

... ~~fera de nous~~ ... Viens, Claude, maintenant,
~~tout de suite !~~

Et elle attire Claude sur elle. Elle est "rouge et grave".

Claude essaye "doucement".

ANNE

Va, va !

Claude semble encore hésiter.

ANNE

Mais viens donc !

VOIX CLAUDE (off)

Une légère barrière résiste encore. ~~Je~~ Claude la force.

Elle cède...

Anne fait une grimace douloureuse vite réprimée.

VOIX (off)

Claude était en elle.

Elle le regardait avec des yeux de copain, sans plus.

Mais ce jeu abolissait tous les autres. Ils l'apprenaient.

Commentaire [illegible] ... on peut le développer à l'aide du dialogue n° 75 (indiqué qu'elle n'a pas joui)

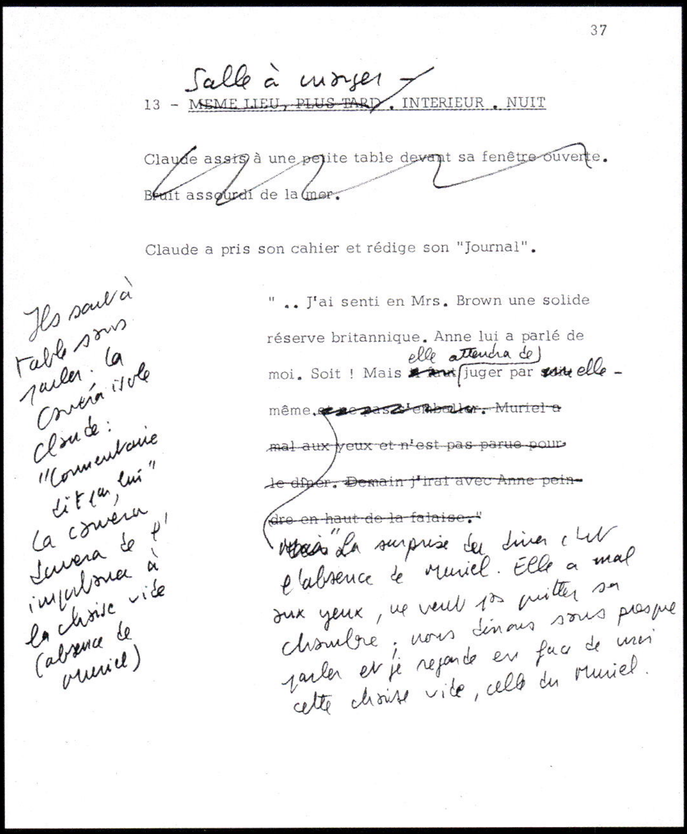

37

Salle à manger

13 - ~~MEME LIEU, PLUS TARD~~ . INTERIEUR . NUIT

~~Claude assis à une petite table devant sa fenêtre ouverte.~~
~~Bruit assourdi de la mer.~~

Claude a pris son cahier et rédige son "Journal".

" .. J'ai senti en Mrs. Brown une solide réserve britannique. Anne lui a parlé de moi. Soit ! Mais elle attendra de juger par elle-même. ~~Muriel a mal aux yeux et n'est pas parue pour le dîner. Demain j'irai avec Anne peindre en haut de la falaise."~~

"La surprise du dîner [illegible] l'absence de Muriel. Elle a mal aux yeux, ne veut pas quitter sa chambre ; nous dînons sous presque parler et je regarde en face de moi cette chaise vide, celle de Muriel.

Ils sont à table sans parler : la caméra isole Claude : "Commentaire dit par lui" la caméra suivra de l'impatience à la chaise vide (absence de Muriel)

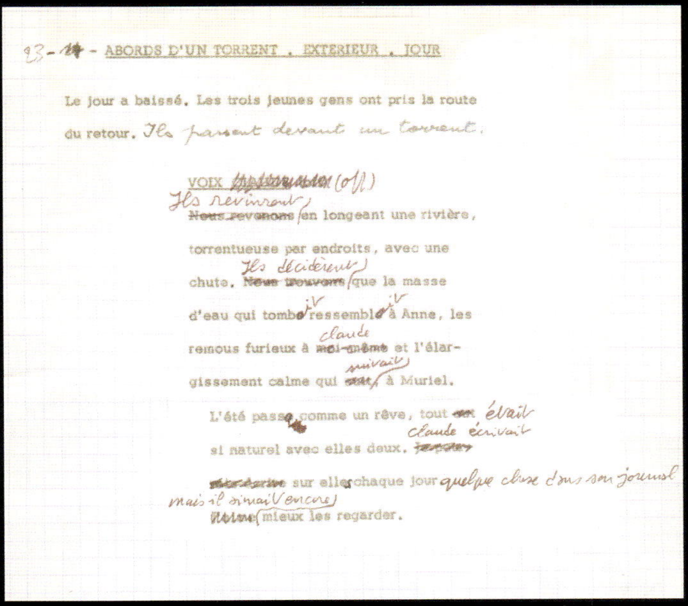

13 - ~~14~~ - ABORDS D'UN TORRENT . EXTERIEUR . JOUR

Le jour a baissé. Les trois jeunes gens ont pris la route du retour. Ils passent devant un torrent.

VOIX ~~[illegible]~~ (off)

~~Nous revenons~~ Ils revinrent en longeant une rivière, torrentueuse par endroits, avec une chute. ~~Nous trouvons~~ Ils décidèrent que la masse d'eau qui tombait ressemblait à Anne, les remous furieux à ~~moi-même~~ Claude et l'élargissement calme qui ~~suit~~ suivait à Muriel.

L'été passe comme un rêve, tout ~~est~~ était si naturel avec elles deux. Claude écrivait ~~[illegible]~~ sur elles chaque jour quelque chose dans son journal mais il aimait encore ~~[illegible]~~ mieux les regarder.

Retour de promenade.
La comparaison à la rivière
est empruntée
au roman *Jules et Jim*.

Le premier scénario de 552 pages des *Deux Anglaises* repris par Truffaut début 1971. La récriture est déjà une mise en scène : comment faire désirer l'entrée en scène d'un personnage par celui qui va l'aimer comme par le spectateur. ou la « séquence de la chaise vide » (Kika Markham, Jean-Pierre Léaud et Sylvia Marriott).

sœurs ne demande à parler à Claude et ne le congédie, précipitant ainsi sans le vouloir la découverte de l'amour (Muriel saute par dessus un banc, mais le commentaire est finalement absent du film). Il lui arrive de ne pas trouver de report possible : « Utiliser à cause de la beauté du texte, mais je ne sais pas où. Cela peut se transformer en dialogue ou en lettre (ne pas jeter) », note-il, avant de raturer sa remarque, face à une longue déclaration de Muriel à Anne où elle prétend ne pas aimer Claude (« J'ai joué à imaginer que je l'aimerais peut-être. Mais je n'ai pas d'amour pour lui »).

TRANSFERTS. Avec le matériel que lui offrent les textes de Roché et dont il est imprégné, Truffaut se donne toutes les libertés : de faire voyager les dialogues ou le commentaire, de les rapporter à une autre situation, de placer dans la bouche d'un personnage ce qui était dit par un autre. Et, bien sûr, de glisser un texte ou une idée qu'il aime dans un autre film. Dans le roman et le premier scénario, après que Claude lui a fait comprendre avoir vécu une première expérience sexuelle, Muriel le rejette violemment, puis lui envoie son journal : « Vous m'avez aidée à regarder la vie autrement… Je puis maintenant m'informer toute seule sur tout. Mais pour l'amour je n'ai que vous. » Ces phrases, que Truffaut pense d'abord réutiliser pour les séquences de la douleur de Muriel (« ne pas jeter n° 65 »), il les donnera finalement à Anne née à la sexualité à l'issue du séjour avec Claude dans l'île, puis, dans un autre film, les offrira à Adèle qui les écrira vainement au lieutenant qu'elle veut épouser. Ce programme de libre circulation des matériaux, Truffaut l'exprime clairement. Il note ainsi, en marge de la scène d'amour finale entre Muriel et Claude : « Pour le départ de Muriel. Elle veut partir. Claude ne comprend pas. Chercher dans les textes conservés ce qu'on peut trouver. Éventuellement, il faudra utiliser pour Claude (dans la scène) des arguments de Muriel (dans le livre) et pour Muriel (dans la scène) des arguments de Claude. »
Il s'agit pour Truffaut de gagner en intensité, de rassembler et concentrer son matériau dans des scènes plus longues ou plus denses. De plusieurs lettres réparties sur plusieurs jours, il veut faire une seule lettre d'Anne à Claude : « Pour la lettre qui peut être longue, voir aussi script page 333 (" J'ai senti tes lèvres à quatre heures "…), page 334 (notre secret difficile à garder), page 337 (écris à Muriel pour ses yeux), page 348 (couples non mariés). Finir par cette phrase : " Je sais qu'il y a d'autres femmes que moi dans ta vie, mais je ne suis pas jalouse ". »
Chez Truffaut, ce travail de densification soutenu par l'art du trait – cette capacité à sélectionner ce qui est vif, simple, mémorable, et à l'envoyer au bon moment et au bon endroit – se complète d'une interrogation permanente sur les fins de scènes qu'il soigne à l'écriture puis au montage. Recherche de la phrase conclusive : alors que la mère de Claude, alertée par les désirs de mariage de son fils, déboule au Pays de Galles pour l'en empêcher, il déplace à la toute fin de la scène cette phrase assez terrifiante de Claire : « Quand ton père est mort, je t'ai appelé mon monument et je t'ai élevé pierre à pierre. » La promesse faite par Anne à Claude, « Vous verrez Muriel ce soir », vient clore une scène en point d'orgue, alors qu'elle était d'abord noyée dans le dialogue. Truffaut choisit enfin de couper, la scène du *Nun's kiss*, chaste baiser donné en gage par Claude à Anne à travers les barreaux d'une chaise, sur le regard de Muriel, regard prolongé et empli d'une jalousie contenue, là où le scénario prévoyait une intervention de Madame Brown mettant fin au jeu en rappelant l'heure du coucher.

LA CHAISE VIDE DE MURIEL. Quand il reprend la première version fleuve de Gruault, Truffaut réagit en cinéaste. Il refuse les situations impossibles à tourner, et surtout il commence à construire un film, recomposant des scènes qu'il imagine comme s'il se les projetait sur un écran. Quand Claude arrive au Pays de Galles, une scène du premier scénario le montre écrivant son journal dans sa chambre : « Muriel a mal aux yeux et n'est pas parue pour le dîner. » Récrivant la scène en marge, Truffaut prévoit une situation en direct qui diffère la rencontre et invente le dispositif de la chaise vide de Muriel : « Ils sont à table sans parler. La caméra isole Claude : commentaire dit par lui. La caméra donnera de l'importance à la chaise vide (absence de Muriel). » Principe de l'attente et du mystère qui aimante le désir de Claude comme celui du spectateur. Dramatisation et mise en scène. Sur son exemplaire de tournage, en marge des scènes où Claude s'approche lentement du corps d'Anne, partagé entre envie et peur de découvrir les plaisirs du sexe, lors de leur séjour dans l'île, Truffaut se fera à lui-même cette recommandation : « Il faut faire attendre le spectateur, il faut retarder l'événement, le faire désirer. À la fin de chaque scène, il faut indiquer un élan de Claude arrêté par Anne : " Attends… attends encore… Sois patient… Attends encore un peu… Aide-moi… " »
Quelques pages plus loin sur la première version, le cinéaste retravaille le deuxième dîner où Claude voit Muriel pour la première fois. Sur la page de gauche du scénario, il dramatise et reconstruit entièrement la scène (un dîner, où Muriel se présente les yeux bandés), la décomposant en trois temps afin d'en faire un moment fort qu'il encadre d'un prologue et d'un épilogue :
« 16. Chambre Claude : Anne vient chercher Claude.

Le citron pressé : Claude (Jean-Pierre Léaud) entre Muriel (Stacey Tendeter) et Anne (Kika Markham) face à la mère (Sylvia Marriott). « Soudainement, Claude fut ému comme par un jeu qu'il ne comprenait pas. [...] Il sentait leurs corps comme une indiscrétion ».

Anne : Muriel dîne avec nous ce soir, venez faire sa connaissance, mais ne la regardez pas.
17. Salle à manger. Anne présente Claude à Muriel, déjà assise à sa place qui écarte un peu le bandeau; dialogue banal. Claude va s'asseoir mais son regard revient souvent vers Muriel qui écarte encore le bandeau pour voir son assiette…
18. Chambre Claude. Il écrit à sa mère. On entend le texte de la lettre qui concerne Muriel. Pendant qu'il écrit un petit caillou frappe sa fenêtre. Il ouvre. Anne est dehors : « Je voudrais vous parler… Il est d'accord. Il sort. »
En trois mouvements, Truffaut crée un cérémonial et fabrique de l'intensité : une courte scène préparatoire pour créer et ménager le suspense, une répétition du premier dîner où le bandeau dissimulant le regard joue le rôle de la chaise vide, le passage à l'écriture pour prolonger et donner de l'importance. La récriture est déjà affaire de mise en scène.

« VOUS VENEZ DE LA TERRE ». En retravaillant le scénario dans ses marges, Truffaut cherche visiblement à alterner les moments où il concentre et accélère le récit, faisant avancer selon une ligne dramatique ascendante le rapprochement entre Claude et Muriel, et ceux où il le ralentit et le suspend. Lorsque Claude déclare son amour à Muriel, Truffaut réduit le nombre de lettres prévues (« Je ne fais que lui écrire depuis cinq jours. J'ai fait quatre lettres que je n'envoie pas ») à une seule qu'il transforme en une « vraie demande en mariage : " Je vous veux. Je vous aime et je veux que vous soyez ma femme " », et coupe de nombreuses scènes intermédiaires afin d'en arriver au plus vite à la réponse négative de Muriel qui abat Claude, puis à son fléchissement (« Je dis encore non, je ne dis plus " jamais " »). L'accélération du récit s'accorde alors au rythme de l'emballement amoureux que la survenue de la mère de Claude viendra très vite couper net.
Inversement, il prend le temps de développer certaines scènes auxquelles il souhaite donner de l'importance. Il récrit une scène où Claude retrouvait au fond du jardin, la nuit, une Muriel fâchée qu'il devait apaiser (dans les premières versions, Claude revenait pour un deuxième séjour au Pays de Galles après son service militaire; Muriel l'accueillait froidement jusqu'à ce qu'ils découvrent que leurs lettres avaient été confisquées) et y rend plus évidente la progression de l'attirance de Claude pour la plus puritaine des deux sœurs : « Rez-de-chaussée. Il descend dans la salle de séjour puis dans la cuisine. Il prend un verre d'eau. Muriel arrive. Il s'approche d'elle avec émotion. » Sur la marge de gauche, il complète le dialogue, donnant à Claude une réplique sauvée d'une scène supprimée, qu'il avait annotée « à mettre de côté » : « Vous venez de la terre et je crois que cela me plaît » (dans le roman, il s'agissait d'une phrase de Muriel dans une lettre à Claude : « Je viens de la terre et ceci semble vous plaire »). À noter que Truffaut refuse le romantisme de convention du jardin sous la lune et transporte la scène dans le décor plus anodin de la cuisine (c'est aussi dans une cuisine que se retrouveront les amants clandestins du film dans *La Nuit américaine*, avant de s'enfuir « comme des voleurs »).
À nouveau, la récriture est déjà dispositif, mise en scène. C'est peut-être parce qu'il relit stylo à la main cette version fleuve en sachant qu'il va tourner très vite, qu'il est si précis. Pour la scène de l'arbitrage, où un voisin a l'idée d'imposer aux deux jeunes amoureux trop vite prêts au mariage une séparation d'un an, Truffaut propose de la même manière un début de scène plus incisif, plus dramatisé et plus visuel : « Quand la scène commence, on voit Claude et Muriel quitter la table et sortir dans le jardin. Tout le monde les suit des yeux et lorsque la porte est refermée M. Flint prend la parole. » Toujours soucieux de soigner ses fins de scènes, il propose une forme conclusive qui marque de surcroît la fermeture d'un chapitre du film : « Jardin Brown. Ext Soir. On est sur Claude en plan rapproché. À la fin de cette scène, Claude regarde vers Muriel; elle pleure, sa mère lui sèche les yeux et la tient dans ses bras comme un bébé. » Sur son exemplaire de tournage, Truffaut ajoutera à ce tableau la présence d'Anne : « Finir sur Anne qui baisse la tête en fermeture lente. »

UN TRIO. En remaniant et contractant le récit, il veille en effet à rétablir le trio, là où l'une ou l'autre des deux sœurs est parfois oubliée dans le mouvement plus lâche du premier scénario davantage calqué sur celui du roman. Reprenant du livre un commentaire accompagnant deux visites de Claude dans un labyrinthe avec chacune des deux sœurs (« Ému par les dissemblances et les ressemblances d'Anne et de Muriel, je m'émerveille qu'elles me traitent comme un frère »), il supprime le décor d'une sortie en barque entre Muriel et Claude qu'il souhaite identique à celui d'une précédente promenade avec Anne, esquissant tout un dialogue où Anne, la médiatrice, refuse volontairement de se joindre à eux afin de les laisser seuls : « Maison Brown, ext nuit. Identique à la scène XIX. Devant la maison, tous les trois sur le pas de la porte. Muriel : allons-y / Anne : allez-y / Muriel : Viens avec nous, Anne / Anne : Je reste ici / Muriel : J'insiste / Anne : J'insiste pour rester. Anne referme la porte. Muriel et Claude se mettent en marche et font exactement le même trajet que Anne et Claude dans la scène XIX. Muriel : Votre anglais ne va pas progresser, vous devriez parler avec d'autres Anglais que nous… » Lorsque, raccourcissant le film à la demande des distributeurs, Truffaut coupera brutalement dans les copies à l'issue de la première semaine d'exclusivité, il sabrera la première de ces deux promenades parallèles, rompant l'équilibre qu'il avait pourtant soigneusement travaillé.

Anne a promis sa sœur Muriel à Claude. C'est une histoire d'amour qu'elle espère susciter en lui montrant dès les premières scènes une photo de Muriel adolescente. Lorsque Claude et Muriel ne lui paraîtront pas se rapprocher assez vite, elle admonestera Claude : « Le coup de foudre escompté n'a pas eu lieu. » Truffaut rend à Anne sa fonction d'entremetteuse : lorsque Muriel à qui Claude a fait sa demande en mariage consent à lui accorder un début d'espoir, il récrit la scène, en y réintroduisant Anne, la complice, en ouverture : les trois sortent de la maison Brown et Anne s'éclipse, « comme pour les laisser se parler ». Lorsque Claude et Muriel se séparent pour un an, Truffaut prévoit la présence d'Anne à l'arrière-plan, et substitue à la maison Brown le décor de la petite gare, plus propice aux adieux : « Muriel et Claude se tiennent devant le wagon. Claire monte et les laisse un peu seuls. Anne se tient beaucoup plus loin, en arrière. » Il poursuit ce travail à l'image, isolant parfois Anne par un mouvement de caméra ou une fermeture à l'iris en fin d'une scène entre Muriel et Claude.

Ainsi qu'on le découvre non sans une certaine surprise, dans la version longue du scénario comme dans le roman, Anne est absente lors de la scène emblématique, dite du « citron pressé ». Gruault a mêlé deux scènes du roman : une promenade où Claude et Muriel sont surpris par la pluie et se réfugient sous un rocher où ils jouent à la « caverne préhistorique ». Et un retour d'excursion dans le wagon froid d'un petit train où Claude se retrouve simplement réchauffé entre les dos de Muriel et sa mère, et ne songe alors qu'à Muriel : « Quant à Muriel, je sens sa consistance comme une indiscrétion. J'ai vécu des mois à côté d'elle, évitant de lui effleurer les doigts, de trop regarder ses mains, et voici qu'elle appuie contre moi la matière de son dos et pousse de toute sa force [...] Ses tempes perlent. Je n'ose aspirer son odeur » (c'est le texte du roman). Plongeant au cœur de son sujet, un jeune homme amoureux pendant des années de deux sœurs à la fois, Truffaut ne se prive pas, lorsqu'il récrit la scène, de cette évidente occasion de matérialiser l'oscillation physique et sentimentale de Claude entre les deux sœurs. C'est entre les deux corps chauds et rieurs d'Anne et de Muriel qu'il le coince littéralement, le faisant basculer de l'une vers l'autre, sous le regard de la mère qui arrête bientôt le jeu. Il filme une scène portée par le commentaire où il concentre le double mouvement du désir et de l'interdit, de l'approche et du retrait, dont la contradiction brûlante parcourt le film entier : « Soudainement, Claude fut ému comme par un jeu qu'il ne comprenait pas [cette première phrase du commentaire vient du roman *Jules et Jim*]. Bloqué entre Muriel et Anne dont les tempes perlaient, il n'osait respirer leur odeur. Il sentait leurs corps comme une indiscrétion. »

LES DOULEURS DE MURIEL. En retravaillant de janvier à avril 1971, Truffaut fait peu à peu basculer son film vers la crudité et la violence des sentiments. Il met en scène la lettre de rupture que Claude envoie à Muriel, en imaginant que Claude la dévoile à sa mère : « Claire lit la lettre très explicite à composer de Claude disant à Muriel qu'il ne se mariera pas, qu'il a des amies-femmes et qu'il doit travailler, etc. » Et il décide de compacter en un seul bloc et un seul lieu, ce qu'il appelle « les douleurs de Muriel » : « 65 – Maison Brown. Chambre Muriel. Ici nous groupons tout en une sorte de monologue de Muriel. À son chevet se succèdent Anne et Mrs Brown. Les grands paragraphes sont séparés par des fondus enchaînés. Compresses, cachets, sommeil, réveil, crises. On préserve l'unité plastique. » Unité qu'il fabrique, en rassemblant les éléments qu'il réserve de nombreuses scènes supprimées, réparties par Gruault dans différents décors, scènes de promenades sous la pluie, de rêve, de lettres écrites à Claude et jamais envoyées, d'où Truffaut extrait les phrases qu'il fera dire, parfois en anglais, comme si sa déroute physique et morale la rendait à sa langue d'origine, à Muriel enfermée dans sa souffrance : « Je veux Claude tout entier ou pas et si c'est non, que ce soit comme la mort » ; « Des amies femmes... Je ne comprends pas sa morale... Que cherches-tu dans ces femmes? Tu es trop curieux » ; « Je croyais en avoir fini. Pas du tout. C'est une rechute. Claude ne reviendra jamais, je ne le reverrai jamais, il ne m'aimera jamais ». Au scénario, s'éveillant d'un rêve où Claude lui touche le flanc et se lèche le doigt comme si c'était du miel (récit de rêve emprunté au roman), Muriel écrit dans son journal : « Je n'écrirai plus ce journal pour Claude. Je ne me marierai jamais », phrase que Truffaut annote d'un « ne pas jeter, n° 65 », avant de préciser : « Elle est devant sa fenêtre; il neige dehors [la neige sera remplacée par la pluie]. C'est le dernier flash de la douleur de Muriel. » Confinement et crudité, rétrécissement de l'espace autour du corps souffrant, répétition obsessionnelle, durée des scènes jusqu'à l'étouffement, jamais Truffaut n'a été aussi loin dans la représentation de la déchirure et de la souffrance amoureuse. Jamais non plus il n'ira aussi loin, sinon, mais beaucoup plus brièvement, dans *La Femme d'à côté*, où Mathilde nourrie au goutte-à-goutte sur un lit d'hôpital, dira : « Je suis maigre, je suis laide, je ne suis pas aimable. » Peut-être a-t-il songé pour construire ce segment au Bergman du *Silence*, film qu'il admirait. En tournant, Truffaut amplifie ses effets : larmes et cris, chutes brutales, gestes saccadés, avancées lentes de la caméra sur le visage ravagé de la jeune

Les deux sœurs...

femme encadré de ses longs cheveux pendants, mouvements ralentis de la caméra à l'intérieur de la chambre, entre lit et prie-Dieu, contraste entre les fonds très noirs et les chemises de nuit blanches que ne quitte plus Muriel... Le cinéaste n'hésite pas à enfoncer le clou pendant un temps qui paraît interminable (presque une dizaine de minutes), ne reculant pas devant le risque de susciter pour une fois oppression, gêne et déplaisir chez le spectateur. Truffaut se résignera d'ailleurs à couper près de la moitié des douleurs de Muriel après la première semaine d'exclusivité, les reprenant dans leur intégralité dans la version complète du film qu'il fait remonter en 1984.

Au tournage, il exagère encore les ravages sur le corps de la douleur amoureuse, puisque c'est là, exploitant le décor de jardin en pente qu'il a à sa disposition, qu'il imagine que Muriel s'évanouit en découvrant la lettre de Claude (« Boîte à lettres chez Brown : une lettre tombe. Muriel dans le jardin, elle lit, s'évanouit. Anne et sa mère (ou le jardinier) la transportent »). C'est au tournage également qu'il imagine que Muriel court vomir dans le lavabo, lorsque Anne lui avoue avoir aimé et été aimée par Claude, et décide de filmer crûment cette détresse du corps frappé par l'inconcevable.

INVENTER LA MORT. Dans cette dernière partie du film traversée par la souffrance, Truffaut invente les morts d'Anne et de la mère de Claude, absentes du roman. C'est d'ailleurs sa mère qui disait à Claude : « Qu'y a-t-il ? Tu as l'air vieux ce soir » à la fin du roman, comme de la première version du scénario. Lorsqu'il tranche dans cette version fleuve, Truffaut invente, après l'épisode de la liaison avec Anne et l'apparition d'un rival, la mort de la mère, décrivant déjà très précisément la scène qu'il a en tête :

« 80. Chez Claire. Intérieur. Jour. On voit Claude assis avec un homme d'affaires qui lui conseille de vendre un de ses trois immeubles qui coûtent davantage qu'ils ne rapportent et de continuer à louer les deux autres, Claude dit : « je dois demander l'avis de ma mère. » L'homme d'affaires prend congé. Claude va dans la chambre de Claire. Elle est très malade, elle dit à Claude : « Tout ce que tu feras sera bien fait. » On sent qu'elle va mourir.

81. Façade Arago. Ext Jour. On descend les draperies de deuil. En surimpression un gros plan de Claude qui pleure. »

Et c'est au deuxième traitement que Truffaut (s'agit-il, dans ce film de conjuration, du souvenir de Françoise Dorléac fauchée sur une route en 1968 ?), imagine la mort d'Anne, tuberculeuse, empruntée à Émily Brontë. C'est de celle-ci que vient la dernière phrase, que l'éditeur Diurka racontera à Claude avoir été prononcée par Anne : « J'ai de la terre plein la bouche. » Phrase que Truffaut, remaniant le premier scénario, pense d'abord donner à Muriel dans un autre contexte, puisque c'est au moment où elle lui envoie sa confession et alors qu'elle vient d'apprendre l'aventure de Claude avec Anne : « Mon Claude, quand Anne m'a parlé de vous deux, je suffoquais et j'avais de la terre plein la bouche. Je ne pouvais plus rester auprès de toi ni même essayer. »

Le palmiste qui prédisait à Anne un mariage heureux dans la première version, refuse désormais de lui dire son avenir et prévoit un grand danger. Avec ces morts qui matérialisent le passage du temps, Truffaut fait traverser son film par les puissances de la mélancolie. Il y introduit l'irréparable. Pourtant, s'il engage son film sur cette pente assombrie, c'est avec une énergie et une liberté liées sans doute à l'état émotif et personnel particulier avec lequel il s'est jeté dans ce film, dans l'urgence et sans recul, et dont l'exorcisme lui permet, comme il le fera dire par Claude à son éditeur, de faire souffrir ses personnages à sa place. Douleurs de Muriel, dépression de Claude qui s'enferme dans l'obscurité en se répétant qu'il ne comprend plus rien à la vie, morts d'Anne et de Claire, évocation des morts de la guerre de 1914, le film est peu à peu gagné par le noir, celui des draperies de deuil qui envahissent l'écran derrière Claude, celui des fondus ou des fermetures à l'iris qui paraissent plus nombreux encore dans la dernière partie (iris qui encerclent le visage crayeux d'Anne mourante, ou juste après, celui de Claude apprenant la nouvelle). En tuant Anne, Truffaut fait aussi mourir la plus libérée des deux sœurs anglaises, celle après la disparition de laquelle il ne restera plus à Claude qu'à armer Muriel femme contre lui. Il aurait dit l'avoir fait mourir par esprit de contradiction, en frappant volontairement la moins évidemment romantique des deux sœurs. La mort d'Anne sonne comme une injustice, une punition. Mais tout se passe comme si elle dégageait la voie vers le double épilogue du récit : l'amour d'une nuit avec Muriel et la rencontre fugace et nostalgique quinze ans plus tard avec une jeune anglaise qui pourrait être sa fille (qui l'est vraiment dans le roman de Roché, mais ne l'est plus que virtuellement chez Truffaut où le regard est plus cruel).

LA CONFESSION DE MURIEL. Avant de passer à la dernière page de son récit, Truffaut cherche cependant à y insérer un épisode du livre où Muriel envoie à Claude, sous la forme d'un long journal, une confession où elle raconte s'être masturbée depuis l'enfance, et avoir découvert qu'il s'agit d'une « mauvaise habitude ». Épisode pour lequel il a d'abord du mal à trouver le bon emplacement et dont il modifie d'une version à l'autre la réception. Au premier scénario, après le retour de Muriel en Angleterre (quand elle a appris la liaison d'Anne et Claude), Gruault prévoit, après de nombreux échanges de lettres, l'arrivée chez Claude du journal de Muriel à la fin duquel se trouve la confession. Après l'avoir lu, Claude écrit à Muriel de venir le rejoindre à Paris (« Il faut que je libère Muriel. Il n'y a qu'un moyen. C'est que je lui fasse ce que j'ai fait à Anne »). Truffaut allège l'ensemble et propose une autre continuité : Claude lit la lettre de Muriel qui repart en Angleterre. Il voit dans une imprimerie son éditeur qui lui remet les épreuves de son livre sur les peintres et lui demande ce qu'il ressent (c'est la première mention, encore modeste, de l'idée que le personnage se libère en écrivant). Au retour de l'imprimerie, sa concierge lui remet un paquet : une partie du journal de Muriel, « la confession féminine la plus étonnante qu'il m'ait été donné de lire ».
Au traitement suivant, Gruault situe l'envoi de la confession avant la visite de Muriel à Paris, juste après la mort de la mère de Claude et au moment de la liaison d'Anne avec Diurka. Truffaut ajoute alors ceci : « Un bref commentaire final indiquera que Claude est bouleversé par cette confession, plus émouvante que choquante à ses yeux comme aux nôtres. La conclusion de la scène reste à trouver. »
Sur son script de tournage, Truffaut déplace à nouveau la confession plus tôt, à la suite des « douleurs de Muriel », pensant y trouver le matériel pour une « scène supplémentaire non définie : ici viendra se placer une scène illustrant le passage du temps. On fera comprendre que Mrs Brown et Anne mènent Muriel vers la guérison tandis qu'à Paris, Claude, qui devient un bon connaisseur de la peinture, multiplie les conquêtes féminines avec l'assentiment de sa mère, qui préfère cet éparpillement à un véritable amour qui la léserait. Bref, Claude semble bien avoir oublié ses deux sœurs anglaises ». Parallèlement et d'une manière assez amusante, il commence à modifier la réaction de Claude qu'il rend moins sentimentale : « 67- Claude reçoit la confession de Muriel. Réaction de Claude : littéraire et esthétique, il est plus ému que choqué et il répond à Muriel une lettre désinvolte (créer un malentendu du genre héroïque : Muriel lui a fait croire qu'elle ne souffre pas). À Paris, Claude dit à sa mère : "Vous aviez raison, Muriel ne m'aimait pas vraiment." »
Pour finir, Truffaut va écrire ici une autre scène sur le thème du « malentendu héroïque » : c'est Muriel qui envoie en réponse à sa lettre de rupture une lettre désinvolte (et que nous savons menteuse) à Claude qui est un peu déçu. Et il monte finalement la scène de la confession plus tard, au cours de la liaison Anne-Claude, avant la mort de la mère, quand Anne, de retour de Perse, est au Pays de Galles auprès de Muriel convalescente. Muriel l'envoie alors comme pour mettre un point final, une manière de rétablir l'équilibre avec Claude en détruisant la légende de sa pureté. Et Truffaut, exploitant l'ironie dramatique de la situation, pousse plus loin en récrivant sur le tournage son idée d'une « réaction littéraire et esthétique », dégageant son personnage de tout sentimentalisme : Claude dicte le journal à une secrétaire qu'il regarde de près, et demande à Muriel l'autorisation de le publier (« La confession de Muriel provoqua en Claude davantage de curiosité que d'émotion. Il songea surtout au parti littéraire qu'il pourrait en tirer »). Recherche de la bonne chute pour un épisode singulier dont le plus étonnant, en apparence, est que Truffaut (le soi-disant sage Truffaut) n'ait pas hésité à le représenter, y allant même carrément : zooms avant frontaux qui enserrent le visage et les yeux de Muriel faisant sévèrement sa déclaration, *flashes-back* sur Muriel enfant en compagnie de la

...Kika Markham et Stacey Tendeter.

petite fille qui lui a fait découvrir son corps, débit raide et accéléré, et zoom avant sur la lettre envoyée à Muriel par une ligue de vertu. Comme au moment des « douleurs de Muriel », Truffaut choisit une forme excessive et radicale, antisentimentale, adaptée à la particularité de son sujet, quitte à heurter le spectateur. Pourtant furieux de s'être mis dans cette situation et mal à l'aise au moment de tourner la scène de lit des deux petites filles, il a d'abord paniqué (« On ne tourne pas la scène, que veux-tu que j'aille dire à ces gamines, on ne peut rien leur expliquer »), et c'est Suzanne Schiffman qui va parler aux deux petites filles, faisant passer la scène pour un jeu consistant à disparaître sous les draps : « Tout à coup, François s'est senti tellement coupable d'avoir même pensé à tourner cette scène qu'il a été bloqué. Normalement, il aurait trouvé la solution lui-même. » Mais ne déviant pas de la ligne esthétique qu'il s'est fixée, puisqu'au montage, il fait refaire des *travellings* optiques à la truca pour avancer encore au plus près des yeux de Stacey Tendeter.

LA DERNIÈRE PIÈCE DU PUZZLE. Parce qu'il le tourne à peine plus de trois mois après avoir remis en route l'ensemble du processus, le scénario de tournage est encore très mouvant. Il comporte ainsi encore deux séjours de Claude au Pays de Galles, que Truffaut contracte au dernier moment en un seul, et des scènes de régiment qui sont supprimées. Pour les remplacer et assurer un mouvement de mauvaise humeur de Muriel (qui faisait d'abord la tête à Claude lors de sa deuxième arrivée), Truffaut invente la scène où mère et filles repassent en chantant, tandis que Claude va et vient sur la terrasse devant la maison lisant un livre qui visiblement ne l'intéresse guère : « Salle de séjour, repassage ; jeu des îles. Anne craint que Claude ne s'ennuie, propose promenade, Muriel, bizarrement irritée, s'en va ; étonnement des deux. »
Alors qu'en annotant le roman, il avait pourtant écrit, à l'issue du chapitre où Muriel découvre la liaison d'Anne et de Claude : « À partir de là, il faut aller très vite », le cinéaste ne sait pas non plus comment il va aborder l'épilogue de son film. Il laisse ainsi avant la dernière partie et les ultimes retrouvailles de Claude et de Muriel une sorte de trou dans le scénario, qu'il espère pouvoir combler par du commentaire :

« *Divers.*
Ici, une scène à définir. Le commentaire indiquera que le livre de Claude fut remarqué par quelques-uns, mais n'obtint pas un succès populaire.
Au Pays de Galles, Muriel qui semble résignée se consacre à l'Ecole du Dimanche. Anne se marie avec un alpiniste.
Claude vit un peu de sa plume, un peu de ses loyers d'immeubles mais surtout de la vente des tableaux ; il ne les achète pas pour lui-même, mais il conseille les riches amateurs et les aide à constituer leur collection.
Du temps passe encore. Un jour, Claude apprend qu'Anne est morte, tuberculeuse. Pendant trois mois, elle a refusé de se laisser soigner. Un jour, elle s'est sentie si faible qu'elle a dit à Muriel : « Si tu appelais le docteur, aujourd'hui j'accepterais de le voir. » Elle est morte aussitôt après. C'est Muriel qui écrit tout cela à Claude ; elle termine sa lettre en disant : « J'ai de la terre plein la bouche, adieu Claude. »
La vie continue. Claude voyage beaucoup. Aux environs de 1910, c'est lui qui amènera les premiers Picasso aux États-unis. De retour en Europe, un jour dans une gare, il rencontre Muriel. »

Pendant le tournage, Truffaut est très content des scènes tournées avec Philippe Léotard, à qui il avait déjà confié un rôle minuscule dans *Domicile conjugal* (un poivrot qui passe dans la cour des Doinel). Cette sorte de coup de foudre pour le comédien, partagé par l'équipe, Truffaut l'utilise en imaginant faire venir Diurka, l'amant d'Anne, au Pays de Galles, trouvant ainsi, avec l'arrivée d'une voiture d'époque sur le chemin devant la maison, la pièce du puzzle qui lui manquait. Diurka (nommé ainsi par Truffaut, au lieu du Mouff du roman, comme le mari sculpteur de Bernadette Lafont) devient l'éditeur de Claude et cette fonction permet de faire repartir le récit : « Si l'on doit réintroduire Diurka, cela ne peut être qu'ici, note-t-il en marge de la scène d'imprimerie. Surprise, c'est lui le correcteur d'épreuves ! Le commentaire dira qu'autrefois ils ne sympathisaient guère, mais qu'aujourd'hui… etc. Dans ce cas c'est Diurka qui donnerait des nouvelles du Pays de Galles, il saurait qu'Anne a rompu ses fiançailles, il dirait qu'il décide d'aller là-bas etc. (C'est Claude qui décide Diurka à faire le voyage). » La réintroduction de Diurka renvoie en étoile dans plusieurs directions : il permet de représenter le temps qui a passé et de montrer la mort d'Anne. C'est lui qui désormais raconte qu'Anne est morte en disant : « J'ai de la terre plein la bouche. » Truffaut esquisse le schéma de la scène en bas de son scénario, sous la scène de l'imprimerie :
« 94 bis : Maison Brown (la maison changée). Diurka arrive avec Muriel / Muriel école du dimanche (elle le conduit) / Attention ! Ménagez Mother… Anne tuberculeuse, elle veut pas médecin / Mother accablée / Jardin : mère prostrée / Anne mourante / Muriel pleure / Anne accepte médecin. »
Ce retour permet aussi de passer aux scènes où Claude revoit Muriel et la libère de lui, puisque c'est Diurka qui l'avertit du passage de Muriel à Calais. C'est aussi Diurka qui relaie l'exorcisme à la souffrance assuré par le film. Truffaut ajoute au même

moment la séquence de la dépression de Claude (« je ne suis rien, je ne suis personne, je ne comprends plus rien à la vie »), et sa guérison, jetant cette amorce de dialogue en marge de la scène de l'imprimerie : « Qu'est-ce que vous ressentez ? – Un grand soulagement. À présent, je ne suis plus malheureux, ce sont les personnages du livre qui souffrent à ma place. »

DU ROUGE SUR SON OR. Ne cherchant pas à assurer son film par des effets de casting, Truffaut choisit à Londres deux jeunes comédiennes anglaises inconnues pour interpréter les deux sœurs, en sachant qu'il va leur donner des scènes éprouvantes et difficiles à jouer : deux jeunes femmes qui ne prennent pas plus d'importance que Jean-Pierre Léaud, qui « appartiennent à la vraie vie » et soient physiquement crédibles pour représenter des personnages du début du XXe siècle. Il sait aussi qu'il demande à Léaud en interprétant le jeune Roché de jouer un rôle de composition plus éloigné de lui que ne l'est Antoine Doinel. « Je lui ai dit dès le début : « Ce sera le rôle le plus difficile pour toi parce que tu devras jouer comme si tu étais né riche et grand. « [...] Je lui ai demandé de ne pas chercher à attendrir par ses gaucheries comme dans les films précédents, et d'être un jeune homme très bien élevé, en face de ces deux filles. » Truffaut a raconté qu'il demandait aux deux jeunes Anglaises de dire leur dialogue sur un rythme soutenu même quand il leur arrivait de ne pas en comprendre le sens. « Il fallait travailler très près des acteurs et même avec un peu de ruse, parce que finalement la ruse est importante dans ce métier. Par exemple, il arrive qu'on donne à un des acteurs des indications à l'insu des deux autres. Souvent, il m'est arrivé d'aller trouver une des deux filles et de lui dire : « Vous devez jouer comme si Jean-Pierre était un enfant, comme si vous aviez cinq ans de plus ». Et après, j'allais voir Jean-Pierre Léaud et je lui disais : « Joue comme si c'était une petite fille, comme si tu avais cinq ans de plus qu'elle », et ensuite je les voyais s'affronter tous les deux après leur avoir donné cette indication en secret. » Tourné en deux mois et demi, le film est monté à Nice au début de l'été 1971 dans les studios de la Victorine. Comme toujours, ainsi que le raconte Yann Dedet, Truffaut est d'abord sincèrement effondré par le premier bout à bout (« Qu'est-ce qu'on va faire de tout ce merdier ? »). Puis il se met au délicat travail d'emplacement du commentaire qu'il récrit pour l'adapter aux images : « Il arrivait à la salle, il demandait de l'aspirine à Martine [Barraqué], il se mettait dans un coin et il écrivait. »

On sait que le film a suscité à la sortie incompréhension et rejet du public comme d'une bonne partie de la critique (la célèbre critique assassine de Jean-Louis Bory qui a dit à la radio s'être « ennuyé de la première à la dernière image »). Jean Gruault raconte que la séquence de l'île entre Anne et Claude, travaillée précisément par le cinéaste afin de « faire attendre le spectateur », est celle qui a suscité le plus de ricanements lors d'une vision du film dans un cinéma (« Alors, tu la baises ! », criait son voisin). On imagine mal cependant les pressions qu'a subies alors Truffaut de la part de ses distributeurs inquiets. S'il a sans doute accepté sans trop de difficultés de réduire au bout d'une semaine d'exclusivité la longueur du film, afin d'en permettre un passage supplémentaire par jour et de limiter ainsi les pertes, coupant brutalement dans le film, il s'oppose avec obstination à la demande qui lui est faite de couper le plan de la tache de sang de Muriel et d'édulcorer la scène (même Suzanne Schiffman, ou encore d'autres amis, dont l'épouse de Jean Gruault, lui reprochaient pourtant cette tache de sang et ce rouge trop abondant et artificiel). Après la troisième semaine d'exclusivité, Truffaut reçoit de son distributeur, Hercule Macchielli de Valoria Films, une lettre sévère bien que courtoise, où on lui demande de présenter pour la province des copies encore allégées :

« [...] De l'ensemble des impressions reçues, la plus critiquée est la scène de Calais qui réunit Claude et Muriel dans une chambre d'hôtel et particulièrement la longueur de cette scène dont les gémissements de Muriel sont par trop prolongés et surtout à la vue du sang qui consume la virginité de Muriel.

Je vous ai dit en temps utile combien j'aimais le film mais je dois vous rappeler que lors de la première projection sur double bande j'avais attiré votre attention sur sa longueur, les commentaires parfois inutiles et surtout la tache de sang.

Si la longueur a été réduite après la première semaine d'exclusivité, par contre, vous avez toujours refusé de toucher à la tache de sang, prétextant vous déjuger en le faisant.

Le film va sortir en province en janvier et il est à craindre que nous allons à un échec plus grave que celui enregistré à Paris.

Je ne nie pas que votre position d'auteur et de metteur en scène vous donne des privilèges que je respecte d'ailleurs.

Mais, je pense qu'il faudrait considérer aussi notre position de coproducteur et de distributeur. [...] »

Dans *La Femme d'à côté*, Truffaut glissera en *private joke* une scène où Mathilde, qui a dessiné sous un petit garçon tombé à terre, une large tache de sang, refuse obstinément la variante qui « ne la trahit pas » proposée par son éditeur, personnage au demeurant plutôt sympathique : le même dessin d'où il a ôté la couleur rouge.

UNE AUTRE FACETTE DE LUI-MÊME

UNE BELLE FILLE COMME MOI

UNE BELLE FILLE COMME MOI (1972). Un jeune sociologue, qui fait une thèse sur les femmes criminelles, et décide d'affronter son sujet plus concrètement en allant en interroger quelques-unes en prison, tombe sur un étonnant spécimen (interprété par Bernadette Lafont), qui lui livre une version revue et corrigée de ses aventures et se joue de lui. Avant même de commencer le tournage des *Deux Anglaises* (à partir de la fin avril 1971), Truffaut songe déjà pour son film suivant à rompre résolument avec le ton de celui qu'il s'apprête à tourner.

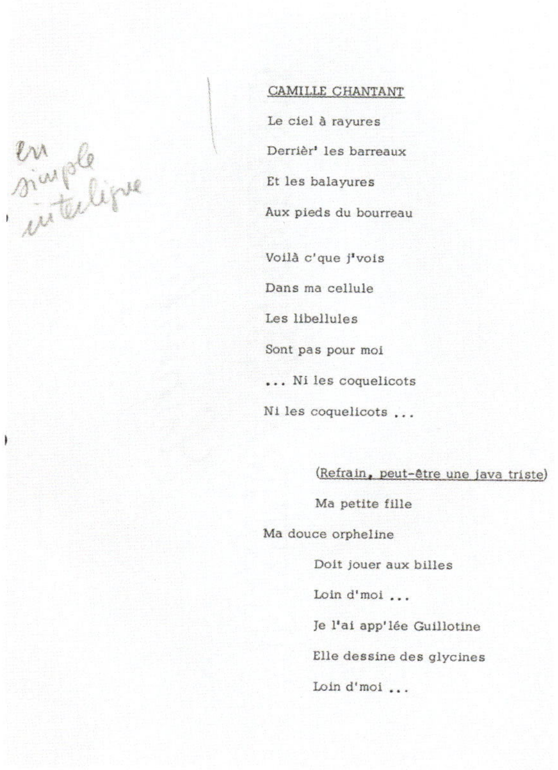
en simple interligne

CAMILLE CHANTANT

Le ciel à rayures
Derrièr' les barreaux
Et les balayures
Aux pieds du bourreau

Voilà c'que j'vois
Dans ma cellule
Les libellules
Sont pas pour moi
... Ni les coquelicots
Ni les coquelicots ...

(Refrain, peut-être une java triste)
Ma petite fille
Ma douce orpheline
Doit jouer aux billes
Loin d'moi ...
Je l'ai app'lée Guillotine
Elle dessine des glycines
Loin d'moi ...

Première version de la chanson de Camille que Truffaut demandera à Dabadie de récrire en reprenant l'expression du titre : « Une belle fille comme moi ».

Alors qu'il est sur le point de plonger dans les « douleurs de Muriel », il sent déjà qu'il aura besoin de prendre vivement le contrepied de la gravité avec laquelle il aura représenté les extrémités et les contradictions du sentiment amoureux, de « se moquer de lui-même », ainsi qu'il le dira à la sortie d'*Une Belle Fille comme moi*.

Il ne s'agira pas seulement d'autodérision, mais plus simplement d'une autre facette de lui-même qu'il a moins souvent montrée, plus potache et blagueuse, faite d'insolence, de vulgarité et de crudité joyeuse, assortie d'un goût du calembour à deux sous dont Truffaut confiera à Claude de Givray qu'il pensait le tenir de son beau-père (« Tout est prétexte à blaguer » disait-il de lui en le décrivant dans des notes préparatoires aux *Quatre Cents Coups*). Une autre facette connue de ses proches et de ses amis, plus volontiers libérée dans certaines de ses lettres parsemées de jeux de mots, ou dans les articles d'érotomane qu'il écrivait parfois pour les *Cahiers du cinéma* et signait en général du nom de Robert Lachenay, mais plus rarement exploitée ouvertement dans ses films, sinon par intermittences, notamment dans *Tirez sur le Pianiste* (et peut-être se serait-il davantage autorisé à poursuivre dans cette veine si le film avait été mieux reçu), ou dans quelques scènes de *La Sirène*. En adaptant *Une Belle Fille comme moi*, et en s'entourant pour l'accompagner dans cette aventure d'excellents comédiens dont il sait qu'ils joueront jusqu'au bout avec lui la farce avec sincérité (Bernadette Lafont, Charles Denner, Claude Brasseur ou Philippe Léotard...), il décide d'y aller franchement, de s'en donner à cœur joie, mais le public sera surpris et le film sera, à sa manière, aussi mal compris en 1972 que *Les Deux Anglaises* l'année précédente.

Dès mars 1971, alors qu'il est en pleine préparation des *Deux Anglaises*, il se renseigne sur les possibilités d'acquérir les droits d'un roman de la Série Noire qu'il a repéré lors d'un voyage en avion, *Le Chant de la Sirène* d'un certain Henry Farrell, dont il reprendra en le traduisant mot à mot le titre d'origine, *Such a Gorgeous Kid Like Me*. Dans un article publié au début du tournage, il racontera pour amuser la galerie avoir tellement hurlé de rire en lisant le roman que l'hôtesse l'avait pris pour fou et était allé prévenir le pilote. Truffaut apprend cependant que les droits sont la propriété de la Columbia et que leur coût est disproportionné aux moyens des Films du Carrosse.

Quelques tractations plus tard, il obtient de tourner le film, mais pour le compte de la Columbia. Il contacte alors Jean-Loup Dabadie auquel il envoie fin mars *Le Chant de la Sirène*. Dès la fin février 1971, il avait fait envoyer au scénariste une série de livres consacrés à la prostitution : travail préparatoire ou première recherche d'un sujet commun ?

« Il me fallait un complice pour l'adaptation et les dialogues d'*Une Belle Fille comme moi*. J'ai recruté Jean-Loup Dabadie parce qu'il était celui qui me disait le plus de bien de mes films, même de ceux qui étaient retirés de l'affiche après le troisième jour d'exclusivité. Nous avons commencé à travailler ensemble pendant les vacances à Antibes, et j'ai très vite compris que nous formions un tandem du genre Noël-Noël et Fernandel dans *Adémaï-Aviateur* lorsqu'ils montent tous deux dans un aéroplane, chacun croyant que l'autre sait piloter. » Cette première collaboration de Truffaut avec un jeune scénariste qui commence à être en vue (après *Les Choses de la vie* et *Max et les Ferrailleurs*) et n'est pas un de ses comparses habituels est en effet le résultat d'un malentendu sans gravité. Truffaut, qui vient de lire le scénario de *Chère Louise*, écrit par Dabadie pour Philippe de Broca, et l'a beaucoup apprécié, nourrit le rêve de recevoir une sorte de scénario idéal, qui serait tout fait, terminé, impeccable, et qu'il n'aurait plus qu'à tourner, sans efforts, sans avoir à le remanier, ni à s'en indigner avant de le ramener à lui. Sans avoir non plus à le bricoler à nouveau pendant le tournage, ce qui est justement ce qu'il en train de faire sur *Les Deux Anglaises*, comme il l'a toujours fait, et le fera toujours. Car, même s'il s'agit d'une gymnastique qui peut lui paraître à la longue épuisante, c'est de cette façon qu'il continue d'inventer, en profitant de la concentration et de la cristallisation que lui offre le tournage pour aller au bout de son sujet. « C'est le script de *Louise* qui m'a donné envie de travailler avec vous, car j'ai eu l'impression de lire pour la première fois un scénario français tournable tel quel. Si nous construisons ensemble un échafaudage bien équilibré (15 jours-3 semaines), que je vous laisse ensuite l'habiller en y jetant un œil hebdomadaire ou seulement terminal (comme vous préférez), nous aboutirons à quelque chose que je tournerai, sans avoir à le rafistoler sans cesse et colmater les brèches. J'en ai envie et besoin », écrit-il à Dabadie début mai 1971, pendant le tournage des *Deux Anglaises*. Rêve paradoxal, rêve impossible, pour un cinéaste qui a besoin de réagir contre le matériel qui lui est proposé pour définir sa

Camille Bliss (Bernadette Lafont) raconte sa vie au sociologue Stanislas Prévine (André Dussollier).

Pages précédentes : Claude Brasseur et Bernadette Lafont.

Notes précises de Truffaut à ses collaborateurs. Jean-Loup Dabadie au moment du scénario, Georges Delerue pour la musique.

L'exemplaire de tournage, aide-mémoire des idées supplémentaires qui arrivent.

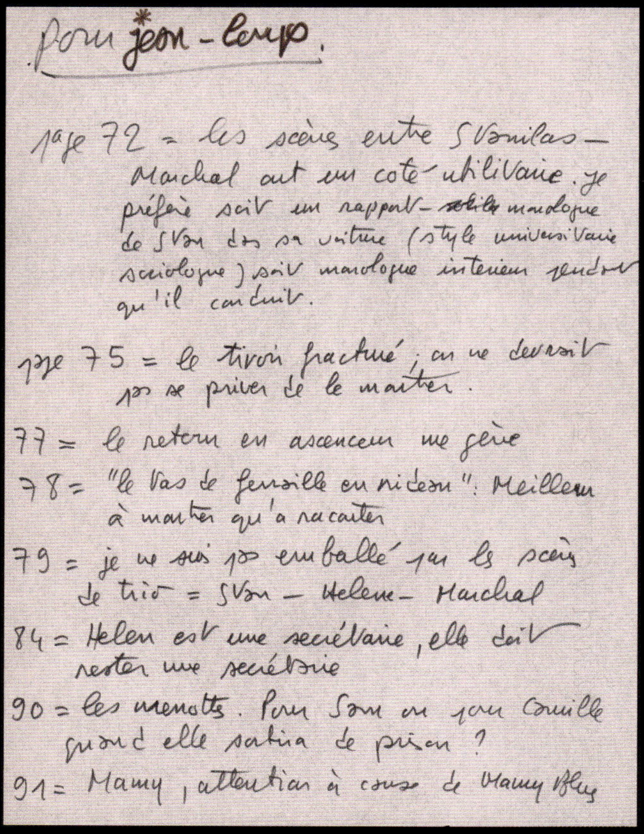

Pour Jean-Loup*.

page 72 = les scènes entre Stanislas-Marchal ont un côté utilitaire. Je préfère soit un rapport-~~solilo~~ monologue de Stan dans sa voiture (style universitaire sociologue) soit monologue intérieur pendant qu'il conduit.

page 75 = le tiroir fracturé, on ne devrait pas se priver de le montrer.

77 = le retour en ascenseur me gêne

78 = "le tas de ferraille au rideau" : meilleur à montrer qu'à raconter

79 = je ne suis pas emballé par les scènes de trio = Stan – Helene – Marchal

84 = Helen est une secrétaire, elle doit rester une secrétaire

90 = les menottes. Pour Sam ou pour Camille quand elle sortira de prison ?

91 = Mamy, attention à cause de Mamy Blue

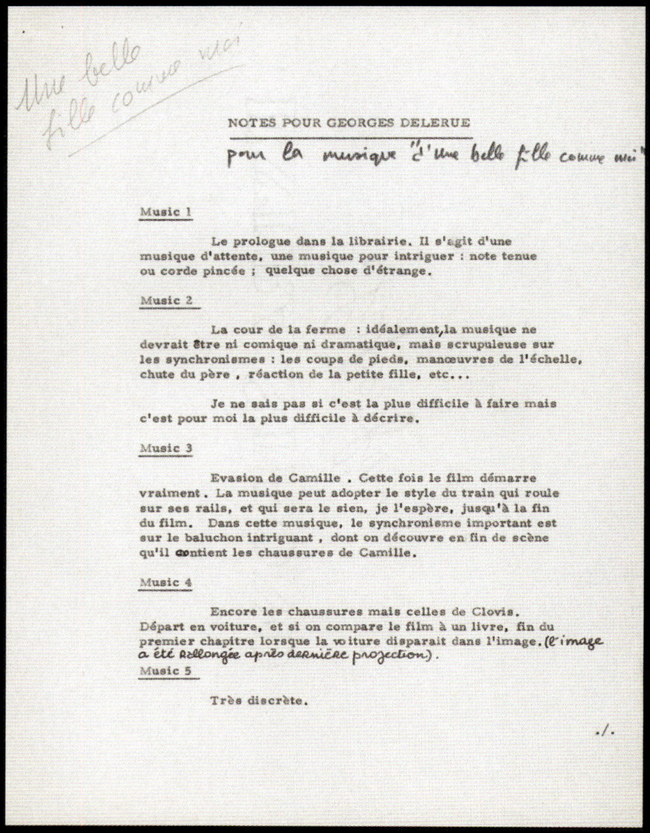

Une belle fille comme moi

NOTES POUR GEORGES DELERUE

pour la musique "d'une belle fille comme moi"

Music 1

Le prologue dans la librairie. Il s'agit d'une musique d'attente, une musique pour intriguer : note tenue ou corde pincée ; quelque chose d'étrange.

Music 2

La cour de la ferme : idéalement, la musique ne devrait être ni comique ni dramatique, mais scrupuleuse sur les synchronismes : les coups de pieds, manœuvres de l'échelle, chute du père, réaction de la petite fille, etc...

Je ne sais pas si c'est la plus difficile à faire mais c'est pour moi la plus difficile à décrire.

Music 3

Evasion de Camille. Cette fois le film démarre vraiment. La musique peut adopter le style du train qui roule sur ses rails, et qui sera le sien, je l'espère, jusqu'à la fin du film. Dans cette musique, le synchronisme important est sur le baluchon intriguant, dont on découvre en fin de scène qu'il contient les chaussures de Camille.

Music 4

Encore les chaussures mais celles de Clovis. Départ en voiture, et si on compare le film à un livre, fin du premier chapitre lorsque la voiture disparait dans l'image. (l'image a été rallongée après dernière projection).

Music 5

Très discrète.

./.

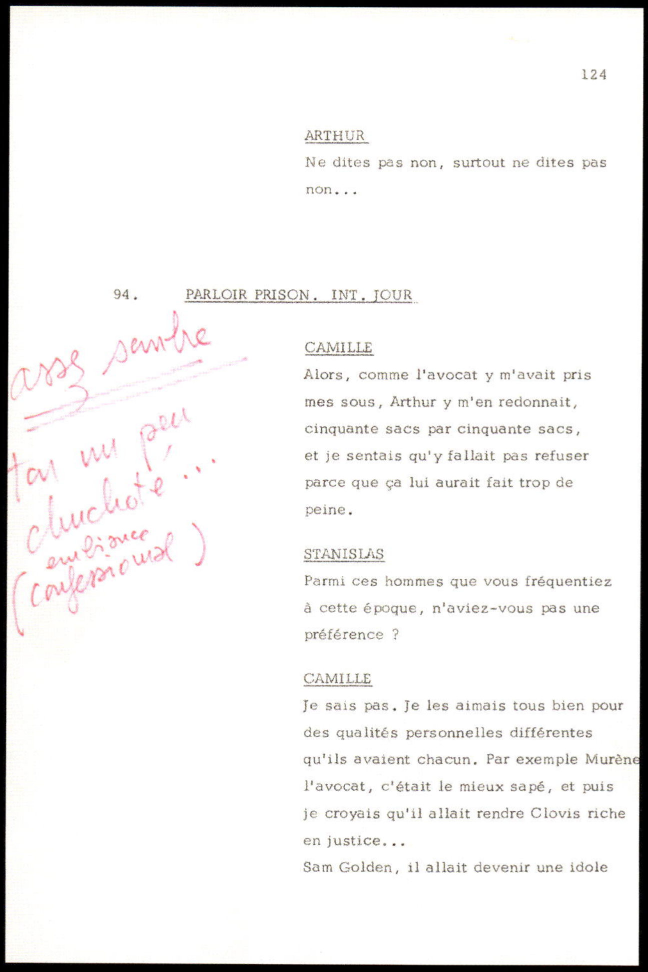

124

ARTHUR
Ne dites pas non, surtout ne dites pas non...

94. PARLOIR PRISON. INT. JOUR

CAMILLE
Alors, comme l'avocat y m'avait pris mes sous, Arthur y m'en redonnait, cinquante sacs par cinquante sacs, et je sentais qu'y fallait pas refuser parce que ça lui aurait fait trop de peine.

STANISLAS
Parmi ces hommes que vous fréquentiez à cette époque, n'aviez-vous pas une préférence ?

CAMILLE
Je sais pas. Je les aimais tous bien pour des qualités personnelles différentes qu'ils avaient chacun. Par exemple Murène l'avocat, c'était le mieux sapé, et puis je croyais qu'il allait rendre Clovis riche en justice...
Sam Golden, il allait devenir une idole

assez sombre

ton un peu chuchoté... ambiance (confessionnal)

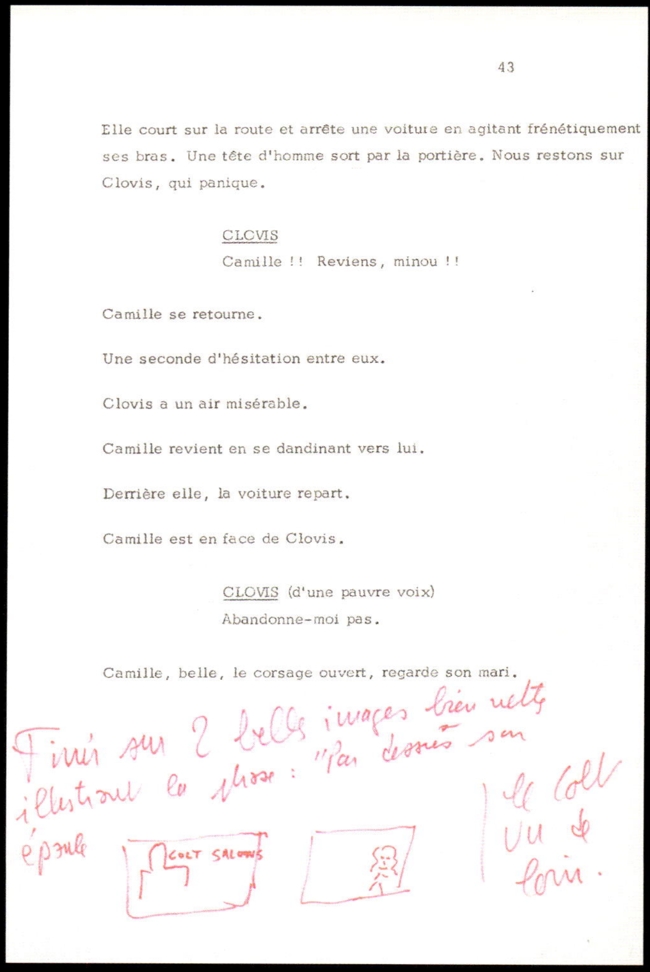

43

Elle court sur la route et arrête une voiture en agitant frénétiquement ses bras. Une tête d'homme sort par la portière. Nous restons sur Clovis, qui panique.

CLOVIS
Camille !! Reviens, minou !!

Camille se retourne.

Une seconde d'hésitation entre eux.

Clovis a un air misérable.

Camille revient en se dandinant vers lui.

Derrière elle, la voiture repart.

Camille est en face de Clovis.

CLOVIS (d'une pauvre voix)
Abandonne-moi pas.

Camille, belle, le corsage ouvert, regarde son mari.

Finir sur 2 belles images bien nettes illustrant la chose : "par dessus son épaule"

le coll vu de loin.

Truffaut s'amuse beaucoup en « se moquant de lui-même » et en dirigeant Bernadette Lafont, Charles Denner, et le couple Bernadette Lafont / André Dussolier.

propre voie. Quand Dabadie livre un scénario quelques mois plus tard, Truffaut n'y retrouve évidemment pas ce qu'il avait imaginé, et doit, pour en faire un film qui soit le sien, l'annoter, le critiquer et le reprendre comme il l'aurait fait d'une première version remise par De Givray, Revon, ou Gruault...

LA TRIBU DES BLISS. Moins libre cependant avec Dabadie qu'avec ses complices habituels, qu'il ne se prive pas parfois en marge de certains scripts de pousser dans leurs retranchements en les engueulant vertement, Truffaut modère ses propos. On découvre ainsi qu'il a modifié et atténué en les faisant dactylographier pour les envoyer à son coscénariste certaines remarques agacées qu'il avait portées directement sur son exemplaire du script. « Toutes ces intrusions chez des gens 8 mm sont à foutre en l'air » (alors que le sociologue et sa secrétaire cherchent un film d'amateur qui pourrait apporter la preuve de l'innocence de la belle fille) devient, plus civilement : « Attendons le minutage pour en discuter mais je pense qu'il faudra rejeter les saynètes aux domiciles des cinéastes amateurs » (Dabadie jouera finalement, le temps d'un plan rapide, un des photographes chez qui les deux enquêteurs en herbe vont se renseigner). Un « presque incompréhensible. On n'écoutera pas l'explication de Camille contre l'avocat » devient « dangereux ; l'image étant trop active, on n'écoutera pas le texte de Camille contre Maître Murène ». Ou encore cette réaction un peu plus agressive : « Départ du monologue d'Arthur (Denner va refuser le rôle) » qui devient : « Le long monologue d'Arthur, à rediscuter ensemble ». Une partie du léger malentendu tient à ce que Dabadie propose à Truffaut un récit moins resserré et rapide que celui que le cinéaste attendait, qu'il cherche aussi parfois à obtenir les effets comiques demandés avec des moyens qui ne sont pas ceux que le cinéaste aurait choisis. Il propose ainsi une scène où l'on voit le jeune sociologue pleurer à l'écoute des propos enregistrés de Camille Bliss, son objet d'étude, pour nous montrer ensuite qu'il épluche des oignons en vue d'un souper fin. Truffaut préfèrera jouer de manière plus concentrée du comique répétitif lié à la verve impertinente de son héroïne, à la créativité de ses mensonges et au décalage constant entre ce qu'elle dit et ce qu'on voit. Il a tout simplement une autre vision qu'il ne peut communiquer qu'en la mettant lui-même en œuvre. « La force du livre. C'est une histoire de série noire dont le narrateur est un sociologue, ne perdons pas cela de vue, ajoute-t-il en conclusion de ses notes à Dabadie. C'est même un ethnologue qui étudie une tribu, la tribu des Bliss. À choisir entre du Audiard (en mieux) ou du Jean Rouch (pour tous publics) faisons du Jean Rouch ».

Lorsqu'il envisage, au cours des années suivantes, de retravailler avec Dabadie, Truffaut ne renonce pas tout à fait, curieusement, à cette perspective d'un scénario qui lui arriverait quasiment terminé et qu'il pourrait tourner tel quel sans se poser de questions. Les deux hommes songent à plusieurs reprises à une nouvelle collaboration. Truffaut pense fugitivement à Dabadie pour écrire la future *Nuit américaine* avant d'y travailler avec Jean-Louis Richard (« Je crois que *Le Chant de la Sirène* est un bon matériel pour nous deux ou, aussi bien, le film sur le tournage d'un film », lui écrit-il en 1971). Il pense à lui pour écrire le film sur les enfants (le futur *Argent de Poche*), mais s'aperçoit que les émoluments qu'il peut lui proposer ne correspondent pas à ce qu'est devenue sa notoriété et préfère lui rendre sa liberté. Il lui demande alors de réfléchir à un sujet pour Isabelle Adjani, idée qu'il croise avec son envie ancienne de consacrer un film à une petite voleuse (« On avait dit, j'avais dit : pour notre prochain film, l'initiative devra venir de vous : Isabelle en voleuse »), mais y renonce après le tournage d'*Adèle*, « en voyant et revoyant sans cesse le visage d'Isabelle A. sur le dépoli de la Moritone », résumant le décalage qui le sépare de la comédienne d'une formule : « Elle a si bien réussi à se vieillir qu'il va lui falloir revenir en arrière pour ses prochains rôles, et je ne peux pas être l'homme de la situation tant que son âge réel ne rejoint pas celui qu'elle paraît être dans *Adèle*. Par ailleurs, je suis convaincu qu'elle a besoin d'expérimenter d'autres styles de direction ». En réalité, Truffaut aimerait que Dabadie lui apporte un scénario : « Mon désir de travailler avec vous est toujours aussi vif, mais il prend une forme paradoxale. Je ne souhaite pas vous apporter un thème et en discuter et tourner autour et collaborer comme je le fais avec Gruault, Aurel, Suzanne Schiffman, je voudrais que l'idée vienne de vous, son développement aussi et que vous me l'offriez comme au temps de *Chère Louise* » (en mars 1981, alors qu'il est sur le point de tourner *La Femme d'à côté* et vient de voir *Clara et les chics types* écrit par Dabadie). Mais Truffaut, qui l'a toujours refusé, aurait-il tourné une idée et un scénario ne venant pas de lui ? Lorsque Dabadie lui envoie un projet deux ans plus tard, il ne peut s'y sentir à l'aise : « Votre projet sur deux hommes cohabitant est sûrement intéressant, mais pas dans mes cordes. Pourtant le désir de travailler ensemble est réciproque, vous le savez ». Il lui propose d'écrire quelque chose pour Fanny Ardant, s'il est inspiré par ses différentes possibilités : l'emploi romantique comme chez Resnais, ou l'héroïne à la Katharine Hepburn comme dans *Vivement Dimanche !* La mort du cinéaste en décidera autrement.

LE RAPPORT DU SOCIOLOGUE. « En reprenant la construction (ou plutôt la conception) du livre, nous obtiendrons du « jamais vu », un film beaucoup plus original et pas moins drôle » écrit Truffaut pour Dabadie à la lecture du premier scénario *d'Une Belle Fille*. Le roman alterne les séances de récit de la vie de Camille au sociologue, rapidement subjugué, les scènes où il questionne différentes personnes de son entourage, récoltant parfois le contraire de ce qu'il espère trouver, et les chapitres consacrés au rapport, bourré de termes intellectuels et techniques, qu'il fait de ses rencontres avec Camille. Truffaut souhaitera faire de ce rapport un principe qui structure le récit, comme Rivette l'a convaincu de faire avec le journal d'Itard dans *L'Enfant sauvage* : l'enregistrement au magnétophone envoie le récit en flash-back, et le récit est ensuite régulièrement relancé ou prolongé par le travail de dactylographie fait par Hélène, la discrète secrétaire du sociologue, par les commentaires dictés par lui, et par de nouveaux enregistrements. Ce sont justement le ton et le vocabulaire du rapport du sociologue, en rupture constante avec la crudité canaille de Camille, qui amusent Truffaut. Dans son premier scénario, Dabadie se sert des commentaires du sociologue de manière moins systématique, prévoyant de répartir les avis sur Camille dans des scènes de conversation à deux (Stanislas, le sociologue, avec son avocat) ou à trois (Stanislas, son avocat et sa secrétaire). Ce qui lui vaudra cette demande de Truffaut qui sent qu'il n'obtiendra de véritable comédie que si ses deux principaux personnages (et c'est vrai aussi de ceux qui les entourent) croient totalement à chaque instant à ce qu'ils disent et à ce qu'ils font : « Il nous faut seulement revenir au côté "rapport" du récit qui nous permettra de tourner un film qui ne se présentera pas comme une comédie mais qui sera 100 % flegmatique ».

LA VÉRITÉ DE LA VIE. Comme de coutume, Truffaut remet à Dabadie avant la rédaction du scénario un exemplaire du livre où il a souligné ou entouré les passages qui l'amusent et l'intéressent, notamment dans les récits de Camille, dont il tient à travailler la façon de parler. « Le film comporte tout un aspect linguistique », note-t-il et il insistera là-dessus. « "Soyez cool " : voilà peut-être la clé du langage de Sam, un américanisme à chaque phrase » remarque-t-il au bas d'une page. Au fil du bouquin, l'idée du pari de la fatalité l'enthousiasme et il souligne les phrases de Camille : « Alors c'était comme qui dirait que lui et moi, on avait fait un pari et la Fatalité devait dire qui c'est qui allait gagner ». De même que la sexualité franche et l'ingénuité prétendue de l'héroïne : « J'avais une personnalité, vous comprenez, qui plaisait aux garçons ». Il bondit sur l'idée que Camille est saisie d'une vraie admiration devant ceux qui réussissent à avoir leur nom imprimé, en gros, aux yeux de tous : « Royal [le chanteur du Blue Corral, renommé Sam Golden par Truffaut] était la première personne que je connaissais qu'avait son nom imprimé et en gros » ; et plus loin, cette phrase de Camille, qu'il souligne d'un large trait : « Faut dire que j'ai toujours eu ce genre de respect pour ceux qui pouvaient s'offrir leur nom sur une enseigne. Comme qui dirait qu'ils savaient vraiment la vérité, un truc comme ça, non ? ». Phrase très légèrement remaniée (« J'ai toujours eu un vache de respect pour ceux qui peuvent s'offrir leur nom imprimé sur les murs : je m'dis qu'ils savent vraiment la vérité de la vie... Quelque chose comme ça, non ? » que Truffaut accompagnera en tournant d'un gros plan prolongé d'un léger zoom avant sur le visage de sa comédienne, soulignant cet instant où son personnage dit, non seulement ce qu'elle croit ou prétend sincèrement être sa vérité (une vérité souvent reconstituée), mais ce qu'elle est vraiment. C'est du bouquin que Truffaut tire directement certaines des répliques les plus impayables du film dans leur vulgarité mâtinée de franchise involontaire. La description de l'avocat : « Il s'est tellement bien détendu que je me suis mise à me demander s'il aurait la force de rentrer chez lui » (dans le film, on l'entendra deux fois : dite une première fois par Camille, la phrase repasse sur la bande enregistrée qu'écoute la secrétaire, Hélène, avant d'arrêter, de colère, le magnétophone). Ou les justifications de Camille qui se retrouve avec quatre hommes sur les bras : « Je les aimais tous bien, je crois, pour des qualités personnelles différentes qu'ils avaient chacun ». Et ces professions de foi : « J'aurais pas couché avec eux sans raison. Je suis pas comme ça ». Ou encore : « Moi, j'essayais tout juste d'être gentille avec tout le monde et c'est ça qui a tourné la chose en vraie tragédie ». Quand il demande à Bernadette Lafont d'interpréter son héroïne, Truffaut sait qu'il pourra compter sur elle pour dire et jouer toutes ces répliques à fond, avec sincérité et énergie, sans clin d'œil et au premier degré, pour *être* le personnage. « Garce inconsciente », définit-il Camille, « un naturel et un cynisme absolus ». Avant de se décider fermement pour Bernadette Lafont, à laquelle il a pourtant pensé immédiatement à la lecture, il hésite un instant, songe même brièvement à Claude Jade : « J'observe la petite Jade, je ne lui parle de rien ; car je crois quand même qu'elle est un peu trop jeune », écrit-il à Dabadie courant 1971. Il aurait obtenu alors un autre film.

Pour la fin, il prévoit d'ajouter deux idées bien à lui qu'il ébauche en annotant les dernières pages du livre quand le sociologue se retrouve en prison : « Camille lorsqu'elle visite Stan : « Il y a deux sortes de gens,

Arthur, le dératiseur (Charles Denner) près de l'apoplexie en découvrant des magazines pornos à la devanture du marchand de journaux.

ceux qui ont connu ça et puis les autres… Maintenant, vous êtes comme moi ». Il faut montrer a) Stan dans sa cellule b) un bout de couloir c) un parloir grillagé ». Cette phrase sur la prison, Marion l'a dite à Louis dans *La Sirène*, et dans *L'Homme qui aimait les femmes*, c'est la grande amoureuse de mauvaise foi (Nelly Borgeaud) qui la redira à Bertrand Morane. Et c'est à la relecture du livre qu'il commence à imaginer le rebond final sur la secrétaire qui attend fidèlement Stanislas, esquissée sur une des dernières pages : « grâce à Hélène, j'avais obtenu un régime de faveur : poste TSF " J'attendrai… " ».

UNE ENVIE DE PÉNIS SUBLIMÉ. « Cet épisode est nettement plus drôle raconté que vu… attention », remarque-t-il en marge de la scène où le dératiseur saute sur Camille après l'avoir emmenée dans une maison qu'il est en train de traiter. L'utilisation du récit de Camille sur magnétophone comme moteur des flashes-back lui permettra d'avoir l'avantage des deux, la scène racontée avec une drôlerie exponentielle par Camille (« Alors y m'est tombé dessus comme si il avait deux douzaines de mains […] Alors là, j'me suis dit que la fatalité en mettait un sacré coup et qu'c'était à mon tour que j'soye pleine d'initiatives ») et la scène vue (Charles Denner, en puceau coincé, qui se jette sur Camille le corps raide et frénétique en hochant spasmodiquement la tête). Telle scène est-elle meilleure racontée ou vue, c'est une question que se pose souvent le cinéaste. « Le tas de ferraille en rideau : meilleur à montrer qu'à raconter », note-t-il en marge du scénario remis par Dabadie lorsque Camille raconte la panne de la voiture de Clovis à deux pas du Colt Saloon, le dispositif du film lui offrant à nouveau le plaisir de jouer sur les deux tableaux. Plaisir d'offrir en quelque sorte double ration, puisqu'il pourra avoir à la fois la voix de Camille qui raconte (« On était sur la route et voilà qu'le tas de ferraille tombe en rideau ») et l'image de la voiture qui hoquette, s'immobilise, et d'où sort un Clovis désemparé qui ne pense qu'à téléphoner à sa mère.

Afin de récupérer quelques idées supplémentaires, Truffaut a fait traduire le texte des quelques passages du roman coupés lors de la traduction. C'est là qu'il repêche dans le rapport du sociologue, lorsqu'il est question du banjo de Camille (« " équation possible entre musique et sexualité " : marrant si remis en forme ; dicté par Stan à Hélène ») une phrase qui lui permettra de déclencher une dispute entre lui et sa secrétaire : « forme suggestive de l'instrument, indication possible d'envie de pénis sublimé » (« pénis sublimé », dira Hélène, qui représente non seulement la secrétaire bas bleu aux cheveux bien tirés, mais aussi un reste de bon sens. Vous n'avez pas pensé que c'est peut-être tout simplement une garce ? »). C'est dans ces quelques pages tirées du texte intégral du roman qu'il récupère l'idée d'une scène où Stanislas va questionner l'ancienne institutrice de Camille afin d'en apprendre plus sur la jeunesse malheureuse de sa protégée et tombe sur un os : aux yeux de l'institutrice, Camille est un démon du mal, irrécupérable et sans excuses, et elle n'a pas de mots assez durs pour l'évoquer. « Je crois à l'intérêt de " repêcher " cette scène presque formidable. Institutrice » s'emballe Truffaut, qui transposera la scène dans son scénario et finira par la sacrifier au montage pour préserver l'unité du film. Il gardera en revanche, car elles ne rompent pas le mouvement, les scènes entre Stanislas et un vieux gardien de prison issu du même village que Camille que l'évocation de la jeune fille fait saliver (« la petite Camille, miam, miam, miam ») et dont le joyeux appétit libidineux fait fuir le sociologue qui n'obtient décidément jamais les réponses qu'il attend. Personnage dont Truffaut a l'idée en retrouvant dans ces passages coupés une scène entre le sociologue et un ancien condisciple de Camille : « Pour placer les remarques sur la sexualité enfantine de Camille, on pourrait modifier le personnage : à la fois condisciple et gardien ou portier à la prison ». Travail de resserrement. Il y a toujours chez Truffaut cette recherche du coup double qui concentre le film et permet de répéter les effets : le type qui permettra de faire une scène drôle en confrontant le héros sociologue à ce qu'il ne veut pas savoir ni entendre est en même temps celui que l'on retrouve régulièrement à l'entrée de la prison. Comme à son habitude, Truffaut n'hésite pas à fusionner les personnages : « À mon avis les dix pages qui suivent devraient être rejetées malgré la qualité du dialogue. La mère de Camille fait double emploi avec Isobel. Il faudrait garder ses meilleures répliques pour les refiler à Isobel ».

Truffaut sent bien que tout son film repose sur l'énergie et la truculence de son personnage principal. En lisant le premier scénario, il prévient Dabadie : « Toutes les scènes retenues doivent concerner Camille : a) comme elle est ; b) comme les autres la voient ; c) comme la voit Stanislas ». Dabadie propose en effet, avec 315 pages et 175 scènes, un scénario beaucoup trop long et trop délayé sur lequel Truffaut compactera en une seule de nombreuses scènes. Dabadie démarre le récit par une chronique de l'enfance misérable de Camille jusqu'au moment où elle s'évade de la maison de correction. Ce n'est qu'après qu'il montre deux hommes arrivant à la prison, un avocat et le sociologue dont on comprend qu'il a déjà commencé son enquête sur les femmes criminelles. Truffaut reconstruira tout ce début. Par obsession de la clarté et goût de l'accroche, il préfère lancer ostensiblement le récit par la petite énigme d'un flash-back, quitte à ce que le procédé paraisse désuet (une jeune femme cherche dans une librairie une thèse sur les femmes criminelles qui n'est pas parue. Que s'est-il passé il y a un an ?). Il refuse aussi de se priver de la première rencontre entre Stanislas et Camille : « Marchal [l'avocat] explique Camille et introduit Stan ». Racontée par Camille et commentée par Stanislas, l'enfance malheureuse de la future criminelle prend toute sa valeur comique. Truffaut mettra le paquet en envoyant d'entrée de jeu, dès les premières minutes du film, le pari de la fatalité (elle enlève l'échelle qui mène au grenier, si le vieux s'en aperçoit, perdu, c'est elle qui dérouille ; si le vieux tombe et se casse le cou, c'est gagné, c'est la fatalité qui l'a voulu). Et il ne recule pas devant l'autodérision : « Le rapport entre l'accident de papa et le crime qu'on m'accuse aujourd'hui : y a pas d'hésitation. Si j'aurais eu une enfance dans un foyer heureux, les parents qui se câlinent et tout, je serais pas ici aujourd'hui. Et c'est ça que la société doit avoir honte, comme mon avocat il arrête pas de le glapir. »

LES LARMES D'HÉLÈNE. Le plus instructif et le plus amusant reste ce que Truffaut rejette d'un revers de main des propositions de son coscénariste. Refus net des rapports de copinage entre Stanislas et sa secrétaire, dont Dabadie fait une jeune femme moderne et sans complexes des années soixante-dix, qui, s'il peut lui arriver de décliner une invitation à dîner de son employeur (et non, comme le fera à l'inverse Truffaut, d'en risquer timidement une, que Stanislas refusera), demande en échange la permission de prendre un bain ! Chez Dabadie, qui oublie l'absence totale d'intérêt de Truffaut pour les scènes de repas, dans la vie, comme au cinéma, Stanislas, une fois chez lui, est un cordon-bleu grave et compétent (« Il flambe un pigeon avec un verre de cognac »). Hélène improvise chez elle des dîners de copains sur une table de bridge, avec maïs et chianti, assiettes en cartons et bougies de couleur, où elle convie le sociologue et l'avocat. Ce pourrait être jusqu'à un certain point l'univers de Sautet (quoique les rapports entre les personnages, trop schématiques, manquent alors de complexité), ce n'est pas celui de Truffaut. « Hélène est une secrétaire, elle doit rester une secrétaire », note ce dernier, sec. Il fera d'Hélène un personnage effacé et un peu désuet, amoureuse de Stanislas en secret, mais dont les indignations sont sans détours et ont d'autant plus de relief (« Cette fille est une nymphomane. Ils les lui faut tous »). Truffaut rejette également les scènes où Hélène fait à propos de Stanislas des déclarations trop directes. Une scène où Hélène parle à sa mère de ses sentiments pour le sociologue qu'il rature : il sucre la mère, transforme la scène en une entrevue entre Hélène et Stanislas où, selon la vieille règle de la litote et de l'inversion valable de Corneille à la comédie américaine, il n'indique classiquement les sentiments d'Hélène qu'à travers ses remarques acerbes et l'incident des gants. Ces gants jaunes que Camille a offerts à Stanislas à la prison – on découvrira plus tard qu'elle les a volés – et qu'Hélène trouve ridicules, envoyant en échec et mat final à Stanislas qui croit pouvoir raconter qu'il les a reçus de sa marraine : « Votre marraine est une putain ». Il refuse une scène où elle attend vainement Stanislas dans un restaurant et fond en larmes, et propose autre chose : « Hélène (chez elle) se passe six fois sur la cassette une phrase qui lui fait mal, genre : « Vous êtes mignon tout plein avec votre cravate » (ou à propos des gants) ». Il supprime une autre scène où Hélène attend à nouveau Stanislas au restaurant, pleure à son arrivée, lui avoue qu'elle l'aime et démissionne. Réaction de Truffaut : « Je trouve Hélène trop directe. Nous (le public) savons qu'elle est amoureuse, Stan ne s'en rend pas compte ». Son Hélène, interprétée par une jeune comédienne inconnue et réservée « qui a eu la bonne idée d'envoyer sa photo aux Films du Carrosse », Anne Kreis, sera finalement plus active et aura plus de plomb dans la tête que la jeune femme libérée, mais pleureuse du premier scénario. Truffaut souhaite clairement l'utiliser pour rétablir, face aux récits de Camille et à la fascination de Stanislas, un regard extérieur qui offre un relais au spectateur. L'intention est visible au fil des notes laconiques par lesquelles il rebâtit en style télégraphique une esquisse de construction ponctuée par les retours sur Hélène : (pour le début du film) « récit Camille, premier flash-back, la fin du flash-back, on se retrouve chez Hélène » ; « 11 : chez Hélène : premier commentaire d'Hélène à propos de Camille ; 2e flash-back : Clovis » ; puis, plus loin : « 36-37-38 : fin

Camille (Bernadette Lafont), Clovis (Philippe Léotard) et sa mère, la vieille Isobel (Gilberte Géniat) : les douces soirées de la famille Bliss.

du flash-back… photo montrée à Hélène ? On retombe sur Hélène, scepticisme… Suite du flash-back n° 2… citronnelle, Hélène… jusqu'à la voiture en panne… » (le gag de la citronnelle – Stanislas porte un nouveau parfum et tout le monde le lui fait remarquer – sera abandonné dans le film). Pour défendre le film, Truffaut a dit se sentir être autant l'exubérante Camille que le sociologue emprunté. Il est plus sûrement chacun des trois. Il a pensé un instant à jouer lui-même le rôle du sociologue et l'écrit à Jean-Loup Dabadie : « J'envisage, asseyez-vous avant de continuer à me lire, de jouer le rôle moi-même. […] Je ne suis pas encore décidé absolument, soit qu'une idée plus évidente puisse se présenter, soit qu'à un certain moment, je me rende compte que le scénario comporte des scènes difficiles à jouer pour le non-acteur que je suis. Je retrouve ici la possibilité de mener le jeu à travers ce rôle d'enquêteur ; je suis sûr de mon impassibilité et du contraste qui serait créé entre Bernadette et moi, le danger résidant dans un éventuel accès de réalisme ou plutôt de réalité ». Aux visages connus du public qui traversent le film, de Guy Marchand à Denner, il souhaitera opposer un visage inconnu dans le rôle du sociologue : celui du jeune André Dussollier qui sort du conservatoire.

INDIANAPOLIS ET LE DÉRATISATEUR. Le cinéaste renvoie dans les cordes une autre proposition de Dabadie qui donne à Sam Golden, le crooner ringard qu'interprètera impeccablement Guy Marchand, des manies sexuelles bizarres à tendance sado-maso. Il met des gants noirs avant de faire l'amour, se munit de toute une panoplie (martinet, cordelettes, foulard rouge, etc, Camille dit alors en contrepoint comique venir chercher auprès de lui « chaleur et tendresse »). On la retrouve dans une autre scène, alors que la femme de Sam déboule, suspendue au lustre par des menottes, en bottes et short militaire… « Sur mon exemplaire, j'ai supprimé tout le côté sado-maso sexuel du chanteur car je me sens incapable de blaguer à propos des bizarreries sexuelles (tiens, tiens, c'est inquiétant ça…), répondra Truffaut. Ce dernier préfèrera inventer d'autres décalages : la présence parmi les techniciens du « saloon » d'un éclairagiste sourd-muet, à la Groucho Marx, qui sera celui par qui le drame (tragicomique) arrive, puisque c'est lui qui, par gestes, fera comprendre à Clovis (Philippe Léotard) qu'il est cocu. Et le gag du disque de courses de bolides à Indianapolis que Sam Golden passe à chaque fois qu'il saute une fille. Gag répété, utilisé quand Sam saute Camille, puis réutilisé en ironie dramatique quand, inversement, c'est avec sa femme qu'il couche alors que Camille arrive de l'autre côté de la porte. Ce gag du disque au son vrombissant donnera lieu à un des plus beaux et des plus drôles rebonds comiques du film, lorsque Camille, venue rendre une rapide visite à son chanteur d'amant, est attendue à l'extérieur par Arthur, le dératiseur (Charles Denner) dont elle utilise la camionnette comme un vulgaire taxi : Camille disparaît dans la piaule de Sam (Truffaut supprime également l'idée qu'elle le retrouve parfois dans un hôtel de luxe et concentre tout autour du décor minable du bar-boîte-cabaret de bord de route), on entend s'élever les vrombissements des bagnoles de course, et Denner, sur le bord de la route, tourne la tête, cherchant d'où vient le son des voitures. « Vous croyez aux sciences paranormales ? », demandera-t-il à Camille, lorsqu'elle le rejoint, prête à traverser la ville pour passer quelques minutes dans le canapé-lit de l'avocat (Claude Brasseur). « Il y a un curieux phénomène acoustique ici : on entend les voitures longtemps avant qu'elles arrivent… ou peut-être longtemps après ? »…

« Attention à Arthur, note Truffaut pour Dabadie. a) ne pas le traiter de con b) ne pas le désavantager par rapport à Camille c) pas d'argot ni de familiarité dans son dialogue 4) il est pompeux, puritain, moraliste, mystique, passionné, “ sentiments élevés ” ». Le cinéaste sait qu'il court avec ce personnage de dératiseur puceau presque cinglé, qui est, de toute la galerie pourtant assez peu triste de personnages représentés dans le film, le plus excessif, le risque d'une caricature qui pourrait se retourner contre lui. C'est le tour de force d'*Une Belle Fille comme moi* : le flirt permanent avec la caricature, sans jamais une once de supériorité sur les personnages. Avec sa passion du travail bien fait, son obsession de l'extermination des insectes vue comme une mission (« si le termite vit, la demeure meurt »), Arthur est le comble à la fois pathétique et comique des personnages portés par une idée fixe, un frère *de La Mariée en noir*, qui préfigure, à sa manière poussée à l'extrême, *L'Homme qui aimait les femmes* (où l'on retrouve Charles Denner) ou le Davenne de *La Chambre verte* (Truffaut pensait que Denner aurait pu jouer le rôle qu'il a choisi d'interpréter).

VÉRITÉS ET MENSONGES. Quand Dabadie cherche à offrir à Truffaut du Truffaut, cela ne prend pas forcément davantage. Lors d'une visite de Stanislas au parloir, Camille demande qu'il lui achète des bas, du trois, en marron fumé, private-joke faite par Dabadie qui sait que Truffaut a renoncé à plusieurs reprises à monter la scène d'achat des bas par un homme dans ue boutique de lingerie; mais l'idée n'est pas reprise dans la version du scénario remaniée par Truffaut et Suzanne Schiffman. Version où il accélère le récit (le scénario passe à 140 scènes) et solidifie le principe des flashesback lancés à partir du magnétophone et des enregistrements de Stanislas. Truffaut reconstruit toute la fin où Dabadie avait entremêlé en montage alterné deux suspenses qui du coup se confondaient et s'annulaient l'un l'autre : d'une part, la tentative de meurtre par Camille des deux hommes qui l'encombrent (son mari, Clovis, et l'avocat véreux). Et, d'autre part, la recherche par Stanislas et Hélène d'une preuve matérielle qui permettrait d'innocenter Camille et qui pourrait être un film d'amateur pris le jour de la mort du dératiseur. « Chronologie chahutée : danger » note Truffaut qui préfère séparer les deux séries d'événements et ne lancer la quête finale de Stanislas pour innocenter Camille qu'après la fin du récit fait par celle-ci : comment Arthur l'a attendue au bas de son hôtel où il a déposé les deux corps ranimés de Clovis et de Maître Murène, comment il l'a entraînée en haut de la cathédrale pour sauter avec elle, comment elle a réussi à ne pas sauter avec lui. Il préfère aussi faire partager au spectateur le choc de Camille qui découvre sur le lit de sa chambre d'hôtel les deux corps qu'elle a laissés dans une lointaine maison à dératiser. La version de Dabadie vendait la mèche, car on voyait Arthur revenir sur son lieu de travail, découvrir et réanimer les corps, bien avant que Camille ne revienne à son hôtel. Truffaut joue la surprise : « Dans le roman, très bonne interruption à cause de la gardienne : elle rentre chez elle et trouve les deux types (il ne faut pas voir Arthur réanimer les deux types » note-t-il sur le premier scénario. Il reste avec son héroïne, puis monte l'image d'Arthur découvrant les corps dans la maison envahie par la fumée en flash-back, lorsqu'il raconte à Camille comment il les a sauvés tout en fonçant vers la cathédrale à la puissance maximum de sa vieille camionnette. « On fait un scénario en se demandant sans cesse ce que les gens croient » était un des leitmotiv du cinéaste. Sous ses airs volontairement gros sabots, qui permettent à Truffaut de mieux tromper son monde, la construction d'*Une Belle Fille comme moi*, pas mal revue au montage, est très finement travaillée, dans ses effets sur le spectateur, dans le jeu des mensonges et des vérités de Camille, des décalages ou au contraire parfois des concordances et des redoublements entre ce qui est dit et ce que l'on voit. Truffaut change parfois d'avis sur la manière de jouer avec le spectateur. Au scénario, la manipulation finale qui mène Stanislas en prison (Camille le fait passer à sa place pour le meurtrier de son mari) est racontée intégralement en flash-back : les scènes de la nuit fatale, Stanislas qui vient chercher Camille à l'issue de son spectacle, la raccompagne chez elle, est enfin sur le point de la toucher quand surgit le mari, etc. En montant, Truffaut déplace la visite rendue par Stanislas à la fin du spectacle de Camille au présent de l'histoire, faisant participer le spectateur à un dernier petit suspense sentimental ou plutôt sexuel : tout peut encore arriver, Stanislas va-t-il enfin avoir Camille ? C'est alors que les filles de la revue descendent pour le french cancan (hommage éclair à Renoir), qu'il coupe, passe à un vendeur de journaux qui annonce un « drame de la jalousie » et envoie la suite du récit en flash-back.

Le sociologue (André Dussollier) et sa secrétaire (Anne Kreis).

Lorsqu'il tourne de mi-février à mi-avril dans la région de Béziers (Suzanne Schiffman a découvert près de Lunel le décor presque authentique du « Colt Saloon », et le lieu touristique élevé mentionné au scénario pour le suicide du dératiseur sera la cathédrale de Béziers), Truffaut pousse ses effets et n'hésite pas à radicaliser certains détails. Pour le flash-back sur l'enfance de Camille, il ajoute l'idée du banjo écrasé par le père alcoolique (dans le scénario, il cassait le poste de radio de sa femme et shootait dans les poules). Rendant plus évidentes les raisons du ressentiment de la petite Camille, il ajoute aussi le coup de pied aux fesses de la fillette qui la propulse en haut d'une balle de foin. Propulsion qu'il filme en accélérant et découpant l'image pour renforcer la comédie (« Camille en martyre comique » avait-il noté sur le scénario de Dabadie). Au fil des scènes, ce sont d'autres détails qui viennent renforcer les situations : Camille, qui s'évade en franchissant le mur d'un centre pour mineurs délinquants, a emporté dans un mouchoir noué des chaussures à talons hauts qu'elle met sur le bord de la route. Bernadette Lafont / Camille envoie aux premières voitures qui ne s'arrêtent pas des gestes obscènes pleins de santé qui donnent le ton du personnage. Demandant à s'absenter lors du premier parloir pour aller faire pipi, elle demande à Stanislas de lui garder sa clope : et le jeune sociologue la tient droite dans sa main, comme un con et raide comme la justice, jusqu'au retour de Camille, tout en enregistrant ses premiers commentaires. Truffaut développe la conversation de Stanislas avec le vieux gardien, auquel il donne ce dialogue supplémentaire assez drôle : on a de l'affection pour Camille « comme on a de l'affection pour la compagnie du gaz et de l'électricité, on n'aimerait pas en être privé ». Il donne aussi au dératiseur décrivant son métier alors qu'il va montrer à Camille sa première maison à dératiser ce monologue additionnel drôle et glaçant en même temps : « Il y a des petits garçons qui ne savent pas ce qu'ils veulent faire dans la vie. Mais moi, dès l'âge de neuf ans, je voulais être dératiseur et je le suis devenu ». Truffaut se livre d'ailleurs à une petite parodie d'Hitchcock, filmant l'arrivée de la camionnette vers la première maison à dératiser comme dans *Rebecca*, ou la maison à traiter qui sera celle de la tentative de meurtre comme le décor rempli d'animaux empaillés de *L'homme qui en savait trop* (il prévoit dès le scénario que le rez-de-chaussée de la maison sera comme « une sorte d'entrepôt d'un naturaliste » : « on voit des animaux empaillés avec des gencives menaçantes et des yeux brillants ; on voit également des oiseaux et un serpent sur la branche d'un faux arbre »). Entre parodie de thriller, vrai suspense et loufoquerie pure, le film est un drôle de mélange avec lequel Truffaut s'amuse beaucoup. On imagine le plaisir potache avec lequel il a dû concevoir les fausses pub que Camille regarde fascinée à la télé (et dont on entend parfaitement le son, sans voir l'image) : « Mon patron me rase, ma femme me rase, ma mère me rase, mes enfants me rasent, mais personne ne me rase comme rase-à-mort, la reine des crèmes à raser »... Ou à monter sur Camille, qui clame « Je lui portais des compotes », un plan de Clovis (Philippe Léotard) à l'hôpital en train de jouer avec une petite poupée sur laquelle il suffit d'appuyer pour que s'exhibent ses seins en plastique. Les scènes du garage Bliss sont tournées dans une ancienne usine à bière où est également installée dans un recoin (dans la cuisine de l'ancien réfectoire) la salle de montage. La disposition des lieux permet à Truffaut une mise en scène non dénuée d'une certaine théâtralité qui convient à la part d'artifice inhérente à la représentation parodique des rapports entre Clovis et sa mère : Truffaut filme les dîners familiaux depuis l'extérieur de la fenêtre de la cuisine et glisse en long plan séquence jusqu'au garage où Camille ronge son frein dans la voiture, ou remonte inversement du fond du garage à la fenêtre de la cuisine, lorsque Camille fait irruption dans la casbah en clamant qu'elle est enceinte. C'est parfois par la mise en scène même que Truffaut travaille le gag. Lorsque Clovis se fait renverser et que Camille le croit et l'espère mort (« laissez passer la veuve » crie quelqu'un parmi les badauds), il conçoit en un seul plan une sorte de tableau grotesque : lorsque Clovis fuit en courant le Colt Saloon dont il vient d'exploser l'enseigne à coups de fusils, et alors qu'on entend les sons de l'accident, la caméra précède la petite foule qui lui court après, recule pour découvrir une bagnole accidentée dont le conducteur, effondré, est déjà appuyé sur la portière, dans l'attitude exagérée du désarroi, puis recule encore jusqu'à découvrir le corps de Clovis se tordant sur le sol entouré par les curieux. Truffaut s'amuse. Comme chaque fois qu'il veut tourner très vite et sait qu'il n'a pas besoin d'une image plastiquement trop soignée (pour *Une Belle Fille*, il recherche plutôt le contraire), il demande à Pierre-William Glenn plutôt qu'à Nestor Almendros de travailler avec lui, mais attend de son équipe la même capacité de « jouer au flipper » avec la caméra et sans que cela soit ostensible.

ACCÉLÉRATIONS. Au tournage, au montage, Truffaut accélère encore le film. Il coupe la rencontre pourtant assez drôle avec l'ancienne institutrice de Camille qui la décrit à Stanislas révolté comme un monstre et un paquet de nitroglycérine, passant directement des attaques d'Hélène à un plan où on voit Stanislas acheter, comme par esprit de contradiction, une cravate voyante. Il supprime également une scène où Stanislas devait rendre visite à la vieille Isobel Bliss (il l'avait pourtant annotée à la première version de cette formule prometteuse : « Dans cette scène, on doit avoir l'impression qu'Isobel est saoule et que Stan ne s'en aperçoit pas. Il lui parle comme si elle était normale »). La vieille Isobel le prend pour le proxo de Camille, puis descend à la cave et ne réapparaît pas. Stanislas l'attend vainement et finit par s'en aller, sans piger alors, comme le spectateur aurait pu être amené à le comprendre, que le piège du four à pain mis en place par Camille vient de fonctionner et que la vieille vient donc d'y passer précisément pendant sa visite. Idée peut-être un peu compliquée à laquelle Truffaut substitue la scène de la visite de Stanislas à Sam Golden, où le sociologue coincé se fait littéralement déborder, prévue au scénario vers la fin. La scène était placée au moment de la quête du film amateur, alors que Stanislas, désespérant de le trouver, voulait questionner Sam pour trouver une autre piste. Hélène venait le chercher au Colt Saloon et lui faisait des signes frénétiques depuis la porte, parce qu'elle venait de trouver la trace du cameraman amateur. Il reste du coup à la fin de la scène montée cette sorte de scorie inexpliquée (Hélène est théoriquement en froid avec Stanislas au moment où la scène est désormais placée) sur laquelle on ne songe pas une seconde à se poser la moindre question, d'autant que l'apparition d'Hélène vaut cette excellente réplique de Sam Golden à Stanislas : « Ça serait-y pas votre casse-croute qui se ramène ? ».

Au montage, et bien qu'il ait déjà obtenu de ses acteurs, et particulièrement de Bernadette Lafont, une élocution rapide, il fait accélérer le débit. « C'était la grande période où il citait Capra. Ça peut encore être plus rapide, disait-il. Dès qu'il y avait un silence, il fallait le couper » raconte Martine Barraqué. Alors assistante de Yann Dedet, elle se souvient de projections des premiers montages où Truffaut, fait exceptionnel chez lui, s'exclamait de surprise ou pouffait de rire. La vulgarité et la crudité de Bernadette Lafont en Camille le faisait rire, il se faisait rougir et rire lui-même, presque étonné de ce qu'il avait osé faire.

« J'espère me montrer à vous bientôt tel que j'étais avant, plus joyeux », écrivait Truffaut à Dabadie à la fin du montage *des Deux Anglaises*. C'est ce que la réalisation d'*Une Belle Fille* l'a aidé à redevenir, au moins pendant le travail. Pendant le tournage à Béziers, la location d'un grand appartement en ville lui permet de convier les comédiens, arrivant sur le plateau pour commencer leurs scènes, à des dîners où Claude Brasseur, Charles Denner et lui-même enchaînent histoire drôle sur histoire drôle. Le tournage ne va pas sans pas mal de fous rires. Martine Barraqué se souvient notamment que lors des scènes du Colt Saloon où la femme de Sam Golden vire Camille du lit de son mari, Guy Marchand, Bernadette Lafont, et Danièle Girard, la comédienne qui interprète Florence, la légitime, étaient pliés en deux après chaque prise. De Danièle Girard, à qui il avait déjà confié un petit rôle dans *Domicile conjugal*, celui de la serveuse du bistrot de la cour qui tourne autour d'Antoine Doinel (« Toi, j'te veux, j't'aurai »), Truffaut dira, et c'est un sacré compliment chez lui, qu'elle « arrive à caser trois pages de dialogue en soixante-huit secondes ».

Une des choses qui a sans doute le plus amusé Truffaut de sa découverte du livre de Farrell aux finitions du film, c'est le jeu constant avec le langage. Faire un

Bernadette Lafont entre Guy Marchand (le chanteur Sam Golden) et François Truffaut.

film où chaque personnage a sa manière singulière et souvent colorée de parler, où dépression, par exemple, se dit « brekdone » (Bernadette Lafont dira savoureusement « brekdoune », « t'es pas en train de me faire un brekdoune, minou ? »). D'où les inquiétudes du cinéaste pour l'exploitation à l'étranger. À un collègue danois, sur qui il compte pour accueillir le film à Copenhague, Truffaut écrit ceci en juillet 1972 : « J'attire votre attention sur l'importance des sous-titres pour ce film dont le dialogue est absolument particulier : il ne s'agit presque jamais de dialogue informatif mais en réalité d'un argot à la fois très moderne et très poétique et dont il est très important de retrouver l'équivalent dans chaque langue, peut-être en se faisant aider par les écrivains qui ont l'habitude de traduire les romans américains du genre de ceux de Charles Williams. Je sais bien que cet aspect concerne surtout le distributeur du film, mais je vous demande pourtant d'user de votre influence pour vérifier si ce travail de sous-titrage est bien réalisé ; sans quoi le film risque de perdre les deux-tiers de sa force comique. » Cette identité du langage, Truffaut l'a scénarisée et mise en scène à l'intérieur même du film, lorsque Stanislas montre à Camille les épreuves de son bouquin. Surprise de Camille se lisant : « " cet enfoiré de Clovis, j'ai bien vu qu'y voulait encore me chanter Ramona, alors j'ai couru pour aller m'enfermer aux chiottes, seulement voilà, y m'a attrapée au passage et y m'a balancée au travers du pageot " Oh dis donc, c'que c'est mal écrit, j'croyais qu'vous étiez professeur… Alors vous avez rien corrigé du tout ? ». Et Stanislas de répondre : « Mais, Camille, c'est votre langage, il est à vous, il est aussi personnel que vos empreintes digitales.

LE TRAVAIL DU CINÉMA

LA NUIT AMÉRICAINE

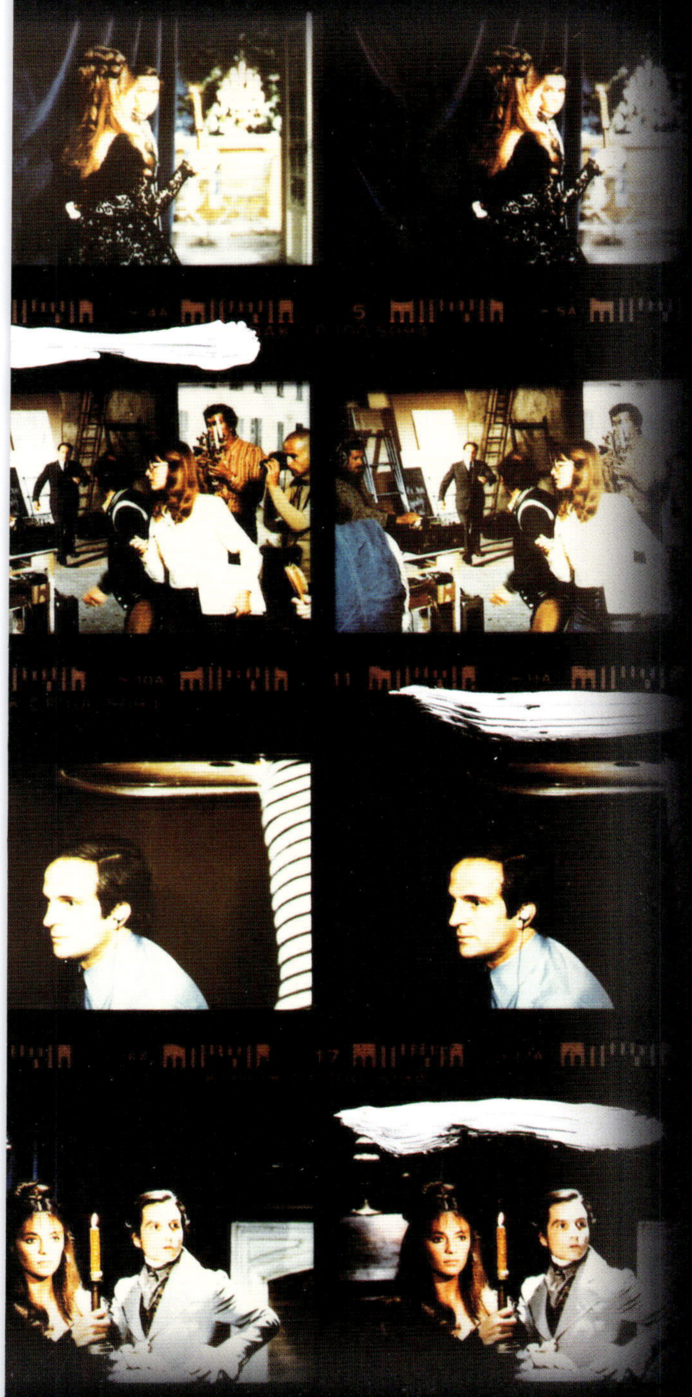

LA NUIT AMÉRICAINE (1973). « – Ferez-vous d'autres films d'amour ?

– Oui. Par exemple, je suis intéressé par l'histoire de cette jeune anglaise qui après s'être mariée avec un jeune de son âge, fit une fugue avec son beau-père pour lequel elle avait eu le coup de foudre ».

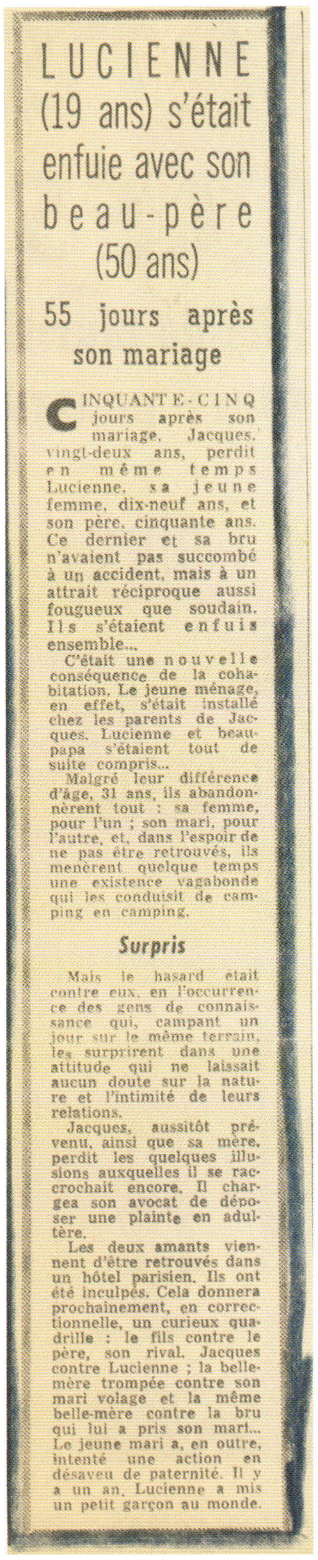

LUCIENNE (19 ans) s'était enfuie avec son beau-père (50 ans)

55 jours après son mariage

CINQUANTE-CINQ jours après son mariage, Jacques, vingt-deux ans, perdit en même temps Lucienne, sa jeune femme, dix-neuf ans, et son père, cinquante ans. Ce dernier et sa bru n'avaient pas succombé à un accident, mais à un attrait réciproque aussi fougueux que soudain. Ils s'étaient enfuis ensemble...

C'était une nouvelle conséquence de la cohabitation. Le jeune ménage, en effet, s'était installé chez les parents de Jacques. Lucienne et beau-papa s'étaient tout de suite compris...

Malgré leur différence d'âge, 31 ans, ils abandonnèrent tout : sa femme, pour l'un ; son mari, pour l'autre, et, dans l'espoir de ne pas être retrouvés, ils menèrent quelque temps une existence vagabonde qui les conduisit de camping en camping.

Surpris

Mais le hasard était contre eux, en l'occurrence des gens de connaissance qui, campant un jour sur le même terrain, les surprirent dans une attitude qui ne laissait aucun doute sur la nature et l'intimité de leurs relations.

Jacques, aussitôt prévenu, ainsi que sa mère, perdit les quelques illusions auxquelles il se raccrochait encore. Il chargea son avocat de déposer une plainte en adultère.

Les deux amants viennent d'être retrouvés dans un hôtel parisien. Ils ont été inculpés. Cela donnera prochainement, en correctionnelle, un curieux quadrille : le fils contre le père, son rival. Jacques contre Lucienne ; la belle-mère trompée contre son mari volage et la même belle-mère contre la bru qui lui a pris son mari... Le jeune mari a, en outre, intenté une action en désaveu de paternité. Il y a un an, Lucienne a mis un petit garçon au monde.

Un article paru dans *France-Soir* en novembre 1965 et découpé par Truffaut : du fait divers comme source d'inspiration.

Truffaut répond ainsi en septembre 1964 à un journaliste qui le questionne lors de la sortie en province de *La Peau douce*. Comme à son habitude dès qu'un sujet l'intéresse, il a découpé et glissé dans un dossier les articles concernant ce fait-divers passionnel et il y repense quelques années plus tard lorsqu'il commence à jouer avec l'idée de tourner un film sur le tournage d'un film. Si l'histoire est peut-être trop pauvre pour donner à elle seule la matière d'un film à part entière, Truffaut ne la considère pas non plus, comme on l'a dit souvent, comme une histoire idiote (la trame, confusion identitaire entre le père et le fils mise à part, n'est pas si éloignée de celle de la future *Femme d'à côté*, et il aurait pu en faire tout aussi bien une tragédie sur le coup de foudre et l'adultère). Elle présente l'avantage d'être suffisamment simple pour pouvoir être facilement résumée en quelques étapes et c'est pourquoi Truffaut décide d'y avoir recours lorsqu'il entame l'écriture de *Je vous présente Lucie*, titre provisoire de sa future *Nuit Américaine*.

« J'ai écrit le scénario de *La Nuit Américaine* avec Jean-Louis Richard en août 1971 et j'avais commencé à prendre des notes pour ce film depuis le tournage de *La Sirène* en décembre 1968. Vous voyez que je suis assez maniaque avec les dates », précise-t-il en 1981 dans une lettre à sa critique new-yorkaise Annette Insdorf. En juillet 1971, Truffaut décide de monter *Les Deux Anglaises* aux Studios de la Victorine près de Nice, afin de se rapprocher de ses filles, en vacances dans la région. La traversée chaque matin du grand décor abandonné d'une place parisienne, défraîchi mais encore debout, conçu pour une adaptation américaine de *La Folle de Chaillot*, ranime son envie de tourner au plus vite un film sur le cinéma. Il prend des notes et des notes pendant que Yann Dedet et Martine Barraqué montent *Les Deux Anglaises* et s'attelle au scénario dès le mois d'août avec Jean-Louis Richard dans une maison louée à Antibes. Le sujet ne fait pas l'unanimité et leur premier scénario est refusé par Les Artistes Associés, avec lesquels Truffaut a pourtant déjà coproduit quatre films (de *La Mariée* à *L'Enfant sauvage*). Il l'envoie alors début décembre 1971 à la Warner Bros qui cherche des projets français et s'engage sur le film, malgré l'échec commercial des *Deux Anglaises* qui vient de sortir fin novembre. Le cinéaste était persuadé que si le film n'était pas arrivé après deux échecs successifs (*Une Belle Fille*

comme moi sort une dizaine de jours avant le début du tournage de *La Nuit américaine*), il aurait obtenu de la Warner Bros deux semaines de tournage supplémentaires. « Pour moi, *La Nuit américaine* a été tourné trop vite », pensait-il, souffrant de n'avoir pu perfectionner les scènes. Lorsque le film reçoit l'Oscar du meilleur film étranger en 1973, la filiale française de la Warner demande aussitôt à Truffaut un autre projet, mais refuse *Adèle H.*, qui est accepté quelque temps plus tard par… Les Artistes Associés qui n'avaient pas voulu de *La Nuit américaine*.
« Je me suis rassemblé et réconcilié avec moi-même avec *La Nuit américaine* qui concerne simplement ma raison de vivre », écrira Truffaut au critique Jean-Louis Bory. Le film à venir se présente d'abord comme une masse vivante de notes en vrac. Truffaut accumule sur des feuilles volantes souvenirs de tournage, éléments de vie privée, anecdotes hollywoodiennes, esquisses de portraits des principaux personnages. Il dessine dans un premier temps l'ébauche d'un metteur en scène assez loin de lui : « Il a commencé comme acteur ; il a abandonné parce qu'il ne se trouvait pas assez bon. Il a des enfants un peu partout (on parlera assez peu de son passé) ; au cinéma où on projette les rushes, des photos d'un film où il était très jeune ». De la même façon, il dressera dans un de ses synopsis un portrait du jeune comédien, dont il écrit d'emblée le personnage pour Jean-Pierre Léaud, assez éloigné à la fois de Léaud et d'Antoine Doinel : « On apprend qu'il a débuté comme acteur dans un rôle de jockey lorsqu'il était enfant, puis qu'il a bifurqué à un certain moment pour devenir un mime et qu'il a accepté de faire son retour à l'écran par admiration pour l'acteur qui va jouer le rôle de son père, Alexandre ». Tentation de brouiller les cartes des repères autobiographiques à laquelle Truffaut finira par renoncer, laissant le spectateur libre d'imaginer de l'identifier à Ferrand ou de

Ferrand (François Truffaut) montre à Alphonse (Jean-Pierre Léaud) comment manipuler le revolver avec lequel il va tirer sur la doublure d'Alexandre dans la neige.

Pages précédentes : planche de contacts de Pierre Zucca, photographe de plateau de *La Nuit américaine*.

Premières notes pour la future *Nuit Américaine*. Une description des personnages et des anecdotes qui leur seront attachées et qui ressemble à un jeu des 7 familles.

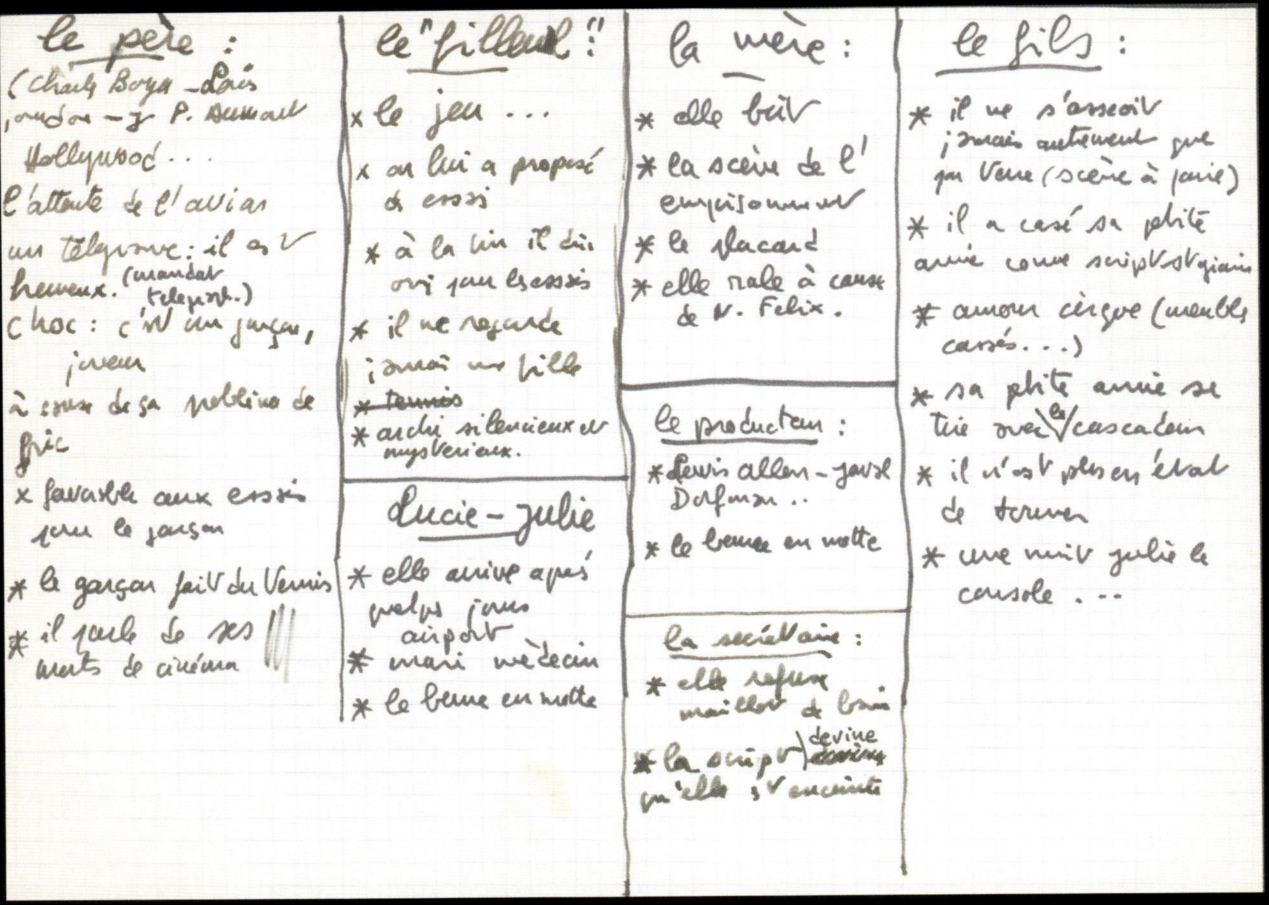

le père :
(Charly Boyer - Loïs ... - J. P. Aumont)
Hollywood...
l'attente de l'avion
un télégramme : il est heureux. (mandat télégraph.)
choc : c'est un garçon, jeune
à cours de sa ... de fric
x favorable aux essais pour le garçon
* le garçon fait du tennis
* il parle de ses morts de cinéma

le "filleul" :
x le jeu...
x on lui a proposé des essais
* à la fin il dit oui pour les essais
* il ne regarde jamais une fille
~~tennis~~
* archi silencieux et mystérieux.

Lucie-Julie
* elle arrive après quelques jours aéroport
* mari médecin
* le beurre en motte

la mère :
* elle boit
* la scène de l'empoisonnement
* le placard
* elle râle à cause de V. Felix.

le producteur :
* Lewis Allen - Jacques Dofman..
* le beurre en motte

la secrétaire :
* elle refuse maillot de bain
* la script devine qu'elle est enceinte

le fils :
* il ne s'assoit jamais autrement que par terre (scène à faire)
* il a casé sa petite amie comme script-stagiaire
* amour cirque (meubles cassés...)
* sa petite amie se tire avec le cascadeur
* il n'est plus en état de tourner
* une nuit Julie le console...

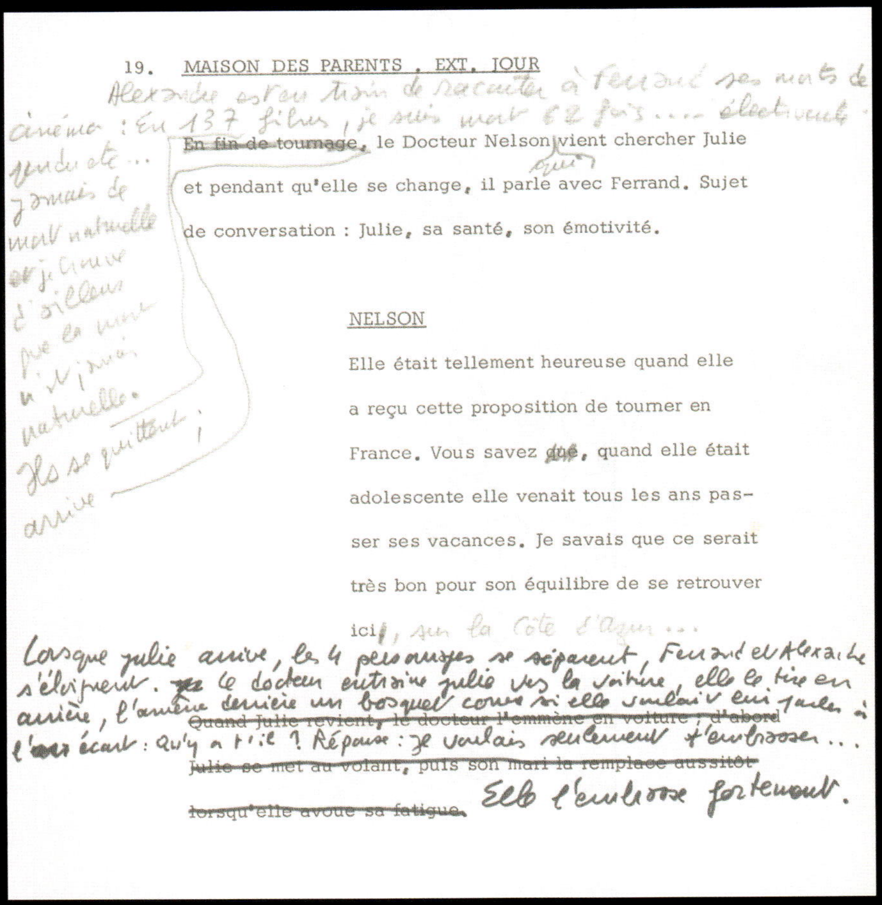

19. MAISON DES PARENTS . EXT. JOUR

Alexandre est en train de raconter à Ferrand ses morts de cinéma : En 137 films, je suis mort 62 fois... électrocuté, pendu etc... jamais de mort naturelle et je trouve d'ailleurs que la mort n'est jamais naturelle. Ils se quittent ; arrive

~~En fin de tournage,~~ le Docteur Nelson vient chercher Julie et pendant qu'elle se change, il parle avec Ferrand. Sujet de conversation : Julie, sa santé, son émotivité.

NELSON

Elle était tellement heureuse quand elle a reçu cette proposition de tourner en France. Vous savez que, quand elle était adolescente elle venait tous les ans passer ses vacances. Je savais que ce serait très bon pour son équilibre de se retrouver ici, sur la Côte d'Azur...

Lorsque Julie arrive, les 4 personnages se séparent, Ferrand et Alexandre s'éloignent. le docteur entraîne Julie vers la voiture, elle le tire en arrière, l'amène derrière un bosquet comme si elle voulait lui parler à l'écart : Qu'y a-t-il ? Réponse : Je voulais seulement t'embrasser...

~~Quand Julie revient, le docteur l'emmène en voiture ; d'abord Julie se met au volant, puis son mari la remplace aussitôt lorsqu'elle avoue sa fatigue.~~ Elle l'embrasse fortement.

À droite : Pendant le tournage, Truffaut écrit la grande scène entre Ferrand et Alphonse qui s'interrompait au scénario au moment où Alphonse demandait si quelqu'un avait dix mille balles pour aller au bordel : « les films sont comme des trains dans la nuit ».

Il complète également la scène du beurre en motte qui réunit ci-contre François Truffaut, Jean Champion, Nathalie Baye et Jacqueline Bisset.

Récriture d'une scène sur une des versions intermédiaires : la mort rôde autour d'Alexandre.

— Écoute-moi Alphonse, rentre dans ta chambre, regarde un peu ton scénario et couche-toi... c'est le film qui compte, tu
compromets
tu es un très bon acteur, le travail marche bien; la vie privée c'est la vie privée, elle est boiteuse pour tout le monde;
les films sont plus harmonieux que la vie; le film le plus artificiel donne une meilleure idée du déroulement de la vie que la vie elle même...
Toi et moi, on est fait pour ça, pour être heureux à tourner le cinéma... salut... je compte sur toi...

il n'y a pas d'embouteillage dans les films, pas de temps mort, ça avance comme un train dans la nuit

avant dernier

1) rire à travers larmes à propos motte...

chercher l'attaque:
Elle s'excuse du retard qu'elle crée...
pas professionnel... pas correct...
il la rassure... confiance
on a le temps, on va changer de plan le travail...

107

63. LOGE JULIE. INT. JOUR

C'est donc Ferrand qui pénètre dans la loge de Julie qui, en définitive, regarde à peine la motte de beurre; elle a fini de pleurer et elle se confie à Ferrand; elle lui raconte combien ~~comment elle a voulu aider Alphonse, comment celui-ci s'est comporté en téléphonant au Docteur Nelson, et elle ajoute que (même si son mari lui pardonne, elle ne pourra pas oublier ce qui s'est passé)~~ son mari a été formidable pour elle, deux ans auparavant, lorsqu'elle a "craqué", mais puisqu'il a fait d'elle une femme "responsable", elle se sent assez forte pour vivre seule... Elle ajoute qu'elle abandonne le cinéma... et que de toute façon... la vie est dégoûtante.
... qu'elle en a marre de se déguiser...

Rimmel... il lui essuie avec son mouchoir... amusement à propos de la motte...

(elle lui a fait quitter sa femme et ses enfants, sa vie qui était "faite" depuis 20 ans) il l'a reconstruite... et maintenant il doit avoir l'impression d'un gâchis...
(attitude protective)

"(pour moi, il a quitté...)"

Ferrand ... il comprendra... ce que vous dites est vrai...
Elle ..... même si c'est vrai... moi je ne pourrai pas oublier...

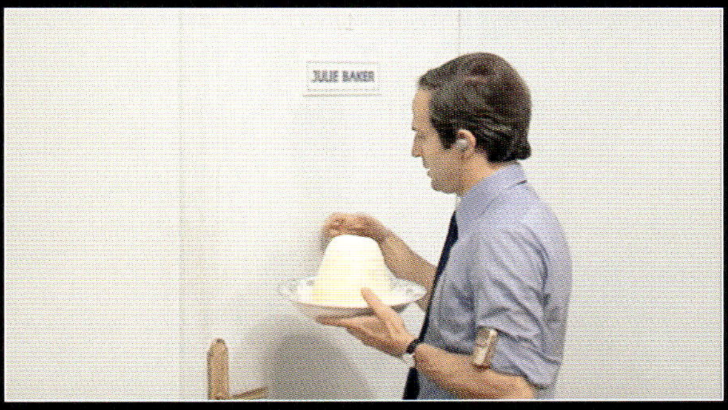

charger le personnage d'Alphonse des précédentes apparitions de Jean-Pierre Léaud en Doinel. Si Truffaut donne à Ferrand un sonotone qui lui apporte une sorte de protection, c'est aussi une manière de private-joke, puisqu'il a eu lui-même une oreille abimée par des tirs lors de son engagement dans l'armée et d'exercices d'entraînement en Allemagne.

PREMIÈRES NOTES. Truffaut jette l'amorce de beaucoup d'ingrédients du film. Il montrera qu'un tournage est une série de pépins (« beaucoup d'emmerdements, de pépins »), mais a déjà l'idée d'une phrase de réconciliation finale (« à la fin : nous espérons que le public prendra autant de plaisir à voir ce film que nous en avons eu à le tourner »). Il se souvient que chaque comédien raconte le film sous un angle égocentrique : « Au début, chacun explique son rôle : c'est l'histoire d'une femme qui… ; d'un homme qui… ; d'un jeune homme qui… » Il prévoit que la comédienne refusera un jour de tourner (« l'heure du déjeuner », allusion un peu énigmatique à un visible souvenir personnel, s'agit-il du tournage de *Jules et Jim* ?), et qu'elle passera « une nuit près de Jean-Pierre à l'aider, lui tenir la main ». La scène du caprice est également prévue sous cette simple appellation laconique : « beurre en motte ». L'actrice est souvent nommée Catherine ou Cathe dans ses premières notes, comme si Truffaut pensait à Catherine Deneuve pour le rôle. Le personnage est une synthèse de Catherine Deneuve et de Jeanne Moreau (dont il se souvient pour écrire la scène où l'on voit le metteur en scène lui voler des phrases qu'il met aussitôt dans le nouveau dialogue de la scène des déguisements), probablement aussi de Françoise Dorléac (on retrouve dans *La Nuit américaine* le tournage de la scène du petit chat dont l'original est dans *La Peau douce*). Une synthèse aussi, comme le soulignait le cinéaste en confiant le rôle à Jacqueline Bisset, des actrices anglaises avec lesquelles il a tourné : Kika Markham et Stacey Tendeter, ou Julie Christie, que les assurances refusèrent d'assurer au début du tournage de *Fahrenheit*, comme Truffaut le met en scène pour Julie Baker arrivant pour tourner *Je vous présente Pamela*, titre du film dans le film. Cette histoire d'assurance est aussi un souvenir lié à Charles Denner qui sort d'une dépression au moment du tournage de *La Mariée était en noir* : Truffaut y fait allusion dans un ajout qu'il fait sur un des scénarios pour une scène où l'on découvre la loge de Julie : « C'est ici qu'on peut fourguer le passé dépressif de Julie (inquiétude de Bertrand [le producteur] comme pour Denner : est-ce qu'elle n'a pas quitté un film en cours de tournage ? etc. ».
Les premières notes suggèrent la possibilité d'une aventure entre l'actrice et le metteur en scène : « Elle ne veut pas d'histoire avec le metteur en scène because réputation, etc. Elle cède… Elle rompt avec le mari… Lui (le director) se cache ou la boude. » Truffaut abandonne cette idée lorsqu'il décide que c'est l'actrice qui consolera le jeune acteur malheureux en couchant avec lui (au départ, il y a simplement l'idée que quelqu'un le réconforte platoniquement). Il s'autorise aussi à prendre sur ce plan quelque distance avec l'autobiographie, ce que se permettra de lui reprocher Godard, entre autres violentes critiques (« On se demande pourquoi le metteur en scène est le seul à ne pas baiser dans *La Nuit américaine* ? »). Au moment de la sortie du film, Truffaut prévient à presque chaque interview qu'il n'a certainement pas cherché à dire toute la vérité sur le tournage d'un film, mais uniquement des choses vraies…
D'emblée, il prévoit d'introduire la mort. « Il faut un mort au cours du film. » Et plus loin, parmi d'autres notes, il précise que le comédien confirmé « connaît tous les vieux trucs : il est mort soixante-dix fois dans les films ». Même traitée en sourdine, la souffrance ne sera pas absente. Il imagine que la comédienne qui joue la mère sera perturbée à cause d'un fils atteint de la polio. Et prévoit la scène où elle ne parviendra plus à se souvenir de son texte : « Un plan séquence avec le texte un peu partout + placard. » De même qu'il commence à ébaucher les embarras sentimentaux de son jeune premier avec sa petite amie qu'il a réussi à faire embaucher comme assistante scripte sur le tournage : « La script-stagiaire qui se tire avec le cascadeur et ne sait pas ce qu'elle veut (elle dit qu'elle aurait préféré un stage de montage, mauvaise foi). »
On découvre aussi quelques idées que Truffaut préfèrera laisser de côté, probablement parce qu'elles sonnent trop « boutique », sont moins immédiatement divertissantes, ou moins faciles à raconter simplement au public. Un trait du metteur en scène qui demande à sa scripte et assistante, très directement inspirée de la position d'auxiliaire indispensable à la création tenue auprès de Truffaut par Suzanne Schiffman, de ne lui faire de critiques que sur les choses améliorables (le cinéaste l'avait déjà précisé dans son *Journal de tournage de Fahrenheit*) : « Si un acteur a une sale gueule, il ne faut pas me dire il a une sale gueule, mais me faire remarquer que son profil gauche est meilleur. » Un autre emprunt fait par Truffaut à sa manière de travailler, de garder toujours un œil vers le film suivant : « Qu'est-ce que vous faites ? », lui aurait dit l'actrice plus âgée. « Je parie que vous êtes en train de travailler sur le prochain film. » Des allusions un peu trop fines au métier de figurant (« Vous direz au régisseur que j'ai eu un « parlant » (un jardinier ?) », ou encore « J'ai eu un gros plan : c'est comme si j'avais dit une phrase »). Truffaut coupera à nouveau du *Dernier Métro* une scène où l'habilleuse, Germaine, décrit les trucs d'un

On sait que Truffaut glissait fréquemment sous la porte de ses acteurs le texte de la scène du lendemain revu et complété. Comme Julie Baker (Jacqueline Bisset) feint de s'en offusquer (« Et bien, celui-là, il ne perd pas le nord ! »), il attrapait au vol confidences et phrases entendues pour nourrir ses dialogues.

de ses maris, figurant de théâtre… Parmi les problèmes techniques ou les pépins de tournage, il choisira les plus simples et les amusants à raconter (la scène du chat, le feu qui fait de la fumée dans le décor), éliminant ceux qui sont trop particuliers (« On arrête le tournage car la façade blanche [de la maison] claque trop : on va chercher des plantes vertes »). De même qu'il se privera des idées générales destinées davantage aux afficionados qu'au plus large public : « Alexandre fait remarquer à Séverine et Julie que chaque tournage de film comporte une sorte de charnière de lassitude vers la sixième semaine lorsqu'on arrive juste avant le troisième tiers du film ». Il évite aussi quelques coups de griffes : des « blagues sur Braunberger », avec une histoire de chèques non datés ; ou le rappel de phrases entendues, sous forme de maximes plus acides : « Ceux qui " promettaient " jeunes boivent pour oublier qu'ils n'ont pas tenu leurs promesses », ou encore : « Il se drogue parce que c'est à la mode, si c'était à la mode de bouffer de la merde, il en boufferait… »

LES INTERPRÈTES. Au fil des premières notes, on s'aperçoit que Truffaut a d'abord songé à une distribution presque uniquement française, les feuillets étant émaillés de listes de comédiens, où l'on reconnaît, outre Jean-Pierre Léaud, prévu dès le début, nombre de ses favoris. Pour le père, ou pour le metteur en scène qu'il n'était pas certain de jouer lui-même : Michel Bouquet, Charles Denner, Michael Lonsdale, Samy Frey, Claude Brasseur, Michel Subor (la voix off de *Jules et Jim*), Henri Serre, Daniel Boulanger, Jean Servais. Marie Dubois, Monique Mélinand ou Claire Maurier dans le rôle de l'actrice interprétant la mère, ou « l'italienne Sylvana », Serge Rousseau pour le mari de la vedette, Danielle Girard (qui joue la femme de Guy Marchand dans *Belle Fille*) pour la scripte, Jean-Claude Brialy (de passage), Georges Flamant (le père de René dans *Les Quatre Cents Coups*) en propriétaire d'une villa à louer, Harry Max… Ce n'est qu'ensuite qu'il décide de donner à son film dans le film, comme à *La Nuit Américaine*, une portée plus internationale. Valentina Cortese, Jean-Pierre Aumont apporteront cette dimension internationale, ainsi que le prestige d'un passé hollywoodien. Le personnage d'Alexandre joué par Jean-Pierre Aumont, qui vient justement de publier un livre de souvenirs, sera celui qui transmet le passé du cinéma, dont Truffaut peut du coup décharger le metteur en scène. Truffaut cherche à faire entrer dans son film tout le cinéma : Jacqueline Bisset, comédienne anglaise et vedette féminine de *Bullit* (de Peter Yates) apporte le parfum d'Hollywood au présent, Jean-Pierre Léaud, Dani représentent le tournage intimiste à la française, ainsi que les jeunes comédiens, alors inconnus, pour certains rôles de techniciens : Nathalie Baye (la scripte) et Bernard Menez (l'accessoiriste). D'autres techniciens sont interprétés par les vrais techniciens du film, avec quelques jeux et mélanges : Walter Bal, cadreur de Truffaut, joue le rôle du chef-opérateur de *Je vous présente Paméla* (avec le bras en écharpe, résultat d'un accident de moto dont il a miraculeusement réchappé peu avant le tournage). Sur le clap du film dans le film, on lit Walter William, condensation de son nom et du chef-opérateur Pierre William Glenn qui ne joue pas à l'image. Marcel Berbert ne joue pas son propre rôle (il se contente d'incarner le temps d'une brève scène un représentant des assurances, aux côtés de l'écrivain Graham Greene, admirateur du cinéaste, qui séjourne dans la région et obtient de figurer dans le film sans que Truffaut en soit prévenu sur le moment). C'est Jean Champion qui interprète un producteur d'une exceptionnelle fidélité.

DIRECTION D'ACTEUR. « Pas de sentimentalité hors de propos. » On entend au prégénérique du film cette indication donnée par Georges Delerue à ses musiciens. Lorsqu'il dirige la scène de la cuisine, scène de déclaration amoureuse, Ferrand le metteur en scène du film dans le film, demande à ses comédiens de jouer la scène de manière non sentimentale, mais un peu dure, un peu sauvage, presque violente. Au hasard des premiers traitements, Truffaut évoque un ou deux de ses « trucs » de direction d'acteur. La première scène de tournage devait être une scène entre Alphonse et Séverine (celle que l'on voit finalement sous forme de rushes). La répétition est ratée, le ton n'y est pas et le dialogue sonne faux ; le metteur en scène arrête la répétition et va s'isoler avec les deux acteurs dans un coin du décor. Truffaut ajoute en marge de son synopsis : « Il leur propose de reprendre la scène dans un autre esprit, sans aucune violence extérieure, comme si la situation était anodine. Tous les trois travaillent en chuchotant sans paraître gênés par le bruit et les allées et venues de l'équipe. » Indications toujours très pragmatiques d'un cinéaste qui disait détester avoir à répondre aux questions psychologiques du type « Qu'est-ce que je pense quand je dis : "patatipatata ?" » Une des premières versions du scénario (qui donnera dans le film une belle scène de montage rapide), propose une description de son travail avec ses comédiens sur la précision des gestes et des regards, synthèse de plusieurs des tournages du cinéaste : « Par exemple, Jérôme [c'est le premier prénom du metteur en scène] interrompt une prise parce que Julie a la tête penchée. À un autre moment, il lui montre comment disposer ses doigts sur une surface sombre au lieu de les recroqueviller. À un autre moment, il lui fait prononcer certaines phrases en baissant la voix. Il lui indique différentes directions de regards, et à la fin de cette série de flashes, on revient au présent, probablement sur un tournage en plein jour. » Interrogée des années plus tard sur son travail avec Truffaut (pour *Globe-Hebdo*, en 1993), Jacqueline Bisset se souvient de cette direction nette et stylisée, construite en vue du résultat à l'image : « [Il m'a appris] que ce n'était pas seulement la réalité qui était en jeu. Il me poussait à faire certains gestes, à avoir certains regards, hors champ, qui n'étaient pas "logiques", pas "réalistes". Au début, j'étais troublée, et puis je m'apercevais qu'à l'écran ces attitudes accentuaient le mystère de mon personnage. »

JEU DE CONSTRUCTION. Une des préoccupations de Truffaut en écrivant, puis en tournant *La Nuit américaine* était d'éviter au public toute confusion possible entre la « vraie vie » du tournage et l'univers du film de fiction. D'où son choix d'une histoire simple à raconter et plus dramatique que l'univers du tournage, ses allusions fréquentes, afin de trancher avec l'univers réaliste, à une scène clé, dite scène des déguisements, qui lui permet aussi de montrer quelques ingrédients du tournage d'un film d'époque (l'astuce de la bougie qui éclaire le visage de la comédienne grâce à une ampoule qui y est cachée et à un fil électrique dissimulé dans la manche, comme les bougies conçues par Nestor Almendros pour *L'Enfant sauvage* et *Les Deux Anglaises*). D'où aussi le choix de tourner dans les décors de la Victorine, qui lui permettent de différencier le vrai du faux et d'assurer la limpidité de la narration. « Je veux qu'à chaque plan, on sache si on est dans la fiction, dans le film dans le film, ou pas », avait-il précisé à Claude de Givray peu avant de tourner. Le seul grand moment de tricherie sera réservé à l'ouverture du film, où il commence par faire croire au spectateur qu'il assiste à une scène réelle, avant de révéler l'existence du décor et la présence de la caméra. Entre scènes de fiction et scènes de tournage, établir le scénario est un permanent et difficile jeu de construction. Truffaut dresse des listes et Jean-Louis Richard a raconté comment ils avaient fini par étaler un grand rouleau de papier sur une table afin d'y inscrire les scènes : « Quand on avait une idée, notre problème était de l'intégrer à tel ou tel moment du film et nous l'inscrivions à la place déterminée sur ce grand rouleau. On avait une vue presque graphique du film, une ligne dont on pouvait s'échapper, mais qui nous permettait de garder un rythme. » Avant de bâtir un trajet, Truffaut ébauche une tentative de construction en journées, qu'il cherche à ponctuer par des éléments forts : l'idée de retarder l'arrivée de la comédienne vedette qui sera la seule à ne pouvoir être présentée le pre-

Tournage, non du film dans le film, mais de *La Nuit américaine*…

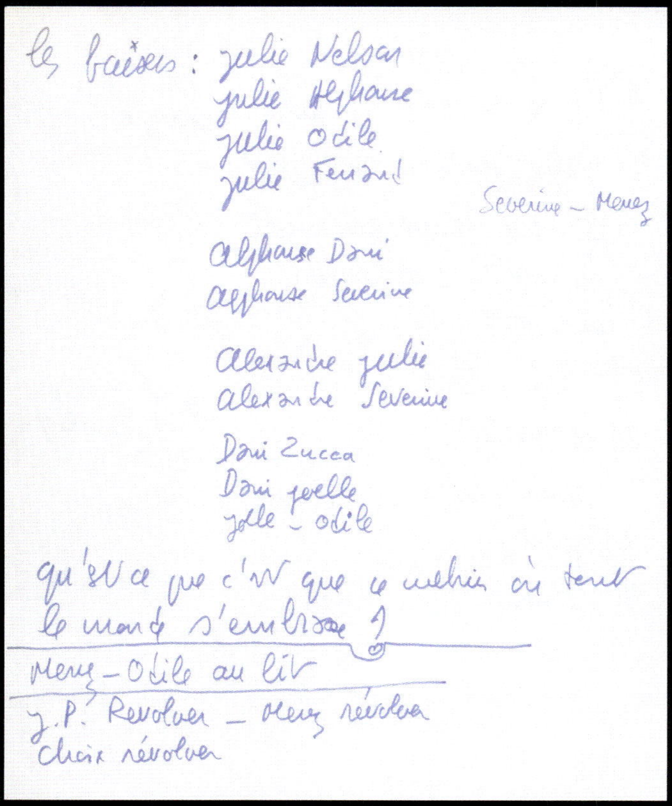

les baisers : julie Nelson
julie Alphonse
julie Odile
julie Ferrand
Severine – Menez
alphonse Dani
alphonse Severine
alexandre julie
alexandre Severine
Dani Zucca
Dani joelle
joelle – odile
qu'est-ce que c'est que ce métier où tout le monde s'embrasse ?
Menez – Odile au lit
J.P. Revolver – Menez revolver
choix révolver

Une liste de comédiens dressée au début de l'écriture.

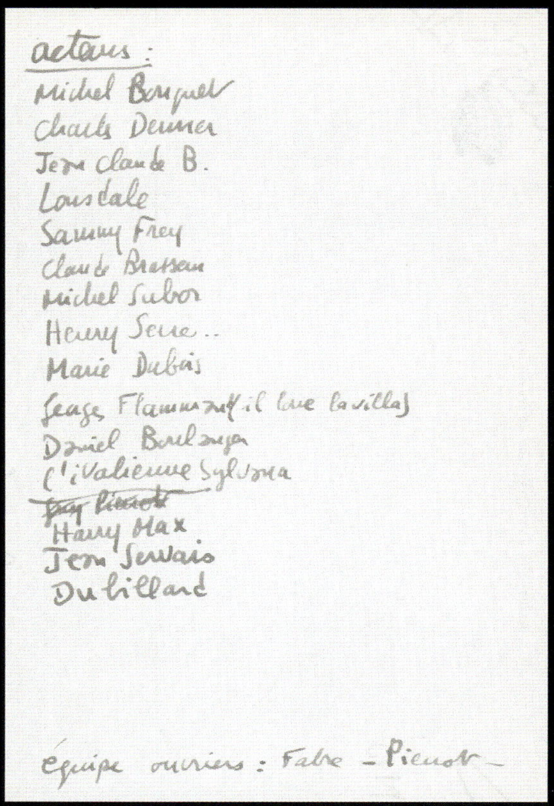

acteurs :
Michel Bouquet
Charles Denner
Jean Claude B.
Lonsdale
Sammy Frey
Claude Brasseur
Michel Subor
Henry Serre..
Marie Dubois
Serge Flammand (il loue la villa)
Daniel Boulanger
l'italienne Sylvana
~~Guy Pierrot~~
Harry Max
Jean Servais
Dubillard
équipe ouvriers : Fabre – Pierrot –

Les notes prises au cours du tournage, en aide-mémoire.

Décor et envers du décor : le film dans le film.

mier jour ; « le père à l'airport » pour la fin de la deuxième journée avec l'idée d'un mystère sur le personnage, « airport : arrivée vedette » (après le pépin au labo qui oblige à refaire la grande scène de la gifle) pour clore la troisième journée. Et pour la quatrième, cette note : « quelque chose d'intrigant à trouver », que Truffaut complète d'un « présentation de Sandra [Alexandra Stewart] : problème, refus de tourner en maillot, enceinte, discussion. » La cinquième journée se finira sur l'arrivée du « beau garçon » : « Airport. The beautiful Christian. » Truffaut tient à donner au personnage d'Alexandre, dont « on apprendra indirectement qu'il a commencé des démarches pour adopter son filleul », un élément emprunté à Cocteau. Comme il le fera de manière encore plus nette dans *Le Dernier Métro*, il veille à tenir le fil de chaque personnage en donnant à chacun un secret, plus ou moins grave ou frivole.

Les scènes passent d'un personnage à l'autre. C'est d'abord Séverine qui obtient les confidences de Julie blessée par la trahison d'Alphonse et a l'idée de lui ramener son mari, le Dr Nelson. Puis ce sera la comédienne enceinte, nommée Stacey, comme une des actrices des *Deux Anglaises* (l'interprète de Muriel qui aurait tant voulu attendre un enfant de Claude). Truffaut donnera à Julie Baker, la vedette, une scène où Joëlle, la scripte, voyait Liliane (la petite amie d'Alphonse) partir avec le cascadeur. Il prépare ainsi l'attention que Julie va accorder à la blessure d'Alphonse jusqu'à passer une nuit avec lui pour le dissuader de quitter le film. C'est dans une version ultérieure qu'il aura l'idée de faire découvrir à Alphonse la fuite de Liliane au moment où tout le monde est réuni pour la traditionnelle photo de film. Alphonse l'apprend d'abord pendant le tournage d'une scène avec Julie. Il s'enfuit obligeant le metteur en scène à modifier le tournage prévu pour « sauver le plan », idée que Truffaut décalera dans une autre scène, celle de l'appartement d'en face construit sur un échafaudage, où il fera dire à Julie que son jeune mari est endormi, puisqu'il manque le tournage. En reportant au moment de la photo de film la découverte de son malheur par Alphonse, il renforce la dramatisation et file un de ses plus vieux thèmes : depuis l'image d'une pin up malencontreusement tombée entre les mains d'Antoine Doinel, la photo porte rarement chance aux personnages, quand elle n'est pas néfaste.

LE PASSAGE À L'ACCÉLÉRATEUR. Ayant vite et beaucoup tourné de la fin septembre à la mi-novembre 1972, Truffaut se retrouve avec un premier montage trop long qui dépasse largement les deux heures et manque d'unité. Pris d'une sorte de pudeur à parler du cinéma, il a tendance, comme le raconte Yann Dedet, à tout vouloir « passer à l'accélérateur » et fait de nombreuses coupes. Dedet se souvient d'un montage assez angoissant après un tournage vécu comme très détendu par l'équipe sinon par le cinéaste lui-même. Truffaut doute, s'interroge sur l'intérêt du film dans le film, a peur d'ennuyer, d'être trop répétitif et nombriliste, trop enfermé dans le cinéma. Il est saisi d'une sorte de furie de resserrer qui fera dire à Jean-François Stévenin que *La Nuit américaine* ressemble à un dessin animé, rapide comme un Tex Avery. Il se résoud à supprimer plusieurs grandes scènes, comme cette histoire racontée en plusieurs étapes qui mettait en avant un technicien et à laquelle il tenait depuis le début de l'écriture. Un électricien raconte sur le plateau une histoire qui mobilise tout le monde et s'arrête de parler à l'arrivée du metteur en scène (« Jérôme blague : il suffit que j'arrive pour qu'on s'arrête de parler »). Il finit par raconter qu'étant en ville à la recherche d'une bonne fortune, il rencontre une femme seule sur un banc qui se laisse aisément baratiner avant de lui avouer qu'elle vient d'avaler un tube de gardénal : « L'électricien raconte cette histoire avec jovialité sans en voir la cruauté, et d'ailleurs il est assez fier de lui puisqu'il a appelé Police Secours et que c'est en quelque sorte grâce à lui que la femme a été sauvée. On sent que l'histoire a fortement impressionné Jérôme. » Truffaut avait alors prévu de montrer comment le metteur en scène trouvait le moyen d'intégrer l'histoire dans le scénario de son film en tournage, en donnant à Séverine la place de la femme sur le banc, puis de filmer une scène de rushes où l'on revoit la scène, l'électricien réagissant par une mimique signifiant que les choses ne se sont pas vraiment passées comme ça. Il se résigne à supprimer l'ensemble, de même qu'il finit par décider de couper, au tout dernier moment, une scène pourtant drôle et réussie (d'après Yann Dedet qui regrette cette coupe, la dernière faite avant le mixage) où Alphonse / Jean-Pierre Léaud et l'accessoiriste joué par Bernard Menez comparaient leurs métiers respectifs. Opposition de points de vue : « Le matin, c'est grâce à moi que le monde existe », se vantait l'accessoiriste, tandis qu'Alphonse répondait que pour lui, la vraie vie, c'était entre « Moteur » et « Coupez ». À la septième, huitième bobine, passée une grosse heure de film, Truffaut craignait de perdre les spectateurs par excès de dispersion, dans cette zone qu'il désignait souvent comme les bobines dangereuses, juste avant la préparation du dénouement.

Avant la projection du film hors compétition à Cannes, Truffaut prévient les protagonistes des scènes coupées, pressentant la déception de chacun. Il écrit ainsi à Jean-Pierre Aumont début mai 1973 : « Je comprends bien votre regret à propos du départ en voiture d'Alexandre, mais vous ne serez pas étonné si je vous dis que Jean Champion ne se console pas de la disparition de sa scène d'improvisation avec le journaliste Henri Chapier pendant la séquence de l'apéritif ; tandis que Bernard Ménez regrette sa scène dans le magasin des accessoires avec Jean-Pierre Léaud ; notre chère Valentina sera peut-être attristée de ne plus voir son interview, etc. etc. Il me fallait fournir à la Warner Bros un film de dimension normale et cela n'allait pas sans sacrifices. Pour en revenir plus précisément au plan de la voiture, il avait l'inconvénient de se situer en extérieur et au soleil, donc de contraster avec l'homogénéité de tout cet épisode du film situé dans les couloirs, les bureaux, les loges et le plateau. Au point de vue dramatique, il interrompait le problème en suspens : Julie accepterait-elle de retourner au travail ? Retrouvera-t-on Alphonse ? Docteur Nelson va-t-il rétablir la situation ? Ce plan de la voiture prenait sa valeur rétrospectivement et son intérêt eut été plus grand pour les spectateurs qui revoient les films. Le fait est que dans *La Nuit américaine*, beaucoup de choses trouvent leur sens réel à la revoyure et c'est un peu un danger dans tous mes films puisque la majorité des gens ne les voient qu'une fois. »

Tournage de *La Nuit américaine.*

L'ÉMOTION PAR RÉPÉTITION

L'HISTOIRE D'ADÈLE H.

L'HISTOIRE D'ADÈLE H. (1975). « Dans les interviews aussi bien que les messages publicitaires, nous devons éviter les références à Victor Hugo, car elles placent le film sur une voie didactique et documentaire qui risque de détourner le public. Pour les mêmes raisons, nous devons éviter les références à la folie : *L'Histoire d'Adèle H.* n'est pas celle d'un cas clinique. L'angle le plus favorable pour présenter le film est celui de la passion, d'une histoire d'amour absolu. »

Toujours extrêmement soucieux de la façon dont chacun de ses films va être vendu au public, résolu à protéger le bébé par tous les moyens, Truffaut envoie cette « note à propos de la publicité d'Adèle » à son attachée de presse, Christine Brierre, et à Jean Nachbaur, son interlocuteur aux Artistes Associés, en septembre 1975, un mois avant la sortie parisienne du film (le 8 octobre 1975). Son refus d'utiliser la notoriété de son personnage, sa crainte même que cette notoriété soit préjudiciable et donne par avance au spectateur l'impression d'avoir affaire à un film scolaire et ennuyeux, coïncide avec une des questions qu'il s'est beaucoup posée au cours de l'écriture : à quel moment révéler au public que la jeune femme qu'il voit souffrir d'amour sous ses yeux n'est autre que la plus jeune des filles de Victor Hugo, la sœur de Léopoldine ? Idéalement, tout en sachant que c'était difficilement envisageable, Truffaut aurait aimé pouvoir adresser le film à un spectateur qui n'aurait pas su avant d'entrer dans la salle que l'histoire était celle d'Adèle Hugo et aurait pu avoir la surprise de le découvrir. Ayant peu à peu réduit l'histoire d'Adèle à l'histoire d'un visage, il a conscience de proposer au public un objet assez particulier, dans lequel il aurait tenté de « mixer le climat émotionnel des *Deux Anglaises* et la rigueur de *L'Enfant sauvage* ».

C'est plus de six ans auparavant, en 1969, qu'il a découvert grâce à un article du *Nouvel Observateur*, l'existence du Journal d'Adèle Hugo, qu'une universitaire américaine, Miss Frances Vernor Guille, avait retrouvé et décodé (car Adèle, au fil des années et de la progression de sa folie, s'était mise à écrire de plus en plus dans un langage à elle et en inversant les mots). Lorsque sort *L'Enfant sauvage* en février 1970, le succès inespéré du film l'encourage à « entreprendre un travail du même genre sur *Adèle* ». Il demande à Jean Gruault de rédiger un script d'essai à partir des éléments fournis par l'ouvrage de Frances Vernor Guille. À la fin du mois de septembre 1970, il écrit à Miss Guille son désir de réaliser un film sur la fille cadette de Victor Hugo. À la mi-novembre, Jean Gruault lui remet une première version, avant même que Truffaut n'ait eu l'idée de se jeter dans l'aventure des *Deux Anglaises*. L'écriture de la future *Histoire d'Adèle H.* est lancée : elle durera bien plus longtemps que prévu, s'échelonnant sur près de cinq ans, de la mi-1970 à janvier 1975, date du tournage. S'il

Portrait d'Adèle Hugo fait par sa mère, Adèle : « Elle n'avait pas de prénom à elle et le nom de son père l'écrasait ».

René Dazy

pressent qu'il s'embarque pour un projet à moyen ou long terme, il pense néanmoins tourner le film dans un délai de deux ou trois ans. Donnant régulièrement des nouvelles du projet à Frances Vernor Guille, puis au peintre Jean Hugo, arrière petit-fils de Victor Hugo, dont il obtient l'autorisation de principe, après avoir renversé ses réticences (l'idée de rendre public un secret de famille assez triste et longtemps préservé effraie d'abord le petit neveu d'Adèle), il demande fermement à l'universitaire américaine de garder le projet secret : « Le film demandant une préparation minutieuse risque de se tourner seulement en 1973 ». Afin de l'aiguillonner et non sans un soupçon de mauvaise foi, il laisse cependant d'abord entendre à Jean Gruault (qu'un tournage plus rapproché aurait arrangé financièrement) qu'ils feront le film assez rapidement. C'est, alors qu'ils rendent visite à Jean Hugo, dans son mas de Fouques près de Lunel, pendant le tournage *d'Une belle fille comme moi* à Béziers (au début 1972), que Truffaut dit à Jean Hugo, devant Gruault, qu'ils ne tourneront pas le film avant au moins un an ou deux. Nouvelle qui contribue à engager son coscénariste à abuser ce soir-là des vins, muscats du pays et autres liqueurs libéralement prodigués par Jean Hugo devant un Truffaut resté sobre et hilare.

Isabelle Adjani est devenue Adèle Hugo et monte un autel à son lieutenant comme Antoine Doinel le faisait à Balzac dans *Les Quatre Cents Coups*.

Pages précédentes : Isabelle Adjani.

Si cette durée de gestation particulièrement longue (légèrement supérieure à celles des sujets difficiles partagés avec Jean Gruault, quatre ans pour *L'Enfant sauvage*, trois pour *Jules et Jim*, *Les deux Anglaises*, *La Chambre verte*) permet une récriture assez soignée (cinq versions écrites à des dates intermittentes), elle est aussi due à un incident extérieur qui faillit bloquer le projet. Parce qu'elle avait lu une des versions du script et apporté quelques menus conseils d'ordre biographique ou historique, Frances Vernor Guille voulut être considérée légalement comme co-auteur et se mit à réclamer des droits exorbitants (200 000 francs et le statut de coscénariste). Une partie de son travail de recherche ayant été accomplie par ses étudiantes, elle s'insurgeait également que le nom de l'une d'elle, responsable d'un récit de la fugue d'Adèle à Halifax, soit nommée sur la page de garde du script et Truffaut dut s'excuser pour cette « erreur ». Au printemps 1973, Truffaut pense devoir abandonner le film, ou tout au moins feint de se montrer prêt à y renoncer afin de déstabiliser la partie adverse. Le contentieux est finalement résolu à coups de réunions entre avocats, Frances Vernor Guille obtenant pour finir une cinquantaine de mille francs en échange d'une prétendue « supervision historique » du scénario. « Et tout ce travail – le tien surtout – pour rien. Six mois après la mort de cette salope, écrit Truffaut pendant cette période de blocage à Jean Gruault, je donnerai le premier tour de manivelle de *L'Histoire d'Adèle* » (par une sorte d'ironie du sort, Miss Guille devait mourir d'une crise cardiaque une semaine après avoir vu le film).

AUTANT EN EMPORTE ADÈLE. « La première version de *L'Histoire d'Adèle H.* a été écrite par Jean Gruault avant *Les Deux Anglaises* et, après ce film, qui n'était pas assez rigoureux, trop pittoresque, je me suis dit que je ne voulais plus voir un film d'époque avec la scène obligatoire de guinguette, le fiacre qui arrive au fond de la rue et trente figurants déguisés. J'ai donc repris *L'Histoire d'Adèle H.* en coupant tout ce qui était extérieur à Adèle. Je ne voulais plus entendre parler du soleil dans un film d'époque, ni du ciel. Le film *Adèle* est devenu de plus en plus serré, claustrophobe, l'histoire d'un visage. » De novembre 1970 à avril 1972 (et donc quelques temps après la finition des *Deux Anglaises*, quoiqu'en dise Truffaut), de la première à la troisième version du scénario, continuité de 373 pages, dûment intitulé « version longue », Truffaut et Gruault se lancent de concert et non sans optimisme sur une pente abondante et prolixe, quasi-hollywoodienne. C'est même Truffaut, dans un premier temps, qui encourage son coscénariste à développer, enrichir et allonger, repartant même entre les traitements du matériel de départ pour y repêcher les idées et détails qu'ils auraient pu oublier. Sur de gros cahiers à spirales, Gruault a établi avant d'écrire un premier traitement tout un travail préparatoire : un résumé de la biographie d'Adèle, une chronologie de la vie d'Adèle depuis son arrivée à Halifax (sur laquelle les informations récupérées ne sont en réalité que partielles, données par quelques rares témoins et par le courrier échangé avec son frère), plusieurs « résumés thématiques » : « Adèle à Halifax espionnée par ses logeurs », « Adèle et l'exil », « Ce que fait Adèle à Halifax révélé par ses lettres à François-Victor »... C'est Gruault qui convainc Truffaut, qui aurait d'abord voulu voir la vie d'Adèle en exil à Guernesey, ses rapports avec sa famille, avec Victor Hugo, les séances de tables tournantes, de démarrer le film par l'arrivée d'Adèle à Halifax, manière d'ouvrir le film selon un principe éprouvé par le western : l'arrivée d'un nouveau personnage dans une ville... Poussé par Truffaut, Gruault se laisse ensuite aller à son goût pour la scène historique et les conversations politiques à costumes : arrivée et installation d'Adèle dans le grand hôtel d'Halifax encombré d'une foule de clients préoccupés par la guerre de Sécession qui, en 1863, bat son plein. Officiers sudistes, planteurs, trafiquants d'esclaves, domestiques noirs peuplent au début de l'histoire les premières versions du script... Et Truffaut demande que soit dialoguée une conversation sur la guerre en cours qui échauffe les esprits. De même qu'il demande que soit écrite complètement l'idée qu'un journaliste cherche à interroger Adèle sur son voyage, car elle est la seule femme sur le paquebot arrivé à Halifax, (c'est une scène qui ne sera coupée qu'au montage). Ou encore une scène où un planteur sudiste installé à l'hôtel parie avec ses amis qu'il obtiendra cette fille (« à dialoguer discrètement, note alors Truffaut, pour éviter que le public pense que ce pari va constituer un élément de scénario important »). Le planteur tente de séduire Adèle en faisant donner une sérénade sous les fenêtres de l'hôtel et en escaladant son balcon, elle le jette à bas et lui envoie de l'eau, puis se met à pleurer. Scène approuvée par Truffaut d'un laconique « OK », et que l'on retrouve développée dans la « version longue », où l'on découvre aussi une grande scène de revue militaire où Adèle cherche à repérer son lieutenant. Foule de soldats et de cavaliers, grand pique-nique, rôtissoires où tournent des porcs entiers, groupes endimanchés, Adèle aborde un officier qui connaît Pinson, car celui-ci a envers lui des dettes de jeu ; Adèle prétend être sa cousine et pouvoir arranger les choses. « Nous voulions faire *Autant en emporte Adèle* », raconte Jean Gruault.

DÉMÉNAGEMENTS. Truffaut et son complice avaient aussi l'idée de souligner par des déménagements successifs la dégradation d'Adèle. Partie de l'hôtel Halifax, Adèle atterrissait ensuite chez les Saunders (comme dans le film), puis repérée par ceux-ci qui finissaient par découvrir son identité, dans une autre famille plus modeste, les Motton, où elle sympathisait avec la jeune fille de la maison, pianiste amateur, avec laquelle elle échangeait des confidences (ce qui devait valoir, dans la troisième version, plusieurs flashes-backs sur son passé, avant et pendant l'exil de la famille Hugo à Guernesey après le coup d'état de 1851). S'enfuyant à nouveau, Adèle logeait quelque temps chez un couple âgé (qui devient dans la troisième version la mère du cocher O'Brien, vivant dans un quartier délabré) et se retrouvait, après un incendie, à l'asile de nuit avec les autres sinistrés. Parallèlement, les deux complices s'étaient amusés à relier chaque épisode de la vie d'Adèle à un film, court ou long, de Chaplin : l'arrivée à l'hôtel Halifax, avec un groom pour porter les malles, comme dans *The Cure* (la référence est exprimée explicitement sur la troisième version) ; l'idée qui

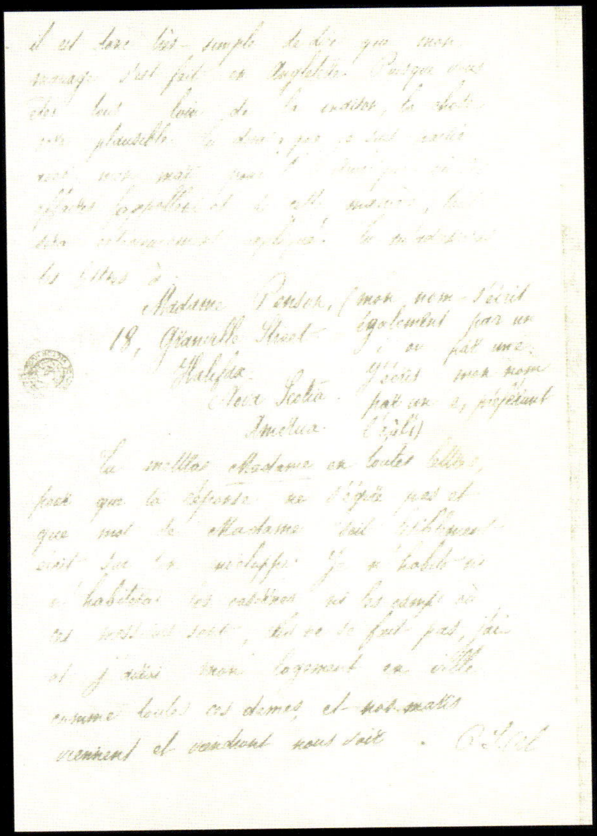

...Il est donc très simple de dire que mon mariage s'est fait en Angleterre. Puisque vous êtes tous loin de la maison, la chose sera plausible. Tu diras que je suis partie avec mon mari en Amérique où ses affaires l'appellent et de cette manière, tout sera expliqué. Tu m'adresseras mes lettres à :

Madame Penson
18, Grandville street
Halifax Novia Scotia America.

Mon nom s'écrit également par un i ou un e. J'écris mon nom par un e, préférant l'e au i. Tu mettras Madame en toutes lettres, pour que ta réponse ne s'égare pas et que le mot de Madame soit lisiblement écrit sur ton enveloppe.

Je n'habite ni n'habiterai les casernes ni les camps où ces messieurs sont, cela ne se fait pas, j'ai et j'aurai mon logement en ville comme toutes ces dames, et nos maris viennent et viendront nous voir.

Lettre authentique d'Adèle Hugo où elle annonce à sa famille son mariage et demande à être appelée Madame Pinson.

à Halifax, Victor Hugo avait d'ailleurs envoyé le 16 septembre 190 francs, le 10 octobre 200 francs et il nota dans son carnet que Mme Hugo avait elle aussi envoyé 200 francs. Avant la fin décembre 1863, elle aurait donc reçu, selon le carnet, un total de 1 390 francs.

Mais Adèle ne se servit pas de l'argent pour revenir. *1

C'est au début de l'année 1864, que les Hugo furent mis en relation avec la famille Saunders, chez qui Adèle habita pendant un certain temps sous le nom de Miss Lewly. François-Victor annonça cette nouvelle à sa mère :

Chère mère, mon père a dû te dire que j'avais reçu une lettre des propriétaires de la maison où est logée Miss Lewly. Ces braves gens, ayant vu mon nom sur une lettre écrite par elle, ont eu l'idée de s'adresser à moi, sans savoir quel lien me rattache à leur locataire. Ils me disent que la pauvre enfant néglige entièrement les soins nécessaires à sa santé, à peine se nourrit-elle : quand elle sort, par le froid glacé de ce pays-là, elle est à peine vêtue. Ses vêtements d'une belle qualité, me disent-ils, sont beaucoup trop légers pour ce rude climat. En vain ont-ils insisté jusqu'ici pour qu'elle retournât en Europe. Elle s'obstine à rester là-bas dans les plus tristes conditions d'abandon et de délaissement. L'officier qui devait l'épouser est venu la voir deux ou trois fois seulement depuis qu'elle loge chez eux. Il y a plusieurs semaines qu'il n'est revenu. Et il semble qu'il l'ait tout à fait abandonnée. Depuis lors, Miss Lewly paraît beaucoup plus triste ; et si ses amis d'Europe savaient son déplorable état, ils se hâteraient de la faire revenir au milieu d'eux. Voilà en substance la lettre de ces braves gens qui paraissent vivement s'intéresser à la pauvre enfant. D'après le conseil de mon père, je leur ai répondu immédiatement qu'ils eussent à acheter à Miss Lewly les vêtements chauds nécessaires dans ce climat, et que chaque jour ils lui fournissent une nourriture substantielle. Je leur expédierais par retour du courrier une lettre de change pour

— 88 —

Avec ces éléments on peut récrire la lettre des époux Saunders…

* les vêtements chauds

1 * cet argent, supposons qu'elle le donne à Pinson, ce sera direct, émouvant, simple et efficace

Naissance d'une scène : Truffaut relève les demandes constantes d'argent d'Adèle H. dans le livre de Frances Vernor Guille où est reporté le texte de nombreuses lettres envoyées par Adèle à sa famille depuis Halifax.

Lettre de François Truffaut à Isabelle Adjani

mercredi soir

FRANÇOIS TRUFFAUT

Chère Isabelle,

Voici la copie de la lettre qui doit être, à l'heure où j'écris, entre les mains de M. L'A.D.L.C.F.
Quoiqu'il arrive – et vous savez ce que je souhaite qu'il arrive – je tiens à vous dire que j'approuve vos scrupules et votre loyauté et que, même secrètement, je ne vous reprocherai rien. Vous êtes une actrice fabuleuse et, à l'exception de Jeanne Moreau, je n'ai jamais senti un désir aussi impérieux de fixer un visage sur la pellicule, tout de suite, toutes affaires cessantes. J'accepte l'idée que le théâtre est une noble chose mais ma chose à moi est le cinéma et sortant de la Gifle j'ai eu la conviction que l'on devrait vous filmer tous les jours, même le dimanche. Une carrière magnifique vous attend car vous aurez le choix, l'initiative, et, même s'il vous arrivait de tourner dans un mauvais film, je crois que vous ne pourriez pas être mauvaise. Votre visage tout seul raconte un scénario, vos regards créent les situations dramatiques, vous pourriez même vous permettre de jouer un film sans histoire, ce serait un documentaire sur vous et cela vaudrait toutes les fictions. "Pas de problème, pour vous", c'est ce que je vous ai dit à la sortie de la Gifle et je le pense.
J'espère que vous pourrez vous rendre à notre rendez-vous du 6 janvier, admiration et amitié,

François

Remarques détaillées de Truffaut sur la première version du scénario que lui a remis Jean Gruault en novembre 1970.

Je n'aime pas ce hasard. Je préfère changer de point de vue : (celle dont Me Lenoir a donné l'adresse)
D'une belle maison, on voit sortir la belle femme aux chiens.
Elle rejoint Pinson qui ~~descend~~ la voiture pour l'aider à monter.
La voiture se met en marche et l'on panoramique vers le bout de la rue pour retrouver… Adèle dans une (autre) voiture qui va suivre celle de Pinson jusqu'à la librairie.
2/ Filature librairie. etc…

9: A propos de la scène de la filature du régiment : il faut la finir en indiquant que Pinson reconnaît Adèle, qu'il est vivement contrarié et qu'il donne au régiment un ordre qui permet de s'éclipser de Adèle.

Dans l'optique Stroheimienne il faudrait que Pinson fut cavalier au lieu que biffin… qu'en penses-tu ?

8/ Cette scène n'est pas satisfaisante car confuse. Il faut qu'on comprenne qu'elle a demandé des renseignements sur Pinson mais en demandant à Lenoir de ne pas parler d'elle… C'est ce qui doit ressortir du dialogue…

8 . CABINET DE MAITRE LENOIR . INT. JOUR

il faut récrire cette scène scrupuleusement.

L'avocat dit à Miss Lewly, quelques jours plus tard, qu'il a bien réussi à retrouver le Lieutenant Pinson, mais que celui-ci ne peut la voir actuellement, étant gravement malade. Il ne connaît pas l'adresse du casernement mais il a obtenu celle d'une maison privée où Pinson se rend souvent, chez une jeune veuve… Il ne peut ajouter aucune précision et laisse sans réponse les questions inquiètes de sa cliente. | vaseux

quelles questions

9: CAMPAGNE

Celle-ci lui règle ses honoraires et sort.

Ici devrait se placer la scène où elle marche dans la campagne parallèlement au régiment de Pinson – Longtemps il ne la voit pas puis il croit la reconnaître et ils prennent le galop (Page 84.) (*)

10. RUES D'HALIFAX . EXT. JOUR

~~Miss Lewly erre dans les rues, désemparée.~~

Filature

~~Soudain elle est dépassée par~~ la voiture découverte où se trouvent Pinson et la femme aux chiens ~~qui~~ s'arrête ~~un peu en avant d'elle~~, devant une librairie militaire "la maison "Gossip"). ~~Une ordonnance se précipite pour ouvrir la portière à un officier très "dan-~~

(Oui, on peut conserver l'ordonnance)

(*) sont-ils à cheval ou à pieds ? Précisez.

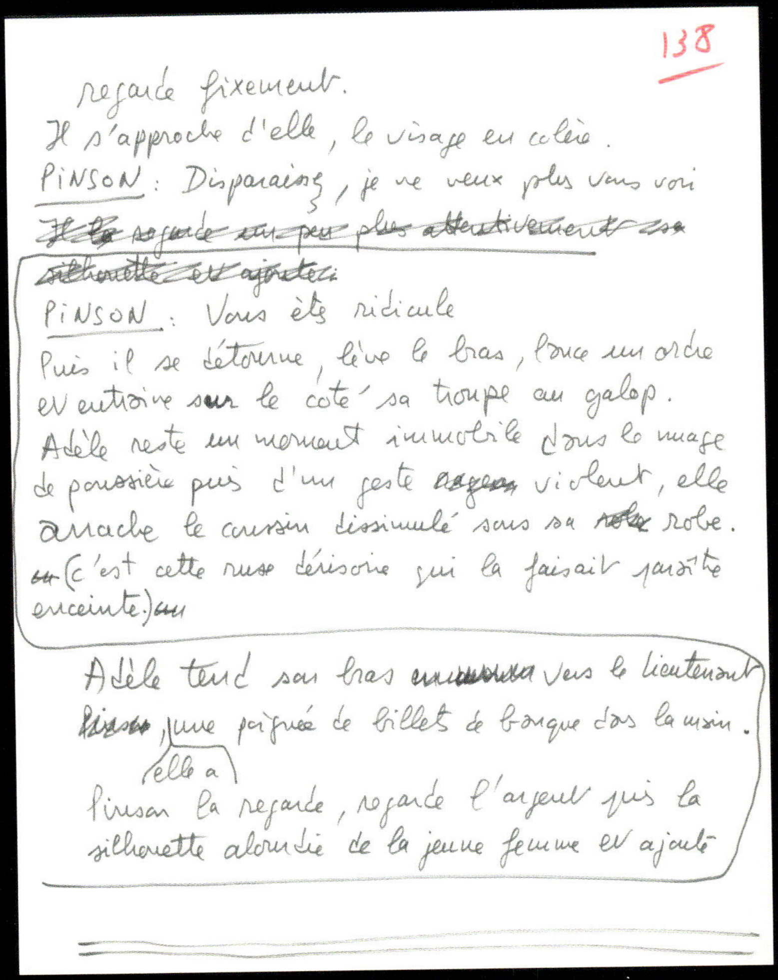

138

regarde fixement.
Il s'approche d'elle, le visage en colère.
PINSON : Disparaissez, je ne veux plus vous voir
~~Il la regarde un peu plus attentivement sa silhouette et ajoute :~~
PINSON : Vous êtes ridicule
Puis il se détourne, lève le bras, lance un ordre et entraîne ~~sur~~ le côté sa troupe au galop.
Adèle reste un moment immobile dans le nuage de poussière puis d'un geste ~~[illegible]~~ violent, elle arrache le coussin dissimulé sous sa ~~robe~~ robe.
(C'est cette ruse dérisoire qui la faisait paraître enceinte.)

Adèle tend son bras ~~[illegible]~~ vers le lieutenant ~~Pinson~~, elle a une poignée de billets de banque dans la main.
Pinson la regarde, regarde l'argent puis la silhouette alourdie de la jeune femme et ajoute

Récriture de la « scène du coussin » sous la robe. Truffaut cherche depuis le début comment exploiter l'idée qu'Adèle a prétendu être enceinte du lieutenant Pinson (Bruce Robinson).

viendra plus tard de ne filmer que la porte tournante du grand hôtel comme dans *L'Opinion publique ; Charlot au music-hall* pour les scènes du magnétiseur (pour lesquelles, Gruault dit s'être récemment rendu compte avoir aussi travaillé d'après un souvenir inconscient des *Nuits de Cabiria* de Fellini) ; *Le Kid* pour l'arrivée dans les quartiers déshérités ; un fragment d'un long métrage Essanay devenu un film d'une bobine, *Charlot à l'asile de nuit*, pour les scènes d'asile de nuit (ou encore, comme l'écrit la troisième version, « un vaste dortoir, comme dans *The Kid* ou *Charlot cambrioleur* »). Jeu, principe de départ par lequel ils établissaient entre Adèle et Charlot une sorte de fraternité des paumés, des inadaptés à l'ordre social.
Le film supprime tous ces déménagements pour ne plus conserver que la chute brutale d'Adèle à l'asile de nuit. Déçu par sa première vision du film terminé, Jean Gruault le regrettera, ne retrouvant pas ce qu'il avait imaginé de la déchéance d'Adèle (« Un changement de logement, ça veut dire quelque chose dans la vie de quelqu'un »). De même qu'il s'insurgera contre le manque de réalisme des décors, puisque la maison de granit des Saunders n'a rien à voir avec les maisons de bois de l'Halifax des années 1860 sur lesquelles il s'était documenté. Truffaut tourne à Guernesey, où se trouve Hauteville House, la maison d'exil des Hugo, pour des raisons de production : d'une part, parce que l'île lui fournissait, pour l'ensemble du film, des décors qui pouvaient paraître d'époque et une ambiance anglo-saxonne, d'autre part parce qu'il pouvait plus facilement y tourner une version anglaise en même temps qu'une version française, en faisant jouer les petits rôles par des comédiens bilingues. Truffaut se moquait de l'exactitude à partir du moment où il réussissait à embarquer le spectateur et à lui faire croire au monde représenté.

Si, vers 1971-1972, il est visiblement tenté, comme Gruault, de faire d'*Adèle* un film ample, romanesque et foisonnant, d'un tout autre style que celui qu'il réalisera quelques années plus tard, Truffaut ne se départit pas, lorsqu'il annote les premières versions, de son habituelle exigence. On retrouve les formules par lesquelles il manifeste l'envie d'aller plus loin : les « vaseux », « soyons logiques », « on peut faire mieux », « c'est un tableau un peu flou, un peu vague », « Mon vieux Jean, attention au bric à brac » (Adèle fait des confidences à la jeune Ellen Motton et son passé défile sous la forme de photos fixes). L'envie de tester, d'éprouver une scène dans sa longueur pour voir si elle fonctionne : « à écrire complètement », « il faut rédiger cette scène scrupuleusement ». L'exigence de clarté : « Cette scène n'est pas satisfaisante car confuse. [il s'agit de la scène chez le notaire, Me Lenoir, auprès duquel elle essaie de savoir comment retrouver Pinson, le lieutenant qu'elle aime] Il faut qu'on comprenne qu'elle a demandé des renseignements sur Pinson, mais en demandant à Lenoir de ne pas parler d'elle… C'est ce qui doit ressortir du dialogue ». Les hésitations : « Le faux départ du régiment est un peu gâché, c'est à dire pas utilisé aussi bien que nous le pourrions. J'ai l'impression qu'il faudrait presque aller jusqu'à faire embarquer Adèle sur un bateau en partance et l'en faire descendre au dernier moment quitte à reculer la révélation de la fausse grossesse. »
Comme souvent, Truffaut est à la recherche, pour certaines scènes ou certains ingrédients, du meilleur emplacement dans le mouvement dramatique : pour une scène où les Saunders s'inquiètent du comportement bizarre d'Adèle, et que Gruault place après le bal et la rencontre d'Adèle avec Pinson dans le cimetière : « Cette scène et ce dialogue sont intéressants, mais ils viennent trop tard. Il faut en mettre les principaux éléments avant la première visite de Pinson dans la scène de la page 26, la scène n° 19 ». Pour l'information qu'Adèle a fui Guernesey à l'insu de ses parents, donnée vers la fin par Adèle à sa confidente, Ellen Motton : « Très important mais à placer bien avant, dans la scène 39 entre Pinson et le commandant ». Alors qu'un personnage récite devant Adèle des fragments de poèmes de Victor Hugo, en guettant ses réactions : « Cette idée est à garder quelque part, je ne sais pas où, vers la fin du film ; c'est intéressant ». Alors qu'un flash-back, toujours dans les confidences à Ellen Motton, montre Adèle à Guernesey, écrivant dans son journal : « Cette chose incroyable de faire qu'une jeune fille marche sur la mer, passe de l'ancien monde au nouveau pour rejoindre son amant… », Truffaut s'interroge : « À conserver, mais je ne sais pas où. A-t-elle oublié ces feuillets chez le libraire, chez les Saunders ? À ne pas oublier en route [il souligne deux fois] », le sel de l'histoire étant qu'il fera de cette grande déclaration d'émancipation, assez étonnante pour une jeune femme de 1860, le leitmotiv et la conclusion emblématique du film.

UNE QUESTION D'IDENTITÉ. Cherchant à mieux tirer parti des ressources de son histoire, à mieux jouer avec le spectateur, Truffaut commence confusément à tourner autour de ce qui, au fond, l'intéresse le plus : le vacillement de l'identité d'Adèle, ses mensonges, son acharnement à se libérer d'un nom qui l'écrase. Si celle à qui il inventera plus tard de faire proclamer : « Je dénonce l'escroquerie de l'identité et l'imposture de l'état civil », tient à toute force à épouser le lieutenant Pinson, amoureux fantoche, n'est-ce pas parce qu'elle pourra ainsi échapper à son nom ? Dans les marges de la première version de 1970, Truffaut dessine de manière détaillée et affirmative le schéma des mensonges d'Adèle et ses récits contradictoires :

« Il faudrait se donner un peu de mal pour organiser ceci. Chaque fois que Miss Lewly parle de son cousin, elle dit quelque chose de différent, d'un peu contradictoire, d'un peu incompatible et cela permet au public de comprendre qu'elle ment :

Par exemple

1) Une fois elle dit qu'ils ont été élevés ensemble.

2) Une autre fois, elle dit : c'est mon cousin, mais je ne l'ai jamais vu, je viens pour faire sa connaissance parce que mes parents sont morts.

3) Une autre fois, elle dit : c'est mon cousin mais je l'évite parce qu'il est amoureux de moi, et je ne veux pas l'encourager (elle peut dire cela au libraire).

4) C'est mon cousin, mais nous sommes brouillés ; j'ai seulement besoin de le voir pour lui faire signer des papiers relatifs à une succession...

De cette manière, ce sera beaucoup plus intéressant ». Schéma qu'il raffinera ensuite, en le compliquant un peu : dans le film, elle dit au notaire qu'elle est à la recherche du fiancé de sa nièce (« La seule chose que je souhaite, c'est le bonheur de ma nièce ») ; au libraire, elle dit que le lieutenant est le beau-frère de sa sœur (« Mais je le vois rarement. Je suis brouillée avec ma sœur ») ; à ses logeurs, elle raconte qu'il est son cousin, ou plutôt une espèce de frère de lait (« À vrai dire, il est amoureux de moi depuis notre enfance »). À partir du principe des récits mensongers, Truffaut et Gruault s'en sont donnés à cœur joie. Plus loin, en marge d'une scène du premier scénario, où Adèle refuse un dîner avec sa logeuse et s'enferme dans sa chambre, il poursuit son idée : « Cette scène est modifiée pour contenir davantage de choses : Adèle, habillée en homme, parle avec Mme Saunders qui avait oublié de lui remettre une lettre arrivée d'Angleterre. À propos de Pinson, Adèle dit : « Mon fiancé ». Mme Saunders : « Vous voulez dire votre cousin ». Adèle : « En fait, nous allons nous marier, nous ne sommes cousins que par alliance, etc » (c'est la première fois qu'on aura l'impression qu'Adèle est folle) ». Le cinéaste inscrira clandestinement ce vacillement de l'identité d'Adèle dès l'ouverture de son film. Ouverture à propos de laquelle il écrit à Gruault, en marge de la première version, qu'il « manque quelque chose d'intrigant à propos du débarquement d'Adèle », sans parvenir à définir quoi. Pour finir, après diverses tentatives, il imaginera qu'Adèle changera de file au passage de la douane, car elle se trouve derrière un espion muni de faux papiers. Celle qui n'a plus de nom (ni de prénom, puisqu'elle porte, comme le notait Truffaut, celui de sa mère), plus d'identité avouable, et court, comme par une absurde compensation, après un mariage impossible, c'est elle, qu'une fraternité silencieuse, simplement soulignée par la mise en scène et l'insistance des regards de la jeune femme, relie à l'espion interpellé.

C'est aussi sur les pages de gauche du premier scénario que Truffaut s'interroge sur le moment et la façon de révéler au spectateur la véritable identité d'Adèle qui se présente sous des noms d'emprunt à ses interlocuteurs. Après une scène où Adèle écrit à sa mère pour lui demander le double consentement à son mariage, Gruault propose d'amener la révélation de l'identité d'Adèle une vingtaine de pages plus loin à travers un personnage de maître d'hôtel, ami de ses logeurs, qui reconnaît sur une enveloppe égarée le nom de Victor Hugo. Mrs Saunders prend alors sur elle d'écrire à ce Monsieur Hugo, mais sans deviner ce qui le rattache à sa locataire. Plus loin, c'est un autre ami des Saunders, un français, qui émet l'hypothèse que leur jeune pensionnaire pourrait être la seconde fille de Victor Hugo. Truffaut demande une fusion de ces scènes, et propose qu'après avoir écrit à ses parents (balayant la vérité historique, il demande d'ailleurs pour rendre le trait plus net qu'elle écrive à son père et non à sa mère), Adèle reçoive la visite d'un médecin : « C'est à lui que le nom de Hugo dit quelque chose ». Impossible à ses yeux de trop attendre : « Attention ! À partir de là nous devons considérer que nous entrons dans le deuxième acte. Le public qui a entendu parler du film sait qu'il s'agit de la fille de Victor Hugo, il ne faut donc pas différer plus longtemps la révélation. » Truffaut est en réalité tiraillé entre la conscience du fait qu'il aura probablement pour son film peu de spectateurs innocents et l'envie qu'il a pourtant de jouer d'un réel effet de surprise. Effet qu'il ne sait pouvoir obtenir qu'avant que toute publicité soit faite autour du film. Écrivant en octobre 1971 à Frances Vernor Guille des nouvelles de l'avancée du projet (ils ne sont pas encore en différend), il lui explique qu'il a volontairement évité de mentionner sur la page de garde du scénario le nom d'Adèle Hugo ou le titre de son ouvrage, « car lorsque nous ferons lire cette histoire soit à des acteurs, soit à des producteurs, je tiens beaucoup à préserver le choc émotionnel qu'ils ressentiront probablement au milieu du récit lorsqu'ils auront la révélation de l'identité d'Adèle ». Assez belle expression de son fantasme d'un spectateur vierge de toute idée préconçue sur un film avant l'entrée dans la salle.

REBONDS. Par réaction, Truffaut commence à imaginer son film et à le rebâtir sur les pages de gauche. « Je désire ajouter quelque part une scène montrant l'ordonnance de Pinson qui lui ramène sa tenue de

Isabelle Adjani, Aurélia Mansion, Bruce Robinson et Joseph Blatchley…

parade de retour de nettoyage : dans chaque poche de la veste et du pantalon, Pinson trouverait des petits mots d'Adèle constitués chaque fois d'une phrase : « Laissez-moi vous aimer etc. ». Cette scène renforcerait considérablement la notion d'omniprésence d'Adèle. », indique-t-il en marge du deuxième traitement. Équivalent d'une scène de *Domicile conjugal*, tournée quelques mois auparavant, où des petits billets s'échappent du bouquet de tulipes envoyées à Antoine par sa maîtresse japonaise. C'est d'ailleurs lui qui a souhaité faire du lieutenant Pinson un cavalier, quitte devoir filmer des hommes à cheval, ce qu'il avait en horreur : « Dans l'optique stroheimienne il faudrait que Pinson fut cavalier au lieu de biffin… Qu'en penses-tu ? », glisse-t-il à Gruault dans les marges du premier scénario. Au jeu des influences, leur idée de départ, quelque peu affaiblie à l'arrivée, était de faire du lieutenant un personnage inspiré notamment d'Erich Von Stroheim dans *Blind Husbands*, dont Truffaut avait offert à Gruault une copie en huit mm ramenée de New-York : Gruault avait prévu dans les premières versions de lui faire revêtir un corset et de le montrer se collant les moustaches.
Il arrive à Truffaut de rebondir sur une simple phrase, un détail parmi d'autres, pour proposer tout un développement. Dans le premier scénario, Jean Gruault case l'idée que Pinson rappelle à Adèle venue le relancer au bal qu'elle « n'a pas hésité, même naguère en Angleterre, à prétendre qu'elle était enceinte ».
Enthousiasme de Truffaut :
« On garde ça précieusement pour le filmer directement :
d'abord elle annoncera qu'elle est enceinte
on la verra avec un gros ventre
un jour on verra que c'était un coussin qu'elle plaçait sous sa robe ».

Dans le récit de la vie d'Adèle qui accompagne l'édition de son journal, on découvre en effet que c'est alors qu'Adèle est encore à Guernesey, en 1861, qu'elle commence à poursuivre le lieutenant Pinson, rencontré lors d'une séance de tables tournantes, et prétend attendre un enfant (« Elle prétend avoir eu un enfant de lui, et lui impose l'obligation morale de donner un nom légitime à son fils », phrase qu'il a soulignée sur son volume et annotée : « étudier l'idée du coussin sous la robe »). Plus désinvolte avec l'exactitude historique que ne l'est dans un premier temps Jean Gruault, Truffaut ne se prive pas de déplacer l'idée à Halifax et de chercher à profiter de toutes ses possibilités.

L'ARGENT. Lorsqu'il reçoit de Gruault un deuxième traitement d'Adèle, au printemps 1971, Truffaut laisse d'abord le scénario reposer quelque temps (il tourne *Les Deux Anglaises* jusqu'à début juillet). Puis, lorsqu'il se penche à nouveau sur Adèle, c'est le livre de Miss Guille qu'il reprend afin de vérifier s'ils n'ont pas laissé de côté idées ou faits intéressants. En septembre 1971, il envoie à Gruault une série de notes dactylographiées, qu'il titre : « Nouvelles améliorations à apporter à *L'Histoire d'Adèle* » et qui portent essentiellement sur le livre où il a pointé les idées qui l'intéressent et les ingrédients à récupérer. Plusieurs idées fortes du film proviennent de cette relecture. Ainsi l'importance donnée aux demandes d'argent faites par Adèle à sa famille, d'autant que la jeune femme estime participer à sa manière au vent de création qui souffle sur les Hugo. Il entoure une note de bas de page où l'on apprend qu'Adèle a demandé à sa famille de faire publier un album de ses compositions musicales et ajoute : « Ce désir justifie les demandes d'argent d'Adèle. Intéressant » (quelques années après la fuite d'Adèle, vers 1876, un certain Robert Louis Stevenson s'évertuera en vain à demander à ses amis restés à Londres de faire publier certains de ses premiers récits de voyage, afin d'en toucher les dividendes, tandis qu'il traverse dans le plus grand dénuement l'Amérique à la poursuite de la femme aimée…). Il s'explique ensuite plus en détail :
« Le post-scriptum à la lettre est très intéressant car il apporte de la précision aux questions d'argent. Pas assez détaillées dans le film. Je pense par exemple qu'il manque une scène où l'on verrait Adèle toucher l'argent à la banque.
Puisque nous la voyons, à plusieurs reprises, donner de l'argent directement à Pinson, je voudrais obtenir sur l'écran, à un certain moment, cette illustration très simple :
a) Adèle écrit à ses parents en leur faisant croire qu'elle est prête à rentrer en Europe et en demandant l'argent du voyage ;

b) on la voit toucher cet argent à la banque ;
c) on la voit donner cet argent à Pinson. »
Truffaut développera plus tard les scènes de banque, imaginant que c'est aussi à la banque qu'Adèle reçoit, poste restante, les lettres de son père, resserrant dans un même espace ces demandes qui se confondent : les demandes d'argent et la vaine demande affective.
À partir d'une image qu'il redécouvre à la relecture du récit de la vie d'Adèle, il se lance dans une longue remarque où il développe de manière explicite (et cet explicite est plutôt exceptionnel chez lui) des arguments psychologiques qu'il mettra en acte dans son film :
« On mentionne (p. 127) que parfois Adèle, habillée en homme, se cachait derrière les arbres pour surveiller Pinson et les femmes qui l'accompagnaient. Ceci nous montre qu'on a négligé dans le scénario l'élément de jalousie. Il ne devrait pas s'agir d'une jalousie élémentaire, mais plus efficacement d'une jalousie maladive, masochiste, dans laquelle Adèle trouve du plaisir. Cette jalousie est double, car posthume vis à vis de sa sœur Léopoldine, la préférée, idéalisée par sa mort, et l'autre quasiment sexuelle vis à vis de Pinson, aux limites du voyeurisme : ce n'est pas seulement pour s'informer qu'elle observe Pinson de loin lorsqu'il est avec une femme, mais pour alimenter sa névrose. »
Remarque qui donnera, lorsque Truffaut reprendra le scénario, après l'assez longue interruption liée au différend avec miss Guille, la scène de voyeurisme où Adèle, de nuit, guette depuis une cachette chaque geste de Pinson avec la veuve aux petits chiens. Jusqu'à une sorte de paradoxal demi-sourire de satisfaction que le cinéaste fera suivre, alors qu'il la montre à la scène suivante écrivant fiévreusement son journal, d'une phrase volée au roman *Deux Anglaises* : « Ne pouvant avoir le sourire de l'amour, je me condamne à sa grimace ». Juste avant cette scène de voyeurisme nocturne, Adèle tente de faire tourner une table et invoque Léopoldine...
C'est du journal d'Adèle et de sa correspondance avec son frère François-Victor que Truffaut tire l'idée que leur mère a les yeux fatigués et des difficultés à lire. Il souligne dans son exemplaire du livre les allusions correspondantes (« Cette chère enfant t'a écrit une lettre en caractères énormes pour que tu puisses la lire » écrit par exemple François-Victor à leur mère) qu'il annote d'ailleurs non sans amusement : « Tout le monde pensera que ça vient de *Jules et Jim* et des *Anglaises*, mais ce n'est pas une raison pour ne pas le faire ». Tout le monde l'a pensé en effet, d'autant que Truffaut a puisé sans vergogne pour le texte des lettres de Victor Hugo dans celui des *Deux Anglaises* : « ... car ses yeux ne peuvent lire que les grosses écritures ».

... La mise en scène file le thème du voyeurisme.

UN MARIAGE SOUS HYPNOSE. Sa relecture du livre pousse par ailleurs Truffaut à revenir sur la scène du magnétiseur qu'ils avaient commencé à mettre en place avec Gruault en pensant à *A Night in the Show* de Chaplin. L'idée vient des lettres inquiètes échangées à propos d'Adèle entre François-Victor et leur mère, la jeune femme s'étant visiblement confiée à son frère : « La voilà qui songe à endormir ce monsieur par le magnétisme et à l'épouser endormi ». Truffaut fait du coup une description exigeante de la scène : « À propos du magnétiseur, je crois que la scène de notre script est très inférieure à ce qu'on peut obtenir. La scène doit être beaucoup plus longue, avec des questions plus insidieuses de la part du magnétiseur. Il faut donner l'impression qu'il est sur le point d'accepter. Il faut mentionner davantage comment devrait être organisée la fausse cérémonie, comment recruter les témoins et le Ministre. Il s'agit d'une grande scène qui devrait nous étonner jusqu'au bout. Il faut lui trouver une bonne chute. » La chute, ce sera cette idée qu'Adèle, poussée dans ses retranchements pour obtenir l'accord du magnétiseur au principe d'un mariage sous hypnose, finit par lâcher le nom de son père, en l'inscrivant un instant de sa main gantée sur un miroir poussiéreux, juste avant que ne surgisse dans la loge le complice vu sur scène qui révèle d'un coup la supercherie. Si Truffaut obtient la scène longue qu'il souhaitait (dans le film, elle fait en deux temps, spectacle et loge, près de neuf minutes), il n'en sera cependant jamais vraiment satisfait, comme s'il en avait trop attendu. C'est une des scènes qu'il a le plus fait retravailler à ses monteurs sans être jamais content du résultat (Yann Dedet et Martine Barraqué en ont chacun un assez mauvais souvenir). Ivry Gitlis, musicien à qui il avait demandé d'interpréter le magnétiseur, lui paraissait insupportablement lent, trop cabot et démonstratif, d'où une tentative de compenser en montant le maximum de plans de coupe sur Adèle, afin de dilater la scène et de la voir à travers elle, au risque de tricher avec la crédibilité (que peut-elle bien noter dans son carnet tandis que le magnétiseur endort le gars de la police montée qu'on découvrira être un comparse ?). La scène atteint pourtant son but dans sa seconde partie, alors qu'elle questionne et supplie le magnétiseur : espoir à proprement parler fou d'une petite fille seule, prête à tout mettre dans la balance pour obtenir ce qu'elle veut, jusqu'à livrer son identité en pâture, jusqu'à se faire rouler sous nos yeux.

LA VERSION RESSERRÉE. Pourtant, entre ces notes de l'automne 1971, où Truffaut semble tout entier à son personnage et à son film, et le moment où il se décidera enfin à s'y lancer la tête la première, il y aura donc un grand intervalle de près de trois ans. En 1972, il tourne coup sur coup *Une Belle Fille comme moi* au début de l'année, puis *La Nuit américaine* à l'automne, et fait ensuite la vraie pause qu'il ne s'est pas accordée deux ans plus tôt (alors qu'il se jette dans *Les Deux Anglaises*), afin de prendre cette fois-ci du repos et d'avancer ses projets éditoriaux (Les Films de ma vie, son recueil d'articles, paraîtra en avril 1975). La version longue du scénario d'*Adèle*, de 373 pages, où Gruault développe à l'envi les demandes de son metteur en scène et fait feu de tous bois, est déposée au Carrosse en avril 1972 et dort quelque temps dans un tiroir. Après les menaces d'arrêt du projet puis ses nouveaux tournages, Truffaut ne reprend le script que près de deux ans plus tard avec l'aide de Suzanne Schiffman. Retrouvant alors son élan comme devant un projet neuf, c'est en découpant, réassemblant et complétant plusieurs exemplaires de la version précédente qu'il recompose rapidement un scénario susceptible d'être tourné. Car le Carrosse, après deux ans sans film, commence à être en difficulté et il devient urgent de réamorcer la machine. La mise au propre de cette version (réduite à 163 pages) est datée de mai 1974. Un scénario beaucoup plus réaliste en termes de décors, d'amplitude et de possibilités de production, et en même temps plus âpre, plus incisif. Il est clair que Truffaut a cette fois-ci décidé de faire le film. Refusé par la Warner (coproducteur pourtant heureux de *La Nuit américaine*) à cause de son arrière-plan littéraire, le film est accepté par Les Artistes Associés, mais à la condition d'en réduire le budget.

Cette quatrième version d'Adèle est en effet celle du grand dégraissage. Suppression de toutes les scènes à l'hôtel Halifax, et de toutes les références à la guerre de Sécession, le cocher emmenant directement Adèle dans un logement chez l'habitant et le récit se resserrant exclusivement sur le parcours affectif d'Adèle ; suppression totale, pure et simple de la grande scène de revue militaire et de pique-nique où Adèle tentait d'approcher les militaires ; suppression des déménagements successifs : lorsque Adèle quitte ses logeurs car elle croit que le régiment de son amant quitte Halifax, puis découvre qu'elle a été trompée, son cocher l'amène directement à l'asile de nuit. De nombreuses scènes faisant doublon sont fusionnées en une seule (dans la version longue, dans une scène digne de l'érudition joyeuse de Jean Gruault, le libraire voulait offrir à Adèle qui fichait le camp une ancienne édition originale dédicacée par La Fayette, un des meilleurs livres américains du XVIIIe siècle, *Letters from an American Farmer* par Saint John de Trevecœur, 1782, avec « des pages très amusantes sur l'Acadie… et ses moustiques » ; Plus tard, ses logeurs mettaient en évidence dans sa chambre un exemplaire de *Notre Dame de Paris*. À l'étape dégraissée, c'est le libraire qui veut offrir à une Adèle furieuse et trahie un exemplaire de *Notre Dame de Paris*. Pour le film, simplifiant et poussant le trait, Truffaut choisira finalement *Les Misérables* qu'Adèle ouvre au chapitre de Fantine). Les éléments et fragments de dialogues des scènes supprimées sont parfois reportés sur les personnages restant : transfert ainsi sur la logeuse, Mrs Saunders, de dialogues échangés avec la femme de chambre de l'hôtel (les portraits de Léopoldine), ou des adieux à Ellen Motton, personnage de confidente qui sombre corps et biens avec la suppression des déménagements.

« C'est un travail de rigueur, très grisant, qui m'avait déjà plu dans *L'Enfant sauvage*, dira Truffaut, à la sortie du film. Comme un électricien, je dénude les fils, je réduis le nombre d'éléments ». En éliminant le pittoresque d'époque, il resserre sur le personnage d'Adèle et le droit fil de son obsession. Plus une scène qui ne se rapporte, sans diversion, à son idée fixe. Il affirme aussi son sujet. Car, parallèlement à ce travail de contraction, il ajoute de nouvelles scènes qui renforcent la passion solitaire d'Adèle et ses difficultés d'identité. C'est dans cette quatrième version que Truffaut prévoit plusieurs scènes de banque, ainsi qu'il y avait songé dans ses notes de fin 1971, scènes qui lui permettent de dessiner l'évolution d'Adèle. Une première, vers le début du film, où l'argent attendu par la jeune femme n'est pas encore arrivé. Une seconde où elle reçoit et lit à la banque (et non plus dans sa chambre) la lettre de consentement à son mariage extorquée à ses parents. Une autre encore, où elle reçoit une lettre de son père certain que Pinson ne l'épousera jamais. En faisant arriver le courrier familial à la banque, le cinéaste met en œuvre le rapport qu'il souhaitait installer entre les derniers liens affectifs qui restent à Adèle au cœur de

son isolement (mais à distance et marqués par le malentendu), et l'argent qui lui manque et qui ne cesse d'arriver en retard, signe même de la fragilité du soutien paternel. À la fin du scénario, à la place du déménagement dans un quartier pauvre prévu par la version longue, il écrit une dernière scène de banque où elle vient quémander son argent dans un état pitoyable. C'est au tournage, moment où il pousse les scènes dans leurs retranchements, qu'apparaîtra l'idée supplémentaire que les employés ont changé et ne la reconnaissent pas (on lit cette rapide annotation sur son exemplaire de tournage : « 1) ce n'est plus le même employé. 2) à la « wrong man » : suspicion etc. »).

LA VIOLENCE DE L'IDÉE FIXE. En récrivant, Truffaut va vers une plus grande violence des actions et des sentiments, une plus grande crudité. C'est en reprenant cette quatrième version qu'il écrit l'épisode de la méprise (Adèle court derrière un officier, puis s'aperçoit en le dépassant qu'elle s'est trompée, que ce n'est pas Pinson) qu'il décidera pendant le tournage d'interpréter lui-même, épisode absent de toutes les versions précédentes qui devient une sorte d'emblème de la quête désespérée et illusoire d'Adèle. C'est là aussi qu'il intègre après coup la scène de voyeurisme (la scène est manuscrite sur un feuillet glissé dans le scénario) : le cab d'Adèle suit celui du lieutenant, elle guette son accueil par la veuve, grimpe sur une remise à outil pour les voir en plein flirt à travers une fenêtre, mais est dérangée par une servante qui sort les petits chiens et est contrainte de s'enfuir. Scène que Truffaut, encore une fois, poussera jusqu'au bout en la tournant, puisqu'il décidera de se passer de cette chute plus convenue (Adèle est dérangée et s'enfuit) pour finir sur le demi-sourire ambigu de la jeune femme. Au montage, il demandera à son monteur de dilater le plus possible la scène que Yann Dedet avait d'abord naturellement montée beaucoup plus courte.

Un plan à la Griffith ou à la Chaplin. À l'asile de nuit, Adèle, telle une enfant sauvage, s'endort sous sa paillasse en serrant contre elle le seul bien qu'il lui reste : son journal, son livre.

Tout en dénudant les fils, Truffaut rassemble des éléments qu'il porte à davantage d'intensité. Dans les versions précédentes, une courte scène montrait Pinson abordé dans la rue par une prostituée qu'il

Véhémence de l'idée fixe. Les cauchemars d'Adèle.

repoussait. Truffaut reporte l'idée sur Adèle : c'est elle qui désormais envoie une prostituée à Pinson en « cadeau » et témoignage d'amour. Il contracte pour les rendre plus aiguës deux séries de scènes : une scène, longtemps déplacée selon les versions d'un bout à l'autre du scénario, où Adèle tente de suivre Pinson qui mène à l'exercice sa troupe de cavaliers, et l'ensemble de scènes où elle feint d'être enceinte et se balade à travers Halifax avec un gros ventre qui s'avérera être un coussin dissimulé sous sa robe. Tout va très vite lorsqu'il fond tous ces éléments en à peine deux scènes. Adèle, qui vient d'apprendre la nouvelle du mariage de son lieutenant avec une jeune fille de la bonne société locale, rend une visite au père de la fiancée et proclame en abattant ses dernières cartes qu'elle attend un enfant du lieutenant. À la scène suivante, elle suit les cavaliers à travers la campagne et semble enceinte (« son ventre semble s'être arrondi après la visite au juge Johnstone »). Pinson finit par s'arrêter. Elle lui tend une poignée de billets, il l'insulte et se détourne, entraînant ses soldats. Restée seule, elle arrache le coussin qui enflait sa robe. Raccourci par lequel le cinéaste concentre en quelques instants pathétiques l'histoire de la grossesse feinte, et la relie au motif de l'argent qui traverse désormais le récit : cet argent qu'Adèle soutire avec effort à son père pour pouvoir l'offrir à Pinson, et qui pourtant du père comme de l'amant ne lui permet pas d'acheter l'affection défaillante. Double geste dérisoire et d'autant plus pathétique que ni les billets, ni la grossesse prétendue n'ont d'effet sur l'amant indifférent ; la solitude, la folie d'Adèle sont matérialisées d'un trait net et brutal. En tournant la scène, Truffaut en renforcera la cruauté, puisque, sans attendre son départ, c'est devant Pinson et sous son regard narquois qu'Adèle ôte d'un geste le coussin caché sous sa robe : comme par un ultime défi qui lui fait renoncer à toute dignité devant lui, même à celle de son mensonge devenu inutile.

À mesure qu'il fait disparaître le pittoresque de son film, Truffaut resserre l'étau qui enferme Adèle. Il rature la scène de l'asile de nuit écrite précédemment : scène assez joyeuse de petit matin, où Adèle participe à la toilette des réfugiés, femmes et enfants, et débarbouille une petite fille semblable au *Kid* de Charlot, avant d'écrire en très gros caractères une lettre à sa mère. Il propose une scène de nuit qui lui permet de limiter la figuration à la masse des dormeurs, mais surtout d'aller plus loin dans la cruauté et la représentation de la déchéance de son héroïne : la voisine d'Adèle est une vieille édentée qui lorgne sa valise et cherche à lui voler ses manuscrits. Adèle se réveille à temps pour rabattre le couvercle sur les doigts de la vieille voleuse et proclamer « Ne touchez pas à ça ! C'est mon livre, un jour il étonnera le monde entier ». Sur son exemplaire de tournage, il ajoutera cette simple note : « Elle se couche par terre », faisant ainsi d'Adèle, qui s'endort sous le lit de fer en étreignant sa valise, s'accrochant à ce qu'il lui reste d'identité, une sœur de l'enfant sauvage de l'Aveyron, ramenée comme lui à la tentation élémentaire du sol et de l'enfouissement. Truffaut disait d'ailleurs voir Adèle comme une sorte d'envers de la médaille de l'enfant sauvage, avec la même absence d'identité, bien qu'elle soit la fille de l'homme le plus célèbre du monde.

Appelé à donner son sentiment sur cette version allégée, Jean Gruault renvoie à Truffaut une longue lettre où il lui fait quelques propositions, dont certaines vont dans le sens de l'économie devenue nécessaire. S'il regrette l'amaigrissement du début du film (« Je conçois qu'on sucre l'hôtel Halifax (quoique cela ôte une part de l'impression de dégringolade que nous voulions primitivement donner, mais il faudrait que la volonté de ne pas y descendre vienne d'Adèle elle-même »), c'est lui qui suggère qu'elle examine l'entrée de l'hôtel sans quitter le cab, puis demande, effrayée par les allées et venues, à être conduite ailleurs. Idée que Truffaut reprendra en la radicalisant : « Nous supprimons le plan prévu sur l'hôtel Halifax et nous le remplaçons là encore par des effets de lumière sur le visage d'Adèle et par des bruits de voix (prévoir quelques phrases en différentes langues, de voyageurs, portiers, etc », précise-t-il dans une série de notes destinées avant le tournage à l'équipe du film. Il en élimine définitivement tout reste de figuration (« un uniforme sudiste là-dedans ne me déplairait pas », ajoutait Gruault avec un reste de gourmandise pour les références des versions précédentes au contexte de l'époque). C'est également, Gruault qui souffle à son metteur en scène l'idée de ne représenter que par une silhouette le colonel qui avertit le lieutenant qu'Adèle se fait passer pour sa femme (« On peut se contenter de filmer Suzanne de dos, habillée en colonel, assise à un bureau… »), ce que fera le cinéaste avec un figurant que l'on entrevoit à peine à travers une porte entrebaillée. Face à la seule scène où Truffaut, longtemps hésitant sur ce point, avait prévu de représenter Victor Hugo (on l'aurait vu porter aux presses de Guernesey un article annonçant les fiançailles de sa fille), Gruault suggère que l'on sucre sans regret « la balade du pseudo V.H. que je trouve à la fois con et inutilement coûteuse »). Assez étonnamment, Truffaut résistera d'abord (puisqu'il barre d'un non cette suggestion), puis finira par y venir (il remplacera le faux Victor Hugo par sa servante qui porte en son nom l'annonce des fiançailles au journal local) et reprendra à son compte, au moment de la promotion du film, et comme l'ayant toujours pensé, son refus de montrer pour incarner le célèbre écrivain un quelconque figurant barbu…

En revanche, il reste imperméable à certaines propositions de son complice. Aussi bien les recommandations de celui-ci sur l'architecture et l'allure des décors, faites avec un souci d'exactitude qui sera une des raisons de la déception du scénariste à la vision du film, que cette idée qu'une prière d'Adèle faite devant le petit autel qu'elle a dédié à son amant se transforme en masturbation. Il ne retient pas davantage cette proposition : qu'Adèle assiste à une scène très poussée, presque porno, entre Pinson et la veuve (la veuve masturbant Pinson ou le suçant, scène choquante pour une femme de l'époque et de l'éducation d'Adèle), Gruault allant, pour tenter de convaincre son metteur en scène, jusqu'à évoquer « la scène de *La Recherche* où le narrateur épie, par une fenêtre ouverte, Melle Vinteuil et son amie faisant l'amour devant le portrait de Vinteuil (Pléïade I p 159 à 165) ». Scène dont il est facile d'imaginer que Truffaut la refuse, non par pudibonderie, mais parce qu'elle implique une autre vision du film et du personnage que ce qu'il a en tête. Il ne souhaite pas faire d'*Adèle* son *Cris et Chuchotements*, ni rééditer la tentative de « film physique sur l'amour » faite avec *Les Deux Anglaises*, mais cherche plutôt à figurer une passion entièrement mentale, cérébrale, la puissance mentale de l'idée fixe.

PAS DE CIEL. Lorsqu'il tourne son film (de janvier à mars 1975), Truffaut poursuit ce travail de stylisation et de concentration. Dans une série de notes qu'il adresse exceptionnellement à la veille du tournage à toute l'équipe du film, il précise quelques choix de mise en scène et indique les derniers resserrements. Dépouillement de l'image : « J'envisage de commencer cette scène sur les pieds d'Adèle (bottines ou chaussures ?), afin d'éviter l'habituel plan de rue avec figuration folklorique (prévoir travelling). Le plan s'arrêterait au moment où elle rentre dans la boutique de l'artisan et le reste serait vu à travers la vitre » (il s'agit d'une scène, finalement coupée au montage, où Adèle achète chez un ébéniste un coffre où serrer son courrier). Refus, pour éviter toute dispersion et tout effet faussement poétique, de filmer le ciel : « Toute cette scène sera tournée de manière à éviter d'avoir le ciel dans l'image [Adèle poursuit les cavaliers dans

la campagne]. Les plans sur Adèle seront tournés en plongée comme si elle était vue par les hommes à cheval. Pinson sera filmé en contreplongée comme vu par Adèle, mais nous placerons les chevaux de manière à avoir la montagne derrière eux, ou les rochers de la falaise. » Recherche de l'émotion par l'unité. Beaucoup de scènes du film seront tournées en plans-séquences ou en plans le plus longs possibles, à la fois parce que le cinéaste peut s'épargner de détailler ainsi les très rares scènes de foule restantes (la scène du bal Bellevue où Adèle vient relancer Pinson est filmée en un seul plan mobile qui suit le parcours hésitant de l'intruse à travers de petits groupes cachés dans l'ombre, puis la caméra reste à l'extérieur de la verrière derrière laquelle évoluent les invités, tandis que l'ordonnance du lieutenant va le prévenir de la présence indésirable d'Adèle), mais aussi parce qu'il accompagne le plus souvent possible d'une seule coulée la trajectoire émotionnelle de son héroïne. Il précise ainsi pour son équipe le dispositif en plans-séquences, qu'il souhaite utiliser, en filmant à travers la vitrine, pour les scènes de librairie :

« N° 11. Le début de la scène se présentera différemment. La caméra sera dans la librairie et nous verrons Adèle arriver dans la rue. Elle passera devant la vitrine, sortira du cadre, y reviendra furtivement, comme quelqu'un qui a vu quelque chose, et nous la verrons ensuite aller se dissimuler sous un porche.
Nous entendrons off le lieutenant et sa compagne quitter la librairie et nous les verrons passer devant la vitrine, puis nous verrons Adèle sortir de sa cachette et entrer dans la librairie.
A partir de ce moment, lorsque le dialogue a commencé, je souhaite tourner cette scène en un seul plan. »

« Pas de ciel dans l'image », répétait Truffaut qui estimait que trop de ciel faisait perdre au plan sa force émotionnelle. L'Histoire d'Adèle est pour lui l'histoire d'un visage.

DERNIÈRES PRÉCISIONS. Il ne s'agit donc pas, contrairement à ce que l'on a souvent cru de la mise en scène de Truffaut, de dispositifs imaginés au dernier moment et dans une sorte d'adaptation de dernier instant aux circonstances, aux décors et aux mouvements des comédiens (c'est plutôt là, en partie, la marque des premiers films), mais de mises en places mûrement pensées, préparées et réfléchies, jusqu'à leurs détails matériels (le cinéaste note plus loin à l'intention de son décorateur, Jean-Pierre Kohut, qu'il devra prévoir un espace suffisant entre les rayons de livres pour permettre le passage de la caméra sur travelling ou sur une plaque de linoleum afin que les scènes de librairie puissent se tourner en un seul plan). Conscient de l'âpreté de son sujet, il semble vouloir laisser le moins de prise possible au hasard.
On découvre en effet dans ces notes qu'il adresse à son équipe un metteur en scène, très soucieux de ce qu'il aura à l'image, qui accorde à chaque détail une attention scrupuleuse. Qu'il s'agisse des scènes de neige, inventées pour matérialiser à la fois La Nouvelle Écosse et le passage du temps et renforcer le dénuement d'Adèle : « Choisir avant tournage la fenêtre par laquelle on verra tomber la neige, de manière à déterminer les places d'enneigement dans la rue en face de la fenêtre » (Roland Thénot raconte, qu'alors qu'il s'était rendu à Guernesey pour les repérages d'un autre film de nombreux mois après le tournage d'Adèle, les gens lui disaient retrouver encore dans la rue, dans leurs cours, ou sur les trottoirs, les petites billes de plastique qui avaient servi à fabriquer la neige). Qu'il s'agisse encore des dessous de la veuve : « Pinson étant amené à farfouiller sous la robe de la jolie veuve, il faut prévoir une crinoline pas trop comique ». Ou de la pancarte de la banque que Truffaut souhaite utiliser dans sa mise en scène : « La pancarte de la banque de Halifax doit être extrêmement soignée (attention à l'inscription cent pour cent britannique). La plaque doit absolument donner l'impression d'être en fonte, en acier ou en cuivre, mais, en tous cas, pas en bois. Elle sera placée quelque part dans la rue, à la hauteur du visage d'Adèle, car lorsque celle-ci passera devant la banque, son visage sortira du cadre, nous resterons une seconde ou deux sur la plaque et nous reprendrons ensuite Adèle à l'intérieur de la banque ». Il est également très préoccupé par l'allure qu'aura le papier utilisé par Adèle pour écrire son journal, cette idée conforme à la représentation de l'époque des grandes rames en rouleaux, et son rendu à l'image : « Adèle achetant son papier par rame, cette idée surprendra le public. Il faut donc prévoir un moment où l'on verra celle-ci couper elle-même le papier à l'aide d'un couteau de cuisine ». Et un peu plus loin : « Pour chaque fois que l'on voit Adèle écrire : nécessité d'avoir le papier le

moins clair possible, probablement un papier beige assez foncé. Je désire voir ce papier et aussi le matériel d'écriture d'époque : encre, porte-plume, etc. avant tournage (même qualité et couleur de papier que les rames qu'Adèle achète chez le libraire. »

CRISTALLISATIONS. Parallèlement, alors qu'il tourne et s'immerge dans son film, Truffaut invente quelques scènes nouvelles, sortes de cristallisations où il radicalise la représentation de son héroïne. C'est pendant le tournage qu'il complète une scène à la banque en y imaginant la rencontre entre Adèle et un petit garçon à qui elle raconte se nommer Léopoldine. Puis, alors qu'elle découvre, joint à son courrier, le double consentement de ses parents à son mariage, elle revient vers l'enfant : « I lied to you. My real name is Adèle ». Toute l'histoire psychique de la jeune femme se trouve résumée, mise en acte, dans cette scène en apparence très simple : la rivalité avec la sœur morte et idéalisée, le vacillement de l'identité et la récupération éphémère de l'identité propre que semble permettre l'accès au mariage, les raisons profondes de la fixation d'Adèle sur le fade lieutenant Pinson. Précipité esquissé en quelques lignes par Truffaut dans une marge de son exemplaire de tournage :
« Le coup du petit garçon.
Adèle : comment t'appelles tu ?
Le petit : Michael
Adèle : c'est un joli nom… moi je m'appelle Léopoldine. »
Et plus loin, jeté sur un autre coin de page : « Je t'ai menti, je ne m'appelle pas Léopoldine ».

C'est au tournage, de quelques mots lancés sur une page de gauche, qu'il écrit la scène de table tournante où Adèle, quasi-folle, pâle à faire peur et cheveux dénoués, invoque sa sœur défunte : « Table tournante… C'est toi Léopoldine… Léopoldine, je sais que c'est toi… Si tu es là, tu dois m'aider. » Qu'il imagine qu'elle rôde, dépenaillée, aux abords de la caserne où se retranche le lieutenant : « comme Lily Marlène, Adèle rôde autour de la caserne quand le jour s'enfuit ». Qu'il prévoit une scène vers la fin du séjour d'Adèle à Halifax où le libraire, enfermé derrière sa vitrine, assiste impuissant à sa déchéance : « 51bis : librairie Whistler : par la vitre, W. voit passer Adèle marchant (enceinte), se parlant à elle-même, très agitée… Finir réaction W. On la voit marcher : paroles et mouvements des mains (pas de sac à main) puis pano sur Whistler vitrine et l'on continue à voir Adèle en réflexion. » Qu'il récrit, au fil des jours de tournage et glisse parfois au dernier moment sous la porte de sa comédienne, le texte des lettres qu'elle adresse à ses parents, reprenant certains ingrédients de sa correspondance avec son frère (« Et puis ne manquez pas de me donner des nouvelles de mon album de musique : l'avez vous porté à l'éditeur ? »), ou piochant copieusement dans le texte du roman *Deux Anglaises*, en général dans le journal ou les lettres de Muriel, la plus violente et douloureuse des deux sœurs : « Si une femme comme moi se donne à un homme, elle est sa femme » ; « À présent, je veux penser à mes sœurs qui souffrent dans le bordel, à mes sœurs qui souffrent dans le mariage » ; « Je ne donne pas mon corps sans mon âme, ni mon âme sans mon corps » ; « Je puis maintenant m'informer toute seule sur tout, mais pour l'amour, je n'ai que vous »… C'est aussi au tournage que, bouclant la boucle, il donne à dire à Isabelle Adjani les phrases les plus brûlantes sur le rapport d'Adèle à son père, absentes du script : « Née de père inconnu. Je suis née

Direction patiente d'Isabelle Adjani qui attendait de Truffaut davantage d'explications alors qu'il n'aime guère en donner, préférant les indications concrètes : la même scène avec la voix plus basse par exemple.

de père inconnu » et le fameux : « Je dénonce l'imposture de l'état-civil, l'escroquerie de l'identité ». Moment de totale disponibilité, de perméabilité à son sujet, où le cinéaste n'hésite pas à porter le personnage au bout de son égarement.

« JE NE CONNAIS PAS ISABELLE ADJANI ». Pour interpréter Adèle, Truffaut a d'abord cherché une comédienne plus âgée, plus proche de l'âge réel de son héroïne (la trentaine passée, alors que les vingt ans d'Isabelle Adjani lui seront reprochés à la sortie du film), pas trop moderne, qui puisse être plausible dans le XIXe siècle, éventuellement moins connue. Il a songé un temps à Jeanne Moreau, à Catherine Deneuve, et même à Stacey Tendeter, la Muriel des *Deux Anglaises*, à qui il fait passer des essais, sans jamais avoir l'impression d'être face à son Adèle. D'après Jean Gruault, c'est Gérard Lebovici qui lui parle d'Isabelle Adjani dont Truffaut, ravi de pouvoir justement avoir la chance de filmer « un visage en transformation », arrachera l'accord car elle doit au préalable décider de quitter la Comédie française, dont l'administrateur, Pierre Dux, refuse le congé de quatorze semaines nécessaire à sa participation au film. Si l'enthousiasme du cinéaste est total (en octobre 1974, il écrit à la jeune actrice n'avoir jamais senti, depuis Jeanne Moreau « un désir aussi impérieux de fixer un visage sur la pellicule, toutes affaires cessantes » et son envie de la « filmer tous les jours, même le dimanche »), la rencontre ne se fait pas de manière aussi réussie que prévue. L'actrice évoquera plus tard (dans un entretien à la revue *Cinématographe*[1] donné après la mort de Truffaut), ses « résistances coupables » à l'égard de l'homme et du cinéaste. « Il n'avait pas besoin de ce que je pouvais faire, il avait seulement besoin que je sois là pour se fixer face à moi, pour engager cette idée fixe qu'il avait sur moi, cette fixité qu'il exigeait de mon corps ». Ou encore : « Il y avait des manies auxquelles il tenait : avec la main droite, je devais me pincer le bras gauche dans l'obsession. Il le faisait dans la vie et il le répétait chaque fois qu'il jouait un rôle, dans *L'Enfant sauvage*, *La Nuit américaine* ou dans le film de Spielberg, *Rencontres du troisième type* ! Souvent, dans plusieurs de ses films, j'ai aperçu les mêmes gestes chez les personnages féminins, des gestes qui sont à lui. À l'époque, ces indications me paraissaient étrangères, intruses, extérieures à moi ; aujourd'hui, je serais capable de les intégrer » (« Dans le hall, en attendant, elle se frotte le bras gauche », a noté en effet le cinéaste sur son exemplaire de tournage, en marge de la scène chez le juge Johnstone, père de la fiancée officielle de Pinson). À l'issue du tournage, Truffaut intitule un article dont il a la commande d'un titre évocateur « Je ne connais pas Isabelle Adjani »[2] (dont il écrit qu'il ne la comprendra mieux que lorsqu'il l'aura vue et revue défiler sur la table de montage »), et dira de la scène de la méprise qu'il a choisi d'interpréter (et où le regard d'Adèle glisse, dès qu'elle a compris sa méprise, sur celui qu'elle a pris de loin pour son amant) qu'il s'agit d'une « blague un peu triste ». Malentendu lié sans doute à la passion non réciproque éprouvée par le cinéaste pour son actrice, comme à leur différence fondamentale de nature face à la violence affective du film : Truffaut, qui déteste donner à ses comédiens des explications psychologiques explicites, aimerait tourner en blaguant et avec légèreté un sujet dont il connaît et travaille suffisamment l'âpreté, sa comédienne aurait besoin de s'immerger à son tour dans l'intensité de la douleur et de l'obsession d'Adèle. « Il inventait des codes ; c'était toujours très simple, presque enfantin, mais il y prenait beaucoup de plaisir. Par exemple, pour que je n'ai pas l'air trop fillette, il voulait que j'aie une voix plus grave, et moi, quand je jouais, j'oubliais de tenir ma voix basse. Je lui avait parlé de la dernière pièce que j'avais vue au Français — *Les Bas-fonds* de Gorki — il me disait juste " Gorki " avant la prise… Des jeux d'enfants ! Moi, je continuais à le submerger de questions. Un jour qu'on tournait une scène dans une banque, il me dit : " Vous savez pourquoi vous demandez de l'argent, là ? " — " Non, je ne sais pas… " Je m'attendais à ce qu'il me parle des relations d'Adèle avec son père, de tout le courrier entre Halifax et Guernesey qui n'arrivait pas à l'un ou à l'autre… Et il me dit : " Parce qu'elle a besoin de fric ! " Ça m'a fait rire et lui aussi ! » Suzanne Schiffman m'avait confirmé qu'une des seules choses que Truffaut avait demandées à Isabelle Adjani avant le tournage, c'était d'essayer de parler avec la voix la plus grave possible. « Le résultat, c'était qu'Isabelle hurlait sous sa douche pendant deux heures tous les soirs pour se casser la voix. Il y avait des phrases off à enregistrer, et elle réveillait l'ingénieur du son et son perchman à trois heures du matin en disant : " Ma voix est bien cassée, venez, on va faire une phrase ". » Pour accompagner sa comédienne, le cinéaste fait souvent un peu plus de prises qu'il n'en a l'habitude. Pour l'aider à jouer les scènes d'enfermement et de solitude, il passe sur le plateau les musiques de Maurice Jaubert, dont il a noté les principaux titres dans les marges de son exemplaire de tournage : « Suite française n° 4 (ronde) 1'30 » (final, Adèle sur le rocher), « Guerre de 3 N°7, plage 11, 1'45 » » (librairie 1), « Atalante, plage 32 », « Ile de Paques n° 9, plage 19, 30 » » (mer)…. « Nous avons enregistré la musique avant de faire le film et souvent je l'employais sur le plateau soit dans les scènes muettes pour aider Isabelle Adjani à jouer ou au

1. *Cinématographe* spécial François Truffaut, n° 105, décembre 1984.
2. *L'Express*, 3-9 mars 1975.

cours des répétitions pour l'aider à mettre au point le jeu. C'est une chose très tentante. Un acteur qui joue sur une musique adopte un jeu qui s'approche de la danse. Porté par la musique, il n'aura pas peur des gestes stylisés, de choses audacieuses qu'il refuserait si on les lui demandait brutalement, comme d'étendre lentement le bras en avant ou de quitter une pièce à reculons. »

LE CINÉ-CLUB DU CARROSSE. « Je ne sais pas pourquoi je fais un film comme ça. Aussi triste. Mais l'idée fixe a quelque chose de vertigineux, et je crois que j'ai été entraîné dans ce vertige ». Parce qu'il redoute que la gravité du sujet ne finisse par déteindre sur tous et que le tournage, long et d'autant plus lourd qu'il faut faire les prises de la version anglaise après celles de la version française, a lieu sur une île, Truffaut est particulièrement soucieux de distraire son équipe. Tout au long du tournage, il fait organiser des séances de ciné-club en 16 mm, le « Ciné-club du Carrosse » dont le programme est annoncé sur les feuilles de service. Le dimanche 12 janvier, à 17 heures, projection pour l'équipe du *Dernier des Hommes* de Murnau. Le mardi 14 janvier, *La Splendeur des Amberson*. Le dimanche 19 janvier, *La Ruée vers l'or*. Le dimanche 26 janvier, *Fahrenheit 451*. Puis une projection publique de *L'Enfant sauvage* et *La Nuit américaine* au Cinéma Gaumont. Le jeudi 30 janvier à 21 heures : *Les Vikings* de Richard Fleischer. Le dimanche suivant à 14 heures, c'est *Le Cheval de fer*, le film consacré à la moto de Pierre-William Glenn (l'opérateur de *La Nuit américaine*). Le 14 février, retour à Hitchcock avec *Psychose*. Plus encore que d'ordinaire, les feuilles de service sont agrémentées des rituelles private-jokes et autres blagues vaseuses destinées à soutenir le moral de l'équipe : « pensées secrètes de Thi Loan » (Thi Loan N'Guyen, la maquilleuse); « Message : pour prononcer " Moteur ", il faut arrondir la bouche comme un œuf, mais parfois l'œuf est dur et alors tout va mal. Stop. Coupez » (feuille de service du 25 janvier), « Depuis le 18 janvier, le monde se divise ainsi : 1e ce qui est bon pour le film ; 2e ce qui n'est pas bon pour le film » (le 27 janvier); ou encore, le même jour, une blague à la misogynie bon enfant avec quelques années d'avance sur *L'Homme qui aimait les femmes* : « Les chauvinistes mâles (il y en a parmi nous) se réjouissent de l'amélioration sensible des pantalons féminins de l'équipe »... Sur l'île, le Carrosse a créé une sorte de mini-studio à taille humaine, un local à côté d'un parc a été loué par la production comportant plusieurs bâtiments, où est aménagé le décor de la banque, ainsi que la salle de montage, qui a démarré sur place quelques semaines après le début du tournage. Moment où Truffaut se contraint à ne pas reculer. « Je trouvais dément d'oser monter dans un film le plan où Adèle écrit à ses parents et où on la voit se refléter dans le miroir avec grimaces et regards égarés, raconte Yann Dedet. Mais quand on le voit dans le mouvement du film, le plan passe, il est impeccable. François avait un sixième sens très sérieux : il savait ne pas hésiter à aller trop loin. Il avait certainement toujours plus peur du ridicule que d'autre chose, il ne cessait de se demander : " on ne va pas un peu trop loin... " " c'est pas un peu... " Mais rien ne remplaçait pour lui le fait qu'il fallait raconter l'émotion, même au prix de l'exagération ».

Tournage d'*Adèle H.*

L'Argent de poche (1976). «Je pratique l'alternance. Les films sont des fatigues. Tenir une discipline, un parti pris tout au long d'un film, c'est fatigant. Ce qui vous défatigue, c'est de faire la chose inverse. Changer d'activité. Lorsque vous êtes resté des semaines fixé sur le visage d'Isabelle Adjani pour *Adèle H.*, vous vous reposez avec les soixante gosses de *L'Argent de poche*. Il faut passer d'une discipline à la discipline inverse pour retrouver l'enthousiasme.»

Lorsqu'il tourne *L'Argent de Poche* à Thiers pendant l'été 1975, à peine quatre mois après la fin du tournage d'*Adèle*, Truffaut réalise un projet ancien, puisque c'est dès 1957 qu'il a l'idée d'un film rassemblant plusieurs histoires sur l'enfance, dont *Les Mistons* est un des épisodes développés. C'est, semble-t-il, en 1972, qu'il se décide à concrétiser ce projet maintes fois évoqué, et pour lequel il ressort des notes prises en 1957 et 1958, puis au fil des années. On découvre, entre autres dans ces premières notes en vrac, l'histoire du gamin tombé par la fenêtre de plusieurs étages et miraculeusement indemne (qui dit en se relevant : «Mimile a fait boum»), l'histoire des copains qui se coupent les cheveux entre eux pour économiser l'argent du coiffeur qu'il avait essayé de glisser dans *Les Quatre Cents Coups*, le premier baiser en colonie... Ou encore une histoire qui impressionnait Truffaut mais qu'il ne trouvera pas l'occasion de développer, celle du père juif qui devient sévère avec sa petite fille car il pressent qu'il va être déporté et préfère qu'elle se détache de lui. Mélange d'histoires qu'il a lues ou qui lui ont été racontées, de souvenirs de nouvelles, ou de faits autobiographiques. Dès ses notes des années 1957-1958, Truffaut a l'intention de transformer en récit la découverte de sa bâtardise («le livret de famille»), ou celle de «la liste des amants» de sa mère, dont il filmera finalement le souvenir par Bertrand Morane dans *L'Homme qui aimait les femmes*.

En 1972, alors qu'il relance plusieurs projets de films, il tente une première synthèse sous le titre «Projet pour un film sur les enfants» : «Il s'agit pour l'instant d'un film à sketches illustrant diffé-

Retour à l'école et à l'énergie foisonnante des enfants.

rents aspects de l'enfance. Provisoirement, je ne vois pas d'autres formules que le film à sketches, car il paraît exclu de s'en tenir à un seul enfant, une seule période, un seul endroit, mais nous pourrons évidemment reconsidérer tout cela ultérieurement. Pour l'instant, le seul point commun que l'on peut entrevoir entre ces différents histoires concerne la grande faculté de résistance des enfants, à tel point que le film pourrait se sous-titrer *La Peau dure* ». Il envisage alors de rassembler huit histoires, encore disparates et non reliées, avant de s'apercevoir que certaines d'entre elles sont peu facilement exploitables, et qu'il lui faudra en entretisser bien davantage pour tenir une durée normale. Plusieurs d'entre elles tournent autour du lien à la mère ou aux parents, de la survie, de la compensation, de l'apprentissage. La première, qu'il ne développera pas, serait celle d'un bébé-bulle, inspirée de l'exemple d'un nourrisson américain vulnérable à tous les microbes et que sa mère ne peut toucher qu'à travers la bulle. La deuxième est la fable du petit siffleur : de père américain et de mère française, on se demande si ces premiers mots seront français ou américains.

Or, il contourne la difficulté en sifflant. « Si l'on veut situer cette histoire au moment de la libération de la France, note Truffaut, nous obtenons un récit en flash-back dont la chute peut nous être donnée par la profession du garçon : nous le retrouvons de nos jours, et il est devenu… Pierrot siffleur dans un music-hall. » Pour parvenir à intégrer ce récit, il aura finalement l'idée d'en faire un épisode de fausses actualités filmées projetées au cinéma où se retrouve la ville entière. La troisième histoire est celle de Mimile tombé du sixième étage. La quatrième est celle du gamin qui dépense avec un copain le fric donné par le père pour le coiffeur et n'a d'autre solution que de se faire couper les cheveux par le copain dans la cave de l'immeuble. « Le résultat est tellement particulier que, le soir après son retour du travail, le père n'a plus qu'une idée : aller casser la gueule au coiffeur. » « Il me manque la chute », remarque le cinéaste, qui, pour la trouver, inversera l'ordre de l'histoire : il démarrera par la colère du père déboulant chez le coiffeur qui n'y comprend rien pour en arriver en flash-back à la résolution de l'énigme : retour sur les gamins improvisant un salon de coiffure dans la cave. De la cinquième histoire, il fera une des premières scènes du film : un enfant qui récite mal le monologue d'Harpagon en présence de son maître et se révèle devant ses copains un acteur magnifique, alors que le maître est appelé chez le directeur (« Cette histoire ne m'appartient pas complètement, car je crois l'avoir lue dans le récit d'un instituteur, mais je dois faire des recherches »). Avant d'abandonner cette idée, car il resserrera sa chronique sur les deux ou trois mois précédant les vacances d'été, Truffaut cherche aussi une histoire se passant à Noël et se souvient de deux nouvelles, l'une de Saki, l'autre de Leacock, auxquelles on imagine facilement qu'il a dû s'identifier. Elles sont « construites sur le même principe : la déception d'un enfant en découvrant ses cadeaux », puisque, dans les deux cas, les cadeaux sont strictement utilitaires.

La septième histoire aurait été celle du Livret de famille. En la résumant, Truffaut décrit exactement la manière dont il a découvert que Roland Truffaut n'était pas son père : « Un petit garçon de treize ans, seul à la maison, découvre, en fouillant, les vieux agendas de son père. Sa curiosité l'amène à chercher, sur l'agenda correspondant à l'année de sa naissance, ce que son père a bien pu écrire ce jour-là. Il s'aperçoit que sa venue au monde n'est mentionnée ni ce jour-là, ni les suivants, et découvre ainsi qu'il n'est pas le fils de son père. Il en trouve la confirmation définitive en consultant le livret de famille (la chute, qui est en réalité le développement de sa situation) reste à trouver. » Dans une longue lettre d'explications qu'il écrit à son père en mai 1959, lors de la fracture familiale que provoque le triomphe des *Quatre Cents Coups* à Cannes, les parents du cinéaste ayant la sensation d'être trahis, Truffaut précise : « Il se trouve que cette révélation a été un très grand choc pour moi, et je crois t'avoir raconté que je la fis en fouillant dans les armoires et en trouvant l'agenda de 1932 puis le livret de famille ». Sans doute est-ce pour éviter de rouvrir la faille avec l'homme qui l'a élevé que Truffaut évite pour finir d'utiliser cette histoire dans le film. Il préfèrera montrer dans *L'Homme qui aimait les femmes* un garçon de père inconnu.

La huitième et dernière histoire est plus légère et Truffaut en apprécie

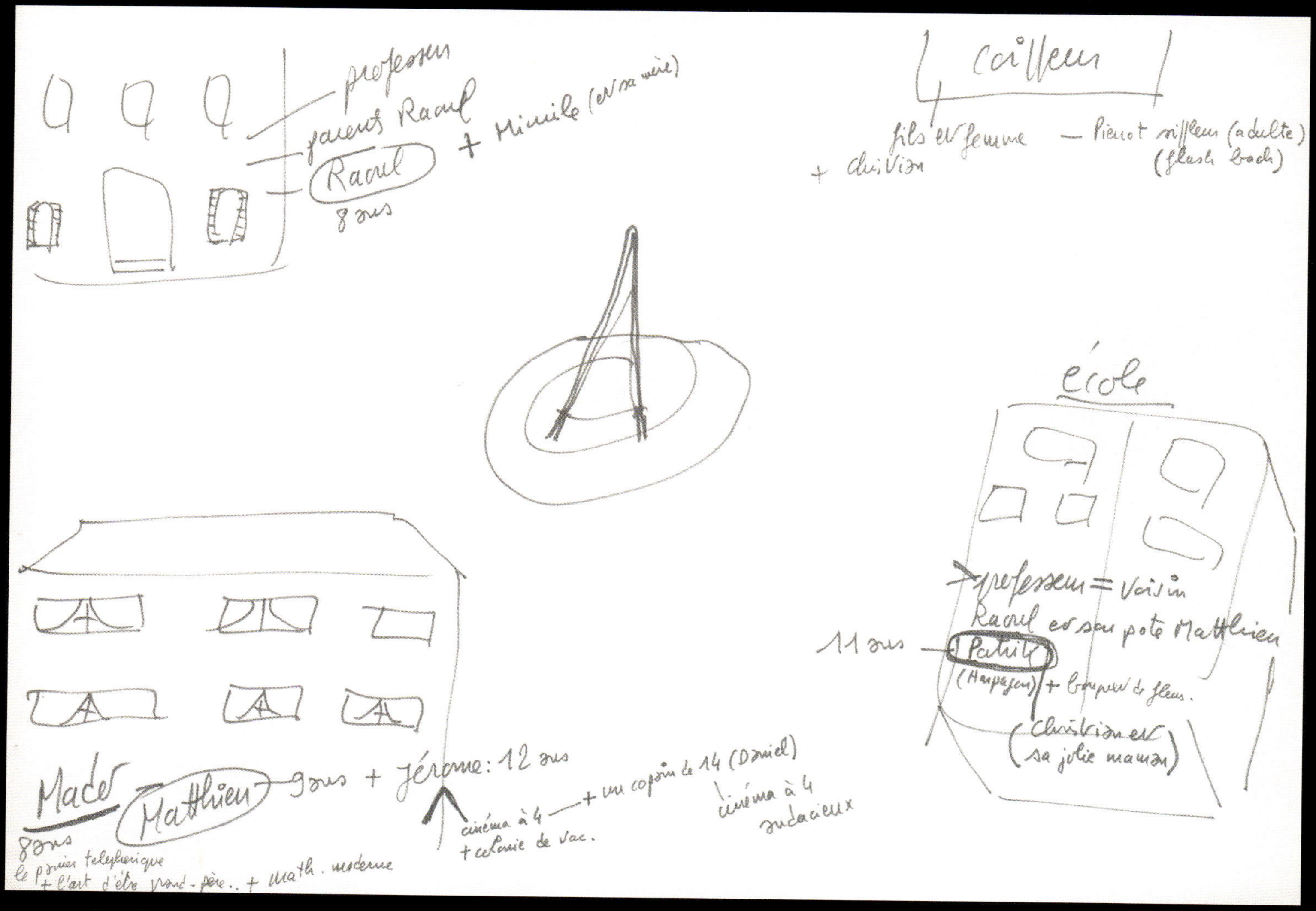
professeur
parents Raoul
Raoul
8 ans
+ Mimile (et sa mère)
fils et femme
(flash back)
école
professeur = voisin
Raoul et son pote Mathieu
11 ans
Patrick
(Harpagon)
+ bouquet de fleurs
sa jolie maman
Mathieu
9 ans
+ Jérome : 12 ans
cinéma à 4
+ colonie de vac.
+ un copain de 14 (Daniel)
cinéma à 4
audacieux
8 ans
+ math. moderne

À gauche en haut :
La répartition géographique des divers personnages. La petite Sylvie est encore nommée Mado, comme Madeleine Morgenstern qui a raconté des années auparavant à Truffaut l'histoire du chien en peluche.
En bas : Jean-François Stévenin en maître d'école.

Ci-contre : Patrick (Grégory Desmonceaux) et son père (René Barnérias).

Ci-dessous : Une liste de notes préalables où l'on retrouve l'idée autobiographique de la découverte du livret de famille. Truffaut a un temps pensé à demander à Dabadie de l'aider à établir le script.

Juste avant le tournage, révision de la répartition des anecdotes entre les personnages et les jeunes comédiens qui vont les interpréter.

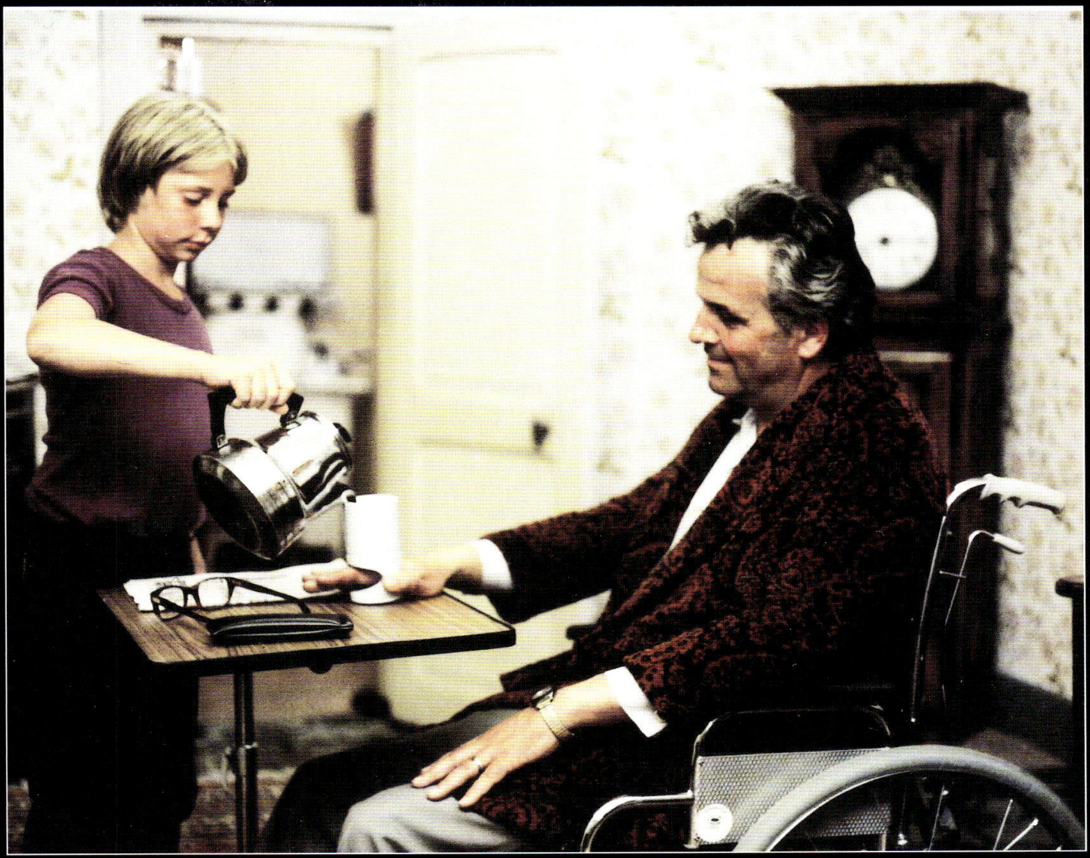

Des enfants pareils

- Le livret de famille 12
- Colonie de vacances et 1er baiser 14
- 2 filles et 2 gars au cinéma 14
- Minûle a fait boum 2 ans
- ~~Le grand méchant loup~~ 2 3 ans
- Quand on est mort... (C.V) 4 et 5 ans
- Le bouquet à la mère du copain 14
- Le copain qui coupe les cheveux 13
- Harpagon à l'école

+ René-Jean Clot – N.R.F.
+ Saki etc.. (cadeaux de Noël) } les cadeaux utiles
+ idem Leackok ...

à revoir avec José Dabadie

~~GARÇONS~~

MATHIEU : J.F.S. — Claudio Deluca
8 à 10 ans
- fait le pitre en classe..?..
- veut vendre des livres....avec Franck
- coupe les cheveux de Raoul. X
- sauve Sylvie de la famine.....X
- ~~rentre en fraude au cinéma.......X~~
- offre des révolvers à ses copains....X

RAOUL : J.F.S. — Richard Golfier — ~~Thierry Martine~~ (fils de l'entretient)
8 à 10 ans
- reçoit la carte postale....
- ramène Thomas chez lui....
- habite sur le même palier que Jean-François...
- se fait couper les cheveux...X
- s'intéresse au nouveau-né Richet....

PATRICK : Petit — Georges Desmonceaux X
12 à 13 ans
- timide... l'éloge....
- ~~récite "L'Avare".~~
- amoureux de Madame Riffle....
- va au cinéma mais n'embrasse pas. X
- va en colonie et embrasse Martine.
- son père est paralysé... X

CHRISTIAN : LAURENT — .F. St. — ~~Bernard Taillattien~~ — Laurent de Vlaminck
~~13 à 14 ans~~ 10 ans ..
- ~~ne fait pas grand-chose en classe...~~
- se fait aider par Patrick...
- fils de Madame Riffle...

BRUNO : (Bruno Ro... de Starenbat)
- drague les filles.
- et les embrasse au cinéma. + récite l'Avare (X)

JULIEN : Mr Petit.. — Phillipe Goldman ? (12)
12 à 13 ans
- entre en classe en cours d'année... X
- dort en classe. ... X
- n'a pas la télé mais fait semblant.
- entre en fraude au cinoche X
- refuse de se déshabiller. ... X
- ses parents sont arrêtés.

Utilisation d'une histoire racontée à Truffaut par Claude de Givray : comment récupérer un peu de fric en gardant l'argent du coiffeur.

l'ironie sentimentale et dramatique : « Je pense que la dernière histoire de notre film devrait être la première histoire sentimentale d'un garçon. Pour l'instant, je pense à un épisode de la jeunesse de Sacha Guitry raconté dans "Si j'ai bonne mémoire" : un tout jeune lycéen devient amoureux de la mère d'un de ses copains. Il casse sa tirelire pour acheter un énorme bouquet de fleurs, et quand il parvient à l'offrir à la belle dame, elle l'embrasse sur les deux joues, en lui disant : "Tu remercieras bien ton papa et ta maman" ». Il en fera un fil important du film, réparti sur plusieurs scènes et attribué à un des personnages principaux. Il écrit en juillet 1974 à Lana Marconi, veuve de Guitry, afin de lui demander l'autorisation d'utiliser cette histoire : « Le film mettant en scène des personnages d'enfants imaginaires et modernes, le nom de Sacha Guitry ne serait pas prononcé, mais il serait aisé de prévoir un remerciement au générique si vous le souhaitez. » Mais il privilégiera pour la fin sa seconde idée : « si l'on préfère recourir à une histoire originale, je pense que nous devrions rechercher autour du thème du premier baiser, par exemple dans le cadre d'une colonie de vacances mixte. » Patrick et Martine, les deux tourtereaux, assisteront sans la voir à une course de vélos derrière motos, et Truffaut racontera avoir insisté pour que soit retrouvée une équipe de sportifs faisant cela, car, même pour quelques plans, il tenait à cet ingrédient personnel en dépit de son anachronisme.

De 1972 à 1975, le scénario, bâti avec Suzanne Schiffman, s'intitule successivement *Les Enfants*, puis sous l'influence de Victor Hugo, au moment de la préparation d'*Adèle*, *Abel et Calins* (« Je voulais l'appeler *Abel et Calins*, mais ça ne plaisait qu'à ma fille... »), et enfin *L'Argent de Poche*. Truffaut y intègre certaines scènes qu'il n'a pu conserver dans *Les Quatre Cents Coups*, les poissons rouges « Plic et Ploc » qu'il est impossible de ne pas confondre, l'histoire de la petite Mado, devenue Sylvie, qui fait une scène à ses parents pour venir au restaurant avec son vieux sac à main en forme de chien en peluche, ou l'idée qu'un enfant ayant cassé une assiette préfère pour éviter l'engueulade en jeter les débris dans le caniveau. Juste avant le tournage, il recasera dans son film une scène de fête foraine qu'il avait songé à filmer au moment des *Quatre Cents Coups* : un enfant qui y traîne à l'aube et ramasse les objets perdus : peigne, lime à ongles, pièces de monnaie... En établissant le scénario, il cherche à coudre les histoires entre elles, à les faire se croiser, à établir une dramatisation, à faire ressortir des personnages. Le salon de coiffure où le père du gamin aux cheveux mal coupés viendra faire un scandale sera ainsi celui de M. et Mme Rifle, belle jeune mère, dont le jeune Patrick (Georges Desmouceaux, le fils de Claude et Lucette de Givray) sera amoureux. Jusqu'au dernier moment, Truffaut reverra les équilibres, cherchera où placer certaines saynètes supplémentaires, et attribuera à certains personnages qu'il souhaite rendre plus visibles certains traits ou anecdotes d'abord prévus pour d'autres. Il donnera davantage, au cours du tournage, à ceux qui se distinguent et dont il sent l'envie et l'enthousiasme de tourner : les jeunes frères de Luca, par exemple (le petit-déjeuner du dimanche), avec leurs éternels polos verts (le cinéaste tenait à ce que les enfants reviennent le plus possible habillés pareils, afin d'être plus facilement reconnus par le spectateur), à qui il confie davantage de scènes, car « ils voulaient venir tous les jours, et je m'arrangeais toujours pour trouver quelque chose pour eux ». Spielberg dira qu'il avait appris de Truffaut comment diriger les enfants : en s'accroupissant, en se mettant à leur hauteur. C'est aussi sur le plateau, à trois ou quatre jours du tournage de la scène, qu'il donne à Jean-François Stévenin, interprète de l'instituteur, dont il fait son porte-parole, le long discours final qu'il tient aux enfants avant les vacances et après la découverte de la maltraitance infligée à l'un d'entre eux. En lui demandant de le lire « pour voir si ça va » et d'essayer de le dire le plus vite possible : « Le seul problème, c'est de dire ça en quatre minutes trente ».

C'est dans le scénario *d'Abel et Calins*, daté d'octobre 1974, que Truffaut imaginera que l'un des enfants a un père infirme avec qui il vit seul et dont il s'occupe. L'on découvre ce secret un dimanche, alors qu'on entend la chanson « les enfants s'ennuient le dimanche », et que la caméra passe à l'intérieur de plusieurs appartements. Et il ne s'agit pas encore du père de Patrick, mais de celui de Jérôme, un camarade de classe plus hardi, qui n'hésite pas à embrasser les filles au cinéma. Truffaut choisira de transférer cette singularité sur un des personnages qu'il souhaite mettre en avant, afin de lutter contre la succession de sketches. Mais déjà, on retrouve un détail propre au cinéaste fasciné par toutes les inventions permettant de compenser l'injustice de l'infirmité : « Il a devant lui une sorte de plateau oblique sur lequel est posé un livre, une petite tige faisant tourner les pages automatiquement ».

L'infirmité du père de Patrick est un secret douloureux traité par Truffaut comme un fait quotidien et avec une relative légèreté. *L'Argent de Poche* est le film de la réconciliation : exemple parmi d'autres, une liste de commission perdue qui pouvait susciter un drame dans *Les Quatre Cents Coups*, y vaut à peine au coupable, qui s'est d'ailleurs souvenu de ce qu'il fallait acheter, une remarque sans conséquences. Au cœur de ce film apaisé et attendri sur l'enfance (Truffaut lui-même disait ne pas refuser le mot d'attendrissement), existe pourtant un noyau sombre : un enfant

Philippe Goldmann dans le rôle d'un garçon un peu sauvage.

battu et maltraité, et pas seulement non traité, comme Truffaut pouvait l'écrire de lui-même, « à l'aube de la révolte », plus encore peut-être que le Doinel des *Quatre Cents Coups*. C'est dans son premier scénario partiellement dialogué (*Les Enfants*, juin 1974), qu'il introduit le personnage de Julien (Philippe Goldman), l'étranger, le nouvel élève qui, tout de suite, n'est pas comme les autres. Le concierge l'amène dans la classe, alors que Patrick peine à réciter *L'Avare* au désespoir de son instituteur : « Julien est plus pauvrement vêtu que la plupart des garçons de la classe et sa sacoche ne fait pas honneur à la "société de consommation". » L'échange de paroles entre le nouveau et son voisin est déjà esquissé : « Tu habites où ? / Julien : Vers les Mureaux. L'ancien : Y'a pas de maisons là-bas, y'a que des usines. / Julien : Si, y'a des maisons puisque j'y habite. » Julien survit par la débrouillardise. Il fait entrer des copains en fraude au cinéma, Truffaut reportant sur son personnage un souvenir personnel qu'il avait d'abord attribué à un autre gamin. Pour masquer la honte de ne pas avoir la télé, il se fait raconter par un copain plus âgé l'émission de la veille pour pouvoir la raconter à son tour. D'emblée, Truffaut imagine de révéler qu'il est battu lors de la visite du médecin scolaire, sans montrer les coups sur son corps : « Lorsque, après d'ultimes réticences, il a accepté de se déshabiller, nous voyons la stupéfaction se peindre sur les visages du docteur et de l'infirmière. Nous ne voyons pas ce qu'ils ont vu mais nous devinons : le petit Julien est un enfant maltraité. » Il prévoit de construire un mystère en ne montrant jamais les parents : « Nous ne verrons jamais ses parents avant la fin du film, mais nous entendrons souvent leurs voix. » Et ébauche la scène de l'arrestation : « Un groupe de voisins se presse devant la maison de Julien, d'où l'on voit sortir, encadrés par des gendarmes, sa mère et sa grand-mère suivies d'un homme falot dont on suppose qu'il doit être le père ». Description laconique où ressort déjà cette idée surprenante que la maltraitance sur l'enfant vient des femmes, idée qu'il renforcera en supprimant le personnage du père et en rendant, au sens propre, terribles, lors de leur soudaine apparition, les figures de la mère et de la grand-mère interpellées par la police. Ces plans de la grande bicoque décatie à l'écart de la ville, cette scène d'arrestation où une mère dure, ravagée, presse contre elle une vieille femme dépenaillée aux longs cheveux blancs défaits, sorcière inquiétante et crasseuse, comme jamais sortie de son trou et brusquement désorientée au grand jour, sous la vindicte de la populace enfin réveillée, sont des images saisissantes, d'une brutalité presque incongrue dans ce film aimable et d'un optimisme forcené. Truffaut fait interpréter cette grand-mère sauvage, qui n'est pas sans évoquer la séquestrée de Poitiers, personnage qui le fascinait, par Jeanne Lobre, une de ses comédiennes fétiches pour ce genre de petit rôle, et lui donne une allure bien différente de celle qu'elle a eu dans *Les Deux Anglaises* (où elle jouait la concierge de Claude Roc) ou qu'elle aura dans *La Chambre verte* (où elle sera la gouvernante de Davenne). Singulière violence issue du féminin, c'est une résurgence de la sauvagerie concentrée qui travaille sous la surface des films du cinéaste, même les plus apparemment rassurants.

LE FANTASME EN MARCHE

L'HOMME QUI AIMAIT LES FEMMES

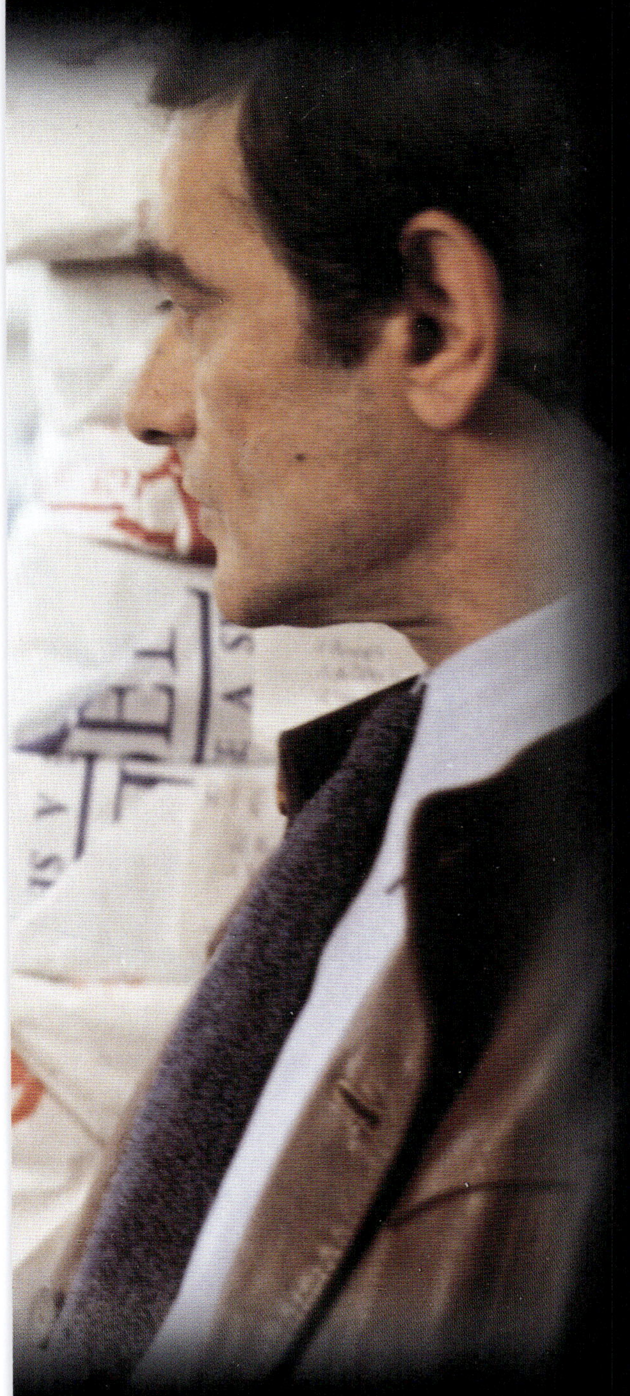

L'HOMME QUI AIMAIT LES FEMMES (1977). « J'ai procédé avec l'esprit de contradiction, comme je le fais souvent : faire le contraire de ce que ferait un Villalonga, un type content de lui ou avantageux. Je ne me suis pas posé le problème de la sympathie. Le risque, c'est bien sûr qu'on refuse le personnage. » Dans son avant-propos au dossier de presse du film, Truffaut donnait, comme commun dénominateur aux amours de Bertrand, cette phrase de Bettelheim dans *La Forteresse vide* : « Il apparut que Joey n'avait jamais eu de succès auprès de sa mère ».

Il reconnaissait ailleurs que les relations développées par un homme avec les femmes dépendaient de ses relations avec sa mère. L'esprit de contradiction, le risque librement pris de ne pas plaire, d'aller jusqu'au bout de sa propre vision, le fantôme de la mère, telles sont quelques-unes des clés de *L'Homme qui aimait les femmes.*«

Voici à présent mes notes à propos de tes notes, autrement dit : à toi de jouer, notre collaboration fonctionnant comme une partie de tennis » écrit Truffaut à l'automne 1975 à son ami dramaturge, Michel Fermaud, à qui il a demandé de participer à l'écriture de son prochain film. Parce qu'il sait que Fermaud, relation de l'époque des *Cahiers du cinéma* (Michel Fermaud est au départ un ami de Jacques Doniol-Valcroze), est un cavaleur, il espère obtenir de lui la « vérification par la vie », les anecdotes et les histoires fortes et un peu rocambolesques qu'il n'oserait inventer de toutes pièces et qui lui permettront aussi de s'éloigner du risque de l'autobiographie. Si le personnage qu'interprète Charles Denner, anxieux, habité, intense, le « dragueur à l'air inquiet » qui s'adresse aux femmes « comme si sa vie en dépendait », est assez proche d'une des facettes du cinéaste, dont Bertrand Morane pourrait être une sorte de double poussé à l'excès, il ne souhaite en effet utiliser sa vie personnelle que d'une manière partielle et détournée. Truffaut a raconté avoir eu l'idée du film et du personnage en tournant en 1967 avec Charles Denner l'épisode du peintre coureur de filles *de La mariée était en noir* : « J'ai beaucoup aimé sa voix, sa façon de dire un texte qui, sans lui, aurait paru cynique. J'ai alors pensé que c'était lui qui pourrait le mieux incarner un homme hanté par les femmes. » Le personnage est d'ailleurs souvent nommé par le prénom du comédien dans les premières listes d'histoires. Et Truffaut recommande à Michel Fermaud de s'appuyer sur ce passage de *La Mariée* qu'il définit ouvertement « comme une bande annonce au *Cavaleur* », titre provisoire de leur projet.

Ce n'est qu'à la fin 1974, quelques années plus tard, qu'il commencera à mettre son envie à exécution. Le 11 décembre 1974, il évoque dans une lettre à Jean-Louis Bory, son idée de raconter « l'histoire d'un homme, probablement joué par Charles Denner, qui s'occupe trop des femmes ». Cette longue lettre est une réponse à une attaque du critique qui accusait

Truffaut, Chabrol, Demy, Rohmer de s'être fait « ramasser par le système » et Truffaut, qui se défend en affirmant avoir toujours librement choisi le sujet de ses films, dresse la liste de ses films à venir, tous strictement personnels. Le 13 décembre, comme si cette réaction lui avait donné l'impulsion nécessaire, il écrit à Michel Fermaud pour l'inviter à déjeuner, et lui écrit à nouveau le 16 janvier 1975, alors qu'il vient tout juste de commencer le tournage d'*Adèle*, pour lui demander le secret sur leur projet. Propositions d'histoires et notes en retour vont et viennent entre les deux hommes entre octobre et décembre 1975.
En mars 1976, Steven Spielberg propose à Truffaut un rôle dans son film, *Rencontres du troisième type*. Truffaut hésite car cela risque de bouleverser son emploi du temps rigoureusement programmé, puis finit par accepter. En mai 1976, avant de partir pour l'Amérique, il envoie à Charles Denner un synopsis du projet, désormais intitulé *Un homme à femmes*. Il continue d'avancer le scénario avec Suzanne Schiffman, d'abord par correspondance. Elle le rejoint ensuite sur les plateaux de Spielberg à Mobile, Alabama, où ils profitent des grandes périodes d'attente entre les prises pour redonner un ordre au script. Le 24 décembre 1976, il envoie à Jean Aurel le scénario de ce qui est entre-temps devenu *L'Homme qui aimait les femmes*, en lui demandant de prendre des notes, alors qu'il est à moins d'un mois du tournage. Il tourne en effet à Montpellier (puis à Paris, aux alentours des Films du Carrosse, pour un certain nombre de plans de coupe sur les femmes dans les rues) de la mi octobre 1976 à janvier 1977, date à laquelle il doit aussitôt repartir à Los Angeles tourner des raccords pour le film de Spielberg.

Charles Denner et Nelly Borgeaud, la grande amoureuse qui n'aime faire l'amour que dans les endroits périlleux.

Pages précédentes : Charles Denner.

UN CAVALEUR. Michel Fermaud livre à Truffaut une première liste d'histoires, parfois esquissées, souvent assez détaillées : les aventures et les conquêtes d'un cavaleur parisien relatées avec un soupçon de misogynie. Travaillant comme de coutume par rejet et par opposition, Truffaut manipule le matériel apporté, s'enthousiasme, le rature, le transforme, le critique à l'occasion assez vigoureusement : « À cause du mal

FRANÇOIS TRUFFAUT

27 nov. 75.

Mon cher Michel,

j'espère que tu as conservé un double de tes premières notes, sinon nous en ferons une photocopie.

Voici à présent mes notes à propos de tes notes, autrement dit : à toi de jouer, notre collaboration fonctionnant comme une partie de tennis.

Tu peux appeler Marcel Berbert quand tu veux afin de prendre rendez-vous avec lui. Donne-moi tes impressions sur "La Mariée" et surtout l'épisode Denner que je vois comme une bande annonce au "Cavaleur".

Amicalement,

françois

---

la "voiture" (coup de foudre trop vaseux)

[départ dans un sous sol .. jambe sortant de la voiture.]

– 8 –

il faut améliorer

Charles les contemple, attendri, indifférent, lorsque soudain son regard se fige. Là, dans la rue à deux pas, au volant d'une voiture, une blonde adorable le dévisage. Elle a l'air de dire : Oh Monsieur, comment peut-on laisser une faible femme conduire dans de tels embouteillages ?

CHARLES pense –

Mais qui est-ce bon dieu ? Je la connais, je ne connais qu'elle... On dirait Kim Novak.

La fille vient d'être stoppée au feu rouge. Charles se dirige vers la porte sans laquitter des yeux renversant quelques tasses de café au passage.

– Ah celle-là ! Quelle beauté – seize – dix sept... plus même. Dans le guide Michelin on ne dirait pas "Mérite un détour" on dirait "Vaut le voyage".

OK.. oui pour le n° sur le paquet de gitanes

Au moment où Charles arrive, le feu est passé au vert; la file s'ébranle. Charles se précipite. Trop tard. Avec un sourire "elle" a détourné la tête et s'est éloigné. Charles relève le numéro en traversant la rue 860 AGK 75. Il s'assure que la voiture ne s'est pas arrêtée un peu plus loin et en revenant commence à fouiller ses poches à la recherche d'un stylo et d'un bout de papier. Il n'en trouve pas. A l'intérieur du café, il sort un paquet de gitanes presque vide et essaye de s'approcher du comptoir pour emprunter un crayon à la caissière. ~~Mais près de lui une fille "qu'il a déja eue" et qui a assisté à la scène lui tend son stylo avec un sourire complice~~. Charles note le numéro ~~et lui offre un café~~

excellent

Nous retrouvons Charles dans un couloir regagnant son bureau. Il allume une cigarette et jette le paquet de gitanes dans une corbeille en métal.

Pour Michel Fermaud

A) Notes sur les histoires proposées par Michel Fermaud.

1/ L'histoire de ~~la~~ l'enquêteuse du recensement ne me plait pas telle qu'est mais il m'est difficile d'expliquer pourquoi. Ne la rejettons pas absolument. On pourra ultérieurement conserver peut-être un des éléments de cette histoire par exemple l'escalier

2/ L'histoire de la fille sur l'écran de télévision est intéressante mais je voudrais avoir le choix entre plusieurs variantes. ~~ou~~

3/ L'histoire de la carrosserie rayée est presque parfaite. J'aimerais en avoir une narration détaillée et éventuellement dialoguée. Je voudrais ajouter ceci : au cours de sa recherche, Michel est "intéressé" par une fille de chez Hertz et prend ses coordonnées. On retrouvera cette fille plus tard dans sa vie. Ce genre de "crochets" évitera le côté film à sketches.

J'insiste sur le fait que cette histoire par sa complication et sa logique est la meilleure de toutes. Trouver une chute plus conclusive, peut-être avec la soeur..

B) Le Cavaleur (titre provisoire)

(notes par Michel Fermaud.)

* Le cavaleur établit des listes de femmes (qu'il a eues – qu'il espère avoir ?)

* le cavaleur fait peut-être collections de photos (restons dans le domaine des photos d'amateurs – évitons les idées liées aux photos porno.)

* proposer quelques histoires de drague au cinéma. La plus compliquée (mais logique ~~et~~ et plausible dans sa complication sera la meilleure)

* le cavaleur peut également donner un rendez-vous dans un cinéma ou ~~a~~ avoir une histoire avec une ouvreuse.

* les musées. Sauf si une scène remarquable ~~sepa~~ et originale s'impose, je préfère parler de la drague au musée à l'intérieur d'un monologue (illustré de flashes ou non)

* une femme lui parait "facile" : il échoue

* une autre lui semble une citadelle imprenable, il ne tente rien : elle lui saute dessus

« Écoutez Bertrand, j'ai été obligée de faire ce que j'ai fait. C'était ça ou devenir folle, vous savez que je n'exagère pas. Je ne regrette rien mais vous m'aviez fait mal, très mal. Moi aussi, je me suis retrouvée cassée en petits morceaux, il fallait que je m'en sorte, absolument. Évidemment, je ne pensais pas que vous alliez souffrir autant, vous aviez tellement bien caché vos sentiments, mais, même quand j'ai su que vous étiez là-bas, je n'ai pas regretté ma décision. Je savais que, malgré tout, vous aimez la vie et que vous alliez lutter pour faire surface. »

Rencontre avec « la revenante » (Leslie Caron) dans une scène clé dont le dialogue préfigure *La Femme d'à côté*.

Page de gauche : La « partie de tennis » ou le travail par réaction à partir du matériel remis par Michel Fermaud choisi par Truffaut pour ses compétences et ses expériences de cavaleur.

Ci-contre : Indécence et téléscopage du montage : la putain qui marchait très vite dans la rue et la mère qui elle aussi marche très vite, dans la scène en flash-back et en noir et blanc.

Charles Denner devant la boutique de lingerie.

qu'il se donne, on sera déçu par une fin quelle qu'elle soit, mais encore faut-il viser plus haut », s'agace-t-il ainsi en marge de la chute donnée à l'histoire de la femme vue dans une voiture dont le héros n'a pu que noter la plaque d'immatriculation. S'il a besoin de cette base variée d'anecdotes et de propositions, il n'en prendra strictement que ce qui l'intéresse, ce qu'il peut reprendre à son propre compte.

Il rejette pour commencer un certain nombre d'anecdotes : une histoire avec une chauffeuse de taxi où le cavaleur manœuvre pour prendre ce taxi car c'est le seul à être conduit par une femme ; une campeuse allemande qui porte sa valise sans efforts au nez et à la barbe du héros qui voulait l'aider ; une femme mariée flanquée d'un gamin toujours présent ; une histoire dans une ville de province avec une attachée de presse et un mannequin splendide, la première manigançant pour jeter la seconde dans les bras du héros ; ou une histoire avec une pompiste en salopette qui le drague (« fille Esso… faible »). Truffaut refuse les lieux et situations conventionnels : « Les musées. Sauf si une scène remarquable et originale s'impose, je préfère parler de la drague au musée à l'intérieur d'un monologue (illustré de flashes ou non) ». Il rejette aussi les remarques dévalorisantes, susceptibles de se retourner contre les personnages. Ainsi il ne retient pas l'idée que le cavaleur mette des notes aux femmes qu'il rencontre, selon des critères d'apparence, d'intelligence et de performances au lit, et supprime cette définition d'une chef de service du personnage, « trois, dix-sept, huit, à ne sortir que la nuit tombée », pour se souvenir en revanche de l'idée qu'une femme à son travail regarde Bertrand sans jamais être remarquée par lui. Il lui arrive de rejeter une histoire qui lui déplait pour rebondir sur un de ses ingrédients : « L'histoire des abonnés absents me déçoit, parce qu'il y a un côté "gros comique" amené par l'Antillaise. Pourtant le principe d'une drague vocale suivie d'un rendez-vous est séduisant et doit être conservé », ce qui donnera les grandes scènes de séduction à distance, au téléphone, avec la fille du réveil, « Aurore de sept heures ». Il retiendra d'ailleurs avec jubilation la chute de cette histoire, telle que la propose dans un deuxième temps Michel Fermaud : l'idée d'un appel en pleine nuit où Aurore a simplement envie de lui parler (« excellent »), d'un rendez-vous au café où elle se défile, et le retournement final où une femme d'une quarantaine d'années

Le point d'arrêt, le cauchemar de Bertrand Morane (Charles Denner). Parmi les jeunes femmes en reflet dans la vitre, la monteuse du film, Martine Barraqué.

flanquée de trois enfants lui dit « Adieu, Charles » à un arrêt d'autobus avec la voix d'Aurore (« intéressant, à tourner, OK »).

Truffaut fait son marché dans les anecdotes proposées, on sent qu'il a envie d'être séduit, attiré, provoqué par quelque chose qui mettra en route son imagination. D'une histoire qu'il élimine ou qu'il transforme, il peut n'attraper au passage qu'un bout d'idée qui l'intéresse, un détail qui lui plaît et peut s'insérer dans son univers. Il bondit sur l'idée que le héros puisse noter le numéro d'immatriculation d'une voiture sur un paquet de gitanes (« OK... oui pour le n° sur le paquet de gitanes »). Ou encore, en marge d'une histoire de drague dans la cantine d'un bureau qu'il rature, où Fermaud a placé le cavaleur près du comptoir à un endroit où il peut voir les jambes des serveuses : « à retenir : un endroit d'où l'on n'observe que les jambes ». Simplement, il ne s'agira pas du décor moderne d'une cafétéria ou d'une cantine, mais d'une blanchisserie à l'ancienne, d'où Charles Denner regarde s'échapper les jambes de l'inconnue à la jupe à franges ; ou encore d'un cercueil descendant dans la fosse d'un cimetière (« D'où il est maintenant, Bertrand est bien placé pour regarder ce qu'il aimait le plus en nous : nos jambes »). Par rebond, une idée qui lui plaît lui en donne facilement une autre, et ce sont souvent des envies visuelles, des envies de cinéaste. Fermaud propose entre autres un personnage de femme mariée dont le visage reste rose au moins une heure encore après qu'elle a fait l'amour. Ce qui donne à Truffaut l'idée de la filmer cheveux au vent, la tête dépassant de la fenêtre d'une voiture : « Quand il la ramène, elle met la tête hors de la voiture pour perdre le rose aux joues ». Il filmera et montera pour le plaisir ce plan où Nelly Borgeaud offre son visage au vent de la vitesse de la voiture conduite par Denner.

Il s'enthousiasme parfois pour une histoire qu'il finit par ne pas conserver. Truffaut est ainsi intéressé par l'idée que Charles a une aventure avec une speakerine de télévision connue, laquelle lui donne des rendez-vous par l'intermédiaire du petit écran, en communiquant par des signes convenus à l'avance. Il en demande des variantes et Fermaud lui propose alors une version de l'histoire, dont la trame est un peu à la *Elle et Lui* (de Leo McCarcy) : le héros reconnaît en la présentatrice de la télévision une jeune femme qu'il a aimée autrefois quand elle avait dix-

huit ans et qui avait alors disparu brusquement dans la nature. Il écrit à la speakerine, et elle prétend qu'il s'agit d'une erreur. Il finit par découvrir qu'elle n'a plus qu'une jambe. On sent Truffaut momentanément accroché (« Il fouille parmi de vieilles photos et la retrouve plus jeune… alors il lui écrit » note-t-il dans les marges), puis il refuse l'idée (« non », marque-t-il face à l'idée de la tentative de suicide et de l'infirmité), mais peut-être s'en souviendra-t-il plus ou moins consciemment au moment d'introduire le personnage de Madame Jouve dans *La Femme d'à côté*.
Plusieurs des anecdotes proposées par Fermaud fournissent le point de départ de certains des passages les plus mémorables du film, et la métamorphose que leur fait accomplir Truffaut est passionnante, tant elle est caractéristique de son univers et de son style.
D'accord avec le cinéaste pour trouver un fil conducteur aux aventures diverses du cavaleur, Fermaud imagine de faire de Charles un écrivain qui écrit peu et à qui les femmes font perdre son temps. Harcelé par son éditeur, il part en retraite pour écrire en coupant son téléphone et en s'interdisant d'aller dans les lieux qu'il fréquente habituellement. S'il établit au centre de son histoire cette idée du livre en cours d'écriture qui sert de prétexte à la multiplicité des histoires racontées et permet de leur donner l'apparence d'une unité, Truffaut débarrasse l'idée de toute posture et s'éloigne du cliché : Bertrand sera un homme qui écrit, mais certainement pas un écrivain professionnel en panne ; il sera au contraire un amateur qui se jette dans l'écriture d'un livre pour la première fois, poussé par une nécessité intérieure. Truffaut inverse du coup certaines idées de son coscénariste qui faisait du cavaleur un portrait plus conventionnel. « Nous allons découvrir la faiblesse de Charles qui craint la solitude », notait Michel Fermaud ; Bertrand Morane au contraire dira, avec plus ou moins de bonne foi, ne pas détester la solitude.
Comme lors du travail sur *Baisers volés*, Truffaut invente en s'opposant, ou par rebonds. Dans les notes de Fermaud, l'avion rempli d'hommes d'affaires est un simple décor permettant d'installer l'amorce d'une aventure avec une hôtesse de l'air, d'ailleurs vite avortée, car celle-ci n'est pas libre. Chez Truffaut, cette proposition suscite aussitôt une image, l'idée de l'hallucination, et, laissant tomber l'anecdote de l'hôtesse de l'air, il conçoit une vraie scène où Denner voit brusquement chaque homme remplacé par une femme. Scène que pour des raisons de coût et de production, Truffaut renoncera à tourner à l'intérieur d'un avion et adaptera, au soulagement de Marcel Berbert, dans le hall de l'aéroport plutôt que de la sacrifier. Dans un premier temps, il sent le besoin de fournir un prétexte à l'hallucination de son personnage et imagine que celui-ci a réclamé un tranquillisant pour supporter le vol. Lorsqu'il remanie la scène sur son scénario de tournage pour la déplacer dans la salle d'attente de l'aéroport, il se passe de cet alibi, donnant une plus grande force à l'hallucination qui devient une pure projection des fantasmes du héros.

LA COMPLICATION ET LA LOGIQUE. Truffaut cherche comment lancer son film, comment lui donner d'entrée sa pleine valeur fantasmatique. Tout l'extraordinaire épisode qui ouvre le film et signe de manière radicale la nature obsessionnelle et singulière du cavaleur tel qu'il le conçoit, cette histoire de l'inconnue brièvement aperçue dont on n'a que la plaque d'immatriculation de la voiture et que le héros va faire des efforts incroyables pour retrouver, est issu des propositions de Fermaud, mais se voit totalement remanié. « Le principe de *L'Homme qui aimait les femmes* est le contraire du type qui voit une fille dans la rue et qui l'invite à venir boire un verre. Lui, il se donne un mal fou pour les atteindre, mais il ne les aborde jamais directement. C'est la complication qui m'a intéressé, le détour », notait le cinéaste à la sortie du film. Michel Fermaud propose une histoire très germano-pratine où le héros aperçoit, dans une voiture arrêtée à un feu rouge, une « blonde adorable qui a l'air de dire : “Oh, Monsieur, comment peut-on laisser une faible femme conduire dans les embouteillages ?” ». Charles n'arrive pas à la rattraper à temps, et note le numéro de sa voiture sur un paquet de gitanes. Truffaut se réapproprie immédiatement l'idée, qu'il adapte à son imaginaire, réagissant d'emblée par de la mise en scène : « La voiture. Coup de foudre trop vaseux. Départ dans un sous-sol… jambes sortant de la voiture », autrement dit, une première ébauche de ce qui deviendra la scène de la blanchisserie. Arrivé à son bureau, Charles jette machinalement le paquet de cigarettes dans une corbeille, et devra faire pour le récupérer toutes les poubelles du couloir, puis du sous-sol de l'immeuble (Truffaut essaiera de garder jusqu'au tournage cette idée qui l'amuse, puis finira par y renoncer afin de gagner en vitesse et en pureté de ligne). Le héros apprend lors d'une scène de commissariat que rien ne peut être fait pour l'aider et raye alors lui-même la carrosserie de sa voiture. Il découvre qu'il s'agit d'une voiture de location, et finit par remonter à la conductrice possible de la voiture, ou plutôt une des conductrices possibles, car dans la version de Fermaud, elle peut être n'importe laquelle de plusieurs sœurs. Il tombe sur la mère qui ne sait plus très bien combien elle a de filles et lui parle de l'une qui tient une galerie de photos rue de Seine, de l'autre qui est hôtesse de l'air. Croyant toucher au but, Charles passe la nuit avec la fille de la galerie pour finalement découvrir qu'il est avec la jumelle de celle qu'il cherche... « Retrouvailles, faible », et « C'est du Boisrond-Wademant », note Truffaut qui rejette la comédie parisienne, rature tout ce qui pourrait sonner film de pseudo Nouvelle vague revue par les seventies, mais voit néanmoins le parti qu'il va pouvoir tirer de cette histoire à condition de la réadapter et de la lier à une autre : « L'histoire de la carrosserie rayée est presque parfaite. J'aimerais en avoir une narration détaillée et éventuellement dialoguée. Je voudrais ajouter ceci : au cours de sa recherche, Michel est " intéressé " par une fille de chez Hertz et prend ses coordonnées. On retrouvera cette fille plus tard dans sa vie. Ce genre de " crochets " évitera le côté film à sketches. J'insiste sur le fait que cette histoire par sa complication et sa logique est la meilleure de toutes. Trouver une chute plus conclusive, peut-être avec la sœur... retrouvée au bistrot... cab téleph... »

Lutter contre le film à sketches est tout au long de la construction une préoccupation constante de Truffaut qui cherche à établir une narration à l'allure extrêmement serrée et entrelacée. Surtout, en refusant la comédie frivole, il transforme radicalement le personnage et le ton de son histoire. S'il apprécie l'idée de la carrosserie rayée, il n'hésite pas à aller plus loin et à pousser au bout la situation paradoxale et extrême d'un homme qui ne se contente pas d'érafler sa carrosserie, mais est prêt à précipiter sa propre voiture contre un pilier de parking dans l'espoir fou de retrouver une femme à peine entrevue. Un homme, dont toutes les actions se concentrent sur un but unique, et qui obtient, sinon toujours, du moins souvent ce qu'il veut, parce qu'il a « une façon spéciale de demander ». « C'est comme si votre vie en dépendait », lui dira la jeune femme de l'agence de location de voitures, et c'est par cette même expression que, dans certains de ces textes, Truffaut parle de Chaplin, de la façon dont il a échappé à la misère et à l'aliénation, et défend cette idée que Charlot court plus vite et plus loin que tous ses collègues du music-hall « car s'il n'est pas le seul cinéaste à avoir décrit la faim, il est le seul à l'avoir connue ». Cette métamorphose qu'accomplit Truffaut, c'est de radicaliser et pousser à leur comble les petites aventures d'un banal coureur de jupons afin de décrire un personnage chez qui la poursuite des femmes n'est ni plus ni moins qu'une nécessité vitale : « Je m'aperçus que la compagnie des femmes m'était indispensable, sinon leur compagnie, du moins leur vision. »

LE SOUPIRAIL. On passe de l'histoire d'un aimable cavaleur de comédie à la française à celle d'un homme possédé par une idée fixe dont la tension occupe peu à peu tout l'espace de décors ordinaires. Cette projection du fantasme, Truffaut la soulignera par la mise en scène resserrée sur l'idée fixe de son personnage. L'idée du soupirail de la blanchisserie à travers lequel Bertrand Morane voit partir la belle inconnue comme à travers un écran apparaît lorsqu'il complète le deuxième traitement de son scénario : « Il est attiré par la silhouette d'une femme qu'il voit seulement de dos. Lorsqu'elle quitte le magasin, il continue à observer ses jambes d'abord montant l'escalier et ensuite passant dans la rue devant un soupirail. » Et en matérialisant l'élan du personnage par le déplacement de Montpellier à Béziers, Truffaut commence à imaginer le plan par lequel il projettera sur la route qui défile, comme sur un écran géant, l'obsession de son personnage : « Il revoit en pensée les jambes de la belle inconnue montant l'escalier de la blanchisserie. Cette seule vision ne peut que l'encourager à accélérer. »

La chute de l'histoire reste cependant longtemps un peu compliquée. En rédigeant un premier traitement du scénario, Truffaut imagine faire découvrir à son héros que le véritable locataire de la voiture l'aurait prêtée à une amie habitant Béziers et que Bertrand attend le week-end pour s'y rendre (l'effet de vitesse qui porte la fixité de l'obsession sera gagné ensuite). Et ce n'est qu'après avoir passé quelques heures dans une chambre d'hôtel avec la jeune femme de Béziers que Bertrand aurait découvert qu'il poursuivait en réalité sa sœur repartie au Canada. En se relisant, Truffaut supprime la conclusion sexuelle de l'aventure : « Ne pas conclure dans chambre hôtel, mais sur possibilité éventuelle », et imagine son transfert : « C'est avec la fille de Hertz qu'on le retrouve au lit. » Son personnage final de jeune femme venue à l'étrange rendez-vous fixé par Bertrand sera rendu plus sympathique et vaillant face à une situation à la fois amusante et un peu épineuse. À la version suivante, il a l'idée de l'ironie dramatique du pantalon (c'est une correction manuscrite pour compléter les pensées de Bertrand qui attend au café : « et si elle vient en pantalon »), qui aura la faculté de briser net le fantasme. « Ce n'est pas moi que vous avez voulu revoir, c'est ma robe », dira à Bertrand la jeune femme interprétée par Nathalie Baye qui sait déjà qu'elle n'est pas celle que son interlocuteur croit. Truffaut s'est visiblement posé la question du moment où prévenir le spectateur du quiproquo. Sur le deuxième traitement de son scénario, Truffaut prévoit l'ajout d'une scène intermédiaire où la jeune femme parle de l'affaire avec ses parents : « Lorsque Bertrand raccroche, Martine interroge son père et nous apprenons que la voiture, louée par lui, a été la semaine précédente, prêtée à Marianne, cousine de Martine. Martine quitte l'appartement pour régler toute cette histoire ». Comme par une sorte de principe de sécurité, la révélation sur la méprise aurait ainsi été donnée deux fois, à l'avance au spectateur, puis à Bertrand Morane. Au moment de tourner, Truffaut décide finalement d'y renoncer, préférant jouer l'impact de notre surprise et de la déception de son personnage en direct.

LE VERTIGE DE L'ÉCHEC. À la première version de son scénario, si Truffaut démarre son film par la scène du cimetière et l'enterrement de son personnage, toute la suite du récit étant un grand flash-back, il ne place pas cet épisode de la poursuite de l'inconnue en ouverture. La première version tente un récit qui s'apparente davantage au mode de la chronique : réveil par téléphone, surveillance des femmes de l'immeuble d'en face à la jumelle, Bertrand au travail, promenade dans les rues à l'heure de la sortie des bureaux, supermarché où il observe sa caissière préférée, un début sans réel fil conducteur, où sont explorés des possibles. L'idée du raccord sur les jambes des femmes est déjà présente (on passe des jambes vues depuis le cercueil au cimetière à des jambes qui descendent un escalier en colimaçon), mais c'est pour l'instant l'ébauche de l'épisode de la rencontre au restaurant. Dès le traitement suivant, Truffaut fait de l'épisode de la blanchisserie et de ses conséquences le programme inaugural de son film : plus sûr moyen d'accrocher le spectateur par le meilleur divertissement possible, lancé à toute allure sur le premier quart d'heure (surprises, rebonds et quiproquo), tout en annonçant la couleur plus fortement qu'à aucun autre moment du film : la puissance du fantasme, la singularité absolue d'un personnage happé par son idée fixe et prêt à tout pour atteindre l'objet de son désir. C'est aussi, de la part du cinéaste, le culot d'ouvrir un film par le double mouvement d'un élan frénétique et d'un échec, ou du moins d'une déception, puisque son personnage, lancé à la poursuite d'un fantasme qui se dérobe, aura, somme toute, déployé d'intenses efforts pour rien. L'échec est certes compensé par la consommation de substitution réalisée aussitôt avec l'hôtesse de l'agence de location, mais il en prélude d'autres, qui plus ou moins ouvertement, ponctuent le récit : la lettre revendicatrice d'une femme amoureuse et déçue que Bertrand trouve sous sa porte en rentrant chez lui, l'échec avec la vendeuse de lingerie qui préfère les jeunes garçons – c'est cet échec qui déclenche chez Bertrand la nécessité d'écrire, et relance toute la suite du récit (ce dispositif est mis en place dès la première version du scénario). Sans oublier le récit de sa rupture avec sa première maîtresse à Montpellier qui ne s'est finalement pas si bien passée (« Vous êtes un imbécile et je me caresserais en pensant à vous »), et surtout la rencontre fortuite à Paris avec son grand amour passé : longue séquence de près de six minutes, sorte de parenthèse close, dont les dialogues sont nourris d'autobiographie et où sont explorées les racines douloureuses de la fuite en avant du personnage. Scène importante pour le cinéaste qui, face à Charles Denner, confie le rôle de la « revenante » (c'est ainsi qu'il nomme le personnage) à Leslie Caron, comédienne à la fois française et hollywoodienne, proche, comme lui de Jean Renoir, et veille à son apparence avec une étonnante précision. Comme par un jeu d'échos non totalement fortuit, il souhaite lui faire porter une écharpe de plumes semblable au manteau excentrique dessiné par Yves Saint Laurent pour Catherine Deneuve dans *La Sirène* : « J'ai pensé à des plumes d'autruche, lui écrit-il avant le tournage, car c'est plus rare que le boa et cela donne l'impression de légèreté que je souhaite obtenir ».

Il y a chez Truffaut le refus de construire, avec cet homme qui a besoin des femmes, un personnage victorieux, aussi bien dans ses conquêtes amoureuses, que dans l'écriture de son livre. C'est pourquoi il insère dans son film une mésaventure qui lui est arrivée lorsqu'il a fait dactylographier de longs extraits des carnets tenus par Henri-Pierre Roché : le rejet du manuscrit par la dactylographe, dérangée jusque dans son sommeil par les histoires de toutes ces femmes interchangeables, la condamnation par la première lectrice. Plus profondément, en parallèle à cet élan vital qui ne cesse de porter son personnage en avant, à cette obsession du mouvement qui parcourt le film (« le mouvement de votre marche et le mouvement de la robe, c'était très beau à voir »), il enserre au cœur du film un noyau dépressif, une masse sombre, cette sorte de « trou noir » dont la « revenante » du passé parle à Bertrand. Lorsque Morane fait un cauchemar, c'est pour se retrouver métamorphosé en mannequin exposé à la vitrine du magasin de lingerie qu'il a si souvent visité, immobilisé et piégé dans une situation inversée, les femmes curieuses et avides se pressant autour de lui.

ENTRELACS. Ce vertige de l'échec au cœur du film est dissimulé par le mouvement perpétuel du récit. Lorsqu'il répond aux premières propositions de Michel Fermaud, Truffaut lui demande aussi de lui « proposer quelques histoires de drague au cinéma » avant d'amener lui-même l'histoire de l'ouvreuse sourde et muette. Et d'ajouter : « La plus compliquée (mais logique et plausible dans sa complication) sera la meilleure. » La logique et la complication sont en effet un mot d'ordre que le cinéaste se donne visiblement pour l'ensemble de son film. À la fin de l'épisode de l'inconnue de la blanchisserie, le « crochet » avec la fille de chez Hertz lance aussi le mode d'em-

Préparation du plan où Bertrand Morane, de retour de Béziers après sa quête forcenée de l'inconnue aux belles jambes, a la vision presque onirique de trois prostituées qui font signe aux camions sur le bord de la route : trois comme dans un conte de fées et comme dans le commissariat des *Quatre Cents Coups*.

ploi du récit. Truffaut cherche à entremêler les fils, à lutter contre le décousu et la multiplicité en avançant le plus possible par conséquences ou associations d'idées. Il travaille l'illusion de la continuité, quelles que soient les ellipses. Le récit qui mêle retours en arrière, évocations de différentes époques de la vie sentimentale et sexuelle du héros, et retours au présent de l'écriture, en est pourtant troué. Les versions successives des scénarios donnent ainsi l'impression de grands puzzles en mouvement, où Truffaut cherche comment exploiter la matière qu'il a rassemblée. Au premier traitement, les effets restent souvent un peu courts. Les scènes ou leurs conséquences arrivent souvent très vite (c'est ainsi très tôt dans l'histoire que la dactylographe rapporte le manuscrit et refuse de continuer à le taper ; très tôt encore qu'arrive la soirée à trois entre Bertrand, son ancienne amoureuse sortie de prison et une jolie caissière de son supermarché). À l'étape suivante, Truffaut aura l'idée de dédoubler certaines scènes. Il fera deux scènes au lieu d'une seule à la boutique de lingerie. Il scindera en deux l'histoire de la baby-sitter, d'abord racontée en un seul bloc : une première scène placée dans la première partie du film montre la jeune femme qui accroche son annonce sur le panneau du supermarché, une deuxième scène, beaucoup plus tard, permet de découvrir la suite, alors que la future éditrice de Bertrand défend son manuscrit en comité éditorial. La suite, c'est-à-dire cette réplique fameuse qui donne sa chute à la scène et caractérise au plus près le personnage : « L'enfant, c'est moi. » Réplique dont Truffaut a l'idée en rebondissant sur une image proposée par Fermaud : le héros met en scène son appartement pour la baby-sitter en installant dans sa chambre un baigneur. Simplifiant considérablement l'histoire à multiples circonvolutions développée par Fermaud, il accélère toute la rencontre avec la baby-sitter : « Bertrand se précipite pour ouvrir. Quelle n'est pas la surprise de la baby-sitter lorsque, demandant à Bertrand où se trouve l'enfant, elle se voit répondre : « l'enfant, c'est moi ! ». »

TRANSFERTS. Truffaut cherche comment tisser son récit, alors que les contours de certains personnages sont encore flous ou également eux-mêmes mouvants. Dans la première version du scénario, le personnage d'une ancienne maîtresse dangereuse dont un flic vient prévenir Bertrand qu'elle va sortir de prison est aussi la belle ouvreuse rencontrée au cinéma. L'ouvreuse (nommée Josiane, comme la secrétaire de production des Films du Carrosse) a alors plusieurs des traits de la future Delphine qu'interprètera Nelly Borgeaud (repérée par Truffaut au moment de *La Sirène*), la grande amoureuse qui n'aime faire l'amour que dans les situations périlleuses : c'est Josiane, l'ouvreuse, qui ne peut supporter que Bertrand lise devant elle et qui jette son livre par la fenêtre, c'est elle qui s'endort sur son paillasson pour s'assurer qu'il ne reçoit pas d'autres femmes, c'est elle enfin qui tire sur son mari après que Bertrand a eu la faiblesse de lui dire : ah, si tu étais libre... Plus loin, dans cette première version, apparaît une certaine Danielle, jolie femme aux très belles et longues jambes que Bertrand repère dans un restaurant où elle dîne avec huit personnes. Très directe, elle descend derrière Bertrand au sous-sol où il feint une conversation téléphonique et lui laisse un mot sans équivoques : « Sortez, je vous rejoins. » C'est elle qui s'inquiète du signe astrologique de Bertrand, panique dans la voiture et lui demande de la ramener chez elle, pour mieux se jeter sur lui dans le parking de l'immeuble. C'est elle qui dit à chaque séparation : « Est-ce bien raisonnable ? » et ne peut prendre du plaisir que dans les situations précaires. Ce personnage est issu des propositions de Michel Fermaud où une certaine Danielle poursuit le héros, et plus banalement, le harcèle au téléphone, cherche à le rendre jaloux en couchant avec un garçon plus jeune, prétend avoir été battue par lui, et raconte à son mari qu'elle est chez le dentiste quand elle est avec Charles. Personnage que Truffaut nomme « la menaçante », et dont une note en marge montre qu'il songe déjà à la mêler avec la première : « L'ancienne, libérée de prison pour bonne conduite. » À l'étape suivante, il fondra en effet les traits de Josiane et de Danielle pour créer Delphine, à qui il agglomère en même temps quelques éléments d'abord portés sur un personnage de jeune fille accompagnée de parents âgés rencontrée dans une autre scène de restaurant : des jambes qui descendent un escalier en colimaçon (Delphine montera l'escalier pour que Bertrand découvre ses jambes), l'idée que Bertrand la file en voiture jusque chez elle, le caducée qu'il repère sur le pare-brise, l'appel téléphonique passé d'un café, et le rendez-vous obtenu au téléphone. Fusion des ingrédients qui lui permet, lors de la scène de rencontre, de représenter le personnage de Delphine face au mari qu'elle tentera plus tard d'assassiner, et d'avoir cette phrase glissée dans le commentaire : « Le restaurant est un endroit merveilleux pour les amours commençantes, il est redoutable pour les couples officiels ». Surtout, parvenir à un personnage plus étoffé, lui permet d'échapper aux fragments d'anecdotes isolés et de lancer une séquence de récit plus longue et plus complexe, d'insérer chaque trait, chaque gag et chaque rebond dans une continuité. Dense et mené tambour battant, le récit des aventures avec Delphine occupe une place importante du récit après trois quarts d'heure de film, et même s'il est fait de scènes brèves construites sur des traits marquants, c'est, sur près d'un quart d'heure, le plus long segment consacré à une seule histoire et un seul personnage depuis l'envolée d'ouverture. Personnage dont il n'est sans doute pas tout à fait un hasard qu'il s'agisse non seulement du plus divertissant, mais d'un personnage « dérangé », à la limite d'une marginalité sociale qu'elle côtoie par provocation (bien que son mari soit médecin, et qu'elle fasse visiblement partie de la moyenne bourgeoisie de la ville). Comme la Marion de la *Sirène*, ou la Camille d'*Une Belle Fille comme moi*, voleuses, provocatrices, asociales, libres chacune à leur manière avec l'amour, Delphine dira qu'il y a ceux qui connaissent la prison et les autres. Et c'est après le temps passé avec elle, après cet ensemble continu placé au centre du film, que Truffaut peut faire repartir son récit sur un mode plus disparate, profitant même de la rupture brutale provoquée par l'arrestation de Delphine pour lancer une accumulation. L'idée que Delphine n'est pas remplaçable par une seule femme, lui permet de réunir, dans la même unité de récit, plusieurs histoires avec des femmes multiples, et d'aller au bout de la logique de son héros, au bout de son rejet de l'amour univoque, avec la série des aventures sans lendemain : celle qui veut se faire refaire le nez, celle qui fait le squelette dans les fêtes foraines, celle qui lit à sa fenêtre, celle qui rend visite à Bertrand avec une robe fermée de cent trente sept boutons...

Dans un court texte donné à *Paris-Match* en juin 1973, Truffaut évoque « les jambes de l'ouvreuse qu'elle met en valeur avec sa lampe électrique au lieu d'éclairer les marches » (dans le même article, qui paraît être une citation par avance des monologues de Bertrand, il dit avoir « ce point commun avec Hitler et Sartre : je ne supporte pas une compagnie masculine après six heures du soir »). Parallèlement à la construction de Delphine, Truffaut invente le personnage de l'ouvreuse sourde et muette. Idée qu'il prévoit en bas d'une scène de son premier traitement : « Mêlé à ces épisodes, nous en verrons un avec une autre femme qui repose Bertrand des extravagances de Danielle, peut-être une sourde-muette ravissante pour qui Bertrand apprendra les rudiments du langage manuel. » Personnage qu'il développera aux versions suivantes avec l'idée du bruit furtif fait par le frottement de ses bas l'un contre l'autre (fantasme déjà évoqué dans *Le Pianiste* et dans *La Mariée*). Dans un article paru dans les *Cahiers* dans les années cinquante et signé, comme la plupart de ses textes à tonalité érotique, du nom de son ami Robert Lachenay, le jeune critique s'émerveillait déjà du frottement des porte-jarretelles. Truffaut ajoute surtout cette idée que l'ouvreuse sourde-muette a un fils en pension dont Bertrand découvre qu'elle l'a fait punir pour pouvoir passer le dimanche après-midi seule avec lui : « Cette information cruelle me glaça. Était-il décidément impossible d'éprouver du plaisir sans faire de la peine à quelqu'un ? » Souvenir ou anecdote qui trottait visiblement dans la tête de Truffaut depuis longtemps, car il fait allusion à cette idée d'un enfant puni pour faciliter les amours de la mère dans une note en marge d'un traitement de *Baisers volés.* ».

Les premières versions sont parsemées d'éléments, essentiels ou anecdotiques, qui cherchent leur place. Alors que Josiane, l'ouvreuse, est encore le personnage de l'amoureuse menaçante qui va sortir de prison, Truffaut prévoit de mettre dans la bouche de Bertrand cette amorce de commentaire : « Il se souvient : lorsqu'elle est entrée en prison, c'était la mode de la mini-jupe et celle que Josiane portait ne devait pas faire plus de vingt-sept cm de long. Cette mode qui aurait dû le rendre heureux lui a surtout donné des inquiétudes : il savait bien qu'après ça, ça ne pouvait plus que rallonger ». En écrivant les dialogues pendant le tournage, il reportera cette petite remarque personnelle dans une scène entre Bertrand et la vendeuse de lingerie.

UN FLUX ININTERROMPU. L'histoire du fils de l'ouvreuse permet à Truffaut de repartir sur une évocation de l'enfance de son personnage, les rapports avec sa mère (sa mère tenait une comptabilité de ses amours et lui, avec son livre, fait-il autre chose qu'une liste détaillée ?). C'est un de ces ponts que le cinéaste s'efforce de travailler tout au long du film, utilisant le commentaire qu'il fait dire à Denner avec un débit rapide, pour tenter de créer un flux de récit quasiment ininterrompu. Un certain nombre de ces liens seront créés après coup, au moment du montage, Truffaut n'hésitant pas, parfois, à récrire le commentaire, en modifiant éventuellement l'intention des images tournées. La construction du film ne cesse de changer jusqu'au montage définitif.

Le scénario de tournage (où, seules ou presque, les scènes avec « Aurore de sept heures » sont intégralement dialoguées, le dialogue étant généralement résumé en style indirect) est assez différent de la construction finale. Curieusement, le scénario ne prévoit pas de passer des jambes vues au cimetière à celles de l'inconnue de la blanchisserie, puisque le raccord est fait sur l'idée, exprimée par le commentaire, que Bertrand a toujours été un enfant : on passe alors sur un avion-maquette maintenu en l'air par une soufflerie qui permet de découvrir Bertrand à son boulot, puis d'apprendre qu'il ne tolère pas la compagnie des hommes après six heures du soir. Ces scènes plus quotidiennes seront déplacées plus loin, afin d'assurer l'effet de vitesse et de saisissement, le resserrement sur la fixation du personnage, que Truffaut souhaite pour l'entrée dans le film. Du scénario au film, beaucoup de scènes sont déplacées. Truffaut cherche visiblement à s'éloigner des liens explicatifs, tout en créant une coulée narrative ne suscitant aucune question. Les scènes avec l'ouvreuse sourde et muette sont ainsi placées beaucoup plus tôt dans le film, après la rupture avec Fabienne, la première maîtresse de Montpellier (et c'est un commentaire sur la solitude qui y amène, solitude qui conduit Bertrand au cinéma), alors que le scénario prévoyait de les amener après l'arrestation de Delphine, Bertrand devant émerger d'une période de crise avec le slogan « une femme, une fois ». Assez curieusement, la série de rencontres faites par Bertrand à la fin de son histoire avec Delphine n'est pas écrite au scénario. Inversement, c'est en réaction à l'arrestation de Delphine et au vide qui s'ensuit que le scénario prévoit pour Bertrand une sorte de crise morale et dépressive que Truffaut déplacera en la modifiant après le rejet du manuscrit par la dactylographe : « Tout de même, je me demandais s'il n'était pas plus reposant de vivre les intrigues de personnages imaginaires plutôt que de m'épuiser dans les miennes et j'entrepris alors

« Je m'aperçus que la compagnie des femmes m'était indispensable, sinon leur compagnie du moins leur vision. » L'appel du corps féminin en mouvement.

de lire tous les grands romans d'amour du XIXe siècle, ceux que des hommes avaient écrits après les avoir vécus » (c'est le texte du scénario de tournage). Truffaut réutilisera les plans tournés (Denner devant sa cheminée des livres dans les mains), en récrivant un commentaire où il fait s'interroger son personnage, après le veto de sa première lectrice, sur les manières d'écrire des grands mémorialistes : « Comment écrit-on quand on parle de soi ? » Il en profitera aussi pour redonner de l'élan à son personnage et à son film en ajoutant les scènes de terminaison du livre non prévues au scénario (cette idée que Bertrand s'enferme une semaine dans sa salle de bains, à l'abri du jour, et frappe à deux doigts sur sa machine sans discontinuer jusqu'au mot Fin).
Le cinéaste déplace également la séquence du rêve au cours de laquelle son héros se voit transformé en mannequin, prisonnier du regard gourmand des femmes qui se pressent contre la vitrine de la boutique de lingerie. Le scénario la faisait arriver après l'arrestation de Delphine, et le rapprochement fait par Bertrand entre sa propre collection et la collection d'amants de sa mère, presque comme une sorte de punition. En la déplaçant après la visite chez le médecin qui à la fois lui découvre une blennorragie et donne à Bertrand des conseils pour se faire publier, Truffaut la dégage de l'enchaînement explicatif et la rend plus inattendue. La scène avec le médecin est elle-même déplacée, puisqu'elle arrivait après la soirée à trois, dont elle pouvait paraître une conséquence. Manière de botter en touche sur toute velléité de jugement moral.
Sur son scénario de tournage, Truffaut prévoit quelques variantes possibles : « Le dialogue avec tutoiement ne peut fonctionner que si la scène est jouée à voix basse, comme s'il ne fallait pas être entendu des voisins. Éclairage sombre et inégalement réparti. Nous ferons une variante de la scène avec vouvoiement », note-t-il en bas de la scène après l'amour avec l'hôtesse de Midi-Car (et il choisira l'option du vouvoiement). En tournant, puis en montant, il accélère son film. Il coupe des scènes intermédiaires dans les épisodes existants, se passant notamment des préliminaires (scènes de préliminaires coupées avec l'hôtesse de Midi-Car, avec la vendeuse de lingerie), accentuant ainsi volontairement la sécheresse, l'immédiateté de la compulsion d'un personnage pour qui la rencontre sexuelle doit avoir lieu tout de suite et maintenant (« Pourquoi pas ce soir ? »), même s'il préfère à d'autres moments prendre son temps (« Il se passera quelque chose un jour entre cette femme et moi. Je ne suis pas pressé »). Le montage travaille ainsi certains raccords secs : avec l'hôtesse de Midi-Car, on passe directement de l'invitation à dîner à un gros plan sur la carte d'une île, chez elle, une île où ne vivent que des femmes ; Bertrand est déjà en train de se rhabiller et ne s'attarde que le temps de lui montrer quelle forme de lunettes irait avec son visage. Au malaise éprouvé par Truffaut à l'idée de filmer certaines scènes d'amour (la scène de l'amour à trois est ainsi la seule de sa carrière qu'il fait storyboarder pour ne pas être pris au dépourvu) s'ajoutait la pudeur de Denner qui refusait fermement d'être filmé au lit avec une femme ou même d'enlever sa chemise. Les effets d'ellipses qui en découlent renforcent la nature compulsive du personnage.

L'ENFANCE DE BERTRAND. Truffaut élimine aussi au montage quelques histoires complètes : il coupe ainsi une petite série de scènes assez compliquées placées vers le début du scénario où Bertrand, perché sur la lunette de ses toilettes, surveille à la jumelle l'immeuble de bureaux d'en face rempli de filles, puis essaie d'obtenir un rendez-vous téléphonique avec l'une d'elles (en utilisant l'annuaire par rues) pour découvrir sa méprise : celle avec qui il croyait parler continue de répondre au téléphone alors qu'il a raccroché. Coupe également d'une scène de chambrée militaire où Bertrand raconte l'emballement des soldats au moment des arrivages du magazine *Nous Deux*, et à partir de laquelle Truffaut avait prévu d'envoyer un des passages du commentaire fondateurs du personnage : « C'est probablement à ce moment de ma vie, continuellement entouré d'hommes du matin au soir, que je me suis aperçu que la compagnie des femmes m'était indispensable… sinon leur compagnie, en tout cas leur vision. » Commentaire qu'il reliera, dans le film terminé, aux jeux d'enfance avec la petite Ginette, premiers jeux amoureux.
Car, inversement, il développe d'autres scènes au tournage, et notamment les flashes-back sur l'enfance de son héros, ayant repéré un adolescent ressemblant à Denner à qui il demande de reproduire les mêmes tics : une certaine façon de bouger la tête, de présenter son profil, une certaine gaucherie apparente. Les jeux de cache-cache avec Ginette ne sont pas écrits au scénario. De même que n'était absolument pas écrite ni prévue la scène où Bertrand raconte que sa mère se promenait à demi-nue devant lui, « moins pour me provoquer évidemment que pour se prouver à elle-même que je n'existais pas. » Scène que Truffaut termine ironiquement sur la bouche d'égout où le jeune Bertrand engloutit la correspondance amoureuse de sa mère (« les mystères de la poste sont insondables »), et dont il avait écrit une sorte de première version en 1958 dans ses notes préparatoires aux *Quatre Cents Coups* : « Antoine existe si peu pour sa mère qu'elle traversera facilement le petit appartement en petite culotte et soutien-gorge en sa présence ; c'est dans cet appareil qu'elle lui donne l'argent pour les commissions. » Ce qu'il avait omis

alors dans son premier film, il ose le montrer derrière l'écran que lui offre le personnage de Bertrand Morane et la virtuosité de son récit, mais sans y avoir pensé à l'avance : comme si la cristallisation du tournage lui permettait de libérer ce souvenir et d'en faire enfin une scène de film.

LA MÈRE ET LA PUTAIN. Dans la première version du scénario, l'écriture du livre commence par le retour en arrière sur l'enfance : « Il évoque sa mère, une très jolie femme, qui marchait l'air furibond dans la rue pour décourager les hommes. » Il n'est alors pas encore question de la ressemblance entre la mère et une prostituée à la démarche rapide. C'est dans son scénario de tournage que Truffaut fait apparaître cet enchaînement sidérant, dont il fera passer l'indécence par la vitesse conjuguée de l'image et du texte : les femmes qui marchent dans la rue, la putain qui arpente les boulevards à toute vitesse, créant ainsi un doute dans l'esprit des hommes, sa mère qui marche elle aussi très vite dans la rue. Dans le texte de son scénario, Truffaut va jusqu'à rédiger cette phrase terriblement explicite, même si elle se présente comme une dénégation : « Ma mère, qui n'était pas une putain, enfin pas professionnelle, marchait très vite dans la rue avec, sur le visage, un air furibond, probablement destiné à décourager les hommes. » Explication dont il n'a plus besoin à partir du moment où il a l'idée, quand même particulièrement gonflée, de faire jouer la mère et la putain par la même actrice qu'il se contente de coiffer et d'habiller différemment. Qu'il ne filme pas non plus de la même manière : s'il accompagne la prostituée d'un seul travelling arrière continu alors qu'elle déambule dans la rue, il fragmente immédiatement le corps de la mère, filmant d'abord son buste, puis ses jambes découvertes par une jupe plissée très courte. Précision chirurgicale du découpage qui fait aussitôt et sans une parole de la mère – dont c'est la première apparition à l'écran – la responsable du fétichisme de son fils (suivront d'innombrables plans de coupe sur les jambes des femmes en mouvement à travers la ville). Violence inédite du raccourci que Truffaut dissimule par la vitesse, en passant sans attendre à autre chose, afin d'entraîner ailleurs son spectateur qui n'est plus tout à fait sûr de ce qu'il a vu.

Par éclats, par de soudains téléscopages (tel celui du début du film, où à un plan presque onirique où Bertrand aperçoit des prostituées sur la route de retour de Béziers succède aussitôt la surimpression du visage de l'hôtesse de Midi-Car soufflant « si vous avez un problème, revenez me voir »), *L'Homme qui aimait les femmes* est un des films de Truffaut les moins rangés, un de ceux où il va le plus loin dans la représentation de l'indécence du désir et de son caractère asocial. Il prend le risque de peindre un personnage profondément, violemment asocial et l'accompagne par la radicalité d'une mise en scène qui refuse tout décoratif, saisissant le mouvement des corps et l'intensité des visages sur des fonds volontairement neutres jusqu'à l'ingratitude visuelle. Le monde extérieur au fantasme est réduit au minimum, les personnages secondaires non féminins sont évités le plus souvent possible (tel l'assureur que Bertrand n'a qu'au téléphone et à qui Truffaut prête sa voix), les décors sont anodins, les plans souvent resserrés, comme si le personnage ne voyait du monde que ce qui sert son désir. Parcellisation et mouvement du corps féminin, fragmentation du découpage, c'est un film où il y a relativement peu de plans longs, le film de l'urgence du désir, de la pulsion nue, comme autrefois *La Peau douce*. La mise en scène, moins esthétique, moins élégante que dans les films d'amour et d'obsession d'époque (*Deux Anglaises* ou *Adèle*), est dévolue à la puissance motrice du fantasme.

« Je n'en suis pas là, moi. Je regarde tout le monde [...] Le gouvernement ne nous aime pas, nous les célibataires, nous dérangeons l'ordre social, nous refusons de suivre le tracé, nous dérangeons l'organisation du monde. Parfois, je me sens comme un voleur qui profite de la société et refuse d'en faire partie. » S'il a supprimé pour finir certaines diatribes prévues au scénario pour nourrir le commentaire, c'est que le film les a rendues superflues.

Truffaut continue cependant d'avancer masqué, n'affrontant l'indécence de son sujet que sous le déguisement d'un récit enlevé et constamment divertissant, sous le déguisement du gag et de la vitesse. Semblant se raccrocher aussi, passé les deux tiers du film, à une dernière partie plus banale (publication du livre, promesse d'une histoire d'amour avec l'éditrice), qui jouerait la feinte d'une réconciliation, s'il n'y avait l'incise douloureuse de la rencontre avec la « revenante », et le geste final du personnage qui meurt en tendant la main pour saisir son obsession (comme, l'a explicitement défini Truffaut, le père Grandet voulant saisir sur son lit de mort un crucifix en or). L'échec de *La Peau douce* plus d'une dizaine d'années plus tôt a sans doute contribué à décourager quelque peu le cinéaste dans la direction de la sécheresse du sujet, comme celui de *Tirez sur le Pianiste* dans celle de la fantaisie pure. Impossible pour Truffaut d'exposer sa part subversive sans quelques concessions (si l'on considère que l'amabilité du personnage de l'éditrice en est une), et surtout sans le support des séductions du récit. Cette séduction apparente étant précisément ce qui lui permet de faire passer en contrebande et sans en avoir l'air toutes les indécences.

L'ACHÈVEMENT DE LA FIGURE

LA CHAMBRE VERTE

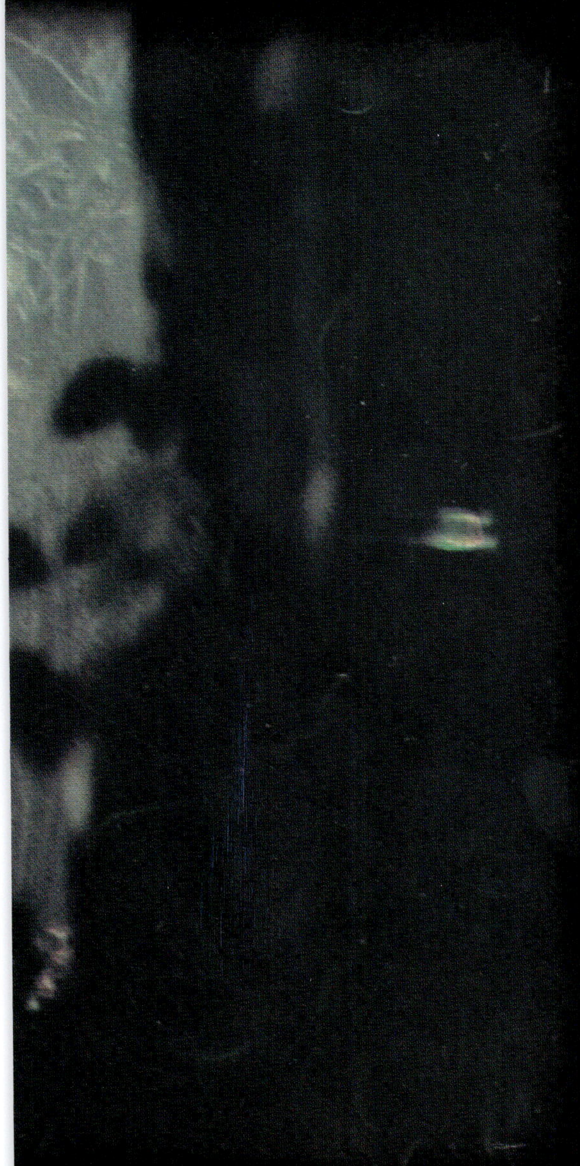

LA CHAMBRE VERTE (1978). « Il y a beaucoup, beaucoup trop de morts autour de moi, que j'ai aimés, et j'ai pris la décision, après la disparition de Françoise Dorléac, de ne plus assister à aucun enterrement, ce qui, vous le pensez bien, n'empêche pas la tristesse d'être là, de tout obscurcir pendant un temps et de ne jamais s'estomper complètement, même avec les années, car on ne vit pas seulement avec les vivants, mais aussi avec tous ceux qui ont compté dans notre vie. »

Truffaut écrit ces quelques mots de condoléances en février 1970 à Tanya Lopert, à la mort de son père, le producteur Ilya Lopert, responsable des Artistes Associés en Europe, un des interlocuteurs des Films du Carrosse. Un peu plus de sept ans plus tard, il tourne un film dont il interprète lui-même le rôle principal, comme on écrit « une lettre à la main plutôt qu'à la machine », et où il raconte l'histoire d'un homme hanté par l'obsession de refuser l'oubli, et porté par la volonté d'offrir à ses morts une forêt de flammes, une grande célébration. Un de ses films les plus directement personnels, même s'il s'abrite derrière l'adaptation de thèmes empruntés à Henry James, un des plus étranges et des moins rangés, et qu'il tourne de la manière la plus économique possible, car, s'il est prêt à en prendre le risque, il prévoit qu'il a assez peu de chances de remporter un grand succès public.

Dans les années 1972-1973, il reçoit de Diane de Margerie un exemplaire de *L'Autel des morts*, la nouvelle de James dont elle vient de faire une nouvelle traduction, qu'elle lui adresse avec cette dédicace : « Pour François Truffaut, cet *Autel des morts*. La nouvelle de James que je préfère. Celle dont James a écrit qu'il ne se souvenait plus de l'époque où il ne l'avait pas " portée " en lui. » Jeune, James a perdu une cousine très aimée, Minnie Temple, à peine âgée d'une vingtaine d'années, et cette disparition le poursuivra toute sa vie. *La Fiancée disparue* est longtemps un des premiers titres de *La Chambre verte*. Au début de l'année 1974, Truffaut lit beaucoup James et recherche activement livres de et sur l'écrivain anglo-américain. En février, il ramène d'Amérique la biographie en cinq volumes de Léon Edel et l'autobiographie de James non traduite en français qu'il soumet à Floriana Lebovici, éditrice et épouse de son agent. Dans les premiers jours du mois de juillet 1974, il demande à son ami et critique de cinéma japonais Koichi Yamada (qui a traduit en japonais le « Hitchbook » et *Les Films de ma vie*) si ce dernier peut lui trouver quelques informations sur le culte des morts dans la culture et la littérature de son pays : « J'ai commencé à prendre des notes, en vue d'en tirer un film, sur l'histoire d'un homme qui a le culte des morts et qui passe beaucoup de temps à célébrer les gens qu'il a connus ou qu'il a aimés et qui sont morts. J'ai pensé que je pourrais trouver beaucoup de détails sur ce thème dans la littérature

« Une forêt de cierges... Une grande célébration ». Cécilia (Nathalie Baye) et Julien Davenne (François Truffaut).

japonaise. » Le 21 juillet, il envoie à Jean Gruault un contrat pour écrire *L'Autel des morts*, dont il reconnaît lui-même qu'il n'est « pas mirobolant », car il s'agit d'un projet à l'essai qu'il n'est pas encore certain de pouvoir et de vouloir réaliser. Il le prévient que cet arrangement sera reconsidéré si le film se tourne dans des conditions normales (d'après Jean Gruault, le contrat de *La Chambre verte* a été à l'arrivée relativement mirobolant par rapport aux autres scénarios qu'il avait précédemment écrits pour Truffaut, d'autant qu'il avait entretemps – à partir de 1975 – commencé à travailler avec Resnais pour des tarifs plus élevés).

Avec son sujet audacieux et difficile, *La Chambre verte* est des films de Truffaut celui qui s'écrit avec le plus de tâtonnements, de tentatives, de reculs et de retours en arrière. Il faudra sur trois ans et demi, sept ou huit versions (jusqu'à une dizaine, si l'on compte quelques étapes intermédiaires), avant que le film ne finisse par trouver sa forme définitive. Jusqu'au bout, Truffaut passe face au texte et au sujet par des alternances d'enthousiasme et de découragement. Depuis Bombay, où il se remet dans la peau du Dr Lacombe le temps de quelques plans pour Spielberg, il écrit à Gruault en février 1977 : « Le scénario est superbe et je suis très content. Je désire seulement travailler trois jours avec toi en mars, avant de te laisser écrire le traitement définitif ». Qui sera loin d'être le définitif, car quelques mois plus tard, en juin, il prévient sa critique américaine, Annette Insdorf, qu'il a reculé d'un mois son prochain tournage, d'abord prévu pour septembre (il pourra du coup se rendre au New York Film Festival) : « J'ai beaucoup de mal avec ce scénario (tiré, confidentiellement, de *The Altar of the Dead*. » Pendant plus d'un an, de la mi 1975 à début 1977, il laisse même le projet de côté. Alors qu'il avait un temps songé à tourner *La Fiancée disparue* avant *L'Homme qui aimait les femmes*, il s'apprête désormais à tourner ce dernier projet d'abord, en 1976 (histoire de la fidélité à une seule, *La Chambre verte* en paraîtra comme l'envers), puis en 1977, *L'Agence Magic*, un scénario qu'il avance en parallèle avec Claude de Givray et Bernard Revon sur l'univers du music-hall (il reportera *L'Agence Magic*, dont l'action doit se dérouler en Afrique, à beaucoup plus tard et n'aura finalement pas le temps de le tourner). Après la terminaison d'*Adèle*, un léger froid l'oppose quelques mois à Jean Gruault qui n'a pas du tout aimé le film : « Je ne déteste pas absolument les malentendus, mais je crois que notre amitié ne devrait pas se laisser entamer par des silences, dont je suis, à l'origine, responsable. Dans un premier temps, il y a eu ma déception à la lecture de *L'Autel des morts* [une troisième version remise par son coscénariste en mars 1975], dans un deuxième temps, ta déception devant *Adèle* sur l'écran, lui écrit-il en

Pages précédentes : Truffaut dans son film.

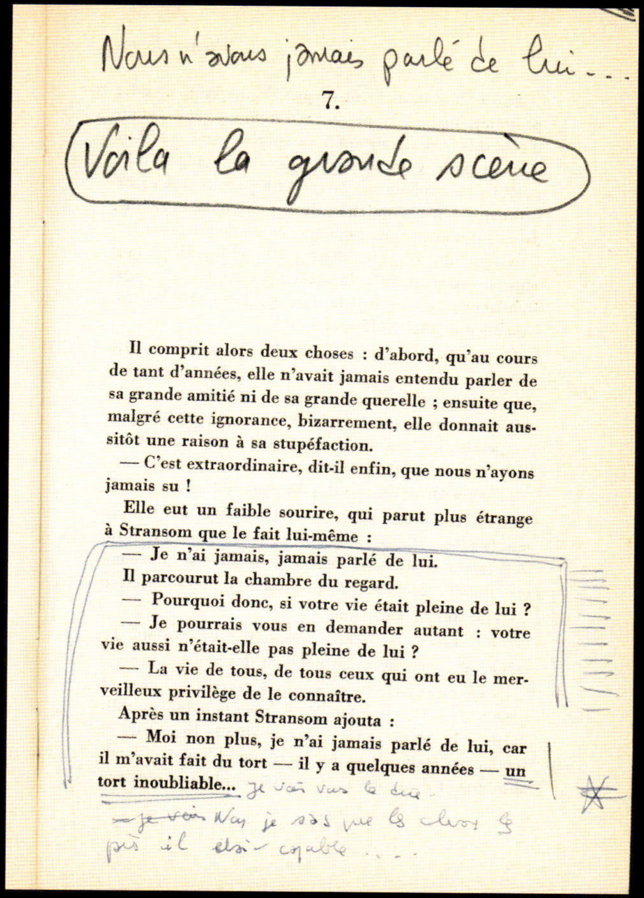

Nous n'avons jamais parlé de lui...

7.

(Voilà la grande scène)

Il comprit alors deux choses : d'abord, qu'au cours de tant d'années, elle n'avait jamais entendu parler de sa grande amitié ni de sa grande querelle ; ensuite que, malgré cette ignorance, bizarrement, elle donnait aussitôt une raison à sa stupéfaction.

— C'est extraordinaire, dit-il enfin, que nous n'ayons jamais su !

Elle eut un faible sourire, qui parut plus étrange à Stransom que le fait lui-même :

— Je n'ai jamais, jamais parlé de lui.

Il parcourut la chambre du regard.

— Pourquoi donc, si votre vie était pleine de lui ?

— Je pourrais vous en demander autant : votre vie aussi n'était-elle pas pleine de lui ?

— La vie de tous, de tous ceux qui ont eu le merveilleux privilège de le connaître.

Après un instant Stransom ajouta :

— Moi non plus, je n'ai jamais parlé de lui, car il m'avait fait du tort — il y a quelques années — un tort inoubliable... je vais vous le dire...

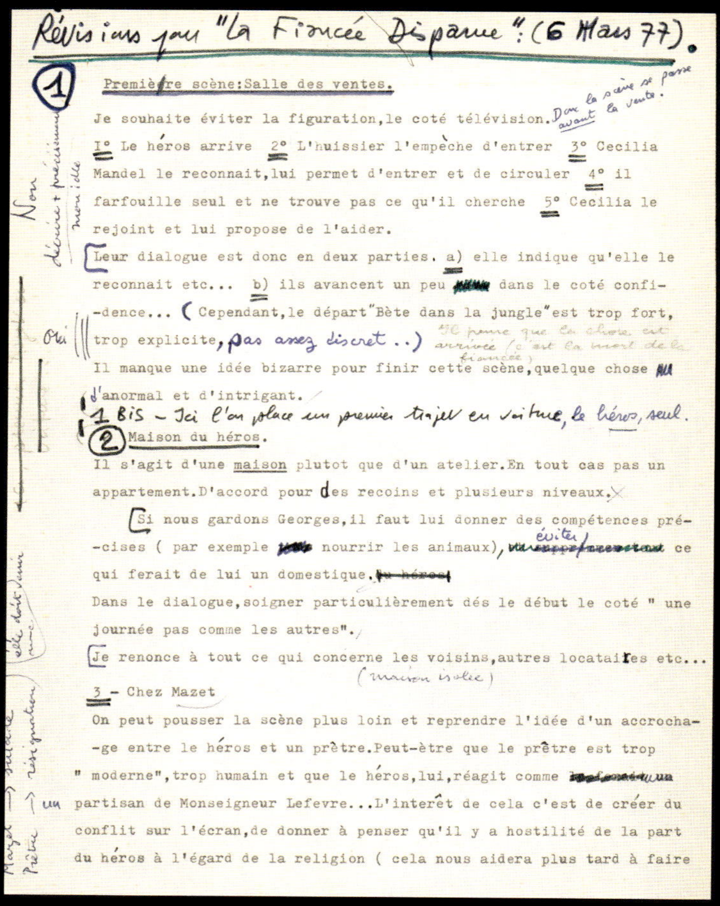

Révisions pour "La Fiancée Disparue" : (6 Mars 77).

(1) Première scène : Salle des ventes.

Je souhaite éviter la figuration, le coté télévision. Donc la scène se passe avant la vente.

1° Le héros arrive 2° L'huissier l'empêche d'entrer 3° Cecilia Mandel le reconnait, lui permet d'entrer et de circuler 4° il farfouille seul et ne trouve pas ce qu'il cherche 5° Cecilia le rejoint et lui propose de l'aider.

Leur dialogue est donc en deux parties. a) elle indique qu'elle le reconnait etc... b) ils avancent un peu dans le coté confi-dence... (Cependant, le départ "Bète dans la jungle" est trop fort, trop explicite, pas assez discret ..) Il pense que la chose est arrivée (c'est la mort de la fiancée)

Il manque une idée bizarre pour finir cette scène, quelque chose d'anormal et d'intrigant.

1 BIS – Ici l'on place un premier trajet en voiture, le héros, seul.

(2) Maison du héros.

Il s'agit d'une maison plutot que d'un atelier. En tout cas pas un appartement. D'accord pour des recoins et plusieurs niveaux.

Si nous gardons Georges, il faut lui donner des compétences pré-cises (par exemple nourrir les animaux), éviter ce qui ferait de lui un domestique.

Dans le dialogue, soigner particulièrement dés le début le coté " une journée pas comme les autres".

Je renonce à tout ce qui concerne les voisins, autres locataires etc... (maison isolée)

3 – Chez Mazet

On peut pousser la scène plus loin et reprendre l'idée d'un accrocha-ge entre le héros et un prêtre. Peut-être que le prêtre est trop " moderne", trop humain et que le héros, lui, réagit comme un partisan de Monseigneur Lefevre... L'interet de cela c'est de créer du conflit sur l'écran, de donner à penser qu'il y a hostilité de la part du héros à l'égard de la religion (cela nous aidera plus tard à faire

Non

Oui

Mazet → sur scène

Prêtre → résignation

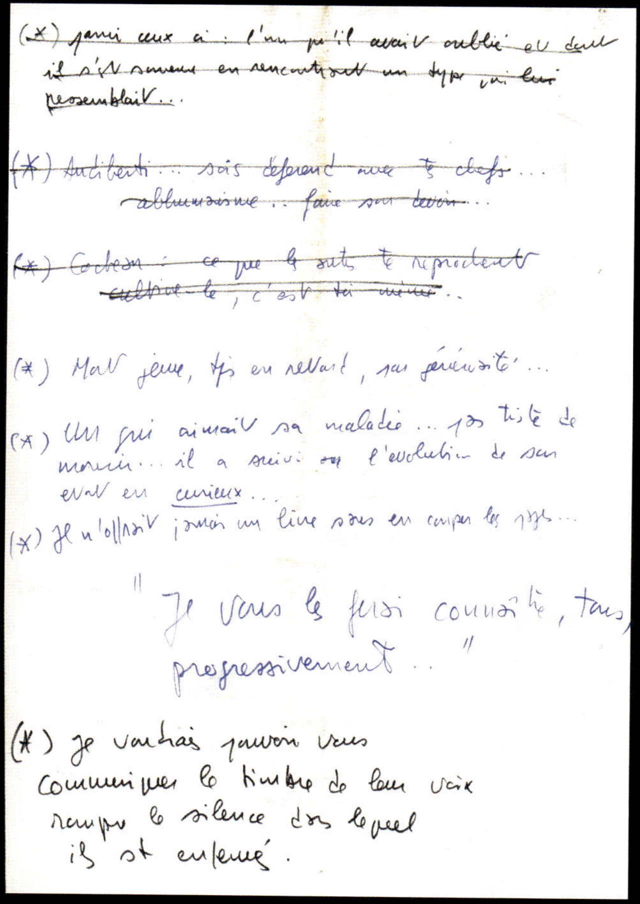

(*) Mal jeune, tjs en retard, pas ponctuel...

(*) Lui qui aimait sa maladie... pas triste de mourir... il a suivi l'évolution de son état en curieux...

(*) Il n'offrait jamais un livre sans en couper les pages...

« Je vous les ferai connaître, tous, progressivement... »

(*) Je voudrais pouvoir vous communiquer le timbre de leur voix rompre le silence dans lequel ils sont enfermés.

Page de gauche : la nouvelle de James annotée ***(L'Autel des morts)***, et une liste de propositions pour le scénario rédigée par François Truffaut à l'attention de Jean Gruault entre la quatrième et la cinquième version.

Sur une page de gauche du scénario de tournage, Truffaut esquisse la grande scène de la présentation des morts honorés dans la chapelle qu'il écrira au tout dernier moment.

Ci-contre : une page de l'exemplaire de tournage. Depuis ***Tirez sur le Pianiste*** et ***Fahrenheit 451***, Truffaut aime terminer ses films dans la neige.

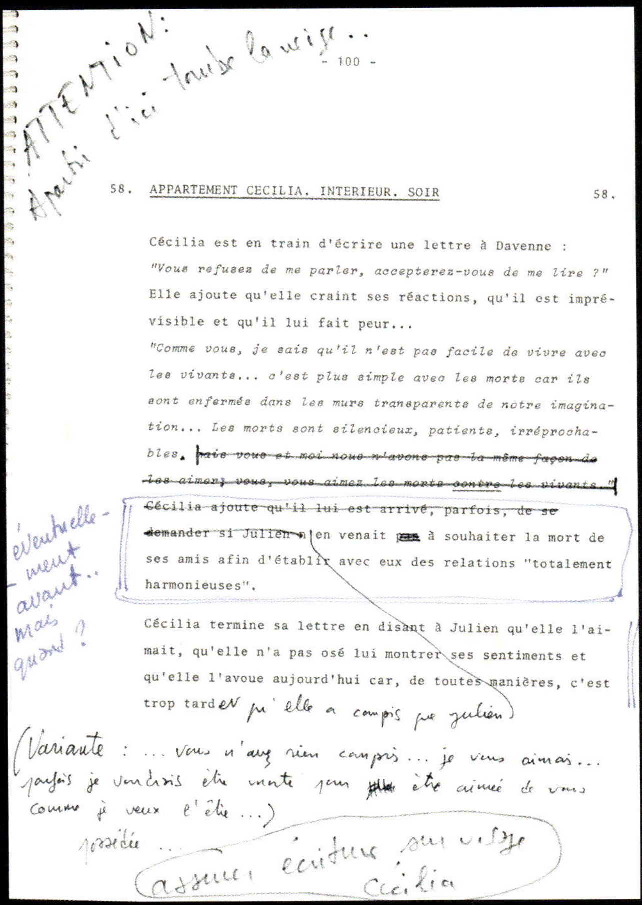

ATTENTION: À partir d'ici tombe la neige..

\- 100 -

58. APPARTEMENT CECILIA. INTERIEUR. SOIR 58.

Cécilia est en train d'écrire une lettre à Davenne :
"Vous refusez de me parler, accepterez-vous de me lire ?"
Elle ajoute qu'elle craint ses réactions, qu'il est imprévisible et qu'il lui fait peur...
"Comme vous, je sais qu'il n'est pas facile de vivre avec les vivants... c'est plus simple avec les morts car ils sont enfermés dans les murs transparents de notre imagination... Les morts sont silencieux, patients, irréprochables. ~~*Mais vous et moi nous n'avons pas la même façon de les aimer; vous, vous aimez les morts contre les vivants."*~~
~~Cécilia ajoute qu'il lui est arrivé, parfois, de se demander si Julien n'~~en venait ~~pas~~ à souhaiter la mort de ses amis afin d'établir avec eux des relations "totalement harmonieuses".

éventuellement avant.. mais quand ?

Cécilia termine sa lettre en disant à Julien qu'elle l'aimait, qu'elle n'a pas osé lui montrer ses sentiments et qu'elle l'avoue aujourd'hui car, de toutes manières, c'est trop tard et qu'elle a compris que Julien)

(Variante : ... vous n'avez rien compris... je vous aimais... parfois je voudrais être morte pour être aimée de vous comme je veux l'être ...)

possédée ...

assumer écriture sur visage Cécilia

novembre 1975. En ce qui concerne *L'Autel des morts*, je t'ai fixé un cadre trop rigide pour te permettre d'inventer, et tu as fait de ton mieux. J'ai mieux aimé ton texte en le relisant, je l'ai fait taper et je m'apprête à le remanier avec Suzanne avant de te soumettre la quatrième version ». Ce n'est en réalité qu'à partir de début 1977 qu'il y retravaillera de manière continue, en enchaînant les remaniements, jusqu'au tournage à Honfleur en octobre et novembre 1977.

TROIS NOUVELLES DE JAMES. Truffaut demande au départ à Suzanne Schiffman de lui faire un résumé de ce que pourrait être le film à partir d'un décalque de la seule nouvelle *L'Autel des morts*. Ce sont les principaux ingrédients de la nouvelle que l'on retrouvera dans le film : l'idée d'un personnage qui se consacre dans une chapelle délaissée d'une église à un culte à ses morts faits de cierges disposés sur un autel ; la rencontre dans l'église avec une inconnue qui partage d'abord discrètement la célébration alimentée par le héros ; l'idée que la figure d'un mort se dresse entre eux, celle d'un ami passé du héros à qui l'a opposé un différend profond et qu'il refuse d'accepter dans le cercle de ses morts, alors qu'il est le seul auquel elle consacre ses pensées. Le héros se retrouve au cours du récit face à un ami venu lui rendre visite avec sa seconde femme, puis change de trottoir, lors d'une deuxième rencontre afin de ne pas avoir à le saluer, situation que Truffaut aura l'idée de dramatiser en ouvrant son film sur la mise en bière de la première épouse de ce personnage. Le lien du héros à sa fiancée morte est encore très peu exploité, et sa rencontre avec l'inconnue de l'église arrive d'abord tard dans l'histoire. C'est après ce premier résumé, que Truffaut pense à intégrer dans son histoire des situations empruntées à d'autres nouvelles de James, préférant glaner des idées dans un même univers et prévoyant d'apporter « une solution James aux problèmes James », comme il disait chercher des « solutions Irish aux problèmes Irish ». Il écrit en ce sens à Gruault, à qui il recommande une situation des *Amis des amis*, dont les protagonistes ont, chacun, avant de se connaître, perdu un être cher dont ils ont ressenti la mort à distance au moment où elle se produisait (idée qui sera exploitée et dialoguée lors d'une scène où Davenne raccompagne Cécilia en voiture et où elle évoque ce phénomène qui les lie). Il lui suggère aussi d'avoir recours à *La Bête dans la jungle*, une des plus belles et complexes nouvelles de James. « Les relations entre le héros et l'héroïne, je les vois un peu comme dans *La Bête dans la jungle*, c'est à dire qu'elle est amoureuse de lui dès le début (et elle en est consciente) alors que lui est amoureux, mais sans le savoir, probablement parce qu'il ne sait pas qu'on peut aimer deux fois dans sa vie. On retrouve là un thème qui nous est cher : le définitif et le provisoire. » Le héros de James, possédé par une idée fixe qui le trouble et le hante, attend toute sa vie un événement, peut-être terrible, dont il a le pressentiment, auquel il s'estime destiné et qui doit bouleverser son existence. Il passe sans le savoir à côté de cet événement même et de la jeune femme qui l'aime en secret, et qui parce qu'elle partage avec lui cette prescience d'une mystérieuse « chose » qui le guette et peut bondir sur lui à n'importe quel instant telle une bête tapie dans la jungle, veille des années durant auprès de lui jusqu'au jour où elle meurt, et où il découvre sur sa tombe et bien après elle que la « chose » tant redoutée n'était rien d'autre que cette veille commune et l'étendue de son aveuglement. L'intégration au récit de ces thèmes assez contournés de James est d'abord malaisée, assez artificielle, ainsi que le prévoyait d'ailleurs le cinéaste : « L'inconvénient avec James, c'est que les choses ne sont jamais dites expressément et nous ne pouvons pas, dans un film, nous permettre ce vague et ce flou. » Toutes les premières versions du scénario sont émaillées de dialogues abstraits et passablement obscurs où les personnages évoquent la « chose » attendue par le héros et dont il avait parlé à l'héroïne lors d'une première rencontre en Italie des années plus tôt. Elle sait sur lui quelque chose qu'il ne devinera jamais : elle pense que la « chose » qu'il attendait est déjà survenue, lui dit-elle, lorsqu'il lui rend visite chez elle, juste avant qu'il ne découvre les portraits de l'ami d'autrefois aujourd'hui exécré. Le héros s'écrie alors : « C'est ça la chose qui doit arriver : vous avez brisé ma vie, tout m'est indifférent, vous avez détruit mon seul bonheur » ; et elle lui répond : « Non, détrompez-vous, ce n'est pas cela. Et néanmoins, c'est arrivé » (quatrième version). Truffaut finira par éliminer cet aspect de la nouvelle de James et remplacera toutes ces conversations cryptées sur la « chose » à venir par des conversations sur les morts, l'attention qu'on leur porte, ou qu'on néglige de leur porter, leur solitude sous la terre froide des cimetières : concentration autour du sujet dans un film qu'il construit peu à peu comme un « œuf en ivoire » et où tout se rapporte au thème.

Dans ses premiers essais, Gruault tente de faire jouer à la nouvelle de James un effet miroir : dans le premier très long résumé qu'il remet à Truffaut, le héros, encore nommé Stransom comme dans la nouvelle de James (*L'Autel des morts*), part en voyage et assiste dans le train à une conversation entre deux femmes. L'une raconte à l'autre un livre qu'elle vient de lire, *La Bête dans la jungle*, et « la similitude qui existe entre cette histoire et la sienne trouble Stransom ». Solution que Truffaut refuse d'un « non » catégorique, avant d'en proposer une équivalente que Gruault développe à la version d'après et qui ne vaut pourtant pas mieux : Ferrand (le personnage est maintenant nommé provisoirement comme le réalisateur de *La Nuit américaine*) entend l'histoire de *La Bête dans la jungle* en regardant une émission littéraire à la télévision. Reflet de la fidélité du cinéaste à l'émission Apostrophes qu'il aimait regarder chaque vendredi soir (« Le commentateur TV : c'est une réédition très heureuse. Ce livre est l'histoire d'un homme, etc »), mais idée assez médiocre et peu légère. Il n'en sera plus question dans les traitements suivants.

Ce que Truffaut retiendra de la situation de départ de la nouvelle de James, c'est l'idée d'une rencontre qui a déjà eu lieu entre ses deux personnages. Thème permanent dans ses films des retrouvailles préférées aux rencontres avec cette subtilité empruntée à James : lui ne se souvient pas clairement où il l'a déjà vue, et c'est elle, plus précise, qui lui rappelle les circonstances de leur première conversation lors d'un orage en Italie. Moment où il commence à se dégager de la référence (la nouvelle cesse d'être citée nommément) pour intégrer concrètement une situation dans son récit et la fusionner avec le reste (« Le départ « Bête dans la jungle » est trop fort, trop explicite, pas assez discret », notera-t-il encore sur cette version). C'est dans ce même traitement (le quatrième, établi selon ses directives et livré au Carrosse par Jean Gruault début 1977) qu'apparaît, pour installer cette rencontre, l'idée d'une première scène dans une salle des ventes où le héros cherche une bague ayant appartenu à sa fiancée disparue, et où il croisera la jeune Mademoiselle Mandel qui s'occupe de ces objets du passé liés à des morts.

UNE DEMANDE EN MARIAGE. C'est aussi ce thème d'une histoire d'amour inaccomplie, cet aveuglement du héros, commun aux deux nouvelles, qui l'intéresse pour son film. Truffaut sait qu'il ne fera « passer » son sujet sur l'attachement aux morts que sous couvert de la promesse d'une histoire d'amour, même si celle-ci n'aboutit jamais. Dans les premières versions, le personnage de la jeune femme arrive assez tard, dans la deuxième partie du récit, croisée au cimetière ou revue à la chapelle après la découverte de celle-ci. La rencontre est ramenée à l'ouverture du film dans la quatrième version de début 77 où la présence du personnage commence à être installée d'un bout à l'autre du récit. Version où Truffaut et Gruault l'entourent d'un léger parfum proustien : le texte indique que Cécilia habite au 18 rue Bergotte (l'écrivain admiré par le narrateur de *La Recherche*) et lors de sa deuxième entrevue avec le héros, elle lui répète une phrase qu'elle a lue dans un livre qui vient de paraître (l'action est alors située dans les années vingt) : « Notre mémoire et notre cœur ne sont pas assez grands pour être fidèles. Nous n'avons pas assez de place dans notre pensée actuelle pour y garder les morts à côté des vivants ». C'est d'ailleurs aussi en référence explicite à Proust qu'apparaît cette idée que le héros « ne téléphone jamais personnellement ». Sa gouvernante « consulte au mur un tableau noir où sont notés divers renseignements et numéros de téléphone (le genre de l'aide mémoire de Céleste Albaret, cf. *Monsieur Proust*[1], p. 384) ». Comme lors du travail sur *Les Deux Anglaises*, ces emprunts directs à Proust deviennent ensuite plus souterrains, même si l'on reconnaît la grande proximité entre les pages consacrées par l'écrivain à la mort des proches, la mort de la grand-mère du narrateur, et l'obsession pourtant impossible de la fidélité qui fonde Julien Davenne. En exergue à la septième version du scénario, qu'il recompose lui-même à la colle et aux ciseaux à la fin de l'été 77, y intégrant de nouvelles scènes ou de nouvelles versions des scènes sur des feuilles de papier pelure qu'il couvre de son écriture, Truffaut place une citation de Proust qu'il reprendra dans le dossier de presse du film et dans de nombreuses interviews : « Ce n'est pas parce que les autres sont morts que notre affection pour eux s'affaiblit, c'est parce que nous mourons nous-mêmes. »

En se réappropriant le scénario, Truffaut renforce la présence de Cécilia et ses rapports de familiarité et d'opposition avec Davenne : à condition qu'il ne s'agisse encore et toujours que de la question de la fidélité aux morts. Reprenant une scène de marivaudage du quatrième traitement, où Gruault se proposait de montrer le héros à la sortie d'un concert où il a emmené la jeune femme lui offrir une bague pour son anniversaire (alors que ce n'est pas son anniversaire), Truffaut, qui veut que chaque scène enfonce le clou de l'hommage aux morts, quitte à faire passer son personnage pour un fou, s'amuse à radicaliser la situation : Davenne montre à Cecilia l'autel qu'il a installé dans la chapelle et lui demande d'être avec lui la gardienne du temple ; il ne lui offre plus une bague, mais la clé de la chapelle, et comme si c'était une bague (sixième version). « À présent, j'ai quelque chose à vous demander », dira Julien Davenne à Cécilia après lui avoir fait les honneurs de la chapelle. « Ce qui suit doit évoquer une demande en mariage », note Truffaut lors d'une dernière révision du scénario qui précède la mise au propre de l'exemplaire de tournage. Pendant le tournage, filant son idée, il précise en marge de la scène : « Important : pour la première fois, Julien appelle Cécilia par son prénom ». Il demande assez tôt à Jean Gruault de prévoir une lettre que la jeune femme écrira au héros dont elle désespère d'attirer l'attention, lettre dont il jette les fondations en marge d'une quatrième version du script : « Dans la lettre, elle lui explique qu'il n'est pas facile de lui dire cer-

1. Éditions Robert laffont, 1973

taines choses, donc qu'elle va les écrire. Cette lettre est constituée d'éléments de *La Bête dans la jungle* humanisés et entrecroisés avec notre thème principal : [...] Il ne faut pas aimer les morts contre les vivants. Cette lettre se termine par une déclaration d'amour à peine voilée. » Et il ajoute à côté : « Motivation : vous êtes imprévisible, vous me faites peur. J'aime mieux vous écrire que vous parler. » Sur son exemplaire de tournage, il jette quelques bribes de phrases pour compléter encore la violence de cette lettre que son personnage, déjà mourant, depuis longtemps ailleurs, recevra trop tard : « Vous n'avez rien compris... Je vous aimais... Parfois je voudrais être morte pour être aimée de vous comme je veux l'être... possédée... » (« Je veux vous écrire aujourd'hui des choses que je n'ai jamais osé vous dire, parce que vous êtes imprévisible et que parfois vos réactions me font peur. [...] Je sais que pour être aimée de vous il me faudrait être morte », tel sera le texte définitif). « Attention : à partir d'ici tombe la neige », note-t-il également en marge de cette scène sur son exemplaire de tournage, comme si le mouvement final ne pouvait qu'être accompagné par la neige comme à la fin du *Pianiste*, de *Fahrenheit* ou de *La Sirène*.

Davenne refuse d'être le complice du remariage de son ami : « Geneviève Mazet était blonde comme les blés. La nouvelle Madame Mazet est brune comme l'ébène. J'imagine que pour lui seule la couleur des cheveux a changé. » Marie Jaoul, Jean-Pierre Moulin, François Truffaut.

Truffaut avance jusqu'au cœur de son sujet par strates successives. Lors d'une autre visite de la jeune femme à la chapelle, il ajoute, à la septième version, une scène visuelle d'affrontement entre Cécilia et la morte : Cécilia fixe le portrait de la morte dans les yeux. Il rend plus aigus les conflits entre eux, ajoutant par exemple, lorsque Cécilia raconte à Davenne qu'ils ont en commun l'apparition de leurs proches au moment de leur mort (c'est l'idée empruntée aux *Amis des amis*), une fin de scène où il les oppose : « Nous sommes pareils », dit Davenne, mais Cécilia refuse cette uniformité : « Non, car vous aimez les morts contre les vivants ». Plus loin, il récrit inversement un début de scène, lors d'une rencontre fortuite au cimetière, comme un rabibochage amoureux : « Vous ne vouliez pas me voir » / « Je pensais que c'était vous qui ne souhaitiez pas me voir ». Dans le film, Cécilia, amusée, fera remarquer à Davenne venu lui rendre visite chez elle qu'il ne connaît même pas la couleur de ses yeux (« des droits sur moi, vous voulez avoir des droits sur moi, vous ? »). Et c'est un des rares moments où Truffaut, interprète, se donne la liberté de faire sourire Davenne, juste avant le séisme de la découverte des liens entre Cécilia et

Au mur de la chambre verte, une photo de Julien Davenne avec son épouse (Laurence Ragon).

Massigny, l'ami renié. Cette histoire d'amitié trahie est, en creux, la grande affaire du récit, le grand rebondissement, puisque c'est leur divergence irréconciliable autour de ce mort qui précipite l'abîme entre Davenne et Cécilia, et rend, tout autant que l'attachement à l'épouse disparue, toute histoire d'amour entre eux impossible. C'est au moment de tourner, alors qu'il continue de chercher à équilibrer la sévérité de son thème par le filage du suspense sentimental, que Truffaut décide d'en avertir le spectateur avant son héros. Créant un mystère, Il prévoit ainsi de nous montrer Cécilia qui assiste secrètement à l'enterrement de Massigny : « Enterrement Massigny. [...]. Du beau monde... Un beau monument funéraire sur pilotis... Un discours sans importance... Alors, un lent panoramique révèle à l'écart de ce groupe, dissimulée derrière un arbre, Cécilia, seule, en larmes ». Et d'ajouter deux petites scènes additionnelles qui souligneront entre Davenne et Cécilia le rendez-vous manqué : Davenne cherche à téléphoner à Cécilia après le choc de la visite à l'artisan et du rejet du mannequin qu'il avait pourtant commandé. Prostrée, Cécilia laisse le téléphone sonner sans répondre, et l'on découvre non loin d'elle un portrait de Massigny semblable aux photos que l'on a vues de lui au journal où Davenne a écrit sur lui une nécrologie trop emportée. Ce renforcement par petites touches au moment du tournage est coutumier chez Truffaut. Brèves scènes muettes qui filent le thème de l'amour empêché et de la discordance des temps et des sentiments : ironie dramatique qui fait du seul moment du film où Davenne sort de sa réserve pour téléphoner à Cécilia, celui où elle ne peut lui répondre. Variante par avance d'une autre scène téléphonique que le cinéaste filmera quelques années plus tard : Bernard et Mathilde cherchant à se joindre au même instant dans *La Femme d'à côté*, où la tonalité occupée de leurs téléphones signe inversement un des seuls moments où coïncide l'élan des deux amants. Dans *La Chambre verte*, si le lien téléphonique entre les deux personnages n'est pas possible, c'est bien sûr parce qu'un mort les sépare. Un mort qui permettra de développer dramatiquement l'étrange possession du héros. Lorsque Jean Gruault propose à Truffaut une scène demandée par ce dernier où Davenne se met à écrire frénétiquement un article sur Massigny qui lui sera refusé (car c'est une deuxième mise à mort), il renvoie aux termes employés par Jean Marais pour décrire Cocteau écrivant en crispant la bouche et la figure : « Quand vous écrivez, je n'aimerais pas vous rencontrer au coin d'un bois ». Au départ, le héros devait se contenter de refuser net d'écrire un article à la gloire de son ami d'autrefois. Cherchant toujours à pousser les scènes plus loin, Truffaut a alors l'idée qu'il écrive un texte impubliable : « Une autre solution intéressante serait qu'il écrive une notice plutôt démente et qu'il soit alors convoqué par son rédacteur en chef à qui il expliquerait qu'un problème personnel l'a effectivement empêché d'écrire cette notice avec sérénité. Le héros est assez troublé, presque malade, au point qu'on lui suggère de rentrer chez lui aussitôt. »

LES NOTICES NÉCROLOGIQUES. Ce qui préoccupe Truffaut depuis le début, c'est la manière dont il fera accepter les bizarreries d'un personnage particulièrement excessif, sans pour autant renoncer à la moindre de ces bizarreries, et même en les accentuant. Il suggère d'emblée à Jean Gruault de prévoir des personnages qui pourront parler du héros. « N'oublie pas que notre personnage principal doit être mystérieux et prestigieux et que pour atteindre cet effet, rien n'est meilleur qu'une ou deux scènes où l'on parle de lui en son absence. Si le héros dit : "J'ai un secret", on se dit : "Pour qui se prend-il, ce type-là ?", tandis que si deux personnages parlent de lui en disant : "Cet homme-là a un secret", on est intrigué et captivé » (lettre de juillet 1974, préalable au travail de Gruault). Il pousse en même temps son coscénariste à ne pas lésiner sur la folie du personnage : « Quand le héros fait des choses bizarres, arrange-toi pour les dilater, leur donner un bon aspect visuel, ce sont des éléments à traiter comme s'il s'agissait d'un film policier, en renforçant le côté secret et un peu fou du héros ». Et, de manière obsessionnelle, c'est toujours en relation avec la mort et les morts qu'il cherche parallèlement à matérialiser ces excentricités. D'où l'idée des numéros de revue qui reviennent au journal avec la mention « abonné décédé » (mais le héros veut continuer à faire vivre la revue « pour eux »), ou encore l'idée des notices nécrologiques à répétition que Truffaut souffle à Gruault, à qui il fait quelques suggestions après sa première remise : « Nous comprenons que, dans ce journal, le héros s'est fait une spécialité des notices nécrologiques et quelqu'un fait remarquer que, l'année passée, il a réussi à parler de quarante-cinq personnes qui étaient mortes sans jamais employer la même expression deux fois. Un virtuose dans son genre et aussi un drôle de type, on ne sait rien de sa vie privée. » Signe aussi que le cinéaste s'apprête à aborder son personnage et son sujet avec un certain humour, ou plutôt avec un mélange de sérieux et de dérision affectueuse.

Truffaut semble un premier temps attaquer son sujet avec une alternance de proximité et de distance, d'audace et de timidité, ou tout au moins de réserve. Il donne à Jean Gruault des directives très précises et assez impératives, ne cesse de le pousser, mais se débarrasse en quelque sorte du plus gros du travail sur lui, le laissant se débrouiller assez seul avec un matériel difficile à manier (comme il l'a fait dans les premières années du travail sur *Les Deux Anglaises* ou *Adèle*), et ne se réapproprie sérieusement le scénario qu'assez tard, courant 77. Jeu de cache-cache, fait d'avancées et de blocages, où certaines scènes, qui paraissent d'abord importantes pour le cinéaste sont curieusement oubliées comme par lapsus, de certaines versions, avant de réapparaître, comme si Truffaut avait parfois reculé devant l'exhibition de sa propre violence, devant la mise à nu impliquée par son intimité profonde avec le sujet. Jusqu'au moment où il s'y jettera au contraire en première ligne en interprétant lui-même un personnage dans lequel il n'aurait pu envisager que Charles Denner à qui il ne pouvait confier aussi vite un tel rôle juste après *L'Homme qui aimait les femmes*. Ce n'est que peu avant le tournage que Truffaut décide d'orner les murs de la chapelle de son musée personnel, portraits d'hommes ou de femmes qui ont compté pour lui, mêlant amis, écrivains ou artistes aimés, dont les portraits sont d'habitude autour de lui dans son bureau. Jouant aussi librement des anachronismes et de private-jokes amusées (Oscar Lewenstein, le coproducteur de *La Mariée*, qui a joué dans *Les Deux Anglaises* le rôle de l'arbitre lors du projet de mariage de Claude et Muriel y est présenté comme un champion de l'arbitrage des conflits) ou parfois un peu tristes (Oskar Werner, qu'il n'a pas revu depuis leur différend lors du tournage de *Fahrenheit*, devient l'un des morts de Davenne qui présente à Cécilia sa photographie comme celle d'un soldat allemand abattu à la guerre et dont il est probablement l'un des assassins). Sur son exemplaire de tournage, avant d'écrire dans sa longueur la grande scène de présentation des morts de Davenne à Cécilia, il jette en vrac quelques mots qui les caractériseront : « Mort jeune, toujours en retard par générosité… », « Un qui aimait sa maladie… pas triste de mourir… Il a suivi l'évolution de son état en curieux », « Il n'offrait jamais un livre sans couper les pages ». « Je voudrais pouvoir vous communiquer le timbre de leur voix, rompre le silence dans lequel ils sont enfermés », note Truffaut qui disait combien il aimait parfois écouter après sa mort les disques où la voix de Cocteau était gravée. Cocteau, pour lequel il cherche la bonne définition, raturant la citation à laquelle il a d'abord pensé (« Ce que les autres te reprochent, cultive-le, c'est toi-même. ») et dont il ne montrera pour finir que le portrait, pas très loin de ceux de Proust. C'est à propos d'Audiberti qu'il évoquera « le timbre de sa voix qui était extraordinaire ». Rappelant sur son exemplaire de tournage puis raturant à son tour la citation d'Audiberti qu'il a fait dire à Antoine par le vieux détective dans *Baisers volés* : « Sois déférend avec tes chefs ». James est là bien sûr, Davenne disant, en une sorte de blague invisible, l'avoir peu connu, mais avoir appris par lui l'importance du respect pour les morts. Autre blague secrète, dans une autre scène, chez Cécilia, c'est Serge Rousseau, l'homme du définitif du final de *Baisers volés* et ami proche du cinéaste, qui pose pour les portraits de Massigny, l'ennemi intime de Davenne.

LE PRÊTRE FOUTU À LA PORTE. Pour trouver le début de son film, Truffaut tâtonne. Il rejette le début au cimetière proposé par le tout premier résumé sur le modèle de la nouvelle de James (l'enterrement de l'épouse d'un ami) : « Pour Mme Creston, pas de scène au cimetière (il faut le réserver pour le héros et l'héroïne). Simplement, en 4 bis, on montre la « levée du corps » dans l'appartement Creston et celui-ci s'évanouit. Il faut le ranimer, on envisage son suicide. » S'il engage d'emblée à rendre plus active et violente, une scène encore assez sage (le héros, qui apporte ses condoléances à un collègue de bureau, lui laisse bizarrement entendre qu'il est plus à envier qu'à plaindre), il n'imagine pas encore en faire l'ouverture de son film. Selon les versions, le film démarre par de petits mystères dans la maison du héros où on le voit s'enfermer dans une pièce secrète le matin de l'anniversaire de la mort de sa fiancée, puis dans la salle des ventes où il cherche la bague de la morte et rencontre Cécilia. Il entrevoit pourtant déjà une algarade avec un prêtre : « Si un prêtre arrive en fin de scène pour apporter son réconfort, le héros peut nous surprendre encore avec une ou deux répliques cinglantes à l'égard de la routine catholique. » Mais l'idée n'est pas poursuivie. Gruault intègre à sa version suivante la tentative de suicide du veuf, mais néglige l'affrontement avec le prêtre. Ce personnage de prêtre disparaît étonnamment de la scène à la version suivante : le héros se borne à tenter d'expliquer la nécessité du souvenir au veuf, hébété, qui le regarde sans comprendre. Mais lorsqu'il fait part à son coscénariste de quelques remarques sur ce quatrième traitement (une série de notes qu'il intitule « Révisions pour *La Fiancée disparue* », 6 mars 1977), Truffaut ne se résigne pas à cette scène écourtée et revient, obstinément à l'idée de l'affrontement avec un prêtre, manière immédiate et déconcertante de caractériser son personnage : « On peut pousser la scène plus loin et reprendre l'idée d'un accrochage entre le héros et un prêtre ». Un prêtre, qui ne serait pas pour autant une caricature, le cinéaste proposant même d'inverser les rôles, selon le tour d'esprit paradoxal qui lui est coutumier : « Peut-être que le prêtre est trop moderne, trop humain et que le héros, lui, réagit comme un partisan de Monseigneur Lefèvre… L'intérêt de cela, c'est de créer du conflit sur l'écran, de donner à penser qu'il y a hostilité de la part du héros à l'égard de la religion, cela nous aidera plus tard à faire comprendre que la rénovation de la chapelle et le culte des morts n'appartiennent pas à la bondieuserie traditionnelle. (Pour tout cet aspect du film, tu devrais peut-être consulter, le Père Mambrino, poète, jésuite, critique théâtral et cinéphile). » Truffaut consultera lui-même avant de tourner le Père Mambrino, à qui il demandera son aide pour dialoguer quelques scènes, avant de renoncer à utiliser ses propositions, car leur vision du sujet est différente : « Je vois le côté " idée fixe " (comme pour *Adèle*) et vous voyez, vous, le côté " lumineux " », lui écrit-il en septembre 1977. En attendant, le cinéaste cherche à surprendre et à faire passer en force son personnage : « Donc, cette scène doit être la première à aller loin dans le sens dramatique. Le héros gagne contre le prêtre, peut-être même l'a-t-il foutu à la porte… La fin doit être assez sidérante, Mazet [il s'agit de l'ami du héros qui vient de perdre sa femme] est devenu comme un objet docile entre les mains du héros qui a pris le contrôle de la situation : bref, c'est le moment où jamais de faire comprendre que lorsque la mort est là, notre personnage est au meilleur de sa forme. » Réaction décisive – puisqu'il fera de cette scène poussée à ses extrémités, la scène inaugurale de son film – et où l'on retrouve, à côté de l'exigence d'intensification du récit et de la situation, ce mélange d'énergie, de précision et de désinvolture blagueuse, même et surtout sur un sujet qui ne paraîtrait guère s'y prêter, qui caractérise sa manière. À la fois, la violence provocatrice, iconoclaste, et la dérobade, le refus de s'attarder plus que nécessaire sur les intentions, l'intensité et l'art de l'esquive. S'il y a attaque contre la routine catholique, il ne s'agit pas chez lui (ou de la part de son personnage) d'un anticléricalisme facile et ricanant, tel celui qu'il décriait dans le cinéma de qualité française (du type crachat dans une église) lorsqu'il était critique, mais plutôt d'un refus essentiel de l'hypocrisie sociale comme religieuse, de la résignation comme de la consolation mensongère : « Tout ce que l'on attend de vous, c'est que vous disiez : " Lève-toi et marche " et que les morts se lèvent et marchent » jettera Davenne au prêtre dont les paroles de circonstance n'ont pour effet que d'aviver la douleur du veuf. Remplacement d'un mysticisme usé par un autre mysticisme, fervent et insolite : « Croyez-moi, Gérard, nos morts peuvent continuer à vivre », confie-t-il au mari désespéré, Truffaut réservant cette phrase paradoxale, longtemps noyée dans le flot du dialogue, en climax pour la clôture de sa scène. Lorsqu'il retravaille la septième version de son scénario et se l'approprie, c'est naturellement que Truffaut déplace la scène en ouverture de son film, après le générique sur des images des tranchées : concentré augural qui pose en un instant toute la singularité du personnage avec la particularité de constituer une sorte de résumé déplacé de son propre passé. Cette mise en bière en répète une autre, éludée par le récit, celle de la propre épouse de Davenne. Flash-back secret (« Votre histoire est exactement la mienne, Mazet », est-il dit explicitement) qui lance le film par cet accès de violence insolite et explosive, avec l'ambition d'aussitôt sidérer le spectateur. Aller d'autant plus vers la surprise, le coup d'éclat, le moment fort, qu'il sait manipuler un personnage excentrique et un sujet austère, telle est la visée d'un cinéaste, qui aurait souhaité que l'on regarde son film « la bouche ouverte, que l'on aille d'étonnement en étonnement ». De manière essentielle, Truffaut a besoin de la loi du spectacle pour aller au bout de l'étrangeté et de la subversion sourde qui l'habitent.

LA FIGURE DE CIRE. Lorsqu'il réclame cet affrontement avec le prêtre dans ses « Révisions pour *La Fiancée disparue* », Truffaut ajoute cette remarque en marge : « Le héros pourrait nous donner l'impression d'être à deux doigts de devenir comme le héros de *Psycho*, un type qui serait capable d'empailler une morte chérie pour la conserver à la maison, avec lui ». Idée mise en œuvre dans le film avec la scène du mannequin, commandé par Davenne en guise de compensation après l'incendie de la chambre consacrée à l'épouse disparue, présenté à lui comme sur une petite scène de spectacle, puis violemment, physiquement, rejeté par le héros qui, saisi de panique, crie son dégoût viscéral : « Non, ce n'est pas possible, ce n'est pas elle. Détruisez cette chose, immédiatement devant moi ». Épisode qui confine à la scène d'horreur, où la figure de cire que le héros a fait naître se dresse tel un monstre issu d'une manipulation imprévue. Truffaut disait d'ailleurs avoir pensé en préparant le film aux productions Universal du début du parlant (*Dracula*, *Frankenstein*, *La Momie*) : « Je ne songeais pas, évidemment, à utiliser un acteur dans le genre de Bela Lugosi, mais avant de commencer à travailler avec Jean Gruault, je me suis raconté deux scénarios qui auraient pu être un développement des thèmes de James à la manière de Universal. Dans le premier, il y avait un homme qui n'aime que les morts et qui tue lentement la femme qui lui plait pour pouvoir l'aimer. Dans l'autre, inversement, une femme rencontre un homme qui n'aime que les morts et elle se laisse mourir pour lui plaire. » C'est en relisant le deuxième traitement que Truffaut imagine la scène du mannequin. À la suite de l'orage qui a ravagé sa chambre secrète, le héros annonce à sa gouvernante qu'il va devoir trouver autre chose pour protéger la morte (devait suivre une scène au cimetière où une inconnue en deuil se recueillait sur une tombe voisine). Truffaut annote le scénario au crayon : « Ici, il envisage de faire faire une poupée ressemblante de son ex-fiancée et lorsqu'il la voit réalisée dans l'atelier, il paye, mais annule tout et passe à autre chose (la chapelle). » Puis il ajoute sur la page de gauche : « Attention : ici, il ne s'agit pas d'une poupée gonflable, mais d'un véritable mannequin réalisé d'après des photos (voir le film *Paris-Secret*). Lorsque le mannequin à la ressemblance de la fiancée morte est réalisé, le héros va dans la boutique-atelier, il est horrifié car il ressent cela comme un blasphème, il refuse de se faire livrer le mannequin. "Détruisez-le" dit-il, et il paye rubis sur l'ongle, malgré son refus. » Le coût d'un mannequin en cire s'avérant trop élevé, c'est Marcel Berbert qui a suggéré à Truffaut l'idée d'un maquillage spécial permettant probablement d'obtenir le résultat escompté : c'est donc la comédienne qui pose pour les photos de Julie Davenne, Laurence Ragon, qui figure le mannequin de cire, les yeux ouverts repeints sur les paupières fermées comme dans les films de Cocteau. Assez étonnamment cependant, cette scène précisément décrite par le cinéaste et détaillée au troisième traitement dans un état proche de sa version filmée (le héros pénètre dans un atelier vitré où l'on distingue une quantité de mannequins inachevés, des « têtes très réalistes en cire ». « Je pense que vous serez satisfait » dit le vieil homme qui l'accueille, tandis que sa femme et un apprenti arborent des sourires commerciaux. L'artisan tire brusquement un rideau (« comme un prestidigitateur »), et découvre un mannequin à la ressemblance de la fiancée morte. Rejet horrifié du héros : « Cachez-moi ça. Détruisez-le » qui force l'artisan à prendre un chèque et s'enfuit en renversant un ou deux mannequins), est oubliée dans les deux scénarios suivants, disparaissant sans laisser de traces des quatrième et cinquième versions. Oubli plus ou moins volontaire ? Lapsus ? Recul de Truffaut devant une scène excessive ? Peur d'en faire trop ? La scène est réintégrée par collage (c'est celle de la troisième version découpée et complétée) au sixième traitement. Truffaut y ajoute l'idée que l'on assiste de loin à la destruction du mannequin : « On reste un moment avec Davenne sans trop bien voir (mais en l'entendant) la destruction du mannequin. » Il pense un instant en faire parler Davenne devant la tombe

de sa femme : « Peut-être lui parle-t-il de la monstruosité qu'il a failli commettre, "l'image de cire" moins réelle que celle qui vivait en lui », avant de raturer cette explication. Si Truffaut a hésité, c'est peut-être parce qu'au fond, il reste assez loin des cinéastes admirés à qui cette scène est une forme de clin d'œil, le Buñuel *d'Archibald de la Cruz*, comme le Hitchcock de *Vertigo*. Dans *Archibald de la Cruz*, le jeune héros rêve de tuer sans jamais passer à l'acte, mais ses victimes en imagination lui font la blague de mourir curieusement par accident. Il fait construire la réplique de cire d'une femme vivante qu'il vient de rencontrer et l'invite chez lui afin de jouir de la confrontation entre la femme de chair et d'os et son mannequin. Réalisant une sorte de meurtre par procuration, après le départ de la première, il jette sauvagement au feu le mannequin que l'on voit détruit par les flammes. Dans un article de 1971 consacré à ce film, Truffaut souligne que le fait qu'il ne se souvienne pas si le projet d'Archibald est « d'ordre sexuel ou criminel montre bien que c'est la même chose ». Et si la tension de Davenne pour lutter contre l'oubli et raviver le souvenir de sa femme morte rappelle les efforts désespérés de Scottie pour reconstituer dans *Vertigo* l'image d'une morte (ou autrement résumé par Truffaut « les efforts douloureux de James Stewart pour amener Kim Novak à ressembler à Grace Kelly »), le héros de Truffaut s'arrête là où (pour aller vite) ceux de Buñuel et d'Hitchcock commencent. Plus exactement, Truffaut reste dans une ambivalence, « à deux doigts » (« à deux doigts, comme il l'écrivait dans ses notes pour le scénario, de devenir un type qui serait capable d'empailler une morte chérie »). Son héros, qui éprouve pour les morts les mêmes sentiments que ceux qu'on éprouve habituellement pour les vivants, recule devant la nécrophilie, mais son horreur devant le mannequin signale assez la part de lui-même qui aurait pu la frôler. « Pour être aimée de vous, il me faudrait être morte », lui écrira par défi, Cécilia. La fixité narquoise et insupportable du mannequin est aussi une sorte d'ironie : au bout de l'idée fixe, de la ligne tendue de l'obsession, il y a cette forme figée, ridicule et mortifère. Ce que Davenne croit vouloir lui échappe encore davantage. Le mannequin serait ainsi un point de butée, la caricature tragico-comique d'un piège vers

« Un acte entre le vandalisme et la délinquance. » Répétition de la scène du vol de la tête de cire.

lequel la tentation du définitif, l'incapacité à accepter le provisoire, précipitent nombre de personnages truffaldiens. Catherine se jette avec Jim dans la Seine, Mathilde entraîne Bernard dans la mort, Bertrand Morane meurt en voulant saisir les jambes de l'infirmière de nuit, Davenne s'écroule en allumant le dernier cierge de sa célébration qui achève la figure, Adèle s'évade dans la folie… Cette stupide raideur de la cire serait l'issue grotesque et mensongère de l'obsession, la matérialisation caricaturale, à la fois ironique et prosaïquement monstrueuse, de la tragédie amoureuse selon Truffaut, de ce manque que les personnages s'acharnent vainement à combler. Le mannequin ne peut donc qu'être détruit et refoulé afin de permettre le retour au mouvement, fût-il illusoire. « On peut avoir l'idée que le héros est hostile à la notion de cimetière, notait Truffaut en marge de la deuxième version. Il est contre la terre glacée et pour les bougies et le mouvement de la flamme, car le mouvement, c'est la vie qui continue. »

L'ENFANT SOURD-MUET. L'épisode du mannequin croise un autre fil du récit, avec lequel Truffaut établit une coïncidence assez curieuse, celui du jeune garçon sourd-muet recueilli par Davenne. Lorsque ce gamin, lointain cousin à la fois de l'Antoine Doinel des *Quatre Cents Coups* et de l'enfant sauvage (à la troisième version du script, Gruault nomme d'ailleurs provisoirement et par private joke, la gouvernante du héros, Madame Guérin, et le gamin, Victor), s'enfuit après une réprimande et commet un vol, on le découvre qui jette une pierre dans la vitrine d'un coiffeur et veut faucher la tête bouclée d'un mannequin dans la vitrine. Scène qui reste partiellement énigmatique, mais que Truffaut relie explicitement au thème de la figure de cire rejetée par Davenne. C'est au moment où il réintroduit la scène du mannequin dans son scénario, qu'il modifie le vol prévu auparavant pour le gamin (des gâteaux repérés dans la vitrine d'une boulangerie), et imagine qu'il est arrêté alors qu'il « s'apprête à embarquer une tête en cire (chute de la perruque) ». Il prévoit d'ailleurs que c'est par cette même rue, et en passant devant la boutique du coiffeur, que Davenne se rend chez l'artisan qui a fabriqué sa commande. S'il fallait confirmation de ce lien direct, le dépouillement des décors prévoit clairement ce raccord entre l'atelier de cire et le salon de coiffure (« Seq 21 : En se rendant chez l'artisan, Davenne passe devant la vitrine du coiffeur », « Seq 41 : Georges brise la vitrine du coiffeur et se fait choper »). Cheville explicative dont Truffaut décide finalement de se passer et qui a disparu du film, où reste cependant l'impression d'une sorte de contamination : comme si l'enfant, qui n'a pourtant pas assisté à la scène de la destruction du mannequin, cherchait à offrir une compensation en volant une tête de cire, non plus un corps entier, mais un fragment (ce fragment renvoie autant à la destruction du mannequin réduit en morceaux qu'à la relation fétichiste entretenue par Davenne avec sa femme disparue), ou comme s'il se retrouvait à son tour happé par les séductions maléfiques de la cire. Étrange contagion interne qui se passe dans le film de toute explication, de tout lien de cause à effet, comme de tout fondement réaliste imaginable (aucun indice ne suggère que l'enfant aurait pu avoir été mis au courant de l'incident du mannequin). Sur la suite des événements, cette aventure nocturne ne semble avoir aucune incidence, puisqu'une fois Georges retrouvé par Cécilia et Davenne, il n'en est plus jamais question, comme si elle n'avait jamais eu lieu. Et c'est précisément cette absence de justification rationnelle qui donne à la scène sa puissance de suggestion. Comme si le film, oscillant entre le cauchemar et le rêve, se mettait à avancer de lui-même, permettant le retour du refoulé, libérant des liens inconscients et secrétant sa propre logique nocturne. Ainsi que l'analyse Anne Gillain, le travail narratif de Truffaut (dont on peut douter qu'il l'ait fait justement de manière consciente) « consiste à dérouter le conscient pour forcer le spectateur à passer à un mode de perception inconsciente »[2] et ce serait une des raisons de l'emprise exercée par son œuvre sur nombre de spectateurs. Ce retour du mannequin sous forme de fragment intervient à un moment charnière du récit. La tentative de vol faite par le gamin survient peu après la grande scène où Davenne, ayant terminé l'installation de sa chapelle, tous cierges allumés, a invité Cécilia à découvrir ses morts. Comme si cette rechute immédiate vers la délinquance et la fixité de la cire venait infliger à l'exaltation du héros et au mouvement de la flamme une sorte de démenti souterrain et faisait indirectement basculer le film. Quelques scènes plus tard, suivront la découverte de la liaison de la jeune femme avec Massigny, leur différend irréductible, la dépression et la maladie, avant ce happy-end paradoxal que constitue pour le cinéaste la pointe avancée de l'obsession du personnage et l'achèvement de la figure : Cécilia qui allume le dernier cierge après la mort de Davenne.

C'est la présence même de l'enfant chez Davenne que Truffaut prive dans le film de toute explication, là où les premières versions du scénario multipliaient à l'envi les justifications. Le petit Georges naît en réalité de la fusion de deux personnages : un adolescent sourd-muet (auxquels Truffaut s'intéresse notamment depuis qu'il a tourné des scènes de *L'Enfant sauvage* à l'Institut des sourds et muets), domestique et assistant de la gouvernante du héros, et un enfant plus jeune, parent de la gouvernante, que le héros est

2. Anne Gillain, *Le cinéma selon François Truffaut*, éditions Flammarion / Cinémas, 1992.

Davenne a reçu l'accord de l'évêché pour célébrer ses morts. Patrick Maléon, François Truffaut.

amené à recueillir au cours de l'histoire car ses parents se séparent. C'est lors de son premier travail que Jean Gruault prévoit de faire arriver chez le héros le jeune neveu de la gouvernante dont les parents divorcent (l'histoire est pour commencer plutôt rocambolesque : le héros rentre chez lui et trouve sa gouvernante en larmes, car sa fille vient de quitter son très vieux mari. Or, ils ont un enfant de huit ans, elle aurait mieux fait d'attendre que son mari meure... Le héros lui dit de prendre l'enfant chez lui le temps de laisser sa fille réorganiser sa vie, il vaut mieux qu'elle se libère de son mari tant qu'il est vivant, à un vivant, on ne doit que la vérité, à un mort, on doit la fidélité...). Le héros emmène ensuite l'enfant à la chapelle, l'associe au culte et se fait aider par lui, car, c'est selon lui, à cet âge qu'il faut apprendre aux enfants à aimer les morts. À la version suivante (troisième traitement), ce n'est plus un vieux couple de domestiques qui s'occupe du héros, mais un nouveau couple constitué par la gouvernante, Mme Guérin et son neveu Georges, 16 ans, atteint de mutisme qui « fait office de domestique ». La gouvernante recueille cependant toujours un enfant, dorénavant son petit-fils, à qui le héros donnera des explications sur les étoiles, les années-lumière, Saturne... À l'étape suivante, on retrouve ces deux personnages : l'assistant de la gouvernante et son petit-fils, à qui le héros – dont Truffaut et Gruault, comme ils l'avaient fait avec Jules dans *Jules et Jim*, ont eu la tentation de faire une sorte de scientifique inspiré du fils d'Henri-Pierre Roché, Jean-Claude Roché – projette un film (ou des vues fixes) : la cérémonie des « fiançailles » chez un insecte, l'empis – le mâle offrant un « cadeau » (une mouche enveloppée dans une sorte de cocon) à sa « fiancée ». Truffaut finira par ne garder qu'un seul personnage, qu'il rajeunit (le gamin a quatorze ans dans la sixième version, douze ans dans la septième). Il préfère aussi éviter la projection de films pour couper court aux interprétations abusives : « à propos des travaux sur

les animaux, je préfère le système des photos sur plaques de verre, projetées sur le mur (par le sourd-muet qui en connaît un bout) plutôt que de vrais films (qui feraient dire aux exégètes que le héros est un cinéaste) ». C'est en révisant la quatrième version (au moment où il demande que soit reprise et renforcée la scène avec le prêtre) que Truffaut rebondit sur une absence de la gouvernante proposée par Gruault pour imaginer les scènes de fugue et de délinquance du jeune sourd-muet : « Nouvel épisode à construire : pendant l'absence de Mme gouvernante, Georges commet un acte entre le vandalisme et la délinquance. Il a été pris par la police ; le héros parvient à le sortir d'affaire grâce à l'aide de Melle Mandel. Une scène entre Cécilia et Georges, sans le héros ; ensuite, Cécilia fait comprendre au héros qu'il ne s'occupait pas bien du muet. » C'est une réappropriation de ce jeune personnage, puisque l'on connaît de cette intrication entre l'enfance, la clandestinité, la transgression, la fugue, la délinquance, la punition, et non pas les mauvais traitements, mais l'absence de traitement, les résonances autobiographiques. Réappropriation qu'il poursuit, lorsqu'il récrit, quelques traitements de scénarios plus tard (à la septième version), une scène de prison dont l'imaginaire croise plusieurs scènes et plusieurs figures de *L'Enfant sauvage*, jusqu'à l'image du personnage dissimulé sous la paillasse et recroquevillé au sol dans l'affliction qui court de film en film, d'*Adèle* à *La Femme d'à côté* : « L'endroit évoque une cave autant qu'une prison. Cécilia arrive avec un gendarme. Il la mène dans un recoin meublé d'un bat-flanc avec de la paille. Le gendarme et Cécilia semblent étonnés de ne pas trouver Georges. C'est qu'il était couché non sur le bas flanc mais dessous. Il dormait là, on l'extirpe. Il repart avec Cécilia ». Exemple parmi cent d'un de ces moments où Truffaut substitue, mine de rien et comme par prestidigitation, à la représentation réaliste (mais qui s'arrête une seconde à la vision du film pour songer que cette cave-prison n'existe pas ?), la force d'un imaginaire récurrent et élémentaire.
Témoin silencieux, à la fois curieux et distrait, l'enfant se retrouve, malgré son retrait apparent, au cœur des lignes de force du film. Personnage décalé, témoin des secrets et des bizarreries, comme des moments d'exaltation, étrange confident qui permet de doubler l'impact d'une scène par un mélange de mime et de langage des signes venant répéter le dialogue (voir la scène où Davenne lui explique qu'il a enfin reçu un accord de l'archevêché pour rénover la chapelle et y installer son culte). Lorsque Gruault répond à la commande et imagine que l'enfant commence à faire des bêtises, il imagine de faire survenir la fugue à l'issue de deux dérapages successifs : l'enfant (qui est encore à ce stade un assistant sourd-muet de seize ans) cherche à cacher à Davenne une encyclopédie où il a découpé des gravures. Davenne laisse partir une paire de gifles qu'il regrette aussitôt, puis projette à Georges des plaques photographiques montrant un cérémonial de parade chez les insectes. Georges s'endort et renverse en s'y appuyant la table de projection : les plaques se brisent et Davenne s'emporte. Georges fugue et brise la vitrine d'une boulangerie. Gruault propose de filmer son arrestation en référence à *The Kid* (« une grosse main se pose sur son épaule »). Truffaut resserrera ces deux fautes en une seule, gardant l'idée des plaques brisées (l'enfant les fait tomber en essayant un soir de les attraper, sans que l'on sache exactement dans quel but), reliant ainsi cette maladresse de l'enfant qui entraîne la punition, la fugue et le vol de la tête de cire, avec un autre fil majeur du récit qu'il met en place juste avant le tournage : l'omniprésence des conséquences de la Grande Guerre, dont dans une scène singulière du début du film Davenne projette à l'enfant des images très violentes. C'est d'ailleurs sur son exemplaire de tournage que Truffaut prévoit d'ajouter la réprimande de la gouvernante qui reproche à Davenne de montrer au gamin des images pareilles, introduisant un peu de distance ironique sur son héros : « ton critique de Mémé Jeanne à l'égard Davenne » (du surnom de la comédienne, Jeanne Lobre, qu'il a déjà fait tourner dans *Les Deux Anglaises*) et « interruption Mémé J. dîner est prêt, des horreurs pareilles ».

LA GRANDE GUERRE. C'est en effet assez tardivement que Truffaut a l'idée de situer son histoire quelques années après la guerre de 14, donnant ainsi un support et une justification plus ample à l'obsession morbide de son personnage. Les toutes premières versions semblent situer l'histoire dans une époque contemporaine à celle de James. Les suivantes l'avancent dans le présent des années soixante-dix (d'où l'épisode de l'émission littéraire vue à la télévision par le héros où il est fait allusion à une réédition de *La Bête dans la jungle*). C'est au quatrième traitement, terminé début 77, que Truffaut et Gruault décident de reculer l'époque de l'histoire qui se déroulera « vers 1920. En automne ou en hiver… Toujours le matin très tôt, ou le soir, au crépuscule, et la nuit ». Ambiance crépusculaire et légèrement désuète qui s'accorde avec le goût du rituel et la rigueur maniaque du personnage. Mais ce n'est qu'après plusieurs rapides remaniements successifs, lorsqu'il recompose avec Suzanne Schiffman une septième version de scénario quelques mois plus tard, à la fin de l'été, qu'il tire les conséquences de ce recul dans le temps, indiquant dès la première page que l'action est maintenant située en 1930, à une période où « les désastres de la Grande Guerre sont encore ressentis ». Moment où il conçoit la première ébauche du générique qu'il prévoit de faire se dérouler sur des images de guerre et de mort : « Nous voyons des images (fixes) de la Guerre 14-18 suggérant non la guerre en elle-même et ses combats mais illustrant plutôt l'idée de mort : des soldats recevant des coups, des blessés transportés, des hommes en train de tomber, d'autres sur des lits d'hôpitaux, etc. Peut-être aussi, en surimpression à ces images, la reproduction de quelques documents chiffrés (journaux ou livres) concernant le nombre de morts pendant telle ou telle bataille de 14-18 et à la fin de la guerre ». Manière de placer le film sous le signe de l'hécatombe des tranchées, qui est aussi comme le développement grand format, d'un intérêt manifesté depuis toujours par le cinéaste pour cette période, comme chez beaucoup de gens de sa génération, nés au début des années trente, alors que les séquelles de la guerre sont encore sensibles. Dans *Jules et Jim*, Truffaut donne déjà à la coupure de la guerre de 14 et à ses effets sur les personnages, une importance absente du roman de Roché, insérant dans le film un long montage de plans d'archives, où succèdent aux images des combats des plans montrant les soldats à l'arrière, les divertissements, le spectacle aux armées, plans de vie en dépit de la guerre qu'il ne reprendra pas pour le générique de *La Chambre verte* qui est de ce montage de *Jules et Jim* comme la version funèbre. Truffaut glisse dans son scénario ce cri de Davenne à Cécilia rencontrée au cimetière : « L'année dernière, je suis retourné au Vieil Armand où j'ai passé deux ans de la guerre. Eh bien, le sol est encore tellement rempli d'obus que la terre, la terre elle-même est devenue incultivable. » Reprise presque mot pour mot d'une phrase de commentaire de *Jules et Jim*, au moment où Jim, en route pour l'Allemagne et les retrouvailles avec Jules, s'arrête pour visiter les grands cimetières où reposent les soldats : « Dans certains endroits, le terrain avait été tellement bombardé qu'il n'y avait plus que du fer dans le sol et des champs entiers étaient devenus incultivables ». Le même rappel, pareillement absent du deuxième roman d'Henri-Pierre Roché, assombrit les dernières minutes des *Deux Anglaises* : « Quinze années ! La terre de France est pleine de cadavres et de morceaux de fer. Plusieurs millions d'hommes sont morts dans une guerre dont on a déjà oublié les raisons. » Quelques secondes plus tard, Claude Roc, découvrant son reflet dans la vitre d'une voiture, s'exclame : « J'ai l'air vieux, aujourd'hui ». D'une phrase rapide au terme des *Deux Anglaises*, puis, sur le mode majeur, dès le prologue de *La Chambre verte*, Truffaut inscrit dans la chair de ses films la marque d'une hécatombe absurde, d'une faille irrattrapable, qui mine le sol et est prête à affleurer à la surface.

Pendant l'été 77, Truffaut n'a pas encore l'idée de faire apparaître en lente surimpression sur les images de guerre le visage casqué et mélancolique de son héros. Visage du cinéaste lui-même, qui choisit de se filmer et de s'exposer dès les premiers instants du film frappé par la douleur, les traits figés de fatigue et d'horreur, le regard incrédule, sur les images d'un monde en pleine désagrégation (explosions, soldats courant dans la fumée et sous les éclats d'obus, paquets de terre retombant en pluie, champs de bataille couverts de cadavres). C'est en cours de montage, après les premières projections, qu'il a l'idée de retourner ce gros plan, afin de le mêler aux images d'archives des bombardements des tranchées et de lancer ainsi, de quelques plans sans paroles portés par la partition poignante de Maurice Jaubert, compositeur et musicien tué en 1940 (le 19 juin 1940, en Lorraine, à quelques heures de l'armistice), dont Davenne éclairera le portrait dans sa chapelle, la hantise de son personnage. Certain ainsi d'échapper au danger que les humeurs et les excentricités de son héros ne paraissent artificielles. Sur sa septième version, Truffaut songe encore à une illustration plus démonstrative et scolaire, qu'il abandonnera : « Progressivement, ces documents font place à des gravures populaires illustrant la mort avec ses symboles habituels : les crânes, les cimetières, la grande faux, etc. » Il commence à développer au fil du texte sa nouvelle idée : lorsque Humbert, le directeur du journal, selon le principe énoncé quelques années plus tôt deux personnages qui s'interrogent sur le héros, parle de Davenne avec sa secrétaire, Monique (interprétée par Monique Dury, costumière, qui représente également dans *L'Homme qui aimait les femmes* la dactylographe qui ne parvient plus à taper ces histoires de femmes interchangeables), il donne quelques détails sur la situation de Davenne au front pendant la guerre. Beaucoup de ses amis et de ses compagnons sont tombés autour de lui, alors qu'il est resté en vie. Quand le veuf vu au début du film, désespéré, veut présenter à Davenne sa deuxième femme, celle-ci se réjouit de la chance paradoxale de leur rencontre : « cette horrible guerre a tué tant de jeunes hommes qu'elle a condamné beaucoup de femmes de mon âge à rester célibataires ». Et le cinéaste prévoit alors que « la caméra révèle dans un coin d'ombre de l'escalier, Davenne, livide, qui a tout entendu et, manifestement, ne s'associe pas à l'euphorie générale. » Lorsqu'il tourne la scène, Truffaut s'enferme dans un cagibi, radicalisant par ce plan qui enserre et noie le visage de son héros derrière une vitre dépolie, son écart avec les vivants ordinaires.

C'est en révisant ce traitement, dont le titre devient pour la première fois, à la fin août 1977, au lieu de *La Disparue*, *La Chambre verte*, que Truffaut achève

la figure, faisant de son film cet objet clos, circulaire et répétitif, où les vestiges de la guerre semblent ressurgir à chaque pas du héros. Cette huitième version est manifestement complétée avec l'idée d'insérer le plus systématiquement possible la trace tangible des combats. À la salle des ventes, où le héros, à la recherche d'une bague ayant appartenu à sa femme morte, circule parmi les objets exposés, « certains évoquent le souvenir récent de la Grande Guerre. » Lors de la vente aux enchères, où, « au début de la scène, on assiste à la mise à prix de deux énormes cartouches d'obus transformées en vase à fleurs. » À la maison où rentre le héros : « Quand la scène commence, Georges est en train de regarder les images de la Grande Guerre dans un numéro spécial de L'Illustration. » Au journal *Le Globe*, où une phrase est ajoutée au dialogue du directeur : « Dans notre région, il n'y a pas beaucoup d'hommes de la génération de Davenne à marcher sur leurs deux jambes. » À l'atelier où est fabriqué le mannequin, Davenne doit heurter en s'enfuyant un buste en « uniforme bleu horizon ». La chapelle « a été très endommagée par la guerre », et au cimetière, le héros croise une infirmière poussant un infirme de guerre dans un fauteuil et passe devant des tombes de soldats…

Ces travellings répétés sur les casques des soldats coiffant les croix sur leurs tombes, les blessés en fauteuil roulant que l'on croise sans cesse, jusqu'à la grande plaque commémorative que Truffaut filme derrière son héros dans l'escalier qui mène au journal *Le Globe*, cette omniprésence des séquelles de la guerre, font de *La Chambre verte* un film centrifuge, rongé par l'infirmité (même le seul enfant du film ne peut être lui aussi qu'un infirme) et la mort. Comme si la puissance de l'idée fixe gagnait, affectait le monde extérieur, un monde recréé, clôturé, où ne subsistent, ne restent visibles que les signes perçus par l'obsession du héros.

C'est pendant le tournage que Truffaut referme le cercle, en ayant l'idée que les plaques que Davenne projette à l'enfant ne sont pas seulement des photographies d'insectes, mais des images de la guerre. « Il a là quelque chose qui peut t'intéresser davantage », dit Davenne à l'enfant, avant d'ajouter à propos des photos de corps déchiquetés qu'il exhibe comme un collectionneur sa pièce de choix : « Tu vas voir, elles sont très belles ». Cette passion presque obscène accompagnée par la jubilation du jeune sourd-muet, qui redouble l'impact des images projetées en les mimant, fait beaucoup pour la violence étrange et sourdement dérangeante de la scène. Lorsque Davenne, d'une voix étale, décrit une des photographies (« celui-là a eu la tête coupée, probablement par un éclat d'obus »), le gamin mime la décapitation en se passant une main sous la gorge, avec la désinvolture fascinée et sans états d'âme de l'enfance. Rarement le cinéaste aura-t-il été aussi loin dans la crudité, une crudité radicalement singulière et débarrassée des oripeaux communément admis de l'audace. Pour maintenir, comme cela arrive encore parfois, la légende du tendre et pudique Truffaut, il faut avoir oublié de regarder ses films.

FOUS RIRES. Face à cette puissance de la mort sur le héros, la jeune femme à qui il ambitionne de faire partager son culte, a donc affaire à forte partie. S'il a brièvement songé à Stacey Tendeter, la Muriel des *Deux Anglaises*, pour interpréter Cécilia, Truffaut lui préfère la plus quotidienne et rieuse Nathalie Baye, à qui il avait confié le rôle de Suzanne Schiffman cinq ans plus tôt dans *La Nuit américaine* (et à qui il vient de donner dans *L'Homme qui aimait les femmes*, un petit rôle pas si facile à bien porter, celle qui vient en pantalon au rendez-vous fixé, à la place de la belle inconnue en jupe à franges aperçue dans la blanchisserie et déjà repartie à l'étranger). Même si les plans séquences discrets mais très élaborés demandent souvent des mises en place de plusieurs heures, le film – un petit film, somme toute, resserré sur quelques personnages et quelques décors – est tourné vivement et avec légèreté. Sur le plateau, l'ambiance est joyeuse et les fous rires sont nombreux, en dépit de l'atmosphère morbide du récit. Au grand plaisir sans doute du cinéaste qui détestait laisser contaminer son travail et ses plateaux par la violence qu'il ne peut que libérer peu à peu dans ses films, et y parvient plus facilement en tournant ce film hanté par la mort que presque trois ans plus tôt en tournant *Adèle H.* Quitte à redécouper au dernier moment une scène, comme celle de la bague retrouvée par Cécilia à la salle des ventes, où un fou rire inextinguible entre lui et Nathalie Baye oblige pour une fois Truffaut à renoncer au plan-séquence qu'il avait prévu et à tourner toute la dernière partie de la scène en champs-contrechamps, Suzanne Schiffman devant même prendre la place de l'un puis de l'autre pour donner la réplique. Tournage rapide de six semaines, pour des raisons d'économie, concentré, pour limiter la dépense, dans une maison de Honfleur où sont reconstruits tous les décors intérieurs, comme dans une sorte de mini-studio. Chaque recoin en est utilisé pour filmer aussi bien la maison Davenne (au rez de chaussée), que la prison (dans la cave), l'archevêché, la chambre de la disparue à l'étage, l'appartement de Cécilia, ou, au grenier, la rédaction du journal *Le Globe*. À l'instar de Davenne qui veut faire davantage pour sa disparue, Truffaut se montre maniaque. Communiquant, comme lorsqu'il travaille sur les textes, davantage par refus et réaction que par diktats préalables, il fait refaire au dernier moment la décoration des étages de la maison

Davenne et la tapisserie de la chambre consacrée à la disparue qu'il découvre la veille ou l'avant-veille du jour prévu pour le tournage et qui lui déplaît (le régisseur, Roland Thénot, alimente en café et en champagne l'équipe qui change le papier pendant la nuit). Il soigne avec Nestor Almendros l'éclairage des scènes dans la chambre, comme d'ailleurs de l'ensemble du film, la pièce étant éclairée par des flaques de soleil échappées des persiennes fermées. Au cimetière de Caen, il fait construire un faux mur pouvant permettre de longs mouvements de caméra pour les entrées et sorties du cimetière (ce faux mur se révélant d'abord trop court, l'espace manquant est bouché par de faux bouquets d'arbres afin que la sortie de Nathalie Baye vers la porte du cimetière puisse être tournée en un seul plan). Et si Truffaut, prévoyant que le film ne pourrait marcher au mieux que de manière modeste, choisit d'interpréter Davenne par intimité avec certaines des vues de son personnage, c'est aussi pour des raisons financières. De la même façon qu'il fait interpréter les rôles de figuration, comme il aime à le faire, à quelques membres de l'équipe. À la salle des ventes, c'est ainsi la monteuse Martine Barraqué qui pousse dans un fauteuil roulant Jean-Pierre Kohut-Svelko, le décorateur. Au cimetière, croisant Davenne, alias Truffaut, c'est Josiane Couedel, la secrétaire de production du Carrosse, qui pousse à son tour dans un fauteuil, Roland Thénot, le régisseur (qui joue un petit rôle dans de très nombreux films).

Le travail de mise en scène participe de cette lutte contre l'éparpillement et la dispersion qui anime le héros. Plans séquences souvent complexes et précis, bien que parfaitement discrets, longs plans mobiles en mouvement glissant d'un personnage à un autre à la salle des ventes (« je souhaite éviter la figuration, le côté télévision », avait noté Truffaut sur une version intermédiaire), au journal *Le Globe*, au cimetière. Là où la mort disperse et sépare, la mise en scène relie et rassemble. Dans l'escalier du journal, à la maison Davenne, Truffaut utilise volontiers des miroirs afin d'unifier discrètement dans un même plan les actions différentes des personnages (la fugue du jeune sourd-muet est ainsi, grâce à un miroir placé dans l'escalier, filmée en un seul plan, alors qu'il descend les marches à pas de loup, dans le dos de Davenne qui travaille à son bureau et ne le voit pas passer derrière lui). Cette stylisation, ce travail du lien et du mouvement, souvent assez lent, qui vient compléter la liturgie participent de l'emprise du film. Les déplacements sont souvent réglés sur le rythme de la musique de Maurice Jaubert ce qui fera dire au cinéaste qu'il a fait une comédie musicale sans chants et sans danses. Pour passer de la chambre de la disparue au cimetière où son portrait orne sa tombe, Truffaut réalise un des enchaînements les plus soignés et les plus troublants de son cinéma : un lent travelling avant sur le profil photographié de l'épouse morte, jusqu'à ce que son visage envahisse l'écran, un fondu enchaîné sur ce visage qui semble se dissoudre pour réapparaître, puis un travelling arrière qui révèle la même photographie dans un médaillon encastré dans la pierre tombale. Le plan ne s'arrête pas là, puisqu'il achève sa course au terme d'un lent panoramique, en même temps que la musique, dont les accords ont commencé à monter dans la chambre, sur une vieille croix penchée au-dessus d'une tombe ancienne, criant l'abandon et menaçant ruine.

LA CHAMBRE VIDE. « Du point de vue des distributeurs de salles, le vrai titre serait : La Chambre vide ! » écrit Truffaut à François Porcile, son conseiller musical, qui l'a aidé à sélectionner les morceaux de Maurice Jaubert, en mai 1978, un mois après la sortie du film. Le public en effet, effrayé par l'idée d'un film sur la mort, ne vient pas ou peu (certains exploitants auraient même cherché occasionnellement à décourager les spectateurs d'entrer dans la salle, les dirigeant vers d'autres films plus attractifs, afin de pouvoir plus rapidement se débarrasser de celui-ci). Le cinéaste, conscient des difficultés de son sujet, se démène pourtant pour la promotion d'un film qu'il estime avoir réussi conformément à ses intentions. C'est au dernier moment, redoutant que la presse n'insiste trop sur la fidélité aux morts, qu'il change d'avis sur la manière de le présenter. Très anxieux, il écrit à Michel Drucker, le 3 avril 1978, deux jours avant la sortie du film, pour lui demander de modifier l'angle sous lequel ils vont en parler pendant son émission. Il espère surtout que pourront être remplacés les extraits du film initialement prévus (la scène où Davenne révèle au directeur du *Globe* sa haine pour Massigny qui vient de mourir ; la scène où il s'indigne devant Cécilia du remariage de son ami veuf) par deux autres qu'il a fait retirer et qui auront « l'avantage de ne pas mentionner la mort ni les morts ». Quitte à tricher un peu, Truffaut est prêt à mettre l'accent sur la présence d'un enfant aux côtés de Davenne (il propose la scène où le héros dit au sourd-muet sa joie de pouvoir bientôt rénover la chapelle) ou la promesse d'une intrigue amoureuse : le deuxième extrait sera celui où Cécilia vient questionner sur Davenne le rédacteur en chef du *Globe* qui la force à avouer qu'elle est amoureuse de Davenne. « On fait les films qui vous tourmentent, confie-t-il au cours d'un entretien quelques jours après la sortie alors qu'on lui demande si les jeunes turcs de la Nouvelle vague sont devenus les mandarins du cinéma français, les films qui vous hantent, qui vous séduisent. On les tourne le plus honnêtement possible, et puis tant mieux s'ils sont bien compris. »

L'AMOUR EN FUITE (1978). « Dans un des premiers stades du scénario, Marie France Pisier était psychanalyste, Jean-Pierre Léaud avait une dépression nerveuse et allait voir Marie-France qui lui expliquait qu'on ne peut pas traiter quelqu'un qu'on connaît. Comme elle avait eu des relations avec lui, elle pouvait seulement l'écouter deux ou trois fois, en séances de face à face, avant de l'aiguiller sur quelqu'un d'autre. Puis, nous avons rejeté cette idée car l'analyse est une chose trop complexe pour la simplifier à l'intérieur d'une comédie, et c'est Marie-France qui m'a suggéré sa profession d'avocate. Nous sommes donc partis sur d'autres rails, mais enfin c'était ma première idée : Jean-Pierre Léaud sur un divan d'analyste va être amené à raconter des épisodes de sa vie. »

L'Amour en fuite est au fond le seul film de commande que Truffaut se soit passé à lui-même. Après avoir terminé *La Chambre verte*, dont il a vite pressenti l'insuccès commercial, il a besoin de tourner assez rapidement pour rééquilibrer les comptes du Carrosse. Or, ses scénarios en cours ne lui paraissent pas prêts, notamment celui de *L'Agence Magic*, dérive d'une petite troupe de music-hall en tournée dans un pays d'Afrique où rien ne se passe comme prévu, tous les contrats étant annulés à la suite d'un renversement politique. Plusieurs ingrédients du projet migreront sous d'autres formes dans d'autres films. La violence des sentiments devait emporter les personnages : une jeune comédienne de la troupe, boiteuse à cause d'une polyomélite, devait tomber amoureuse d'un automate et finissait par le tuer à la fin de leur histoire d'amour. Sa mère endossait alors le crime à sa place. Truffaut s'amusait beaucoup d'une idée apportée pour renforcer le mystère de l'automate : il devait recevoir de France des lettres volumineuses qui auraient éveillé la jalousie de la jeune femme et on aurait fini par s'apercevoir qu'il s'agissait de cours d'éducation religieuse. Mais Truffaut a finalement assez peu envie de se retrouver embarqué dans un tournage en Afrique et reporte le projet, proposant à Claude de Givray et Bernard Revon de récrire le film en zone libre sous l'Occupation…

Les anciennes d'Antoine Doinel. Christine (Claude Jade) et Liliane (Dani).

Surtout, Truffaut, qui avait d'abord envisagé *Domicile conjugal* comme le dernier Antoine Doinel, souhaite proposer une sortie à son personnage, boucler la boucle avec lui et en libérer Jean-Pierre Léaud. Avec les quatre films précédents, des *Quatre Cents Coups* à *Domicile*, il a conscience d'avoir à sa disposition un matériel rare, la possibilité presque unique de ressaisir un comédien et un personnage à diverses étapes de sa vie et de son évolution. « Ce n'est pas possible d'avoir eu la chance de filmer un comédien de quatorze à trente ans, d'avoir tout ce matériel et de ne pas en faire quelque chose », disait-il à Suzanne Schiffman. Demandant à Suzanne, ainsi qu'à Marie-France Pisier, la fille des jeunesses musicales d'*Antoine et Colette*, de lui apporter leur concours, il se lance donc en quelques mois dans l'élaboration d'une construction permettant de faire jouer le maximum de flashes-back. Mais il sera assez vite mal à l'aise, conscient de bâtir un récit très artificiel, conscient aussi de son incapacité à faire avancer et mûrir un personnage à qui il ne se voit donner ni une stabilité sentimentale ni une ascension sociale passant par un vrai métier. Truffaut se sent coincé et démoralisé. « Je ne suis pas tellement content du scénario de *L'Amour en fuite*, écrira-t-il à sa critique américaine Annette Insdorf en mai 1978. L'originalité sera d'avoir de vrais flashes-back, mais pour les insérer harmonieusement, nous avons établi un script faiblard, très difficile à améliorer. Évidemment, je vais faire mon possible, mais il faut aussi donner de bonnes scènes à Marie-France Pisier, Claude Jade et surtout Jean-Pierre, c'est très difficile. J'ai trop tourné depuis cinq ans (après *La Nuit américaine*, trop et trop vite. Les Films du Carrosse m'assurent une liberté certaine, mais me coûtent très cher et surtout m'empêchent de m'arrêter pour réfléchir. »

Il tourne à reculons les scènes du présent en juin 1978, ne pouvant plus défaire les engagements pris auprès des comédiens et des techniciens, et pressé par les dates de Marie-France Pisier qui doit ensuite partir avec André Téchiné sur *Les Sœurs Brontë*, ce qui l'obligerait à reporter trop loin son propre film. S'il s'efforce de détendre un peu l'atmosphère en faisant des blagues à Nestor Almendros et à son équipe, Truffaut est tendu et inquiet pendant le tournage, d'autant que les adieux de Léaud au personnage de Doinel sont parfois difficiles. Au cours du montage, il dira à Martine Barraqué ressentir le film comme « une supercherie », et, non sans une bonne dose de mauvaise foi, il en voudra à Suzanne Schiffman de l'avoir poussé à faire le film. « Il n'a jamais voulu vraiment se débarrasser de Doinel. On a eu des engueulades noires sur ce projet. Je disais : Soit on a encore envie qu'il y ait d'autres films de Jean-Pierre Léaud en Doinel, et on finit sur un plan à la Charlot : il prend la route et on le retrouvera quelque part ; soit, on le tue et on en est débarrassé. — Tu es complètement folle, on ne peut pas tuer Doinel, je n'ai pas le droit ! »

Pour « décoller Léaud de Doinel », Suzanne Schiffman lui propose également de finir le film en passant dans les coulisses, en montrant à l'issue de la dernière scène qu'il s'agit du tournage d'un film et en faisant s'éloigner ensemble le comédien et le cinéaste en pleine discussion. La dernière scène aurait montré Antoine et Colette tombant finalement dans les bras l'un de l'autre et Truffaut serait entré dans l'image pour dire qu'il n'était pas sûr de cette fin, réclamée par ses comédiens Marie-France et Jean-Pierre, et en tournerait peut-être une autre le lendemain. Truffaut refuse énergiquement cette solution trop proche de *La Nuit américaine* et préfère, même sans y croire, sa fin « désespérément heureuse » où une histoire d'amour paraît pouvoir se prolonger entre Antoine et Sabine, sa nouvelle petite amie incarnée par Dorothée que Truffaut choisit parce qu'elle lui paraît pouvoir représenter la jeune femme contemporaine, mélangeant la naïveté et une nature franche et non craintive.

L'Amour en fuite n'est cependant pas dénué de virtuosité et l'on sent que Truffaut a pris, malgré ses doutes, intérêt et plaisir à la manipulation des flashes-back, à leur torsion, aux jeux des allers et retours entre passé et présent. « Le problème pour Martine Barraqué et moi était d'homogénéiser un matériel disparate, de ne pas perdre le fil, de ne pas décevoir quand on revient au présent après un flash-back. Dans le scénario, nous avions évidemment prévu l'emplacement et la durée des flashes-back mais le montage, qui a duré seize semaines, nous imposait ses propres lois, des lois très curieuses. Disons, que, quand il y a changement d'image, il ne faut pas qu'il y ait changement de son, en tout cas le moins possible. Plus le matériel visuel est disparate, plus il faut préserver l'unité du son. » Lorsque pendant l'écriture du scénario, Marie-France Pisier lui propose l'idée du train (elle se souvient qu'à la fin d'une journée de tournage d'*Antoine et Colette*, Jean-Pierre Léaud avait tout à coup sauté à sa suite dans le train qu'elle prenait pour rentrer en famille à Nice et propose au cinéaste de transposer l'idée sur l'Antoine Doinel de 1978), Truffaut est ravi car il y voit la possibilité d'un réservoir à flashes-back, en même temps que l'association du mouvement du train et de celui du film : le plaisir à ses yeux de faire du cinéma au carré. « Les flashes-back qui commencent dans le train sont particulièrement dynamiques parce, lorsque nous revenons au présent, nous sommes dans un train en marche, donc solidaires d'une chose qui avance. C'est le plaisir spécial que nous procurent les films que j'appelle les "films de déroulement" ». Il a l'idée de faire partir les premiers flashes-back du divorce par consentement mutuel entre Antoine et Christine (pour attraper les scènes de comédies par le contrepied, comme dans *Domicile conjugal*, il ouvre la scène du divorce par un dialogue où Christine fait à Antoine le reproche presque amusé d'avoir oublié le jour de son divorce). D'autres sortiront des pages des *Salades de l'amour*, le roman écrit par Antoine à l'époque des difficultés conjugales, ou encore des récits des divers protagonistes. Truffaut, qui aimait beaucoup *F for Fake* de Welles, en profite pour mélanger vérités et mensonges, jouer des petits arrangements d'Antoine qui embellit le souvenir de son aventure avec Colette en racontant que les hasards de la vie ont amené ses parents à s'installer en face de chez lui et non l'inverse (mais l'image du film d'autrefois vient alors contredire à point nommé les inexactitudes de son roman), ou dispose à son gré de la fin de son histoire avec Dani (et Truffaut filme une scène où Claude Jade rétablit l'équilibre et donne sa version des faits). Jeu impertinent du contrepoint entre la parole et l'image, entre une parole et une autre, qu'il a déjà pratiqué dans *Une Belle Fille comme moi*. De même qu'il s'amuse, pour faire s'entrecroiser les femmes de la vie d'Antoine Doinel, à mélanger vrais et faux flashes-back : certains

Antoine Doinel (Jean-Pierre Léaud) toujours pressé et à bout de souffle.

d'entre eux sont trichés, tournés en 1978 et traités comme s'ils appartenaient aux anciens films ; d'autres sont tirés de *La Nuit américaine* (les scènes de dispute entre Léaud et Dani, alias Antoine et Liliane) ou de *L'Homme qui aimait les femmes* (les listes des amants de la mère qui tombent aux pieds de l'enfant, les femmes entrevues dans la rue) ; quelques plans sont même empruntés aux *Lolos de Lola*, film tourné avec Léaud en 1974, par Bernard Dubois et Yann Dedet, auxquels Truffaut a alors donné quelques conseils. Mais pas de plan des *Deux Anglaises* où l'allure de Léaud en Claude Roc est trop différente de celle de Doinel.

Malgré quelques effets franchement drôles, le film ne se dégage pas de son fonds de mélancolie et d'amertume dont Truffaut espère se tirer par le mouvement permanent, en filmant un personnage qui court, un homme pressé comme son Pierre Lachenay de *La Peau douce*, un personnage essoufflé qui arrive toujours en retard ou s'enfuit avant le départ des trains, qui cavale dans les rues et les halls d'immeuble en portant à la main, serrés par un élastique, les dix-huit volumes du journal de Léautaud. Truffaut a conservé auprès des scénarios de *L'Amour en fuite* la transcription d'un entretien entre Léautaud et Robert Mallet[1] qu'il avait songé à intégrer dans une première version. L'entretien est consacré à l'épisode du « voyage à Calais », raconté entre autres par Léautaud dans *Le Petit Ami*[2] : comment, le jeune Léautaud, abandonné par sa mère peu après sa naissance, l'a rencontrée et a été ébloui par celle-ci lors de trois jours passés à Calais au chevet d'une tante mourante, la description de leurs rapports assez troubles et quasi-incestueux. « Quand nous sortions à Calais pour prendre la journée, elle me dit : "Regarde, on dirait que nous sommes deux amoureux", enfin des choses, des choses d'une équivoque extrême voilà et avec ça très aimable et des embrassades »... Ou encore : « Une mère, vous dites, des manifestations extrêmement tendres, extrêmement équivoques, extrêmement engageantes et à côté de ça... » (il raconte ensuite comment elle s'est arrangée pour être mise au courant des promesses d'héritage faites par sa grand-mère et les contrecarrer). Truffaut aura, au début des années quatre-vingt, le projet d'adapter *Le Petit Ami* avec Jean Gruault. Il y renonce, lorsqu'il découvre que Pascal Thomas a l'intention de faire un film sur le même thème, la jeunesse de Léautaud, en s'inspirant notamment de ses *Lettres à ma mère*. En réalité, Truffaut tente un moment de lutter pour conserver le projet, en cherchant à acquérir la totalité des droits des différentes œuvres de Léautaud concernant cet épisode, auprès des deux éditeurs Gallimard et Mercure de France. Mais il finit par se décourager devant des exigences nouvelles qui l'agacent (des demandes de priorité pour la diffusion en vidéo-cassette) et lui paraissent devoir limiter sa liberté et les prérogatives des Films du Carrosse lors de la sortie du film. Prétexte peut-être néanmoins pour rejeter un sujet presque trop brûlant et une adaptation difficile à manier.

Il reste que *L'Amour en fuite* recèle une longue séquence centrale, essentielle, celle où Antoine Doinel rencontre l'amant de sa mère, l'homme avec qui il l'a aperçue dans *Les Quatre Cents Coups* sur la place Clichy. Scène de réconciliation post-mortem, à la fois avec la mère d'Antoine sur la tombe duquel l'entraîne au cimetière Montmartre l'amant qui fait d'elle une description apaisée, et avec la mère du cinéaste, morte en 1968. « Ta mère était une anarchiste. Ta mère était un petit oiseau », raconte à Antoine l'amant interprété par le comédien Julien Bertheau. Et Truffaut reporte sur Gilberte Doinel dont l'amant décrit la vieillesse le thème des yeux malades devenus incapables de lire qui appartient à la Catherine de *Jules et Jim*, à la Muriel des *Deux Anglaises*, ou à la mère d'Adèle. En racontant qu'Antoine n'a pu aller à l'enterrement de sa mère car il était retenu à l'armée, il triche avec sa propre biographie, en fusionnant le récit de diverses époques bien séparées de sa vie. Quand il donne à Alain Souchon à qui il a confié la chanson du film quelques indications pour en établir le texte, Truffaut termine en lui glissant : « Est-ce que les femmes sont magiques ? Antoine devrait s'arrêter... de fuir... profiter du moment présent... ne plus régler ses comptes avec sa mère à travers chaque fille qu'il rencontre... ». Au montage, il coupe une partie devenue presque trop explicite de la lettre d'Antoine à Sabine qu'il a rédigée sur le tournage : « Ma mémoire me trahit peut-être quand elle ne me renvoie de ma mère que des images sinistres. Méchante ou pas, elle m'a appris une chose en tous cas, c'est que seul l'amour compte. » Et lorsqu'il récrit pendant le tournage les dialogues de la scène finale entre Antoine et Sabine, Truffaut ajoute à la main au bas de la page dactylographiée cette réponse d'Antoine à la jeune femme qui lui demande pourquoi il ne l'a pas prévenue plus tôt de l'intensité de ses sentiments pour elle : « Parce que... parce que toute ma vie j'ai été habitué à cacher mes émotions, à ne pas dire les choses directement. »

1. Paul Léautaud, *Entretiens avec Robert Mallet*, éditions Gallimard, 1951.
2. Éditions Le Mercure de France, 1903.

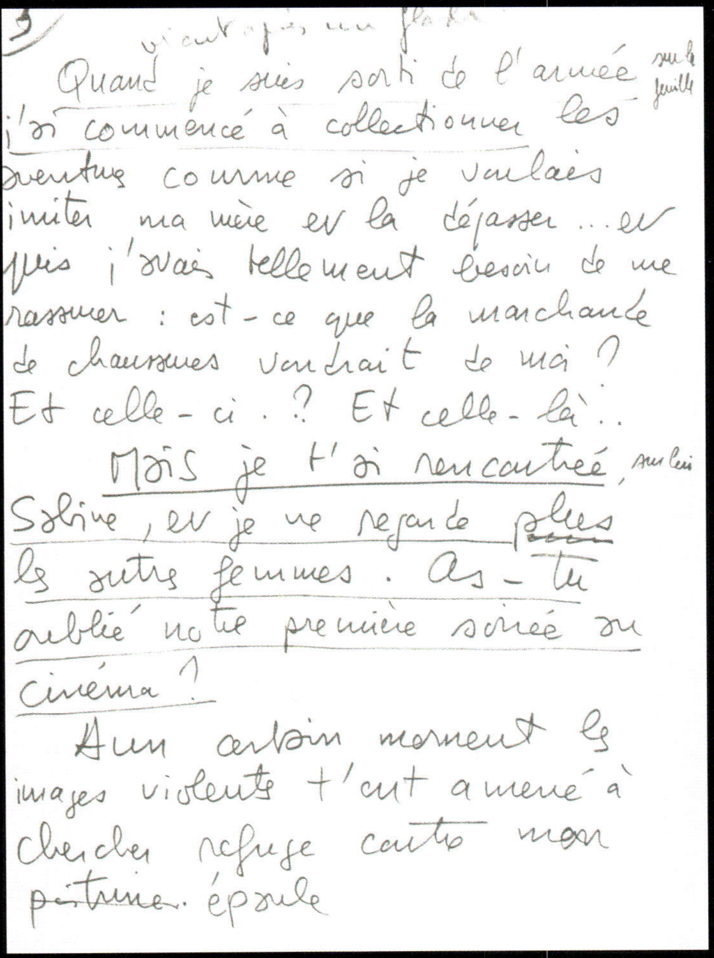

Quand je suis sorti de l'armée j'ai commencé à collectionner les aventures comme si je voulais imiter ma mère et la dépasser… et puis j'avais tellement besoin de me rassurer : est-ce que la marchande de chaussures voudrait de moi ? Et celle-ci ? Et celle-là ?..

Mais je t'ai rencontrée, Sabine, et je ne regarde plus les autres femmes. As-tu oublié notre première soirée au cinéma ?

Au certain moment les images violentes t'ont amenée à chercher refuge contre mon ~~poitrine~~ épaule

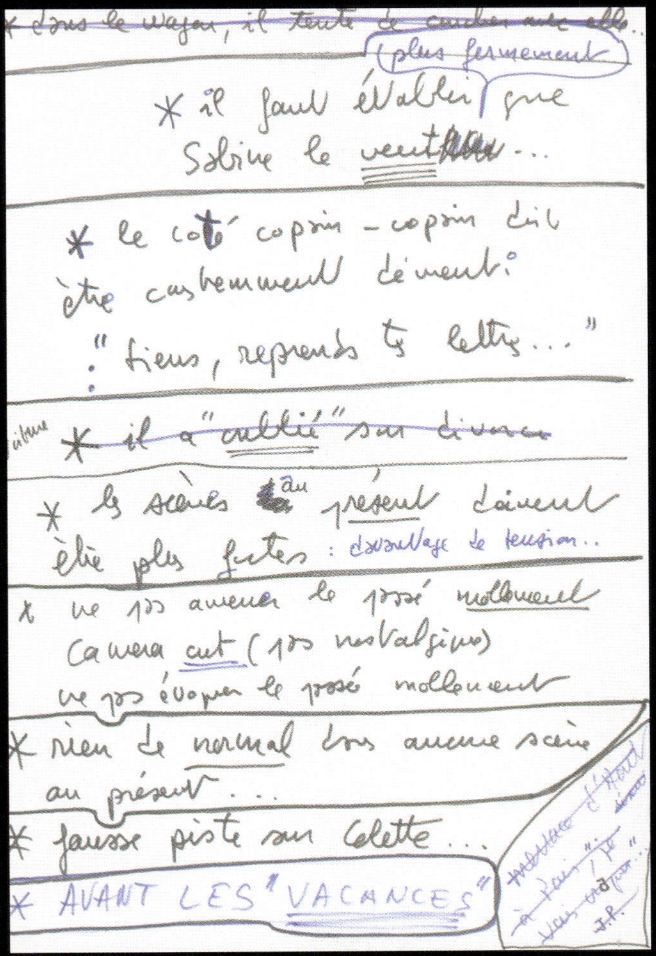

~~* dans le wagon, il tente de coucher avec elle~~ (plus fermement)

* il faut établir que Sabine le veut…

* le côté copain-copain doit être carrément démenti : "tiens, reprends tes lettres…"

~~* il a "oublié" son divorce~~

* les scènes au présent doivent être plus fortes : davantage de tension..

* ne pas amener le passé mollement
caméra cut (pas nostalgique)
ne pas évoquer le passé mollement

* rien de normal dans aucune scène au présent…

* fausse piste sur Colette…

* AVANT LES "VACANCES"

Truffaut rédige pendant le tournage la longue lettre d'amour d'Antoine à Sabine.

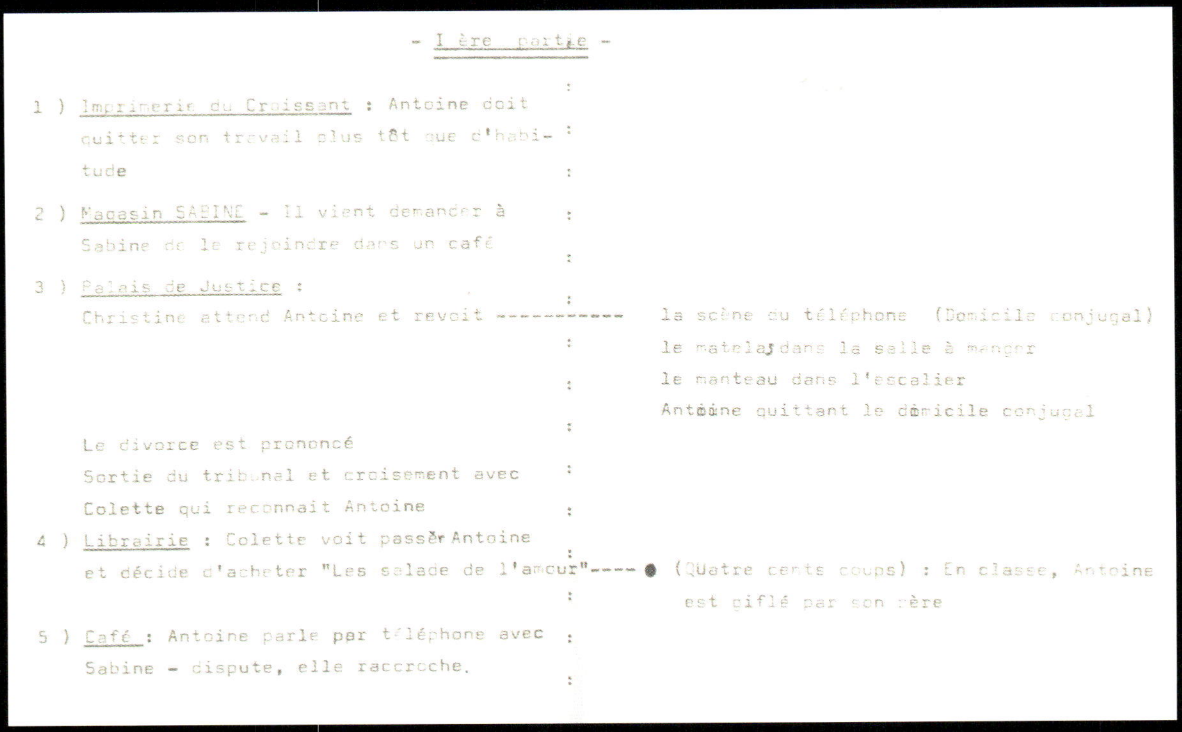

- I ère partie -

1) Imprimerie du Croissant : Antoine doit quitter son travail plus tôt que d'habitude

2) Magasin SABINE - Il vient demander à Sabine de le rejoindre dans un café

3) Palais de Justice :
Christine attend Antoine et revoit ------------ la scène du téléphone (Domicile conjugal)
le matelas dans la selle à manger
le manteau dans l'escalier
Antoine quittant le domicile conjugal

Le divorce est prononcé
Sortie du tribunal et croisement avec Colette qui reconnait Antoine

4) Librairie : Colette voit passer Antoine et décide d'acheter "Les salade de l'amour"---- ● (QUatre cents coups) : En classe, Antoine est giflé par son père

5) Café : Antoine parle par téléphone avec Sabine - dispute, elle raccroche.

Au montage, réorganisation de la construction.

L'ÉNIGME AU TRAVAIL

LE DERNIER MÉTRO

LE DERNIER MÉTRO (1980). « Tout de même, faut-il que nous ayons reçu une éducation bien oppressante pour douter aussi systématiquement de notre aptitude dans un des rares métiers de vocation, un de ceux qui autorisent l'élément de plaisir à occuper la première place », remarque le cinéaste dans une lettre qu'il adresse à ses comédiens peu avant le tournage du *Dernier Métro*.

Lors de l'avant-première organisée quelques jours avant la sortie du film, en septembre 1980, dans une salle des Champs-Élysées en présence de nombreux comédiens, Truffaut est « vert » (selon les mots de Suzanne Schiffman, comme de Catherine Deneuve, qui sont à ses côtés). Alors qu'éclatent les applaudissements, il est dévoré par l'angoisse, persuadé que son film est un ratage complet et que ses premiers spectateurs ne l'ont pas aimé. Une angoisse à la mesure des enjeux que représente ce film pour lui, comme pour sa société de production, après le douloureux échec en salles de *La Chambre verte* et le sentiment d'insatisfaction et d'imposture que lui a laissé la fabrication de *L'Amour en fuite*. *Le Dernier Métro* est un projet ambitieux, le plus gros budget des films qu'il ait réalisés et son montage financier a été très difficile (« Si le film ne marche pas, le Carrosse saute » aurait dit Marcel Berbert à Claude de Givray). Truffaut rappellera d'ailleurs dans un entretien de 1983 que le succès du film était totalement imprévisible, d'autant que la période de l'Occupation n'était pas considérée alors comme susceptible d'attirer le public : « Aujourd'hui, les gens croient que *Le Dernier Métro* était un film « à succès » avant même de commencer : ce n'est pas vrai, sans quoi il n'aurait pas été refusé par UGC ou AMLF ou les coproducteurs allemands » (à la recherche d'un distributeur, Marcel Berbert et Gérard Lebovici ont obtenu au tout dernier moment l'accord de la Gaumont, renforcé par un apport de la SFP, et l'achat d'une diffusion par TF1, alors chaîne publique). Paradoxalement, Marcel Dassault, propriétaire de la salle des Champs-Élysées, le Paris, où le film sort, parmi d'autres, en première exclusivité, sera gêné par le film et reprochera au cinéaste d'y avoir trop fréquemment parlé des Juifs. Il souhaite déprogrammer le film et se laissera convaincre de le garder, mais, contrairement à son intérêt commercial, uniquement le temps fixé par le contrat, en dépit du succès grandissant.

Truffaut est de surcroît parti en tournage en janvier 1980 avec un scénario qui, comme souvent, ne le satisfait pas complètement et avec lequel il se sent même assez inconfortable. « Je devrais retravailler le scénario et tourner dans six mois », confie-t-il à Claude de Givray. Car, avoir construit cette fois-ci un récit à tiroirs multiples, sans que sa trajectoire soit tendue par une idée fixe, le désoriente, et il doute de

Partition d'origine d'une des chansons du film.

Pages précédentes : Gérard Depardieu et Catherine Deneuve.

ses propres personnages qu'il est obligé de faire vivre dans le compromis et dont il ne pourra faire aller aucun jusqu'au bout de lui-même. Sans s'apercevoir alors qu'il a bâti son récit et sa mise en scène sur un autre ressort tout aussi puissant : celui du secret qui creuse chaque personnage et sous-tend le film entier.

THÉÂTRE ET OCCUPATION. Le projet naît de la combinaison de plusieurs désirs anciens. L'idée ancienne de faire un film qui se déroulerait sous l'Occupation, et plus particulièrement de raconter l'histoire d'un enfant sous l'Occupation, autrement dit sa propre histoire, date, somme toute, des *Quatre Cents Coups* qu'il a préféré mettre à distance de sa propre enfance, à la fois pour des raisons économiques (impossible de monter un premier long métrage d'époque) et pour s'éloigner de l'autobiographie. En 1969, le documentaire de Marcel Ophuls, *Le Chagrin et La Pitié*, l'impressionne. Premier film à traiter à ses yeux de l'Occupation sans fausse légende, qui lui apparaît aussi riche qu'une fiction, et lui donne le sentiment de ne rien pouvoir apporter de plus juste. Dans un autre dossier, Truffaut entasse depuis des années des éléments destinés à nourrir un film sur le théâtre qu'il diffère depuis longtemps, d'autant qu'il laisse en quelque sorte l'apanage du sujet à son ami Jacques Rivette[1]. Dans les années 1970-1971, particulièrement, il commande à plusieurs reprises de très nombreux livres sur le théâtre, mémoires de comédiens (entre autres, les vies de Talma, de Frédérick Lemaître, de Mademoiselle Clairon, Adrienne Lecouvreur, Sarah Bernhardt, mémoires de Dumas, vies et amours des grandes actrices, histoire du Grand Guignol...) dont il utilisera sans doute certains ingrédients pour le projet qui deviendra *La Nuit américaine*. Au printemps 1979, alors qu'il cherche le sujet de son prochain film, il a l'idée de réunir ces deux thèmes qui n'ont cessé de lui occuper l'esprit. Avec toujours chez lui, cette idée qu'il est préférable d'attendre le bon moment, celui où une idée ne sera pas trop dans l'air du temps et pourra paraître nouvelle. « Entretemps, j'ai laissé passer les projets qui

Plan au miroir. Marion Steiner prise entre la photo de son mari (Heinz Bennent) et le reflet de Bernard Granger (Gérard Depardieu).

1. Jacques Rivette qui avait notamment dans les années soixante-dix un projet de film, *Phénix*, où Jeanne Moreau aurait interprété une étoile de la scène recluse dans son théâtre. (Éditions des Cahiers du cinéma, 2002).

Nadine, la jeune actrice ambitieuse (Sabine Haudepin) ramenée devant le théâtre par une voiture allemande.

Modifications du scénario et esquisse de mise en scène sur l'exemplaire de tournage. Importance des débuts et des fins de scène.

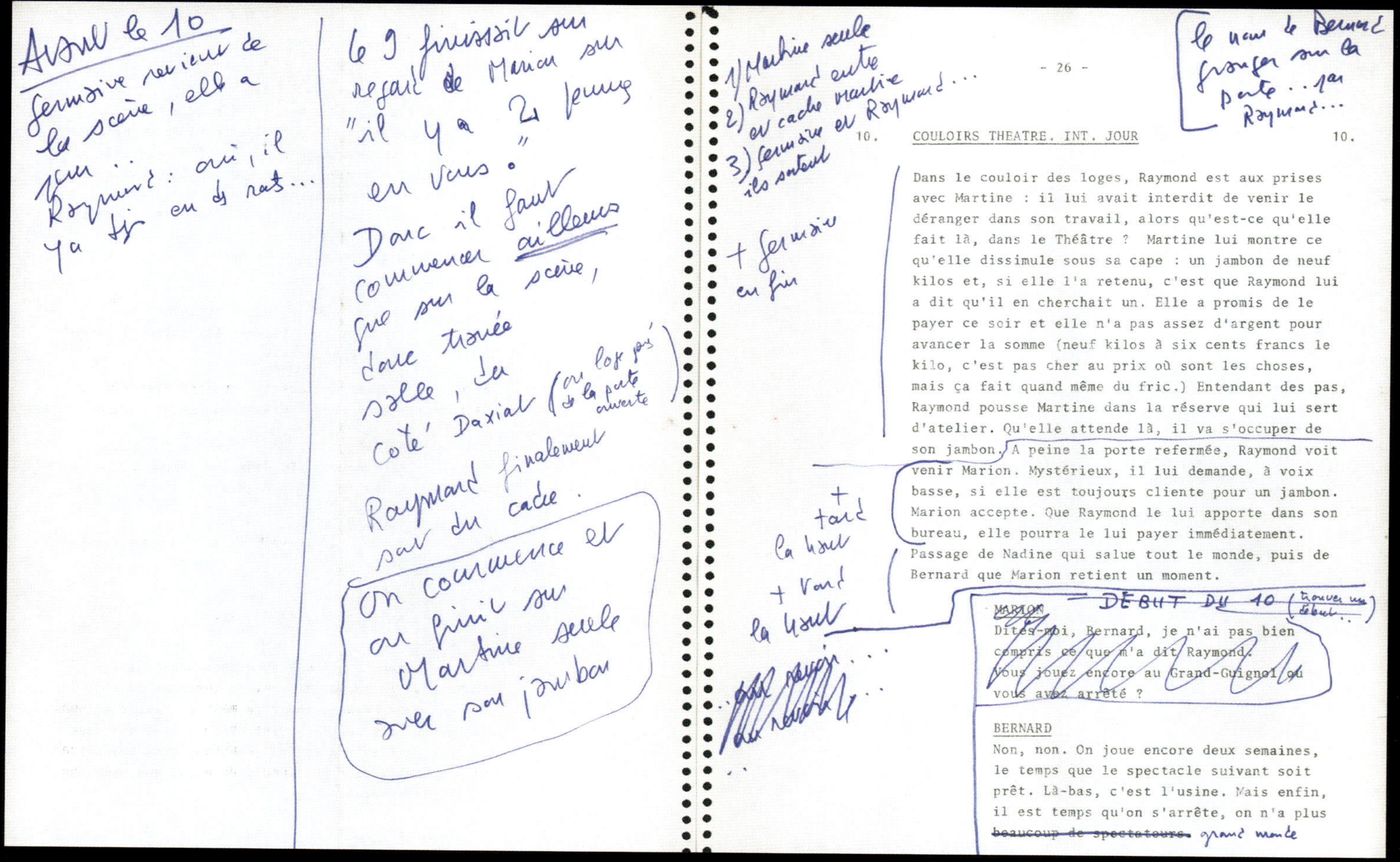

- 26 -

10. COULOIRS THEATRE. INT. JOUR 10.

Dans le couloir des loges, Raymond est aux prises avec Martine : il lui avait interdit de venir le déranger dans son travail, alors qu'est-ce qu'elle fait là, dans le Théâtre ? Martine lui montre ce qu'elle dissimule sous sa cape : un jambon de neuf kilos et, si elle l'a retenu, c'est que Raymond lui a dit qu'il en cherchait un. Elle a promis de le payer ce soir et elle n'a pas assez d'argent pour avancer la somme (neuf kilos à six cents francs le kilo, c'est pas cher au prix où sont les choses, mais ça fait quand même du fric.) Entendant des pas, Raymond pousse Martine dans la réserve qui lui sert d'atelier. Qu'elle attende là, il va s'occuper de son jambon. A peine la porte refermée, Raymond voit venir Marion. Mystérieux, il lui demande, à voix basse, si elle est toujours cliente pour un jambon. Marion accepte. Que Raymond le lui apporte dans son bureau, elle pourra le lui payer immédiatement. Passage de Nadine qui salue tout le monde, puis de Bernard que Marion retient un moment.

DEBUT DU 10 (trouver un début..)

~~MARION~~
~~Dites-moi, Bernard, je n'ai pas bien compris ce que m'a dit Raymond. Vous jouez encore au Grand-Guignol ou vous avez arrêté ?~~

BERNARD
Non, non. On joue encore deux semaines, le temps que le spectacle suivant soit prêt. Là-bas, c'est l'usine. Mais enfin, il est temps qu'on s'arrête, on n'a plus ~~beaucoup de spectateurs.~~ grand monde

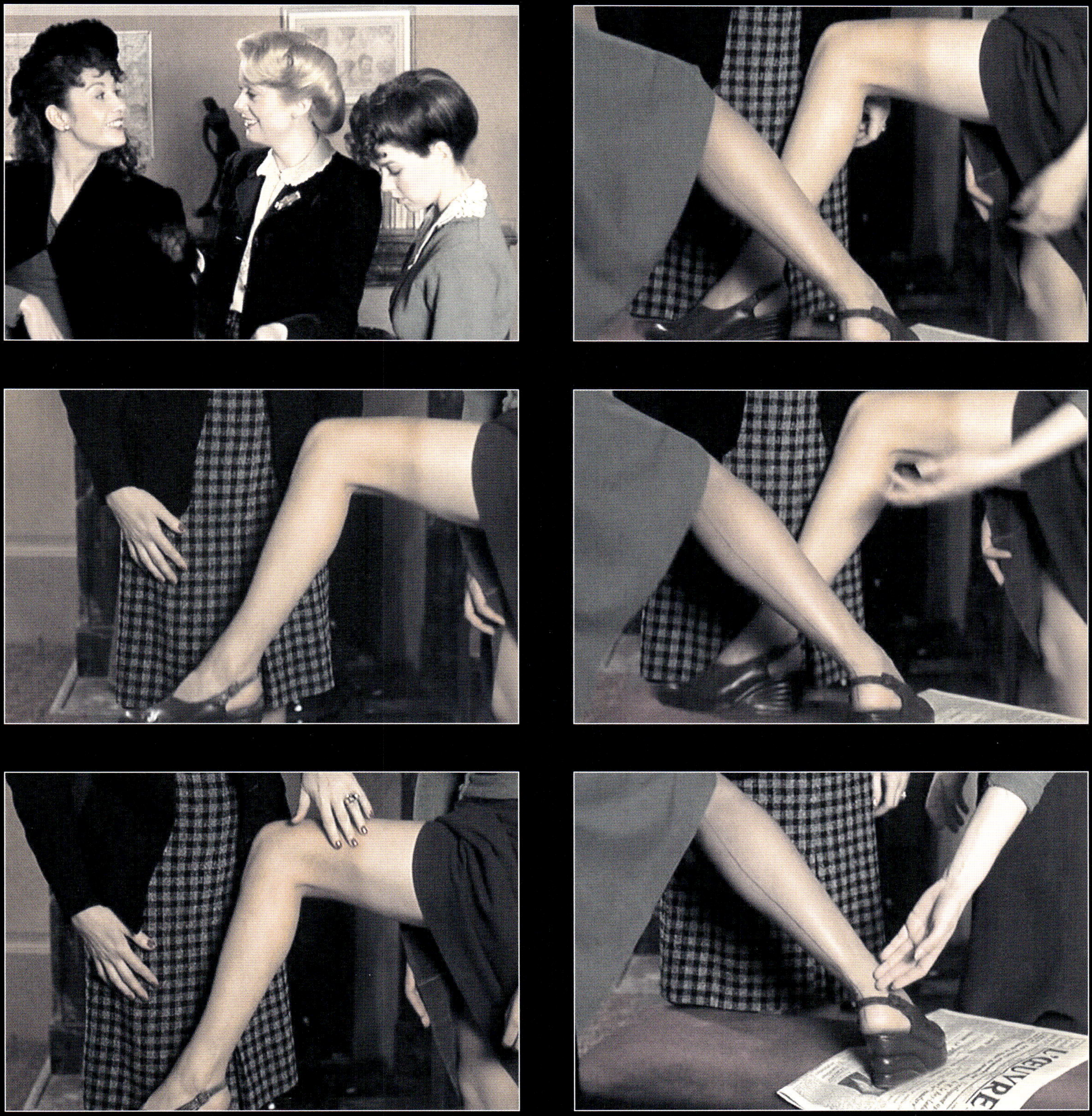

Le désir et l'interdit : l'exhibition des jambes désigne le journal qui annonce l'invasion de la zone libre par les Allemands. Truffaut s'inspire d'une « Vie parisienne sous l'Occupation » : « La plupart des femmes vont jambes nues puisqu'il n'y a plus de bas de soie et que ceux de laine sont depuis longtemps réduits à l'état de passoires ».

me tenaient à cœur comme *Un enfant sous l'Occupation*, sujet que j'avais longtemps médité et dont la mode s'est trop emparée. J'attendrai le temps qu'il faut pour qu'il se démode. Ce que je ferai alors sera probablement différent de ce que j'aurais tourné hier ou demain. Et ce sont là les risques du métier », déclare-t-il dans un entretien de 1975.

En octobre 1976, juste avant d'entamer le tournage de *L'Homme qui aimait les femmes*, il écrit à Jean-Loup Dabadie pour lui parler d'un livre (*Night Falls on The City*[2]) qu'il ne trouve pas très bon mais dont une situation l'intéresse : pendant la guerre, à Vienne, une actrice continue à faire son métier, tandis que son mari, juif censé être mort ou en fuite, est caché dans une cave du théâtre. « Voilà le principe de l'histoire que nous pouvons voir osciller entre *Le Journal d'Anne Franck* et *To Be or not to Be* de Lubitsch. » Dabadie se dit néanmoins plus intéressé par les années d'avant-guerre et envisage mal une transposition à Paris. Il ne pousse pas plus avant. Indication s'il en fallait qu'il ne s'agissait pas a priori d'un sujet particulièrement « vendeur », Truffaut a pourtant ajouté pour le convaincre : « la Bouderie du public français à l'égard de la période de l'Occupation ne me préoccupe pas, car on peut toujours espérer l'exception et aussi n'oublions pas que la France n'est que l'un des cinquante-six pays où un film peut être exploité… » C'est aussi en 1976 que, dans un court article publié dans *Parispoche* pour défendre le film d'André Halimi *Chantons sous l'Occupation*, Truffaut évoque la chanson dont il fera quelques années plus tard le leitmotiv de son film : « Le film d'André Halimi nous rappelle qu'on n'a jamais autant chanté que sous l'Occupation. Je revois, en effet, les Parisiens se rassembler sur les boulevards autour des chanteurs de rues qui vendaient ensuite la chanson-papier : " Mon Amant de Saint-Jean " " Au bar de l'escadrille " " Le gardian de Camargue " " Chérie, les jardins nous attendent " etc. » Répondant au reproche fait à André Halimi de donner une image négative des artistes sous l'Occupation, il expose alors une vision de la compromission ou du compromis assez proche de celle qu'il mettra plus tard en scène dans son film : « Les choses ne sont pas si simples et cela, *Chantons sous l'Occupation* le montre également. Aujourd'hui en 1976, quand nous faisons financer nos films par des banques étrangères liées aux fabricants de napalm, quand nous acceptons d'aller les présenter dans des pays où des prisonniers politiques sont exécutés par pendaison, ne sommes-nous pas à notre tour des " collaborateurs " ? »

Signe que le sujet continue de travailler dans son esprit, bien qu'il répète de fin 1978 à début 1979 n'avoir pas de projet de film précis, il écrit en octobre 1978 au père Guy Léger (ami d'André Bazin), afin de lui demander si le cantique *Mon Dieu, Mon Dieu, sauvez la France* (qu'il utilisera dans la scène de l'église, au moment de l'arrestation de Christian) a bien été composé durant l'Occupation. Truffaut se met à l'écriture du scénario à partir de mars 1979 avec Suzanne Schiffman dont les peu réjouissants souvenirs d'enfance contribueront à nourrir le film (et notamment le personnage de la petite Rosette, fille d'un tailleur clandestin, qui espère venir voir la pièce en dissimulant son étoile jaune sous son écharpe). Ils y travaillent assidûment pendant le printemps et tout l'été : un premier « résumé complet » est daté de mai 1979, un long « synopsis » de juillet 1979, et un premier traitement dialogué, rédigé pendant l'été près de Vaison La Romaine où Truffaut est théoriquement en vacances, d'août 1979. Le scénario est quasiment terminé à la fin septembre, dans la forme sous laquelle il partira en tournage à quelques exceptions près, les mois suivants étant consacrés à la quête de financement. Rétrécissant légèrement le temps, Truffaut affirmera à la sortie du film : « Nous avons fait le script en deux mois l'année dernière, mais depuis plus d'un an, nous faisions travailler notre mémoire, nous interrogions des amis et nous lisions tous les livres possibles et imaginables sur la vie théâtrale pendant la guerre et sur la presse collaborationniste. »

UN COUP DE MAIN. Une dizaine de jours à peine avant le début du tournage (le 28 janvier 1980, au théâtre Saint Georges à Paris), il fait appel pour écrire quelques scènes et quelques dialogues supplémentaires à Jean-Claude Grumberg. Il est en effet mécontent des scènes entre Marion, qui dirige le théâtre en l'absence de son mari, et Lucas, son époux juif caché dans la cave et a l'impression de n'avoir pas réussi à faire parler Lucas. Il vient de voir au Théâtre du Gymnase la pièce de Grumberg, *L'Atelier*, dont le ton et les personnages lui ont plu. Il lui écrit, en lui envoyant le scénario, le 15 janvier : « Votre Léon est sublime, il a tout ce qui manque à mon Lucas. Accepteriez-vous de collaborer ? Lucas Steiner sera joué par Heinz Bennent, très bon acteur allemand qui parle bien français, avec accent non brutal. Le problème est que je n'ai pas su le faire parler, je n'ai pas su le faire vivre. Pour moi, cela ne fait aucun doute : la solution est au bout de votre stylo qui est sacrément meilleur que le mien. » Quelques jours plus tard, Truffaut est rassuré, et même s'il prévoit de récrire à nouveau en partie à sa manière les dialogues proposés (il prévient Jean-Claude Grumberg qu'il lui arrivera de ne garder que 30 ou 50 % de ses répliques qu'il va réadapter à sa propre formulation ou à celle des comédiens), ce coup de main lui a redonné l'impulsion dont il avait besoin. Il demande d'ailleurs à Grumberg une ou deux nouvelles scènes pour renforcer le personnage

2. Sarah Gainham, *La Nuit S'abat Sur La Ville*, Robert Laffont, 1971.

de Daxiat, le critique de *Je suis Partout* qui rêve d'obtenir la direction d'un théâtre (« afin de renforcer le personnage de Daxiat et de montrer qu'il est réellement dangereux, je désire ajouter une scène qui le montrera dans un studio de radio en train de faire une causerie hebdomadaire sur le thème du théâtre parisien trop enjuivé et trop efféminé. Quand cette scène sera terminée pour l'image, le son chevauchera pour trente secondes sur le poste de radio dans la loge de Marion »). Lui écrivant à trois jours du tournage, le 25 janvier : « Quand j'écris des lettres à la veille d'un nouveau tournage, j'ai plus ou moins l'impression de dicter mon testament. Vous voici donc exécuteur de mes derniers souhaits (c'est moins autoritaire que volontés). »

L'ÉLECTRICITÉ QUI FILE. D'emblée, Truffaut prévoit de construire son scénario selon le mouvement de la création d'une pièce de théâtre, des premières répétitions aux représentations, et d'y faire artificiellement coïncider plusieurs années d'Occupation : de la période qui précède l'invasion de la zone libre à la Libération de Paris et jusqu'à quelques mois plus tard. Sur une page de notes préparatoires, il trace une très grossière amorce de construction d'ensemble, mêlant le temps de la création de la pièce et une contraction de la grande Histoire : « zone libre / zone occupée-générale / spectacle… gestapo / fin ». Il prévoit également de démarrer le récit par l'arrivée au théâtre d'un nouveau comédien en passe d'être engagé pour jouer dans la pièce, un transfuge du Grand-Guignol. De ses diverses sources, il tire petits faits, idées, ingrédients qu'il souhaite retenir, et les jette d'abord en vrac sur des listes de notes éparses. Il ouvre une page de notes diverses par une brève évocation d'Alain Laubreaux, le critique redouté de *Je suis partout*, qu'il nommera d'abord Tobereaux, nom plus proche de l'original, avec lequel il souhaite faire le jeu de mot « tombereau d'ordures » (Daxiat, le nom finalement choisi, vient d'un pseudonyme utilisé par Alain Laubreaux pour signer une pièce, *Les Pirates de Paris*). Et il mentionne un incident qu'il utilisera pour l'apparition du critique à la générale de la pièce : « À la générale de *La Reine morte*, au Français, il est arrivé un quart d'heure en retard, le cigare à la bouche. » Il liste des fragments d'idées ou d'histoires, qu'il retient sans savoir encore ce qu'il va en faire et où il va les placer, parfois de simples flashes visuels, ou un bout de dialogue, dont il tirera ensuite les moments d'une scène : « Dans la cave il a entendu " Mon Amant de Saint Jean ", il veut les paroles papiers » ; « Dieu de Clémence… église… qui ? Pourquoi ? préférablement des enfants… » (dans la scène définitive, une chorale d'enfants chantera *Dieu de Clémence* pendant que la gestapo arrête Christian sous les yeux de Bernard impuissant) ; « Pourquoi dites-vous cela ? Parce que c'est dans la pièce » ; « Du tabac qui pousse dans un coin »… Ou encore, en réaction à une histoire probablement trouvée dans des souvenirs de théâtre : « Épisode des prises de courant trop laborieux mais l'idée d'installer des prises est intéressante (et si le concierge s'aperçoit que l'électricité a filé ? Allusion *Gaslight* pièce vue à Londres. » Cette histoire d'électricité qui file sera d'abord pas mal développée dans les premiers traitements : Raymond, le régisseur du théâtre, s'inquiète car il trouve le compteur électrique en marche, alors qu'il l'avait fermé la veille ; il questionne Marion. Et jusqu'au script de tournage, où, dans un début de scène finalement non tourné, Marion fait part à Lucas des inquiétudes de Raymond qui pense que quelqu'un s'est branché sur l'électricité du théâtre. Truffaut gardera pour finir de cette histoire de courant quelques pointes, devenues mystérieuses, car privées d'explication : une fin de scène où Raymond coupe le compteur (« Madame Steiner, je coupe au général ? ») faisant basculer le théâtre et le plan dans le noir ; une allusion en effet de Lucas à *Gaslight*, pièce qu'il a été tenté de monter où l'on s'aperçoit que le mari soupçonneux qui a feint de quitter la maison, y est revenu et se cache dans le grenier, car la lumière du gaz baisse ; l'idée enfin que Marion utilise une lampe-tempête pour rejoindre Lucas dans la cave, car elle économise ainsi l'électricité. Truffaut prépare ainsi le basculement vers la révélation du secret central du récit – que fait donc Marion, revenue dans le théâtre ? – par une idée visuelle élémentaire, d'une grande force suggestive, et un travail d'atmosphère qui renforce le mystère : elle circule dans les couloirs sombres, et l'on ne sait où elle va, en tenant devant elle, à hauteur de visage, une lampe-tempête, seule source de lumière dans le noir du plan. Cette avancée du récit par bonds dénués de supports explicatifs (dans le film terminé, Lucas ne demande plus à Marion, comme il le faisait au scénario, pourquoi elle n'a pas allumé, cette partie de la scène ayant été coupée, et la justification rationnelle n'existe plus), cette ambiance nocturne et constamment mystérieuse, cette sensation de thriller retenu, font la particularité du *Dernier Métro* dont le récit est moins classique qu'il n'y paraît. Cet effacement des scènes explicatives concernant les fuites d'électricité est exemplaire du mouvement d'un scénario qui se libère progressivement des justifications.

PREMIERS INGRÉDIENTS. Pour élaborer *Le Dernier Métro*, Truffaut s'échappe du système ou du mode de travail ou du mode d'élaboration d'autres films : se faire en quelque sorte livrer, que ce soit par Jean Gruault, De Givray, Dabadie, un premier scénario dia-

A PARIS, ON RÉPÈTE AUX BOUGIES...

Les restrictions d'électricité ont imposé aux théâtres parisiens des contingences extrêmement dures. Aucune répétition n'était possible, aussi c'est aux chandelles (comme aux temps héroïques) que la troupe du Vieux-Colombier a préparé « Les Autres », la dernière pièce de Sartre. Ce théâtre, qui veut renouer la tradition de Copeau, a engagé, pour son premier spectacle, trois des meilleures vedettes de Paris : Gaby Sylvia, Tania Balachova et Vitold, que l'on voit sur notre photo.

Documentation et emprunts. Truffaut s'inspire des pages spectacles des journaux de l'époque où les comédiens répètent à la bougie (Catherine Deneuve, Jean Poiret et Gérard Depardieu).

Il esquisse directement la scène de la bagarre entre Bernard Granger (Gérard Depardieu) et Daxiat (Jean-Louis Richard), personnage inspiré du critique de *Je suis partout*, Alain Laubreaux, sur un exemplaire des mémoires de Jean Marais, *Histoire de ma vie*.

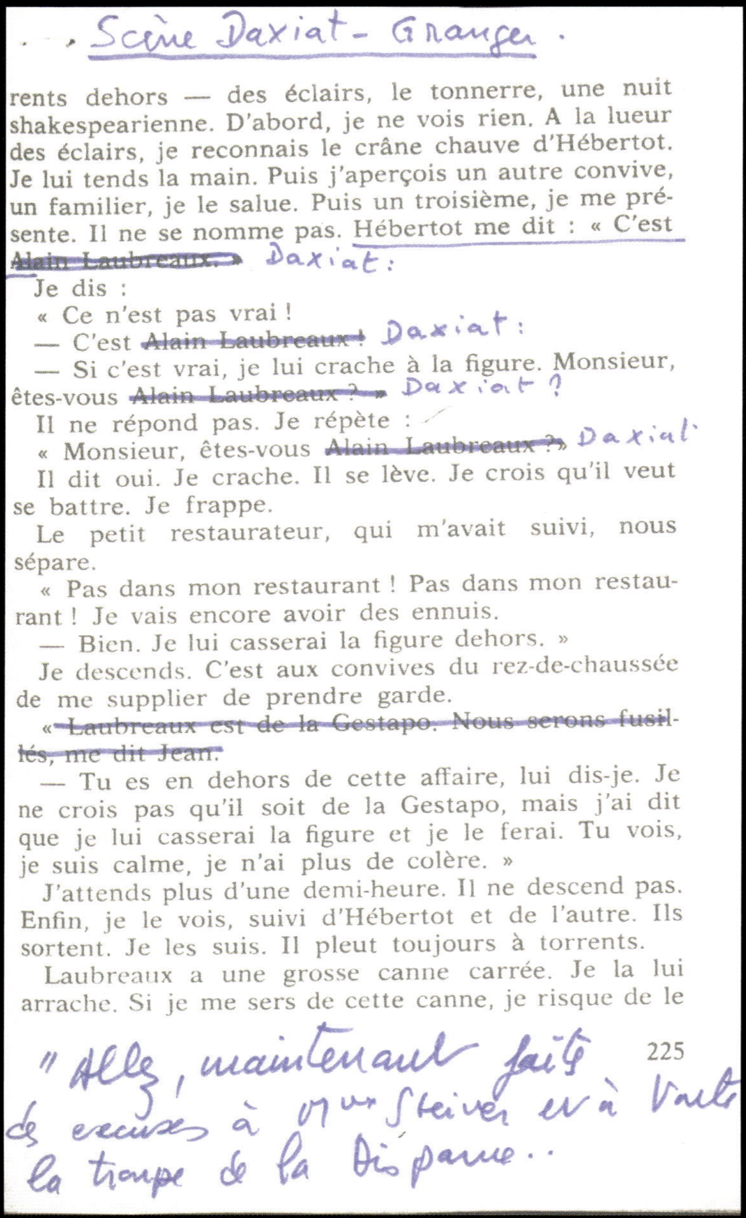

Scène Daxiat – Granger.

rents dehors — des éclairs, le tonnerre, une nuit shakespearienne. D'abord, je ne vois rien. A la lueur des éclairs, je reconnais le crâne chauve d'Hébertot. Je lui tends la main. Puis j'aperçois un autre convive, un familier, je le salue. Puis un troisième, je me présente. Il ne se nomme pas. Hébertot me dit : « C'est ~~Alain Laubreaux.~~ Daxiat.

Je dis :

« Ce n'est pas vrai !

— C'est ~~Alain Laubreaux !~~ Daxiat !

— Si c'est vrai, je lui crache à la figure. Monsieur, êtes-vous ~~Alain Laubreaux ? »~~ Daxiat ?

Il ne répond pas. Je répète :

« Monsieur, êtes-vous ~~Alain Laubreaux ?~~ Daxiat ?

Il dit oui. Je crache. Il se lève. Je crois qu'il veut se battre. Je frappe.

Le petit restaurateur, qui m'avait suivi, nous sépare.

« Pas dans mon restaurant ! Pas dans mon restaurant ! Je vais encore avoir des ennuis.

— Bien. Je lui casserai la figure dehors. »

Je descends. C'est aux convives du rez-de-chaussée de me supplier de prendre garde.

« ~~Laubreaux est de la Gestapo. Nous serons fusillés, me dit Jean.~~

— Tu es en dehors de cette affaire, lui dis-je. Je ne crois pas qu'il soit de la Gestapo, mais j'ai dit que je lui casserai la figure et je le ferai. Tu vois, je suis calme, je n'ai plus de colère. »

J'attends plus d'une demi-heure. Il ne descend pas. Enfin, je le vois, suivi d'Hébertot et de l'autre. Ils sortent. Je les suis. Il pleut toujours à torrents.

Laubreaux a une grosse canne carrée. Je la lui arrache. Si je me sers de cette canne, je risque de le

225

" Allez, maintenant faites des excuses à Mme Steiner et à toute la troupe de la Disparue..

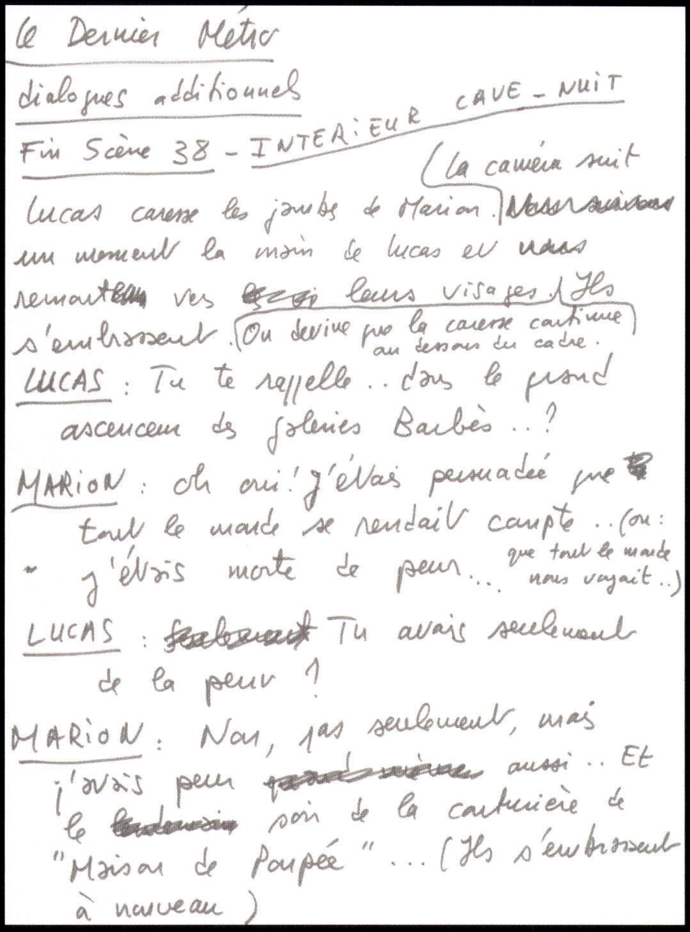

le Dernier Métro

dialogues additionnels

Fin Scène 38 – INTERIEUR CAVE – NUIT

Lucas caresse les jambes de Marion. (La caméra suit un moment la main de Lucas et remonte vers leurs visages.) Ils s'embrassent. (On devine que la caresse continue au dessous du cadre.)

LUCAS : Tu te rappelle.. dans le grand ascenseur des galeries Barbès..?

MARION : Oh oui ! j'étais persuadée que tout le monde se rendait compte..(ou : j'étais morte de peur... que tout le monde nous voyait..)

LUCAS : Tu avais seulement de la peur ?

MARION : Non, pas seulement, mais j'avais peur aussi.. Et le soir de la couturière de "Maison de Poupée"... (Ils s'embrassent à nouveau)

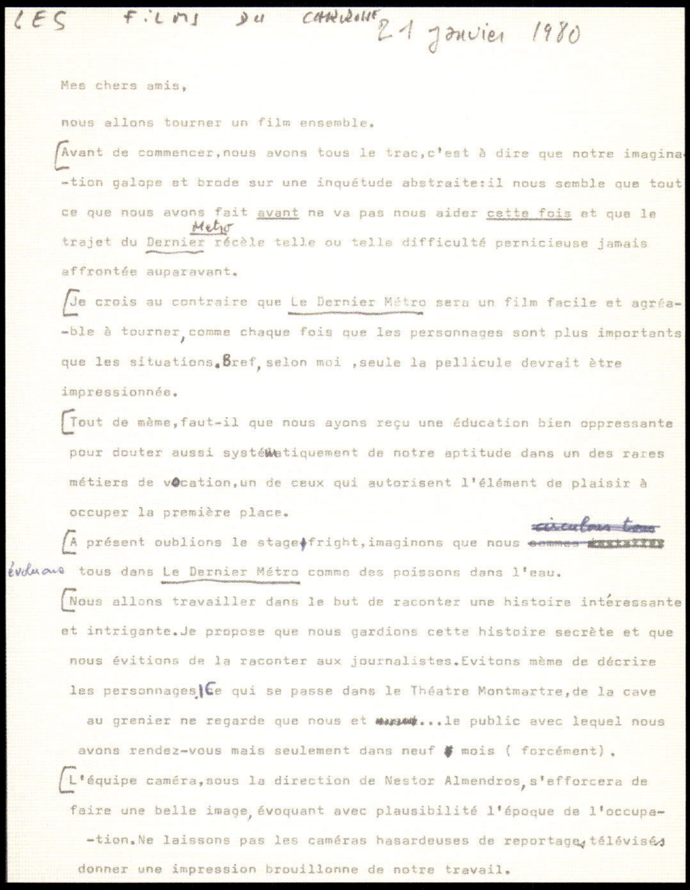

LES FILMS DU CARROSSE 21 janvier 1980

Mes chers amis,

nous allons tourner un film ensemble.

Avant de commencer, nous avons tous le trac, c'est à dire que notre imagination galope et brode sur une inquétude abstraite: il nous semble que tout ce que nous avons fait avant ne va pas nous aider cette fois et que le trajet du Dernier Métro récèle telle ou telle difficulté pernicieuse jamais affrontée auparavant.

Je crois au contraire que Le Dernier Métro sera un film facile et agréable à tourner, comme chaque fois que les personnages sont plus importants que les situations. Bref, selon moi, seule la pellicule devrait être impressionnée.

Tout de même, faut-il que nous ayons reçu une éducation bien oppressante pour douter aussi systématiquement de notre aptitude dans un des rares métiers de vocation, un de ceux qui autorisent l'élément de plaisir à occuper la première place.

A présent oublions le stage fright, imaginons que nous évoluons tous dans Le Dernier Métro comme des poissons dans l'eau.

Nous allons travailler dans le but de raconter une histoire intéressante et intrigante. Je propose que nous gardions cette histoire secrète et que nous évitions de la raconter aux journalistes. Evitons même de décrire les personnages. Ce qui se passe dans le Théatre Montmartre, de la cave au grenier ne regarde que nous et ...le public avec lequel nous avons rendez-vous mais seulement dans neuf mois (forcément).

L'équipe caméra, sous la direction de Nestor Almendros, s'efforcera de faire une belle image, évoquant avec plausibilité l'époque de l'occupation. Ne laissons pas les caméras hasardeuses de reportage, télévisés donner une impression brouillonne de notre travail.

Pendant le tournage, Truffaut écrira plusieurs belles scènes additionnelles.

À quelques jours du tournage, Truffaut écrit à ses comédiens pour leur recommander le secret sur les rebondissements du *Dernier Métro*.

Derrière François Truffaut et Gérard Depardieu, Nestor Almendros qui fait sur le film un travail de lumière particulièrement élaboré.

logué contre lequel il pourra s'insurger avant de se le réapproprier. Il part avec Suzanne Schiffman de notes éparses, d'idées pour les personnages, d'un premier schéma inachevé, puis de résumés plus détaillés, avant de passer à une version dialoguée. La plupart des personnages sont définis d'entrée, et certaines idées sont déjà en place, comme dans cette description du futur Lucas, d'abord nommé Oscar (en souvenir d'Oskar Werner, avec qui Truffaut est pourtant brouillé ?), où apparaît l'idée des mots croisés antisémites : « Il soigne sa forme physique et intellectuelle, fait des mots croisés (tombe même une fois sur une grille antisémite). » D'autres ingrédients, non encore arrimés, voyageront d'un personnage à l'autre : l'idée pour Jean-Loup, le metteur en scène remplaçant, qu'on ne lui connaît « ni amie femme, ni ami homme » qui sera ensuite reprise pour définir le critique de *Je suis Partout* (« Il n'aime pas les femmes, il n'aime pas les hommes, il n'aime que la nourriture, c'est un gastronome », dira une réplique du scénario de tournage, coupée au montage) ; l'idée que Germaine, l'habilleuse, a eu dans sa jeunesse des ambitions de chanteuse et écoute la radio en sourdine pour apprendre les refrains à la mode qu'elle fredonne ensuite. Ce sera Lucas, personnage plus central, qui écoutera la TSF et s'intéressera à ces chansons dont Truffaut souhaite ponctuer son film et pour lesquelles il cherche visiblement le fil rouge qui permettra de les organiser. La future Martine, trafiquante du marché noir, et que tous prendront pour la petite amie de Raymond, est au départ une petite amie occasionnelle de Bernard et se nomme alors Lucette, dite Lulu. C'est elle qui parlera avec Germaine dans le film de ramener à Marion un exemplaire d'*Autant en emporte le vent* qui s'arrache à prix d'or au marché noir, aboutissement d'une idée pas encore très définie dans les premiers résumés : « C'est peut-être Raymond qui sait où trouver un livre que recherche Marion aux Galeries Lafayette. » Inversement, certaines caractérisations de départ disparaîtront, comme cette idée que Jean-Loup (d'abord nommé Philippe) est, comme Truffaut lui-même, un collectionneur de tours Eiffel que des assistants installent dans sa loge, l'idée aussi, assez cruelle, qu'il tentera vers la fin du récit d'user de ses relations pour faire libérer un poète, mais trop tard, car l'homme est mort… Il restera de cette idée une formule : libéré grâce à ses relations, il est arrêté le même soir à cause de ses relations. Un autre épisode, envisagé au départ comme important, passera finalement inaperçu : plusieurs courtes scènes, jusqu'au scénario de tournage, tournent autour de l'idée que Jean-Loup songe à renoncer à son rôle pour se consacrer uniquement à la mise en scène et que Lucas souffle à Marion, au téléphone avec Jean-Loup, les répliques qui le feront changer d'avis. Truffaut les coupera au montage, ou plutôt les modifiera en bricolant à la post-synchronisation un dialogue où Jean-Loup répond à un énigmatique appel téléphonique de Daxiat. Introduisant ainsi la menace représentée par Daxiat et l'ombre qu'il étend sur le Théâtre Montmartre dès le début du film. Ces premières esquisses donnent par ailleurs au béguin de Bernard pour Arlette, la costumière (qu'il rencontre pour la première fois au théâtre et non dans la rue) une importance qu'elle perdra partiellement, comme par un phénomène de vases communicants, à mesure que le scénario développe l'histoire entre Bernard et Marion : « C'est après la mort de Christian et la découverte qu'Arlette est lesbienne, que Bernard décidera de quitter le théâtre », indiquent les premières descriptions de personnages. Les raisons des personnages, décrites explicitement dans un premier temps, deviendront au fil du travail beaucoup plus implicites, ou plus ambigües et moins déterminées par un but unique : ainsi l'idée, exprimée dans les premières descriptions de personnages, que, si la jeune comédienne ambitieuse (d'abord nommée Betty) a une aventure avec Arlette, c'est parce que la costumière peut appuyer sa candidature pour un rôle important au cinéma, liaison auquel le film, plus secret et moins rationnel, laissera sa part de mystère.

S'il a pensé à *To Be or not To Be*, Truffaut songe aussi à *La Règle du Jeu*, pour construire un film aux personnages multiples, mêlant scènes et coulisses, personnages prestigieux et techniciens de l'ombre. Il emprunte volontairement à Renoir une de ses comédiennes, Paulette Dubost, la femme de chambre de Christine dans *La Règle du jeu*, qui devient l'habilleuse de Marion, prompte à ronchonner et à rappeler qu'on n'obtient les choses qu'en « payant bien entendu ». Dans le premier résumé, le futur Jean-Loup, metteur en scène remplaçant, est conçu en référence explicite au Dalio de *La Règle du jeu* : « Si Marion lui reproche de toujours comprendre les raisons de tout le monde, il lui dira que c'est vrai, et que certainement il restera toujours superficiel, mais qu'il n'a ni envie de souffrir ni de faire souffrir… » Le type avec qui Marion passe une nuit est aussi ouvertement désigné comme son « Saint Aubin », l'amant que Christine prend un soir par dépit dans le film de Renoir.

DÉPLACEMENTS. Un premier résumé inachevé du film est conçu en trois parties :

De l'arrivée de Bernard au théâtre jusqu'à l'invasion de la zone libre.

Les répétitions jusqu'à la découverte de la présence d'Oscar (futur Lucas) dans la cave et la générale suivie du cassage de gueule du critique virulent (Tobereaux, pour le jeu de mots « tombereau d'ordures »).

La pièce se joue, les menaces grossissent sur le

Bernard Granger (Gérard Depardieu) et Daxiat (Jean-Louis Richard) sous l'orage. Cette scène est le prélude aux menaces de plus en plus précises qui pèsent dans le dernier tiers du film sur le théâtre Montmartre.

théâtre jusqu'à la centième représentation suivie d'une fête où Marion couche avec un inconnu.
Marion doit en effet aller voir un Allemand influent pour protéger le théâtre, et ce premier résumé s'achève ainsi : « et si cet Allemand était invité à la 100e du spectacle et à la fête qui suit, où Marion, qui se sent jugée par Bernard, finit par coucher avec un type… qu'elle finit par refuser de recevoir le lendemain… »
On voit que si la plupart des ingrédients futurs du film sont déjà présents, ils ne le sont pas nécessairement à la place que le cinéaste finira par leur assigner dans une construction dramatique plus serrée. Dans le film terminé, c'est pendant les répétitions, alors que Lucas lui a conseillé de sortir sa troupe pour l'encourager, que Marion se laisse draguer par un type qu'elle fuit le soir de la générale, demandant à Bernard son aide pour le chasser. Les scènes fortes cherchent leur place. Truffaut rapprochera du début du film, la plaçant avant l'invasion de la zone libre, la découverte de la présence de Lucas Steiner dans la cave (et plus encore au montage qu'au scénario, avec la suppression de plusieurs scènes intermédiaires qui lui permettront de faire arriver le secret de Marion juste avant la fin de la première demi-heure de film). Le scénario est d'abord conçu comme une chronique, une accumulation d'épisodes plus ou moins légers, de petits faits. Beaucoup d'éléments qui seront plus tard ramenés dans la première partie, au moment des répétitions, occupent pour l'instant la seconde moitié du récit (pendant et après la générale) : la soirée racontée par Bernard qui a échappé à une rafle au cinéma, la colère du gros Raymond, parti chercher la robe du deuxième acte donnée à nettoyer, et qui arrive *in extremis* à l'entracte parce qu'il a refusé de prendre un vélo-taxi, des vols dans les loges pendant la représentation commis par Lucette, l'amie de Bernard (future Martine) ; vols que Truffaut placera au résumé suivant pendant la générale, dont ils ne sont alors qu'une péripétie parmi d'autres, avant de les intégrer

au scénario dialogué à la fin de la première partie du film : précisément juste avant la générale, où la scène des vols, devenue angoissante, participe de la trajectoire que le cinéaste imprime à son film : d'abord une menace sourde qui pèse sur tout le premier mouvement du film et monte peu à peu, avant de se précipiter et d'exploser dans la dernière partie. Tous se font fait piquer quelque chose, Nadine n'a plus son laissez-passer ni sa carte d'alimentation, mais Marion refuse catégoriquement la présence de la police dans le théâtre et nous savons, nous spectateurs, ce que cachent son refus et sa violence.
Certains rebondissements qui deviendront des moments forts du film sont encore ménagés de manière assez convenue et plutôt fade. Ainsi de l'annonce de l'invasion de la zone libre. C'est Germaine, l'habilleuse, qui l'entend à la radio et en parle. Truffaut et Suzanne Schiffman prévoient alors simplement pour marquer le coup une « réaction violente de Marion qui arrête la répétition et renvoie tout le monde » (premier résumé). À l'étape suivante du résumé complet, la scène paraît atténuée : « Marion entend une conversation qui lui apprend que les Allemands ont envahi la zone libre. Réactions diverses des comédiens ». Ailleurs dans ces premiers résumés, il est question de bas que l'on peut obtenir au marché noir : en coulisses, Betty (la future Nadine) achète des bas de soie à Lucette (la future Martine), Marion lui achète des cigarettes alors qu'elle ne fume pas, ce qui provoque la surprise de Germaine. Au traitement suivant, au milieu d'une série de petites actions prévues avant la générale, on retrouve ces bas de marché noir, trop chers : Marion s'apprête à entrer en scène et « dans les couloirs, Martine montre à Betty des bas qu'elle vient de recevoir ». Il n'est pas encore question de ceux que l'on se peint sur la jambe jusqu'à l'imitation de la couture qui rend préférable de se faire aider, « de préférence par un monsieur ». Lorsqu'il établit avec Suzanne Schiffman une première continuité dialoguée (celle de Vaison La Romaine, datée d'août 1979), Truffaut a l'idée de fusionner tous ces éléments : conversation frivole des trois femmes (Martine, Nadine et Marion) autour des marchandises de marché noir, apparition de l'idée des jambes peintes que Nadine et Martine lèvent et posent sur la table pour mieux les comparer, en plein sur un journal, dont on lit en même temps que Marion le gros titre : « les troupes Allemandes ont envahi la zone libre. » Association du moment fort, d'un climax du récit (avec coïncidence de la grande et de la petite histoire, puisque l'invasion de la zone libre change les projets faits pour la fuite de Lucas, désormais contraint à rester dans la cave) à l'image de ces jambes de femmes crânement exhibées : représentation détournée du sexe, du désir et du fantasme qui courent plus ou moins souterrainement tout au long du récit, cristallisation aussi d'une rivalité féminine qui se joue autour du personnage de Bernard (Marion, toujours un peu en retrait, comme elle l'est dans cette scène où se sont les deux autres femmes qui exhibent leurs jambes, ne lui dira-t-elle pas à la fin du film : « J'avais l'impression que vous tentiez quelque chose avec toutes les femmes, sauf avec moi » ?). Au delà même de la construction d'un climax dramatique, tout l'art de Truffaut est dans cette manière de concentrer, mine de rien et en un seul point, les lignes de force, plus ou moins conscientes, de son film. Télescopage d'une bonhomie apparente (un récit enlevé, charmant, faussement classique, l'utilisation quasi-documentaire du petit fait historique, la frivolité de surface de la scène où vient éclater la bombe de la nouvelle contenue par le journal) et des forces refoulées qui animent le film et affleurent par éclats : le désir, l'interdit, le secret. Puissance de la menace et de l'interdit qui pèse sur le film : à travers l'image d'un des fantasmes sexuels les plus fréquemment exposés du cinéma de Truffaut, les plaisirs de la séduction et du mensonge qui lui sont attachés (la tricherie des bas peints qui renforce le désir) aboutissent au franchissement devenu impossible, interdit, de la ligne de démarcation. Marion n'aura plus qu'à annoncer dès la scène suivante la nouvelle de ce blocage à son mari. C'est ainsi que fonctionne le film, selon l'apparence d'une progression logique qui recouvre la course de forces moins conscientes : le désir encore non dit de Marion bute sur un interdit. Elle n'a d'autre choix que de garder son mari dans la cave et de réprimer sa tentative de fuite.
Assez naturellement, les premiers résumés ne portent pas la situation à son terme : le mari caché dans la cave y accepte d'abord avec philosophie l'idée d'y rester coincé après l'invasion de la zone libre. C'est au premier traitement dialogué, en même temps que la scène des bas peints posés sur le gros titre du journal, qu'apparaît l'idée qu'il craque en apprenant la nouvelle, brandit les mots croisés qu'il fait pour empêcher son cerveau de se ramollir (« symbole de la bassesse : youpin », « rapace puant : youtre »), et cherche à sortir à tout prix, acculant Marion à l'assommer.

« ET VOILÀ LE VIOLONCELLE ». Mouvement du banal à la bonne scène, de la convention au point d'intensité. Le travail du scénario du *Dernier Métro* est aussi un tissage de plus en plus serré de l'ensemble des strates du récit – Histoire, secret, désir, sexe, travail des répétitions, vie du théâtre, vie de la troupe – ainsi que des différents genres qui s'y entremêlent : film d'époque avec l'exactitude du fait documentaire, thriller traversé par l'omniprésence d'une menace, et par certains côtés comédie américaine avec ses répétitions et ses gags à la Lubitsch : « Non, je n'ai pas dormi chez moi cette

nuit » diront successivement un matin Bernard et Marion, dont l'un a échappé à une rafle du STO, l'autre est restée toute la nuit dans la cave du théâtre à partager le « taudis conjugal ». Peu à peu, Truffaut raffine et complique les matériaux. Dans le premier schéma incomplet du film, Marion va chercher au bistrot près du théâtre un colis de nourriture envoyé de la campagne, simple détail documentaire. Au résumé suivant, apparaît, de manière isolée et lapidaire, l'idée du jambon : « Raymond lui apporte le jambon qu'il lui avait promis et lui signale qu'il l'enferme dans le théâtre. » Lorsqu'il passe à la version dialoguée, il fait du jambon un objet qui circule entre divers espaces et divers personnages : c'est Martine qui, cachée dans la salle vide du théâtre, l'amène un soir à Raymond, puis Raymond l'apporte à Marion, occupée à discuter des recettes du Grand-Guignol avec Bernard. Scène de couloir où Truffaut accumule les niveaux de secret et les couches de récit : Jean-Loup, Arlette, Germaine, prêts à partir, passent entre Marion et Bernard qui discutent dans le couloir ; Raymond vient glisser un mot discret à Marion pour le jambon ; Nadine vient chercher Bernard avec qui elle a visiblement rendez-vous

Lucas et Marion Steiner (Heinz Bennent et Catherine Deneuve). Truffaut fait pratiquer à Lucas l'autodérision et lui fait lire dans la cave le pamphlet antisémite de Lucien Rebattet, *Décombres* : « Les Juifs nous prennent nos plus belles femmes ».

et l'enlève à Marion ; Marion, qui aurait aimé que Bernard lui dise au revoir en l'appelant par son prénom, observe leur départ commun par une fenêtre du théâtre ; Raymond lui amène alors le corps du délit qu'il a dissimulé dans un étui à violoncelle, gag de comédie qui a pour but de lui permettre de l'amener sans se faire remarquer à son hôtel. À peine Raymond parti, Marion nous fait la surprise de dissimuler à son tour l'étui à violoncelle et le jambon qu'il contient derrière des robes et des manteaux dans la penderie de sa loge. Plus tard, lorsque l'on découvrira Lucas dans la cave, on reconnaîtra le jambon pendu à un mur. Ce travail de la complication et du détournement, ce tissage de multiples micro-actions où l'anodin et la vivacité de surface recouvrent des intentions ou des désirs cachés (mêlant comédie et thriller, le gag du jambon dissimulé dans l'étui à violoncelle devient comme une synecdoque du film entier) est exemplaire de la manière dont progresse l'écriture d'un film au cœur duquel s'entrelacent et interagissent de multiples secrets : ceux de Marion qui cache Lucas dans la cave et cache son désir pour Bernard, celui de Lucas qui cache qu'il a compris, celui d'Arlette qui contient son

Le secret derrière la porte (Andréa Ferréol et Sabine Haudepin).

attirance pour Marion, celui de Bernard qui bricole le pick-up du théâtre pour aider son copain Christian dans ses actes de résistance, celui de Nadine et son ambition dévorante, celui de Raymond qui aimerait que l'on pense qu'il a une petite amie, etc. Le pouvoir d'attraction du récit et du film vient sans doute de cette capacité particulière de Truffaut à travailler son récit à la fois sur un niveau apparent – complication et intrication des matériaux, gag, jeu avec le savoir du spectateur, construction d'un mouvement où il se passe sans arrêt quelque chose – et un niveau plus souterrain : puissance du secret et des téléscopages provoqués par des rapprochements de scènes ou d'images pas nécessairement perçus au niveau conscient.

LA PEUR. Si Truffaut travaille son histoire de manière à occuper l'intérêt du spectateur par un divertissement permanent, il inscrit parallèlement et peu à peu la peur au cœur de son film. L'élément le plus visible en est le personnage du critique de *Je suis partout* peu développé au départ de l'écriture. On parle beaucoup de lui, mais Tobereaux (le futur Daxiat) n'apparaît en chair et en os qu'à la générale où il arrive en retard. Puis on le croise à nouveau dans un restaurant, où Raymond ramène les critiques toutes fraîches; celle de Tobereaux est raciste, Bernard va lui casser la gueule, épisode inspiré d'une bagarre entre Jean Marais et le critique Laubreaux qui avait écrit un article insultant sur Cocteau et sa pièce *La Machine infernale*. À l'étape suivante, le texte prévoit que Daxiat « sera l'un des personnages-clés de notre histoire, celui en qui s'incarne la Collaboration », et résume d'une note son itinéraire : ex-communiste, doriotiste au PPF, fasciste, journaliste obscur avant-guerre. Puis Truffaut accumule d'une étape à l'autre les scènes qui permettront de faire monter progressivement la menace incarnée par le personnage, le seul en réalité à représenter le monde extérieur, la pression de la guerre et des idées nationales socialistes. Ajout à la première version dialoguée de sa présence à l'issue du premier soir devant le théâtre; Jean-Loup doit le voir, Marion refuse de dîner avec lui. Prévision de sa visite lors d'une répétition, avec l'idée que Nadine, pas dégoûtée, s'intéresse à lui, et que Germaine cherche à lui parler de son fils au stalag. Apparition aussi à la première version dialoguée de la longue scène où Daxiat vient trouver Marion à son hôtel : la fausse carte d'identité de Lucas Steiner qu'il brandit sous le nez de Marion, carte retrouvée sur un passeur interpellé, l'alerte, l'abri dans les sous-sols de l'hôtel, les menaces à peine voilées… En écrivant la scène, le cinéaste a d'emblée l'idée de la couper en deux parties afin de mettre en valeur la menace en achevant la première moitié de la scène sur un moment fort (« Lucas Steiner n'a pas quitté la France », proclame Daxiat au moment où retentissent les sirènes d'une alerte qui les pousse à descendre dans les sous-sols de l'hôtel, où la deuxième partie de la scène sera jouée en chuchotant dans une demie pénombre). Il renoncera également à tourner dans l'abri de l'hôtel une fin de scène qui repartait sur un mode plus drôle et léger : alors que Daxiat joue au chat et à la souris avec Marion, le scénario prévoyait de finir la scène sur un vieux cuisinier à l'accent berrichon qui se dit trop fatigué pour monter et descendre à chaque alerte : « J'ai trouvé un bon fauteuil, je ne bouge plus d'ici ». Souvenir personnel de l'un ou l'autre des auteurs ? Qui est sacrifié pour que la scène se termine sur une menace nette, glaçante : « Le nom de Steiner n'est pas bon pour vous. Vous devriez demander le divorce. » À noter qu'à la première version dialoguée, le ton de Daxiat était plus doux, au moins par feinte : « Je vous donne un message pour lui : il peut rentrer à Paris. Je me porte garant qu'il aura la permission de travailler. » Truffaut préfèrera pour finir y aller plus carrément.
Le cinéaste renforce au montage la tension de la menace insidieuse incarnée par Daxiat. Il ajoute, on l'a vu, au début du film un appel téléphonique de Daxiat chez Jean-Loup, à la place de scènes coupées, et travaille les alternances : c'est après une scène entre Lucas et Marion qui s'achève sur une note plutôt joyeuse (l'ironie tendre de Marion : « ma mère m'avait bien dit que je ne serais jamais heureuse avec un Juif »), qu'il monte la scène de la répétition où surgit Daxiat. Inversement, après les menaces faites à Marion à l'hôtel, il monte une scène d'intimité entre Lucas et Marion qu'il a écrite en supplément sur le tournage : l'évocation de l'amour dans le grand ascenseur des Galeries Barbès (souvenir peut-être d'une scène coupée du scénario de *L'Homme qui aimait les femmes* où la grande amoureuse amatrice des situa-

tions précaires entraînait Bertrand à lui faire l'amour dans l'ascenseur d'un grand magasin). Scène dont Truffaut note hâtivement l'idée sur son exemplaire de tournage : « Lucas ajoute une petite phrase privée, sexy, intime : le grand ascenseur des Galeries Barbès », avant d'en donner le dialogue à ses comédiens, et qui offre comme un temps de repos et d'intimité calme après le climax menaçant et avant la tempête. Dans une version précédente du scénario, Marion racontait à Lucas la tentative d'intimidation de Daxiat, scène redondante que Truffaut n'a pas hésité à supprimer, préférant avancer par escales successives.

Ce travail de l'ironie dramatique est poursuivi avec la scène qu'il réclame juste avant le tournage à Jean-Claude Grumberg : Daxiat déversant à la radio la bile antisémite de *Je suis partout*. Scène pour laquelle Truffaut adresse à Grumberg quelques pages de *Décombres* de Lucien Rebatet[3] et une « note bien précise de Darquier de Pellepoix » (commissaire de Vichy aux questions juives), qu'il place juste après la visite de Daxiat aux répétitions. Si Daxiat paraît prendre la défense de Lucas Steiner lorsqu'il parle à Marion : « Il a eu tort de quitter la France », c'est pour mieux clamer quelques instants plus tard à la radio que « le théâtre de France doit être purgé des Juifs depuis les combles jusqu'au trou du souffleur ». Ce renforcement du fil permanent de la menace pesant sur les personnages et sur le théâtre est au fond ce que demande Truffaut à Grumberg quand il souhaite qu'il fasse mieux vivre son Lucas. C'est à Grumberg que l'on doit le quiproquo sur la mauvaise nouvelle qui ouvre la première scène où l'on découvre Lucas dans la cave et caractérise immédiatement le personnage (« Marion : j'ai une mauvaise nouvelle pour toi, Lucas / Lucas : la Propagandastaffel interdit la pièce ? »). C'est lui également qui apporte le dialogue sur les « soi-disant passeurs » qui prennent l'argent et amènent leurs clients à la Kommandantur. Ainsi que les ingrédients du dialogue sur les dénonciations anonymes qui nourrit cette première fin de scène du couple : « Tu sais combien de dénonciations de Juifs arrivent par jour à la police ? [...] Mon patron est juif, mon voisin est juif, mon beau-frère est juif. » Surtout, c'est Grumberg qui propose à Truffaut dans la scène où Marion coupe les cheveux de Lucas et alors qu'il manipule un faux nez tiré d'une boîte d'accessoires de théâtre, la question fameuse : « Qu'est-ce que c'est avoir l'air juif ? » Au scénario, la scène est très courte (une blague échangée entre eux et une fin sur le poste de TSF qui diffuse « Mon Amant de Saint Jean »). Cette interrogation glaçante sous la couverture du dialogue de comédie (« J'essaie de me sentir juif. C'est très délicat les rôles de Juif. Si tu en fais juste un peu, on dit : il exagère. Si tu en fais beaucoup, on dit : il n'a pas l'air juif ») y réintroduit sans avoir l'air d'y toucher la menace du monde extérieur. Dans la scène même où est repris quelques instants plus tard, à travers les paroles à double sens de la chanson, le fil de l'évolution des sentiments de Marion envers Lucas : « Il ne m'aime plus. C'est du passé, n'en parlons plus ». On retrouve un des vieux principes du cinéaste : pas une scène pour une idée, mais plusieurs idées pour nourrir une même scène.

« – Il y a deux femmes en vous. – Oui, mais aucune des deux n'a envie de coucher avec vous. » (Andréa Ferréol, Maurice Risch, Gérard Depardieu).

3. Éditions Denoël, 1942

Certains apports de Grumberg appréciés par Truffaut sont finalement coupés au montage : l'idée que Goebbels avait été metteur en scène de théâtre en 1925-1926 et avait fondé une troupe pour « nettoyer les salles allemandes de l'ordure juive ». Alors, ces propos faisaient rire Lucas et ses amis, moins rire son frère qui leur recommandait de partir (cette idée que Lucas a un frère exilé en Amérique a du coup disparu du film). Ou cette jolie réplique dans une courte scène d'intimité du couple que Truffaut, qui l'aime pourtant beaucoup, finira par couper pour accélérer : « C'est un vieux truc juif. On s'arrange toujours pour se faire plaindre. Comme ça les femmes nous tombent dans les bras ».

LA FIN INVENTÉE AU TOURNAGE. Le film se tourne à partir du 28 janvier 1980, d'abord au Théâtre Saint-Georges (décor obtenu au dernier moment, moins de deux semaines avant le début du tournage), puis à l'ancienne chocolaterie Moreuil à Clichy, qu'il investit comme un studio, pour les scènes de couloir, bureaux et coulisses, ainsi que les extérieurs rues et cour qui y sont reconstitués. Ce que le croisement du thème de l'Occupation et du thème du théâtre offre aussi au cinéaste, c'est une solution simplifiée aux problèmes de la reconstitution. Comme de coutume, Truffaut repasse sur les dialogues et invente quelques nouvelles scènes, en dehors de celles enrichies par

« Qu'est-ce que c'est avoir l'air juif ? »

Grumberg. Injectant sans cesse de la vie dans les scènes, il ajoute ainsi, exemple entre cent, dans la scène d'amour finale entre Bernard et Marion, alors que Bernard quitte le théâtre, la réplique de fausse mauvaise foi de Marion (« Moi, je vous ai embrassé sur la bouche ? »), et y intègre la répétition de la grande phrase d'approche de Bernard (« Vous ne me dites pas qu'il y a deux femmes en moi ? »). « Tu crois que je te fais passer devant moi par politesse ? Eh bien, pas du tout : c'est pour regarder tes jambes », ajoute-t-il à la fin de la première scène entre Marion et Lucas dans la cave. Plus loin, il renverse malicieusement le sens d'un dialogue : lorsque Lucas parle à Marion de la scène d'amour (dans la pièce) entre elle et Bernard, il la complimente dans le dialogue du scénario (« Félicitations, on ne peut pas aller plus loin dans la sincérité »). Avant de tourner, Truffaut a l'idée d'inverser la phrase et l'intention de Lucas : « C'est la seule scène d'amour de la pièce, essaie d'être plus sincère… »

Le tournage est pourtant difficile, émaillé de contrariétés (Suzanne Schiffman tombe malade et doit être hospitalisée, restant absente quelques semaines ; Catherine Deneuve se foule une cheville au début des prises de vues), mais ces incidents n'entament pas son inventivité, d'autant que la rencontre avec Gérard Depardieu est un succès, presque un coup de foudre du côté du cinéaste comme du comédien, d'abord réticent à travailler avec un Truffaut qu'il découvre à son grand plaisir plus « voyou » qu'il ne le croyait. En composant son casting, le cinéaste a en tête un jeu avec le spectateur : « Réunissant pour la première fois le couple Deneuve / Depardieu, et alors que tout le monde pense qu'il va y avoir une histoire d'amour entre eux, cela m'amusait de brouiller les pistes et de retarder le plus possible ladite histoire d'amour. » Afin de convaincre Jean Poiret d'interpréter Jean-Loup Cottens, il lui a représenté qu'il est le seul comédien qu'il imagine pouvoir montrer en robe de chambre dans une scène d'arrestation, clin d'œil à Guitry avec lequel Poiret a tourné *Assassins et voleurs* sur lequel Le jeune Truffaut avait écrit un article en 1957. Il choisit avec Andréa Ferréol une comédienne très féminine pour interpréter Arlette en déjouant les clichés, demande à la petite Sabine de *Jules et Jim* et de *La Peau douce*, devenue adulte, de prêter sa ténacité à Nadine. Parce qu'il préfère que Daxiat soit interprété, plutôt que par une vedette, par quelqu'un dont le public ne connaît pas le visage, il persuade son complice Jean-Louis Richard d'incarner le « méchant » du film, ce que ce dernier accepte s'il peut donner du prestige au personnage. Le mercredi 13 février, treizième jour de tournage, profitant de leurs derniers jours dans le décor du Théâtre Saint-Georges, Truffaut réinvente entièrement la scène de fin. Scène de fin en réalité inexistante au scénario, où, après un montage parallèle accompagné d'un commentaire renseignant le spectateur sur le devenir des différents personnages (on aurait dû y voir un plan de Bernard devenu militaire sur un char entrant dans Paris), était simplement prévu un plan sur la façade du théâtre où l'on aurait vu Raymond et le petit Jacquot poser l'affiche du nouveau spectacle : *La Montagne magique* d'après une mise en scène de Lucas Steiner. Insatisfait, certain de ne pouvoir boucler son film de manière aussi décevante, Truffaut imagine au contact des décors de la scène du théâtre, un dispositif où il s'amuse à tricher en grand avec le spectateur – lui faisant croire à une scène d'hôpital où Marion retrouve Bernard blessé de guerre devenu indifférent à tout – pour mieux lui révéler tout à coup qu'il s'agit de la dernière scène d'une pièce de théâtre, jouée par Marion Steiner et Bernard Granger et mise en scène par Lucas Steiner, que les spectateurs de la pièce appellent à monter sur scène pour saluer avec ses comédiens. Scène dont il esquisse le commentaire de départ sur son exemplaire de tournage : « Mais en cette fin d'été 44, la guerre n'est pas finie et notre histoire attend son épilogue », et qu'il rédige rapidement sur quelques feuillets dactylographiés, prévoyant son dispositif avec Nestor Almendros : « Les quatre derniers échanges ont été filmés en très gros plans au 75 mm, en sorte que le fond du décor est devenu plus flou derrière les visages. À un certain moment, un plan de spectateurs, très court, nous donne l'alarme. » Et si le scénario semblait indiquer un choix de Marion vers Bernard (dont elle attend mélancoliquement le retour), Truffaut, en tournant, décide de privilégier joyeusement l'ambivalence sentimentale, terminant son film sur l'alliance idéale du travail théâtral et de l'amour à trois, par le retour de Lucas Steiner à la lumière et par les mains de Marion qui étreignent au moment du salut final celles de chacun de ses deux hommes.

DISPOSITIFS. Inquiet, Truffaut annote très abondamment son exemplaire de tournage d'indications télégraphiques de mise en scène, prévoyant le plus précisément possible les débuts et les fins de scènes, les avants et arrière-plans, les directions de regards : alors que Marion, depuis la scène du théâtre, où Arlette leur montre les dessins des décors, regarde Bernard qui lit dans les coulisses les lignes de la main de Nadine, « ici têtes de JL et Arlette de dos Catherine look entre les deux ». Le cinéaste souhaite

Les menaces de Daxiat (Jean-Louis Richard) : « J'ai la preuve que votre mari n'a jamais quitté la France ».

faire se croiser et interagir l'ensemble de sa troupe de personnages et jouer des différents espaces qu'il a à sa disposition aussi bien sur la scène et dans la salle du théâtre que dans l'ancienne chocolaterie. Plusieurs scènes prévues dans le bureau de Marion ou de Jean-Loup sont d'ailleurs tournées dans les couloirs ou les coulisses ouverts à tous vents, encourageant la circulation des personnages et l'entrecroisement de leurs divers secrets. Avec le souci constant de n'oublier personne, pour cette scène de représentation entre Marion et Jean-Loup, alias Héléna et le Dr Sanders :

« à couvrir par : Jacquot en coulisses
Raymond aux lumières
Public
Pompier juif
2 dernières répliques sur Lucas (double sens) ».

Les deux dernières répliques de la pièce étant : « Il y a que je ne veux pas te perdre. »)

Truffaut griffonne quelques notes brèves à l'intention de Nestor Almendros, avec qui il s'est entendu pour travailler l'atmosphère nocturne, les ombres chinoises et les éclats ponctuels de lumière apportés par les lampes anciennes allumées dans le noir. Afin de restituer un imaginaire de l'atmosphère de l'Occupation, ils demandent au décorateur, Jean-Pierre Kohut Svelko, des décors monochromes tirant sur le marron, où claqueront ça et là quelques taches de couleur, comme la robe rouge déchirée de Marion sur la scène du théâtre. Almendros fait davantage d'essais que d'habitude pour *Le Dernier Métro* et choisit en accord avec le cinéaste une pellicule Fuji, moins éclatante que l'Eastman Kodak. Ils sont même un moment tentés par une pellicule soviétique rendant les tons plus sourds, mais y renoncent quand ils découvrent que les cinéastes de l'Est la fuient, car elle est trop inégale

Tournage du *Dernier Métro* dans l'ancienne chocolaterie désaffectée Moreuil à Clichy.

d'une bobine à l'autre. Almendros travaille le contraste entre un éclairage réaliste pour les scènes de coulisses et artificiel pour les scènes de répétition et de théâtre, y employant les lampes directionnelles qu'il critiquait dans sa jeunesse et qui lui permettent de dessiner des ombres marquées. Ce sont le mystère, le danger, cette peur en creux qui court sous la surface du film, ce noir qui environne les personnages et fait parfois basculer le récit (comme lors de la coupure de courant), que continue de rechercher Truffaut à travers l'éclairage. Il s'adresse ainsi à son chef-opérateur en marge d'une scène où Nadine, lors d'une représentation, entre dans le décor avec une lampe à la main qui est le seul point lumineux (puis, la lumière augmentant, on découvre Marion dans sa robe déchirée) : « Si Nestor veut P.R. électricien réostat. Éventuellement meilleur si on décadre Nadine… pano dans le noir et dans le vide. »

C'est parfois, toujours en style télégraphique, tout le dispositif d'une scène qu'il dessine hâtivement sur la page de gauche. Quand Daxiat, au début du film, attend Marion et Jean-Loup à l'extérieur du théâtre :

« 1) Marion-Jean-L. arrivée couloir
2) Marion-Jean-Loup-Marc – découverte Daxiat… nouveau dialogue
3) Arrivée Raymond vélo
recadrage pour choper Daxiat
Finir sur Raymond ou sur Marion s'éloignant… ? »

Puis il ajoute en bas de page : « Finir sur le bistrot dont on tire les rideaux bleus », avec cette exigence toujours de bien marquer les fins de scène alliée au souci documentaire.

La grande scène de répétition où Daxiat fait irruption au milieu des essayages est également très détaillée sur la page de gauche du script, Truffaut raturant les uns après les autres les numéros de plans qu'il a tourné, et prévoyant bien les regards :

« 1) coupe Andréa le long du mur pendant speech JLoup
2) coupe Marc installant table et essayant la lampe
3) intervention JeanLoup vers Nadine… très gentil…
4) JL et Marion se retournent vers Daxiat
petit dialogue… rejoignade… serrement cuillères…
5) contrechamp : Nadine, Raymond, Bernard… (Raymond de dos) regards en arrière
6) dialogue ch contrechamp Marion-Daxiat
7) coupe sur M. Berluti-tapinois
8) Germaine look quiquly (sic)
9) Raymond… Folies Bergères-Bernard
10) retour germaine introducing by marion
11) Germaine-Daxiat = (on profite pour renverser l'angle vers la scène)
12) Jean-Loup-Marion texte supplémentaire
13) Jean-Loup rejoint Daxiat et le fait monter sur scène…
14) complicité Marion-Germaine (2 grosseurs)
15) PR sur Bernard. »

Au delà de la prévision de la multiplicité des petites actions et des plans de coupe (dont certains, plus annexes à la scène, ne seront pas montés ou déplacés plus loin), c'est tout le dispositif d'une mise en scène soumise à la tension constante des regards que met en place le cinéaste. Regards d'alerte, regards inquiets, œil ironique, pas un geste, lorsque le danger fait irruption en la personne de Daxiat dans l'atmosphère confinée de la répétition, qui ne soit vu ou commenté par d'autres. Le film entier, film du secret derrière la porte, est soumis à cette pression des regards. Il y a le point aveugle, ce qui ne doit pas être vu (Lucas dans la cave), ce qui n'aurait pas dû être vu (le renvoi du comédien juif qui n'a pas son certificat d'aryanisation surpris entre deux portes par Bernard au début du film ; le baiser échangé entre Nadine et Arlette : « Qu'est-ce qui s'est passé ?, tentera de minimiser Jean-Loup. Quelqu'un a poussé une porte qui aurait dû être fermée de l'intérieur »), ce qui est entendu sans être vu (les répétitions ou le spectacle suivis par Lucas depuis la cave), ce qui se passe devant un témoin qui en sait plus long et ne dit rien (la drague effrénée de Bernard envers Arlette sous l'œil de Raymond), ce qui est vu et fait naître la jalousie ou le désir (les regards de Marion sur Bernard qui emmène Nadine ou lui raconte qu'il y a deux femmes en elle)… Peu de scènes qui ne prennent sens ou ambiguïté sous le feu d'un regard. Ces médiations relaient le regard du spectateur. Derrière l'image factuelle, apparemment anodine ou insignifiante, il y a toujours autre chose à voir, le film est toujours double ou triple.

UN THRILLER ÉNIGMATIQUE. *Le Dernier Métro* est construit comme un thriller. Au tournage puis au montage, Truffaut travaille la peur qui se glisse d'abord insidieusement dans le film. À la place d'un début de scène plus conventionnel (Raymond directement en discussion avec Martine), il ajoute par exemple en tournant l'idée que Germaine, sortant du noir d'un couloir, appelle Raymond : elle a peur, il y a des bruits dans le théâtre. Raymond découvre Martine qui a réussi à s'introduire dans l'obscurité de la salle et à assister à la répétition sans être vue, première intrusion dans l'univers clos et matriciel du théâtre d'un personnage venu de l'extérieur qui en apportera richesses et menaces (le jambon, les bas de soie, mais aussi la nouvelle de l'invasion de la zone libre, les vols). Dans la longue scène de la soirée ratée au cabaret (sur les conseils de Lucas, Marion invite sa troupe à une sortie pour la réconforter, mais tout rate : Nadine ne peut rester car elle va à un casting, Bernard repart, Marion s'échappe sur un coup de tête avec un

Saint Aubin croisé par hasard), Truffaut ajoute au moment de tourner l'idée que ce sont des piles de casquettes d'officiers allemands vues au vestiaire qui font prendre la fuite à Bernard. Scène additionnelle retapée en gros caractères et écrite à la place d'une simple scène de jalousie de Marion alors que Bernard flirte, au scénario, avec la fille qu'il a amenée, une admiratrice de Marion, un peu cruche et passionnée d'astrologie. Idée visuelle qui débouche sans commentaires sur une réaction immédiate, déplacement de la petite histoire sur la Grande, le fil de l'intime et des quiproquos amoureux est mêlé avec celui de la menace allemande que Truffaut, inquiet de cette faiblesse du scénario avec lequel il part en tournage, s'efforce de réintroduire (c'est Claude de Givray qui, après avoir lu le scénario, lui conseille de faire arriver plus tôt la menace allemande). Au montage, il fera ajouter au film un extrait de l'émission d'Henri Amouroux consacrée aux français sous l'Occupation (et qu'il a écoutée quotidiennement pendant l'été avec Suzanne Schiffman) : « Si les Juifs avaient la peau bleue... » Le danger est constamment filé, y compris de manière parfois anodine : quand Marion rentre à son hôtel au début du film, le portier lui demande avec gêne et force mystères ce qu'il doit faire du courrier qui arrive pour Lucas Steiner. Début du travail du secret que Truffaut renforce par les attitudes et l'atmosphère visuelle et sonore, jouant du décalage entre les sons familiers de l'hôtel et le chuchotement auquel le concierge se croit contraint.

Il avance en même temps vers un récit de plus en plus énigmatique. Parce que le premier montage est beaucoup trop long, dépassant largement les deux heures, il est amené à faire de nombreuses coupes. Truffaut a raconté comment, sur les conseils de Jean Aurel, il a déplacé en ouverture du film la scène de la rencontre dans la rue entre Depardieu et Andréa Ferréol, qui n'arrivait au scénario qu'après l'arrivée de Bernard au théâtre et la signature de son contrat, moyen de démarrer dans le vif et la surprise, et de croquer d'entrée ses personnages (cette scène est inspirée de la manière dont Frédérick Lemaître aborde Garance au début des *Enfants du Paradis* en feignant de venir à sa rencontre, ainsi que de la façon dont il se fait prestement éconduire). D'autres scènes sont déplacées pour favoriser des montées dramatiques. Entre les premières répétitions et la découverte de la présence de Lucas dans la cave, il renvoie plusieurs scènes à plus tard, afin de ne pas trop retarder celle-ci, et de renforcer la progression dramatique (une scène où Germaine parle de son grand au stalag, ou une scène où Bernard drague Arlette et se fait jeter par elle : « Vous, on vous serre la main »). Afin d'aller plus vite et de resserrer son film sur un danger qui monte peu à peu, il se résout à couper une scène pourtant assez drôle où Germaine, en veine de conseils au nouvel arrivant, raconte les exploits de figurant d'un de ses maris qui se débrouillait, afin d'être réemployé, pour ne jamais se faire repérer. L'arrivée de la voiture allemande qui amène Nadine est dramatisée (la scène concentre visuellement une idée abandonnée des versions précédentes : Nadine invitée à Berlin pour une brève tournée) et l'on passe directement de la scène où elle craque devant tous à la scène de café où Bernard et son copain Christian discutent de Marion dans une atmosphère de thriller (le principe selon lequel deux personnages parlent d'un troisième qu'ils présentent et décrivent), tandis que l'on voit à travers la vitre, dispositif souvent lié à l'idée fixe, au secret et à sa révélation soudaine (voir *La Femme d'à côté*), Marion revenir clandestinement vers le théâtre. Coupant un début de scène plus lent, Truffaut ménagera l'entrée de Lucas par un raccord sec : du noir qui se referme sur Marion tenant la lampe-tempête aux flammes d'une bougie à laquelle Lucas allume une cigarette qui lui éclaire le visage, la liturgie de la bougie succédant à celle de la lampe portée à bout de bras par Marion dans les couloirs sombres, alors qu'elle nous emmène à sa suite dans la cave.

Surtout, Truffaut coupe au tournage, puis au montage, de nombreuses scènes explicatives ou préparatoires, rendant ainsi beaucoup moins explicites l'ensemble des allers et retours sentimentaux entre les divers personnages et se passant de redondances que la mise en scène suffit à représenter indirectement. Suppression au tournage d'une scène où Bernard questionnait Raymond sur la vie privée d'Arlette : Raymond refuse de s'en mêler ; Arlette veut offrir un foulard à Marion qui l'en a complimentée, mais Marion rejette ce cadeau en entendant les questions de Bernard. Coupe au montage d'une scène entre Arlette et Nadine qui aurait préparé et donné un sens univoque au baiser surpris par Marion (Nadine y avoue à Arlette qu'elle a lu le scénario que le scénariste malade Valentin est venu proposer à Marion et qu'elle rêve du rôle. Arlette lui confie que c'est elle qui fera les costumes du film). Coupe aussi plus loin d'une justification au moment de la panne de secteur : une courte scène où, dans le scénario, Marion prévient qu'elle rejoint sa loge et va appeler Nadine au passage. Plus énigmatique, le film avance à coup d'ellipses nettes dont l'effet est renforcé par l'ambiance nocturne, par la sensation de suspension provoquée par la coupure de courant : on récupère Marion qui avance dans les couloirs une lampe à la main, elle pousse une porte, derrière cette porte Nadine et Arlette s'embrassent, sans que rien ne nous y ait plus préparés. C'est après une nouvelle ellipse que l'on retrouve Arlette qui pleure dans les bras de Jean-Loup. De la même manière, Truffaut coupe plus tôt dans le récit une scène où Raymond engueule Martine qui traîne dans les coulisses, scène destinée à préparer l'épisode du vol, qui sera joué pour finir en mystère et surprise. Avancée par fragments, par des éclats qui sidèrent. Choix d'un récit plus allusif où les découvertes sont plus abruptes, moins annoncées, mais où tout est en réalité préparé souterrainement par des lignes secrètes. Travail de l'indirect. Truffaut fait sauter plus loin une scène où Marion, revenue à son hôtel, prend conseil auprès de sa femme de chambre qui la questionne sur Bernard : « Comment faites-vous lorsqu'un homme vous plait et qu'il ne vous remarque même pas, qu'il ne fait pas attention à vous ? » (« Je regarde ailleurs » répondait la femme de chambre). Dans le même ordre d'idée, il supprime, après la bagarre entre Bernard et Daxiat une scène de réaction : Jean-Loup et Germaine riant de la déconfiture de Daxiat alors que Jean-Loup reçoit au théâtre des coups de fil de félicitations destinés à Bernard, la scène tournant au commentaire sur les rapports de Bernard et Marion : « À mon avis, ces deux-là, ils sont amoureux l'un de l'autre, mais chacun croit que l'autre le déteste. » Justification explicite dont Truffaut décidera de se passer radicalement, supprimant également un effet d'annonce qui préparait au scénario la scène de la gifle : Jean-Loup devait citer des exemples tirés du théâtre où l'amour s'exprime par une insulte ou une gifle. Il montera en revanche après la bagarre une petite scène additionnelle qu'il esquisse sur son exemplaire de tournage : « Refus de Marion de tenir la main de Bernard, elle place Nadine au milieu. » Mouvement de l'explicite vers l'implicite, du dit vers le montré. À mesure que la mise en scène s'impose, elle se substitue à la tentation de tout souligner par les dialogues et c'est sans regret que le cinéaste déleste son film au montage de ces scènes devenues redondantes.

LA COURSE DU SECRET. Cette progression fragmentaire et énigmatique du récit, renforcée par le travail de l'image et par un système de rimes et de répétitions (les chansons, le texte de la pièce dont les mêmes scènes reviennent régulièrement, les dialogues qui sonnent comme autant de refrains : « Il y a deux femmes en vous », « Je n'ai pas dormi chez moi cette nuit », « Attends, attends ») est sans doute ce qui donne au film une large part de son pouvoir de fascination. Cette évacuation de l'explicite qui intensifie l'impact d'un film gouverné par le secret est particulièrement nette lors du resserrement de la montée dramatique du dernier tiers du film, après la bagarre avec Daxiat et la menace de réquisition sur le théâtre Montmartre. La scène de l'église (« Dieu de Clémence » et arrestation de Christian) est dilatée au tournage et déplacée après la visite de Marion à la Propagandastaffel (alors que le scénario la prévoyait plus tôt, entre la scène où Lucas décide d'adapter *La Montagne Magique* pour son prochain spectacle et « Zumba, zumba », la chanson que la troupe déclame pour fêter le succès au restaurant). Elle est ainsi intégrée dans une ascension dramatique où le danger se concrétise et s'accélère. Et les scènes préparatoires à nouveau disparaissent. Coupe d'une longue scène entre Lucas et Marion où elle justifie ses réticences à aller quémander de l'aide au Dr Dietrich, leur contact à la Propagandastaffel, et se fait passer un savon par Lucas en des termes souvent employés par Truffaut au moment du tournage de ses films (« Il n'y a qu'une seule façon de voir les choses : ce qui est bon pour le théâtre Montmartre et ce qui est mauvais pour le théâtre Montmartre »). La scène devait se terminer par une note plus sentimentale : « Qu'est-ce que je voulais quand tout ça a commencé ? Je voulais garder mon théâtre et je voulais garder ma femme : maintenant, je sens que je suis en train de perdre les deux. » Dans le film terminé, ce sont les pouvoirs de l'ellipse qui l'emportent. Accompagnée par la musique menaçante et envoutante écrite par Georges Delerue (qui utilise plus de cuivres qu'il ne le fait habituellement pour Truffaut), Marion passe d'une très courte scène avec Lucas au hall de la Propagandastaffel et Truffaut met alors en scène cet instant particulièrement énigmatique où un officier allemand, qui l'entraîne à l'écart pour lui apprendre le suicide du Dr Dietrich, lui attrape la main qu'il serre spasmodiquement dans la sienne et se refuse à lâcher. Brève scène de basculement qui reste inexpliquée, à laquelle Truffaut fait se succéder des dangers directs, comme si ce moment de vertige avait ouvert les vannes du dérèglement, l'arrestation de Christian à l'église et la descente de la Gestapo dans la cave du théâtre. Cette scène pourrait être l'équivalent d'un viol, ainsi que le souligne la critique Anne Gillain qui note à quel point tout au long du film « l'histoire réaliste est soumise à des ellipses, des courts-circuits, des lacunes que remarque à peine le spectateur, tant est puissant le système de soudure du récit opéré par le récit fantasmatique. » Revoyant l'œuvre de Truffaut à la lumière de la psychanalyse, et s'interrogeant sur la puissance de la répression qui mine le récit, elle émet l'hypothèse que l'interdit qui traverse le film est l'interdit de l'inceste : « Le matériel refoulé du *Dernier Métro* est le corps maternel qui ne doit être ni touché, ni regardé, ni exploré, ni connu. *Le Dernier Métro* raconte à la fois l'histoire d'un théâtre sous l'Occupation et l'exploration géographique du corps maternel par l'imagination de l'enfant. » Peut-être. Il reste que sous l'apparence trompeuse du classicisme, *Le Dernier Métro* est un film profondément creusé et travaillé jusque dans sa forme même par le secret qui l'habite.

Tournage du *Dernier métro*.

À TRAVERS LE MIROIR

LA FEMME D'À CÔTÉ

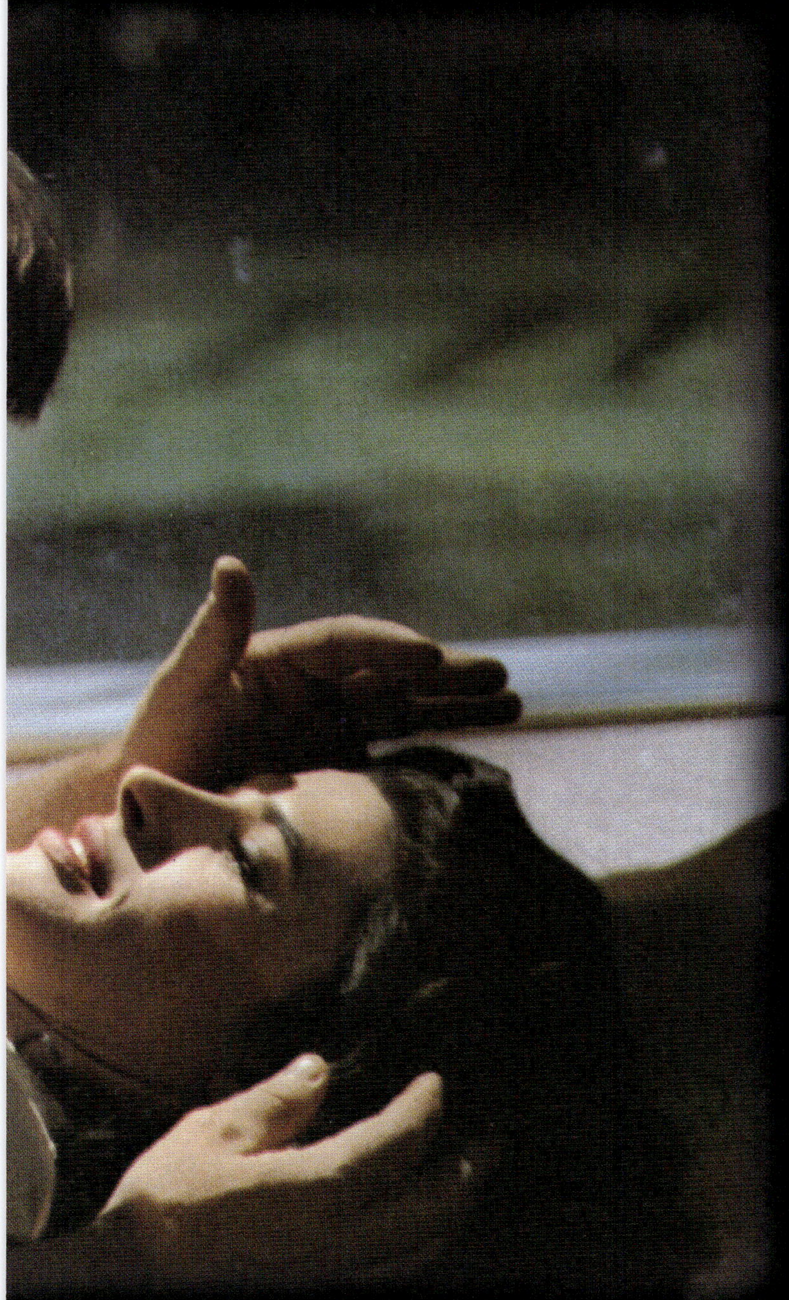

LA FEMME D'À COTÉ (1981). **« Disons que mettre face à face un homme et une femme qui se sont déjà aimés dans le passé est un thème que j'ai en tête depuis plusieurs années et sur lequel je prenais des notes. À l'époque mon esquisse s'appelait " Sur les rails " – ce n'était vraiment pas un bon titre ! Simplement il me fallait trouver le couple idéal... »**

« J'ai pensé à Fanny Ardant quand j'ai vu *Les Dames de la côte* à la télévision. J'ai tout de suite eu très envie de travailler avec elle. Cela se passait juste avant le tournage du *Dernier Métro* sur lequel ensuite j'ai eu l'impression de n'avoir pas fait le maximum avec Gérard Depardieu parce qu'il n'était qu'un des sept personnages du film, et pas le plus important. J'avais d'autant plus envie de retravailler avec Gérard que je m'étais merveilleusement entendu avec lui. Donc le soir des Césars, j'ai présenté Gérard à Fanny Ardant. À partir de là, j'ai repris mon histoire qui, à l'époque, était surtout une histoire de dépression nerveuse à la suite d'une rupture. » Film-éclair, film de maturité conçu par un cinéaste en pleine possession de ses envies et de ses moyens, *La Femme d'à côté* est un projet écrit fiévreusement, en à peine plus de quelques semaines, du début du mois de décembre 1980, date à laquelle il esquisse avec Suzanne Schiffman et Jean Aurel un tout premier résumé, à la mi-février (le scénario utilisé pour le tournage, sans les dialogues complets, est daté du 11 février 1981 et le film se tourne dans les environs de Grenoble à partir du 1er avril). Truffaut ne s'y lance qu'après la sortie du *Dernier Métro* (en septembre 1980), après lequel il n'a, pour la première fois depuis des années, pas défini clairement le programme des films à venir. Plus assuré sans doute, plus certain de pouvoir rebondir, alors que le succès du *Dernier Métro* commence à grandir, il n'hésite pas à prendre le risque. Il tente un petit film, tourné en six semaines, dans lequel il introduit auprès de Depardieu une actrice à qui il fait faire ses débuts au cinéma, et qui ne sera rien d'autre que l'histoire d'une passion, tout simplement.

SUR LES RAILS. Certes, on sent à quelques signes que le projet travaille souterrainement dans son esprit dès avant *Le Dernier Métro* et la fameuse soirée des Césars où il réunit Depardieu et Fanny Ardant (on y voit, dans un document filmé, Depardieu assis juste devant Fanny Ardant, laquelle est à la droite de Truffaut). Ainsi évoque-t-il une idée similaire dans une lettre à Pierre Kast du 22 novembre 1979 (il termine alors le scénario du *Dernier Métro* qu'il va tourner en janvier 1980) : « Peut-être aurons-nous l'occasion de travailler un jour ensemble. Croyez-vous possible de garder, tout au long d'un film, le ton de cette scène de *Vacances Portugaises* [1] : l'homme et la femme,

Le quotidien conjugal perverti par la tension d'un regard. Le dérèglement de l'ordre couve. Fanny Ardant épie Gérard Depardieu et Michèle Baumgartner.

Pages précédentes : Gérard Depardieu et Fanny Ardant.

anciens amants depuis longtemps séparés, se retrouvant la nuit dans la villa endormie ? ». Surtout, Truffaut ressort de ses cartons le projet *Sur les Rails*, esquisse de quelques pages, augmentée d'une série de notes préparatoires, de fragments d'idées ou de dialogues hâtivement jetés sur quelques feuillets, qu'il a conçu dans les années 1970 (probablement juste après *Les deux Anglaises*), à l'intention de Jeanne Moreau et Charles Denner : c'est d'ailleurs leurs prénoms qu'il utilise provisoirement pour nommer les personnages. L'histoire est celle d'un homme qui sort d'une dépression après une rupture qui l'a brisé : par besoin de détruire, il a tué un homme et sort de prison quand l'histoire commence. Il retrouve par hasard dans un hôtel la femme qu'il aimait, et celle-ci, tout en lui faisant comprendre qu'il est exclu qu'ils se remettent ensemble, s'emploie à le reprendre en main, à le remettre sur ses rails. Histoire aux ingrédients en large partie autobiographiques, et probablement non développée alors par Truffaut à cause de cette part trop personnelle (« Charles est dans un état épouvantable, à ramasser à la petite cuiller »), dont il utilisera certains éléments pour nourrir en 1976 *L'Homme qui aimait les femmes*, avant de les reprendre pour *La Femme d'à côté*. On trouve dans *Sur les Rails* l'idée d'un personnage féminin qui préfère les garçons plus jeunes (« et puis j'aime les garçons plus jeunes que moi parce que… ») et les prémisses de la grande scène entre Bertrand Morane et Véra, la « revenante », la seule femme qu'il ait vraiment aimée (quand Charles croise Jeanne par hasard dans un hall d'hôtel, il tente de se tirer, mais elle le voit et le convainc d'avoir une conversation : « Dans un premier temps, il refuse de lui parler ; elle insiste, il cède », et plus loin ce bout de dialogue : « Pendant deux ans, je ne pouvais pas passer devant notre appartement… »). On y trouve aussi, à l'exception d'une fin plus optimiste où la femme parvient à redonner à l'homme brisé une « colonne vertébrale », toutes les idées qui repasseront dans *La Femme d'à*

1 Film de Pierre Kast réalisé en 1963.

The Beverly Hills Hotel

Si il y a quelqu'un avec qui on ne devrait jamais coucher c'est bien sa voisine de palier... un jour de golf.

(à relire)

SUR LES RAILS

(projet pour un film Jeanne Moreau-Charles Denner.)

Il est sorti de prison
Il sort d'une dépression nerveuse
Il a connu Jeanne,ils se sont aimés,~~xxxxx~~ elle l'a largué;
il a craqué.Quelque chose en lui l'a poussé à détruire,il a joué le justicier en tuant un type de grenoble (le docteur machin qui tuait clandestinement des chamois.)

x Le film commence en province (sur Charles paumé ou sur Jeanne qui vient là faire je ne sais quoi.)

Au début de l'histoire,dans l'hotel où se trouve Charles. Lorsqu'il aperçoit Jeanne qui vient d'arriver dans cet hotel,il tente de se tirer mais elle le voit;dans un premier temps,il refuse de lui parler;elle insiste,il cède.

On apprend ainsi l'histoire des chamois et de la prison (interdit de séjour).Charles est dans un état épouvan--table,à ramasser à la petite cuiller.Jeanne va s'occu--per de lui et le remettre sur ses rails.

D'abord,elle doit lui faire comprendre qu'il est exclu qu'ils se remettent ensemble :" Notre histoire a été complète,elle a eu un début,un milieu,une fin et puis j'aime les garçons plus jeunes que moi parceque......"

Malgré ça,malgré le jeune garçon (qu'on entr'aperçoit peut-être) Jeanne prend en main Charles,elle lui esquisse une colonne vertébrale,elle lui montre son amertume,la démonte,elle lui redonne le gout de vivre.

~~[illegible]~~ Arlette, épouse de ~~[illegible]~~ Bernard) I

Elle a rencontré Gerard Depardieu il y a cinq ans.
Elle a eu le coup de foudre,c'est l'homme de sa vie.
Ils se sont mariés,ils ont un enfant de trois ans.
Elle n'est pas jalouse du passé de Gérard mais elle sait que parmi ces histoires, ~~[illegible]~~ une (a été) plus grave que les autres.

Elle est une femme amoureuse,passionnée,elle n'admet pas le compromis et elle est le contraire d'une femme résignée.
Elle est moderne et équilibrée.
Lorsque deux nouveaux voisins s'installent dans la maison d'à coté,elle sympathise avec eux (dès leur retour de voyage de noces)

Des rencontres à quatre auront lieu autour de l'apéritif, de la piscine et des tennis.

Progressivement,Dominique Sanda sent un malaise et pense que (Fanny Ardant) (Mathilde) malgré son coté bon chic bon genre a une attirance pour Gerard Depardieu.Elle lui en parle avec légereté et s'apercoit que son mari lui,est plutot critique à l'égard de la femme de son voisin.

Un jour,elle s'apercevra que son mari lui ment,depuis le début, par omission et que Fanny Ardant n'est autre que la femme qui l' fait souffrir sept ans plus tot.(Elle peut apprendre ceci en deux temps: ⓐ une confidence anodine de Trintignant qui sait par Fanny ~~[illegible]~~ qu'elle a vaguement connu Depardieu autrefois " Ma cousine était folle de lui"..) ⓑ Dominique Sanda comparera l'écriture de Fanny, sur une liste de commissions et une vieille lettre d'amour...."

Dominique va placer Gerard en face de son mensonge et guettera sa réaction.Dans un premier temps il s'en tire en blaguant et colmate la brèche.

L'adultère conjugal

Mariés trop jeunes ils se sont ratés...
Ils ont divorcé
a un dîner ils partent séparément et se retrouvent
ete...

"La ~~[illegible]~~ femme inconnue" Titre.

La Femme d'à côté est un film écrit à toute allure et tourné aussitôt, mais Truffaut a depuis longtemps le projet d'une « histoire d'amour construite sur les regrets et l'amertume ». Il ressort les notes qu'il a prises au moment du projet *Sur les Rails*, conçu au début des années soixante-dix pour Jeanne Moreau et Charles Denner.
En même temps qu'un premier résumé, Truffaut et Suzanne Schiffman rédigent des descriptifs de personnages. On découvre dans celui d'Arlette, l'épouse de Bernard, qu'il a brièvement songé à réunir un quatuor de comédiens composé de Fanny Ardant, Gérard Depardieu, Dominique Sanda et Jean-Louis Trintignant : un autre film.

3

MATHILDE: Laisse ce polaroïd,viens plutot m'aider à rafistoler la robe..

Départ des deux jeune femmes vers la maison.On les voit franchir la porte.

I4 - Maison premier étage.Elles arrivent sur le palier et entrent dans la chambre dont elles ferment la porte.

I5 - Rez de chaussée maison.On précède Bernard qui erre dans la maison,regarde des bagages posés, ouverts, au pied de l'escalier et monte.

I6 - Arrivée de Bernard sur le palier.Il voit d'autres bagages.Il passe prés du téléphone et du tableau-gifle.On le sent trés enervé. Il décroche le téléphone sans raison et pose le combiné sur le rebord de la fenètre.Il ouvre une porte qui est celle des toilettes,la referme et pousse à présent celle de la chambre ou se trouvent les deux femmes.Il attire Mathilde prés de lui.

BERNARD: Mathilde,on vous demande au téléphone.

Mathilde va vers la fenètre,prend le téléphone.

MATHILDE: Je ne comprends pas,il n'y a personne.

BERNARD: Si,il y a MOI ! Je veux te voir seule..Retrouvons-nous à l'Hotel..tout à l'heure..

MATHILDE: Mais c'est impossible..

BERNARD: Ou alors dans ma voiture,là,maintenant..J'ai besoin de te parler..

MATHILDE: Tu dis toujours ça et, quand on se voit, on n'a rien à se dire..

BERNARD: Je ne te demande pas grand chose.On n'a jamais le temps de se parler..

MATHILDE: Je t'en prie, ne parle pas si fort

BERNARD: Je parlerai aussi fort que je veux.Ce que je te demande c'est de ne pas partir ce soir avec Philippe ou alors de retarder ton voyage de quelques jours.J'ai quelque chose à te dire..

4

MATHILDE: Laisse-moi,tu es fou,tu es complètement fou

Bernard commence à la secouer en haut de l'escalier.L'amie sort de la chambre et s'inquiète.

BERNARD: Ah,vous ! Foutez-nous la paix!

Mathilde tente d'échapper par l'escalier.

I7 - On reprend en bas de l'escalier.Bernard continue son harcèlement. Mathilde tombe prés de la baie vitrée,Bernard la relève mais elle s'échappe vers la porte.Encombrement à la porte.Tout le monde considère la scène avec effarement.Deux personnages nous ramènent vers la baie vitrée à travers laquellle nous voyons la suite.Bernard,comme s'il était inconscient de l'entourage,poursuit Mathilde jusqu'au parasol au pied duquel elle se laisse glisser.Des hommes maitrisent Bernard.Au passage,on passe sur Philippe sidéré et l'on termine sur Madame Jouve.

La traversée des apparences. Sur le tournage, Truffaut profite du décor pour récrire la scène de la garden-party, où la passion des amants explose aux yeux de tous, devant, puis de l'autre côté de la baie vitrée.

Le feu dans la cuisine. L'accumulation d'événements apparemment anodins jusqu'à l'effondrement. (Fanny Ardant et Véronique Silver, Madame Jouve).

côté : l'amour intense et destructeur, les pilules pour dormir, la dépression et la difficulté à sortir du trou noir (l'expression revient aussi dans la bouche de Véra dans *L'Homme qui aimait les femmes*), les chansons d'amour : « Tu sais cette chanson : Sans amour on n'est rien du tout... les petites pilules pour dormir... Je te jure, Jeanne, je veux absolument m'en sortir, je ne veux pas rester comme ça, j'ai vraiment la volonté de sortir du trou noir (cf. les deux anglaises) », et plus loin : « Importante l'idée que les tourments moraux se soignent avec la biochimie... Mais, oui, il y a des petits trucs dans nos cerveaux, des canaux qui créent (ou secrètent) l'euphorie ou la déprime. »

Sur une liasse de feuillets parsemés de notes en vrac, intitulés cette fois-ci « La deuxième chance », ou encore « Jeanne et Charles » (et qu'il a aussi relus en travaillant à *La Chambre verte*, comme l'indique cette annotation : « Utiliser partiellement pour *L'Autel des morts* », tant les vases communicants sont sans limite chez Truffaut), on reconnaît des idées (le poignet abîmé) et des fragments de dialogues : « Notre histoire a été complète, elle a eu un début, un milieu, une fin », phrase *des Deux Anglaises* qui sera dite par Fanny Ardant, « Tu étais tendre avec moi » (que diront aussi bien Véra dans *L'Homme qui aimait les femmes* que Mathilde dans *La Femme d'à côté*), « Jeanne : tout de même, tu aimes les femmes, hein », « Je ne suis pas saoûl, la preuve, la rigueur de mon raisonnement ». Truffaut rature d'ailleurs souvent les prénoms du projet ancien pour les remplacer par ceux de Bernard, Philippe, ou Mathilde. Sur un feuillet, Truffaut a jeté l'idée d'un film qu'il ne poussera pas plus loin, un adultère conjugal : « Mariés trop jeunes, ils se sont ratés... Ils vont devenir amants. À un dîner, ils partent séparément et se retrouvent. Etc... Titre : *La Femme inconnue* ». Pensant au personnage qu'il veut créer pour Charles Denner, il se fait aussi quelques recommandations en forme d'autocritique : « Attention de ne pas faire un homme trop faible : Jim, Desailly, Montag, Mahé, Dussollier, Doinel, Claude Roc. Penser plutôt à Sterling Hayden, les violents blessés ». Répondant en 1974 à un questionnaire sur quelques actrices et acteurs américains, il définit ainsi le comédien George C. Scott : « C'est un colosse vulnérable, le dur au cœur tendre, le successeur de Sterling Hayden, l'interprète idéal pour une histoire d'amour construite sur les regrets et l'amertume. » Ce colosse vulnérable, ce violent blessé, il trouvera l'incarnation avec Gérard Depardieu, alors qu'il voit son héroïne plutôt comme la Vienna de Nicholas Ray dans *Johnny Guitar*.

PREMIER CANEVAS. Cette exceptionnelle vitesse d'exécution qui caractérise *La Femme d'à côté* naît donc d'une intimité profonde du cinéaste avec son sujet. Le premier résumé de l'histoire du 4 décembre 1980 présente un canevas déjà constitué, les quatre personnages principaux avec déjà leurs prénoms, et le mouvement général de l'intrigue. Seul, le personnage de Mme Jouve n'est pas encore inventé, et quand Bernard, soucieux d'éviter le dîner entre voisins, appelle d'un bistrot pour excuser son absence, il se contente d'avaler un sandwich et d'aller au cinéma. De l'arrivée des nouveaux voisins, en passant par la rencontre de Bernard et Mathilde au supermarché, jusqu'à la scène de la gifle publique donnée par Bernard à Mathilde lors d'un apéritif dans le jardin de Philippe et Mathilde, les principaux tournants du film sont déjà en place, jusqu'à l'idée que Mathilde revient pour finir dans la maison d'en face à vendre : une lumière y attire Bernard. Comme si Truffaut n'osait encore s'y risquer, la fin est encore incertaine : « Font-ils l'amour ? Est-ce qu'elle se tue ? » Jean Aurel a raconté que Truffaut lui avait d'abord exprimé timidement son désir de fin : et s'ils mouraient en faisant l'amour ?

Là où ce premier canevas diverge cependant du film, c'est avec l'idée que Mathilde aurait pris un autre amant. Bernard qui la surveille, s'en aperçoit, et c'est la fureur qu'il ressent qui est à l'origine de son éclat lors de l'apéritif dans le jardin des voisins. Le vaudeville et sa banalité seront abandonnés dès les versions suivantes au profit de la description d'une passion inéluctable. Dans un développement assez différent des choix qui seront faits ensuite, la gifle publique donnée par Bernard à Mathilde entraîne une « situation de gâchis ». Arlette quitte Bernard et emmène l'enfant, Bernard resté seul prend une maîtresse. Mathilde craque « malgré le soutien de son mari ». Là encore, Truffaut se détournera du vaudeville pour gagner en singularité et en intensité et mieux développer l'asynchronisme des sentiments entre Bernard et Mathilde. Ce sont moins des obstacles extérieurs qui les opposeront que leurs propres contradictions : quand l'un est au plus fort de la passion, l'autre s'éloigne. La dépression de Mathilde est en revanche déjà dessinée dans ce premier canevas, anorexie, clinique de sommeil, et esquisse de l'idée que Philippe, le mari, demande à Bernard d'aller la voir à la clinique.

DEUX COUPLES. Ce à quoi songe d'abord Truffaut, comme il a voulu l'obtenir dans *La Peau douce*, c'est écrire un film où les personnages, maris, femmes ou amants soient traités sur un pied d'égalité. C'est même presque vers un quatuor qu'il se dirige dans un premier temps, avant de basculer vers le film de la passion exclusive, puisqu'une description des personnages jointe au premier résumé montre qu'il a d'abord pensé à Dominique Sanda et à Jean-Louis Trintignant pour interpréter les rôles d'Arlette et de Philippe. « Lorsque deux nouveaux voisins s'installent dans la maison d'à côté, elle sympathise avec eux (dès leur retour de voyage de noces). Des rencontres à quatre auront lieu autour de l'apéritif, de la piscine et des tennis. Progressivement, Dominique Sanda sent un malaise et pense que Fanny Ardant malgré son côté bon chic bon genre a une attirance pour Gérard Depardieu. Elle lui en parle avec légèreté et s'aperçoit que son mari, lui, est plutôt critique à l'égard de la femme de son voisin. » C'est un autre film qui se dessine, et, même si l'une est blonde et l'autre brune, c'est peut-être pour éviter une concurrence sur le terrain de la représentation des sentiments et de la passion entre deux comédiennes trop semblables et également dramatiques que Truffaut préfère renoncer à sa première idée, d'autant que Fanny Ardant est alors essentiellement connue du public par le feuilleton de Nina Companeez. Sur les conseils de Serge Rousseau (« l'homme du définitif » de *Baisers volés*, son ami, agent et à l'occasion comédien ou prêteur de voix dans certains de ses films), il préfère engager une actrice inconnue, Michelle Baumgartner, naturellement brune, qu'il fait teindre en blond pâle et veut voir cheveux courts, afin qu'elle se distingue nettement de Fanny Ardant et ait l'air plus ancrée dans la réalité contemporaine, plus quotidienne. L'épouse de Bernard est au départ un personnage plus actif, plus malin et plus vindicatif, sans doute plus banal aussi, qui, parce qu'elle se doute de quelque chose à la suite d'une « confidence anodine de Trintignant », compare l'écriture de Mathilde sur une liste de commissions et une vieille lettre d'amour, et n'hésite pas à quitter son mari après le

Le petit facteur. Le quotidien apparent et la remontée du passé.

« jour du scandale », car elle refuse d'être une « femme de remplacement ». Cette scène où Arlette dit ne pas vouloir devenir une femme de remplacement a d'ailleurs été tournée (c'était une scène avec Mme Jouve qui devait suivre la garden-party), puis coupée au montage, peut-être parce qu'elle n'était pas assez réussie, mais sans doute aussi parce que Truffaut préférait éviter de susciter chez le spectateur trop de compassion pour l'épouse trompée, là où il estimait plus essentiel de rester centré sur la souffrance de Bernard ou celle de Mathilde. Dans cette scène coupée, Arlette racontait avoir eu un coup de foudre d'abord non réciproque pour Bernard : elle l'a eu à l'usure, il n'est pas du genre qui rassure les parents. Madame Jouve lui expliquait qu'elle fait partie des femmes qui aiment les hommes dangereux. Il en reste une trace… dans la bande-annonce du film, où l'on entend la voix de Madame Jouve dire : « Il y a des femmes qui n'aiment que les hommes rassurants, d'autres qui n'aiment que les hommes dangereux. » En revanche, sans lui donner tout à fait le prestige que Trintignant aurait pu conférer au personnage, Truffaut laisse quelques très belles scènes au personnage de Philippe excellemment joué par Henri Garcin : scène des prénoms prononcés la nuit par Mathilde, scène où Philippe confesse qu'il vit avec une menteuse et aime une menteuse, dont Truffaut ébauche le dialogue sur une marge de son exemplaire de tournage : « Lui : eh bien moi non plus je n'avais rien compris… Les hommes ne comprennent rien à l'amour, ils sont des amateurs… Je t'aimais comme tu es… Je n'ai jamais menti de ma vie… menteuse. » Scène enfin où il vient demander à Bernard d'aller rendre visite à Mathilde à la clinique, mais que le cinéaste préfère filmer de loin, de l'extérieur d'un bureau, laissant secret le dialogue des deux hommes.

L'AMOUR DANS LE PARKING. Truffaut joint un petit mot à Jean Aurel lorsqu'il lui adresse le premier canevas qu'ils ont établi début décembre 1980 : « Voici la photocopie de notre squelette oral (cette phrase demande un dessin !). C'est un peu beaucoup théorique, mais je ne m'inquiète pas de cela. Si nous parvenons à une construction satisfaisante, le reste suivra, c'est à dire, la chair, la vie, l'humour et l'intendance. Prenez des notes, réfléchissez en voiture, je vous rappelle à mon retour vers le 15. Par la suite, je pense travailler tantôt avec vous, tantôt avec Suzanne (éventuellement tous les trois) jusqu'à ce que nous soyons contents de notre histoire. » Une des embûches de leur premier résumé est que tout va trop vite, les effets y sont trop précipités. Le travail de Truffaut consistera donc à détendre le récit, ainsi qu'à mieux exploiter son matériel et renforcer les pics et les dramatisations. Dans les deux premiers résumés de l'histoire, Mathilde et Bernard se rencontrent au supermarché, puis discutent dans le parking, dans la voiture de l'un d'eux, où ils font directement et immédiatement l'amour : « La scène évolue jusqu'au moment où ils concluent une sorte de pacte de non-agression et de bon voisinage. Ils échangent un baiser de réconciliation qui se transforme, par la volonté de Mathilde, en baiser d'amants et, sans plus de formalités, ils font l'amour dans la voiture. » C'est en retravaillant, au début du mois de février, un traitement plus étoffé que Truffaut décide de retarder la scène d'amour entre Bernard et Mathilde, de la faire attendre par le spectateur (on se souvient de la recommandation qu'il se faisait à lui-même sur son exemplaire des *Deux Anglaises* en marge des séquences où Anne demande à Claude de faire son éducation sexuelle : « Il faut faire attendre le spectateur »), et invente l'idée de l'évanouissement dans le parking : « Au moment où Bernard relâche son étreinte, Mathilde glisse à terre presque évanouie. Bernard la relève, la soutient, la ramène à sa voiture. Elle se remet au volant. Bernard : Tu peux conduire ? Sans répondre, Mathilde démarre. » Mieux qu'une scène d'amour immédiate, la déroute physique de l'évanouissement dit à quel point Mathilde reste liée à Bernard par chacun de ses sens. C'est beaucoup moins un reste de symbole romantique qu'un symptôme de la violence et de la permanence de l'attrait sexuel entre les deux personnages qui fait de *La Femme d'à côté* comme des *Deux Anglaises* non pas « un film sur l'amour physique, mais un film physique sur l'amour ». Sur son exemplaire de tournage, Truffaut ajoutera d'ailleurs malicieusement à propos de Bernard qui regarde s'éloigner la voiture de Mathilde : « Il n'est pas sorti de l'auberge. »

SANS FEU NI LIEU. Puisque les deux personnages ont déjà refait l'amour dans le parking, le premier canevas de décembre se passe des scènes de chambres d'hôtel. Bernard l'attend dans la chambre louée, mais Mathilde téléphone qu'elle ne peut pas venir, idée que Truffaut réutilisera plus loin dans le récit en l'intensifiant : Bernard appelle Mathilde de l'hôtel où ils n'avaient pas rendez-vous et la supplie de venir, mais elle refuse. Le deuxième résumé terminé fin décembre (le jour de Noël) intègre une scène de chambre : « amour et conversation », dont le dialogue esquissé est en réalité celui qui sera déplacé, retardé, dans la salle à manger de l'hôtel, celui où Bernard et Mathilde évoquent les malentendus douloureux et irréductibles de leur passé commun. D'une étape à l'autre, Truffaut donne ainsi de l'ampleur et de la chair à son scénario. Dans le traitement étoffé de février, la conversation arrive après l'amour : « Lorsqu'on les retrouve après l'amour, on apprend davantage de choses sur leur passé. » Surtout, il commence à ajouter ces petites touches de vérité des sensations et des sentiments qui donneront au film son acuité, en matérialisant par des détails successifs cette frénésie de l'impossible à laquelle se heurtent ses personnages. Il esquisse pour la fin de scène ce morceau de dialogue : « Avant de s'en aller, il dit : cette chambre, j'ai envie de la louer au mois. Mathilde : Pourquoi ? Puisqu'on peut y venir quand on veut ? Bernard : Oui, mais ça m'agace que d'autres gens puissent faire l'amour ici sur notre lit. » Maisons accolées, hôtel clandestin, voitures, *La Femme d'à côté* raconte l'histoire de deux amants qui n'ont pas de lieu, sinon cette chambre provisoire, dont le cinéaste imaginera dans une version suivante qu'elle aussi leur est retirée, puisque l'hôtel va être reconverti en appartements. Martine Barraqué, sa monteuse, raconte d'ailleurs que Truffaut redoutait de n'avoir pas fait se rencontrer les amants suffisamment souvent et regrettait de n'avoir pas filmé une deuxième scène de chambre d'hôtel (après la première scène, les suivantes correspondent en effet à des empêchements). Il lui avait demandé de tenter de fabriquer l'illusion d'une scène supplémentaire de rencontre à l'hôtel, en utilisant des chutes et des plans du hall, mais cela ne fonctionnait pas, et ils se sont, du coup, efforcés de dilater au maximum par des astuces de montage la toute première scène afin de la faire durer la plus longtemps possible et d'installer le lien amoureux et sensuel entre Bernard et Mathilde dans l'esprit du spectateur.

DEUX MAISONS. Le deuxième résumé de Noël 1980 est celui où commence à apparaître la chair promise par Truffaut à Aurel. Quelques précisions : le lieu pourrait être le Midi de la France, un village moderne pour cadres d'une entreprise de pointe, « deux maisons séparées par un peu de gazon et un double garage ». Et de nouvelles scènes qui permettent à l'histoire de se développer par son centre (Suzanne Schiffman racontait que pour ce genre de film, Truffaut aimait d'abord définir un trajet, puis retravaillait et développait le ventre de l'histoire) : une scène d'amour conjugal entre Bernard et Arlette, une scène où Arlette propose à Mathilde de visiter la maison, l'apparition de la très belle idée que Bernard et Mathilde se téléphonent en même temps, déclenchant le signal occupé, seul moment du film où leur élan se conjugue. Apparition aussi de la scène du dîner chez Philippe et Mathilde où l'on découvre que Philippe lui a offert une robe audacieuse qu'elle essaie devant les invités. Scène de camouflet pour Bernard, d'autant qu'apparaît aussi l'idée que Philippe lui raconte que Mathilde a eu autrefois une aventure avec un « type cyclothymique et violent »… Il était prévu une scène qui disparaîtra où Mathilde retrouvait sa robe neuve cisaillée, la violence de Bernard surgissant pour finir d'une autre manière, plus saisissante et moins attendue. Dans ce deuxième résumé apparaît aussi la scène où Philippe reproche à Mathilde le prénom qu'elle prononce la nuit, scène d'abord isolée, placée après une sortie de Bernard et Arlette en ville et avant la garden-party, que Truffaut déplacera ensuite après le scandale, au moment où Mathilde s'effondre peu à peu. Recherche pour chaque scène de la meilleure place et de son point d'intensité dans une série de petits événements. De la même façon, Truffaut renoncera à placer au début du film une scène où Mathilde visite la maison d'en face, la situation restant alors trop anodine. Mais il la réutilisera de manière plus aiguë, alors que Mathilde est sur le point de sombrer, imaginant qu'elle demande à l'enfant de lui faire visiter la maison en l'absence des parents ; maison qu'elle découvre ainsi par effraction, comme une voleuse, laissant son regard s'attarder sur le lit conjugal défait.

C'est dès ce deuxième résumé de décembre, qu'il commence à dessiner de manière étonnamment précise la longue scène de la garden-party, cherchant visiblement à y accumuler toutes les occasions de l'explosion de Bernard. Il ne s'agit plus d'un simple apéritif, mais de l'annonce du voyage de noces de Philippe et Mathilde. Arlette prend une photo polaroïd de Mathilde et Bernard qui fait la tête (or une photo, chez Truffaut, a très souvent des conséquences néfastes). Philippe raconte avoir été un adepte du nudisme, Mathilde se montre coquette, s'assoit sur les genoux de son éditeur, sa robe craque lorsqu'elle se relève et elle prend, pour mettre les rieurs de son côté, une pose d'effeuilleuse professionnelle. Bernard feint un appel téléphonique pour pouvoir lui parler (« tout le monde t'a vue te conduire comme une putain ») et la gifle tourne à la bagarre publique jusqu'à la chute de Mathilde. Scène cruciale du film dont elle est le point de basculement, le soin que Truffaut lui apporte dès l'écriture n'est pas indifférent : aucune autre scène n'est aussi détaillée, aucune aussi longue et composée jusqu'à son climax comme selon le principe d'électrochocs successifs. « Encore une gifle. Elle s'échappe. Elle arrive dehors devant les invités. Bernard complètement hors de lui et inconscient de l'entourage la frappe encore sans pouvoir s'arrêter. Les invités empoignent Bernard. Mathilde perd connaissance et se laisse tomber sur le gazon. Philippe s'empresse vers elle et tandis qu'on maîtrise Bernard, la caméra se dirige vers la personne la plus étonnée par ce spectacle : Arlette. » Il ne manque que le dispositif de mise en scène que Truffaut imaginera sur le décor en utilisant la baie vitrée de la maison pour filmer à travers elle toute la dernière partie de la scène. Et à l'étape suivante, il ajoutera le regard de Mme Jouve : « Tandis qu'on maîtrise Bernard, la caméra pivote vers celle qui comprend tout, Madame Jouve, puis vers la personne la plus étonnée par ce spectacle, Arlette. »

MADAME JOUVE. Le traitement étoffé de début février 1981 est en effet celui de l'apparition du personnage d'Odile Jouve, que Truffaut nomme comme la Bernadette des *Mistons* dans la nouvelle de Maurice Pons[2] (« la sœur de Jouve était trop belle. Nous ne le supportions pas » ; et *Odile* est le titre d'un roman de Queneau[3] que Truffaut aimait particulièrement). Sentant qu'il leur manquait un personnage, les auteurs décident d'introduire et de développer la gérante du bar du club de plein air où se retrouvent les habitants de la région. Un personnage qui soit un regard, à la fois complice et apaisé, sur les contradictions dans lesquelles se débattent les deux protagonistes, un témoin, mais un témoin frappé dans sa propre chair par une aventure semblable à celle qui déchire aujourd'hui les deux amants. Truffaut a-t-il pensé pour écrire Madame Jouve à la Ginette Leclerc du *Corbeau* d'Henri-Georges Clouzot, film et personnage qu'il admirait ? Toujours est-il qu'il a donné de même manière à Madame Jouve l'énigme d'une blessure, d'une monstruosité, qui la sépare du monde aimable et rangé des joueurs de tennis dont elle s'occupe, mais d'une blessure survenue par amour, en miroir à l'histoire qui se déroule sous nos yeux. Sans doute se souvient-il aussi du *Plaisir* d'Ophuls où Jean Servais raconte l'histoire de Simone Simon, aujourd'hui poussée dans une petite voiture, qui s'était jetée par la fenêtre par amour et avait été retenue par une verrière. C'est par l'intermédiaire de Bernard que Truffaut ménage d'abord la première apparition d'Odile Jouve, puisque c'est dans son bar qu'il se

2. Nouvelle tirée du recueil *Virginales*, Éditions Julliard, 1955.
3. Éditions Gallimard, 1937.

Répétitions avec Fanny Ardant et Gérard Depardieu.

réfugie lorsqu'il fuit le dîner entre voisins : « On sent qu'une bonne complicité existe entre Bernard et la gérante. Madame Jouve est une belle femme d'une cinquantaine d'années, sa jambe gauche est tenue par une prothèse métallique et, bien qu'elle s'aide d'une canne, elle se déplace rapidement. Bernard savait déjà que l'infirmité de Mme Jouve était la conséquence d'un accident remontant à une vingtaine d'années : elle est tombée d'un septième étage et, si une verrière n'avait pas amorti sa chute, elle ne serait pas là aujourd'hui. L'atmosphère étant ce soir favorable aux confidences, la femme raconte à Bernard qu'en réalité, il ne s'agissait pas d'un accident mais d'une tentative de suicide : il y a vingt-cinq ans de cela, Odile Jouve a été quittée par l'homme qu'elle aimait à la folie, il est parti se marier en Nouvelle-Calédonie. Pensant ne pas pouvoir surmonter son chagrin, elle s'est jetée par la fenêtre d'un immeuble, dans le vieux quartier de Nice.

Quand elle évoque cet amour passé et sa fin dramatique, elle dit : « La fin de notre histoire a été tragique mais non fatale » et elle prend un plaisir certain à citer Édith Piaf : « Non, rien de rien, je ne regrette rien ». En introduisant Madame Jouve, Truffaut et Suzanne Schiffman prolongent d'emblée l'effet miroir en faisant revenir son histoire passée dans le présent. Ils introduisent l'idée qu'elle reçoit un télégramme (avec déjà l'idée d'un petit postier qui circule entre les tables en la demandant et dont Bernard suit de loin le trajet), puis qu'un visiteur la demande alors qu'elle s'est absentée quelques jours : son ancien amant revenu lui rendre visite, mais par qui elle refuse d'être vue, car il ne sait pas qu'elle a tenté de se tuer à cause de lui. Prévision aussi d'une scène supplémentaire à la clinique où Mathilde raconte au psy l'histoire de Madame Jouve. L'invention de Madame Jouve permet à Truffaut d'éviter la scène du quator. Il disait s'être toujours efforcé de suivre le conseil d'Henry James, choisir toujours un nombre impair de personnages, afin d'échapper au conformisme de la symétrie : « L'imprévisible, le bizarre se faufilent toujours à la faveur de l'impair ».

Ce n'est cependant qu'après avoir visionné un premier montage de son film, que Truffaut aura l'idée d'ouvrir et de refermer le film par le récit et le regard de Madame Jouve. Premier montage qui le laisse, comme souvent, déçu et insatisfait, et après lequel il lui faut généralement, comme le raconte Martine Barraqué, vingt-quatre heures pour digérer son film : « « Pourquoi ce film ? Qui peut s'intéresser à une histoire pareille ? » se plaignait-il et il repartait souvent préoccupé vers son bureau en compagnie de Suzanne Schiffman. » Cette fois, Truffaut a l'impression de ne pas tenir son film, d'être passé à côté de quelque chose d'essentiel. Les images d'hélicoptère du début sur l'ambulance circulant entre les maisons devaient lancer le flash-back, mais quelque chose ne fonctionnait pas. « Qui pourrait raconter cette histoire ? » se demande Truffaut, et c'est Suzanne Schiffman qui lui souffle alors l'idée de retourner une introduction avec Madame Jouve qu'interprète Véronique Silver. Le montage est interrompu quinze jours et de nouveaux plans sont tournés devant les courts de tennis où Madame Jouve feint de s'adresser à une hypothétique caméra pour révéler béquille et prothèse d'abord dissimulées par le gros plan : sous le dehors d'une adresse banale au spectateur, c'est une entrée dans le film sous le signe d'un décalage, d'un désordre masqué sous le vernis policé des apparences, la promesse d'une histoire, alors que derrière elle des joueurs de tennis se renvoient des balles (« Et si vous me prenez pour une joueuse de tennis, vous êtes complètement dans l'erreur »). Début rafistolé qui, tout en n'ayant l'air de rien, devient pourtant un des plus prenants du cinéma de Truffaut, alors que la musique lancinante de Georges Delerue, à la fois douce et inquiétante, porte les images de l'ambulance qui glisse sur la route à l'aube, avant que n'apparaisse dans une lente surimpression le visage de Véronique Silver : « Cette affaire a commencé, il y a six mois. On pourrait dire qu'elle a commencé, il y a dix ans, et puis non, elle a commencé, il y a six mois. »

SOUS LE COUVERT DE L'ANODIN. D'une version à l'autre de son texte, une fois les grands mouvements et les scènes essentielles posés, Truffaut travaille par petites touches successives. Lorsque Bernard et Arlette dînent à leur tour chez les voisins, il renforce l'idée de la robe audacieuse essayée devant tous par Mathilde en prévoyant un dialogue où Mathilde dira

l'avoir vue dans une vitrine et avoir renoncé à l'acheter « jugeant qu'elle était presque importable en public ». Détail qui aura sur Bernard, spectateur impuissant de la vie conjugale de Mathilde, la force d'une provocation et Truffaut fera renforcer la scène en ce sens, demandant à Martine Barraqué de la monter au maximum sur Gérard Depardieu, absent de l'amusement de surface qui règne autour de lui. Lorsqu'il reprend le traitement de début février 1981, Truffaut ajoute dans cette scène l'idée de la cavalcade dans la rue qui interrompt la discussion et pousse les deux hommes vers la porte (c'est un ajout manuscrit : « La conversation des deux hommes est interrompue par une cavalcade à l'extérieur. Des bruits de pas précipités, des aboiements. Philippe va ouvrir la porte et explique qu'il s'agit probablement de la fuite d'un voleur dérangé en pleine action »). Irruption d'un désordre extérieur qui se substitue à celui qui reste dissimulé entre les murs de la maison. Création d'un point de bascule de la scène ouvrant la voie des confidences (c'est ensuite que Philippe évoquera le passé douloureux de Mathilde) et permet d'éviter d'arriver au cliché, Truffaut sachant aussi qu'il bénéficie à chaque instant de l'avance qu'il a donnée au spectateur (qui sait, lui, que le type cyclothymique et violent qui a volé le rire de Mathilde n'est autre que Bernard / Gérard Depardieu).

Souvent nourris de souvenirs personnels ou de faits qui lui ont été racontés, et que Truffaut n'hésite pas à réutiliser pour introduire de la vérité, les ajouts apportent de la crudité. Quand Mathilde rejoint Bernard à l'hôtel et demande à descendre parler avec lui, Truffaut conçoit un dispositif de mise en scène qui lui permettra de faire parler ses personnages à voix basse (car ils ne sont pas seuls dans la salle du bistrot), et y glisse l'histoire du mariage précipité : « C'était presque comme dans les histoires où un type dit : j'épouse la première femme qui passera cette porte. » De quelques phrases manuscrites au crayon, il ajoute ensuite l'histoire de l'avortement qui devient une des raisons importantes de la rupture entre Bernard et Mathilde : « La conversation devient plus brûlante, quand Mathilde reproche à Bernard de l'avoir forcée à avorter alors qu'elle attendait un enfant de lui. » Sur son exemplaire de tournage, Truffaut ajoutera en marge cette courte phrase qu'il donne à Mathilde : « Tu as fait cet enfant à une autre. »

Recherche du détail juste, aigu. Lorsque Bernard enferme ses clés dans sa voiture, il prévoit pour renforcer l'humiliation que les voisins le regardent depuis leur fenêtre, puis imagine ce détail : d'une maison à l'autre, Arlette salue Mathilde qui vient d'ouvrir sa fenêtre « bientôt rejointe par Philippe en pyjama qui passe le bras autour du cou de sa femme ». Pour amener l'explosion de Bernard dans la séquence de la garden-party, il ajoute sa réaction aux valises préparées pour la voyage de noces : « Bernard circule dans la maison l'air hagard, sans doute à la recherche de Mathilde. La vue de plusieurs valises et bagages le met hors de lui. » Lorsqu'il filmera la scène, Truffaut montrera Bernard qui froisse dans sa main une combinaison de Mathilde rangée sur le dessus d'une des valises, semblable à celle qu'il a humée lors de leur après-midi d'amour à l'hôtel. Au lieu de simplement la montrer qui pleure, il écrit aussi pour matérialiser l'effondrement de Mathilde une scène additionnelle, conçue selon un schéma similaire à celle de la garden-party à laquelle elle fait pendant :

« Club de plein-air. Sortie du livre. Cartons de livres.
Chacun feuillette. Le journaliste de Nice-Matin.
Anodin bref + information livre
Deux chiens, chien de Mme Jouve. Conversation.
Incendie bref. Robe audacieuse à bretelles. Elle aide Jouve. Mains sales.
Vestiaire… voisine de palier… ascenseur…
Anodin plus long… effondrement.
Mathilde devient laconique, puis franchement muette. Après qu'elle a laissé sans réponse deux ou trois questions qui lui étaient directement adressées, nous la voyons éclater en sanglots. Les conversations s'arrêtent, tout le monde regarde Mathilde secouée de tremblements, le visage inondé par des larmes qu'elle ne peut plus maîtriser. »

Scène caractéristique ce que tente Truffaut au long de *La Femme d'à côté*. Le désordre passionnel sous-jacent qui envahit peu à peu les personnages et le film et rompt l'équilibre des apparences, se manifeste par une série d'incidents extérieurs plus ou moins anodins (bagarre de chiens, incendie domestique, blagues machos sur les voisines de palier), dont l'accumulation finit par provoquer l'explosion ou l'effondrement. Cette accumulation de signes, séries plus ou moins visibles, plus ou moins sournoises, de perturbations brèves de l'ordre et du vernis social permet au cinéaste de se passer d'exposer une quelconque logique psychologique. Mathilde revêt une robe importable, des coups de sifflets se font entendre dans la rue, le feu prend dans une cuisine, rien que de l'anodin apparent sous lequel couvent et se rechargent signe après signe, incident après incident, les forces du désordre et de la destruction. Quand la violence fait irruption, ou plus exactement éruption, elle est d'autant plus explosive qu'elle a couru souterrainement. L'élément déclencheur est toujours indirect. Comme souvent, Truffaut pousse plus loin la scène de la signature du livre en la tournant, puisqu'il fera fuir Mathilde à l'écart des autres, jusqu'à des buissons, où elle s'effondrera, telle un animal blessé, face et ventre enfouis contre terre, devenue une sœur d'Adèle ou de l'enfant sauvage, réduite, sous le regard de son mari accouru, à un corps incontrôlé secoué de sanglots incoercibles.

UNE CARAPACE. Sur son exemplaire de tournage, puis en complétant les dialogues qu'il écrit pendant les six semaines du tournage week-end après week-end ou parfois au jour le jour, Truffaut continue d'introduire de la vie. Il prépare le baiser à la portière de la voiture et l'évanouissement dans le parking par une phrase de Mathilde qui demande à Bernard de prononcer son prénom une fois de temps en temps (cette phrase, « tu peux bien prononcer mon prénom », Truffaut l'avait d'abord mise dans la bouche de Bernard lors de leur première conversation au téléphone, avant de la placer là où elle apporte le plus d'effet). À l'issue de la scène d'amour à l'hôtel, il introduit, d'un bref dialogue esquissé à la main sur la page de gauche, le détail des cheveux dans les yeux : « Elle : Tu as des cheveux devant les yeux. Il fait le geste de les écarter. Elle : c'était pas vrai, je voulais te voir faire ce geste… Quand on s'est connus, j'ai pensé : s'il me demande de faire l'amour avec lui, je dirai oui. » Lorsqu'il écrit le dialogue entier de la scène pour le tournage, il intègre l'idée, racontée par Depardieu, de la découverte de Mathilde, la première fois qu'il l'a vue, dans l'encadrement d'une fenêtre alors qu'elle préparait un goûter pour les enfants (vision qui rappelle la façon dont le jeune Werther est tombé amoureux de Charlotte dans le roman de Goethe). C'est à ce moment aussi qu'il introduit dans les dialogues, certains fragments repris du projet *Sur les Rails*, comme s'il en avait reparcouru les feuillets au moment de tourner : une cicatrice sur les poignets de Mathilde remarquée par Bernard, l'idée de la colonne vertébrale (« mon amant croyait qu'il avait une colonne vertébrale, en réalité c'était une carapace et comme sa carapace a craqué, il a détesté Mathilde », ou le dialogue « Tu me disais ; je ne suis pas saoûl, la preuve, la rigueur de mon raisonnement » qui vaut cette réponse de Mathilde : « Et tu raisonnais, et tu raisonnais, et je me disais : qu'est-ce qu'il attend pour m'embrasser ? » Cette justesse permanente est sans doute une des raisons qui a valu à Truffaut après la sortie du film l'envoi de très nombreuses lettres d'inconnus disant chacun : vous venez de raconter mon histoire.

LE PARASOL ET LA GARDEN PARTY. Truffaut note aussi dans les marges quelques brèves indications de mise en scène. Quelques précisions de décor (« escalier, palier, chambre » pour une scène conjugale entre Bernard et Arlette), ou de démarrage de scène (« nous voyons la main de Mathilde feuilleter un annuaire », assorti de l'annotation « tableau-gifle » soulignant l'effet volontairement cherché par Truffaut lorsqu'il place ce tableau où l'on voit un homme gifler une femme dans les plans où Fanny Ardant téléphone ou guette la maison d'en face par la fenêtre), ou encore le dessin précis d'un dispositif : « Arrivée de Bernard chez Mathilde. Elle le voit s'approcher par la fenêtre de la cuisine où elle se trouve en train de faire marcher un appareil électrique. Le bruit intermittent du mixeur va rythmer leur dialogue. Dans un premier temps, ils se parlent à distance, Bernard étant dans le jardin, puis Mathilde l'invite à entrer. » Il peut s'agir d'un geste, d'un détail apparemment secondaire : « En passant devant la baie vitrée, il relève un parasol », note Truffaut, alors que Bernard, furieux, arrive chez Mathilde depuis le fond du jardin. » Dans le film, on voit en effet Depardieu, qui déboule comme un fou vers les fenêtres de son amante, s'arrêter un instant pour faire ce geste de redresser le parasol, avec douceur et netteté (il le faisait à toutes les prises, confirme Martine Barraqué). Tentation d'une remise en ordre dérisoire, malgré l'emportement de la passion, qui prélude à cette scène de réconciliation provisoire entre les deux amants (« amis comme avant », « amis comme avant quoi ? »), avant que le désordre ne les déborde à nouveau. Ce parasol que ramasse Bernard est de surcroît couché à l'endroit exact où Bernard fera quelques scènes plus tard tomber Mathilde devant tous. Il ne s'agit en rien pour Truffaut d'un détail fortuit. « Bernard poursuit Mathilde jusqu'au pied du parasol où elle se laisse glisser », précise-t-il, lorsqu'il récrit avant de la tourner une description de la scène de la garden-party plus conforme au décor dont il dispose.

C'est en effet sur le plateau, grâce aux possibilités offertes par le décor et sa large baie vitrée, que Truffaut conçoit le dispositif final de la séquence de la garden-party, étonnant plan-séquence mobile, dont il prend la peine d'écrire, en même temps que les dialogues complets, sur des feuillets distribués à l'équipe avant le tournage, un schéma très détaillé, jusqu'à l'idée de suivre deux types qui s'y postent en voyeurs pour revenir jusqu'à la baie vitrée à travers laquelle il filmera comme à travers un écran toute la conclusion de la scène : « On reprend en bas de l'escalier. Bernard continue son harcèlement. Mathilde tombe près de la baie vitrée. Bernard la relève, mais elle s'échappe vers la porte. Encombrement à la porte. Tout le monde considère la scène avec effarement. Deux personnages nous ramènent vers la baie vitrée à travers laquelle nous voyons la suite. Bernard, comme s'il était inconscient de l'entourage, poursuit Mathilde jusqu'au parasol au pied duquel elle se laisse glisser. Des hommes maîtrisent Bernard.

Au passage, on passe sur Philippe, sidéré, et l'on termine par Madame Jouve. »

En filmant d'abord devant, puis à travers et de l'autre côté d'un écran (dont la grande baie vitrée à la taille) le débordement subit d'amour et de haine mêlés qui emporte ses personnages, Truffaut figure littéralement le passage de l'autre côté du miroir que représente pour les amants l'explosion publique de Bernard. Ce qui était caché devient brusquement public, visible aux yeux de tous, de tous à la fois, et l'on voit bien que ce n'est jamais le vaudeville, ni d'ailleurs la psychologie, qui intéressent Truffaut, mais le débordement des sentiments et la manière dont ce débordement et cette violence de la passion pervertissent l'hypocrisie tranquille de l'ordre social. En filmant à travers la baie vitrée, il cesse de privilégier les émotions individuelles (que décrivaient encore les premières versions de son scénario), il renvoie à distance la lutte des corps, pour ne plus chercher qu'à figurer de manière presque abstraite, globale, cet instant où le désordre de la passion échappe à tout contrôle et s'expose à tous. Seul moment du film où il représente en un seul plan condensé le scandale (il n'en sera plus question après, les autres, le monde extérieur seront quasiment occultés), en nous mettant au spectacle, semblables à ces voyeurs qu'il place à gauche au premier plan. C'est ce dont il parlait avec Hitchcock lors de leur conversation sur *Fenêtre sur Cour* en 1962 : « Nous sommes tous des voyeurs, ne serait-ce que lorsque nous regardons un film intimiste ». Le plus étonnant est sans doute qu'au moment où il parvient au point de basculement de son film (car, rien ensuite ne sera jamais plus comme avant), où il filme une violence physique sans précédent dans son cinéma, il ne cherche pas l'identification, mais met le spectateur à distance. Travaillant l'émotion non par le rapprochement, mais par l'abstraction, par la sidération provoquée par ce débordement. Projetant à travers un écran cet instant où éclate la violence passionnelle qui est le noyau brûlant de son cinéma faussement lisse pour en faire un plan emblématique qui est comme un aboutissement.

L'APPEL DU VIDE. À revoir *La Femme d'à côté*, on redécouvre constamment à quel point, dans ce film de la maturité, le travail de la mise en scène et du montage colle au sujet. Et pas seulement par la neutralité affichée des décors (maisons modernes, cuisines, parkings, courts de tennis) où Truffaut joue en permanence du décalage entre l'ordinaire et la résurgence du désir, mais par les mouvements même de la caméra. Au début du film, la caméra fait facilement le lien entre les deux maisons, de grands panos-travellings accompagnant par exemple Bernard qui rentre chez lui, puis traverse la rue pour parler au nouveau voisin, et le ramène chez lui afin qu'il puisse téléphoner, ou encore l'enfant qui file chez les voisins taper sur leur piano. Alors que l'interdit déboule, ce lien devient impossible : lorsque Bernard quitte Mathilde qu'il est allé voir illicitement afin de s'expliquer avec elle (et elle lui propose de raconter s'il est vu qu'il l'a aidée à réparer un appareil ménager), la caméra ne l'escorte plus. Truffaut coupe et ne montre pas le parcours qui le fait aller de la cuisine de son amante à celle de sa femme. Lorsque Bernard et Arlette dînent à leur tour chez leurs nouveaux voisins, Truffaut démarre la scène, alors que l'on entend des bribes de conversation, par un plan vide sur la cuisine, dans laquelle ne tardent pas à entrer Mathilde et Bernard venus chercher le café. Bernard entraîne Mathilde dans un recoin pour la supplier à voix basse de lui accorder un rendez-vous, elle refuse, et c'est alors qu'ils retournent au salon, que l'on s'aperçoit, dans le même plan qui les accompagne toujours, que rien, sinon une mince demi-cloison, ne séparait vraiment les espaces. Précarité qui est le lot des deux amants sans feu ni lieu au long du film et que le cinéaste matérialise de ce seul plan précis, concerté, en apparence parfaitement insignifiant, au début d'une scène où commenceront à s'accumuler, comme autant de flèches sourdement menaçantes, les signes perturbateurs (la robe importable, le rire de Mathilde, le rappel du passé, les bruits soudains dans la rue). C'est d'ailleurs à la coupe que Mathilde découvre le paquet cadeau qui contient sa robe importable. C'est avec un autre plan long et par le mouvement contraire du salon vers la cuisine que Truffaut referme la scène, en une assez belle inversion du fond et de la forme, alors que Mathilde, redescendue dans sa robe audacieuse, rapporte les tasses à la cuisine et entraîne Bernard sous l'escalier, afin de lui accorder cette fois le rendez-vous qu'elle avait commencé par refuser : comme si, en dehors de toute explication rationnelle ou de toute logique psychologique, les micro incidents qui ont émaillé la scène avaient préparé ce retournement.

La *Femme d'à côté* est un film happé par le vide, où les personnages ne cessent de tomber : Mathilde s'évanouit en glissant sur le sol du parking, elle tombe près du parasol, poursuivie par Bernard devant tous lors de la garden-party, s'effondre à terre derrière les courts de tennis, fait l'amour par terre avec Bernard dans la maison vide avant de lui tirer et de se tirer une balle dans la tête… Madame Jouve glisse sur le carrelage en nourrissant son chien. Et même dans les dessins de Mathilde, le petit garçon est tombé et sous lui s'élargit une tache de sang. Mathilde a beau être « la femme de l'aviateur », en clin d'œil à Rohmer, parce que son mari est aiguilleur du ciel, elle reste plaquée au sol par cette page qu'elle ne peut tourner et qui pèse pour elle cent kilos. Cet appel de la pesanteur est travaillé de manière presque invisible par la mise en scène et le montage. Lorsque Mathilde tombe évanouie dans le parking, la caméra accompagne le mouvement de Bernard qui se penche vers elle, qui a glissé hors champ, puis remonte avec lui, alors qu'il la relève et l'installe dans sa voiture, le plan continuant jusqu'à la fin de la scène, sur le visage de Bernard resté seul après le démarrage brutal de Mathilde. En réalité, le plan est coupé par un jump-cut, reprenant Depardieu dans le mouvement et dans l'axe, au moment où Bernard se penche vers Mathilde. Martine Baraqué raconte l'avoir décidé pour de simples raisons techniques, afin de privilégier un regard de Gérard Depardieu. Néanmoins, cette très belle saute à peine perceptible creuse le plan et contribue à en renforcer la sensation de vertige. Lorsque Bernard se réfugie dans le café de Madame Jouve au lieu de dîner avec les voisins, celle-ci, avant de lui raconter son passé, apporte une gamelle à son chien et glisse sur le sol avec sa béquille. Bernard se précipite. Ce dispositif est explicitement prévu par Truffaut pour amener le passage aux confidences. Sur son exemplaire de tournage, il a porté en marge ces quelques notes : « Le grand chien pour cadrer la jambe… Elle lui donne à bouffer… Elle se relève et il l'aide… » Au centre de la scène, filmée en deux longs plans mobiles, la coupe arrive au moment précis de la chute de Madame Jouve, au point de bascule de la scène : Odile Jouve raconte ensuite comment il y a vingt ans, elle s'est jetée dans le vide comme un paquet de linge sale…

La Femme d'à côté est construit comme une tragédie que rien ne peut empêcher et où la prescience et la connaissance n'aident pas. Le regard averti de Madame Jouve n'arrête pas l'inévitable. Tragédie de l'asynchronisme des sentiments qui rappelle cette phrase dite dans *Jules et Jim* : « Impossible de souffrir tous les deux en même temps, quand tu cesseras, je m'y mettrai. » Premier acte : c'est Mathilde, présence menaçante derrière sa fenêtre, qui aime et souffre le plus, jusqu'à la première explosion de l'évanouissement dans le parking. Deuxième acte : le plus rapide, c'est le seul moment de concordance des sentiments et des temps, superbement matérialisé par une scène où Mathilde et Bernard ne peuvent pas se joindre car leurs téléphones sonnent occupés au même moment. Ils se retrouvent à l'hôtel et, par un bel effet de vitesse, le dialogue où ils se donnent rendez-vous accompagne en surimpression sonore le trajet des voitures. Troisième acte : c'est Bernard qui souffre et attend davantage de Mathilde, jusqu'à la violente et radicale explosion de sa jalousie contenue à la garden-party. Quatrième acte : le mouvement s'inverse, Bernard est guéri, mais Mathilde sombre, les incidents précurseurs s'accumulent (visite de la maison d'en face avec l'enfant, arrêt devant un dessin où elle s'interroge sur le chagrin de la baleine, incendie au club de tennis, effondrement). Le cinquième acte est un faux statu-quo : visite de Bernard à l'hôpital (« mission accomplie : tu peux aller les voir et leur dire, la folle est en train de devenir normale »), déménagement, la porte qui claque dans la nuit, amour et mise à mort.

Tournage de
La Femme d'à côté.

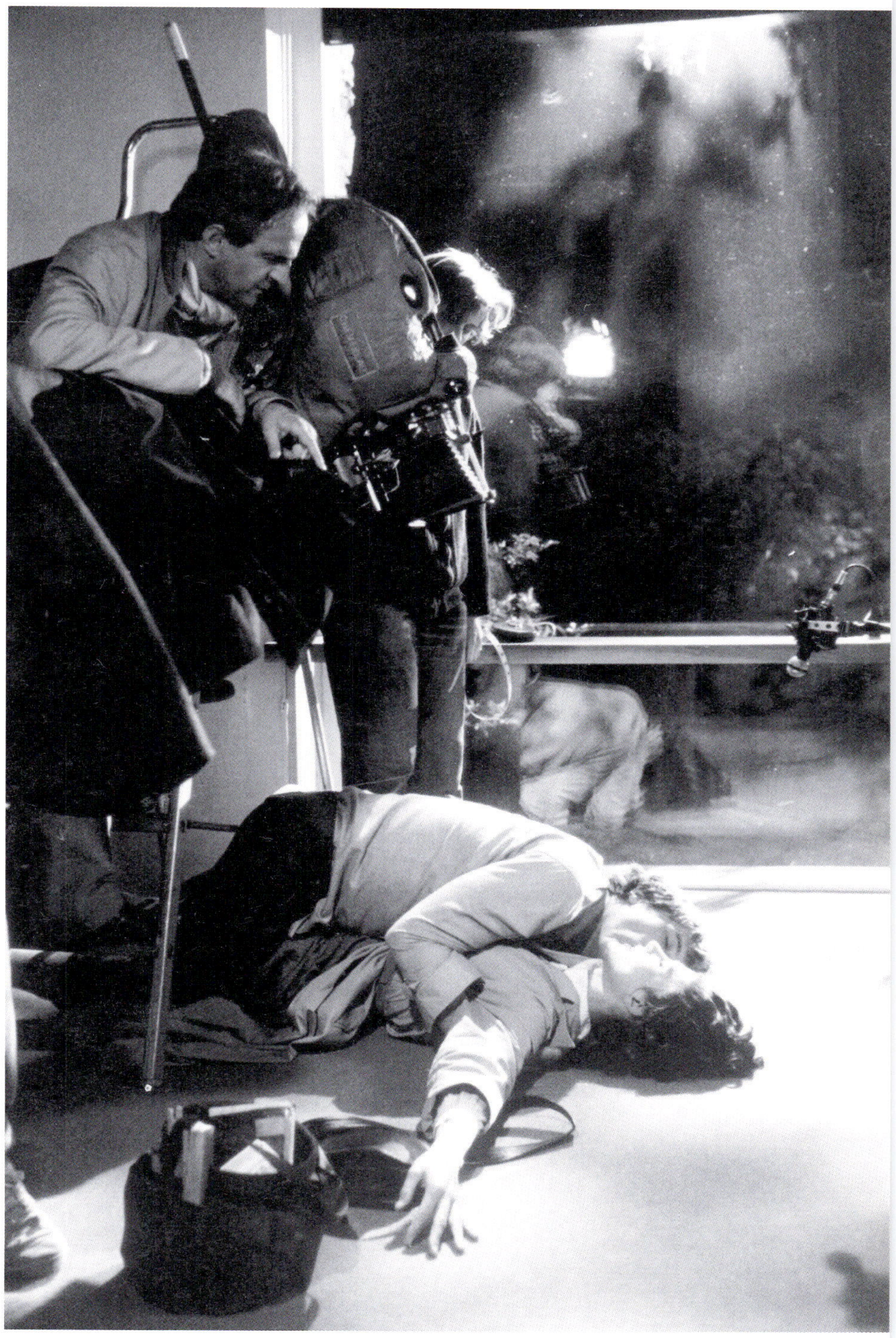

VIVEMENT DIMANCHE (1983). « Pour me défatiguer de *La Femme d'à côté*, j'ai décidé de faire un film avec Fanny Ardant, utilisée comme une héroïne de série noire. »

Truffaut a raconté comment l'idée lui est venue de chercher un roman policier à adapter pour Fanny Ardant après qu'un spectateur des rushes de *La Femme d'à côté* se soit exclamé, face à la scène finale, où l'on voit la comédienne, vêtue d'un long imperméable, passer dans l'allée qui sépare les deux jardins, avant d'attirer son amant sans la maison d'en face : « On dirait une héroïne de série noire ! ». Il demande alors à Suzanne Schiffman de prospecter, et c'est elle qui lui recommande un roman de Charles Williams, *The Long Saturday Night*[1], que Truffaut, grand amateur de l'humour et de la fantaisie de l'auteur de *Fantasia chez les ploucs*[2], avait déjà repéré dans les années soixante et qu'il avait alors fugitivement songé à adapter pour Jeanne Moreau. Le cinéaste en fait acheter les droits sans le relire. Il en voudra ensuite beaucoup à Suzanne Schiffman, au point de lui garder rancune jusque pendant le tournage, quand il découvrira que le roman, tel quel, est assez largement inexploitable. Tout est à faire et à réinventer, surtout s'il s'agit de donner le premier rôle à la secrétaire de l'agent immobilier suspecté de meurtre. Car elle n'est chez Charles Williams qu'une comparse, certes active et intelligente, mais une comparse : dans le roman, c'est l'agent immobilier qui mène l'enquête, se rend dans la ville où vient de séjourner son épouse assassinée, cherche à retracer ses activités, engage des détectives privés pour se renseigner sur son passé, etc. Renversant la situation, Truffaut imagine que Julien Vercel (Jean-Louis Trintignant) s'endort sous le feu nourri du bavardage de sa secrétaire, ce qui permet à celle-ci de prendre l'initiative. L'adaptation lui paraît cependant laborieuse, et il restera très insatisfait de son scénario, conscient de la minceur du sujet et de son caractère bricolé. « Il se passait énormément de choses par télex, télégrammes, téléphone... et l'action était statique. On (Suzanne Schiffman, Jean Aurel et moi) a donc gardé le début et la fin du livre, mais on a été obligés d'inventer tout le milieu pour avoir du visuel sur l'écran. Là, je me suis rendu compte que c'est difficile d'inventer de la série noire : c'est un matériau spécialisé. Pour écrire de la série noire, il faut être entraîné. Celui de *Vivement dimanche !*, même s'il est enfantin et simple comme bonjour, a été plus long et plus difficile à mettre sur pied, à construire et à écrire que, par exemple celui de *La Femme d'à côté*. Ça a été un long travail pour un résultat qui devra donner une impression de légèreté, de grand facilité. »

Vivement dimanche ! est évidemment un prétexte. Prétexte à filmer Fanny Ardant dans tous ses états, marchant à travers la ville, en court costume de page sous l'imperméable emprunté à son patron, ou vêtue en pute (maquillage souligné, cheveux relevés et corsage noué sous les seins : « Est-ce que je vous parais crédible ? » demandera-t-elle à son patron. « En tant que quoi grand Dieu ? » répondra celui-ci en levant les yeux au ciel). Chaque situation est amenée pour donner l'occasion de filmer la comédienne aimée sous tous les angles, en plan large et en gros plan, le visage rieur, préoccupé, scandalisé, provoquant, toujours superbe, même quand elle est trempée par un robinet qui a lâché en plein commissariat, détournant l'interrogatoire de sa course. Cette scène du robinet qui reste dans la main du commissaire parti se chercher un verre d'eau, Truffaut a raconté l'avoir écrite pour introduire de la diversion et de l'inattendu dans la convention policière : c'est aussi, exemple entre cent, une occasion de plus pour un gros plan soulignant la beauté de l'actrice, cheveux plaqués par l'eau.

Dès une des versions du scénario de *La Sirène*, Truffaut avait exprimé le fantasme du déshabillé sous l'imperméable. Retrouvée par son mari dans le Sud de la France, l'héroïne devait porter un « imperméable gabardine ». À l'entrée dans sa chambre d'hôtel, elle devait ôter « son imperméable sous lequel elle se trouve en petite tenue de girl comme sur la photo ». Pour pouvoir filmer Fanny Ardant en tenue de page, il rebondit d'une ou deux phrases du roman pour créer les scènes de théâtre amateur : une allusion à des cours de théâtre que prétendait prendre la femme de l'agent immobilier l'année précédente. Dans le premier long synopsis de *Vivement dimanche !*, Julien se contente d'aller arracher Barbara au dîner d'anniversaire de sa mère. C'est une robe de soirée qu'elle cache un peu plus banalement sous l'imperméable. Le théâtre, le dispositif de la scène en deux temps (d'abord les comédiens amateurs répètent en costume de ville, puis, à cause du retard du mari de Barbara, on essaie les costumes) devient pour Truffaut le prétexte idéal.

Plaisir de filmer une femme en mouvement, comme il avait filmé Bernadette Lafont lancée sur sa bicyclette dans les rues de Nîmes au moment des *Mistons*. Ce programme, Truffaut le donne dès les premiers plans de son film : une femme qui marche à travers les rues à grandes enjambées alertes et joyeuses (« une femme à la conquête de la ville », c'est l'indication qu'il donne à Georges Delerue pour écrire la musique) ; une femme bientôt abordée par un jeune homme qui regrette que leurs chemins se séparent aussi vite. Moments de cinéma pur. Truffaut se passe du prologue plus explicatif prévu au scénario : une voix off de Barbara devait accompagner sa marche et présenter sa fonction de secrétaire (« Le mot secrétaire a été formé avec le mot secret et je m'attends à encourir bien des reproches puisque je suis décidée à dévoiler tous les secrets qui sont

1. Éditions Gallimard / Carré noir, 1963.
2. Éditions Gallimard / Carré noir, 1957.

Voir sans être vu.
Du vasistas au soupirail.

en ma connaissance »). La courte scène d'abordage par l'inconnu était prévue beaucoup plus loin dans le scénario : quand Barbara va acheter les journaux après la nuit où ils se sont retrouvés, elle et son patron, à assommer celui qu'ils prennent pour l'assassin (si l'on y prête vraiment attention, on s'aperçoit d'ailleurs que Barbara porte une autre veste, lorsqu'on revient sur elle marchant dans la rue, après la scène inaugurale du meurtre à la chasse, la veste à carreaux noirs et blancs qui correspond à la scène des journaux). Truffaut fait de cette brève rencontre le signe sous lequel il place son film : allégresse et séduction, vivacité et quotidienneté des rapports entre les hommes et les femmes, ceux-ci étant menés à la baguette par la vaillance malicieuse de Barbara. Et il le fait sans s'attarder, il a coupé une autre scène d'abordage, redondante et plus longue, écrite à quelques pages du début : Barbara y rembarrait un type qui prétendait qu'elle ressemblait à une morte adorée (« Le coup de la ressemblance avec la chère disparue, on me l'a fait au moins vingt fois »). Clin d'œil irrévérencieux fait à *La Chambre verte*, abandonné par Truffaut.

Pas totalement à l'aise avec une mécanique policière dont il sait qu'elle ne sera de toute façon qu'un alibi, Truffaut préfère y aller à gros traits et de manière ouvertement ludique. Diversions permettant de briser le sérieux des interrogatoires policiers, telle l'irruption, organisée au scénario, du réfugié albanais venu demander en pleine nuit l'asile politique, ou encore le coup de fil passé au commissaire Santelli par sa fausse épouse (alias Barbara) pour jeter le trouble dans l'esprit du coupable grâce à des histoires de casseroles (Barbara s'y fait donner la recette de la salade de pommes de terre empruntée par Truffaut à Renoir dans *La Règle du Jeu*). Rappels de *Baisers volés* (l'Agence Lablache, sœur de l'Agence Blady) ou de *La Peau douce* (un remake de la scène de l'ascenseur, sur le mode ironique, avec cette fois-ci, accompagnant Barbara dans sa montée à la chambre 813, occupée avant sa mort par Marie-Christine Vercel, un noceur qui fait tomber de sa poche un soutien-gorge, interprété par Jean-Pierre Kohut-Svelko, décorateur de nombre des films). Jeux avec la gestion de l'information. Au scénario, lorsque Barbara explore la chambre occupée par Marie-Christine, elle découvre immédiatement dans la poubelle un journal de courses où des noms de chevaux ont été entourés : « Belle d'avril dans la troisième. » Au tournage, Truffaut préfère s'amuser un peu en différant la révélation et en jouant à la fois de la convention de l'énigme et d'une fausse piste sentimentale. Barbara trouve dans la corbeille deux morceaux de papier grossièrement déchirés sur lesquels elle lit : « Mon Amour » et « Le capitaine ». Elle envoie le détective sur cette piste adultère. Et ce n'est qu'ensuite, passant à côté du champ de courses (gros hasard assumé par le récit) qu'elle décrypte à l'ouïe les clés du mys-

Croquis annoté pour le salon de beauté de Marie-Christine, dont Barbara (Fanny Ardant) découvre la proximité avec les bureaux de l'avocat.

À droite : Ajouts faits au tournage. Barbara offre la vision de ses jambes à son patron cloitré. Et une scène coupée, où elle aurait joué à lui boucher la vue.

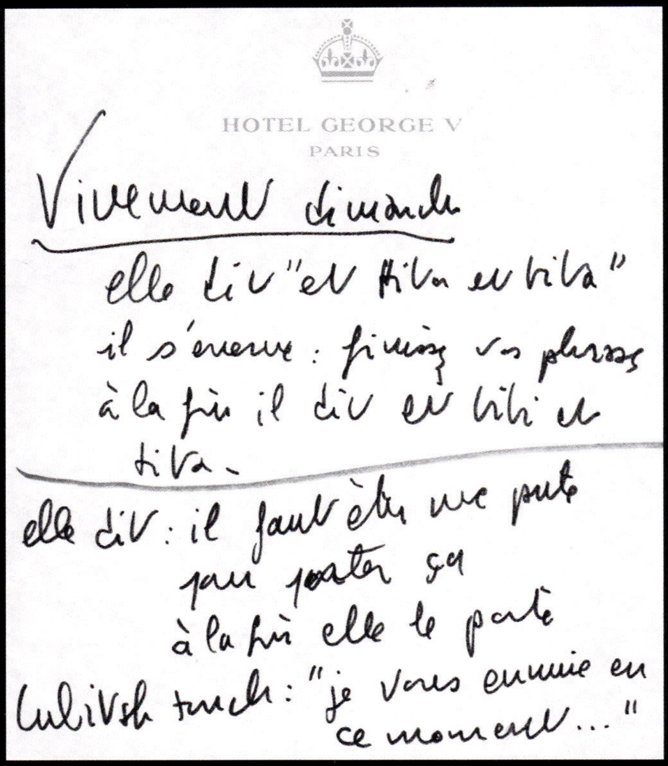

HOTEL GEORGE V
PARIS

Vivement dimanche
elle dit "et tita et tita"
il s'énerve : finissez vos phrases
à la fin il dit et tita et
tita.
elle dit : il faut être une pute
pour porter ça
à la fin elle le porte
Lubitsch touch : "je vous ennuie en
ce moment..."

Une page de notes préparatoires. Croquis pour le cabaret L'Ange Rouge.

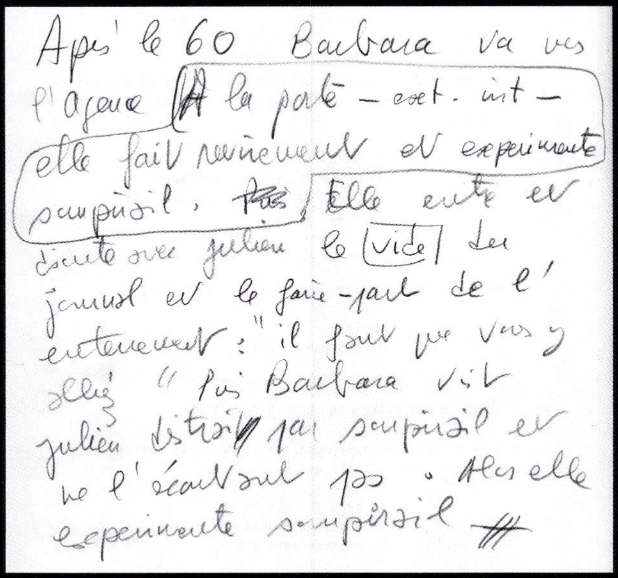

Après le 60 Barbara va vers l'agence A la porte — ext. int — elle fait rapidement et expérimente soupirail, ~~Puis~~ Elle entre et discute avec Julien le vide des journal et le faire-part de l'enterrement : " il faut que vous y alliez " Puis Barbara voit Julien distrait par soupirail et ne l'écoutant pas. Alors elle expérimente soupirail

tère : elle entend les mêmes sons de trompette que ceux entendus la veille lors de l'appel téléphonique de Marie-Christine à l'agence. Et la voix du présentateur dissipe les malentendus : « Le capitaine prend la corde, suivi de Mascotte et de Mon amour. » Ce qui permettra à Barbara de téléphoner au détective : « Non ce n'est pas son amant, le capitaine n'est pas un homme, c'est un cheval. »

En tournant, puis en montant, Truffaut décalera aussi plus tardivement la révélation sur la mitoyenneté du cabinet de l'avocat et du salon de beauté de Marie-Christine. Dès que cette information est donnée, le « filet se resserre autour de l'assassin », comme dit dans le film, le texte légèrement parodique du journal local. Au scénario, la révélation arrive avant la moitié du récit, à la fin de la première visite de Barbara à l'avocat. En partant, avant d'être coincée au bas de l'escalier par les flics qui l'emmènent au commissariat, Barbara devait apercevoir par une lucarne la pancarte du salon de beauté. Sur le tournage, Truffaut décide de déplacer la scène où Barbara retourne chez l'avocat. Il la retarde après l'épisode de son déguisement en pute pour pénétrer l'univers de « la » mystérieuse Louison (qui n'est autre qu'un homme, interprété par Jean-Louis Richard). L'avocat est absent, et c'est alors que Barbara aperçoit par une fenêtre la pancarte du salon de beauté. Elle demande du coup à l'attendre seule dans son bureau où elle découvre l'existence d'un passage secret. Ce n'est qu'au moment du climax final, que Truffaut nous montrera, en flash-back, ce qui se cache derrière ce passage secret. Il aura réussi à différer la révélation policière importante (à plus d'une heure vingt-cinq de film), tout en gardant plus longtemps Fanny Ardant dans son déguisement déshabillé. Plaisir de cinéaste, dont il jouera en faisant réagir les secrétaires de l'avocat sur son apparence vulgaire.

Ce qui intéresse Truffaut, c'est le mélange des genres. Moins la trame policière que la possibilité d'y mêler « la comédie conjugale où un couple se dispute sans arrêt ». Montrer Fanny Ardant en héroïne de série noire *et* en héroïne de comédie à la Katharine Hepburn. C'est un cadeau qu'il souhaite lui faire, afin qu'elle ne reste pas prisonnière de sa réputation romantique après *La Femme d'à côté*. Au tournage, Truffaut pousse les scènes de mauvaise foi. Il s'amuse à substituer à une scène où une cliente, effrayée par le soupçon pesant sur Julien Vercel, venait retirer à l'agence le dossier de la vente de sa maison, la scène où fait irruption une blonde caricaturale, candidate secrétaire, qui ne lit pas les journaux car l'encre salit les mains et tape à toute allure à la machine avec un seul doigt. Occasion d'un affrontement entre les mérites comparés des blondes et des brunes, provoqué par Barbara qui sait que Julien, dissimulé à deux pas, entend tout. C'est aussi pendant le tournage que Truffaut invente les célèbres scènes du soupirail, par lequel Julien Vercel regarde passer depuis le trou où il est claustré les jambes des femmes. Autocitant à la fois *L'Homme qui aimait les femmes* et *Le Dernier Métro*, il imagine les moments de distraction de Julien dont le regard s'évade de la conversation pour se concentrer sur le soupirail et son cinéma quasi permanent. Il imagine aussi la réponse un brin provocatrice, à la fois malicieuse et tendre, que lui fait Barbara : Fanny Ardant qui passe et repasse devant le soupirail pour offrir à son patron le meilleur des spectacles : ses propres jambes. Il pensait même pousser le jeu un peu plus loin, concevant une scène (qui a été

tournée) où Barbara cloue sur le soupirail deux planches de bois afin de lui boucher la vue pour récupérer son attention. Il préfèrera ne conserver que l'image glorieuse, insolente et allègre de la jeune femme triomphante qui offre l'objet de son désir à celui qu'elle aime secrètement.

Malice, impertinence à la limite de la désinvolture et alacrité. S'il sent son scénario parfois tangent, Truffaut sait que la vitesse lui donne une chance de s'en tirer. Il fait parler ses comédiens avec le même débit que la comédie américaine : « Ici, contrairement à ce qu'elle faisait dans *La Femme d'à côté*, Fanny Ardant doit parler vite comme dans un film doublé. C'est la consigne que j'ai donnée à tous les acteurs. Je leur ai dit : « Imaginez que vous êtes dans un film américain doublé et qu'il n'y a pas assez de temps et de place pour tous les mots ». » Il souhaite un tournage rapide en sept semaines en novembre et décembre 1982, avec un rythme soutenu et peu de prises, quitte à ce que Nestor Almendros soit d'abord déconcerté par cette précipitation que le cinéaste estime nécessaire au style de son film. Et au montage, il lui paraît à nouveau nécessaire de resserrer : « Son seul souci sur *Vivement dimanche !*, raconte Martine Barraqué, c'était : « aller vite, aller vite » ». C'est sur cette sensation de vitesse et d'impertinence qu'il souhaite terminer son film. C'est sur le tournage qu'il invente la scène finale, à la place du commentaire prévu par le scénario qui aurait illustré les explications de Barbara sur le mariage, la construction d'une maison, l'attente de l'enfant, d'une suite de plans racontant les actions, dont plusieurs ont été d'ailleurs tournés (Julien Vercel entrant à l'agence immobilière en poussant un landau, par exemple, tandis que son ventre grossissant éloigne Barbara de sa machine à écrire). Le prêtre doit se retourner afin que l'on découvre en lui l'abbé assommé plus tôt par Barbara, et l'idée de la chorale d'enfants est prévue (« un groupe d'enfants chante une marche nuptiale qui se fond avec la musique du générique de fin »). Mais c'est en tournant que Truffaut a l'idée de détourner subtilement la scène de mariage : imaginant au dernier moment qu'un pare-soleil échappe au photographe pour être ensuite renvoyé comme un ballon entre les pieds des enfants. Vitesse, mouvement, insoumission de l'enfance, ce détournement ludique et désinvolte est une manière de pirouette à l'issue d'un film dont il connaissait et les avantages et les limites, un récapitulatif amusé, en prélude à ce qui aurait dû être un tournant avant d'autres films.

Vivement dimanche ! est aussi pour Truffaut l'occasion de réaffirmer des principes esthétiques et une indépendance artistique. Le cinéaste tient à tourner le film en noir et blanc et se battra pour cela, même si cela rend la recherche du financement plus difficile. Le projet se retrouve d'abord refusé à cause du noir et blanc dans les chaînes de télévision, devenues au début des années quatre-vingt une importante source de financement des films. « Derrière ce choix, il y a la conviction qu'entre deux scènes identiques tournées en couleur et en noir et blanc, la scène en noir et blanc a plus de crédibilité, elle est plus mystérieuse. De même entre une scène de jour et une scène de nuit, la scène tournée la nuit est plus intéressante. Les gens, ou bien ne connaissent pas ces lois, ou les nient, ou pensent que c'est une lubie de metteur en scène. » Truffaut est décidé à

Un mélange de série noire et de comédie américaine (Fanny Ardant et Jean-Louis Trintignant).

ne pas renoncer et il charge Gérard Lebovici, son agent, de tenir bon, lui écrivant le 9 septembre 1982 : « *Vivement dimanche !* s'efforcera de restituer l'ambiance nocturne, mystérieuse et brillante des comédies américaines policières qui, autrefois, nous enchantaient. Je crois que l'utilisation du noir et blanc nous aidera à retrouver ce charme disparu, je crois surtout que personne au monde ne réussira à me prouver que le noir et blanc est moins culturel que la couleur. » La bataille gagnée (Antenne 2 finit par accepter le film en coproduction), il fait soigner les costumes, notamment ceux de Fanny Ardant minutieusement choisis dans leurs contrastes de noir et de blanc, et les décors construits presque intégralement dans un immense hôpital désaffecté près de Hyères qui lui permet de recréer les conditions du studio, comme lors du tournage dans l'ancienne chocolaterie du *Dernier Métro*. Il engage aux côtés de Nestor Almendros un décorateur américain, Hilton Mac Connico, qui fait peindre les décors en noir et blanc et crée des compositions graphiques. Almendros travaille une lumière très directe avec des ombres marquées en hommage à la photo des films des années quarante et de quelques Fuller des années cinquante. Il fait dégager le front de Fanny Ardant pour la rendre « plus Rita Hayworth ».

Film où les dispositifs et les mises en situations priment sur le récit, *Vivement dimanche !* devient la démonstration de la maîtrise d'une mise en scène dont la précision ne cesse de s'affirmer dans tous les derniers films du cinéaste. Si Truffaut a commencé sa carrière en calquant plus ou moins sa caméra sur les mouvements des comédiens qu'il regardait d'abord évoluer dans l'espace offert, ce film est l'aboutissement d'un renversement du metteur en scène qui tourne de longs plans mobiles de plus en plus dirigés, où la caméra se déplace sans que le spectateur s'en aperçoive, en sachant au millimètre près ce qu'il veut obtenir à l'image et comment l'obtenir. « Truffaut ne leur demandait plus ce qu'ils avaient envie de faire, racontait Suzanne Schiffman. Mais il leur expliquait : « à tel moment, Fanny va se lever, ou Jean-Louis va aller à la fenêtre, il va la rejoindre, puis Fanny va se déplacer par là, elle va aller vers le miroir, elle va se retourner ». Il leur indiquait les déplacements et les gestes qu'ils auraient à faire, et comment cela allait être tourné, avec une précision infiniment plus grande, beaucoup plus directive que celle qu'il avait dans les années soixante et soixante-dix. »

Cette anecdote enfin : la gifle donnée à Barbara par son patron, rendu furieux d'avoir moisi de nombreuses heures dans l'arrière-salle de l'agence tandis que la jeune femme enquêtait à sa place, l'aurait été par François Truffaut lui-même. Il trouvait que Trintignant ne parvenait pas y mettre la vigueur voulue et lui dit alors : « Je vais vous montrer ». Il attend l'entrée de Fanny Ardant, fait un clin d'œil à Nestor Almendros afin qu'il lance le moteur, et lui balance une énorme gifle (impossible en effet dans le gros plan monté, où l'on voit à peine l'amorce de la main, d'en identifier le propriétaire), certain d'avoir ainsi en boîte le sursaut de stupéfaction et le regard de colère voulus.

REPÈRES BIOGRAPHIQUES (1932-1984).

Naissance de François Truffaut le 6 février 1932 à Paris. Son père, Roland Truffaut, est architecte-dessinateur et sa mère, Janine de Montferrand, secrétaire à *L'Illustration*. Enfance à Pigalle et, entre 8 et 12 ans, dans l'atmosphère de l'Occupation. Il se réfugie dans la lecture et le cinéma, où il va souvent en cachette, associant la vision des films à un sentiment de clandestinité. Après-guerre, il se met à fréquenter assidûment les ciné-clubs et voit énormément de films.
En 1946, il interrompt ses études. Il devient grouillot à la Bourse, magasinier, soudeur à l'acétylène, employé de bureau. Il sera en 1950 pigiste au journal *Elle*. En 1948, il fonde avec un ami d'enfance, Robert Lachenay, le « Cercle Cinémane » et fait la connaissance d'André Bazin. Débordé par les dettes, il est enfermé à la demande de son père au Centre d'Observation pour Mineurs Délinquants de Villejuif. Lorsqu'il en sort, André Bazin le fait travailler à ses côtés au sein de la section cinématographique de *Travail et Culture*. Il lui permet d'écrire ses premiers vrais articles. Truffaut collabore à *La Gazette du cinéma* dirigée par Éric Rohmer.
1950 : Truffaut devance l'appel à la suite d'un dépit amoureux et s'engage pour trois ans. Avant le départ prévu pour l'Indochine, il déserte lors d'une permission, en 1951, et est incarcéré de longs mois à la Caserne Dupleix ou en hôpital militaire. Réformé grâce au soutien d'André Bazin, il est libéré en février 1952.
1953 : Installé chez André et Janine Bazin à Bry sur Marne, il entre au Service cinématographique du ministère de l'Agriculture, puis devient critique de cinéma aux *Cahiers du cinéma*, ainsi qu'à l'hebdomadaire *Arts*. Son article célèbre, *Une certaine tendance du cinéma français* paraît dans le n° 31 des *Cahiers du cinéma* en janvier 1954.
1954 : Il réalise son premier court métrage, *Une Visite*.
1956 : Truffaut devient l'assistant de Roberto Rossellini (pendant deux ans) ; il collabore à deux projets de films non réalisés.
1957 : Truffaut fonde sa société de production, Les Films du Carrosse (en hommage au *Carrosse d'Or* de Jean Renoir) afin de réaliser *Les Mistons* qu'il tourne pendant l'été 1957. Le 29 octobre, Truffaut épouse Madeleine Morgenstern. Ses témoins sont André Bazin et Roberto Rossellini.
1958 : Truffaut écrit et tourne *Les Quatre Cents Coups*. Le 11 novembre 1958, au soir du premier jour de tournage, mort d'André Bazin.
1959 : Naissance en janvier de Laura Truffaut. En mai, Prix de la mise en scène à Cannes pour *Les Quatre Cents Coups*. Grâce à ce succès, Truffaut aide Rivette à terminer *Paris nous appartient* et cofinance *Le Testament d'Orphée* de Jean Cocteau. Truffaut cède le scénario d'*À bout de souffle* à Jean-Luc Godard. Tournage *de Tirez sur le Pianiste*.
1960 : Rencontre avec Helen Scott du French Film Office.
1961 : Truffaut produit et supervise le film de Claude de Givray, *Tire au flanc*, dans lequel il figure dans le rôle d'un soldat lisant Werther. Tournage de *Jules et Jim*. Naissance d'Eva Truffaut le lendemain du dernier jour de tournage.
1962 : Tournage du sketch de *L'Amour à vingt ans*. En août, début de l'enregistrement des entretiens avec Alfred Hitchcock.
1963-1965 : Truffaut reçoit le scénario de *Bonnie & Clyde* et envisage de le tourner. Il y renoncera en 1965. Il ne parvient pas à monter la production de *Fahrenheit 451*. Tournage à l'automne 64 d'un « film de remplacement », *La Peau douce*. Tournage de *Mata-Hari* de Jean-Louis Richard, qu'ils ont écrit pour Jeanne Moreau. Truffaut se décide à lancer plusieurs projets de front.
1966 : Tournage de *Fahrenheit 451*. Parution du livre *Le Cinéma selon Hitchcock*, édité par Robert Laffont, auquel collabore Helen Scott (qui établit la version anglaise du livre). Les Films du Carrosse coproduisent *Deux ou trois choses que je sais d'elle* de Jean-Luc Godard.
1967 : Tournage de *La Mariée était en noir*. Mort de Françoise Dorléac en juin.
1968 : Henri Langlois est révoqué de son poste de responsable de la Cinémathèque française. Un Comité de défense de la Cinémathèque est créé, le président d'honneur en est Jean Renoir, les trésoriers, Jacques Doniol-Valcroze et François Truffaut. Tournage de *Baisers volés*. Truffaut engage le détective Albert Duchêne afin d'en savoir plus sur l'identité de celui qui serait son vrai père.
1969 : Tournage de *La Sirène du Mississipi*. Les Films du Carrosse coproduisent *L'Enfance nue* de Maurice Pialat et *Ma nuit chez Maud* d'Éric Rohmer. Tournage de *L'Enfant sauvage*.
1970 : Tournage de *Domicile conjugal*. Publication en septembre des *Aventures d'Antoine Doinel* (Mercure de France). Les Films du Carrosse coproduisent *La Faute de l'Abbé Mouret* de Georges Franju.
1971 : Tournage précipité des *Deux Anglaises et le continent* au printemps. Truffaut préface le livre d'André Bazin sur Jean Renoir (Champ Libre).

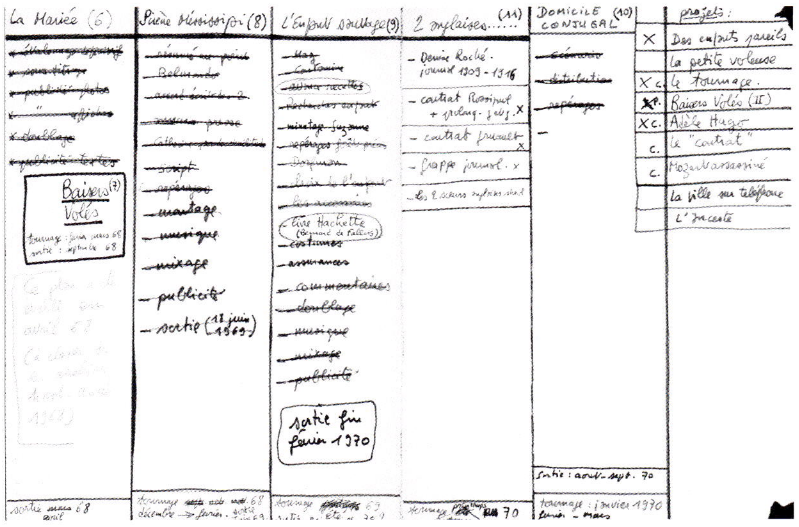

L'emploi du temps établi par François Truffaut à partir de *La Mariée était en noir*.

1972 : Tournage d'*Une Belle Fille comme moi*. Truffaut travaille aux scénarios d'*Adèle H.* et de *La Nuit américaine* qu'il tourne à partir de fin septembre.
1973 : Les Films du Carrosse produisent le film de Pierre-William Glenn, *Le Cheval de fer*.
1974 : Parution du scénario de *La Nuit américaine*, suivi du *Journal de tournage de Fahrenheit 451* chez Seghers.
1975 : Tournage de *L'Histoire d'Adèle H.* Publication du *Cinéma de la cruauté*, recueil d'articles d'André Bazin, préfacé par Truffaut (Éditions Flammarion), puis la même année du *Cinéma de l'Occupation et de la Résistance* d'André Bazin, préfacé par Truffaut (Collection 10 / 18) et des *Films de ma vie*, recueil d'articles de Truffaut (Flammarion). Tournage de *L'Argent de Poche*. Il lance de Givray et Bernard Revon sur le scénario de *L'Agence Magic*.
Production du film de Bernard Dubois, *Les Lolos de Lola*, et de *Ce Gamin-là* de Renaud Victor.
1976 : De mai à août, Truffaut rejoint Steven Spielberg en Alabama pour jouer le rôle du savant Lacombe dans *Close Encounters of the Third Kind*. Il met à profit cette expérience en prenant des notes en vue d'un projet de livre (non abouti) : *L'attente de l'acteur*. Il travaille aussi à son propre scénario de *L'Homme qui aimait les femmes* qu'il tourne à la fin de l'année.
1977 : Tournage de *La Chambre verte*.
1978 : Tournage des scènes contemporaines de *L'Amour en fuite*.
1979 : Truffaut travaille avec Suzanne Schiffman au scénario du *Dernier Métro* dont le montage financier est difficile.
1980 : Tournage du *Dernier Métro*.
1981 : Ecriture rapide et tournage au printemps *de La Femme d'à côté*. Les Films du Carrosse coproduisent *Le Beau mariage* d'Éric Rohmer.
1982 : Tournage de *Vivement dimanche !* Truffaut renonce à son projet d'adaptation du *Petit Ami* de Paul Léautaud. Il démarre à la place avec Jean Gruault l'écriture du projet *00-14*, saga de la belle époque, où ils souhaitaient montrer la génération précédant celle du *Dernier Métro*.
1983 : Truffaut donne sa « leçon de cinéma » dans le cadre d'une série d'émissions enregistrées par l'Institut National de l'Audiovisuel (ces deux émissions sont programmées par TF1 les 5 et 12 mai). Publication du livre de Dudley Andrew *André Bazin* préfacé par F. Truffaut (édité par la Cinémathèque française et les Éditions de l'Étoile-*Cahiers du cinéma*). Truffaut travaille avec Gruault à *00-14* où ils prévoient de mêler personnages de fiction et personnages réels (Proust, Calmette, le directeur du Figaro, le ministre Caillaux, le chansonnier Fragson). Il travaille avec Claude de Givray au scénario de *La Petite Voleuse*, un ancien projet dont il pense faire un de ses prochains films. D'autres projets sont envisagés : une adaptation de *Nez de Cuir* de La Varende pour Gérard Depardieu. Ou une histoire pour Guy Marchand, où il serait un homme qui aime les femmes au point de les tuer. En août 1983, quelques jours après la sortie de *Vivement dimanche* !, Truffaut, en vacances à Honfleur, a un malaise, « l'impression qu'un pétard a éclaté dans sa tête ». Il est opéré en septembre d'une tumeur au cerveau.
1984 : Réédition du *Hitchcock-Truffaut* (augmenté d'un chapitre) chez Ramsay. Truffaut reconstitue avec Martine Barraqué la version intégrale des *Deux Anglaises et le continent* qui sortira en 1985. Il songe à écrire une autobiographie et enregistre dans ce but quelques entretiens avec Claude de Givray qui s'interrompent brusquement. Il meurt le 21 octobre 1984.

FILMOGRAPHIE

La filmographie a été établie par Josiane Couëdel et les résumés par Marc Chevrie.

1954. UNE VISITE (court-métrage)
Scénario : François Truffaut. *Opérateur-cadreur :* Jacques Rivette. *Assistant mise en scène et Producteur :* Robert Lachenay. *Montage :* Alain Resnais. *Date de tournage :* 1954. *Lieu de tournage :* Paris. Film 16 mm noir et blanc. *Durée : 19* minutes. *Visa de contrôle :* n° 55649 du 12 mars 1982.
Interprètes : Laura Mauri, Jean-José Richer, Francis Cognany, Florence Doniol-Valcroze.

Un jeune garçon cherche à louer une chambre par petites annonces. Il téléphone, arrive dans un appartement occupé par une jeune fille, chez qui il s'installe. Elle reçoit la visite de son beau-frère qui lui confie sa petite fille à garder pour le week-end, fait le pitre et flirte avec elle sans succès. Le nouveau locataire tente aussi sa chance mais se fait rabrouer. Il fait sa valise et quitte l'appartement avec le beau-frère. La nuit est tombée sur la place Blanche. La jeune fille couche sa nièce et ferme les rideaux.

1958. LES MISTONS (court-métrage)
Scénario, adaptation et dialogue : François Truffaut, d'après la nouvelle de Maurice Pons, extraite du recueil *Virginales*, Éd. Julliard. *Musique :* Maurice Le Roux. *Commentaires dits par :* Michel François. *Directeur de la photographie :* Jean Malige. *Assistant-opérateur :* Jean-Louis Malige. *Assistants mise en scène :* Claude de Givray et Alain Jeannel. *Montage :* Cécile Decugis, assistée de Michèle De Possel. *Directeur de production :* Robert Lachenay. *Production :* Les Films du Carrosse. *Date de tournage :* 1957. *Lieux de tournage :* Nîmes et ses environs. *Laboratoires :* G.T.C. *Format :* 1,33. Film 16 mm noir et blanc. *Durée :* 23 minutes. *Visa de contrôle :* n° 20423 du 31 décembre 1964. *Sortie publique :* 1958. *Distributeur :* Les Films de la Pléiade.
Prix : Prix de la mise en scène au Festival de Bruxelles, Prix des Jeunes Spectateurs (Belgique), Médaille d'Or à Mannheim (Allemagne), Blue Ribbon Award (U.S.A.).
Interprètes : Bernadette Lafont, Gérard Blain.

Sous le soleil de Nîmes, cinq gamins (les « mistons ») épient un couple d'amoureux, Gérard et Bernadette, et le poursuivent de leur curiosité et de leurs moqueries, dans les arènes et dans les rues, au « cinoche » et dans la campagne. Ils envoient une carte postale « suggestive » à Bernadette, restée seule en l'absence de Gérard dont on apprend soudain par le journal la mort tragique dans un accident de montagne.

1958. UNE HISTOIRE D'EAU (court métrage)
Réalisation : François Truffaut et Jean-Luc Godard. *Directeur de la photographie :* Michel Latouche. *Montage :* Jean-Luc Godard. *Directeur de production :* Roger Fleytoux. *Production :* Pierre Braunberger. *Date de tournage :* 1958. *Durée :* 18 minutes. Films 16 mm noir et blanc. *Sortie publique :* 1961. *Distributeur :* Les Films de la Pléiade.
Interprètes : Jean-Claude Brialy, Caroline Dim.

« Que d'eau ! Que d'eau ! », s'écrient en février les habitants de Villeneuve-Saint-Georges d'où l'héroïne part chaque matin pour aller en bus à Paris. Mais les bus ne fonctionnent plus. Heureusement, son cousin Bébert passait par là et l'aide à monter dans une barque. Elle fait de l'auto-stop et tombe sur un type qu'elle trouve « pas mal ». Au lieu de lui faire sa cour, le type lui vante les mérites de sa Ford. Ils foncent vers Paris. Mais la voiture s'embourbe et, à force d'aller dans tous les sens, ils tournent en rond et se retrouvent au point de départ, cernés par les eaux. De nouveau embourbés, ils conjuguent en vain leurs efforts pour tirer la voiture de là et doivent continuer à pied. Ils s'allongent sous un arbre et font un marché : s'il arrive à lui raconter une histoire drôle, il aura le droit de l'embrasser. Mais comment atteindre Paris ? Impossible de continuer à pied. Ils trouvent une barque pour rejoindre la voiture et redémarrent. « plus le Fordiste accélérait plus fort, moins mon désir d'amour diminuait plus vite » Enfin, des berges de la Seine, ils aperçoivent la tour Eiffel. Ce soir, elle dormira probablement chez lui car, si l'eau inonde la France, pour elle c'est le bonheur. « Voilà, Mesdames et Messieurs, c'est la fin ! »

1959. LES QUATRE CENTS COUPS
Scénario original : François Truffaut. *Adaptation et dialogue :* François Truffaut et Marcel Moussy. *Musique :* Jean Constantin. *Directeur de la photographie :* Henri Decae. *Cadreur :* Jean Rabier. *Assistant-opérateur :* Alain Levent. *Premier assistant mise en scène :* Philippe de Broca, assisté de Alain Jeannel, Francis Cognany, Robert Bober. *Scripte :* Jacqueline Parey. *Ingénieur du son :* Jean-Claude Marchetti. *Perchman :* Jean Labussière. *Décor :* Bernard Evein. *Accessoiriste :* Raymond Lemoigne. *Photographe de plateau :* André Dino. *Montage :* Marie-Josèphe Yoyotte, assistée de Michèle de Possel, Cécile Decugis. *Directeur de production :* Georges Charlot. *Régisseur général :* Jean Lavie, assisté de Robert Lachenay. *Administrateur de production :* Roland Nonin. *Secrétaire de production :* Luce Deuss. *Production :* Les Films du Carrosse, SEDIF. *Première version du scénario :* 1957. Premier titre : *La Fugue d'Antoine*. *Dates de tournage :* 10 novembre 1958 au 3 janvier 1959. *Lieux de tournage :* Paris, Normandie. *Remerciements :* Jean-Claude Brialy, Jeanne Moreau, Claude Vermorel, Claire Maffei, Suzanne Lipinska, Alex Joffé, Fernand Deligny, Claude Véga, Jacques Josse, Annette Wademant, l'École Technique de Photographie et de Cinématographie. *Laboratoires :* G.T.C. *Auditorium :* S.I.M.O. *Procédé :* Dyaliscope. Film 35 mm noir et blanc. *Durée :* 93 minutes. *Visa de contrôle :* n° 21414 du 18 mai 1966. *Sortie publique :* 3 juin 1959 (ainsi que 1re représentation au Festival de Cannes). *Distributeur :* Cocinor.
Ce film est dédié à André Bazin.
Prix : Grand Prix de la mise en scène au Festival de Cannes, Grand Prix de l'OCIC à Cannes, Prix Fémina belge du Cinéma (Olivier d'Or), Prix du Festival Mondial d'Acapulco, Prix Joseph Burstyn du meilleur film étranger (U.S.A.), Prix du meilleur film étranger de la Critique new-yorkaise, Prix Méliès, Grand Prix des Valeurs Humaines de Valladolid (Épi d'Or), Prix des journalistes autrichiens (Plume d'Or), Laurier d'Argent de David O'Selznick. Nomination aux Oscars dans la catégorie : meilleurs scénarios écrits directement pour l'écran. Participation au Festival de Cork.
Interprètes : Jean-Pierre Léaud *(Antoine Doinel)*, Albert Rémy *(le beau-père)*, Claire Maurier *(la mère)*, Patrick Auffay *(René Bigey)*, Georges Flamant *(M. Bigey)*, Yvonne Claudie *(Mme Bigey)*, Robert Beauvais *(le directeur de l'école)*, Pierre Repp *(le professeur d'anglais)*, Guy Decomble *(le professeur)*, Claude Mansard *(le juge d'instruction)*, Henri Virlojeux *(le gardien de nuit)*, Richard Kanayan *(Abbou)*, Jeanne Moreau *(la jeune femme au chien)*, Jean Douchet *(l'amant)*, Jean-Claude Brialy, Christian Brocard, Bouchon, Marius Laurey, Luc Andrieux, Jacques Monod, et les enfants : Daniel Couturier, François Nocher, Renaud Fontanarosa, Michel Girard, Serge Moati, Bernard Abbou, Jean-François Bergouignan, Michel Lesignor.

Le Paris gris de la fin des années cinquante. Antoine Doinel a quatorze ans. Il a des ennuis avec son maître d'école qui lui donne une punition pour avoir écrit sur les murs de la classe. A la maison ça ne va guère mieux : sa mère, dure et sévère, et son beau-père, insouciant, s'accordent mal et ne savent que faire de lui pendant les vacances.
N'ayant pas fait sa punition, il sèche l'école avec son copain René. Sur une place, il surprend sa mère dans les bras de son amant. Il peut rentrer chez lui mais, le lendemain, sans mot d'excuse, pour expliquer son absence, il prétend devant l'instituteur que sa mère est morte. Le mensonge est découvert, le scandale éclate : il s'enfuit et se réfugie pour la nuit dans une imprimerie.
Apitoyée, sa mère vient le récupérer le lendemain à l'école. Réconciliation provisoire, que doit sceller une bonne note. Sûr de son fait, Antoine copie pour sa composition de français la fin de *La Recherche de l'Absolu* de Balzac, à qui il voue une admiration exaltée. Ce qui n'a d'autre conséquence que de le faire renvoyer de l'école. Il fait une fugue, se réfugie chez René, va voler une machine à écrire dans le bureau de son père. Mais il n'arrive pas à la placer au Mont de Piété et se fait piquer en la rapportant.

On l'envoie dans un Centre d'Observation pour Mineurs Délinquants. Il parvient à s'évader et court vers la mer.

1960. TIREZ SUR LE PIANISTE
Scénario et adaptation : François Truffaut et Marcel Moussy. *Dialogue :* François Truffaut, d'après le roman de David Goodis, *Down there*, Éd. Gallimard. *Musique :* Georges Delerue. *Chansons :* « Framboise » de Boby Lapointe interprétée par l'auteur, « Dialogue d'amoureux » de Félix Leclerc interprétée par l'auteur et Lucienne Vernay. *Directeur de la photographie :* Raoul Coutard. *Assistants-opérateurs :* Claude Beausoleil, Raymond Cauchetier, Jean-Louis Malige. *Assistants mise en scène :* Francis Cognany, Robert Bober. *Scripte :* Suzanne Schiffman. *Ingénieur du son (son témoin) :* Jacques Gallois. *Perchman :* Jean Philippe. *Décor :* Jacques Mély. *Photographe de plateau :* Robert Lachenay. *Maquillage :* Jacqueline Pipart. *Montage :* Cécile Decugis, puis Claudine Bouché, assistée de Michèle de Possel. *Producteur :* Pierre Braunberger. *Directeur de production :* Roger Fleytoux. *Régisseur général :* Serge Kormor. *Secrétaire de production :* Luce Deuss. *Production :* Les Films de la Pléiade. *Première version du scénario* : juillet 1959. *Dates de tournage :* 30 novembre 1959 au 22 janvier 1960. *Lieu de tournage :* Paris, Levallois, environs de Grenoble. *Procédé :* Dyaliscope. Film 35 mm noir et blanc. *Durée :* 85 minutes. *Visa de contrôle :* n° 22 836 du 27 janvier 1967. *Sortie publique :* 25 novembre 1960. *Distributeur :* Cocinor. *Prix :* Prix de la Nouvelle Critique, Prix allemand de la Photographie.
Interprétation : Charles Aznavour *(Charlie Kohler)*, Marie Dubois *(Léna)*, Nicole Berger *(Thérésa)*, Michèle Mercier *(Clarisse)*, Catherine Lutz *(Mammy)*, Albert Rémy *(Chico)*, Claude Mansard *(Momo)*, Daniel Boulanger *(Ernest)*, Serge Davri *(Plyne)*, Jean-Jacques Aslanian *(Richard)*, Alex Joffé *(le passant)*, Boby Lapointe *(le chanteur)*, Claude Heymann *(l'imprésario)*, Richard Kanayan *(le petit Fido)*, Alice Sapritch *(la concierge)*.

Charlie Kolher est pianiste de bastringue. Ses frères ont maille à partir avec des gangsters et l'un d'eux, Chico, poursuivi, se réfugie un soir au bistrot. La serveuse, Léna, est amoureuse de Charlie. Elle sait que son vrai nom est Édouard Saroyan, qu'il a été un virtuose célèbre, qu'il a été marié.
Sa femme aussi était serveuse dans un bar où il l'a rencontrée. Un jour, elle lui a révélé qu'elle a acheté sa gloire en devenant la maîtresse de son impresario, puis s'est suicidée en se jetant par la fenêtre. Édouard, déchu, est alors devenu Charlie, le petit pianiste.
Léna veut l'aider à redevenir ce qu'il a été. Ils vont donner leur démission à Plyne, le patron du bistrot. Mais les choses tournent mal, Léna le nargue, il provoque Charlie qui, pour se défendre est obligé de le tuer. Son petit frère Fido, avec qui il habite, a été enlevé par les gangsters. Et Léna et Charlie fuient sur les routes enneigées vers la montagne et le petit chalet où ses autres frères attendent les gangsters de pied ferme. Les gangsters arrivent. Coups de feu. Une balle touche Léna. Mortellement. Son corps glisse sans fin sur la neige. Charlie vient reprendre sa place au bistrot.

1962. JULES ET JIM
Scénario, adaptation et dialogue : François Truffaut et Jean Gruault, d'après le roman d'Henri-Pierre Roché *Jules et Jim*, Éd. Gallimard. *Commentaires dits par :* Michel Subor. *Musique :* Georges Delerue. *Chanson :* « Le Tourbillon » de Bassiak (Serge Rezvani) interprétée par Jeanne Moreau. *Directeur de la photographie :* Raoul Coutard. *Assistants-opérateurs :* Claude Beausoleil, Jean-Louis Malige. *Assistants mise en scène :* Georges Pellegrin, Robert Bober, Florence Malraux. *Scripte :* Suzanne Schiffman. *Décor :* Fred Capel. *Accessoiriste :* Raymond Lemoigne. *Photographe de plateau :* Raymond Cauchetier. *Costumes :* Fred Capel. *Maquillage, Coiffure :* Simone Knapp. *Montage :* Claudine Bouché. *Chef machiniste :* Bernard Largemains. *Chef électricien :* Fernand Coquet. *Producteur exécutif :* Marcel Berbert. *Régisseur général :* Maurice Urbain. *Administrateur-comptable de production :* Christian Lentretien. *Secrétaire de production :* Lucette Deuss. *Production :* Les Films du Carrosse, SEDIF. *Première version du scénario :* été 1960. *Dates de tournage :* 10 avril au 28 juin 1961. *Lieux de tournage :* Paris, Côte d'Azur, Alsace. *Remerciements :* Services Cinématographiques de l'Armée. *Laboratoires :* G.T.C. *Auditorium :* Studios Marignan. *Procédé :* Franscope. Film 35 mm noir et blanc. *Durée :* 100 minutes. *Visa de contrôle :* n° 23 636 du 24 novembre 1961. *Sortie publique :* 24 janvier 1962. *Distributeur :* Cinédis.
Prix : Prix de la mise en scène au Festival de Mar del Plata, Prix de la mise en scène au Festival d'Acapulco, Prix Cantaclaros à Caracas, Prix de l'Académie du cinéma (Étoile de Cristal pour le meilleur film français et Grand Prix de l'interprétation féminine pour Jeanne Moreau), Prix de la Critique au Festival de Carthagène, Oscar danois « Bodil 1963 » pour le meilleur film européen de l'année, Nostro Argento décerné par les journalistes de cinéma italiens au meilleur film de l'année.
Interprètes : Jeanne Moreau *(Catherine)*, Oskar Werner *(Jules)*, Henri Serre *(Jim)*, Marie Dubois *(Thérèse)*, Boris Bassiak *(Albert)*, Danielle Bassiak *(la compagne d'Albert)*, Sabine Haudepin *(Sabine)*, Vanna Urbino *(Gilberte)*, Anny Nelsen *(Lucie)*, Bernard Largemains *(Merlin)*, Dominique Lacarrière *(une des femmes)*, Jean-Louis Richard *(un client du café)*, Elen Bober *(Mathilde)*, Christiane Wagner.

Dans les années 1900 à Paris, une amitié en coup de foudre entre Jules, Allemand, et Jim, Français. La photo d'une statue de femme au sourire mystérieux les éblouit. Ils partent en Grèce la retrouver. Et, rentrant à Paris, ils font la connaissance de Catherine, jeune femme au même sourire. Elle aime Jules. Avec la bénédiction de Jim, elle l'épousera. La guerre les sépare.
Jules et Catherine ont maintenant une petite fille, Sabine. Jim vient les voir chez eux en Allemagne, dans leur chalet. Catherine est lasse de Jules, va et vient entre l'un et l'autre. Elle se met à aimer Jim. Elle veut un enfant de lui. Mais cet enfant ne vient pas et elle reste auprès de Jules. Jim est retourné à Paris, il va épouser son ancienne maîtresse, Gilberte, dont il peut avoir des enfants. Un jour, Catherine le revoit, le fait monter dans sa voiture. Elle fonce vers un pont démoli. C'est la chute mortelle dans la rivière. Jules, seul, assiste à l'incinération des corps.

1962. ANTOINE ET COLETTE (court métrage)
Premier sketch du film : « L'Amour à vingt ans », composé de cinq épisodes réalisés par : François Truffaut (France), Renzo Rossellini (Italie), Marcel Ophuls (Allemagne), Andrzej Wajda (Pologne), Shintaro Ishihara (Japon). *Scénario original :* François Truffaut. *Musique :* Georges Delerue. *Commentaires dits par :* Henri Serre. *Directeur de la photographie :* Raoul Coutard. *Assistant-opérateur :* Claude Beausoleil. *Liaison photographique entre les sketches :* Henri Cartier-Bresson, filmée par Jean Aurel. *Assistant mise en scène :* Georges Pellegrin. *Scripte :* Suzanne Schiffman. *Montage :* Claudine Bouché. *Producteur délégué :* Pierre Roustang. *Directeur de production :* Philippe Dussart. *Conseiller artistique à la production :* Jean de Baroncelli. *Production :* pour le sketch français, Ulysse Production, repris par les Films du Carrosse. *Lieu de tournage :* Paris. *Laboratoires :* C.T.M. et les Studios de Marignan. *Procédé :* CinémaScope. Film 35 mm noir et blanc. *Durée de l'épisode français :* 29 minutes (durée totale du film : 120 minutes). *Visa de contrôle :* n° 25 237 du 2 mars 1971. *Sortie publique :* 22 juin 1962. *Distributeur :* Twenthieth Century Fox.
Interprètes : Jean-Pierre Léaud *(Antoine Doinel)*, Marie-France Pisier *(Colette)*, Patrick Auffay *(René)*, Rosy Varte *(la mère de Colette)*, François Darbon *(le beau-père de Colette)*, Jean-François Adam *(Albert Tazzi)*.

Antoine Doinel a maintenant dix-sept ans et travaille dans une maison de disques. Il continue de voir René, son copain des *Quatre Cents Coups*. À un concert des Jeunesses Musicales, il remarque une jeune fille, Colette, dont il tombe éperdument amoureux. Il la revoit, lui téléphone, lui écrit, se présente chez elle et va jusqu'à déménager pour habiter en face de son immeuble. Mais il n'est pour elle qu'un copain. Un soir où il dîne avec elle chez ses parents, le repas est interrompu par l'arrivée d'un jeune homme qui l'emmène. Et Antoine reste seul avec les parents pour regarder à la télévision le concert auquel il voulait emmener Colette…

1964. LA PEAU DOUCE
Scénario original : François Truffaut et Jean-Louis Richard. *Dialogue :* François Truffaut. *Musique :* Georges Delerue, Haydn « Symphonie des jouets ». *Directeur de la photographie :* Raoul Coutard. *Cadreur :* Claude Beausoleil. *Assistants-opérateurs :* Georges Liron, Denis Mornet. *Assistants mise en scène :* Jean-François Adam, Claude Othnin-Girard. *Stagiaire mise en scène :* Jean-Pierre Léaud. *Scripte :* Suzanne Schiffman. *Accessoiriste :* Jean-Claude Dolbert. *Photographe de plateau :* Raymond Cauchetier. *Habilleuse :* René Rouzot. *Maquillage :* Nicole Félix. *Montage :* Claudine Bouché, assistée de Lila Biro. *Chef Machiniste :* Bernard Largemains. *Chef électricien :* Fernand Coquet. *Producteur exécutif :* Marcel Berbert. *Directeur de production :* Georges Charlot. *Régisseur général :* Gérard Poirot. *Administrateur-comptable de production :* Christian Lentretien. *Secrétaires de production :* Lucette Desmouceaux, Yvonne Goldstein. *Production :* Les Films du Carrosse, SEDIF. *Première version du scénario :* été 1963. *Dates de tournage :* 21 octobre au 30 décembre 1963. *Lieux de tournage :* Paris, Orly, Lisbonne. *Laboratoires :* L.T.C. *Auditorium :* Studios Marignan. *Format :* 1,66. Film 35 mm noir et blanc. *Durée :* 116 minutes. *Visa de contrôle :* n° 28 067 du 15 mai 1964. *Sortie publique :* 20 mai 1964. *Distributeur :* Athos Films.
Prix : Oscar danois « Bodil 1964 » du meilleur film européen de l'année.
Interprètes : Françoise Dorléac *(Nicole)*, Jean Desailly *(Pierre Lachenay)*, Nelly Benedetti *(Franca)*, Daniel Ceccaldi *(Clément)*, Jean Lanier *(Michel)*, Paule Emanuèle *(Odile)*, Sabine Haudepin *(Sabine)*, Laurence Badie *(Ingrid)*, Gérard Poirot *(Franck)*, Dominique Lacarrière *(la secré-*

taire Dominique), Carnéro *(l'organisateur Lisbonne)*, Georges de Givray *(le père de Nicole)*, Charles Lavialle *(veilleur hôtel Michelet)*, Mme Harlaut *(Mme Leloix)*, Olivia Poli *(Mme Bontemps)*, Catherine Duport *(jeune fille Reims)*, Philippe Dumat *(directeur cinéma Reims)*, Thérésa Renouard *(caissière)*, Maurice Garrel *(libraire)*, Brigitte Zhendre-Laforest *(livreuse linge)*, Pierre Risch *(chanoine)*.

Pierre Lachenay, marié et père d'une petite fille, est directeur d'une revue littéraire, *Ratures*. Lors d'un voyage à Lisbonne où il va faire une conférence sur Balzac et l'argent, il fait la connaissance d'une jeune hôtesse de l'air, Nicole dont il devient l'amant. A Paris, il la revoit. Ses relations avec Franca, sa femme, se dégradent. Il emmène Nicole à Reims où il va présenter le film de Marc Allégret sur Gide puis, après une soirée mouvementée, dans une auberge à la campagne. Sa femme le soupçonne fortement d'avoir une liaison ; il refuse de l'avouer. Ils décident de se séparer. Pierre demande sa main à Nicole, mais elle refuse. Ils rompent, au moment où Franca découvre par hasard les photos qu'il a prises de sa maîtresse, la preuve qu'il y a quelqu'un d'autre dans sa vie.
Du restaurant où il déjeune, Pierre essaie d'appeler sa femme pour réparer les choses. Elle vient de partir, il est trop tard : elle fait irruption dans le restaurant, sort un fusil et fait feu. Pierre s'écroule. Un étrange sourire illumine le visage de Franca.

1966. FAHRENHEIT 451

Scénario : François Truffaut, Jean-Louis Richard. *Dialogue additionnel :* David Rudkin, Helen Scott, d'après le roman de Ray Bradbury *Fahrenheit 451*, Éd. Denoël. *Musique :* Bernard Herrmann. *Directeur de la photographie :* Nicholas Roeg. *Assistant-opérateur :* Alex Thompson. *Assistante personnelle de François Truffaut :* Suzanne Schiffman. *Assistant mise en scène :* Brian Coats. *Scripte :* Kay Manders. *Ingénieur du son :* Bob Mc Phee. *Perchman :* Gordon Mc Callum. *Maquillage :* Basil Newall, assisté de Paul Rabieger. *Coiffure :* Joyce James. *Montage :* Thom Noble. *Montage son :* Norman Wanstall. *Effets spéciaux :* Bowie Films Ltd., Rank Films Processing Division et Charles Staffel. *Casting :* Miriam Brickman. *Producteur associé :* Michael Delamar. *Producteur exécutif associé :* Jane C. Nusbaum. *Directeur de production :* Ian Lewis. *Production :* Lewis M. Allen, Vineyard Films Ltd. *Première version du scénario :* été 1962. *Dates de tournage :* 12 janvier au 22 avril 1966. *Lieux de tournage :* Studios de Pinewood et extérieurs près de Londres. *Procédé :* Technicolor. Film 35 mm couleur. *Durée :* 113 minutes. *Visa de contrôle :* n° 32 282. *Sortie publique :* 16 septembre 1966. *Distributeur :* Universal.
Prix : Prix du meilleur film étranger en Italie.
Interprètes : Julie Christie *(Linda Montag et Clarisse)*, Oskar Werner *(Montag)*, Cyril Cusack *(le capitaine)*, Anton Driffing *(Fabian)*, Jeremy Spencer *(l'homme à la pomme)*, Anne Bell *(Doris)*, Caroline Hunt *(Helen)*, Gillian Lewis *(la speakerine)*, Anna Ralk *(Jackie)*, Roma Milne *(la voisine)*, Arthur Cox *(le premier infirmier)*, Éric Mason *(le deuxième infirmier)*, Noël Davis *(le premier speaker TV)*, Donald Pickering *(le deuxième speaker TV)*, Michael Mindell *(l'élève Stoneman)*, Chris William *(l'élève Black)*, Gilliam Adam *(la judoka TV)*, Édouard Kaye *(le judoka TV)*, Mark Lester *(le premier petit garçon)*, Xevin Elder *(le deuxième petit garçon)*, Joan Francis *(la téléphoniste du bar)*, Tom Watson *(le sergent instructeur)*, Bee Duffel *(la femme-livre)*, et les hommes-livres : Alex Scott *(La Vie de Henri Brulard)*, Dennis Gilmore *(Les Chroniques martiennes)*, Fred Cox *(orgueil)*, Franck Cox *(préjugé)*, Michael Balfour *(Le Prince de Machiavel)*, Judith Drinan *(Les Dialogues de Platon)*, Yvonne Blake *(La Question juive)*, John Rae *(Weir of Herminston)*, Earl Younger *(le neveu de Weir of Herminston)*.

Dans ce pays, les pompiers n'éteignent pas les incendies, ils incendient les livres. La lecture est interdite, et tous ceux qui s'y adonnent sont traqués. Montag est un de ces pompiers. Un jour, dans l'Aérotrain, il rencontre une jeune fille, Clarisse.
N'étaient ses cheveux courts, elle ressemble étrangement à sa femme, Linda, qui passe son temps devant sa télévision murale. Mais Clarisse lui demande : « Êtes-vous heureux ? », et le fait douter de lui-même et de sa fonction.
Avec d'autres pompiers, il investit la bibliothèque secrète d'une vieille dame. Elle refuse de quitter sa maison et brûlera avec ses livres. Traumatisé par ce spectacle, Montag se met à lire en cachette. Les pompiers viennent arrêter Clarisse et son oncle, mais elle parvient à s'échapper. Montag l'ignore, et son capitaine le surprend en train d'essayer de trouver les preuves de son arrestation. Linda, qui a découvert des livres chez eux, finit par le dénoncer. Il est contraint de brûler sa maison. Mais il retourne le lance-flammes contre le capitaine, s'enfuit et se réfugie dans la forêt où se cachent les hommes-livres qui chacun ont appris un livre par cœur pour en conserver la mémoire. Il y retrouve Clarisse et commence à apprendre un livre sous la neige qui tombe, tandis qu'un vieil homme mourant transmet « son » texte à un petit garçon.

1967. LA MARIÉE ÉTAIT EN NOIR

Scénario, adaptation et dialogue : François Truffaut et Jean-Louis Richard, d'après le roman de William Irish *The Bride wore black*, Éd. Presses de la Cité. *Musique :* Bernard Herrmann. *Direction musicale :* André Girard. *Directeur de la photographie :* Raoul Coutard. *Assistants opérateurs :* Georges Liron, Jean Garcenot. *Assistants mise en scène :* Jean Chayrou, Roland Thénot. *Scripte :* Suzanne Schiffman. *Stagiaire scripte :* Christine Pellé. *Ingénieur du son :* René Levert. *Perchman :* Robert Cambourakis. *Décor :* Pierre Guffroy. *Accessoiriste :* Jean-Claude Dolbert. *Photographe de plateau :* Marilu Parolini. *Habilleuses :* Nanda Bellomi, Anna Pradella. *Maquillage :* Louise Bonnemaison. *Coiffure :* Simone Knapp. *Montage :* Claudine Bouché, assistée de Yann Dedet. *Chef machiniste :* Louis Balthazard. *Chef électricien :* Fernand Coquet. *Producteur exécutif :* Marcel Berbert. *Directeur de production :* Georges Charlot. *Régisseur général :* Pierre Cottance, assisté de Yvonne Eblagon. *Administrateur de production :* Christian Lentretien. *Secrétaire de production :* Lucette de Givray. *Régisseur d'extérieurs :* Jean Nocereau. *Production :* Les Films du Carrosse – Les Productions Artistes Associés (Paris) – Dino de Laurentiis Cinematografica (Rome). *Première version du scénario :* été 1965. *Dates de tournage :* 16 mai au 8 juillet 1967. *Lieux de tournage :* Cannes, Paris et environs, Grenoble. *Laboratoires :* L.T.C., Cinétitres. *Format :* 1,66. *Procédé :* Eastmancolor. Film 35 mm couleur. *Durée :* 107 minutes. *Générique :* F.L. Fouchet. *Visa de contrôle :* n° 33 254 du 5 janvier 1968. *Sortie publique :* 17 avril 1968. *Distributeur :* Les Artistes Associés.
Prix : Prix Hollywood Foreign Press Association.
Interprètes : Jeanne Moreau *(Julie Kohler)*, Claude Rich *(Bliss)*, Jean-Claude Brialy *(Corey)*, Michel Bouquet *(Coral)*, Michel Lonsdale *(Morane)*, Charles Denner *(Fergus)*, Daniel Boulanger *(Delvaux)*, Serge Rousseau *(David)*, Christophe Bruno *(Cookie)*, Alexandra Stewart *(Melle Becker)*, Jacques Robiolles *(Charlie)*, Luce Fabiole *(la mère de Julie)*, Sylvie Delannoy *(Mme Morane)*, Jacqueline Raillard *(la femme de chambre)*, Van Doude *(l'inspecteur)*, Paul Pavel *(le mécanicien)*, Gilles Quéant *(le juge d'instruction)*, Frédérique et Renaud Fontanarosa *(les musiciens)*, Élisabeth Rey *(Julie enfant)*, Jean-Pierre Rey *(David enfant)*, Dominique Robier *(Sabine, la nièce de Julie)*, Michèle Viborel *(Gilberte, la fiancée de Bliss)*, Michèle Monfort *(un modèle de Fergus)*, Daniel Pommereulle *(un ami de Fergus)*.

Après avoir tenté de se suicider, Julie Kohler s'introduit successivement chez plusieurs hommes. Bliss, un séducteur qu'elle pousse dans le vide du haut d'un balcon le jour de ses fiançailles. Coral, un vieux garçon qu'elle empoisonne après avoir fait sa conquête. Morane, un homme politique qu'elle enferme dans un placard où il meurt étouffé.
Ces hommes, avec deux autres formaient autrefois un groupe d'amis que réunissait la passion de la chasse et des armes à feu. Un jour de noces, alors que le cortège sortait de l'église, l'un d'eux s'est amusé à viser le marié et l'a tué par accident. Cet homme venait de devenir l'époux de Julie, il était l'amour de sa vie.
Ce sont ces hommes qu'elle retrouve un à un. Delvaux, un truand, ferrailleur, que la police vient arrêter, le soustrayant de justesse à sa vengeance. Fergus enfin, un peintre, qui tombe amoureux d'elle. Elle pose pour lui en Diane chasseresse, laisse partir la flèche et le tue. En assistant à son enterrement, elle se laisse arrêter pour rejoindre Delvaux en prison. Elle réussit à se faire engager à la cuisine, suit le chariot qui porte la nourriture aux prisonniers, cachant un couteau sous un torchon, et va le poignarder dans sa cellule.

1968. BAISERS VOLÉS

Scénario original : François Truffaut, Claude de Givray, Bernard Revon. *Musique :* Antoine Duhamel. *Chanson :* « Que reste-t'il de nos amours ? » de Charles Trenet interprétée par l'auteur. *Directeur de la photographie :* Denys Clerval. *Cadreur :* Jean Chiabaut. *Assistants opérateurs :* Jacques Assuérus, Jacques Labesse. *Premier assistant mise en scène :* Jean-José Richer. *Second assistant :* Alain Deschamps. *Scripte :* Suzanne Schiffman. *Stagiaire scripte :* Christine Pellé. *Ingénieur du son :* René Levert. *Perchman :* Robert Cambourakis. *Décors :* Claude Pignot. *Accessoiriste :* Jean-Claude Dolbert. *Photographe de plateau :* Raymond Cauchetier. *Maquillage :* Nicole Félix. *Montage :* Agnès Guillemot, assistée de Yann Dedet. *Chef machiniste :* Louis Balthazard. *Chef électricien :* Claude Rouxel. *Producteur exécutif :* Marcel Berbert. *Régisseur général :* Roland Thénot, assisté de Daniel Messère. *Administrateur de production :* Christian Lentretien. *Régisseur d'extérieurs :* Boussaroques. *Production :* Les Films du Carrosse – Les Productions Artistes Associés. *Première version du scénario :* 1966. *Dates de tournage :* 5 février au 28 mars 1968. *Lieu de tournage :* Paris. *Remerciements :* Agence de détectives privés Dubly à Paris. *Laboratoires :* L.T.C. *Procédé :* Eastmancolor. Films

35 mm couleur. *Durée :* 90 minutes. *Visa de contrôle :* n° 33 531 du 11 septembre 1968. *Sortie publique :* 6 septembre 1968. *Distributeur :* Les Artistes Associés.
Ce film est dédié à la Cinémathèque d'Henri Langlois.
Prix : Grand Prix du cinéma français, Prix Méliès, Prix Fémina belge, Prix Louis Delluc, Prix de l'Academy Motion Picture Arts and Sciences (USA), Prix de l'interprétation française masculine à Jean-Pierre Léaud, Prix du British Film Institute, Prix de Hollywood Foreign Association, sélectionné pour représenter la France aux Oscars.
Interprètes : Jean-Pierre Léaud *(Antoine Doinel)*, Claude Jade *(Christine)*, Daniel Ceccaldi *(M. Darbon)*, Claire Duhamel *(Mme Darbon)*, Delphine Seyrig *(Fabienne Tabard)*, Michael Lonsdale *(Monsieur Tabard)*, André Falcon *(Monsieur Blady)*, Harry Max *(Monsieur Henri)*, Catherine Lutz *(Mme Catherine)*, Christine Pellé *(la secrétaire)*, Marie-France Pisier *(Colette Tazzi)*, Jacques Robiolles *(le chômeur de la télévision)*, Serge Rousseau *(l'inconnu)*, François Darbon *(l'adjudant-chef)*, Paul Pavel *(Julien)*, Simono *(M. Albani)*, Jacques Delord *(le prestidigitateur)*, Jacques Rispal *(M. Colin)*, Martine Brochard *(la femme de M. Colin)*, Robert Cambourakis *(l'amant de Mme Colin)* et au garage Darbon : Marcel Mercier et Joseph Mériau.

Antoine Doinel a vingt-quatre ans. Enfermé derrière les barreaux d'une prison militaire, il est bientôt réformé pour instabilité caractérielle. Il dîne chez les parents de Christine Darbon, la jeune fille dont il est amoureux. Ils lui obtiennent un poste de veilleur de nuit, dans un hôtel dont il finit par être renvoyé pour avoir laissé un détective privé entrer et se livrer à un constat d'adultère. Par la même occasion, il entre dans une agence de détectives. Il continue de voir Christine, que suit un homme inquiétant. Mais, chargé d'enquêter dans une boutique de chaussures dont le patron, Monsieur Tabar, se sent mal aimé, il devient amoureux fou de la patronne, femme-apparition à qui il envoie une déclaration romanesque. Elle vient passer un moment près de lui, sous condition de ne plus le revoir. L'aventure découverte, Antoine est mis à la porte de l'agence et devient dépanneur de télévisions. Profitant de l'absence de ses parents, Christine détraque le poste familial et fait appel aux services d'Antoine. Ils se retrouvent et ils s'éloignent, après que le mystérieux inconnu qui suivait Christine lui ait enfin déclaré ses sentiments « définitifs ».

1969. LA SIRÈNE DU MISSISSIPI

Scénario, adaptation et dialogue : François Truffaut, d'après le roman de William Irish *Waltz into darkness*, Éd. Gallimard. *Musique :* Antoine Duhamel. *Directeur de la photographie :* Denys Clerval. *Cadreur :* Jean Chiabaut. *Assistants opérateurs :* Jacques Assuérus, Jacques Labesse. *Premier assistant mise en scène :* Jean-José Richer. *Second assistant :* Jean-François Détré. *Stagiaire mise en scène :* Jean-François Stévenin. *Scripte :* Suzanne Schiffman. *Ingénieur du son :* René Levert. *Perchman :* Robert Cambourakis. *Décor :* Claude Pignot, assisté de Jean-Pierre Kohut-Svelko. *Accessoiriste :* Jean-Claude Dolbert. *Photographe de plateau :* Léonard de Raemy. *Habilleuses :* Jacqueline Pauvel, Christiane Fageol, Paulette Breil. *Maquillage :* Michel Deruelle, assisté de Jean-Pierre Eychenne et Jacqueline Anatole. *Montage :* Agnès Guillemot, assistée de Yann Dedet. *Mixage :* Guy Chichignoud. *Chef machiniste :* Louis Balthazard. *Chef électricien :* Claude Rouxel. *Producteur exécutif :* Marcel Berbert. *Directeur de production :* Claude Miller. *Régisseur général :* Roland Thénot, assisté de François Menny. *Administrateur de production :* Christian Lentretien. *Secrétaire de production :* Christine Pellé. *Production :* Les Films du Carrosse – Les Productions Artistes Associés (Paris) – Produzioni Associate Delphos (Rome). *Première version du scénario :* fin 1966. *Dates de tournage :* 2 février au 7 mai 1969. *Lieux de tournage :* île de la Réunion, Nice, Aix-en-Provence, Grenoble, Lyon, Paris. *Laboratoires :* L.T.C. *Procédé :* Eastmancolor Dyaliscope. Film 35 mm couleur. *Durée :* 120 minutes. *Générique :* C.T.R. *Visa de contrôle :* n° 34 499 du 18 juin 1969. *Sortie publique :* 18 septembre 1969. *Distributeur :* Les Artistes Associés.
Ce film est dédié à Jean Renoir.
Interprètes : Catherine Deneuve *(Marion)*, Jean-Paul Belmondo *(Louis Mahé)*, Michel Bouquet *(Comolli)*, Nelly Borgeaud *(Berthe Roussel*, et en photo, *Julie Roussel)*, Marcel Berbert *(Jardine)*, Roland Thénot *(Richard)*, Martine Ferrière *(la femme de l'agence immobilière)*...

Louis Mahé dirige une fabrique de cigarettes à La Réunion. Pour se marier, il est passé par les petites annonces et, lorsqu'elle débarque, il ne connaît pas encore Julie Roussel, sa future épouse. Il ne la reconnaît pas non plus : elle ne ressemble guère à la photo qu'il a reçue. Elle prétend ne pas avoir voulu qu'il l'épouse pour sa beauté, et lui dit avoir envoyé un portrait qui n'était pas le sien.
Ils se marient. Mais Julie a un comportement parfois étrange. Elle disparaît bientôt avec la fortune de Louis : elle n'est pas la vraie Julie, qu'elle a assassinée sur le bateau, en usurpant son identité. Son véritable nom est Marion. Louis charge le détective Comolli de retrouver sa trace et rentre en France. Un jour, par hasard, il la reconnaît à la télévision : elle est entraîneuse dans un cabaret. Il la retrouve avec l'intention de la tuer, mais ses aveux le touchent, il l'aime, elle l'aime, et ils partent ensemble se cacher dans une villa en Provence. Devenu son complice, il tue Comolli qui menaçait leur bonheur, ils se réfugient à Lyon, il repart à La Réunion vendre son usine et revient avec l'argent. Traqués par la police, ils doivent fuir à nouveau, et s'échappent dans la montagne, se réfugient dans un petit chalet. Elle tente de l'empoisonner. Louis s'en aperçoit. Marion, assaillie par le remords, sent l'amour monter en elle. Ils s'enfuient dans la neige.

1970. L'ENFANT SAUVAGE

Scénario, adaptation et dialogue : François Truffaut et Jean Gruault, d'après *Mémoire et Rapport sur Victor de l'Aveyron* de Jean Itard (1806). *Musique :* Antonio Vivaldi. *Direction musicale :* Antoine Duhamel. *Flautino :* Michel Sanvoisin. *Mandoline :* André Saint-Clivier. *Directeur de la photographie :* Nestor Almendros. *Cadreur :* Philippe Théaudière. *Assistant-opérateur :* Jean-Claude Rivière. *Première assistante mise en scène :* Suzanne Schiffman. *Second assistant :* Jean-François Stévenin. *Scripte :* Christine Pellé. *Ingénieur du son :* René Levert. *Perchman :* Robert Cambourakis. *Décor :* Jean Mandaroux, assisté de Jean-Pierre Kohut-Svelko. *Accessoiriste :* Jean-Claude Dolbert. *Photographe de plateau :* Pierre Zucca. *Costumes :* Gitt Magrini. *Maquillage :* Nicole Félix. *Montage :* Agnès Guillemot, assistée de Yann Dedet. *Mixage :* Alex Pront. *Chef machiniste :* Louis Balthazard. *Chef électricien :* Jean-Claude Gasché. *Producteur exécutif :* Marcel Berbert. *Directeur de production :* Claude Miller. *Régisseur général :* Roland Thénot, assisté d'Armand Barbault. *Production :* Les Films du Carrosse – Les Productions Artistes Associés. *Première version du scénario :* printemps 1965. *Dates de tournage :* juillet à septembre 1969. *Lieux de tournage :* Auvergne, Paris. *Laboratoires :* L.T.C. *Auditorium :* S.I.S. *Format :* 1,33. Film 35 mm noir et blanc. *Durée :* 83 minutes. *Visa de contrôle :* n° 30 081 du 13 février 1970. *Sortie publique :* 26 février 1970. *Distributeur :* Les Artistes Associés.
Ce film est dédié à Jean-Pierre Léaud.
Prix : Palme d'Or du Festival de Valladolid. Christopher Award (USA). Prix Fémina Belge, National Catholic Award (USA).
Interprètes : Jean-Pierre Cargol *(Victor de l'Aveyron)*, François Truffaut *(le docteur Jean Itard)*, Françoise Seigner *(Mme Guérin)*, Jean Dasté *(Philippe Pinel)*, Paul Villié *(le vieux Rémy)*, Pierre Fabre *(l'infirmier)*, Claude Miller *(M. Lémeri)*, Annie Miller *(Mme Lémeri)*, Nathan Miller *(le bébé Lémeri)*, Mathieu Schiffman *(Mathieu)*, René Levert *(le commissaire)*, Jean Mandaroux *(le médecin de Jean Itard)*, Jean Gruault *(un des visiteurs à l'Institut)*, Robert Cambourakis, Gitt Magrini, Jean-François Stévenin *(les paysans dans la scène du vol de poulet)*, et les enfants de la ferme : Laura et Ewa Truffaut, Guillaume Schiffman, Frédérique et Éric Dolbert, Tounet Cargol, Dominique Levert, Melle Théaudière.

Un jour de 1798, des paysans découvrent et capturent dans une forêt de l'Aveyron un enfant qui vit depuis plusieurs années à l'état sauvage. Il ne sait ni marcher, ni parler, ni lire, ni écrire. Il est transféré à la gendarmerie de Rodez, puis à l'Institut des Sourds-Muets de Paris où Jean Itard, un jeune docteur, s'intéresse à lui. Contre l'avis de son collègue Pinel qui considère le sauvage comme fou et incurable, il le prend en charge avec l'aide de Madame Guérin, sa gouvernante, et entreprend son éducation, inventant pour lui enseigner gestes et usages, langage et parole, de multiples procédés. L'enfant, particulièrement sensible au son « O », est prénommé Victor. Il s'enfuit, mais revient finalement chez Itard, avec qui s'est tissé un lien quasi filial. Son éducation se poursuivra.

1970. DOMICILE CONJUGAL

Scénario : François Truffaut, Claude de Givray, Bernard Revon. *Musique :* Antoine Duhamel. *Directeur de la photographie :* Nestor Almendros. *Cadreur :* Emmanuel Machuel. *Assistant-opérateur :* Jean-Claude Rivière. *Première assistante mise en scène :* Suzanne Schiffman. *Second assistant :* Jean-François Stévenin. *Stagiaire mise en scène :* Jérôme Richard. *Scripte :* Christine Pellé. *Ingénieur du son :* René Levert. *Perchman :* Robert Cambourakis. *Décor :* Jean Mandaroux, assisté de Jean-Pierre Kohut-Svelko. *Accessoiriste :* Jean-Claude Dolbert. *Photographe de plateau :* Pierre Zucca. *Costumes :* Françoise Tournafond. *Maquillage :* Nicole Félix. *Montage :* Agnès Guillemot, assistée de Yann Dedet. *Stagiaire montage :* Martine Kalfon. *Chef machiniste :* Louis Balthazard, *Chef électricien :* Jean-Claude Gasché. *Producteur exécutif :* Marcel Berbert. *Directeur de production :* Claude Miller. *Régisseur général :* Roland Thénot. *Administrateur de production :* Christian Lentretien. *Secrétaire de production :* Lucette Desmouceaux. *Production :* Les Films du Carrosse, Valoria Films (Paris), Fida Cinematografica (Rome).

Première version du scénario : fin 1968. *Dates de tournage :* 21 janvier au 18 mars 1970. *Lieu de tournage :* Paris. *Laboratoires :* L.T.C. *Procédé :* Eastmancolor. Film 35 mm couleur. *Durée :* 100 minutes. *Visa de contrôle :* n° 35 872 du 30 juillet 1970. *Sortie publique :* 9 septembre 1970. *Distributeur :* Valoria Films. *Attachée de presse :* Christine Brierre.
Interprètes : Jean-Pierre Léaud *(Antoine Doinel)*, Claude Jade *(Christine Doinel)*, Daniel Ceccaldi *(Lucien Darbon)*, Claire Duhamel *(Mme Darbon)*, Hiroko Berghauer *(Kyoko)*, Barbara Laage *(Monique)*, Sylvana Blasi *(la femme du ténor)*, Daniel Boulanger *(le ténor)*, Claude Véga *(l'étrangleur)*, Bill Kearns *(le patron américain)*, Yvon Lec *(le contractuel)*, Jacques Jouanneau *(Césarin)*, Pierre Maguelon *(un client du bistrot)*, Danièle Girard *(la serveuse du bistrot)*, Marie Irakane *(la concierge)*, Ernest Menzer *(le petit homme)*, Jacques Rispal *(le séquestré)*, Guy Piérauld *(le copain SOS)*, Marcel Mercier et Joseph Mériau *(les gens dans la cour)*, Pierre Fabre *(le ricaneur)*, Christian de Tilière *(le pistonné)*, Marcel Berbert, Nicole Félix et Jérôme Richard *(les employés de la société américaine)*, Marianne Piketti *(la petite violoniste)*, Annick Asty *(la mère de la petite violoniste)*, Jacques Robiolles *(le tapeur)*, Ada Lonati *(Mme Claude)*, Nobuko Maki *(l'amie de Kyoko)*, Iska Khan *(le père de Kyoko)*, Ryu Nakamura *(le secrétaire japonais)*, Jacques Cottin *(Monsieur Hulot)*, Marie Dedieu *(Marie)*, le petit Christophe Vesque, Melle Irakane, Frédérique Dolbert, et Melle Barbault *(le nouveau-né Alphonse Doinel)*.

Antoine Doinel a vingt-six ans, il s'est marié avec Christine Darbon. Il teint des fleurs dans la cour de leur immeuble, tandis qu'elle donne des leçons de violon. Parmi leurs voisins, un chanteur d'opéra et sa femme, un séquestré volontaire, une serveuse amoureuse, un homme mystérieux surnommé « l'étrangleur ». Un drôle de type aborde périodiquement Antoine dans la rue pour le taper de quelques billets. Les expériences florales d'Antoine étant peu concluantes, il doit changer de métier. Il se fait engager par erreur à la place d'un autre dans une entreprise américaine d'hydraulique où il manœuvre des maquettes de bateaux. Un jour, il devine indirectement que Christine attend un bébé : Antoine Doinel, fou de joie, devient père d'un petit garçon, Alphonse. A son nouveau travail, il a fait la connaissance d'une japonaise, Kyoko, avec qui il a une liaison. Elle lui envoie des petits mots d'amour cachés dans un bouquet de fleurs que découvre Christine. Le torchon brûle et, après un dîner avec les parents de Christine devant lesquels ils sauvent la face, c'est la rupture, Antoine part en claquant la porte.
Il est préoccupé par le roman autobiographique qu'il est en train d'écrire. Sa liaison avec Kyoko s'enlise et, du restaurant où il dîne avec elle, il téléphone trois fois dans la même soirée à Christine, et renoue avec elle.

1971. LES DEUX ANGLAISES ET LE CONTINENT
Scénario, adaptation et dialogue : François Truffaut, Jean Gruault, d'après le roman d'Henri-Pierre Roché *Les deux Anglaises et le Continent*, Éd. Gallimard. *Musique :* Georges Delerue. *Commentaires dits par :* François Truffaut. *Directeur de la photographie :* Nestor Almendros. *Cadreur :* Jean-Claude Rivière. *Assistant-opérateur :* Yves Lafaye. *Première assistante mise en scène :* Suzanne Schiffman. *Second assistant :* Olivier Mergault. *Scripte :* Christine Pellé. *Ingénieur du son :* René Levert. *Perchman :* Robert Cambourakis. *Décor :* Michel de Broin, assisté de Jean-Pierre Kohut-Svelko. *Accessoiriste :* Jean-Claude Dolbert. *Photographe de plateau :* Pierre Zucca. *Costumes :* Gitt Magrini, assistée de Pierangelo Cicoletti (Tirelli, Rome). *Habilleuse :* Paulette Dolbert. *Maquillage :* Marie-Louise Gillet. *Coiffure :* Simone Knapp. *Montage :* Yann Dedet assisté de Martine Barraqué. *Chef machiniste.* Louis Balthazard, assisté de Marcel Mercier, Joseph Mériau. *Chef électricien :* Jean-Claude Gasché, assisté de Georges et Serge Boirond. *Producteur exécutif :* Marcel Berbert. *Directeur de production :* Claude Miller. *Régisseur général :* Roland Thénot, assisté de Philippe Lièvre. *Administrateur de production :* Christian Lentretien. *Secrétaire de production :* Dominique Birolini. *Production :* Les Films du Carrosse, Cinétel. *Première version du scénario* : printemps 1968. *Dates de tournage :* 20 avril au 9 juillet 1971. *Lieux de tournage :* presqu'île du Contentin, Paris, Vivarais, Jura. *Laboratoires :* L.T.C. *Auditorium :* S.I.S. *Format :* 1,66. *Procédé :* Eastmancolor. Film 35 mm couleur. *Durée :* 132 minutes. *Visa de contrôle :* n° 38400 du 18 novembre 1971. *Sortie publique :* 26 novembre 1971. *Distributeur :* Valoria Films. *Attachée de presse :* Christine Brierre. Ce film, après avoir été amputé de 20 minutes lors de sa première sortie, sous le titre : *Les deux Anglaises et le Continent*, existe à présent dans sa version intégrale dont le montage définitif a été assuré par Martine Barraqué, en collaboration avec François Truffaut, en 1984.
Prix : Épi d'Or au Festival de Valladolid, Prix du Cercle des Écrivains Cinématographiques espagnols.
Interprètes : Jean-Pierre Léaud *(Claude Roc)*, Kika Markham *(Anne)*, Stacey Tendeter *(Muriel)*, Sylvia Marriott *(Mrs Brown)*, Marie Mansart *(Claire Roc)*, Philippe Léotard *(Diurka)*, Irène Tunc *(Ruta, photographe et peintre)*, Annie Miller *(Monique de Montferrand)*, Jane Lobre *(la concierge)*, Marie Irakane *(la bonne de Claire et Claude Roc)*, Georges Delerue *(l'homme d'affaires)*, Marcel Berbert *(le propriétaire de la galerie de tableaux)*, David Markham *(le palmiste)*, Jean-Claude Dolbert *(le policeman)*, Christine Pellé *(la secrétaire)*, Anne Levaslot *(Muriel enfant)*, Sophie Jeanne *(son amie Clarisse)*, René Gaillard *(le chauffeur de taxi)*, Sophie Baker *(l'amie du café)*, Laura et Ewa Truffaut, Mathieu et Guillaume Schiffman *(les enfants près de la balançoire)*, Mark Peterson *(M. Flint)*.

À Paris, au tournant du siècle, Claude Roc rencontre Anne Brown, une jeune anglaise qui l'invite à venir faire la connaissance de sa sœur Muriel, à qui elle le destine secrètement, chez elle, au Pays de Galles. Le coup de foudre escompté n'a pas lieu, mais peu à peu l'amour naît en Claude, et il demande Muriel en mariage. Elle refuse, puis lui laisse un début d'espoir. Mais sa mère et celle de Claude leur imposent une séparation d'un an.
Claude rentre à Paris, s'occupe de tableaux et de critique d'art, connaît d'autres femmes et finit par envoyer à Muriel une lettre de rupture qui la plonge dans la souffrance et la dépression. Anne vient à Paris faire de la sculpture et devient la maîtresse de Claude, puis celle d'un Slave, Diurka, qui se consacre à l'édition d'art. Muriel, qui ne compte plus le voir, envoie à Claude une partie de son journal, où elle confesse son expérience de la masturbation. La mère de Claude meurt.
Anne réapparaît et apprend à Claude que Muriel est à Paris. Ils n'ont qu'un long baiser, Anne révèle à sa sœur que Claude a été son amant, Muriel s'effondre. Claude sombre à son tour dans le désespoir, puis guérit en écrivant son premier roman, autobiographique, édité par Diurka. Diurka qui part au Pays de Galles retrouver Anne et la demander en mariage. Mais elle est mourante. Diurka rentre à Paris annoncer à Claude la mort d'Anne.
Quelques années plus tard, Claude retrouve Muriel à la descente du bateau à Calais. Ils ont une nuit ensemble. Elle croit attendre un enfant de lui, cette croyance est déçue.
Épilogue : Madame Brown est morte, Muriel s'est mariée et a eu une fille. Peut-être est-elle parmi ces collégiennes anglaises qui visitent le musée Rodin en même temps que Claude, qui se sent vieilli.

1972. UNE BELLE FILLE COMME MOI
Scénario, adaptation et dialogue : François Truffaut, Jean-Loup Dabadie, d'après le roman d'Henry Farrell *Such a gorgeous kid like me*, Éd. Gallimard. *Musique :* Georges Delerue. *Directeur de la photographie :* Pierre-William Glenn. *Cadreur :* Walter Bal. *Assistant-opérateur :* Anne Khripounoff. *Première assistante mise en scène :* Suzanne Schiffman. *Second assistant :* Bernard Cohn. *Scripte :* Christine Pellé. *Ingénieur du son :* René Levert. *Décor :* Jean-Pierre Kohut-Svelko, assisté de Jean-François Stévenin. *Accessoiriste et effets spéciaux :* Jean-Claude Dolbert. *Photographe de plateau :* Pierre Zucca. *Costumes :* Monique Dury. *Maquillage :* Thi Loan N'Guyen. *Montage :* Yann Dedet, assisté de Martine Barraqué. *Mixage :* Studios de Billancourt. *Chef machiniste :* Louis Balthazard. *Chef électricien :* Jean-Claude Gasché. *Producteur délégué :* Claude Ganz. *Producteur exécutif :* Marcel Berbert. *Directeur de production :* Claude Miller. *Régisseur général :* Roland Thénot. *Administrateur de production :* Christian Lentretien. *Production :* Les Films du Carrosse, Columbia Film S.A. *Première version du scénario* : printemps 1971. *Dates de tournage :* 14 février au 12 avril 1972. *Lieux de tournage :* Béziers et Lunel. *Laboratoires :* L.T.C. *Format :* 1,33. *Procédé :* Eastmancolor Panavision. Film 35 mm couleur. *Durée :* 98 minutes. *Générique :* C.T.R. Michel François. *Visa de contrôle :* n° 39 309 du 3 août 1972. *Sortie publique :* 13 septembre 1972. *Distributeur :* Columbia Film. *Attachée de presse :* Christine Brierre. *Chansons :* « Sam's song », musique de Guy Marchand, paroles de Jean-Loup Dabadie. « Une belle fille comme moi », musique de Jacques Datin, paroles de Jean-Loup Dabadie. « J'attendrai » de Dino Olivieri et Nino Rastelli.
Interprètes : Bernadette Lafont *(Camille Bliss)*, Claude Brasseur *(Maître Murène)*, Charles Denner *(Arthur, le dératiseur)*, Guy Marchand *(Sam Golden, le chanteur)*, André Dussollier *(Stanislas Previne, le sociologue)*, Philippe Léotard *(Clovis Bliss, le mari)*, Anne Kreis *(Hélène, la secrétaire)*, Gilberte Géniat *(Isobel Bliss, la belle-mère)*, Danièle Girard *(Florence Golden, la légitime)*, Martine Ferrière *(la secrétaire de la prison)*, Michel Delahaye *(Maître Marchal, l'ami fidèle)*, Annick Fougerie *(l'institutrice)*, Gaston Ouvrard *(le vieux gardien de la prison)*, Jacob Weizbluth *(Alphonse, le muet)*.

Stanislas Prévine, un jeune sociologue, prépare une thèse sur les femmes criminelles. Il rencontre dans sa prison Camille Bliss, une jeune femme dévergondée, et enregistre au magnétophone le récit de sa vie. Dans son enfance, elle provoque la mort de son père, un ivrogne. Envoyée dans un Centre d'Observation pour Mineurs Délinquants, elle est prise en stop, quand elle en sort, par Clovis, un rustaud dont

elle devient la femme. La mère de Clovis cache dans sa cave un magot dont ils ne trouvent qu'une partie, et Camille se réfugie dans les bras et le lit du chanteur Sam Golden. Fou de jalousie, Clovis essaie de venir remettre la main sur elle, mais passe sous une voiture et se retrouve dans un fauteuil roulant.
Camille rencontre Arthur, un dératiseur catholique et vierge, et un avocat véreux qui profite d'elle et lui fait signer des papiers compromettants, un constat d'adultère dont la femme de Sam Golden pourra se servir. Acculée, Camille essaie de se débarrasser d'Arthur. Mais celui-ci les sauve et décide de se suicider avec elle en sautant du haut d'un clocher. Mais il saute tout seul et Camille est accusée de l'avoir assassiné. Ce pourquoi elle est en prison.
Stanislas, s'improvisant enquêteur, recherche et découvre le film pris par un cinéaste amateur au moment du drame, qui prouve qu'Arthur s'est suicidé, que Camille ne l'a pas poussé dans le vide. Elle est libérée et entame une triomphale carrière de chanteuse, tandis que Stanislas, qu'elle a réussi à faire accuser à sa place du meurtre de Clovis, moisit à son tour derrière les barreaux.

1973. LA NUIT AMÉRICAINE

Scénario original, dialogue : François Truffaut Jean-Louis Richard, Suzanne Schiffman. *Musique :* Georges Delerue. *Directeur de la photographie :* Pierre-William Glenn. *Cadreur :* Walter Bal. *Assistants-opérateurs :* Dominique Chapuis, Jean-Francis Gondre. *Première assistante mise en scène :* Suzanne Schiffman. *Second assistant :* Jean-François Stévenin. *Scripte :* Christine Pellé. *Ingénieur du son :* René Levert. *Perchman :* Harrik Maury. *Décor :* Damien Lanfranchi. *Photographe de plateau :* Pierre Zucca. *Costumes :* Monique Dury. *Maquillage :* Fernande Hugi, assistée de Thi Loan N'Guyen. *Coiffure :* Malou Rossignol. *Montage :* Yann Dedet, assisté de Martine Barraqué. *Mixage :* Antoine Bonfanti. *Chef électricien :* Jean-Claude Gasché. *Producteur exécutif :* Marcel Berbert. *Directeur de production :* Claude Miller. *Régisseur général :* Roland Thénot, assisté de Alex Maineri. *Administrateur de production :* Christian Lentretien. *Production :* Les Films du Carrosse, P.E.C.F. (Paris), P.I.C. (Rome). *Première version du scénario :* été 1971. *Premier titre : Je vous présente Lucie. Dates de tournage :* 25 septembre au 15 novembre 1972. *Lieux de tournage :* Studios de la Victorine, Nice. *Laboratoires :* G.T.C. *Auditorium :* Paris Studios Cinéma. *Format :* 1,66. *Procédé :* Eastmancolor, Panavision sphérique. Film 35 mm couleur. *Durée :* 115 minutes. *Trucage et générique :* C.T.R. Michel François. *Visa de contrôle :* n° 39 253 du 3 mai 1973. *Sortie publique :* 24 mai 1973. *Distributeur :* Warner Bros. *Attachée de presse :* Christine Brierre.
Ce film est dédié à Dorothy et Lillian Gish.
Prix : Oscar du meilleur film étranger. Projeté hors compétition au Festival de Cannes le 14 mai 1973.
Interprètes : François Truffaut *(Ferrand, le metteur en scène)*, Jacqueline Bisset *(Julie Baker / Nelson - Paméla)*, Valentina Cortese *(Séverine)*, Alexandra Stewart *(Stacey)*, Jean-Pierre Aumont *(Alexandre)*, Jean-Pierre Léaud *(Alphonse)*, Jean Champion *(Bertrand, le producteur)*, Nathalie Baye *(Joëlle, la scripte)*, Dani *(la scripte stagiaire)*, Bernard Menez *(Bernard, l'accessoiriste)*, Nike Arrighi *(Odile, la maquilleuse)*, Gaston Joly *(Gaston Lajoie, le régisseur)*, Maurice Séveno *(le reporter de la télévision)*, David Markham *(le docteur Nelson, époux de Julie)*, Zénaïde Rossi *(la femme du régisseur)*, Christophe Vesque *(le petit garçon à la canne)*, Henry Graham / Graham Greene et Marcel Berbert *(les hommes des assurances anglaises)*, Marc Bayle et Xavier Saint-Macary. Certains techniciens, machinistes et électriciens apparaissent dans leur propre rôle : Jean-François Stévenin, Pierre Zucca, Yann Dedet, etc.

Aux studios de la Victorine, à Nice, Ferrand tourne un film hollywoodien, *Je vous présente Paméla*. On attend la vedette féminine (et américaine) du film, Julie Baker, qui arrivera à l'aéroport avec son mari, le docteur Nelson, plus âgé qu'elle. Alphonse, le jeune acteur qui sera son partenaire à l'écran, a une relation tumultueuse avec Liliane, qu'il a fait engager comme scripte stagiaire. Alexandre, qui jouera le rôle de son père, retrouve Séverine, une ancienne gloire d'Hollywood avec qui il a eu autrefois une liaison.
Mais tout va mal entre Alphonse et Liliane. Elle part avec un cascadeur anglais, Alphonse sombre dans la dépression, s'enferme dans sa chambre et menace de quitter le tournage. Julie le raisonne et ils finissent par passer la nuit ensemble. Le lendemain, Alphonse téléphone au docteur Nelson pour se vanter de ce qui vient d'arriver et lui annonce qu'il va épouser Julie. Folle de remords, Julie plonge dans le désespoir. Mais son mari l'apaise, lui redonne confiance, et le travail peut reprendre. Pas pour longtemps. On apprend brusquement la mort d'Alexandre. Il s'est tué en voiture sur la route de l'aéroport. Le film devra être achevé en cinq jours avec une doublure. C'est la fin d'une époque. Mais, jusqu'au bout, le cinéma règne.

1975. L'HISTOIRE D'ADÈLE H.

Scénario original, dialogue : François Truffaut, Jean Gruault, Suzanne Schiffman, avec la collaboration de Frances Vernor Guille qui a publié *Le journal d'Adèle Hugo*, Éd. Minard « Lettres Modernes ». *Adaptation anglaise :* Jan Dowson. *Musique :* Maurice Jaubert (1900-1940). *Direction musicale :* Patrice Mestral. *Conseiller musical :* François Porcile. *Saxo Solo :* Jacques Noureddine. *Directeur de la photographie :* Nestor Almendros. *Cadreur :* Jean-Claude Rivière. *Assistants-opérateurs :* Dominique Le Rigoleur, Florent Bazin. *Première assistante mise en scène :* Suzanne Schiffman. *Second assistant :* Carl Hathwell. *Scripte :* Christine Pellé. *Ingénieur du son :* Jean-Pierre Ruh. *Perchman :* Michel Laurent. *Décor :* Jean-Pierre Kohut-Svelko, assisté de Pierre Gompertz, Geoffroy Larcher. *Accessoiriste :* Daniel Braunschweig. *Photographe de plateau :* Bernard Prim. *Costumes :* Jacqueline Guyot. *Habilleuse :* Clémence Lapouyade. *Maquillage :* Thi Loan N'Guyen. *Coiffure :* Chantal Durpoix. *Montage :* Yann Dedet, assisté de Martine Barraqué, Jean Gargonne, Michèle Nény. *Stagiaire montage :* Muriel Zélény. *Mixage :* Jacques Maumont. *Chef machiniste :* Charles Freess. *Chef électricien :* Jean-Claude Gasché. *Producteur exécutif :* Marcel Berbert. *Directeur de production :* Claude Miller. *Régisseur général :* Patrick Millet, assisté de Roland Thénot. *Administrateur de production :* Christian Lentretien. *Production :* Les Films du Carrosse, Les Productions Artistes Associés. *Première version du scénario :* août 1970. *Premier titre : L'Histoire d'Adèle. Dates de tournage :* 8 janvier au 21 mars 1975. *Lieux de tournage :* île de Guernesey, île de Gorée (Sénégal). *Remerciements :* Carol Mc Daid Seib, Air France, British Island Airways. *Laboratoires :* L.T.C. *Auditorium :* S.I.M.O. *Format :* 1,66. *Procédé :* Eastmancolor Panavision sphérique. Film 35 mm couleur. *Durée :* 96 minutes. *Visa de contrôle :* n° 37 630 du 28 juillet 1975. *Sortie publique :* 8 octobre 1975. *Distributeur :* Les Artistes Associés. *Attachée de presse :* Christine Brierre.
Prix : Grand Prix du Cinéma Français, Meilleur scénario original (New York Film Critics Society), Meilleure actrice Isabelle Adjani (New York Film Critics Society).
Interprètes : Isabelle Adjani *(Adèle Hugo)*, Bruce Robinson *(Lieutenant Pinson)*, Sylvia Marriott *(Mrs Saunders)*, Reubin Dorey *(M. Saunders)*, Joseph Blatchley *(le libraire Whistler)*, M. White**(le Colonel)*, Carl Hathwell* *(Ordonnance de Pinson)*, Ivry Gitlis* *(le magicien magnétiseur)*, Sir Cecil de Sausmarez* *(Maître Lenoir, notaire)*, Sir Raymond Falla* *(le juge Johnstone)*, Roger Martin* *(Docteur Murdock)*, Madame Louise* *(Madame Baa)*, Jean-Pierre Leursse* *(le scribe noir)*, Louise Bourdet *(servante de Victor Hugo)*, Clive Gillingham *(Keaton, employé de banque)*, François Truffaut *(un officier)*, Ralph Williams *(le Canadien)*, Thi Loan N'Guyen *(la Chinoise)*, Edward J. Jackson *(O'Brien)*, Aurelia Mansion *(veuve au chien)*, David Foote *(David, le jeune garçon)*, Jacques Fréjabue *(l'ébéniste-menuisier)*, Chantal Durpoix *(la jeune putain)*, Geoffroy Crook *(George, valet des Johnstone)*.
** pour la première fois à l'écran.*

Halifax, 1863 : une jeune fille débarque et prend pension chez l'habitant sous le nom de Miss Lewly. Elle est à la recherche d'un jeune lieutenant anglais, le lieutenant Pinson, dont elle est éperdument amoureuse. Mais cet amour est à sens unique. Après lui avoir fait parvenir une lettre à laquelle il ne répond pas, elle le voit enfin : il lui signifie que tout espoir est vain et illusoire. Elle découvre qu'il a une maîtresse. Par une lettre qu'elle envoie à ses parents, on apprend qu'elle est Adèle Hugo, la seconde fille de l'écrivain. Elle leur soutire une autorisation de mariage, leur fait croire qu'elle s'est mariée avec Pinson et multiplie les stratagèmes : lui envoie une « fille », tente d'utiliser les pouvoirs d'un hypnotiseur pour faire varier ses sentiments, empêche son mariage en prétendant au père de la fiancée qu'elle attend un enfant de lui. En même temps que la mort de sa mère, elle apprend le déplacement du régiment de Pinson à La Barbade. Elle l'y suit, déchue, hagarde, prise à partie par la marmaille. Une femme du pays, Madame Baa, le recueille. Une dernière fois elle croise en silence le lieutenant dans la rue. Son regard glisse sur lui. Madame Baa fait écrire à Victor Hugo pour lui proposer de ramener Adèle en France où elle mourra dans un asile en 1915.

1976. L'ARGENT DE POCHE

Premier titre : Abel et Câlins. *Scénario original :* François Truffaut, Suzanne Schiffman. *Musique :* Maurice Jaubert (1900-1940). *Direction musicale :* Patrice Mestral. *Conseiller musical :* François Porcile. *Chanson :* « Les enfants s'ennuient le dimanche » de Charles Trenet interprétée par l'auteur. *Directeur de la photographie :* Pierre-William Glenn. *Cadreur :* Jean-Francis Gondre. *Assistants-opérateurs :* Jean-Claude Vicquery, Florent Bazin. *Première assistante mise en scène :* Suzanne Schiffman. *Second assistant :* Alain Maline. *Scripte :* Christine Pellé. *Ingénieur du son :* Michel Laurent. *Perchman :* Michel Brethez. *Décor :* Jean-Pierre Kohut-Svelko, assisté de Pierre Gompertz. *Accessoiriste :* Michel Grimaud. *Photographe de*

plateau : Hélène Jeanbrau. *Costumes :* Monique Dury. *Maquillage :* Thi Loan N'Guyen. *Montage :* Yann Dedet, assisté de Martine Barraqué, Jean Gargonne, Stéphanie Granel. *Stagiaire montage :* Muriel Zélény. *Mixage :* Jacques Maumont. *Producteur exécutif :* Marcel Berbert. *Directeur de production :* Roland Thénot. *Régisseur général :* Daniel Messère. *Administrateur de production :* Christian Lentretien. *Production :* Les Films du Carrosse, Les Productions Artistes Associés. *Première version du scénario* : 1972 (à partir des notes de 1957 et 1958). *Premiers titres* : *Les Enfants* puis *Abel et Calins*. *Dates de tournage :* 17 juillet au 9 septembre 1975. *Lieux de tournage :* Thiers et ses environs, Clermont-Ferrand, Vichy. *Laboratoires :* L.T.C. *Auditorium :* S.I.M.O. *Format :* 1,66. *Procédé :* Eastmancolor Panavision sphérique. Film 35 mm couleur. *Durée :* 104 minutes. *Générique :* Jean-Noël Delamare. *Visa de contrôle :* n° 43 719 du 3 mars 1976. *Sortie publique :* 17 mars 1976. *Distributeur :* Les Artistes Associés. *Attachée de presse :* Christine Brierre.
Interprètes : les enfants : Grégory Desmouceaux *(Patrick Desmouceaux)*, Philippe Goldmann *(Julien Leclou)*, Claudio et Franck Deluca *(Mathieu et Franck Deluca)*, Richard Golfier *(Richard Golfier)*, Laurent Devlaeminck *(Laurent Riffle)*, Bruno Staab *(Bruno Rouillard)*, Sébastien Marc *(Oscar)*, Sylvie Grézel *(Sylvie)*, Pascale Bruchon *(Martine)*, Corinne Boucart *(Corinne)*, Ewa Truffaut *(Patricia)*, et le petit Grégory. Francis Devlaeminck *(M. Riffle, le coiffeur, père de Laurent)*, Tania Torrens *(Nadine Riffle, la coiffeuse)*, Jean-Marie Carayon *(le commissaire, père de Sylvie)*, Kathy Carayon *(la femme du commissaire)*, Paul Heyraud *(M. Deluca)*, Christine Pellé *(Mme Lèclou, mère de Julien)*, Jane Lobre *(la grand-mère de Julien)*, Nicole Félix *(la maman de Grégory)*, Virginie Thévenet *(Lydie Richet)*, Jean-François Stévenin *(Jean-François Richet, l'instituteur)*, René Barnérias *(M. Desmouceaux, père de Patrick)*, Christian Lentretien *(M. Golfer, père de Richard)*, Laura Truffaut *(Madeleine Doinel, mère d'Oscar)*, Jean-Françis Gondre *(le père d'Oscar)*, Chantal Mercier *(Chantal Petit, l'institutrice)*, Marcel Berbert *(le directeur de l'école)*, Vincent Touly *(le concierge)*, Yvon Boutina *(Oscar adulte)*, Annie Chevaldonné *(l'infirmière)*, Michel Dissart *(M. Lomar, le gendarme)*.

A Thiers, une petite ville du centre de la France, c'est la fin de l'année scolaire, sous la houlette des deux instituteurs, Mademoiselle Petit et Jean-François Richet dont la femme attend un bébé. Petits ou grands événements se succèdent : Bruno refuse de réciter *L'Avare* en y mettant le ton, Richard prête à deux copains l'argent du coiffeur, un bambin à la peau dure tombe de plusieurs étages sans se faire mal, sa mère s'évanouit. Sylvie, privée de repas à la suite d'un caprice, obtient des voisins un déjeuner qu'ils font descendre dans un panier au bout d'une ficelle. Patrick, qui vit avec son père handicapé, est amoureux de la mère de son copain. Au cinéma, il voit Oscar, un garçon qui refuse de parler et ne s'exprime qu'en sifflant. On découvre que Julien, un garçon un peu sauvage, est maltraité et battu par sa famille. On arrête sa mère et sa grand-mère. « Monsieur Richet » devient papa. Bientôt, ce sont les vacances et le départ en colonie où Patrick et Martine échangent leur premier baiser.

1977. L'HOMME QUI AIMAIT LES FEMMES

Premier titre : Le Cavaleur. *Scénario original, dialogue :* François Truffaut, Michel Fermaud, Suzanne Schiffman. *Musique :* Maurice Jaubert (1900-1940). *Direction musicale :* Patrice Mestral. *Conseiller musical :* François Porcile. *Directeur de la photographie :* Nestor Almendros. *Cadreur :* Anne Trigaux. *Assistant-opérateur :* Florent Bazin. *Première assistante mise en scène :* Suzanne Schiffman. *Second assistant :* Alain Maline. *Scripte :* Christine Pellé. *Ingénieur du son :* Michel Laurent. *Perchman :* Jean Fontaine. *Décor :* Jean-Pierre Kohut-Svelko, assisté de Pierre Gompertz, Jean-Louis Povéda. *Accessoiriste :* Michel Grimaud. *Photographe de plateau :* Dominique Le Rigoleur. *Costumes :* Monique Dury. *Habilleuse :* Nicole Bancel. *Maquillage :* Thi Loan N'Guyen. *Montage :* Martine Barraqué, assistée de Michèle Nény, Marie-Aimée Debril. *Stagiaire montage :* Michel Klochendler. *Mixage :* Jacques Maumont. *Chef machiniste :* Charles Freess, assisté de Jacques Fréjabue, Gérard Bougeant. *Chef électricien :* Jean-Claude Gasché, assisté de Serge Valéry, Jean Lopez. *Groupman :* Michel Leclercq. *Producteur exécutif :* Marcel Berbert. *Directeur de production :* Roland Thénot. *Régisseur général :* Philippe Lièvre, assisté de Lydie Mahias. *Administrateur de production :* Christian Lentretien. *Secrétaire de production :* Josiane Couëdel. *Production :* Les Films du Carrosse, Les Productions Artistes Associés. *Première version du scénario* : 1975. *Premier titre* : *Le Cavaleur*. *Dates de tournage :* 19 octobre 1976 au 5 janvier 1977. *Lieux de tournage :* Montpellier et ses environs, Lille. *Laboratoires :* L.T.C. *Auditorium :* S.I.M.O. *Format :* 1,66. *Procédé :* Eastmancolor. Film 35 mm couleur. *Durée :* 118 minutes. *Générique :* Euro-Titres. *Visa de contrôle :* n° 45 350 du 28 mars 1977. *Sortie publique :* 27 avril 1977. *Distributeur :* Les Artistes Associés.
Interprètes : Charles Denner *(Bertrand Morane)*, Brigitte Fossey *(Geneviève Bigey, éditrice)*, Nelly Borgeaud *(Delphine Grezel)*, Geneviève Fontanel *(Hélène, marchande de lingerie)*, Nathalie Baye *(Martine Desdoits)*, Sabine Glaser *(Bernadette, employée « Midi Car »)*, Valérie Bonnier *(Fabienne, la femme de l'embrasure)*, Martine Chassaing *(Denise, ingénieur à l'Institut de Mécanique des Fluides)*, Roselyne Puyo *(Nicole, l'ouvreuse de cinéma)*, Anna Perrier *(Uta, la baby-sitter)*, Monique Dury *(Mme Duteil, dactylographe à domicile)*, Nella Barbier *(Liliane, la serveuse de restaurant karatéka)*, Frédérique Jamet *(Juliette)*, Marie-Jeanne Montfajon *(Christine Morane, mère de Bertrand)* et Leslie Caron *(Véra, la revenante)*, Roger Leenhardt *(M. Bétany, éditeur)*, Henri Agel et Henry-Jean Servat *(les lecteurs)*, le petit Michel Marti *(Bertrand adolescent)*, Christian Lentretien *(l'inspecteur)*, Rico Lopez *(le farceur du restaurant)*, Carmen Sardà-Canovas *(la blanchisseuse)*, Philippe Lièvre *(le collègue de Bertrand)*, Marcel Berbert *(le chirurgien, mari de Delphine)*, Michel Laurent, Pierre Gomperti, Roland Thénot *(les officiers de Marine)*, Josiane Couëdel *(la standardiste)*, Valérie Pêcheur *(la jeune femme du cimetière en tenue de tennis)*, Anne Bataille *(la jeune femme à la robe frangée)*, Ghylaine Dumas *(la seconde employée « Midi Car »)*, Jean-Louis Povéda *(l'imprimeur)*, Thi Loan N'Guyen *(la Chinoise)*, Suzanne Schiffman, *(la dame au bébé dans l'escalier de Mme Duteil)*.

Montpellier, Noël 1976. Au cimetière, une multitude de femmes assiste à l'enterrement de Bertrand Morane. Ni dragueur ni don Juan, il avait la passion des femmes et ne supportait, après six heures du soir, que leur compagnie.
Dans une blanchisserie, il a remarqué une femme, la poursuit, mais n'a que le temps de relever le numéro de sa voiture et croit la retrouver au terme d'une enquête haletante. Mais ce n'est pas elle, et il rejoint la secrétaire du loueur de voiture, qui l'avait aidé dans son enquête. Il fait la connaissance d'une femme de quarante ans, Hélène, propriétaire d'une boutique de sous-vêtements féminins. Mais elle lui avoue préférer les jeunes garçons.
Après cet échec, méditant sur ses souvenirs amoureux, il décide d'en faire un livre. Il retrouve, sortant de prison, Delphine avec qui il a eu une liaison agitée, et qui a tué son mari. Il revoit Véra, la seule femme qu'il ait aimée, et qui a laissé une profonde déchirure en lui. Mais elle ne sera pas dans le livre. Il l'a déjà remis à l'éditeur où Geneviève Bigey, une jeune conseillère littéraire, a défendu son manuscrit avec ardeur. Plusieurs fois, elle vient le retrouver à Montpellier. Un soir – Noël approche – après l'avoir accompagnée à l'aéroport, il suit du regard une femme dans la rue, veut traverser pour la rejoindre, se jette au milieu de la circulation. Une voiture surgit, c'est l'accident. Transporté à l'hôpital, il tend les bras vers les jambes de l'infirmière, débranchant le goutte à goutte, et meurt. L'enterrement s'achève. Son livre va paraître.

1978. LA CHAMBRE VERTE

Premier titre : La Disparue. *Scénario, dialogue :* François Truffaut, Jean Gruault, d'après des thèmes de Henry James (trois nouvelles : *L'Autel des morts, Les Amis des amis, La Bête dans la jungle*). *Musique :* Maurice Jaubert (1900-1940). *Direction musicale :* Patrice Mestral. *Conseiller musical :* François Porcile. *Directeur de la photographie :* Nestor Almendros. *Cadreur :* Anne Trigaux. *Assistant-opérateur :* Florent Bazin. *Première assistante mise en scène :* Suzanne Schiffman. *Second assistant :* Emmanuel Clot. *Scripte :* Christine Pellé. *Ingénieur du son :* Michel Laurent. *Perchman :* Jean-Louis Ughetto. *Décor :* Jean-Pierre Kohut-Svelko, assisté de Pierre Gompertz, Jean-Louis Povéda. *Photographe de plateau :* Dominique Le Rigoleur. *Photos préliminaires (Massigny et son épouse) :* Guy Gallice. *Costumes :* Monique Dury et Christian Gasc. *Maquillage :* Thi Loan N'Guyen. *Montage :* Martine Barraqué, assistée de Jean Gargonne, Michel Klochendler. *Mixage :* Jacques Maumont. *Chef machiniste :* Charles Freess, assisté de Jacques Fréjabue, Gérard Bougeant. *Chef électricien :* Jean-Claude Gasché, assisté de Serge Valézy. *Producteur exécutif :* Marcel Berbert. *Directeur de production :* Roland Thénot, assisté de Geneviève Lefebvre. *Administrateur de production :* Christian Lentretien. *Secrétaire de production : Josiane* Couëdel. *Production :* Les Films du Carrosse, Les Productions Artistes Associés. Première version du scénario : été 1974. *Premiers titres : L'Autel des morts* puis *La Disparue. Dates de tournage :* 11 octobre au 25 novembre 1977. *Lieux de tournage :* Honfleur, cimetière de Caen, Fiquefleur-Équainville. *Remerciements :* Laboratoire d'Entomologie du Muséum d'Histoire Naturelle de Paris. *Laboratoires :* L.T.C. *Auditorium :* S.I.M.O. *Format :* 1,66. *Procédé :* Eastmancolor. Film 35 mm couleur. *Durée :* 94 minutes. *Trucage et générique :* Euro-Titres. *Visa de contrôle :* n° 43 535 du 15 mars 1978. *Sortie publique :* 5 avril 1978. *Distributeur :* Les Artistes Associés. *Attachés de presse :* Simon Mizrahi et Martine Marignac.
N.B. : Suzanne Schiffman a participé à l'élaboration du scénario à son début.
Interprètes : François Truffaut *(Julien Davenne)*, Nathalie Baye *(Cécilia Mandel)*, Jean Dasté *(Bernard Humbert, rédacteur en chef du « Globe »)*,

Jean-Pierre Moulin *(Gérard Mazet)*, Antoine Vitez *(le secrétaire de l'évêque)*, Jane Lobre *(Mme Rambaud, la gouvernante)*, Patrick Maléon *(le petit Georges)*, Jean-Pierre Ducos *(le prêtre dans la chambre mortuaire)*, Annie Miller *(Geneviève Mazet)*, Nathan Miller *(son fils)*, Marie Jaoul *(Yvonne Mazet)*, Monique Dury *(Monique, secrétaire du « Globe »)*, Laurence Ragon *(Julie Davenne sur les photos et mannequin)*, Marcel Berbert *(le docteur Jardine)*, Guy d'Ablon *(l'artisan en mannequins)*, Thi Loan N'Guyen *(l'apprenti artisan)*, Christian Lentretien *(l'orateur du cimetière)*, Henri Bienvenu *(Gustave, l'huissier)*, Alphonse Simon *(l'appariteur unijambiste du « Globe »)*, Anna Paniez *(Anna, la petite pianiste)*, Serge Rousseau *(Paul Massigny en photo)*, Carmen Sardà-Canovas *(la femme au chapelet)*, Jean-Claude Gasché *(l'agent de police)*, Martine Barraqué *(infirmière salle des ventes)*, Jean-Pierre Kohut-Svelko *(infirme salle des ventes)*, Josiane Couëdel *(infirmière cimetière)*, Roland Thénot *(infirme cimetière)*, Gérard Bougeant *(gardien du cimetière)*.

Dix ans après la Première Guerre mondiale, dans une petite ville de l'Est de la France, Julien Davenne, rédacteur au journal *Le Globe*, vit seul avec Madame Rambaud, sa gouvernante, et Georges, un jeune garçon sourd et muet. Sa femme, Julie, est morte il y a onze ans, quelques mois après leur mariage. Il a décidé que pour lui elle serait toujours vivante, et a consacré une chambre de sa maison, la chambre verte, à son souvenir. Il fait la connaissance de Cécilia, secrétaire de la salle des ventes où il veut racheter une bague ayant appartenu à Julie. Il apprend un jour la mort de Paul Massigny, un politicien qui a été son meilleur ami puis l'a trahi, et pour qui il n'a plus depuis éprouvé que du dégoût. A la suite d'un orage, un incendie ravage la chambre verte et il cherche un autre moyen de garder Julie près de lui. Il fait faire d'elle un mannequin en cire, mais sa vue le scandalise et il exige sa destruction. Il découvre enfin une chapelle en ruine qu'il rénove et voue au culte de ses morts et d'abord de sa femme, par une forêt de flammes où chacun a son cierge. Il choisit Cécilia pour être la gardienne du Temple et « achever la figure ». Mais il découvre qu'elle a été la maîtresse de Massigny, refuse qu'il ait sa flamme dans l'autel des morts. Ils rompent toute relation, Davenne s'effondre. Enfermé chez lui, malade, prostré, il refuse de voir un médecin. Cécilia lui écrit et lui déclare enfin son amour. Il la rejoint à la chapelle, il a pardonné à Massigny. A bout de forces, il s'écroule brusquement, mort. Cécilia, achevant la figure, allume le cierge de Julien Davenne.

1979. L'AMOUR EN FUITE

Scénario original, dialogue : François Truffaut, Marie-France Pisier, Jean Aurel, Suzanne Schiffman. *Musique :* Georges Delerue. *Chanson :* « L'Amour en fuite », paroles d'Alain Souchon, musique de Laurent Voulzy, interprétée par Alain Souchon. *Directeur de la photographie :* Nestor Almendros. *Cadreur :* Florent Bazin. *Assistant-opérateur :* Emilio Pacull-Latorre. *Première assistante mise en scène :* Suzanne Schiffman. *Second Assistant :* Emmanuel Clot. *Stagiaire mise en scène :* Nathalie Seaver. *Scripte :* Christine Pellé. *Ingénieur du son :* Michel Laurent. *Perchman :* Michel Mellier. *Décor :* Jean-Pierre Kohut-Svelko, assisté de Pierre Gompertz Jean-Louis Povéda. *Accessoiriste :* Michel Grimaud. *Photographe de plateau :* Dominique Le Rigoleur. *Costumes :* Monique Dury. *Maquillage :* Thi Loan N'Guyen. *Montage :* Martine Barraqué, assistée de Jean Gargonne. *Stagiaire montage :* Corinne Lapassade. *Mixage :* Jacques Maumont. *Chef machiniste :* Charles Freess, assisté de Jacques Fréjabue, Gérard Bougeant. *Chef électricien :* Jean-Claude Gasché, assisté de Serge Valézy. *Groupman :* Michel Leclercq. *Producteur exécutif :* Marcel Berbert. *Directeur de production :* Roland Thénot. *Régisseur général :* Geneviève Lefebvre. *Administrateur de production :* Christian Lentretien. *Secrétaire de production :* Josiane Couëdel. *Production :* Les Films du Carrosse. *Première version du scénario :* fin 1976. *Dates de tournage :* 29 mai au 5 juillet 1978. *Lieu de tournage :* Paris. *Laboratoires :* L.T.C. *Auditorium :* S.I.M.O. *Format :* 1,66. *Procédé :* Eastmancolor, Pyral. Film 35 mm couleur, et noir et blanc. *Durée :* 94 minutes. *Trucage et générique :* Euro-Titres. *Visa de contrôle :* n° 48 607 du 15 janvier 1979. *Sortie publique :* 24 janvier 1979. *Distributeur :* A.M.L.F. *Attachés de presse :* Simon Mizrahi et Martine Marignac.
Interprètes : Jean-Pierre Léaud *(Antoine Doinel)*, Colette *(Marie-France Pisier)*, Claude Jade *(Christine)*, Dani *(Liliane)*, Dorothée *(Sabine)*, Rosy Varte *(la mère de Colette)*, Marie Henriau *(juge divorce)*, Daniel Mesguich *(Xavier, le libraire)*, Julien Bertheau *(M. Lucien)*, Jean-Pierre Ducos *(l'avocat de Christine)*, Pierre Dios *(Maître Renard)*, Alain Ollivier *(juge d'Aix)*, Monique Dury *(Mme Ida)*, Emmanuel Clot *(Emmanuel, le copain imprimeur)*, Christian Lentretien *(le dragueur du train)*, Roland Thénot *(le téléphoniste en colère)*, Julien Dubois *(Alphonse Doinel)*, Alexandre Janssen *(l'enfant du wagon-restaurant)*.

Antoine Doinel a dépassé la trentaine et travaille comme correcteur dans une imprimerie. Après cinq ans de mariage avec Christine, ils divorcent par consentement mutuel. Il est amoureux de Sabine, vendeuse dans un magasin de disques. Colette, la jeune fille des Jeunesses Musicales de *L'Amour à 20 ans* est devenue avocate. Elle est amoureuse de Xavier, un beau libraire à qui elle achète *Les Salades de l'amour*, le roman autobiographique d'Antoine. Les souvenirs resurgissent. Il la retrouve à la gare de Lyon où il est venu conduire son fils Alphonse et saute au dernier moment dans le train qu'elle a pris. Ils évoquent le passé, il lui raconte son prochain roman, qui la déçoit. Il essaie de renouer avec elle, elle le réprimande vertement. Il tire la sonnette d'alarme et saute du train. Sabine est fâchée de cette fugue. Il retrouve l'amant de sa mère qui lui apprend qu'elle était « un petit oiseau », et ils vont sur sa tombe. Colette, dont la petite fille a été écrasée par une voiture, va pourtant défendre un assassin d'enfant. Elle a ramassé une photo de femme tombée de la poche d'Antoine et croit d'abord qu'il s'agit de la femme de Xavier, qu'il lui aurait cachée. Ce n'est que sa sœur. Elle retrouve Christine, et les « anciennes d'Antoine Doinel » échangent leurs souvenirs. Pour prouver à Sabine son amour et se faire pardonner, Antoine raconte comment il est tombé amoureux d'elle en ramassant les morceaux de sa photo déchirée par un type en colère et comment il l'a retrouvée au terme d'une véritable enquête. Elle est conquise et ils s'embarqueront tous les deux dans la vie en faisant comme si c'était pour longtemps.

1980. LE DERNIER MÉTRO

Scénario : François Truffaut, Suzanne Schiffman. *Dialogue :* François Truffaut, Suzanne Schiffman, Jean-Claude Grumberg. *Musique :* Georges Delerue. *Directeur de la photographie :* Nestor Almendros. *Cadreur :* Florent Bazin. *Assistants-opérateurs :* Emilio Pacull-Latorre, Tessa Racine. *Première assistante mise en scène :* Suzanne Schiffman. *Assistants mise en scène :* Emmanuel Clot, Alain Tasma. *Scripte :* Christine Pellé. *Ingénieur du son :* Michel Laurent. *Perchman :* Michel Mellier. *Décor :* Jean-Pierre Kohut-Svelko, assisté de Pierre Gompertz, Jacques Léguillon, Roland Jacob. *Accessoiriste :* Jacques Preisach. *Photographe de plateau :* Jean-Pierre Fizet. *Costumes :* Lisèle Roos. *Habilleuses :* Christiane Aumard-Fageol, Edwige Chérel, Françoise Poillot. *Maquillage :* Didier Lavergne, Thi Loan N'Guyen, Françoise Ben Soussan. *Coiffure :* Jean-Pierre Berroyer, Nadine Leroy. *Montage :* Martine Barraqué, assistée de Marie-Aimée Debril. *Stagiaire montage :* Jean-François Giré. *Mixage :* Jacques Maumont. *Chef machiniste :* Charles Freess, assisté de Jacques Fréjabue, Gérard Bougeant. *Chef électricien :* Jean-Claude Gasché, assisté d'André Seybald, Serge Valézy. *Directeur de production :* Jean-José Richer. *Régisseur général :* Roland Thénot assisté de Jean-Louis Godfroy. *Administrateur de production :* Henry Dutrannoy. *Secrétaire de production :* Gervaise Blattmann. *Production :* Les Films du Carrosse, SEDIF, TF1, SFP. *Première version du scénario :* printemps 1979. *Dates de tournage :* 28 janvier au 16 avril 1980. *Lieux de tournage :* Paris, banlieue. *Laboratoires :* L.T.C. *Auditorium :* Paris Studios Cinéma. *Format :* 1,66. *Procédé :* Fujicolor, Pyral. Film 35 mm couleur. *Durée :* 128 minutes. *Trucage et générique :* Euro-Titres. *Visa de contrôle.* n° 51 161 du 10 septembre 1980. *Sortie publique :* 17 septembre 1980. *Distributeur :* Gaumont. *Attachés de presse :* Simon Mizrahi et Martine Marignac.
Chansons : « Bei Mir Bist du Schön » musique de Sholom Secunda, paroles de Cahn-Chaplin, Jacob Jacobs, Jacques Larue ; « Prière à Zumba » de A. Lara, Jacques Larue ; « Mon Amant de Saint-Jean » de E. Carrara, L. Agel ; « Sombreros et Mantilles » de J. Vaissade-Chanty ; « Pitié mon Dieu » cantique de A. Kunc.
Prix : 10 Césars, Archange du Cinéma, Prix de la Presse étrangère, Prix Jean Le Duc, 1 nomination aux Oscars. Version en cassette vidéo comportant 6 minutes supplémentaires (A.A.A. 1982).
Interprètes : Catherine Deneuve *(Marion Steiner)*, Gérard Depardieu *(Bernard Granger)*, Jean Poiret *(Jean-Loup Cottins)*, Heinz Bennent *(Lucas Steiner)*, Andréa Ferréol *(Arlette Guillaume)*, Paulette Dubost *(Germaine Fabre)*, Sabine Haudepin *(Nadine Marsac)*, Jean-Louis Richard *(Daxiat)*, Maurice Risch *(Raymond le régisseur)*, Marcel Berbert *(Merlin)*, Richard Bohringer *(gestapiste)*, Jean-Pierre Klein *(Christian Léglise)*, Martine Simonet *(Martine la voleuse)* et le petit Franck Pasquier, Rénata, Jean-José Richer, Laszlo Zsabo, Hénia Ziv, Jessica Zucman, Alain Tasma, René Dupré, Pierre Belot, Christian Baltauss, Alexandre Aumond, Marie-Dominique Henry, Jacob Weizbluth, Rose Thierry, Philippe Vesque et les Petits Chanteurs de l'Abbaye.

Paris, septembre 1942. Au théâtre Montmartre, une pièce est en répétition. Mais son directeur, Lucas Steiner, est juif, et a dû quitter la France. C'est sa femme, Marion, qui a repris le théâtre en main. Elle engage Bernard Granger, un acteur transfuge du Grand Guignol qui courtise en vain Arlette, la costumière. Mais Arlette préfère Nadine, une jeune actrice opiniâtre. Jean-Loup Cottins, le metteur en scène, doit se concilier les bonnes grâces de Daxiat, le critique de *Je suis*

partout dont la menace pèse sur le théâtre. On découvre que Steiner se cache en fait dans la cave du théâtre en attendant de pouvoir passer en zone libre. Mais les Allemands franchissent la ligne de démarcation, et il est condamné à rester cloîtré dans sa cave d'où il suit par un tuyau de chaudière les répétitions qui se poursuivent. Le soir de la générale arrive, c'est le succès. Mais Daxiat, qui a la preuve que Lucas n'a pas quitté la France, attaque le spectacle dans son journal. Bernard lui règle son compte en lui cassant la figure, ce qui n'a d'autre effet que de lui valoir les foudres de Marion : seule compte la sauvegarde du théâtre. Elle ne lui adresse plus la parole en dehors de la scène. Daxiat apprend à Marion que le théâtre n'appartient légalement à personne et que les Allemands peuvent le réquisitionner à tout moment, sauf si la direction en est prise par quelqu'un qui a leur agrément, c'est-à-dire lui. Marion se rend à la Propaganda-Staffel plaider son cas. Mais le docteur Dietrich, qu'elle devait rencontrer, vient de se suicider. Dans une église, Bernard assiste impuissant à l'arrestation par la Gestapo d'un ami avec qui il avait rendez-vous. Il décide d'abandonner le théâtre pour la Résistance. Les gestapistes venant inspecter la cave du théâtre, il aide Marion à cacher Lucas dont il fait la connaissance. Marion finit par lui avouer son amour, et il devient son amant.
Un autre acteur reprend son rôle. A la Libération, Daxiat fuit vers l'Allemagne, Lucas peut enfin sortir à l'air libre, et Bernard retrouvera le théâtre Montmartre pour une nouvelle pièce.

1981. LA FEMME D'À CÔTÉ
Scénario original : François Truffaut, Suzanne Schiffman, Jean Aurel. *Musique :* Georges Delerue. *Directeur de la photographie :* William Lubtchansky. *Cadreur :* Caroline Champetier. *Assistant-opérateur :* Barcha Bauer. *Première assistante mise en scène :* Suzanne Schiffman. *Second assistant :* Alain Tasma. *Stagiaire mise en scène :* Gilles Loutfi. *Scripte :* Christine Pellé. *Ingénieur du son :* Michel Laurent. *Perchman :* Michel Mellier. *Décor :* Jean-Pierre Kohut-Svelko, assisté de Pierre Gompertz. *Accessoiriste :* Jacques Preisach. *Photographe de plateau :* Alain Venisse. *Costumes :* Michèle Cerf. *Habilleuse :* Malika Brahim. *Maquillage :* Thi Loan N'Guyen. *Coiffure :* Catherine Crassac. *Montage :* Martine Barraqué, assistée de Marie-Aimée Debril. *Stagiaire montage :* Catherine Drzymalkowski. *Mixage :* Jacques Maumont. *Chef machiniste :* André Atellian, assisté de Michel Gentils. *Chef électricien :* Robert Beulens, assisté de Emmanuel Demorgon. *Groupman :* Patrick Lemaire. *Directeur de production :* Armand Barbault. *Régisseur général :* Roland Thénot, assisté de Jacques Vidal. *Stagiaire régie :* Françoise Héberlé. *Administrateur de production :* Jean-François Lentretien. *Secrétaires de production :* Josiane Couëdel, Anny Bartanowski. *Production :* Les Films du Carrosse, TF1 Films Production. *Première version du scénario :* décembre 1980. *Dates de tournage :* 1er avril au 15 mai 1981. *Lieux de tournage :* Grenoble et ses environs. *Remerciements :* SOGREAH (décor lieu de travail de Bernard Coudray). *Laboratoires :* L.T.C. *Auditorium :* Paris Studios Cinéma. *Format :* 1,66. *Procédé :* Fujicolor, Pyral. Film 35 mm couleur. *Durée :* 106 minutes. *Trucage et générique :* Euro-Titres. *Visa de contrôle :* n° 53 588 du 18 septembre 1981. *Sortie publique :* 30 septembre 1981. *Distributeur :* Gaumont. *Attachés de presse :* Simon Mizrahi et Martine Marignac. Cassette vidéo distribuée par A.A.A. (1982).
Interprètes : Gérard Depardieu *(Bernard Coudray)*, Fanny Ardant *(Mathilde Bauchard)*, Henri Garcin *(Philippe Bauchard)*, Michèle Baumgartner *(Arlette Coudray)*, Véronique Silver *(Madame Jouve)*, Roger Van Hool *(Roland Duguet)*, Philippe Morier-Genoud *(le psychanalyste)*, Roland Thénot *(l'agent immobilier)*, Jacques Preisach et Catherine Crassac *(le couple dans l'escalier de l'hôtel)*, et le petit Olivier Becquaert.

Il y a sept ans, Bernard et Mathilde se sont aimés passionnément puis séparés violemment. Un jour, Mathilde, qui a épousé Philippe Bauchard, vient avec lui s'installer dans la maison voisine de celle où habitent Bernard avec sa femme, Arlette, et son fils. Tout le monde se retrouve aux tennis tenus par Madame Jouve qui, autrefois, s'est jetée par amour du septième étage et n'a dû son salut qu'à une verrière. Restée infirme d'une jambe, elle est le témoin de l'histoire et la confidente des personnages. Des relations de voisinage se nouent entre les deux couples, mais dans un premier temps Bernard se dérobe et refuse de rencontrer Mathilde. Ils se croisent enfin dans un supermarché, ils font la paix, ils s'embrassent, Mathilde s'évanouit. Leur liaison reprend, passionnée et tumultueuse.
Au cours d'une garden party, Philippe annonce qu'il va emmener Mathilde faire le voyage de noces qu'ils n'ont jamais fait, la robe de Mathilde s'accroche à une chaise et elle se retrouve à demi nue au milieu des invités. Dans un brusque accès de folie, Bernard s'en prend à elle avec violence et la bat devant tout le monde, révélant ses sentiments à sa femme comme à Philippe. Après leur retour de voyage, celui-ci découvre sur une photo que Mathilde connaissait en fait Bernard depuis longtemps. Elle finit par s'écrouler, victime d'une grave dépression, et doit être hospitalisée. Pour mettre fin à cette situation, Philippe a décidé de déménager. Mais une nuit, Mathilde revient dans la maison vide. Bernard, intrigué par le bruit, l'y retrouve. Ils font l'amour. Elle sort un revolver et le tue, puis se tire une balle dans la tête.

1983. VIVEMENT DIMANCHE !
Scénario, adaptation, dialogue : François Truffaut, Suzanne Schiffman, Jean Aurel, d'après le roman de Charles Williams *The Long Saturday Night*, Éd. Gallimard « Carré Noir ». *Musique :* Georges Delerue. *Directeur de la photographie :* Nestor Almendros. *Cadreur :* Florent Bazin. *Assistant-opérateur :* Tessa Racine. *Première assistante mise en scène :* Suzanne Schiffman. *Assistants mise en scène :* Rosine Robiolle, Pascal Deux. *Scripte :* Christine Pellé. *Ingénieur du son :* Pierre Gamet. *Perchman :* Bernard Chaumeil. *Décor :* Hilton Mc Connico, assisté de Jean-Michel Hugon, Franckie Diago, Alain Gambin, Jacques Gaillard. *Accessoiriste :* Jacques Preisach. *Photographe de plateau :* Alain Venisse. *Costumes :* Michèle Cerf. *Habilleuse :* Christiane Marmande. *Maquillage :* Thi Loan N'Guyen. *Coiffure :* Chantal Durpoix. *Montage :* Martine Barraqué, assistée de Marie-Aimée Debril. *Stagiaire montage :* Colette Achouche. *Mixage :* Jacques Maumont. *Chef machiniste :* Charles Freess, assisté de Gérard Bougeant, Jean-Yves Freess. *Chef électricien :* Jean-Claude Gasché, assisté de Patrick Gasché, Philippe Darmon. *Groupman :* Patrick Lemaire. *Directeur de production :* Armand Barbault. *Régisseur général :* Roland Thénot, assisté de Jacques Vidal. *Administrateurs de production :* Jean-François Lentretien, Jacqueline Oblin. *Secrétaires de production :* Josiane Couëdel, Donatienne Desmarestz. *Production :* Les Films du Carrosse, Films A2, Soprofilms. *Première version du scénario :* fin 1981. *Dates de tournage :* 4 novembre au 21 décembre 1982. *Lieux de tournage :* Hyères et ses environs. *Laboratoires :* L.T.C. *Auditorium :* S.I.M.O. *Procédé :* Kodak, Agfa, Pyral. Film 35 mm noir et blanc. *Durée :* 111 minutes. *Trucage et générique :* Euro-Titres. *Visa de contrôle :* n° 55 509 du 20 juin 1983. *Sortie publique :* 10 août 1983. *Distributeur :* A.A.A. *Attachée de presse :* Marie-Christine Malbert.
2 nominations aux Césars. Cassette en vidéo distribuée par A.A.A. (1984).
Interprètes : Fanny Ardant *(Barbara Becker)*, Jean-Louis Trintignant *(Julien Vercel)*, Philippe Laudenbach *(Maître Clément)*, Caroline Sihol *(Marie-Christine Vercel)*, Philippe Morier-Genoud *(commissaire Santelli)*, Xavier Saint-Macary *(Bertrand Fabre, photographe)*, Jean-Pierre Kalfon *(Jacques Massoulier)*, Anik Belaubre *(caissière de l'Éden)*, Jean-Louis Richard *(Louison)*, Yann Dedet *(Face d'Ange)*, Nicole Félix *(la Balafrée)*, Georges Koulouris *(détective Lablache)*, Roland Thénot *(policier Jambrau)*, Pierre Gare *(inspecteur Poivert)*, Jean-Pierre Kohut-Svelko *(le noceur slave)*, Pascale Pellegrin *(la candidate secrétaire)*, Jacques Vidal *(le Roi)*, Alain Gambin *(le metteur en scène de théâtre)*, Pascal Deux *(l'adjoint de Santelli)*, Franckie Diago *(employée agence de détectives)*, Isabelle Binet et Josiane Couëdel *(secrétaires de maître Clément)*, Hilton Mc Connico *(client prostituées)*, Marie-Aimée Debril et Christiane Marmande *(les dames du toilettage)*, le chien Golaud, Thi Loan N'Guyen *(la Chinoise du commissariat)*, Jacques Gaillard *(l'homme au vélo)*, Martine Barraqué *(la passante au journal)*, Rosine Robiolle *(secrétaire commissariat)*, Armand Barbault *(passant avec prostituée)* et Michel Aubossu, Paulina Aubret, Dany Castaing, Michel Grisoni, Pierrette Monticelli.

Julien Vercel, directeur d'une agence immobilière, est soupçonné d'un double meurtre : celui de sa femme et de son amant, Massoulier. Les faits sont contre lui, un troisième meurtre aggrave son cas et il doit échapper à la police. Il se cache dans la cave de l'agence, par le soupirail de laquelle il regarde passer les jambes des femmes. Et c'est Barbara, sa jeune et dynamique secrétaire avec qui il se dispute tout le temps, qui se lance dans l'enquête pour découvrir la vérité.
Elle rencontre une caissière de cinéma bouleversée, un client suspect qui se révélera être le frère de Massoulier, un vieux détective, un noceur slave, une dactylo blonde qui pourrait lui faire concurrence, un commissaire très tenace, le terrible tenancier d'une dans laquelle elle peut s'introduire après avoir feint de faire le trottoir. Et surtout un avocat qui semble tout dévoué à leur cause, mais qui finit par se trahir : c'est lui l'assassin. Barbara a dénoué les fils de l'intrigue, Julien est innocenté, et il l'épouse.

BIBLIOGRAPHIE

LIVRES DE FRANÇOIS TRUFFAUT

Le Cinéma selon Hitchcock, Robert Laffont, Paris, 1967, réédition sous le titre *Hitchcock-Truffaut*, Ramsay, Paris, 1984.
Les Aventures d'Antoine Doinel (scénarios et dialogues des *Quatre Cents Coups*, *Baisers volés*, *Domicile conjugal*, avec quelques esquisses et notes de travail), Mercure de France, Paris, 1970. Réédition assortie du synopsis de *L'Amour en fuite* rédigé par Truffaut pour le dossier de presse du film, Ramsay Poche Cinéma, Paris, 1987.
La Nuit américaine, scénario du film suivi du *Journal de tournage de Fahrenheit 451*, Seghers, Paris, 1974, réédition Cahiers du cinéma, 2000.
Les Films de ma vie, Flammarion, Paris, 1975, réédition Flammarion, coll. Champs Contre-Champs, Paris, 1987.
Le Plaisir des yeux, Cahiers du cinéma, Paris, 1987.
Correspondance, Hatier Cinq Continents, Paris, 1988, réédition Le Livre de Poche, Paris, 1993.

Les découpages des *Mistons*, *Histoire d'eau*, *Tirez sur le pianiste*, *Jules et Jim*, *La Peau douce*, *L'Enfant sauvage*, *Les Deux Anglaises*, *L'Histoire d'Adèle H.*, *L'Amour en fuite*, *La Chambre verte*, *Le Dernier Métro*, *La Femme d'à côté* et *Vivement dimanche !* ont été publiés par *L'Avant-Scène Cinéma*.

ÉTUDES SUR FRANÇOIS TRUFFAUT

Graham Petrie, *The Cinema of François Truffaut*, International Film Guide Series, A.S. Barnes, New York, 1970.
Dominique Fanne, *L'Univers de François Truffaut*, Cerf, Paris, 1972.
Jean Collet, *Le Cinéma de François Truffaut*, Lherminier, Paris, 1977.
Jean Collet, *François Truffaut*, Lherminier, Paris, 1985.
Annette Insdorf, *François Truffaut*, Twayne Publishers, Boston, 1978. Édition française sous le titre *François Truffaut, le Cinéma est-il magique ?*, Ramsay, Paris, 1989.
Elizabeth Bonnafons, *François Truffaut*, L'Age d'Homme, Lausanne, 1981.
Mario Simondi (sous la direction de), *François Truffaut*, La Casa Usher, Florence, 1982 (textes de Vincent Amiel, Claude Beylie, Elizabeth Bonnafons, Eduardo Bruno, Jean Collet, Serge Daney, Vittorio Gacci, Annette Insdorf, Franco La Polla, Jean Narboni, Serge Toubiana).
Dominique Rabourdin, *Truffaut par Truffaut*, Éditions du Chêne, Paris, 1985.
Hervé Dalmais, Truffaut, Rivages / Cinéma, Paris, 1987.
Dominique Auzel, *Truffaut, les milles et une nuits américaines*, Henri Veyrier, Paris, 1990 (album consacré aux affiches de ses films).
Anne Gillain, *François Truffaut, Le secret perdu*, Hatier, Paris, 1991.
Carole Le Berre, *François Truffaut*, Cahiers du cinéma, 1994.
Carole Le Berre, *Jules et Jim*, Nathan / Synopsis, 1996.
Antoine de Baecque, Serge Toubiana, *François Truffaut*, Gallimard, 1996.

PRINCIPAUX TÉMOIGNAGES

« François Truffaut », *Cinématographe* n° 105, Paris, décembre 1984.

« Le Roman de François Truffaut », *Cahiers du cinéma*, n° spécial, décembre 1984, nouvelle édition enrichie, Paris, 1985.
Arbeiten mit François Truffaut, Cicim, Institut français de Munich, mai 1987, nouvelle édition 1992.
François Truffaut, Les Mistons, textes et documents réunis par Bernard Bastide, Ciné-Sud, Nîmes, 1987.
Jean Gruault, *Ce que dit l'autre*, Julliard, 1992.
Claude Jade, *Baisers envolés*, Milan, 2003.

Les citations de François Truffaut parlant de son travail sont tirées principalement de sa *Correspondance*, de ses propres textes et dossiers de presse, des archives consultées aux Films du Carrosse et à la BIFI, de la retranscription d'une émission de Radio-Canada réalisée en 1971 lors de laquelle Truffaut s'est particulièrement confié (*Aline Desjardins s'entretient avec François Truffaut*, retranscription d'une émission de Radio-Canada), Éd. Léméac, Ottawa, 1973,

réédition Ramsay Poche Cinéma, Paris, 1987), du précieux recueil d'entretiens établi par Anne Gillain (*Le Cinéma selon François Truffaut*, Flammarion, Paris, 1988), et des entretiens suivants donnés par le cinéaste au cours de sa carrière :
Louis Marcorelles, *France-Observateur*, n° 598, 19 octobre 1961 ; Pierre Delot, *Clarté*, mars 1962 ; Jean-Louis Comolli et Jean Narboni, *Cahiers du cinéma* n° 190, mai 1967 ; Pierre Bénichou, *Le Nouvel Observateur*, mars 1970 ; Serge Toubiana, *Cahiers du cinéma*, n° 315 et 316, septembre et octobre 1980 ; Dominique Maillet, Première, octobre 1981 ; Anne de Gasperi, *Le Quotidien de Paris*, 24 février 1982 ; Jean Collet et Jérôme Prieur, *Leçon de Cinéma* (réalisation José-Maria Bersoza), INA, 1983.

Tournage de *Vivement dimanche.* François Truffaut et Fany Ardant.

Photogravure : Fotimprim, Paris

Impression : Graphicom, Vicenza
Dépôt légal : octobre 2004

Printed in Italy

VELLING
et CADILLAC
avec chambre noire
ARENCE: D.S et autres